U0881488

海南通史

清代卷

周伟民　唐玲玲◎著

人民出版社

海南省哲学社会科学2003年规划课题（HNSK03-32）

海南大学科研专项经费资助

清代青花矾红描金云蝠纹瓶

（引自丘刚主编：《海南省博物馆》，海南省博物馆编，文物出版社2010年版）

清代茶叶末釉瓶

（引自丘刚主编：《海南省博物馆》，海南省博物馆编，文物出版社2010年版）

清代青花缠枝莲纹罐

（引自丘刚主编：《海南省博物馆》，海南省博物馆编，文物出版社2010年版）

清代青花缠枝花卉纹玉壶春瓶

（引自丘刚主编：《海南省博物馆》，海南省博物馆编，文物出版社2010年版）

采香图
（引自符桂花主编：《清代黎族风俗图》，海南出版社2007年版）

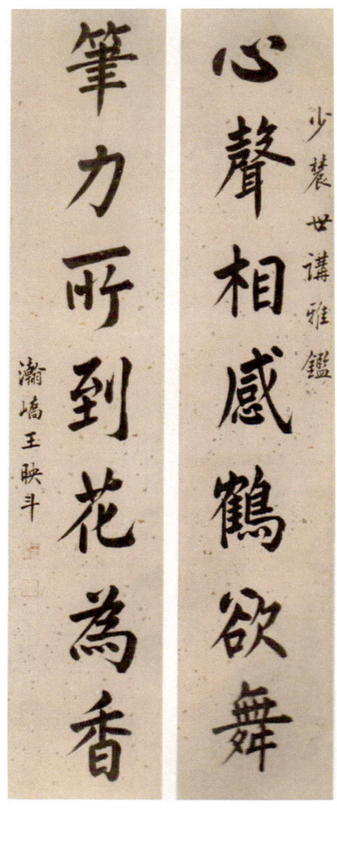

王映斗《楷书七言诗》联
（引自丘刚主编：《海南省博物馆》，海南省博物馆编，文物出版社2010年版）

清代粉彩釉瓷人物罐、觚
（引自蔡於良：《海的梦话 千年一遇》，海南出版社2012年版）

清代青花釉瓷手捧如意、观音瓶瓷雕金童玉女
（引自蔡於良：《海的梦话 千年一遇》，海南出版社2012年版）

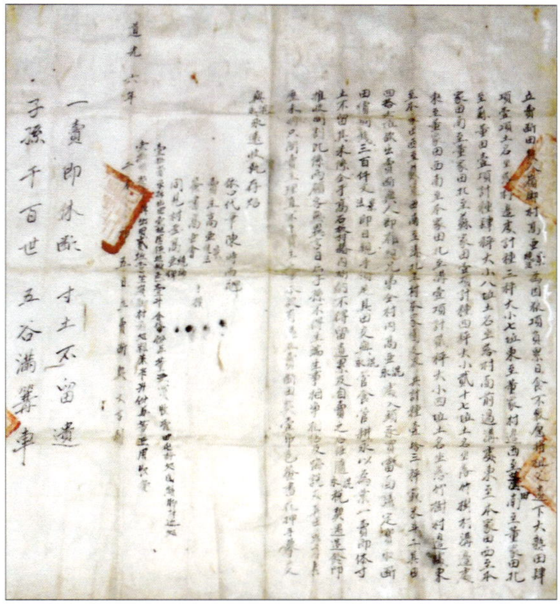

清代黎族地契
（引自廖民生主编：《三亚文物》，三亚市文化广电出版体育局编，南海出版公司2011年版）

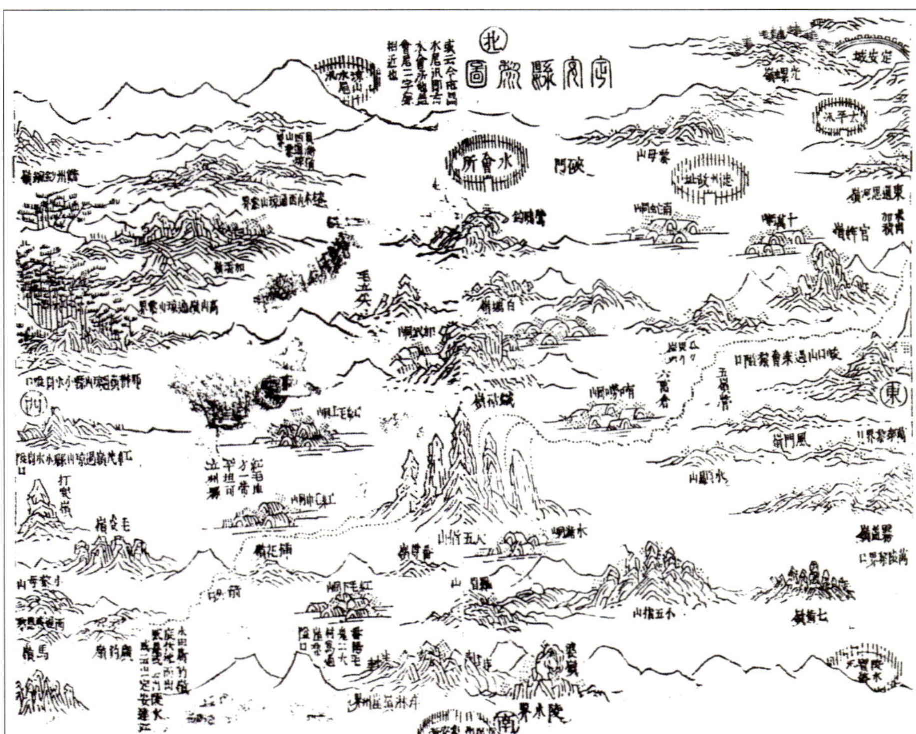

定安县黎峒分布情况
（引自吴应廉创修、王映斗总纂：光绪《定安县志》，海南出版社2004年版）

溪北书院
（引自黄志健编著：《文昌文物》，文昌市博物馆印，2012年版）

潘存故居
（引自黄志健编著：《文昌文物》，文昌市博物馆印，2012年版）

潘存墓
（引自黄志健编著：《文昌文物》，文昌市博物馆印，2012年版）

张之洞像
（引自汤仁泽：《话说中国·枪炮轰鸣下的尊严》，上海文艺出版社2005年版）

清末琼海关验货厂
（引自梁廷枏总纂，袁钟仁校注：《粤海关志》，广东人民出版社2002年版）

目　　录

第一章　清代海南地方政权的建立

从顺治元年（1644 年）清军入关，至宣统三年（1911 年）辛亥革命成功、溥仪退位为止，清朝统治长达 268 年。再加上在关外，共有 300 多年。从清太祖努尔哈赤于 1583 年起兵，至 1840 年鸦片战争爆发，这 200 多年间，是清皇朝政权的第一阶段；自 1840 年至 1911 年辛亥革命，应划分为第二阶段，即中国历史归为近代史部分。

1636 年 5 月，后金君主皇太极称帝，创建蒙汉八旗制度，国号大清。这个王朝延续了 260 多年，建构了有清一代由满族贵族联合汉族贵族实施残暴的专制主义封建政权。

第一节　清初南明政权退避海南

顺治元年（1644 年）三月，李自成攻陷燕京（现北京），明朝崇祯皇帝朱由检于三月十九日自缢于煤山。李自成登皇极殿称帝，国号大顺，改元永昌，明朝降臣叩拜新主。是时，李自成管辖了陕西、山西、河南、山东、河北及湖广部分州县。张献忠占据四川，称大西国王。满族摄政王多尔衮，统兵杀向山海关，施用巧计，逼降吴三桂，大败李自成，乘胜追击，攻入北京。

清皇太极于崇德八年（1643 年）八月初九病逝，多尔衮拥立皇九子、6 岁的福临继位，八月二十六日登上笃恭殿宝座，成为大清国新皇上，以第二年为顺治元年。

顺治元年（1644 年）五月初二，清军进入燕京（今北京）。九月十九日，幼主福临抵达京师，十月初一举行定鼎燕京登极大典。福临成为入主中原的皇帝，清政府正式成为明朝之后新的全国性政权。

清军入关后，挥师东下攻占南京，消灭南明弘光政权，继而向西南推进，消灭明朝抗清的鲁王政权和隆武政权。接着，顺治三年（1646 年）明朝桂王朱由榔监国于广东肇庆，唐王朱聿𨮁监国于广州，并抢先称帝，建立南明绍武政权，朱由榔也即位于肇庆，成立南明永历政权，两个南明政权都建立于广东。清军平定福建后，由佟养甲、李成栋率师突袭广州，朱聿𨮁及苏观生自缢死。

李成栋占领广州后，一路西进，直奔肇庆，而南明兵部主事陈邦彦、大学士陈子壮与农民军领袖联合抵抗。顺治四年（1647 年）二月，南明桂王总督丁魁发被李成栋杀死于大藤江。顺治五年（1648 年）四月，李成栋奉命征永历帝，清朝仅授以广东提督总兵官。李成栋自认为朝廷效力，劳苦功高，谋任两广总督不得，遂生怨望。时江西、粤西兵力均威胁广东，广东与北京联系又被切断，广东处境十分艰难。于是李成栋引兵往粤西辅佐南明桂王，认为事成则易以封侯，事败亦不失为忠义。挟佟养甲等叛清归明，树“靖国安民”旗号，用永历年号，请迎永历帝入广东。当李成栋章奏至南宁，满朝惊喜，弹冠相庆。永历帝封李成栋为惠国公，佟养甲等七人为伯。清兵进攻广东又遇上了极大的障碍。顺治六年（1649 年）二月，李成栋在信丰战死。而明王朝的反清武装斗争，在南方此起彼伏，对南方的海岛，如厦门岛、海南岛，进攻之后，不敢留，又复出。反对清军进占海南岛的斗争，十分激烈。

顺治四年（1647 年）二月，清总兵官阎可义等进入琼州，百姓纷纷出郊欢迎，即降。据民国《琼山县志》：丁亥顺治“四年（1647 年）二月，总兵官阎可义等入琼州，百姓郊迎安堵，遂定琼州”。[①]

---

① 朱为潮、徐淦等主修，李熙、王国宪总纂：民国《琼山县志》卷二十八《杂志》，海南出版社 2004 年版，第 1830 页。

据道光《万州志》记载："四年（1647年），大兵取广东，广、肇、高、雷等郡县皆降。万州于是月十三日，士民剃发归诚。以戴纶知州事，朱九锡为州吏目。"在这条消息后，有一条按语，按旧志云："新降之地，人心摇摇。为有司者，正宜抚绥以安地方。今二人不称其职，卒召祸乱，故特书之以示后。"①可见，知州事戴纶及州吏目朱九锡，在当时人心摇乱的情况下，朝不保夕，事态的发展也是如此。南明逃往海南的官吏，引诱黎人起来反抗，不久，顺治四年（1647年）五月十二日，戴纶及朱九锡被明臣曹君辅联合黎哨率众杀掉。

从顺治四年（1647年）到康熙十八年（1679年）这前后30多年里，因为清朝的政治和军事势力还没有完全能控制海南岛的局面，各派政治势力都在博弈，也包括各派之间的反复无常，政治情况十分复杂。当然这么长的一个历史时段，前后又有不同。大体上分为三个阶段。

第一阶段，顺治四年（1647年）到顺治十二年（1655年）。这期间在海南岛上发生的重要政治事件记述如下。

（1）顺治四年（1647年）发生的事

道光《万州志》："是月（五月）十二日，曹君辅为乱，连结黎哨陈朝、曾镳等帅众鼓噪入城。知州戴纶死之，吏目朱九锡于临军渡被执，亦死焉。时辅等所带贼党不过三十余人，自西门直入，杀吏而据城。万州从此遂苦兵革，喃唠诸峒出掠亦始于此。"②曹君辅是故明千户，曾降于清，这类人从来是负固之徒，或存念旧之心，降而复云叛，纠党聚众，杀官掳城。

康熙《昌化县志》："顺治四年初复琼郡，委任昌化知县张道元、教谕叶英、典史熊灿然。张道元苛酷，激变民黎，六月初六，道元、灿然自刎。教谕叶英详道，委文昌二尹李浤、典史刘以节到任署事。

① （清）胡端书总修，杨士锦、吴鸣清纂：道光《万州志》卷七《前事略》，海南出版社2004年版，第426—427页。

② （清）胡端书总修，杨士锦、吴鸣清纂：道光《万州志》卷七《前事略》，海南出版社2004年版，第427页。

是年冬，邻儋起乱，千户陆应宿、荫袭何而强等集党数百，迎明季临高县知县赵幼文坐儋，遣乱兵三百余人围破昌城，生擒李浤、刘以节返儋系狱。”①

当清兵到达琼州时，也有琼廪生誓死抵抗。光绪《定安县志》:“丁亥顺治四年（1647年）四月，大清兵至琼。廪生吴履泰死之。”注云:“大清总兵阎可义等领兵至琼，各官剃发迎降。履泰丁父艰，乃以衰绖起兵，尽散家财招募，旬日得壮勇三千余人。五月初十日誓师文庙，涕泗呜咽。分水陆二道进击。十二日，屯于买万，斩获甚众。十三日黎明，张参戎纵铁骑夹击，履泰众溃，抱石投河而死。”② 在清兵的大力镇压下，反抗者失败了。

道光《琼州府志》:“顺治四年（1647年）二月，总兵阎可义等入琼州，百姓郊迎安堵，遂定琼州。”又：夏五月“明千户洪廷栋、镇抚胡永清聚集众反，崖州知州于有义招降之”，“崖州民彭信古纠结罗活、官坊诸峒黎叛，知州于有义督军进剿，不克”，“万州叛将曹君辅纠结黎峒贼攻入城，杀知州戴纶，据其城”，“秋七月，文昌贼周京等围乐会，知县邵明俊讨平之”。③

《崖州志》:“顺治四年（1647年）五月，儋、万、临、陵等州县皆乱，故明千户洪廷栋、镇抚胡永清遂聚众反。寻闻总镇李栖鹏破万、陵，大惧，挈妻子奔乐安。六月，知州于有义莅任，胡永清迎降。有义遣还招廷栋等，廷栋亦出降。时守备林时森赴乐安，督薙发甚严。队兵彭信古等遂杀时森及僮仆十余人，纠结罗活、官坊、头塘诸黎，及西里、黄流、乐罗、抱旺等村，皆拒命。此时州城尚未置守兵，人情汹汹。有义率五厢乡民及多港、抱怀黎，合三千余人，进攻乐安，

① （清）方岱修、璩之璨校正：康熙《昌化县志》卷五《兵防志·平乱》，海南出版社2004年版，第65页。

② （清）吴应廉创修、王映斗总纂：光绪《定安县志》卷十《杂志》，海南出版社2004年版，第800页。

③ （清）明谊修、张岳崧纂：道光《琼州府志》卷四十二《杂志》，海南出版社2006年版，第1887—1888页。

不克。”①

顺治四年（1647 年），海南岛反对清兵占领的斗争十分激烈，从二月到五月，反抗队伍接连不断，有的地方降而复叛，在清兵的大力镇压下，反抗者多以失败而告终。

（2）顺治五年（1648 年）发生的事

光绪《崖州志》：“五年（1648 年）三月，于有义传檄西里士民薙发效顺，惟乐安营及黄流不下。四月，彭信古等率罗活诸黎出抱旺。有义闻报，率众御之。信古闻有义至，设伏佯走。抱旺民以牛酒犒师。有义飨士，众皆弛甲。猝伏起，民兵惊乱。有义方披甲上马，信古已围数重。有义奋力死战，斩获数十人。薄暮，力竭自刎。百姓怜之，曰‘好官轻死’，取其尸瘗之。有义既死，州中大乱。廷栋、永清复叛。李栖鹏闻变，遣参将张登雰率兵救崖，进攻乐安，不克。又攻头塘寨，甚固。还攻黄流，皆不克。遂拥众归。”“冬，故明桂王总兵陈武，浮海至黄流。黄流民与彭信古等率众迎之，入乐安。聚众出次保平，挟州官孙澄申请武守儋州。时儋为贼林六所据，武率众攻败林六，遂入儋州。”②

康熙《昌化县志》：“顺治五年（1648 年）春，伪官赵幼文据儋，招党千余抵七坊峒，调诸黎岐，联络土舍符应全、符梦鈒、符其珍、王启雄等。昌邑横遭荼毒，无所倚赖。二月，绅衿符其初、甄养明等，里民赵超、文道脉等，衙役黄英等赴儋具呈，保李浤等官回县理事。伪逆忿怒，斩呈首贡衿符其初、里民赵超、黄英等，贡衿甄养明及里民以下各索饷金。三月，琼督黄龙统兵破州，赵幼文领贼千余据昌，勾逆黄海隅、陈武自雷、廉孤舟漂泊昌港，仅十余贼。置标杨挺、罗明、黄勤、李亚达协幼文聚昌。是月，黄龙统兵围昌，幼文领贼奔伏七坊峒。时陈武伪号‘总兵’，置标招贼，挟崖、昌、感恩流民数千从感恩古

① （清）钟元棣创修、张嶲等纂修：光绪《崖州志》卷十四《黎防志·明季事迹附》，海南出版社 2006 年版，第 380 页。

② （清）钟元棣创修、张嶲等纂修：光绪《崖州志》卷十四《黎防志·明季事迹附》，海南出版社 2006 年版，第 381 页。

镇州抵崖州乐安营据镇，以伪参将许大材渡海据琼，以流寓名宦朱国相署昌化县事，典史黄祚亨、教谕陈树猷各理县务。”①

道光《万州志》:“五年戊子（1648 年）四月，曹君辅复聚众攻城，郡旗鼓官率兵赴援，君辅复遁去。时君辅纠合贼党数百，离州五里结寨，贡生平可观领官兵袭寨，执君辅姻党李振声，杀之。次早，君辅攻城，城中大震。适琼郡旗鼓官带兵在陵水，闻贼攻城，赴援。贼党解散，辅遁入黎峒。”②

道光《琼州府志》:“五年（1648 年）春三月，崖州知府于有义大战彭信古于抱旺村，不克，死之。冬，海寇陈武伪号总兵，扰崖、昌、感各州县。”③

顺治五年（1648 年），明末官吏陈武等在海南岛上调动黎族反抗，自号“总兵”，安营据镇。曹君辅也聚众攻城，失败后遁入黎峒。

（3）顺治六年（1649 年）发生的事

康熙《昌化县志》:“己丑年（顺治六年，即 1649 年）逆武（即陈武）盘踞西琼崖、昌、感，协党盈万，置标百余。陈德、孙辉等数十助逆，肆恶勒拷昌民，或二三百金，或五六百金，牛帛财物尽其所有，死者不可胜计。逆武升伪号‘宫保府’，遣标将杨挺镇崖，其妻蒋氏镇乐安，孙辉镇感，罗明据昌。逆武统贼，协黎岐破儋，妻蒋氏伪号‘女总兵’坐镇，朱国相移署儋务，章应忭继任昌事。”④

道光《万州志》:“六年（1649 年），州城为贼所掳。知州邓士廉等皆被贼逐北去。自此地方多故，垂三四年方得宁息。”“闻是时有故明官将占据郡城，海南诸州县皆从乱焉。”按旧志云：“是时纷纷窃据，

---

①（清）方岱修、璩之璨校正：康熙《昌化县志》卷五《兵防志·平乱》，海南出版社 2004 年版，第 65—66 页。

②（清）胡端书总修，杨士锦、吴鸣清纂：道光《万州志》卷七《前事略》，海南出版社 2004 年版，第 427 页。

③（清）明谊修、张岳崧纂：道光《琼州府志》卷四十二《杂志》，海南出版社 2006 年版，第 1888 页。

④（清）方岱修、璩之璨校正：康熙《昌化县志》卷五《兵防志·平乱》，海南出版社 2004 年版，第 66 页。

不过借故明监国遗号，非皆心乎其主者也，故不书。”①

光绪《定安县志》：“顺治六年（1649年），琼山许宗孔等勾通临高贼作乱。明尚书王弘诲、孙昌言堵御，死之。宗孔与林冲霄、蔡从龙，并本县黄和声、黄楚声，通奸棍黄寒娘、甘妳田，勾引临高贼首李花脸、马蹬根，南岐峒首王瑞应，假称起义，掳掠乡村男妇财物，残毒难堪。昌言捐家赀招募勇壮，夹击败之。六月十三日，与张参戎会师金鸡岭合剿，误中贼计，昌言死之。贼益滋横。”“八月，贼破邑城，昌言妻陈氏死之。”②

《清实录》：“顺治六年（1649年）五月，授琼州道陆振芬为广东布政使司参议，兼按察使司佥事，分巡岭东道。”③

顺治六年，陈武升伪号“宫保府”，妻蒋氏升伪号“女总兵”坐镇，借故明遗号，发展自己的武力。

（4）顺治七年（1650年）发生的事

康熙《昌化县志》：“庚寅（1650年四月），逆武（即陈武）自儋旋昌，杀昌署章应忭，伪立知县林亨，开征钱粮。”④

道光《万州府志》：“七年庚寅（1650年），李鼎裕等杀贡生平可观。”⑤

光绪《崖州志》：“陈武遣妻蒋氏统众至崖。时孙澄弃城赴郡，洪廷栋、胡永清等遂迎入城。蒋氏纵众大掠，凡民间稍可存活者，悉械系，令倾赀取赎，否则杀之。不能赎而致杀者三百余人。抱鼻黎谭亚皎散家赀，募百余人；生员陈廷献起众多港，联络东里民，共攻蒋氏，不克。”⑥

① （清）胡端书总修，杨士锦、吴鸣清纂：道光《万州志》卷七《前事略》，海南出版社2004年版，第427—428页。

② （清）吴应廉创修、王映斗总纂：光绪《定安县志》卷十《杂志》，海南出版社2004年版，第800页。

③ 《清实录·世祖顺治实录》卷四四。

④ （清）方岱修、璩之璨校正：康熙《昌化县志》卷五《兵防志·平乱》，海南出版社2004年版，第66页。

⑤ （清）胡端书总修，杨士锦、吴鸣清纂：道光《万州志》卷七《前事略》，海南出版社2004年版，第428页。

⑥ （清）钟元棣创修、张嶲等纂修：光绪《崖州志》卷十四《黎防志·明季事迹附》，海南出版社2006年版，第381页。

宣统《定安县志》:“七年庚寅(1650年),靖南王耿继茂、平南王尚可喜统兵攻广东省城,阅九月乃下。壬辰十月,恢复海南州县。《东华录》:广东自顺治四年归顺,后复为流贼所据,至此始恢复。”①

顺治七年到八年(1650—1651年),陈武继续在海南岛崖州、儋州等地窃据。顺治八年(1651年),故明副使朱由真自郡来州考试,海寇王吉由潭门上岸执朱由真,曹君辅同男宏锡、宏九救朱由真,被赐官职,招兵据城,百姓受害。

(5)顺治八年(1651年)发生的事

康熙《昌化县志》:“辛卯(1651年)二月,逆武(即陈武)复踞昌,伪号‘军门’。”②

光绪《崖州志》:“八年,会陈武自儋至,统众数千人。并其部领陈德、杨廷等水陆并进,攻掠州东五里,纵焚民舍,入据崖州。郡城闻急,遣将程鹏、蔡茂芳分讨陈武。鹏由东路攻崖,芳由西路攻儋。是时,蒋氏去之儋。鹏引兵至崖,合陈廷献、谭亚皎民黎兵,奋力战攻,皆不克。茂芳既入儋州,擒蒋氏,遂引兵西下。武闻茂芳至,惧其合攻。先诈遣人诣鹏乞降。鹏杀之,攻城益急。武率众出战,鹏大败,陈廷献、谭亚皎皆遁。武尽焚厢坊村落,杀数百人,五厢为一空,仅踞孤城而已。茂芳兵至黄流,武先遣人犒迎,芳不纳。至乐罗,率众迎战。茂芳击斩二十余人,获马十七匹。武败走,还州。茂芳兵至水南河,程鹏引兵来会,陈廷献、谭亚皎亦集。茂芳督诸军攻城东、西、南三面,使人登文庙尊经阁举炮,城中行者多击死。武众于雉堞窃视,茂芳使射之,应弦倒。如是者数日,武惧,逃入乐安。茂芳因城郭丘墟,又闻杜永和舟师遁海南,遂乘夜引还。”③

道光《万州志》:“八年辛卯(1651年),海寇王吉入万州。按:

---

①(清)宋席珍续纂、莫家桐编:宣统《定安县志》卷十《杂志》,海南出版社2004年版,第831页。

②(清)方岱修、璩之璨校正:康熙《昌化县志》卷五《兵防志·平乱》,海南出版社2004年版,第66页。

③(清)钟元棣创修、张嶲等纂修:光绪《崖州志》卷十四《黎防志·明季事迹附》,海南出版社2006年版,第381—382页。

是时故明副使朱由真自郡来州考试，王吉由潭门上岸，率兵千余入城，执朱由真，幽于分司，杀郡中差官及健步二十余人。曹君辅同男宏锡、宏九夜攀城救由真出，由真德之，加君辅父子官职，以宏锡为监军理刑，招兵数百，地方人受其害。秋八月，闽寇林禄上岸招兵，故明郡兵败之，禄入州与吉同据城，后吉为禄所杀。按：林禄驾舟三十余只入周村港小海，郡中将张伯府、李伯府引兵蹑之，炮焚其舟。禄气沮入城，令从贼皆剃发，为固守计。冬十月淫雨，河溢，禄粮绝，夜出西门，欲遁，郡兵执杀之。"①

（6）顺治九年（1652年）发生的事

《清实录》："顺治九年（1652年）八月丁巳……平南王尚可喜奏言：'靖南王耿继茂前率兵进取琼州，今琼州伪部院杜永和、伪伯张月等亲诣投诚，地方底定。迩来粤西告警，省会单薄，靖南王孤军远出，不无隐忧。'上以琼南底定，命靖南王班师回省。"②

《清实录》："顺治九年（1652年）十月庚子，平南王尚可喜、靖南王耿继茂奏报，"臣于正月，整兵南下，沿途余孽敛迹，伪总兵蔡奎归顺。进抵廉州，遣吕应学等攻克钦、灵，阵擒伪总兵袁胜，伪南阳侯李元允，伪镇平伯周朝等；斩伪总兵上官星拱、伪益阳王等。惟贼首李明忠遁走雷州，伪军门杜永和、伪博兴侯张月等，同伪西平王朱聿钦缚明忠来降，臣即斩明忠以徇。计高、雷、廉、琼四郡，前后投诚官共二百八十一员，获银印关防等物甚多。"③

《崖州志》："九年（1652年）三月，陈武帅众攻陈廷献，廷献自多港出抱怀御之。未至，武先攻抱怀黎。及献至，内外夹击，擒斩二百余人。武大败，衣甲弓马遗弃殆尽。武及陈德、杨挺仅以身免，遁去儋州。陈廷献入崖州。"④

---

① （清）胡端书总修，杨士锦、吴鸣清纂：道光《万州志》卷七《前事略》，海南出版社2004年版，第428页。

② 《清实录·世祖顺治实录》卷六七。

③ 《清实录·世祖顺治实录》卷六九。

④ （清）钟元棣创修、张嶲等纂修：光绪《崖州志》卷十四《黎防志·明季事迹附》，海南出版社2006年版，第382页。

康熙《昌化县志》:"壬辰顺治九年(1652年),琼将遣将张士益降武,武标陈德、杨挺削发领兵百余,赴郡效用,武泊海投诚随征。是年八月,蒙委署县徐斌晖、典史程起云到任理务,招抚乡都。"①

道光《万州志》:"九年(1652年)壬辰,闽寇张士俊带海贼三百入州,据其城。自己丑年,琼郡、万州皆为余孽所据,王吉、林禄、张士俊与郡兵彼此互争,纷纷杀夺。均贼耳。"又:"秋八月,省官兵渡海,恢复琼州府。参将马正龙带兵五百来定万州,因驻防焉。自此地方复归化,兵革遂息。"②

民国《琼山县志》:"九年(1652年)春二月,设琼州总兵官。"③

(7)顺治十年(1653年)发生的事

道光《琼州府志》:"十年(1653年),总兵高进库统兵讨澄迈黎贼,平之。"④

康熙《昌化县志》:"顺治十年(1653年)癸巳三月,部铨知县欧阳思到任,甫设催科。"⑤

《清实录》:"顺治十年(1653年)五月壬申,升……广东南韶道参议林嗣环,为本省按察使司副使、琼州道。"⑥

道光《万州志》:"十年(1653年),招出贼党曹君辅同男宏九,解琼州府伏诛。"⑦

顺治九年至十年(1652—1653年),陈武投降,曹君辅同男宏九

---

① (清)方岱修、璩之璨校正:康熙《昌化县志》卷五《兵防志·平乱》,海南出版社2004年版,第66页。

② (清)胡端书总修,杨士锦、吴鸣清纂:道光《万州志》卷七《前事略》,海南出版社2004年版,第429页。

③ 朱为潮、徐淦等主修,李熙、王国宪总纂:民国《琼山县志》卷二十八《杂志》,海南出版社2004年版,第1830页。

④ (清)明谊修、张岳崧纂:道光《琼州府志》卷四十二《杂志》,海南出版社2006年版,第1889页。

⑤ (清)方岱修、璩之璨校正:康熙《昌化县志》卷五《兵防志·平乱》,海南出版社2004年版,第66页。

⑥ 《清实录·世祖顺治实录》卷七五。

⑦ (清)胡端书总修,杨士锦、吴鸣清纂:道光《万州志》卷七《前事略》,海南出版社2004年版,第429页。

被俘，解琼州县伏法。

（8）顺治十一年（1654年）发生的事

《崖州志》："十一年（1654年）七月，彭信古及州人廪生邢圣经等，闻陈武袭破昌化县，聚众复据州城。先是，武势穷归附，随守高州，隶降将张月部下。闻故明晋王李定国率众南下，攻陷诸郡，武叛归定国。国问谁可下海南者，武愿往，称儋、昌、崖、感一路多旧将卒，必从中应。定国悦而遣之。武乃与其党三十人航海至琼。六月至昌化，入据城。信古等闻之，皆响应。八月，游击马可任遣中军守备何汝孝帅师讨之。兵至乐罗，信古驱众拒战。可任奋击，大溃。圣经等率妻子逃入吊帽岭。可任遣人往复招谕，圣经等乃率众出降。是时，大兵已破昌化，获陈武，斩首送郡。十月朔，可任杀邢圣经等。彭信古等尚据乐安。会武弟陈虎及桂王琼州知府黄士谔自昌化逃入乐安。大兵追士谔至崖，可任引众围攻，仍负固。适总兵高进库遣人招降，其党卫任斌等开门出降，黄士谔、陈虎、彭信古逃入办铳黎峒。自是罗活、抱由、官坊、头塘、抱怀诸峒黎相继投顺。十二月，大兵还州。"①

康熙《昌化县志》："顺治十一年（1654年）六月初五日，逆贼陈武复降伪安西王，独驾孤舟浮海，泊昌港登岸。时逆党庄翼宇潜伏居昌城，内应逆武，夤夜逾城杀戮，城守李耀祖生擒知县欧阳思，夺印据昌。是月十五日，琼镇右营王魁、防儋游击徐登云协统大兵围昌，逆贼冲锋，即丧逆标一员黄仕。逆调原党古镇州黄乐吾、王清一等，乐安营彭信古、陈守泰、陈进标等，统领各属贼党、黎岐，纠集向昌；调感恩县知县张昌久驰印投诚，立为昌令，追征税饷，两置学职陆鼎新、张聊奎提调昌衿，逼勒取饷；又调崖州驿官伏得胜解印归顺，充署感邑捕务，催运兵粮。八月十二日，伪逆王仕鹗漂船七只到昌据港，称琼南知府登岸。是月十五日，征剿王魁、徐登云等复统大兵围昌，困

① （清）钟元棣创修、张嶲等纂修：光绪《崖州志》卷十四《黎防志·明季事迹附》，海南出版社2006年版，第382—383页。

武伪知府，王仕鹗弃船奔古镇州，入崖黎穴。十月初七日，城内藩下张、孙二将领官兵战船，舳舻相衔，漂海入港合攻。是晚城破，逆贼众皆授首，武跳城南向儋州，征将林贵获其首级献捷。防儋游击徐登云拨标甘进孝防守昌化，复用原任典史程起云理捕务。”①

道光《琼州府志》：“崖州贼邢圣经、彭信古等据州城，游击马可任帅师讨之，圣经伏诛。”②

（9）顺治十二年（1655 年）发生的事

道光《万州志》：“十二年（1655 年），参将马正龙忌杀哨官曾居仁，正龙寻卒。时龙忌居仁骁勇，借点乡兵为名，诱仁带兵百余入城，闭门尽屠之。”③

上述这前后九年，海南岛上有清朝总兵阎可义率领的清朝军队，有明臣曹君辅等遗臣势力，有廪生吴履泰等地方武装，有彭信古等黎族武装首领，有自广东雷州、廉州漂泊外来的桂王总兵陈武，还有海盗、本土盗贼等，各派势力，闹得乱哄哄一团糟！

顺治四年（1647 年），清兵控制广东全境以后，二月，总兵阎可义进入琼州；四月，琼州降。六月，知州于有义莅任。虽然有州一级的官员，但清政府的政令还不能在海南推行。以昌化县为例，顺治九年（1652 年），徐斌晖才“到任理事”，第二年又更换。顺治十年（1653 年），“知县欧阳思到任，甫设催科”。昌化到 1653 年才开始科税。这表明清政府到顺治十年（1653 年）才开始在行政上步入正轨。

这期间的政治局面，虽然是在顺治四年（1647 年）“琼州降”，但明代的千户曹君辅等在儋州、昌化、感恩、临高、陵水等地都曾发动抗清武装斗争。顺治四年六月上任的知州于有义的前任、四月“以戴

① （清）方岱修、璩之璨校正：康熙《昌化县志》卷五《兵防志・平乱》，海南出版社 2004 年版，第 66—67 页。

② （清）明谊修、张岳崧纂：光绪《琼州府志》卷四十二《杂志》，海南出版社 2006 年版，第 1889 页。

③ （清）胡端书总修，杨士锦、吴鸣清纂：道光《万州志》卷七《前事略》，海南出版社 2004 年版，第 429 页。

纶知州事，朱九锡为州吏目”，到五月十二日明臣曹君辅“联合黎哨率众杀掉”。知州、州吏目生命都岌岌可危，何论其他！也是这一年，儋州的明千户陆应宿等迎明季临高知县赵幼文坐儋，定安廪生吴履泰尽散家财，招募了三千多壮勇反抗，崖州的明千户洪廷栋等集众反。反抗清朝的斗争此起彼伏，形成“儋、万、临、陵等州县皆乱”的局面。

典型的反抗斗争是顺治四年（1647 年），守备林时森到乐安，“督薙发甚严”，民族感情、民族文化和民族尊严也受到伤害，于是黎族人民连续两年进行武装抗争。先是顺治四年五月，队兵彭信古等杀林时森，然后联合罗活、官坊、头塘、西里、黄流、乐罗以及抱旺等地的黎众“拒命”，群情激奋，“人情汹汹”。总兵阎可义纠集了三千余人“进攻乐安，不克”。第二年，顺治五年（1648 年）四月，彭信古率罗活诸黎出抱旺，伏击阎可义，逼迫阎可义“力竭自刎”。反清抗争达到高潮。

最关键的是南明桂王总兵陈武，在顺治五年（1648 年）冬天，接受到海南岛组织抗清的指示，自广东浮海到崖州黄流，彭信古等“帅众迎之”。此后直到顺治十一年（1654 年）这六年时间，陈武多次反复。

在海南岛，他得势时，“协党盈万，置标百余”，按照清代军队编制，他当时率领的军队，相当于今天一百多个团。这当然是夸大其词，但他的势力的确相当大。这才有资本升伪号“宫保府”，他妻子升伪号“女总兵”，不可一世。几经波折，到顺治十一年（1654 年）六月，他到昌化港，生擒知县欧阳思，“夺印据昌”。南明的势力在海南岛一时气势极大。多次激烈战斗，到十月初七，清军将昌化城围困，陈武被困在知府；晚上破城，陈武跳出城墙，向南逃奔儋州，途中，林贵“获其首级献捷”；彭信古等协从也都相继失败，逃入黎峒。到顺治十三年（1656 年），清军占领海南全境，局势大体平定。

第二阶段，顺治十三年（1656 年）到康熙元年（1662 年），这期间在海南发生的重要政治事件记述如下。

（1）顺治十三年（1656 年）发生的事

《清实录》："顺治十三年（1656 年）闰五月壬申，赠殉难广东临高县知县刘承谟，为本省按察使司佥事，荫一子入监读书。"①

《清实录》："顺治十三年（1656 年）六月辛卯，升……福建兴化府知府张彦珩，为广东按察使司副使、琼州兵备道。"②

《清实录》："顺治十三年（1656 年）六月丁酉，予殉难广东临高县知县刘承谟，祭葬如例。"③

（2）顺治十六年（1659 年）发生的事

光绪《崖州志》："十六年（1659 年）十一月，黄士谔、彭信古等久居办铳，闻延平王郑成功攻陷江南诸郡，复率办铳、抱牒、头塘、官坊、罗活、抱由、抱怀诸黎起应。游击马可任上变。"④

（3）顺治十七年（1660 年）发生的事

光绪《崖州志》："十七年（1660 年）正月，总兵高进库檄儋、万营协剿。时可任病，遣署中军姚启章会师进剿。先攻抱牒，群骇溃。次攻头塘，斩贼数十人，大破之。官坊、罗活、抱由黎皆率众出降，惟抱怀负险不下。办铳黎闻抱牒、头塘俱破，大惧，遣十余黎诣乐安乞降。启章尽缚之，使擒黄士谔、彭信古等，函其首以献。事平。"⑤

《清实录》："顺治十七年（1660 年）八月戊戌，升……河南彰德府同知谢宸，为广东按察使司佥事、琼州道。"⑥

道光《万州志》："十七年（1660 年）戊午，石城县知县李琰升万州知州，二月视事。"⑦

---

① 《清实录・世祖顺治实录》卷一〇一。

② 《清实录・世祖顺治实录》卷一〇二。

③ 《清实录・世祖顺治实录》卷一〇二。

④ （清）钟元棣创修、张嶲等纂修：光绪《崖州志》卷十四《黎防志・明季事迹附》，海南出版社 2006 年版，第 383 页。

⑤ （清）钟元棣创修、张嶲等纂修：光绪《崖州志》卷十四《黎防志・明季事迹附》，海南出版社 2006 年版，第 383 页。

⑥ 《清实录・世祖顺治实录》卷一三九。

⑦ （清）胡端书总修，杨士锦、吴鸣清纂：道光《万州志》卷七《前事略》，海南出版社 2004 年版，第 431 页。

自顺治十三年（1656年）至顺治十八年（1661年），这期间主要是黎族的武装反清斗争。突出的是黄士谔、彭信古等在黎峒办铳蛰伏多时，顺治十六年（1659年）十一月，受到延平王郑成功攻陷江南诸郡，江南地区再次掀起反清的风潮，于是他们二人又统率办铳、抱牒、头塘、官坊、罗活、抱由、抱怀等黎峒起来反清，一时海南黎区又起烽火。第二年，顺治十七年（1660年）正月，由中军姚启章进剿，先后破几个峒，只剩下"抱怀负险不下"，后来在诸峒俱破的压力下，也乞降。姚启章将黄士谔、彭信古"函其首以献"。到康熙元年（1662年），乐万地区的黎峒势力归顺，海南的反清势力基本全部失败。

第三阶段，康熙二年（1663年）至康熙十九年（1680年），这期间在海南发生的重要政治事件记述如下。

康熙《昌化县志》："康熙十二年（1673年），平西王吴三桂叛，遣开平伪知县韩泼侦探粤东水陆地方情形，引西贼马雄入寇。安达公尚之信迫父身殒，从逆，琼属三州十县亦皆降逆。昌化知县高日旦先故，训导莫恒吉、城守卢仪、典史叶拱宸俱受伪职，缴印。至康熙十五年（1676年）归正，十八年（1679年）八月另造县学新印，颁发到县。"①

《清实录》："康熙十六年（1677年）七月庚子，平南王尚之信疏报，原任镇守琼州总兵官佟国卿，举城归正。下部议叙。"②

《清实录》："康熙十八年（1679年）正月癸卯，平南王尚之信疏报，康熙十七年（1678年）十二月初三日，琼州水师副将王珍等，率领水陆官兵，大破海逆杨二等于山墩地方。下部议叙。"③

康熙二年（1663年）至康熙十九年（1680年），这个阶段包括小股海盗及郑成功残部活动。康熙十六年（1677年）原任镇守琼州总兵官佟国卿"举城归正"，康熙十七年（1678年）琼州水师副将王珍等，

---

① （清）方岱修、璩之璨校正：康熙《昌化县志》卷五《兵防志·平乱·附时事》，海南出版社2004年版，第67页。

② 《清实录·圣祖康熙实录》卷六八。

③ 《清实录·圣祖康熙实录》卷七九。

率领水陆官兵，将海盗杨二剿平，康熙十九年（1680年），盘踞在澄迈、定安的郑成功残部被清军剿灭。清代在海南的统治得到巩固。

清朝军队经过30多年艰苦的军事围追、残酷镇压，终于将海南岛的反清势力剿灭，将海南全岛统一。

清代建国初期，在海南岛上，清军与南明军之间的斗争，持续了30多年之久。尤其是在顺治朝，双方的争斗，胜败反反复复。上面所列举史书及志书所记载，让我们从原始记载中，看到两股势力所掀起的海南战争的线索。

第一，上述引文中的所谓“逆”“贼”“伪”“叛”等词，不辨自明，这些志书是清代编写的官书，对南明抵抗清政权统治的人，统一冠以这些称号。连编写志书的人也说：“明季拒命诸人虽圣朝之顽民，不失为有明之义士。《旧志》相沿，悉书为贼。国初体制，自应如此。伏读御批《通鉴辑览》、钦定《三王纪事本末》，皆照原官书，不名为贼。且赐美谥，准祀忠义词。圣明崇奖忠义、大公无我之怀，高出千古。即《通志·列传》亦只据事直书，并无忌讳。兹谨仿其例，一一改正，除去贼名，仍不抹却事实，庶足以慰忠魂而昭定论。愿以质诸知人论世者。”[①] 这是站在中立的角度上说的话，大凡两朝交接，胜者为王，败者为寇，对于垂死挣扎尽忠旧朝的义士，新朝称之为“伪”“贼”等字，是可以理解的。

第二，明代在海南的政权，对于海南人民的统治，清廉官吏为民造福者有之，但贪官污吏、残暴欺诈者不在少数，因而引发明代大规模的黎民起义，明代将领也对起义队伍进行惨无人道的大屠杀。但问题在于，当清军以排山倒海之势进军南方推向广东的时候，南明政权的官员则渡海结聚黎民的勇武力量，抵抗清军统治海南岛。黎峒成为作战的隐蔽力量的退路，让黎族作为他们最后一支战斗的生力军。

---

① （清）钟元棣创修、张嶲等纂修：光绪《崖州志》卷十四《黎防志·明季事迹附》，海南出版社2006年版，第383—384页。

第三，南明将领占据海南郡域，海南诸州县都由他们指挥，有的是借故明监国遗号，成为乱世英雄，并非忠心故主。最具代表性者如陈武，浮海至海南岛，他对清军时附时叛，时遁时战，在海南坚持抵抗清军达 11 年之久，一直至顺治十一年（1654 年）以失败被斩首而告终。其他反抗兵力，此起彼伏，到康熙十五年（1676 年）才大体上告一段落，清代政权在海南岛上的统治才基本上稳定。

第四，与历代皇朝一样，清代政权对海南的统治，有的官员清廉，为民造福，获得民众爱戴并纪念他；有的官员利用职权，劫掠黎寨乡村，民不聊生，引起民愤而起来反抗暴虐的统治。历代皇朝，对于海南岛上的丰饶自然物产，都是从经济上进行掠夺，在这处于浩瀚之沧海中的宝岛上，演绎了许许多多动人心魄的历史事件。

第二节　清代统一海南

清代在海南岛上，经过对南明反清势力的长时间征讨，终于在顺治朝后期慢慢平息，政局逐渐稳定。

据道光《琼州府志》记载，清代在海南第一位知府是朱之光，于顺治十二年（1655 年）任知府事。朱之光应该说是一位不坏的官，他在任时“抚字有方，刑平政简，居官无赫赫之名，而去后常见思，祀名宦”。[①] 清初朱之光来海南任职，百姓为他的德政写下了《海日澄光记》，这部书记录了他当时到海南之后处境之艰苦及其事迹。明代由于兵戈四起，乡民逃窜，战后逃亡者逐渐回来，而留下来的兵士霸占了民居，先回来的人占领了田亩，因此对田产、屋宇的诉讼无虚日，前任的郡守积累下数千案件。是时，百姓有屋不得居而栖身破屋，有田不得耕而籴米糊口，向官府上诉又不能辨别是非曲直。他到任后，未一月，尽剖断之，数万民户得以复业。他审案未尝假辞色，事鞭扑，于是民心信服，不敢狡饰，即吐真情，由此狱不留滞。所属地产沉香、

① （清）明谊修、张岳崧纂：道光《琼州府志》卷三十一《官师志》，海南出版社 2006 年版，第 1398 页。

玳瑁诸物，守土者多取以馈送给他，之光悉榜免之，其他德政，多有可称，琼人把他这些事迹写成书，名曰《海日澄光记》。① 可见，清朝在海南岛上的统治站稳脚跟之后，面对当时用兵后“市井萧条，民皆避乱”的现实，在顺治后期选派官员治理海南，都比较务实，以此收复民心，巩固清代刚刚踏上海南岛后扫除南明武装势力的决心。例如顺治十二年（1655 年）派来的崖州知州梅钦，到任后，“钦劳来抚循，远近流民皆襁负来归复业。康熙元年（1662 年），为民请豁免荒米一千四十七石有奇，并请豁军屯米一千九十八石。在任七年，多惠政”。② 顺治十二年(1655 年)定安县知府李宏名,“廉明慈惠,实心爱民,详请豁免荒芜田粮，不肯虚报垦荒田亩，民感德之”。③ 顺治后期派到海南的一批汉人官吏，为清代巩固对海南的统治立下了汗马功劳。这仅仅是清代统治海南之初良性的一面。

作为统治一方的官吏，良莠混杂，贪官污吏给人民带来了痛苦，而致老百姓铤而走险。海南在清代的统治下，也必然横遭祸害。这一社会现实，也详见于史书中的记载。清代崖州府官吏陶元淳，康熙二十三年（1684 年）举顺天乡试，康熙二十七年（1688 年）成进士，出宰昌化，第二年，摄崖州。他在治理崖州时，“廉明方正，禁革衙门陋规。请除荒米数十余石。士民感之”。这样一位官员，在崖州任上，明察官场黑暗，写下《请严职守详文》，揭露营将侵官溺职的弊政。其中内容，可窥清代在海南弊政之一斑。

陶元淳所实陈事件有六：

> 一、营将侮文之害。崖营兵律不肃，将士骄横，侵侮官职。如陈把总，汛弁也，殴辱感恩县毕典史，历经究断，方得保全。杨棍子，营卒也，殴辱藤桥司张巡检，虽经告州，不得申理。其他头目挟制有司，把

① （清）明谊修、张岳崧纂：道光《琼州府志》卷三十一《官师志》，海南出版社 2006 年版，第 1398—1399 页。

② （清）明谊修、张岳崧纂：道光《琼州府志》卷三十一《官师志》，海南出版社 2006 年版，第 1399 页。

③ （清）明谊修、张岳崧纂：道光《琼州府志》卷三十一《官师志》，海南出版社 2006 年版，第 1398—1399 页。

持事件，不可毛举。窃思文武各有分职，本不相关。而事事交关，事事掣肘。此侵官溺职之一，不可不急为禁止者也。

二、营将征粮之害。康熙三十三年十一月二十日，据崖营游击余、守备黄具呈总镇唐转府州呈称，兵丁是否欠粮在有司衙门，理应移营查讯。又称兵丁输纳不前，本职愿甘垫应，恳给禁止，不许州差借称兵丁欠粮名色私行拘锁等情。卑职遵思：征比钱粮系有司职分，兵丁抗粮，有司责治，打粮户，非打兵丁也。若必移营征比，不容拘追，万一骄兵悍将把持局面，将营伍尽为逋逃之薮，钱粮安有输完之日？且即子衿抗粮，有司尚得戒饬，学宪不得呵禁。岂兵丁反重于子衿，营将反尊于学宪乎？而余、黄倡议如此，欲令州县仰面求己，倒授之柄，以胁制有司，自张威势。此侵官溺职之二，不可不急为禁止者也。

三、营将占丁之害。国朝营兵，与卫所之制不同。卫所皆系军籍，父子相代，兄弟相及。父兄为正军，则子弟为馀军。至于营兵，皆系招募，食粮为兵，革粮为民，父子不相继，兄弟不相及，父兄当兵差，子弟当民役，未尝有所谓馀丁也。按律，凡一户全不附籍，有赋役者家长杖一百，无赋役者杖八十。附籍当差，若将他人隐蔽在户不报，及相冒合户附籍，有赋役者亦杖一百，无赋役者亦杖八十。今海南兵皆土著，一人入伍，即一家之兄弟叔侄无不抗役，已隐户丁之半。至崖营则并收良民入伍，喂马丛刍草，谓之馀丁。州城内遵道一坊，居民一百一十余户，当民役者只有两家，其馀悉充馀丁。通计三坊五厢一十一里，奸民逋赋逃役，投充馀丁隐蔽营内者，不知凡几。朝廷户口几乎尽占，而营将知而故纵。此侵官溺职之三，不可不急为禁止者也。

四、营将保村之害。窃照钱粮完欠，系有司考成，与营将无与。独崖州黎村设有粮长，或系营将行赂钻谋，或系州牧徇情批委。委牌卯簿，假托姓名，其实皆系营将霸占。查余弁管有浮浅、官坊、抱由、焕道、浮风、窑下、抱古等村，黄弁管有谭寨、德霞等村，陈把总管有抱别等村，罗百总管有下高等村，居然自谓粮长，额粮一石，私收数倍。毒加骨髓，祸及鸡豚。朝廷既设有司，而营将横行干预。此侵官溺职之四，不可不急为禁止者也。

五、营将虐黎之害。州境东西二黎，西黎谭寨、落段、浮浅、千家、多涧、头塘、官坊、德霞、抱由、焕道、多港、抱定、大小抱别、抱笼、只酉、只扫、昂律、抱那、范凤等二十村，产谷颇多。每岁余、黄强买盐斤，运入黎地。凡有米之家，派盐一盘，征米四盘。大村派至四五十盘，小亦二三十盘，必尽夺其米而后止。又乐平营兵每岁称奉余副爷差票，各村责办獭皮四五张、灰炭数石不等。东黎远美、芭芒、产填、石板、黑坭、罗休、新村、大案、湳漏、匿才、抱抛、抱浩、湳夏、抱信、高村等十五村，每岁洒派各村木料、稻草、灰炭、大竹、小竹等，送入营内，谓之答应公务。黎人财产尽于诛求，筋力困于差役，而为将者视为分所当然。此侵官溺职之五，不可不急为禁止者也。

六、营将穿黎之害。职遵查定例：康熙四年五月，兵部题定营兵或专管官，以本身之事差遣，或私令贸易扰害者，专汛武弁应革职提问。今崖营兵丁，或奉本官差遣，征收黎粮，贸易货物。一入黎村，辄勒索人夫，肩舆出入。酒浆鸡黍，攘攫罄尽。每岁装运花梨，勒要牛车二三十辆，所过村落，责令黎人放牧。或遇崇冈绝岭，花梨不能运出，则令黎人另采赔补。至于擅锁平民入营拷打，畜养无赖狗偷鼠窃，民黎畏其凶威，有司不敢致诘，而营将坐视恣睢，以为得意。此侵官溺职之六，不可不急为禁止者也。①

基此六项，陶元淳提出：营将为暴虐民，骚扰民黎，使崖民如坐汤火。这种情况，如不及时拯救，崖民死无日矣。陶元淳在崖州任职时，深知海南岛上政治的利弊，他在一封《上萧抚军》的书信中指出："岭南之利害，万绪千端，而可以三穷弊之。曰兵穷，曰民穷，曰利穷，如是而已。"对于如此贫穷的海岛，最重要的是必须正本清源，"表正

① （清）钟元棣创修、张嶲等纂修：光绪《崖州志》卷二十《艺文志·书牍》，海南出版社2006年版，第591—595页。

则影端，源清则流洁”。陶元淳的呼吁是出自于他对海南生民之得失洞若观火，他在《上孝感熊公书》中指出：“昌化额粮千五百两，而浮粮荒粮十居其七。其他公私杂派又不下千五百两。正供一而私饱十，官取一而中饱百。以故，尽室逃亡，荆榛满目。”[①]这里所表述的，是顺治时期海南岛的实况。

清初，海南岛陷入清军及南明军的激烈战乱中，清朝消灭了南明的残余兵力，统治了满目疮痍的海岛。当时有一位官员叫罗启相的，康熙二十二年（1683年）任临高县训导。他曾写下一篇《指陈利弊书》，书中说：“职于未任之先，即闻临高连年旱灾，民逃土满，及入县境，极目荒丘，破落残村，杳无烟火，城居兵役而外，罕见行人。彼时犹谓凶岁使然，阅明年，十雨五风，耕则必获，乃未闻复业，惟见接踵继逃，是则凶岁固逃，丰年亦逃，盖无日而不逃也。通学文武诸生，职到任一载，所接见者仅有二十人，余俱踪迹莫问。即一二贡生，亦皆挈族而行，招之不返。是则小民固逃，贡衿亦逃，盖无人而不逃矣。”[②]这是临高县的情况，其实何止一县如此，全岛实情也类此。如定安县高林村，张岳崧叙述先人迁琼时的状况写道：“比至，是踉跄不能立，益以岚瘴苦疟经年。当是时，国家承平数十年矣，而琼属地僻人稀，土未尽垦。定之高林距郡百里许，山谷崚嶒，林峦蓊郁，熊猱之所居，豺貘之所嗥，盗贼啸聚，瘴疠间作，至者懔懔。”[③]究其原因，除政局动荡外，清廷的“捏垦”“杂税”“盐课”“鱼课”等苛捐杂税的盘剥，再加上海盗泊船海港，杀掳疍民；接着又奉命海禁，不特缺额无征，即全课并无所出，又复重加摊派，“加上官府捏报垦荒，兼之课税缺额，官顾考成，惟民是问，民畏刑毙，惟有窜逃。逃者既众，抛荒愈多，

① （清）钟元棣创修、张嶲等纂修：光绪《崖州志》卷二十《艺文志·上孝感熊公书》，海南出版社2006年版，第599页。

② （清）明谊修、张岳崧纂：道光《琼州府志》卷四十《艺文志》，海南出版社2006年版，第1786页。

③ 张正义、韩林元主编：《张岳崧诗文集》，《敕封文林郎翰林院编修庠生显考厚斋府君行述》，南海出版公司1998年版，第526页。

逃荒相因，日甚一日”。[①] 在这种混乱的社会状况下统治海南岛。到了康熙、乾隆年间，由于政治比较稳定，清代统治也逐渐地深入黎寨山区，所以局势相对平稳。但到了嘉庆、道光年间以后，由于世界大格局的嬗变，经济形态的转变，西方殖民者的入侵，外国教会势力的渗透，民族地区与汉区社会发展的不平衡性，海南岛上反抗民族压迫和民族歧视的斗争，在鸦片战争（1840 年）前夕，黎族的反抗斗争就愈演愈烈了。尤其是一系列不平等条约签订之后，给海南岛尤其是黎区带来严重的危害，因为在各国的不平等条约中，都涉及开放口岸、设立商埠、免除关税、自由通商贸易等特权内容。外国资本主义列强凭借这些特权，把大量过剩商品输入中国倾销，同时又从民族地区掠夺他们发展资本主义所需的一切资源。自清康熙二十四年（1685 年）清政府废除了市舶司制度，设立了江、浙、闽、粤四海关，粤海关下设总口七处，海口总口是其中之一。自琼州开埠之后，英、法、美、意、比、西、丹、奥等国先后运进大批洋货，海南岛上广大的黎、苗地区成为外国商品的倾销市场，外国侵略者同时又从岛上掠夺槟榔、益智、牛只以及花藤、皮、蜡等土特产。随着外国侵略者的经济掠夺和政治危害的加深，清代后期黎族的反抗斗争愈演愈烈。

---

① （清）明谊修、张岳崧纂：道光《琼州府志》卷四十《艺文志》，海南出版社 2006 年版，第 1786—1788 页。

第二章　清政府对海南统治的强化

第一节　政区与户口

一、政区建置

清代从顺治元年（1644 年）至宣统三年（1911 年）辛亥革命，统治中国的时间共 268 年。但清代对海南的统治，一直至顺治九年（1652 年）才算稳定，自这一年开始至宣统三年（1911 年），统治海南有 260 年。

关于海南的建置，清代初年仍循明制。据《琼州府志》载："国初仍明制，以按察司副使佥事分巡琼州兼提学。康熙十三年（1674 年），改设分巡雷琼道，雍正八年（1730 年），改分巡海南道，加兵备衔。乾隆三年（1738 年），改复为雷琼道。"[①] 又《琼州府志》载："费丙章……嘉庆二十三年（1818 年），由御史分巡雷琼道。""喻溥……道光六年（1826 年）任雷琼兵备道。"[②]

《清史稿》载："琼州府：（琼崖道治所）……领州一，县七。琼山、澄迈、定安、文昌、会同、乐会、临高、儋州。崖州直隶州：（隶琼崖道）

---

① （清）明谊修、张岳崧纂：道光《琼州府志》卷十二《经政志・文职》，海南出版社 2006 年版，第 551 页。

② （清）明谊修、张岳崧纂：道光《琼州府志》卷三十一《官师志三・宦绩下》，海南出版社 2006 年版，第 1416 页。

崖州旧隶琼州府，光绪三十一年，升为直隶州……领县四：感恩（旧隶琼州府，光绪三十一年来属）、昌化（旧隶琼州府，光绪三十一年来属）、陵水（旧隶琼州府，光绪三十一年来属）、万州（旧隶琼州府，光绪三十一年降为县，来属）。”①

因清代在很长一段时间里是循明制，也即道光《琼州府志》所说的“国朝因之”。而且都隶属于广东，所以政区建置变化不大，只是至光绪三十一年（1905年），万州降为县，崖州升为直隶州，才有一些变动。

民国《儋县志·历代沿革表》:“清初，琼府管州三县十:儋州、崖州、万州。琼府道台名雷琼兵备道，以琼府而兼管雷府。后因崖州近黎，黎防紧要，特于光绪年间改为琼崖道，以崖州为直隶州，管陵水、昌化、感恩三县，而万州、儋州仍为散州。”②

《光绪朝东华录》载:“光绪三十一年（1905年）四月，政务处奏：本年四月初五日，准军机处钞交署两广总督岑春煊奏请添设巡道并将粮道等缺分别裁改一折，又请升崖州为直隶州知州一片，均奉硃批……再该督等片奏，请将琼州府属崖州知州升设直隶州一缺，系因与附近该州之感恩、昌化、陵水三县，万州一州，均距府治过远，管辖多有不便……所有原属该府之感恩、昌化、陵水三县，及万州改设万县，均归崖州管辖，俾便控驭而符体制……又片奏，崖州升为直隶州，万州改为万县，查崖州原系难简调缺，今升为冲难烟瘴直隶州要缺，万州原系疲要调缺，今改为县缺。”③

---

① 赵尔巽等撰:《清史稿》卷七十二《地理志十九》，中华书局1986年版，第2288—2291页。

② 彭元藻、曾友文修，王国宪总纂：民国《儋县志·历代沿革表》上册，海南出版社2004年版，第24页。

③（清）朱寿朋编、张静庐等校点:《光绪朝东华录》，中华书局1958年版，总第5347—5348页。

见下图：

- 第一次建置从顺治九年（1652 年）至光绪三十一年（1905 年），中间的康熙十三年（1674 年）海南道改设为雷琼道
  - 琼州府（海南道、雷琼道）
    - 琼山县
    - 澄迈县
    - 定安县
    - 文昌县
    - 会同县
    - 乐会县
    - 临高县
    - 儋州—昌化县
    - 万州—陵水县
    - 崖州—感恩县

- 第二次建置从光绪三十一年（1905 年）至宣统三年（1911 年），琼州府领州一、县七，升崖州为直隶州，领县四，降万州为县
  - 琼崖道（雷琼兵备道）
    - 琼州府
      - 儋州
      - 琼山县
      - 澄迈县
      - 定安县
      - 文昌县
      - 乐会县
      - 会同县
      - 临高县
    - 崖　州
      - 万县
      - 陵水县
      - 感恩县
      - 昌化县

二、户口统计

关于清代户口的统计，历来对丁、口、户的统计方法进行了许多争论，在葛剑雄主编的《中国人口史》中，曾对此问题提出多方论证。

《清史稿》中对户口的说法是："清之民数，惟外藩扎萨克所属编审丁档掌于理藩院。其各省诸色人户，由其地长官以十月造册，限次年八月咨送户部，浙江清吏司司之。而满州、蒙古、汉军丁档则司于户部八旗俸饷处。年终，将民数汇缮黄册以闻。"在登记户册的过程中，也各定有规矩，《清史稿》载："其户之别，曰军，曰民，曰匠，曰灶。此外若回、番、羌、苗、瑶、黎、夷等户，皆隶于所在府、厅、州、县。凡民，男曰丁，女曰口。男年十六为成丁，未成丁亦曰口。丁口系于户。凡腹民计以丁口，边民计以户。盖番、回、黎、苗、瑶、夷人等，久经向化，皆按丁口编入民数。"[①] 清代对于人口的统计，关键在于编征丁口载入，而此项丁口，即归地亩均摊，事属田赋。所以，《中国人口史》第五卷的作者曹树基，提出以美籍华人历史学家何炳棣的观点来解决这一问题。曹树基指出：何炳棣从明初制度入手，全面、系统地破解了"丁"的秘密，"丁"是一种纳税单位，与人口无关。具体地说，何炳棣在其代表著作第二章《丁的实质》中，以乾隆四十四年（1779年）至道光三十年（1850年）的人口年平均增长率及乾隆四十四年（1779年）的人口数为基数，并设定此年以前的人口年平均增长率略高，从而推算出康熙三十九年（1700年）或稍后的人口数：大致在康熙三十九年或稍后，中国人口达到1.5亿，乾隆五十九年（1794年）达到了3.1亿人，道光三十年（1850年）达到4.3亿人。[②] 因此，从省级许多数字看，清代的"原额人丁"就是明代后期的定额。何炳棣指出："像清初的地税额一样，清代的'原'丁税额也是根据明末的统计数确定的，只要有可能，省和地方的官员都沿用明末的定额。在战争和迁徙

① 赵尔巽等撰：《清史稿》卷一百二十《食货志一·户口田制》，中华书局1986年版，第3480页。

② 何炳棣：《1368—1953年中国人口研究》，葛剑雄译，上海古籍出版社1989年版。

后果严重的地区，则酌情削减。”[1] 由此可见，“丁”是货币化的纳税单位。曹树基指出：“在清代中期的地方志中，尽管仍有不少‘丁’或‘人丁’的记载，却不再是清代前期的‘丁’或‘人丁’的含义了。一般说来，清代中期的‘丁’或‘人丁’都是指‘人口’，有时指成年男性，有时指所有男性人口。”[2]

以上所引述的关于清代“丁”的含义的真谛及变化，作为笔者下面所要叙述的清代户口的理论根据。笔者从各类志书所记录的人丁户口中，可进一步从“丁”的含义推测具体的更为真实的情况。清代初期，政权属草创阶段，对户口的统计，多承明代后期的统计，清代中期之后，政治已逐渐走向腐败，对户口人数的统计，基层单位的统计数字，往往不准确，只是作为对上级政府的应付而已。以各种志书中的数字对照来看，数字是混乱的，而且不同的志书数字不相同。但时至今天，笔者只能把地方志中的记载作为参考数，再无法知道该时代真实的面貌了。

例如：

表 2—1　嘉庆二十三年（1818 年）“丁”数

市县	琼山	文昌	定安	乐会	万州	感恩	昌化
丁数	103286	96312	51132	31566	64039	1119	33044
市县	儋州	临高	澄迈	陵水	崖州	会同	合计
丁数	64351	57651	105181	30586	27532	42355	728889

资料来源：道光《广东通志》卷九十《舆地略・户口》，海南出版社 2006 年版，第 288—291 页。

曹树基注：道光《广东通志》在“感恩”条下记为“丁六百六十二丁五分，归并屯丁一十七丁三分三厘”，将清代前期的纳税单位当作“丁”计入了。在感恩县数据缺漏的情况下，各县“丁”的累

① 曹树基著、葛剑雄主编：《中国人口史》第五卷，复旦大学出版社 2001 年版，第 53 页。

② 曹树基著、葛剑雄主编：《中国人口史》第五卷，复旦大学出版社 2001 年版，第 207 页。

加数为707035，而原数为728889。显然，两个数字的差额即感恩县的“丁”数。

又：道光《琼州府志》卷十三《经政志·户口》记载了各县道光十五年（1835年）的“丁”数和“口”数或“丁口”数。如在“琼山县”条下记为106952丁，99806口。“丁”为男性，“口”为女性。[①]民国《儋县志》卷五《经政志·户口》称道光十五年（1835年），册报滋生63314丁，47866口。[②]道光《广东通志》记载儋州“丁”数为64351，可见“丁”仅为男性人口。在大多数的县，则不记“口”，而是计“丁口”，如会同县，“丁”数为42355，“丁口”为84697。其“丁”数与嘉庆二十三年（1818年）完全相同，可见道光年间的“丁”实为照抄册籍而已。[③]

下面，我们再引录各类志书所记录的数字。

（乾隆）《续修大清一统志》：户口：（琼州）原额人丁118848，又滋生人丁3486。[④]

（嘉庆）《重修大清一统志》：户口：原额人丁109348，今滋生男妇大小1324068名口，屯民男妇共59193名。[⑤]

（道光）《琼州府志》所载录的是以三个年代为标准，即康熙元年（1662年）、雍正九年（1731年）、道光十五年（1835年），以这三个年号录及下人口数，为方便阅读起见，列表如下：

① （清）明谊修、张岳崧纂：道光《琼州府志》卷十三上《经政志·户口》，海南出版社2006年版，第588页。

② 彭元藻、曾友文修，王国宪总纂：民国《儋县志》卷五《经政志·户口》，海南出版社2004年版，第287页。

③ （清）阮元总裁、陈昌齐总纂：《广东通志·琼州府》，海南出版社2006年版，第290页。

④ （清）和珅等纂修：《续修大清一统志》卷三百五十《琼州府志》，海南出版社2006年版，第108页。

⑤ （清）穆彰阿纂修：《重修大清一统志·琼州府》，海南出版社2006年版，第182页。

表 2—2　琼州府顺治九年（1652 年）至道光年间“丁口”数

清代原额人丁		顺治九年（1652 年）					康熙元年至十一年（1662—1672 年）			
原额人丁	滋生人丁	原额男妇	丁口	实编男妇	内男子成丁	妇女口	实在人丁	河伯所丁	新编丁	食盐课银
109348	484	133232	1140	121831	50797	71034	47153 丁 7 分 3 厘	146	50	62910 口 4 分7厘4毫

康熙三十一年（1692 年）	康熙六年至五十年（1667—1711 年）	雍正八年至十年（1730—1732 年）				雍正九年至嘉庆二十三年（1731—1818 年）	道光十五年（1835 年）	
实在丁口	新增丁口	黎人归化附入版图黎丁	除幼男	除妇女	尚有黎丁	滋生人丁	册报滋生	现编征丁
101516	1255	4410	1554	1674	1182	728889	1250854	103059 丁 3 分 5 厘 4 毫 1 丝 1 忽 5 微，归并屯丁 290 丁零 7 分

注：顺治九年（1652 年）丁口：除崖州、澄迈、定安、乐会、会同、昌化、陵水、感恩八州县，故绝并疍灶无产椿丁数。

资料来源：道光《琼州府志》卷十三上《经政志·户口》，海南出版社 2006 年版，第 586—587 页。

表 2—3　清代各县人口统计表

地区	丁口	屯丁	原额男妇	内男子成丁	内有员役优免并匠灶疍全免丁	实编（男子）丁	妇女口	除逃亡故绝丁口	尚存丁口	黎人归化附入版图黎丁	共丁口
琼山县	30587	372 丁	33040 丁口	13285	2476	10809	19755	3310	29730	359 丁	
文昌县	21196	14 口	20467	1478	8	2574	16407				
会同县	2041	8	1719	368		520	831				1351
乐会县	9751	23 又疍丁 146	9734	1258	202	1056	8330	河伯所疍丁 146 丁			9734

续表

<table>
<tr><th>地区</th><th>丁口</th><th>屯丁</th><th>原额男妇</th><th>内男子成丁</th><th>内有员役优免并匠灶疍全免丁</th><th>实编（男子）丁</th><th>妇女口</th><th>除逃亡故绝丁口</th><th>尚存丁口</th><th>黎人归化附入版图黎丁</th><th>共丁口</th></tr>
<tr><td>临高县</td><td>2199</td><td></td><td>6960</td><td>6380</td><td>1411</td><td>4968 丁 5 分</td><td>80</td><td></td><td></td><td></td><td></td></tr>
<tr><td>儋州</td><td>11670</td><td>又黎丁 323 丁</td><td>11076</td><td></td><td>4241</td><td>5550</td><td>1285</td><td></td><td></td><td>323</td><td></td></tr>
<tr><td>昌化县</td><td>1930</td><td>12</td><td>1752</td><td>827</td><td></td><td></td><td>856</td><td></td><td>内优免丁 69</td><td colspan="2">实在编征男妇共 1683 丁口</td></tr>
<tr><td>万州</td><td>5099</td><td>19</td><td>6305 丁口 8 分</td><td>3332 丁 8 分</td><td>优免人丁 308 丁 7 分 4 厘</td><td>3024 丁零 6 厘</td><td>2973</td><td>3447 丁口 4 分 6 厘</td><td></td><td colspan="2">实在男妇 2585 丁口</td></tr>
<tr><td>陵水县</td><td>994</td><td>41 黎丁 286 丁</td><td>2751</td><td>1406</td><td>210</td><td>1196</td><td>1243</td><td></td><td></td><td></td><td></td></tr>
<tr><td>崖州</td><td>12098</td><td>10</td><td>16500</td><td></td><td>5944</td><td>2261</td><td>8295</td><td></td><td></td><td colspan="2">实在男妇 11057 丁口 8 分 6 厘 6 毫</td></tr>
<tr><td>感恩县</td><td>690</td><td>27</td><td>1119</td><td>442</td><td>93</td><td>442</td><td>584</td><td>456 丁 5 分</td><td>660，内男子 235 丁 5 分，妇女 427 口</td><td></td><td></td></tr>
<tr><td>澄迈县</td><td>6489</td><td></td><td>11933</td><td></td><td></td><td>实编男妇 8820 丁口</td><td></td><td></td><td></td><td></td><td>6417 丁 6 分 5 厘零 1 丝 1 忽 5 微</td></tr>
<tr><td>定安县</td><td>3610</td><td>黎丁 214 丁</td><td>7301</td><td></td><td></td><td>实编男妇 7270 丁口</td><td colspan="4">实在男子成丁 1354 丁 3 分，妇女 2255 口，黎人归化黎丁 214 丁</td><td>共 3823 丁 5 分</td></tr>
</table>

表 2—4 康熙元年至道光十五年（1662—1835 年）各县“丁口”统计表

地区	康熙元年至十一年（1662—1672 年）				康熙三十一年（1692 年）	雍正八年至十年（1730—1732 年）				雍正九年至嘉庆二十三年（1731—1818 年）	道光十五年（1835 年）	
	实在人丁	河伯所丁	新编丁	食盐课银	实在丁口	黎人归化附入版图黎丁	内除幼男	除妇女	尚存黎丁	滋生人口	册报滋生丁口	现编征丁
琼州府	47153 丁 7 分 3 厘	146	50	62910 口零 4 分 7 厘 4 毫	101516 丁口	4410 丁口	1554 丁	1674 口	1182	728889	1250854	130059 丁 3 分 5 厘 4 毫 1 丝 1 忽 5 微，归并屯丁 290 丁 7 分
琼山县	12935			16795 口						103286 口	106952 丁口 99806 口	29730，又黎丁 359，归并屯丁 151 丁 6 分 1 厘
澄迈县	4332			4488 口						105181	147253 丁口	6417 丁 6 分 5 厘 1 丝 1 忽 1 微，优免不尽丁 16
定安县	1185 丁 5 分			2355 口						51132	86688 丁口	3609 丁 5 分，又黎丁 214
文昌县	4052			16375 口						96312	138445 丁口	20467，归并屯兵 5 丁 6 分
会同县	888			831 口						42355	81697 丁口	1719，归并屯丁 83 分 7 厘
乐会县	1258	146		8330 口						31566	53591 丁口	9749，归并屯丁 23 丁 6 分 3 厘
临高县	6380			580 口	奉文豁免逃绝丁口 5303					57651	101032 丁口	1907 丁 5 分
儋州	9962			1664 口						64351	63314 丁 47866 口	11670，又黎丁 323，归并屯丁 28 丁 5 分
昌化县	896			856 口						33044	55636 丁口	1752，归并屯丁 12 丁 2 分 2 厘

续表

地区	康熙元年至十一年（1662—1672年）				康熙三十一年（1692年）	雍正八年至十年（1730—1732年）				雍正九年至嘉庆二十三年（1731—1818年）	道光十五年（1835年）	
	实在人丁	河伯所丁	新编丁	食盐课银	实在丁口	黎人归化附入版图黎丁	内除幼男	除妇女	尚存黎丁	滋生人口	册报滋生丁口	现编征丁
万州	1510丁8分6厘4毫			1347口4分7厘4毫						64039	113680丁口	2858丁3分3厘8毫，归并屯丁10丁5分5厘
陵水县	756		5	567口						30586	57074丁口	1459，又黎丁286，归并屯丁14丁5分5厘
崖州	2762丁8分6厘6毫			8295口						27532	54573丁口	11057丁8分6厘6毫，归并屯丁18丁5厘
感恩县	235丁5分			427口						1119	43247丁口	662丁5分，归并屯丁17丁3分3厘

资料来源：道光《琼州府志》卷十三上《经政志·户口》，海南出版社2006年版，第588-597页。

以上是根据道光《琼州府志》所记载的人口数字，在清代各县志中，都有更详细的人口记录，而且有的续至光绪及宣统元年（1909 年），如民国《琼山县志》写道：

> 光绪二十五年（1899 年），举行保甲，编户口册，报告 94000 户有奇，尚有苏寻、调塘等十余都图尚未报案。
>
> 宣统元年（1909 年），举行省会国会选举，实行调查，丁口 350000 有奇。①

清朝的户口，显然比明代增加几倍。笔者从上面数字来计算，康熙三十一年（1692 年），琼州府人口是 101516 丁口，如果每丁折 4 口算，则全岛约 40 万人，到嘉庆年间又增加到 150 万人，道光十五年（1835 年）到鸦片战争前夕，降为 125 万人。② 清代海南人口增加的原因，一是清代封建社会的生产力有进一步发展，黎峒农业的发展大大提高；二是黎、汉两族的交流日益扩大，墟市的繁荣，促使生活有长足的改善；三是移民的大量增加；四是开港后对外贸易的发展，使人口流动更加频繁。

第二节　职官与吏治

清代海南职官沿袭明制，而且地方政权仍由广东派官吏统治。

一、文职职官

1. 按察司副使：分巡兼提学，至康熙四十五年（1706 年）裁兼提学。《清史稿》载："提刑按察使司按察使，省各一人。按察使掌振扬风纪，澄清吏治。所至录囚徒，勘辞状，大者会藩司议，以听于部、院。兼领阖省驿传。"各省置按察使一人，副使、佥事，因事酌置。巡道并兼副使、佥事衔。所属经历、知事、照磨、检校、司狱，因时因地，

① 朱为潮、徐淦等主修，李熙、王国宪总纂：民国《琼山县志》，海南出版社 2004 年版，第 364 页。

② 司徒尚纪：《海南岛历史上土地开发研究》，海南出版社 1992 年版，第 100 页。

省置无恒。①

2. 佥事：设二人。

3. 分巡雷琼道：康熙十三年（1674年）改设。

《清史稿》载："道员、粮道、河道、海关道、巡警道、劝业道等。广东有琼崖道，驻琼州。此职位各掌分守、分巡，以及河、粮、盐、茶，或兼水利、驿传，或兼关务、屯田；并佐藩、臬覈官吏，课农桑，兴贤能，励风俗，简军实，固封守，以帅所属而廉察其政治。其杂职有库大使，仓大使，关大使，皆因地建置，不备设。"②

4. 分巡海南道：雍正八年（1730年）改设加兵备衔，乾隆三年（1738年）复回雷琼道。

5. 知府：《清史稿》载："同知，通判，无定员。其属：经历司经历，知事，照磨所照磨，司狱司司狱，各一人。知府掌总领属县，宣布条教，兴利除害，决讼检奸。三岁察属吏贤否，职事修废，刺举上达，地方要政白督、抚，允乃行。同知、通判，分掌粮盐督捕，江海防务，河工水利，清军理事，抚绥民夷诸要职。"③

海南同知：原驻郡城，雍正九年（1731年）移崖州照烟瘴例选调二年半，俸满候升。

海南通判：康熙三年（1664年）奉裁。

海南推官：康熙四年（1665年）奉裁。

6. 知县：县丞一人，主簿无定员。典史一人。知县掌一县治理，决讼断辟，劝农赈贫，讨猾除奸，兴养立教。凡贡士、读法、养老、祀神，靡所不综。县丞、主簿，分掌粮马、征税、户籍、缉捕诸职。典史掌稽检狱囚。

7. 府教授、训导，州学正、训导，县教谕、训导，俱各一人。教授、

---

① 赵尔巽等撰：《清史稿》卷一百一十六《职官三》，中华书局1986年版，第3348页。

② 赵尔巽等撰：《清史稿》卷一百一十六《职官三》，中华书局1986年版，第3352—3355页。

③ 赵尔巽等撰：《清史稿》卷一百一十六《职官三》，中华书局1986年版，第3356页。

学正、教谕，掌训迪学校生徒，课艺业勤惰，评品行优劣，以听于学政。训导佐之。初沿明制，府、厅、州、县及各卫武学并置学官。康熙三年（1664 年），府、州及大县省训导，小县省教谕。康熙十五年（1676 年）复置，自是教职分正副。[①]

8. 海南训导：康熙三年（1664 年）奉裁，康熙十七年（1678 年）复设。

9. 经历：康熙三十九年（1700 年）奉裁，雍正七年（1729 年）复设。

10. 司狱：雍正八年（1730 年）奉裁。

11. 巡检司巡检：掌捕盗贼，治奸宄。凡州县关津险要则置。隶州厅者，专司河防。

二、武职职官

1. 总镇：管辖本标左右两营，儋州、万州、崖州协标水师陆路各一营，海口水师营以上水陆共七营，俱在琼州境内，又兼辖廉州、龙门协水师左右两营，雷州水师海安营，嘉庆十五年（1810 年）裁雷州、海安营，归高州管辖，改为琼州镇。

《清史稿》载："镇守总兵官，掌一镇军政，统辖本标官兵，分防将弁，以听于提督。参将、游击，掌防汛军政，充各镇中军官。"

2. 游击：旧设左右两营，游击各一员。嘉庆十六年（1811 年）改为中军游击一员，兼管左营事。

3. 参将。《清史稿》载："参将，游击，掌防汛军政，充各镇中军官。"

4. 守备。《清史稿》连载：守备，掌营务粮饟。[②]

三、吏治

清代统治海南的官吏，有良吏为民造福，也有腐败官吏残害人民，民国《琼山县志》卷十六《金石志》中《治琼五戒碑》写道：

> 一黎岐之官，与琼相终始，皆缘地方文武官吏巧为藏身之计，动以激变两字冤坐波害之家，致掳掠公行，杀人无数，事主无敢喊冤。

---

① 赵尔巽等撰：《清史稿》卷一百一十六《职官三》，中华书局 1986 年版，第 3357—3358 页。

② 赵尔巽等撰：《清史稿》卷一百一十六《职官三》，中华书局 1986 年版，第 3389 页。

如此残虐，谁杀伯仁，吾恐鬼神鉴之，宜戒一也。

一强贼结党，遍地皆是。间有士绅为窝，难于捕捉，即有擒获监锢，后来有司轻为解脱。此辈一出，肆行报仇，杀人放火，致被劫之家无敢告发。此等流毒，吾恐子孙受之，宜戒二也。

一土司差役下乡，甚于虎狼。已有厉禁，各属吏承视若弁髦。谁为司牧，令民无告。宜戒三也。

一驿递派于里甲，原属厉政，乃上司以此优容差役，下司以此奉承过客。差外之差，苦中之苦，尚可忍乎？已经勒石禁革，宜戒四也。

一琼属士风寡廉鲜耻，小民畏之如虎，以故市井无赖之徒，咸思夤缘幸进，以肆其志。而州县有司，辄奴隶视而箠楚随之。良楛不分，玉石俱焚，同类曾不相关。谁司督学之责，乃令士类不清，士气不振若是耶！宜戒五也。

此五者于琼最为关切，因勒之以备韦弦，其余横民横政难以指屈，在居位者知警省耳。①

石碑中所刻，乃封建社会官场弊政，历代皆然。

清代此类官吏上上下下不在少数，他们营私纳贿，贪黩不堪，霸占民利，招摇不法，有的狡诈糊涂，有的玩忽重案，玩视民命，有的暴戾贪酷，任性妄为，有的擅挪公项，放债图利，致使民怨沸腾，尤其是对黎村的暴行，引致黎族奋起反抗，对于这类贪官污吏，清朝发觉之后，有的也做了应有的查处，现据《清实录》举几例录列如下。

1. 乾隆二年（1737 年）五月辛亥，谕总理事务王大臣：“朕闻得广东琼州府知府袁安煜，不恤民间疾苦，贪黩不堪，声名狼藉。即如乾隆一年（1736 年）平粜一事，袁安煜移至海口发卖，民已不便。盖海口逼处海滨之地，其乡民之由东西南三处而来者，已多十里之路。枵腹奔驰，而出粜又无定期，且衙役又复择人而卖，竟有忍饥终日，不得升米者。而地棍奸贩，乘机作弊，转得其利。袁安煜又将粜米之钱，

① 朱为潮、徐淦等主修，李熙、王国宪总纂：民国《琼山县志》卷十六《金石志（明清）》，海南出版社 2004 年版，第 907—908 页。

收入府署，不令民间兑换，以致钱米俱贵，民有怨言，传播道路。十月初三日散发米票时，民人群相推挤，以致踏毙老幼妇女孩童十二口。袁安煜又将卖米之钱，运至海北发卖，以图重利，私入已囊。袁安煜又发本银三百两，给与书办张凤翼，同私贩硝磺人林光美，贩卖谷石，前赴安南发卖，私贩硝磺运回，被营兵拿获。又袁安煜在省，买有家人陈洪，并母妻数口，来琼服役。因其妻少艾，欲行奸污，屡次差洪远出，洪商之同伙家人王琸，欲赴上司告理。安煜闻知，于上省时途次相遇，将洪毒打，关压船舱，不与饮食，毙其性命。洪之母、妻，与王琸之妻，出署声冤。又有冯姓、王姓家人，一齐出署至同知衙门声冤，诉称伊等妻子悉被本主玷辱等语。此朕得之访闻者。查今春杨永斌参奏袁安煜本内，止载该员罔恤民瘼，平粜不善，及纵令书役私贩硝磺二事，请将袁安煜革职；将卖米之钱不令民间兑换，竟自运至海北发卖，以图重利，及平日居官贪污，声名狼藉，奸淫仆妇，轻毙人命等情，本内俱未参出。至督臣鄂弥达，虽有会同字样，而总督乃通省表率，何以知府大员内有此贪污败检之人，在任多年，平时漫无觉察？着鄂弥达明白回奏。其各款内，有应行查讯之案，着鄂弥达会同署抚王谟秉公察审具奏。”①

类似此等贪官污吏，因罪行猖狂，受害者上告朝廷，才被发觉，正如乾隆谕书所说，为何“在任多年，平时漫无觉察”？乾隆命鄂弥达查明回奏，而实际上，鄂弥达与袁安煜上下级之间，狼狈为奸，袁安煜才敢胆大妄为，肆无忌惮。到了乾隆五年（1740 年），才查明此案。据《清实录》载：“乾隆五年（1740 年）四月乙酉，刑部议奏，两广总督马尔泰奏，原任琼州知府袁安煜，借币营利，已在赦前，应邀免议。其赦后拷打良民，纵仆放债，应坐赃论罪。至前任总督鄂弥达，一任家人萧二，交结属员，霸占民利，请旨革职。”得旨：“依议。鄂弥达身为封疆大臣，一任家人交结属员，霸占民利，婪赃盈万，招摇不法，实属溺职。鄂弥达着革职。袁安煜借帑营利，恣肆妄行，似此贪劣之员，

---

① 《清实录·高宗乾隆实录》卷四三。

鄂弥达曾在朕前奖以好语，以致袁安煜肆无忌惮，吏属徇庇。袁安煜应赔赃银，着鄂弥达照数另赔一倍，以示罚惩。”[①]如此贪官残民一例，其上下勾结的劣行，由此可见一斑。

2. 乾隆三十六年（1771年）九月癸亥，又谕："据李侍尧等奏，前因雷琼镇总兵林吕韬身死情形未确，奏请另行访察。今查审得林吕韬，实因幕友蔡俊，与雷琼道署幕友，同骗得朱把总银两，恐碍功名，遂持刀自扎，次夜复投井殒命。雷琼道王锦，于幕友撞骗得赃，既漫无觉察，而于总兵大员，自戕身故，又复捏饰具禀。琼州府知府孙琦、琼山县知县李玉树，通同蒙匿，游击王熔，扶同讳饰，均请旨革职，提犯一并审究等语。王锦、孙琦、李玉树、王熔，俱着革职，交与该督抚，提集案内有名人犯，一并严审，定拟具奏。”[②]

这是一个官吏之间互相欺骗得赃的案例，官吏之间互相撞骗，后因雷琼道畏罪自杀而败露。海南孤悬海外，山高皇帝远，一些贪官不顾法律，下欺百姓，上蒙上司是常有的事。

3. 道光十四年（1834年）九月庚辰，谕内阁："卢坤等奏参知县庇纵家丁，知府办理延率，委员被禀招摇，请分别革职解任一折。前任广东会同县丁忧知县赵荥，不能约束家丁刘六犯奸，被本夫告发。经该府行提，延不解审，已属庇纵。迨刘六被府差拿获，该县之弟赵二即赵澍，解放逃走，该县岂能诿为不知？如果撕毁该府印票，授意纵逸，希图消弭，尤属荒谬。所禀府署官幕李中杰招摇，既称系出自冯十之口，又不将冯十交审，显系有心狡展。候补从九品洪作舟，在该府当差，果与李中杰无交通招摇情事，何致被该县平空禀揭。琼州府知府富尔崇阿，于该管知县庇纵家丁，并不即时禀揭参办，直至该县呈请终养，经藩司行查，始行禀请撤任，已属迟延。所称该县馈送规礼，系拨补该县捐款之处，难保非托词掩饰。赵荥、洪作舟，均着革职，富尔崇阿，着解任，交卢坤等提同全案人证卷宗，彻底根究，

① 《清实录・高宗乾隆实录》卷一一一四。

② 《清实录・高宗乾隆实录》卷八九三。

务得确情，按律定拟具奏。毋得意存消弭，蹈官官相护陋习，致有不实不尽。”[①] 琼州府富尔崇阿幕友李中杰，向所属会同县知县赵荥，推荐乾馆不遂，遇事苛求，以致县府互揭，提省参办，李中杰畏罪自尽，通判朱栝承审恐吓，等等，说明官场上的黑暗。

至于有的官吏才能低下，有的官吏狡诈糊涂，有的官吏畏葸无能，有的官吏贪污狼藉，有的官吏暴戾贪酷，有的官吏不善于管理，有的亏短公款，有的擅挪公项，放债图利，有的任性妄为，苛歛扰民，有的庸暗无能、年老力衰等等。如署乐会县知县吴裕徽“办公竭蹶，才欠开展”[②]；澄迈县典史夏朝升，狡诈糊涂[③]；琼州镇总兵三江协副将刘成元迁延不进，实属畏葸无能。[④] 澄迈县知县李建鹏，赃污狼籍，物议沸腾。[⑤] 署崖州知州候补通判陈虞书，暴戾贪酷，任性妄为。[⑥] 雷琼道杨文俊，生辰收受属员礼物，不下百万金。[⑦] 昌化县知县尹沛霖，婪罚肥己，苛敛扰民。[⑧] 儋州知州候补知县王之翰，遇案勒罚，民怨沸腾。[⑨] 这些官吏，在海南任职时，危害民众，受到朝廷的惩治。不过，在岛上众多官职中，这些人仅仅是冰山的一角，还有各市地多未被揭发出来或史书上没有记载的，笔者就无法查证了。不过，清代在海南也有许多良吏，在为官一任中为海南人民做点好事，永远被记载于史册，而危害百姓的贪官污吏，则是海南历史发展中的绊脚石或是历史的罪人，不是这些官吏对广大百姓及黎民的残酷盘剥，也不致产生几十次的黎族起义，并在镇压与反抗斗争中，死伤那么多的黎族同胞，在历史上为黎汉文化融合制造了许许多多的障碍。这些历史上的悲剧，应由此类贪官污吏负责。

---

① 《清实录 · 宣宗道光实录》卷二五七。
② 《清实录 · 穆宗同治实录》卷六五。
③ 《清实录 · 德宗光绪实录》卷三四。
④ 《清实录 · 德宗光绪实录》卷一四八。
⑤ 《清实录 · 德宗光绪实录》卷二二四。
⑥ 《清实录 · 德宗光绪实录》卷三一六。
⑦ 《清实录 · 德宗光绪实录》卷三五八。
⑧ 《清实录 · 德宗光绪实录》卷五〇四。
⑨ 《清实录 · 德宗光绪实录》卷三五八。

第三节　军事建置与海防策略

清代以武功定天下。八旗兵是清入关前的部落武装。旗既是社会组织形式，又是军事组织单位，“以旗统人，即以旗统兵，盖凡隶乎旗者，皆可以为兵”。[①]八旗兵制是努尔哈赤在统一女真各部的过程中逐步创立的。明万历二十九年（1601 年），设四旗，即黄、白、红、蓝。万历四十二年（1614 年），增设四旗为镶黄、镶白、镶红、镶蓝，黄、白、红、蓝均镶以红、红镶以白，合为八旗。[②]清兵入关之后，由投降的明军和新招的汉人编制而成，以绿旗作为标志。绿营兵除少数驻北京师外，大部分布防各直省，一般地说，每省设提督、领总全省军队，省内重要防地设镇总兵官，下辖副将、参将、游击、都司、守备、千总、把总、外委、额外外委等官。总督、巡抚、提督、总兵所直辖的标兵分别称为督标、抚标、提标。各营除在驻地防守操练外，还各分领汛地，执行缉私、察奸、防盗、捕贼等任务。

顺治八年（1651 年），定两广官兵经制。广东设巡抚，标兵二营，将领八，兵凡二千。设广东提督，标兵五营，将领八，兵凡五千。设广东水师总兵官，标兵六千，分左右二协，中、左、右三营。二协设副将，复分二营，设将领八，兵一千五百。三营水师，各设将领八，兵各一千。设肇庆、潮州、琼州三镇总兵官，标兵二营，将领八，兵凡二千。[③]“琼州镇水师兼陆路总兵统辖镇标二营，兼辖崖州协、海口等营。镇标左营、右营，崖州协，海口营，万州营，儋州营，海安营。”[④]

---

① 《清代文献通考》卷一七九《兵考一》。

② 《清代文献通考》卷一七九《兵考一》。

③ 赵尔巽等撰 :《清史稿》卷一百三十一《兵二》，中华书局 1986 年版，第 3897 页。

④ 赵尔巽等撰 :《清史稿》卷一百三十一《兵二》，中华书局 1986 年版，第 3921 页。

广东水师，自顺治九年（1652 年）设官弁千人，嗣设总督标水师。[①] 雷琼镇标，康熙二十七年（1688 年）设，分左右二营，赶缯船二艘，艍船六艘，快哨船六艘。雍正间，增快哨船十艘。嘉庆十五年（1810 年），改称水师营，左营水师八百七十六人，右营水师八百八十八人。海安营，康熙初年，设副将各官。康熙八年（1669 年），改设游击，隶镇标，大小哨船凡二十艘。白鸽寨营，顺治初年，设参将各官，大小哨船九艘。康熙间裁撤，存哨船三艘。海口营，嘉庆十五年（1810 年），设水师协标，左营水师四百九十二人，右营四百八十五人，后改参将，并左右营为一营。崖州水师协标，中营属陆路，右营水师一、二、三号拖风哨船三艘，四、五、六号艍船三艘。[②] 光绪八年（1882 年），曾国荃以琼、廉二郡洋面，与越南沿海相通，拨兵轮八艘，拖船二艘，赴北海驻防。[③]

一、各标镇情况

琼州镇总兵官一员（统属陆路本标左右两营、万州营、儋州营、崖州协水陆二营、海口水师营、廉州龙门协水师二营、雷州海安水师营），统辖琼州府水陆共七营（除龙门协海安营不计外），大小官计 130 名，马步守兵共 5370 名。

所辖各营见下表：

① 赵尔巽等撰：《清史稿》卷一百三十五《兵六》，中华书局 1986 年版，第 4015 页。

② 赵尔巽等撰：《清史稿》卷一百三十五《兵六》，中华书局 1986 年版，第 4018 页。

③ 赵尔巽等撰：《清史稿》卷一百三十八《兵九》，中华书局 1986 年版，第 4117 页。

表 2—5　清代海南各标镇情况

营名 人员数	镇标左营陆路额	右营陆路额	儋州陆路营额	儋州水师营额	万州营额	崖州协陆路营额	协标水师营额	海口水师营额
大小官员	18	17	12	10	18	20	11	23
兵丁	820	832	539	310	744	897	266	962
内存城兵	563	575	336		527	154	122	318
中军兼劳事游击	中军兼管左营事游击 1 员	都司 1 员	游击 1 员		游击 1 员	副将 1 员，都司 1 员		参将 1 员，驻扎海口所城
守备	1	1	1		1		1	1 员驻扎海口所城
千总	2	2	2	1	2	2	1	2
把总	4	3	2	2	4	5	2	4
外委	5	6	3	5	6	7	3	9
额外	5	4	3	2	4	6	4	6
马兵	39	39	39 名：外委、额外 6 名，马站兵 33 名		42	38 名：额外 13 名，实马战兵 25 名		
步兵	166	169	68	新战兵 93	121	230	163	步战兵 209
守兵	595	604	432	字识在内 217	569	615	步战兵 101	678
共	761	773	500		790	845	266	877
内弓箭兵	176	178	141		157	157		
挑刀兵	40	40	39		31	23		
大炮兵	65	66	61 名连字识在内		60	48		

续表

营名 / 人员数	镇标左营陆路额	右营陆路额	儋州陆路营额	儋州水师营额	万州营额	崖州协陆路营额	协标水师营额	海口水师营额
鸟枪兵	409	416	408		389	531		
藤牌兵	71	73	53		65	86		
字识	20	20			50	14	3	40
战马	40	39	42		42	38		
分防汛	安定汛防兵48名驻扎定安。文昌汛防兵45名驻扎文昌。太平汛防兵123名驻扎定安。赤草汛防兵41名，驻扎琼山。	澄迈汛防兵48名驻扎澄迈县城。会同汛防兵56名驻扎会同县城。水尾汛，防兵153名驻扎琼山县属水尾司地方。	临高汛防兵48名驻扎临高。薄沙汛防兵96名驻扎儋州。南定汛防兵31名驻扎临高。昌化汛防兵59名驻扎昌化。那大汛防兵66名驻扎儋州。将军汛防兵15,驻扎儋州。	海头汛（原名博顿）、英潮汛。	保亭汛防兵99名驻扎万州属。乐会汛防兵41名驻扎乐会县属。陵水汛防兵42名驻扎陵水县属。	本营分防21汛，新设深沟汛，防兵20名，新设下马岭汛防兵25名，三亚汛防兵32名，小桥汛防兵25名，新设旧营汛防兵20名，藤桥汛防兵35名，新设沙埋汛防兵20名，新设酸梅汛防兵20名，黄流汛防兵29名，感恩汛防兵60名，岭头汛防兵20名，北黎汛防兵27名，新设沟头汛防兵30名，新设土坛头汛防兵20名，新设榕尾汛防兵30名，新设抱兴汛防兵20名，乐安汛防兵60名，乐平汛防兵30名，抱蕴汛防兵30名，柚柑坡汛防兵30名。		

续表

营名 人员数	镇标左营陆路额	右营陆路额	儋州陆路营额	儋州水师营额	万州营额	崖州协陆路营额	协标水师营额	海口水师营额
塘铺	20所：黎村塘、抱隆塘、东敖塘、那亘塘、石沥水塘、梁沙塘、新桥塘、巡崖塘、大冲塘、乐会塘、居丁塘、周公塘、黄竹塘、枫木塘、南闾塘、岭寨塘、大路坡塘、木头河塘、南狗塘、封沟塘。	15所：西门塘、叶里塘、石山塘、乾桥塘、那柚塘、屯昌塘、乌掛塘、县东门塘、多峰塘、那黎水塘、森山塘、嘉积塘、白鹤塘、大路塘、清平塘。	24所：东十一塘有：东塘门、松林塘、榕桥塘、将军塘、那骞塘、那棉塘、美珠塘、县前塘、二铺塘、下水塘、木棉塘。西十三唐有：南门塘、头逻塘、南庄塘、沙沟塘、新洋塘、那炮塘、安海塘、永安塘、新港塘、小员塘、县前塘、罗员塘、北黎塘。			铺28所：三亚汛、藤桥汛、东门塘、小桥塘、藤桥塘、深沟塘、下马岭塘、荔枝塘、旧营塘、回风岭塘（以上俱东路）。黄流汛、岭头汛、感恩县汛、北黎汛、黎人田塘、拘陀塘、望楼塘、窑灶塘、白沙塘、岭头塘、十所塘、感恩县塘、北黎塘、西门塘（以上俱西路）。乐安汛、乐平汛、抱蕴塘、九所塘（以上俱北路）。		

续表

营名 人员数	镇标左营陆路额	右营陆路额	儋州陆路营额	儋州水师营额	万州营额	崖州协陆路营额	协标水师营额	海口水师营额
沿边墩台			27所：南罗台、富丰墩、青岭台、英潮台、马岭墩、马袅三家墩、郎铺台、硃碌墩、洋甘台、博铺墩、乌石港墩、博从墩、头洋台、博述墩、黄龙墩、博顿墩、里赤台、清豪台、陈硧墩、港坊台、新坊墩、盐丁墩、干桶台、新英港台、符林墩、沙沟台、木万墩。		11所：博敖墩、港北台、东奥墩、青山墩、乌场墩、加摄墩、牛岭台、新潭墩、黎庵墩、椰仔墩、土掘墩。	沿边墩台17所：岭台墩、踏阳墩、九龙墩、十所台、北黎台、保平台、酸梅台、罗马墩、乐罗墩、蕃人塘墩、赤岭台、南港墩、榆林港墩、三亚台、多岸墩、下海湾墩、大疍台。		沿边墩台8所：白沙墩、沙上墩、大林墩、北洋墩、北港墩（以上属左营）。盐灶沙上墩、小英墩、白庙墩（以上属右营，俱琼山地）。

续表

营名 / 人员数	镇标左营陆路额	右营陆路额	儋州陆路营额	儋州水师营额	万州营额	崖州协陆路营额	协标水师营额	海口水师营额
炮台			炮台1座：石牌炮台分防把总1员，兵30员。	2座：新英南炮台、新英北炮台。			本营分防炮台7座：赤岭防兵11名，保平炮台防兵13名，三亚炮台防兵29名，桐栖炮台防兵35名，大疍炮台防兵44名，榆林炮台防兵13名，望楼炮台防兵50名。	本营分炮台9座：东路炮台5座：海口东炮台防兵30名，牛始炮台防兵15名，铺前炮台防兵30名，清澜炮台防兵15名，潭门炮台防兵15名。西路炮台4座：海口西炮台防兵30名，东水炮台防兵15名，石礶炮台防兵15台，马袅炮台防兵30名。

资料来源：道光《琼州府志》卷十七上《经政志·兵制》，海南出版社2006年版，第743—750页。

二、海防策略

1. 清初朝廷的海禁政策

顺治十二年（1655 年）六月，清政府严令："沿海省份，立严禁，无片帆入海，违者立置重典。"[①] 同年另又规定："大海船只除有号票文引，许令出洋外，若奸豪势要及军民擅造二桅以上违式大船，将违禁货物下海前前往番国贸易，潜通海贼，同谋结聚及为向导劫掠良民者，正犯处斩枭首，全家发边卫充军。"[②] 顺治十三年（1656 年）规定："今后凡有商民船只私自下海将粮食货物等项与逆贼贸易者，不论官民，俱奏闻处斩，货物入官。本犯家户，尽给告发之人。其该管地方文武各官不行盘辑，皆革职从重治罪，地方保甲不行举首，皆处死。凡沿海地方口子，处处严防，不许片帆入口，一贼登岸。如有疏虞，专讯各官即以军法从事，督抚提镇并议罪。"[③] 从顺治十一年到康熙十七年（1654—1678 年）清政府颁布了五次海禁令，欲以高压政策，隔绝沿海与外洋一切联系，彻底铲除和防范一切反清势力。[④] 顺治十八年（1661 年）、康熙元年（1662 年）和康熙三年（1664 年）三次颁布"迁海令"，将"山东、江、浙、闽、广滨海人民，尽迁入内地，设界防守，片板不许下水，粒货不许越疆"。[⑤] 强迫居民后退 50 里，在界外不准任何人居住，房屋拆除，田地不准耕种，不准出海捕鱼，凡越界者立斩。海南岛沿海各县,虽未令迁累,但岛四周仍立界2700余里,禁止居民外出。[⑥]

18 世纪末 19 世纪初，西方侵略势力对中国构成的威胁，日益严重。于是，清廷也开始重视海防建设。康熙二十三年（1684 年），清政府正式停止海禁,宣布"今海内一统,寰宇宁谧,满汉人民相同一体,令出洋贸易,以彰富庶之治,得吕开海贸易"。康熙二十四年（1685 年），

---

① 《清实录 · 世祖顺治实录》卷九二。

② （清）陈梦雷编纂 :《古今图书集成 · 祥刑典 · 律令部汇考》。

③ 《清会典事例》卷七七六。

④ 厦琳 :《闽海纪要》上卷《迁界徒沿海居民于内地》。

⑤ 厦琳 :《闽海纪要》上卷《迁界徒沿海居民于内地》。

⑥ 转引自司徒尚纪 :《中国南海海洋文化史》，广东省出版集团广东经济出版社 2013 年版，第 224—225 页。

在广州设立粤海关，作为管理对外贸易的机构。康熙二十七年（1688年）设雷琼镇，分左、右两营，战船十四艘，雍正年间（1723—1735年）增快哨船十艘。海安营大小哨船二十艘。白鸽寨战船三艘。崖州右营战船六艘。[①] 历康、雍、乾三朝，清廷在东南沿海布置了一条以海岸、海岛为依托、水陆相维的海防线。海上力量以驻扎海岛、海口的绿营水师为主，岸上以绿营陆师为主，又以八旗兵在沿海核心城市集中驻防，加以监控。军事力量分散布置，犬牙交错，便于中央监控。与明代弃海岛而不守的海防线内缩政策相比，清代的水师布防显然加强了对于海岛的防卫,这是一个进步。但是有一个致命的弱点,即分散布防,清人称之为“星罗棋布”。这种布防主要贯彻了清廷“以禁为防”“重防其出”的思想观念，海防力量主要用于防范居民私自下海出洋、稽查民船规格、技术性能以及运载货物、武器、粮食等，只能用以对付零星海盗，不能进行大规模海战。这种弱点在嘉庆时期已明显暴露，但清廷因循守旧，坚持既定的海防政策，意识不到即将面临的海上威胁有多么严重。[②]

2. 清代海南岛的海防布置

清代沿袭明旧制，也实行巡洋会哨制度，所谓水兵会哨制度，即按照水师布防的位置和力量划分一定的海域为其巡逻范围，设定界标，规定相邻的两支巡洋船队按期相会，交换令箭等物，以防官兵退避不巡等弊端，确保海区的安全。条例规定，江海巡逻会哨有总巡、分巡之分。总巡是指各镇水师官每年定期巡洋制度，分巡是指由都司、守备担负的巡洋任务。[③]

清代自道光年间海禁大开以来，形势一变，海防益重。海防分南北洋。山东烟台归北洋兼辖，闽、浙、粤三口，归南洋兼辖。“广东南

---

① 王宏斌：《清代前期海防：思想与制度》，社会科学文献出版社2002年版，第71页。

② 王宏斌：《清代前期海防：思想与制度》，社会科学文献出版社2002年版，第71—72页。

③ 王宏斌：《清代前期海防：思想与制度》，社会科学文献出版社2002年版，第73页。

境皆濒海，自东而西，历潮、惠、广、肇、高、雷、廉七郡而抵越南。”其中雷、廉二州，《清史稿》作这样的分析：“又西为雷州，其南干突出三百余里，三面皆海。渡海而南为琼州。又西为廉、钦，与越南错壤。廉州多沙，钦州多岛，襟山带海，界接华夷。琼州孤悬海表，其州县环绕黎疆，沿海多沈沙，行舟至险，水师可寄泊港口仅有六七处。”[①]

光绪十二年（1886年），张之洞于广州驻防兵内，选千五百人，习洋枪洋炮，以旗营水师并入，编为两翼，分防海疆。光绪十四年（1888年），张之洞、吴大澂以琼州一岛，内绥黎族，外通越南，就琼州原有制兵，酌设练军，并加练饷，一洗绿营积弊，旧额4900余人，按七底营抽练，共编练1750人。崖州等处水师，加以整顿，原有拖船，亦配拨练军，以二艘驻崖州，二艘驻儋州，二艘驻海口，二艘驻海安。其守兵2000人，匀拨紧要塘汛。[②]

具体考察海南岛海防状况，《古今图书集成》所载比较简略。

（1）琼镇右营游击一员，守备一员，千总二员，把总四员，驻扎海口所督练水军战船，于所部海面分巡防守。

（2）海口牛始、白沙港，战守兵456名，哨快船14只。

（3）铺前港把总一员，战守兵100名，哨快船2只。

（4）清澜、潭门港把总一员，战守兵150名，哨快船3只。

（5）东水、马袅港把总一员，战守兵150名，哨快船3只。[③]

关于海南海防的记载，道光《琼州府志》所录资料比较具体，该志辑录各类志书及《海国见闻录》《琼台会稿》《水师营册》等书，详细分列琼州府及各县海防情况。有的港口深广，可以泊船，有的港口曲折且小，不可泊船，均详细说明。[④]

---

① 赵尔巽等撰：《清史稿》卷一百三十八《兵九·海防》，中华书局1986年版，第4115页。

② 赵尔巽等撰：《清史稿》卷一百三十八《兵九·海防》，中华书局1986年版，第4117—4118页。

③ 《古今图书集成·方舆汇编职方典》第一三八一卷《琼州府部》。

④ （清）明谊修、张岳崧纂：道光《琼州府志》卷十八上《海黎志一·海防》，海南出版社2006年版，第769—784页。

3. 清代海南岛的海防特点

（1）增设船只及官兵出海游巡轮流更替

在海南岛上，原设海口水师左右营，内河快哨船 6 只，内海赶缯船 2 只，双篷艍船 6 只。

雍正六年（1728 年），将河内快哨船只俱改造外海拖风船。

雍正七年（1729 年）添设左右两营快桨船一只，两营配兵巡防。

雍正十年（1732 年）添设快哨船一只，左营配兵巡防。

乾隆十四年（1749 年），将左右营快桨船一只，专归右营石𥗳港配防。

乾隆十八年（1753 年），抽发左右营快哨船一只，归儋州、万州两营配兵巡防。

现在共有船 12 只，两番轮拨出海。每年上班参将一员，左营守备一员，把总一员，右营千总一员，管驾缯船四只，于二月初一出海游巡，三月初一参将与海安营游击会哨。每月初八，守备与海安营守备会哨。下班右营守备一员，把总一员，左营千总一员，把总一员，管驾缯船四只，于六月初一出海游巡，九月初一守备与龙门协副将会哨，每月初八把总与海安营守备会哨。

（2）更设水军级别，加强对水军的管理

如顺治间（1644—1661 年），原设琼州镇标右营游击一员，守备一员，千总二员，驻扎海口所城，督练水军战船，于所部海面分汛防守。

康熙十七年（1678 年）改水师副将镇之，更设左右营守备二员。

乾隆三十年（1765 年）改为海口营参将，仍分左右两营。

嘉庆十五年（1810 年）以本营参将改为水师提标，后营参将以春江协副将移驻海口。

至道光十二年（1832 年），平定儋、崖黎民反抗的总督李鸿宾奏：“崖州原设参将一员，不足以资弹压，请以海口协副将与崖州营参将对换。”奉准以海口协水师副将移驻崖州，管水陆两营，海口协标水师都司改为崖州协中军都司，专管陆路防黎，其崖州营原设守备一员，仍专管水师营务，崖州原设参将即移驻海口所城。

（3）对海岛洋面定期会哨进行巡洋

如海口营上班以参将出洋为统巡，每年定期三月初十带领舟师会同龙门协统巡，副将、海安营总巡，游击齐集涠州洋面会哨一次。五月初十，与西上路统巡、阳江镇总兵齐集硇州洋面会哨一次。下班以守备出洋为总巡，每年定期八月初十随统巡，总兵带领兵船，会同海安营分巡守备，龙门协总巡都守齐集涠州会哨一次。十一月初十，随总兵带兵船会同西上路统巡，阳江镇标中军游击齐集硇州会哨一次。均会同地方官禀报具结，咨部存案。

嘉庆十六年（1811 年），奏准琼州镇水师每年分为上、下两班。上班自正月初一起至六月底止，海口营参将统巡琼州全郡及海安营洋面；下班自七月初一起至十二月底止，琼州镇总兵统巡全琼及海安龙门各协营洋面，以都守为总巡，分巡、千把、外委为随巡、协巡。

（4）对崖州营及儋州营特别重视，进行军事力量的调整

崖州营，在雍正六年（1728 年），添设外海拖风哨船三只，分防三亚、大疍、望楼三港。雍正八年（1730 年），将崖营改为水陆各半营，游击改为参将，添设水师千总一员，将陆路把总二员改换水师，添设外海哨船三只配驾出海，游巡本营所属洋面。乾隆三十三年（1768 年），裁减拖风船一只。乾隆三十四年（1769 年），议将儋州营自新英港南炮台起，下至昌化县马岭塘交界一带洋面，万州营自东澳港起，下至崖州赤岭港交界一带洋面，均拨归崖州营游巡，所属各处洋面并无会哨。

崖州营原系水陆兼管，参将一员。道光十二年（1832 年），奏准以海口水师副将移驻崖州，改为崖州协水陆副将，定为外海水师烟瘴边疆要缺，由外题补；添设陆路中军都司一员（即海口协水师都司），移驻崖州，专管陆营。其原设水师营守备一员，仍专管本标水师营务，与副将轮替出洋巡缉。所属水师千总一员，把总二员，外委三员，额外四员，共官十二员；守步兵二百五十八名，大小师船四只，除防守各台汛外，实在巡洋兵丁一百四十六名。

崖州协水师营分管洋面，东自万州东澳港起，西至昌化县四更沙止，共巡洋面一千里。南面直接暹罗、占城夷洋，西接儋州营洋界，

东接海口营洋界。

崖州协，上班以副将出洋，下班以守备出洋，专巡本营洋面，向无会哨章程。道光十七年（1837 年），护道张堉春议请添设儋州水师，以本营千把分上下班，带领师船轮替出巡。每年定期以四月初十与海口营舟师齐集迸马角洋面会哨一次，十月初十与崖州协舟师齐集四更沙洋面会哨一次。文武俱结禀报，奏准遵行。

儋州向系陆路，专营所属洋面，自新英炮台以南归崖州协巡缉，炮台以北归海口营巡缉。道光十四年（1834 年），护道张堉春与总兵陈步云、谢德彰等巡海至儋州，筹度形势，以崖州舟师单弱，且隔四更沙，险阻难越，不能兼顾。海口营相距亦远。又昌化县属海头港，地方帆樯辐辏，奸宄易藏，最关扼要，向无汛守。议请于儋州就近添水师营，专巡西面海道。勘得儋州新英南北二炮台，博顿、英潮二汛，俱近海滨，旧系陆兵防守，宜将四台汛分防千把四员，守步兵二百七十名改为水师，再于通省各水师营内抽出守步兵一百二十名，海安、海口、龙门左右四营各抽出缯船一只，俱拨归儋州，设立水师营，以儋营游击守备兼管。又拨阳江镇标千总一员移驻儋州，专管水师营务。添设外委四员，与四台汛弁兵更番出巡，以博顿汛弁兵移驻海头港，于全琼洋政更臻周密。道光十六年（1836 年），督抚会同水师提督核奏，奉准遵办。

4. 对各地海防重新进行安排和调整

（1）琼州府海防

白沙港，宋设水军防御于此。明隆庆年初（1567 年），始设白沙寨兵船防守，与海口唇齿相依，商船皆驻泊于此，是琼治之咽喉。东六十里曰铺前港，深广可容商船，倭贼常从此入，即明时海贼李茂澳党驻泊为患之所，势与白沙相倚，是琼治之胸项。

铺前港，文昌铺前东去二十里至白峙澳，四十里至木兰澳，五十里至急水门，八十里至抱虎湾，一百里至抱陵港，又数里至铜鼓角。此一带地方，前时常有贼船湾泊，登岸取水，乘间暴掠。至于清澜一港，海口宽阔，水道迂回，内达文昌县治，外通大海，此琼州之肘腋，此数处最宜加防。

清澜港，南去六十里至冯家湾，四十里至会同哆南，八十里至乐会博敖，俱为要地，更当备守。八十里至万州那鹿，出外洋有南北二澳，前贼船常于此取水。四十里至大塘湾，六十里至旧陵水，三十里至牛头岭（此岭突出海外），六十里至桐栖盐水港，六十里至黎庵港，四十里至琅琅澳，六十里至榆林港，前常有贼船栖泊，宜加防备。三亚一港，东至万州，西至昌化，东南风发，恐有贼舟登岸抢夺，最宜加防。三亚一百二十里至崖州大疍、保平二港，上一百二十里有黄流、保驾二港，六十里至鹦哥嘴，十里至吉家澉，八十里至感恩深田湾。又八十里至北黎港，三十里至鱼鳞洲，皆属三亚汛地，距昌化英潮约百里。

郡城西去七十里曰澄迈石礶港，深广可泊船。五十里至马臯，三十里至石牌，又百余里至临高博顿港，有兵船防守。又百余里至儋州、洋浦、三牌石海口，入新英港。港口有二沙线，兵船不识水道，触沙即坏。泊船虽稳，但闻警出船不及。海上多故，皆用哨船时出海口瞭守，其中沙线不可不知。南去约八十里至海头港，内皆石壁，难以进舟。一百里至乌坭港，近昌化城。又三十里至英潮湾，亦宜设备。

（2）琼山县海防

县治北八里为海口所城，城北即海口港，与海安营对峙，相距八十里。大海中以清水流分界，又名分水洋。港内宽深，可泊大船数十。近年浮沙壅塞，水浅港狭，舟不能进，多泊港外。风涛不测，商旅病之。

又有海口港、北港、小英湾等。

（3）澄迈县海防

自琼山小英湾西五十里为县属东水港，港不甚深，水涨船始能入。东水港西一十九里有大港，曰石礶港，宽深可泊大船数十只。前明海寇猖獗，皆由此入，登岸流劫，为害数邑。后县令命人凿舟沉石塞之，故留港道一线，迂回曲折，自是贼船不识水势，终不能进。

石礶港西又有苍眼港、泉凿港、麻颜港、玉抱港，均不能泊船，又西为临高县界。

（4）临高县海防

自澄迈石礶港西五十里为县属马袅港，可泊大船十余只，港内有海口营台汛，外通龙门澗洲、斜阳诸岛，曰照壁洋，与炮台相望。

又有马袅港、石牌港、博铺港、安善港、将军港等。

（5）儋州海防

自临高将军港南四十里为州属黄沙港，港小而狭，大船不能进，惟小渔艇可泊。稍南有二海汊，曰进马角、口神尖，不可泊船。

黄沙港南七十里有大港，曰洋浦港，水极深，可容大船数十只，且近州城，便于樵汲，商、渔船皆在此湾泊。港外有三牌石，附近多暗沙暗礁，最险。南有牛角湾、富基港，俱小港，不能泊船。又有田头港、新英港。

新英港南八十里有海头港，距田头一百零八里。港道险僻，内通黎境，滨海为墟市，商民辐辏，五方杂处。港内皆石壁浮沙，大船难进，水涨时可泊。春夏间，商、渔小艇皆集其间，师船大者不能驶入，易藏奸匪。向归儋州陆营所辖，洋面属崖州巡查，未有专汛。道光十七年（1837 年），护道张堉春议添设儋州水师，始改博顿汛为海头水师汛，移驻于此。稍南有海汊，名大湾肚，与昌化县洋面分界。

（6）昌化县海防

自儋州海头港南五十五里为昌化县属海尾港，又有沙鱼塘、昌化港、新港等。

（7）感恩县海防

自昌化新港南三十里为县属小港，曰北黎港。北黎港迤东三十里有抱驾港及白沙湾，又三十里有小南港，又一百一十里有岭头港。港东四十里有延澄港，一名白沙港，港外有洲，名大莺哥角。稍南又有西玳瑁洲，均不能泊船，与崖州洋面接界。

（8）崖州海防

自感恩岭头港东八十里为州属罾村港，罾村港东一百三十里有小港曰望楼港，望楼港东十里有保平港，内可容大船十余只，港外有湾宽广，亦可泊船二十余只。保平港东四十里有大罾港，大罾港东一百里有三亚港，可泊大船，港内有崖州协水师汛防及炮台。三亚港东二里有榆林港，可泊大船八九只。榆林港东一百三十里有小港，名藤桥港。

（9）陵水县海防

自崖州藤桥港东一百三十里为县属桐栖港，水深港阔，可容大船数十只，南路商船多泊于此。又有黎庵港、旧陵港等。

（10）万州海防

自陵水旧陵港北二百二十里为州属大洲湾，一名大洲港，东有小洲，遇东风可泊十余只船。

大洲湾东三十里有前后坡，东接大洋，名大洲洋。大洲洋中有前后岭、南观岭、双篷岭、鸡冠岭，皆屹立大海，不能泊船。昔传万州有千里石塘，万里长沙，为琼洋最险处，舟过此者，但望即已沉溺不可救，故土人船师皆不能实指其处，或云即在鸡冠诸岛之间。

大洲港北四十里有小港，曰南港，曰东澳港，大船不能入，与乐会县洋面分界。

（11）乐会县海防

自万州东澳港北三十里为县属新潭港，可泊大船数十只。

新潭港北三十里有大港曰博敖港，可泊船数十只。港内有巨石林立，大者如门户，误触之船底立碎海中，称为神石。商船欲进者，须雇本港小渔艇为向导，其水道可折而入，非土人习于操舟，不能知也。北与会同县洋面分界。

（12）会同县海防

自乐会博敖港北三十里为县属潭门港，不甚宽广，止可泊大船十余只。潭门港北七十里有小港曰沙笼港，可泊大船十余只。沙笼港北七十里有大港，名冯家湾，可泊船数十只，遇北风，商、渔船皆聚泊于此。冯家港三十里有小港，名长岐湾，大船不能入，与文昌县洋面交界。

（13）文昌县海防

自会同长岐湾北五里为县属清澜港，水深港阔，海船辐辏，附近县城。港内可泊大船百余只。明代曾置千户所于此，清有巡检司驻扎。

铜鼓岭在清澜港东北，琼属洋面东路最险处，亦名铜鼓角。岭北有大湾，遇西南风可泊十余船，南有小湾，可泊船四五只。距岭百余里为七洲外洋，北接硇洲，东通夷洋。岭外水深无底，乱石如麻，皆漩涡急流，舟经此者多沉溺。行大海中但望见铜鼓角，辄不可救。

清澜港北八十里有小港，曰抱陵港，可泊船十余只。抱陵港以西一百一十里有小港，曰抱虎港，港内土名加定角，外有石栏，潮涨时大船可进，不能久泊。又有乌石仔港、木栏头、新埠澳、铺前港。

铺前港可泊大船数百只，商、渔船皆聚于此，有巡检司驻扎。港外有石栏傍岸，山名七星岭。稍西即与琼山县东路北港面接界。①

顾炎武在《天下郡国利病书》中按："琼郡州县俱附海滨，周迴数千里，时有倭寇番船之警，今设东西二路，左右前司分哨防守策应，而统领于白沙寨，兵家所谓星布棋置之势，况加以天堑之险。第夷情叵测，风波靡常，尤当于冲要处整饬兵船，精选器械，查诘墩堠，巡察海道，始可保孤屿之金汤也。"②海南一岛，孤悬海中，四面环海。随着时代的推移，海盗对海岛的劫掠，列强对南海诸岛及海南岛的觊觎，虎视眈眈，企图对海上资源进行掠夺，因此，清廷对海南海防的监控，比以往朝代更加重视。但由于清廷的腐败无能，海上兵船、器械的落后，要在巡察海道的过程中"保孤屿之金汤"，就显出海防力量之薄弱了。

三、海盗

1644年至1661年，这十八年间，海盗在海南岛沿海的活动，仍然十分频繁，而且势力常常压倒清朝巡海官军。

明亡前后，南方海面形势十分复杂，虽然郑成功的父亲郑龙芝不久归顺朝廷，但以郑成功为首的亲族仍然打着"反清复明"的旗号，与清朝官军分庭抗礼。郑氏集团的主要成员是海盗；这时候海南沿海

---

① （清）明谊修、张岳崧纂：道光《琼州府志》卷十八上《海黎志·海防》，海南出版社2006年版，第770—784页。

② （清）顾炎武撰、黄坤等校点：《天下郡国利病书》（六）《广东备录中》，上海古籍出版社2012年版，第3299页。

海盗的活动，也与郑成功集团有着密切的联系。他们参与郑成功父子在台湾的军事斗争，而且还参加了郑氏集团在海上的经济活动。

如顺治八年（1651 年），正当清军与明军争夺海南岛的战斗处于激烈状态的时候，原明副使朱由真与千户曹君辅父子等人借故明旗号而谋私利，不但不抗清，还破坏郑成功抗清斗争。于是，当朱由真至万州考试时，海盗王吉率众千余人进城，执朱由真，后曹君辅儿子宏锡、宏九攀城救出朱由真，因而升官并“招兵数百，地方人受其害”。因此郑成功部属林禄与王吉合作，肆劫乡村，居民深受其荼害。[①] 在与清军的海上争夺战中，海盗往往对官军处于压倒的优势。有时候，清军将入城的海盗赶走后，又对百姓进行残酷的屠杀。官军与海盗激战，受害最苦的还是老百姓。

1. 顺治年间活跃在海南沿海的海盗

顺治五年（1648 年）冬，海寇陈武伪号“总兵官”，据崖州、昌化、感恩各州县，分党驻感恩北乡三所以抗官军，日肆掳劫，居民逃散，村落为墟。[②]

顺治六年（1649 年），海寇黄海如等犯马袅港。

顺治八年（1651 年），海寇王吉入万州。“秋八月，闽寇林禄上岸招兵，故明郡兵败之，禄入州与吉同据城，后吉为禄所杀。”是时：“林禄驾舟三十余只入周村港小海，郡中将张伯府、李伯府引兵蹑之，炮焚其舟。禄气沮入城，令从贼皆剃发，为固守计。”[③]

顺治八年（1651 年），部院杜永华抵琼，横开助饷，一时骚扰枭衿。有罹逮者遂谋使石礶盟恶，构引海寇。蔡芳乘兵下临，于十一月二十一日统率数百人，假作官兵长驱入门，登城列帜，环围剽掠，缚县官，毁案牍，括库藏，碎囹圄，一时被系洶侥脱矣，而赭我衣冠，

① （清）胡端书总修，杨士锦、吴鸣清纂：道光《万州志》卷七《前事略》，海南出版社 2004 年版，第 428 页。

② 周文海重修，卢宗棠、唐之莹纂修：民国《感恩县志》卷十二《海防志 · 海寇》，海南出版社 2004 年版，第 263 页。

③ （清）胡端书总修，杨士锦、吴鸣清纂：道光《万州志》卷七《前事略》，海南出版社 2004 年版，第 428 页。

夺我财帛，空我积聚，罄我仓箱，倾覆我锜釜，毁坏我室家，日夜搜挖，厕匿无遗。二十四夜，弃城潜逃。次早兵入，搬贼剩余，妄捉挑担，不分贵贱，比贼更惨。暴贼括室中所有，削皮剜肉，残兵剥身上所存，碎骨敲髓。人民逃散，城郭寂寥。①

顺治九年（1652 年），闽寇张士俊带海贼三百入州，据其城。自己丑年（1649 年），琼郡、万州皆为余孽所据，王吉、林禄、张士俊与郡兵彼此互争，纷纷杀夺。均贼耳，故而书陷而书之。秋八月，省官兵渡海，恢复琼州府。参将马正龙带兵五百来定万州，因驻防焉。自此地方复归化，兵革遂息。②

顺治十一年（1654 年），叛首邓世雄、姚士杰等勾海贼破县城，掳知县刘承谟，复扬帆诸港口，流劫无忌。③

顺治十二年（1655 年）二月，海寇杨二、杨三扬帆入桐栖港劫掠。地方港兵难敌。商船架炮打敌一昼夜，不胜。竟劫商船、商人，死者无算。④

顺治十五年（1658 年）三月，海寇杨二、杨三暴以七舰突入龙栖湾。游击马可任遣追兵拒之。贼方登岸樵采，兵至，贼殊死战。我兵少却，贼乘胜逐北。中军何汝孝独以一马殿后，贼斩其马尾。汝孝急易骑走。贼扬帆东去。⑤

顺治十六年（1659 年）二月，杨二、杨三入番人塘大掠，寻入乐道村焚毁民室，掠牛畜稻米无算。⑥

---

① （清）龙朝翊主修、陈所能等纂修：光绪《澄迈县志》卷五《海黎志・海寇》，海南出版社 2004 年版，第 257 页。

② （清）胡端书总修，杨士锦、吴鸣清纂：道光《万州志》卷七《前事略》，海南出版社 2004 年版，第 429 页。

③ （清）樊庶纂修：康熙《临高县志》卷十一《临海志・海患》，海南出版社 2004 年版，第 166 页。

④ （清）瞿云魁纂修：乾隆《陵水县志》卷八《海黎志・海寇》，海南出版社 2004 年版，第 217 页。

⑤ （清）钟元棣创修、张嶲等纂修：光绪《崖州志》卷十二《海防志・海寇》，海南出版社 2006 年版，第 312 页。

⑥ （清）钟元棣创修、张嶲等纂修：光绪《崖州志》卷十二《海防志・海寇》，海南出版社 2006 年版，第 312 页。

顺治十七年（1660 年）春，龙门贼邓耀余党入铺前港，顺风入清澜，劫去六舟。转掠坡琉、三家舍、榶沙港、迈陈、磨瓮、白峙等村，掳生员符建、符光东并王应鼎等，清澜防守黄世贤率兵御之，斩数贼，乃遁去。[①]

顺治十八年（1661 年），杨二、杨三泊舟下马岭海岸。时贼猝至，人皆莫知。有男妇十数人行至海湾，为贼所获。已又入打堡、石板等黎村，获乡民林伍等，并黎妇十余人。黎人以牛米赎，老羸者放还，壮者不释。寻入三亚港，港兵遁。贼遂焚寨西去，复掠番人塘等处。游击史尚仁以兵尾之，贼船已去。十月，贼以二十余船寇儋州。时兵备道兼提学谢扆校士至儋，崖州知州梅钦往送试诸生。试毕归，贼沿途登岸设伏抄掠，诸生皆遁，从黎峒中行。州守几为所获。十一月，贼泛舟至岭头，舍舟登陆，夜袭沿港番人塘等村，掠男妇三百余人，驱赴海岸。比晓，船至，悉置舟中，令以金帛牛酒赎，不能赎者杀之。计杀百余人，海岸为赤。人情汹汹，窜匿山野。时史尚仁署儋营篆，闻变，急以数十骑驰归。未至，贼侦知之，令其众百余人薙发，诈为史兵，鸣角而进。时中军杨启先亦遣兵守黄流，闻角声，以为史至，出迎。贼奋击，我兵披靡。贼追至黄流，民恃有守兵，毫无备御。贼至，仓皇奔窜。幸兵贼相持，未及于难。十二月除夕，贼抵大疍港口，州城戒严。[②]

2. 康熙年间的海盗活动

康熙皇帝在位（1662—1722 年）61 年的漫长岁月里，是海盗活动的高峰期，尤其是活跃在广东沿海的许多海盗，大都驾船冲向海南岛，如杨二、杨三之流，入寇海南劫掠；同时，海盗与黎酋内外交结，海盗在岛上可盘踞数月，百姓惨遭荼毒。

康熙元年（1662 年），海寇杨二驾数十艘至铺前港，掠五百余人，

---

① 李钟岳等监修、林带英等纂修：民国《文昌县志》卷四《海防志·海寇》，海南出版社 2003 年版，第 288—289 页。

② （清）钟元棣创修、张嶲等纂修：光绪《崖州志》卷十二《海防志·海寇》，海南出版社 2006 年版，第 312—313 页。

官兵援剿，相持数月去。[①]

康熙二年（1663年）二月，杨二复驾五巨舶入清澜港劫米船。时米贵民饥，死者相望。邑令邓生柏入郡。城守拓福禄往援，同防守陈廷昭固守。后郡兵至，遁去。[②]

康熙四年（1665年）五月十日，海寇登儋州峨蔓镇锡村。有“永远留存碑”为证。碑文曰：

> 溯自儋耳初，闻人民广被君子聚而小人集，以故始祖初徙交柱，驻足儋耳。肇基鸭得地山立住，以为卜年，祖制亘古，孙谋不意到？乙巳之年（1665年）五月初十四更时分，忽遭海寇涌来，捉虏村中男女共五十六人，财物扫尽。越至康熙丁未岁九月三十日，候存八子回家，刻碑明后。
>
> 孔加全立。[③]

康熙四年（1665年）六月二十七日午后，海寇驾一十三艘船，乘西风潮涨，驶船如箭飞，泊莒场登岸，前后包围劫掠殆尽，杀二人，掳四人。县报次早兵到，贼已日昃潮退满载而去。[④]

康熙七年（1668年）冬，贼头目吴信、何哲等二十六人，一舟漂至淡水港，纳款自郡解省，舟坏，载物俱失，惟留大铳共四尊。[⑤]

康熙十二年（1673年），海寇杨二入铺前港，掠地蔡村，掳生员韩亨时全家及居民百余人。[⑥]

康熙十五年（1676年），海寇杨二等于海安等处猖獗掳掠，攻劫

---

① 李钟岳等监修、林带英等纂修：民国《文昌县志》卷四《海防志·海寇》，海南出版社2003年版，第289页。

② 李钟岳等监修、林带英等纂修：民国《文昌县志》卷四《海防志·海寇》，海南出版社2003年版，第289页。

③ 民间碑刻。

④ （清）龙朝翊主修、陈所能等纂修：光绪《澄迈县志》卷五《海黎志·海寇》，海南出版社2004年版，第257页。

⑤ 李钟岳等监修、林带英等纂修：民国《文昌县志》卷四《海防志·海寇》，海南出版社2003年版，第289页。

⑥ 李钟岳等监修、林带英等纂修：民国《文昌县志》卷四《海防志·海寇》，海南出版社2003年版，第289页。

乡邑，琼州道绝。①

康熙十八年（1679 年），海寇杨二、杨三等驾船四十余冲入澄迈石礶，由颜张港登岸，劫掠感恩、昌化海滨一带。既而黎酋勾通土宄，自森山市焚掠至打铁市，子女玉帛搜括无遗。又以舟重难行，扬言被掳子女许父母亲戚持金往赎，否则投之海。当事虑民通贼，严禁止之。十月，贼船二十余寇感恩，势甚猖獗。十一月围感恩县城，兵民固守，仓促不能破，乃去。②

康熙十九年（1680 年），海贼杨二、谢昌连艘百余据铺前港，势甚猖獗，焚劫数百里，旁掠琼、澄、文三县，官兵迎拒失利。复勾黎寇韩有献等，山海交讧，攻陷海口所城及澄迈、定安二县。时郡城危急，南北阻绝，邑令何斌造藤步船，令人同道镇差人自清澜往省告急。巡抚金发水师总兵蔡璋统舟南剿，副将张瑜为前锋，率先陷阵，贼大败遁去。余党茅向荣等窜入黎。蔡复分兵协琼镇佟剿平之，琼赖以安。③

康熙十九年（1680 年），海贼杨二、谢昌（番禺武举，水师谢厥符子）驾数百艘船，突入铺前港海东、迈犊、演顺、英华一带，居民悉被蹂躏。守备贾国栋捍御甚力，贼不敢西渡。其窠在石牌港，水师王珍募闽商谢谦攻之，夺回被掳男妇数十人，焚贼船，一贼遁去。十二月，复归铺前，海边被劫殆尽。④

康熙二十年（1681 年）二月，杨二等破海口所。三月三日飞船百余号自东水港抵疍场。城守孙云凤、邑令吕登瀛见贼势猖獗，虑孤城难保，遂弃之他走。贼乃入城，为所欲为，兼通黎酋杨翫鬏，内外交寇，全城之地尽为蹂躏，即有一二逃避，皆冒寒忍饥，山居野宿，父

---

① （清）胡端书总修，杨士锦、吴鸣清纂：道光《万州志》卷七《前事略》，海南出版社 2004 年版，第 431 页。

② 周文海重修，卢宗棠、唐之莹纂修：民国《感恩县志》卷十二《海防志·海寇》，海南出版社 2004 年版，第 263 页。

③ 李钟岳等监修、林带英等纂修：民国《文昌县志》卷四《海防志·海寇》，海南出版社 2003 年版，第 289 页。

④ 朱为潮、徐淦等主修，李熙、王国宪总纂：民国《琼山县志》卷十一《海防志》，海南出版社 2004 年版，第 523 页。

子不相见，兄弟妻子离散。城市乡村，惟见破屋坏垣，人号鬼哭，莫有撄其锋者。南黎庠生王道美、王兆熹集本乡子弟丁壮誓死拒敌，大小十余战，斩贼数十级。无如贼众援寡，终遭杀死被掳，较他方更惨。十五日大兵渡琼进剿，贼退散，大半复遁入黎。援剿兵丁往返上下，盘踞数月，邑成荒城，所近冲要大路，无不遭其荼毒，等诸丘墟。①

康熙二十年（1681 年）二月二十日，贼入海口港。二十七日夜，守备王世贤献海口城，贼入据之，迫降水师副将王珍。是时黎贼杨鬍鬚亦攻陷澄迈、定安，黎海交通。三月，屯大教场，克期攻郡城。初九日，谢谦驾七艘船与贼遇于半洋，谦船被围，众寡不敌，谦投水死，船上十三人被械至五里亭杀之。余六船幸脱，奔坞州告急。顺德镇蔡璋、虎门副将张瑜带领舟师赴援，十四日抵琼。十六日与贼战，擒贼首周胜、张荣，并活捉余党三百余名，斩首数千级，贼遁去。夺回梅绿、吴川被掳男妇千余，交地方官着亲属领回。其党茅向荣等未得归船者，随黎贼入黎屯据。②

康熙二十年（1681 年）夏四月，海寇攻海口，黎人寇定安。后省兵至，寇游散入黎峒。万营游击董三策剿平，病卒于黎。③

康熙三十八年（1699 年），海贼陈老大等船三只突泊陵水港。知县李聘会同城守把总刘茂断其樵汲，多设疑兵。贼计穷，遣人招谕，降其众九十七人，题请安插。④

康熙三十九年（1700 年）十二月，有贼船三只泊黄流海岸，入黄流，掳掠妇女十余口。寻至大疍港。游击黄本遣兵迎拒，贼不敢敌，声言无他志，迫饥荒，无奈耳。所掠妇女，皆许以银赎。后贼抵陵水县，

---

① （清）龙朝翊主修、陈所能等纂修：光绪《澄迈县志》卷五《海黎志·海寇》，海南出版社 2004 年版，第 258 页。

② 朱为潮、徐淦等主修，李熙、王国宪总纂：民国《琼山县志》卷十一《海防志》，海南出版社 2004 年版，第 523—524 页。

③ （清）胡端书总修，杨士锦、吴鸣清纂：道光《万州志》卷七《前事略》，海南出版社 2004 年版，第 432 页。

④ （清）瞿云魁纂修：乾隆《陵水县志》卷八《海黎志》，海南出版社 2004 年版，第 217 页。

登岸投降。①

康熙四十二年（1703年）十二月，贼船七只泊三亚港。初七日，上村掳民财。十一日，至大疍港。时值游击离任，中军守备刘士伟率兵御之,不克。十二日,千总王兴玉领兵防守海口。贼从南山岭后登岸，掠民财畜。十九日，贼进东厢，民皆惊散。适游击黄友瓒到任，贼闻，移船西遁。二十日，友瓒率兵追至岭头营，战胜，贼遁。②

康熙四十二年（1703年）三月，有贼船三十余只劫掠东西两路洋面，相传杨二余党，民情震恐。十二月，贼入感恩岭头港，知县姜悼督民兵拒却之。③

康熙四十三年（1704年）三月，有贼船在陵水桐栖、三亚海面。水师副将刘成功闻报，督带兵船剿擒之。④

康熙四十三年（1704年）三月，海贼复犯陵水桐栖、三亚港，琼州水师副将刘成功闻报，督兵船追剿。至落盘海湾，贼党以炮对敌，官兵死战，获贼船，杀数人，生擒石起孙等四十六人，并大小炮十二门，鸟枪等器五十三件，斩首枭示。⑤

康熙四十三年（1704年），海贼乘艘窥伺崖、儋，兼逼临港。知县樊庶躬擐甲胄，率所部团练营兵及皂快家丁二百余名，沿港口堵御，贼不敢犯。⑥

3. 乾隆时期的海盗活动

乾隆朝（1736—1795年）60年间的海盗活动，主要在乾隆朝后期，

---

① （清）钟元棣创修、张嶲等纂修：光绪《崖州志》卷十二《海防志·海寇》，海南出版社2006年版，第313页。

② （清）钟元棣创修、张嶲等纂修：光绪《崖州志》卷十二《海防志·海寇》，海南出版社2006年版，第313页。

③ （清）明谊修、张岳崧纂：道光《琼州府志》卷十九《海黎志》，海南出版社2006年版，第815页。

④ （清）瞿云魁纂修:乾隆《陵水县志》卷八《海黎志》,海南出版社2004年版，第217页。

⑤ （清）明谊修、张岳崧纂：道光《琼州府志》卷十九《海黎志》，海南出版社2006年版，第815页。

⑥ （清）聂缉庆、张延主修，桂文炽、汪瑔纂修：光绪《临高县志》卷十六《临海类》，海南出版社2004年版，第399页。

尤其集中在乾隆五十五年（1790年）和乾隆五十六年（1791年），几股海盗主要是浙江、粤东洋盗，多数籍贯是福建一带。洋面劫盗多，商船出海携带炮位，海上斗争也更为剧烈。而且，海南海盗在安南阮光平政权的招诱下，小股海盗逐渐发展成为汪洋大盗。

乾隆三十五年（1770年）秋，海寇犯万州万陵市，官兵追之不及。[①]

乾隆五十五年（1790年）七月，海贼寇沿海村市。参将钱邦彦与贼战于玢琅港，死之。[②]

乾隆五十五年（1790年）至乾隆五十六年（1791年）间，海盗袭击崖州，清朝派官兵追捕，在清《乾隆实录》中详细记录这两次事件始末。

《清实录·高宗乾隆实录》载：

乾隆五十五年（1790年）十二月壬申，谕军机大臣曰："伍拉纳奏，署同安县知县张学溥，缉获崖州拒捕官兵案内盗犯邓全、吴佑二名，审系同伙共二十二人，乘驾纪日盗船，于六月二十五日，驶至广东虎头山外洋，遇船六七只在洋对敌，见有一船损坏，该犯等乘势驶拢，同各盗船人众拥上，抢夺马挂腰刀，拒伤官兵，各自回船逃逸。那日见各船互相抵敌，乘势往抢，实不知何人把官兵伤害，其先在洋面盗船三只，并非同伙。再三诘讯，姓名尚无指实，其如何拒捕戕官确情，恐有不实不尽，再须质证之处，未便遽请正法，仍将邓全等严行监禁等语。此案前据福康安奏，盘获崖州案内伙盗关应华等四犯，供出拒捕日期及洋面尚属相符。惟关应华等所供案内盗首，系何起文、李广才、蛋家二、亚常、大辫三，共船五只，除李广才一船落后，其拒捕伤官首伙，实系何起文等四船，与本日伍拉纳奏到邓全所供只有盗船三只，船数不符。且关应华等供词内，亦无邓全等坐驾纪日船只，乘势抢劫，帮同拒捕之语，情节未能吻合，恐

① （清）明谊修、张岳崧纂：道光《琼州府志》卷十九《海黎志》，海南出版社2006年版，第815页。

② （清）钟元棣创修、张嶲等纂修：光绪《崖州志》卷十二《海防志·海寇》，海南出版社2006年版，第313页。

各供均有不实不尽及另有逸盗之处，自应将邓全等解粤质讯。今伍拉纳奏请将该犯等严行监禁，咨明广东核办，往返咨查，耽延时日，转致久稽显戮，所办殊属错误。着传谕该督，即将邓全、吴佑二犯，派委妥协员弁，小心解送广东，交福康安确加审讯，审明后即行正法，若羁禁日久，恐防范稍疏，致有越狱脱逃之事。再邓全等所供逸盗纪日等二十犯，关应华等所供逸盗李广才等三十余犯，多未就获。着传谕福康安、伍拉纳，严饬文武员弁，上紧缉拿。其沿海各省地方，海道俱属相通，恐该犯等闻闽、粤洋面追拿紧急，窜入他省洋面藏匿，并着各该督抚，一体严缉务获，毋使一名漏网。至同安县知县张学溥，拿获盗犯邓全、吴佑二名，尚属留心缉捕，并着伍拉纳，将该员送部引见，以示鼓励。”[①]

《清实录·高宗乾隆实录》载：

乾隆五十六年（1791年）正月甲申，谕军机大臣等：“据福康安等奏，审讯崖州案内伙盗关应华等，供称并未随同拒捕，但既已搬取器械，即与拒捕无异，自应照例应拟。被掳之董胜发等二名，讯未行劫，但在盗船上听从使令，未便即行宽释，俟获到盗首，另行讯明定拟。此案已经得有踪绪，乘此搜捕，较为得力。至盗首及各伙盗，据关应华等供称，现往短棉农耐等处躲避，不得以该处系安南所属地方观望，复经照会阮光平，令于境内一体挨查，盗匪自无从窜逸等语。所办俱是，已于折内批示。现在粤省地方文武各员，经福康安等认真督率，俱知上紧访缉，设法追拿，案内匪犯，自无难全数弋获。福康安等惟当督饬所属，益加严密购线寻踪，不得以已获数犯，稍存疏懈。至盗首及伙盗等，逃往安南之短棉农耐地方藏匿，冀延残喘，福康安已行知阮光平一体查缉，并着福康安再行照会该国王，以盗犯等因内地查拿严紧，窜往尔国所辖之地方避匿，如能按名拿送，奏闻大皇帝，自必仰蒙恩奖优赏。即或该犯等往来洋面，奔窜无定，不能跟踪拿获，亦当派人严密搜查，勿使潜匿安

① 《清实录·高宗乾隆实录》卷一三六九。

南境内，驱回内地，以便官兵截拿。此等匪犯，若在尔国地方藏匿，驱除未尽，必致劫掠滋事，为害行旅，于尔国亦多未便。如此明白宣示，该国王感激朕恩，自当严饬境内帮同缉捕也，至陈亚太供出盗首亚常，伙盗莫亚九等各犯，务须上紧缉拿，毋任漏网。其各营、县员弁禀报续获洋匪各案，着福康安等逐案研讯，严行定拟具奏。将来拿获盗首时，其出力之官弁兵丁等，并着福康安等查明具奏，候朕酌量加恩，以示鼓励。将此传谕知之。”[①]

《清实录·高宗乾隆实录》载：

乾隆五十六年（1791年）正月甲辰，谕军机大臣等：“据伍拉纳奏，拿获崖州洋面拒捕伤官案内盗犯邓全、吴佑同续获各犯内已解到省之梁麟等七犯，一并解粤审办。其未经解省之郑行等八犯，即在泉州就近起解送粤等语。浙省、粤东洋盗，多系籍隶福建，节经该督具奏，前后拿获温州案内盗犯二十八名，崖州案内盗犯十七名。伍拉纳督率有方，地方文武各员，上紧缉捕，拿获多犯，尚属认真。惟各案首犯及伙盗，核之福康安、福崧所奏，尚多逃匿，正应趁此跟踪购线，悉数擒拿。其崖州、温州两案之外，各处洋盗，并着饬属严缉，以靖海疆而戢盗风。该督竟当遵照节次谕旨，在闽督拿最关紧要，毋庸前赴温州。如已起程抵浙，将缉捕事宜与福崧等商定，即着速回闽省。所有解赴粤省各犯，着福康安严加审讯，令将首伙各犯姓名踪迹，据实供出，审明后即行正法。仍一面将供出各犯，严密查拿，毋使一名漏网。将此传谕伍拉纳，并谕福康安知之。”[②]

《清实录·高宗乾隆实录》载：

乾隆五十六年（1791年）二月己未，谕军机大臣曰：“福康安等奏，拿获形迹可疑之李亚安即李昌利，据供与洋盗往来熟识；并于赤岭地方，拿获伙盗梁章有、黄亚六、王才胜、郑之秀四名，又先后拿

---

① 《清实录·高宗乾隆实录》卷一三七〇。

② 《清实录·高宗乾隆实录》卷一三七一。

获卢亚四、何亚四及莫亚九、蔡亚保、伍维莲等犯，俱令解省审办等语。崖州案内盗匪，经福康安等督率文武各员实力蹑缉，今先后拿获多人，严行审办，该地方官牟等，尚属认真。但所获俱系伙犯，其盗首未经就获，且洋面劫盗甚多，尚不止此一案，不可不竭力搜拿，务期全数弋获以净根株。据匪犯李昌利供称，盗首何起文、蛋家二，现住安南农耐地方，与前奏关应华等所供相合。前经谕令福康安等照会阮光平，严饬境内，将窜入安南盗犯帮同搜捕。着再传谕，即详悉知会该国王，以盗首何起文、蛋家二等，因内地查拿紧急，窜往尔国，恐案内盗首及伙盗等，在尔国所辖地方，或掠尔国百姓亦未可知，应令尔地方官严拿，以靖地方。该国王如能按名拿送，奏闻大皇帝，自必优加奖赏，即或该犯等在洋面奔窜无定，难于跟缉，亦当令所属严密搜查，驱向内地，以便官兵截拿，勿使在境内潜匿，致令劫掠滋事，于尔国商旅亦多未便。如此明白宣示，该国王感激朕恩，自当严行饬属协同搜捕也。”①

《清实录·高宗乾隆实录》载：

乾隆五十六年（1791年）三月丙申，谕军机大臣等：“据福康安奏，拿获海洋叠劫盗犯吴士奇等三十三犯，审明后即行正法。又拿获崖州拒捕案内盗犯，将周元保等八犯，先行正法，伍维连一犯，暂留质证。所办均属认真妥协，其缉捕出力之文武各员，即着咨部议叙，以示鼓励。又福康安另折奏称：闽省解到盗犯邓全等一十七名至省，隔别研讯，供词各皆矛盾。据邓全等十二名供明，系在闽洋行劫之犯，内有邓全、吴佑、陈送、梁麟四犯，曾在闽省虎头山洋面抢劫，并非崖州案内正犯。监提正盗关应华当堂质认，各称从未见过。闽省讯供时，因闽省厦门虎头山，与广东崖州老虎头山地名相似，该犯等图免受刑，朦胧混认。查两山相距不下三千六百余里，原供开船、行劫月日，本属未确，拒捕情形亦未吻合。该犯等甫经解到，未便仍行解闽，致有疏虞，现饬牢固监禁，录供咨闽，查讯明确，即在

①《清实录·高宗乾隆实录》卷一三七二。

粤省正法等语。邓全等虽非本案正盗，但曾在闽洋叠次行劫，即系例应斩枭之犯，亦不必因供内地名不符，稍稽显戮。闽、粤洋面毗连，盗船往来出没，原无定踪，全在两省文武员弁，协力缉拿，以靖盗风而安行旅，在闽在粤，自不可略存畛域之见，致追拿员弁等，彼此推诿，转使盗匪远扬漏网。朕以沿海地方，洋盗肆劫，严饬各该督、抚上紧查拿，果能实力督缉，即行恩加褒叙，从不肯将盗犯本籍地方官，治以失察之罪，致启其讳匿之心。即如浙江、广东所获盗犯，多籍隶福建之人，朕并未咎及闽省，转因伍拉纳获盗较多，加之甄叙，该督等惟当协力缉拿，更毋庸以疆界区分，稍存歧视。嗣后闽、粤获有盗犯，于何省拿获，即于何省正法。若以供词稍有不符，复解往犯事地方质讯，恐长途往返接递，致有疏虞，且该犯等自知罪在必死，往往信口诬扳，混供情节，希冀反复咨查，苟延残喘。即如直隶所获谋财害命之刘松一犯，搜出邪教歌单，据该犯供指，系豫省高三、晋省广息传授，及遍查两省，并无其人，实系刘松诬扳，始将该犯正法完案。福康安等拿获盗犯，惟当悉心研鞫，不得任其诬扳狡展，稽延时日。其未获要犯匪伙等，既有逃匿安南之供，自应照会阮光平，于境内堵截搜拿。该国王最称恭顺，想能严饬镇目，上紧缉捕，如果将匪犯获献，自当优加恩赍也。至阮光平回国后，特遣家臣黄仲川，赍送福康安礼物，固属该国王恭敬悃诚，藉通款洽。但伊职居藩服，分则外夷，福康安却之不受，自当如此。该国王接准照会，知人臣无越境私交之义，于天朝法制，更为得体也。将此传谕福康安、郭世勋，并谕伍拉纳知之。”①

《清实录・高宗乾隆实录》载：

乾隆五十六年（1791年）四月丁卯，又谕曰：“福康安等奏稽查炮位，酌定章程一折，内称各国来广贸易洋船，间有携带炮位枪刀等项，由粤海关监督，于该船出入虎门时，查验开报，例准随带。其东省商船，领照出口，无论远赴夷地，及赴各省贸易，均由守口

① 《清实录・高宗乾隆实录》卷一三七五。

文武员弁，验照放行，不准携带炮位等语。此事恐难行，已于折内批示矣。商船出洋携带炮位，原为洋面御盗之用，不特各国来广贸易商船，未便禁止，即内地出口商船，概行不准携带炮位，倘于海面遇匪船行劫，临时不能抵御，岂有转令束手待毙之理。况在船行劫者，不独内地匪徒，想各国夷匪，亦有纠约为盗，携带枪炮，出没海洋，为行旅之害。而内地出洋商船内，转无炮位抵御，该商等即不保护货物，亦各爱惜身命。若拘泥禁止，何以卫商旅而御盗劫？若有名无实，何必为此耶！着福康安等，饬令海口文武员弁，只须于商船出洋时，将炮位稽查点验后，仍准其携带，不可因噎废食也。至另折奏，拿获崖州拒捕盗犯梁章有等，讯出梁章有，即系蛋家二，顶名支饰，希图避重就轻，俟催提盗犯陈学辉到日，再行质审，立置重典。又访获描刻关防李应选一犯，现在严刑根讯等语，所办好。蛋家二系为首戕官之犯，情罪重大，既经就获，讯明定案时，自当问拟凌迟。其拿获该犯之文武员弁，着福康安等，查明出力之人，随案咨部议叙，以示鼓励。所有未获之盗首何起文、大辫三及，案内伙盗，仍着严饬文武，及各路委员人等，加紧搜捕，尽数查拿，毋使一名漏网。将此传谕福康安、郭世勋知之。”①

《清实录·高宗乾隆实录》载：

乾隆五十六年（1791年）六月丁未，又谕曰：“福康安等奏，审明崖州拒捕戕官首伙盗犯，分别正法，并拿获盗首大辫三、李广才，及各船拒捕伙犯二十五名，押解来省审办等语。所办好。现在盗首，止有何起文一名未获，或仍知照该国王，饬令留心缉捕，其余伙盗十六犯未获，只须严饬内地文武员弁，认真蹑缉，不必复令安南协捕，于抚驭外藩之道，较为得体。所有未获盗首何文起一犯，及盗伙王才高、孔亚锡、张亚四、布亚往、亚尽、亚妹、亚九、吴添、带头蓬、复大炮、刘亚二、陈亚二、陈亚六、张老二、亚七、亚胜等犯，并另案洋盗孙维斌首伙人等，着福康安等，严饬根拿，务期按名就获，

① 《清实录·高宗乾隆实录》卷一三七七。

毋使一人漏网。将此由五百里谕令知之。”[①]

乾隆五十七年（1792 年）夏六月，海寇入万陵市，官兵追之莫及。[②]

乾隆五十五年（1790 年）、乾隆五十六年（1791 年），海盗如此猖獗，是由于外患与内忧双重压力造成的。中国自明代末年开始，欧洲殖民主义者即不断到中国东南沿海进行殖民掠夺，并实行资本入侵，强加通商贸易。到了清代，西方资本主义的脚步并不停息，反而变本加厉。但一个故步自封的王朝，不仅不能抓住这个机遇发展自己，反而实行闭关政策。清代自乾隆年间起，实行闭关锁国政策，限制外国资本进入，外商只能在规定的通商口岸进行贸易。这样一来，中国东南沿海一带，特别是海上的形势，变得十分复杂而严峻。而乾隆后期，由于种种原因，八旗兵、绿营兵都逐渐衰弱，军队内腐败流行，兵士怯战。每遇海战，或却步不前；即使参战，也没有战斗力，临阵即溃，不堪一击。而当时地方团练和乡勇，因为不是正式的武装力量，武器装备十分不堪，人数也不多，临战调动也不容易，这造成了崖州的海防力量特别薄弱，海盗于是劫掠猖獗。

4. 嘉庆至光绪年间的海盗活动

嘉庆、道光、同治至光绪年间（1796—1908 年）的海盗在海南岛沿海的活动，是为海盗猖獗的强弩之末，接近尾声。尤其是当张保仔、郑一招降之后，其他海盗也望风投诚。这一时期，巡海船队也比过去加强了。

嘉庆初年（1796 年），海贼有郑七、吴知青等，有安南国阮氏，旧臣麦有金附合之。[③]

嘉庆二年（1797 年）夏，贼张保仔寇铺前、清澜两港，抢劫村庄、商船，掳人勒赎。秋，复寇铜鼓。乡勇张锦文率众御之，战于南沙港，

---

① 《清实录·高宗乾隆实录》卷一三八〇。

② （清）胡端书总修，杨士锦、吴鸣清纂：道光《万州志》卷七《前事略》，海南出版社 2004 年版，第 444 页。

③ （清）聂缉庆、张延主修，桂文炽、汪瑔纂修：光绪《临高县志》卷十六《临海类》，海南出版社 2004 年版，第 400 页。

杀贼十七人。贼乃遁。[①]

嘉庆四年（1799 年）[道光《琼州府志》作“嘉庆三年”] 夏五月，疍户方世建、方维富奉檄招安，洋匪郑一、布泽敬等率众投诚，雷州知府李载春至万州办理。[②]

嘉庆五年（1800 年），贼犯铜鼓。乡勇黄玉纯与林开荣首犯其锋，丁壮协击，杀贼七人，余窜归船。贼恨甚。复有一贼头裹红巾，口衔一刀，身挟数刀，撑船直上。墩兵某击以鸟枪，船覆贼溺，丁壮入水共击，乃毙。自此，贼不敢复窥铜鼓。[③]

嘉庆五年（1800 年）夏五月，洋匪布泽敬率布香长、周亚五、黄亚灶等驾船进港投诚。[④]

嘉庆六年（1801 年）十二月，郑七据安南港，战败，为炮击死。从弟郑一领其众在洋面肆劫，是时黄标擢左翼镇总兵，屡败强寇。标殁后，有红、黄、青、蓝、黑、白旗之伙蜂起海上，曰郑一，曰吴知青（混名“东海伯”），曰麦有金（乌石人，因号“乌石二”），曰郭婆带（后改名“学显”），曰梁宝（混名“总兵宝”），曰李尚青（混名“虾蟆养”），共六大伙，其余又有小伙以分附各旗焉。吴知青统黄旗，李宗潮附之。麦有金统蓝旗，其兄麦有贵、弟麦有吉附之，以海康附生黄鹤为谋士。郭婆带统黑旗，冯用发、张日高、郭就喜附之。梁宝统白旗，李尚青统青旗，郑一则统红旗也。郑一劫新会、江门，掳渔人子张保（十五岁），令给事左右。未几，升头目。[⑤]

嘉庆七年（1802 年），海寇乌石二（即麦有金）犯清澜。黄才文、

---

① （清）张霈等监修、林燕典纂辑：咸丰《文昌县志》卷七《海防志》，海南出版社 2003 年版，第 288 页。

② （清）明谊修、张岳崧纂：道光《琼州府志》卷十九《海黎志》，海南出版社 2006 年版，第 815 页。

③ （清）张霈等监修、林燕典纂辑：咸丰《文昌县志》卷七《海防志》，海南出版社 2003 年版，第 288 页。

④ （清）胡端书总修，杨士锦、吴鸣清纂：道光《万州志》卷七《前事略》，海南出版社 2004 年版，第 444 页。

⑤ （清）聂缉庆、张延主修，桂文炽、汪瑔纂修：光绪《临高县志》卷十六《临海类》，海南出版社 2004 年版，第 400 页。

黄人鉴等率众御之。时贼众数百，肆掠东岸，势甚猖獗。乡里震恐，赴县呈报。邑令邹绍观匿不上闻。黄才文奋不顾身，率众击贼。贼开大炮，烟焰满天。才文伏于土城下，从炮烟直上，以鸟枪击毙十数贼。贼夺尸夜循。[①]

嘉庆八年（1803 年），海贼高尚志率众三十余人入万州港投诚。[②]

嘉庆九年（1804 年）三月，贼乌石二、海田九等登岸劫海田村李家子女财物荡尽，扬帆而去，官兵知之不救。[③]

嘉庆十年（1805 年），贼乌石二肆掠铜鼓内村等村，遗炮药数十包，乡人拾得。次日，贼复来，即以此药击贼。枪裂，倒伤，众皆奔避。贼亦无所得，争取括篓子数斗食之，毙十数人。[④]

嘉庆十二年（1807 年），乌石二犯抱陵港朝阶，港内诸村屡次被劫，焚民房十余所。贼酒后试刀，斩槟榔树殆尽。[⑤]

嘉庆十二年（1807 年）十月，郑一为飓风所沉。其妻石氏分一队委张保、萧稚兰（混名“香山二”）、梁皮保、萧步鳌等伙，皆统属于张保，而保又属郑一嫂，红旗遂独雄于诸部矣。群盗之打单（檄输财帛者谓之打单），劫掠也，约各分踞其界：郑一嫂、郭婆带、梁宝在广、肇及惠、潮等处，麦有金、李尚青、吴知青在高、廉、钦、雷、琼、儋、崖、万等处。[⑥]

嘉庆十三年（1808 年）七月，虎门镇林国良、游击林道材、把总胡爵堂等在孖洲洋与张保战，阵亡。八月，参将林发率师出海，贼尾之。

① （清）张霈等监修、林燕典纂辑：咸丰《文昌县志》卷七《海防志》，海南出版社 2003 年版，第 288 页。

② （清）明谊修、张岳崧纂：道光《琼州府志》卷十九《海黎志》，海南出版社 2006 年版，第 816 页。

③ 朱为潮、徐淦等主修，李熙、王国宪总纂：民国《琼山县志》卷十一《海防志·海寇》，海南出版社 2004 年版，第 524 页。

④ （清）张霈等监修、林燕典纂辑：咸丰《文昌县志》卷七《海防志》，海南出版社 2003 年版，第 288 页。

⑤ （清）张霈等监修、林燕典纂辑：咸丰《文昌县志》卷七《海防志》，海南出版社 2003 年版，第 288 页。

⑥ （清）聂缉庆、张延主修，桂文炽、汪瑔纂修：光绪《临高县志》卷十六《临海类》，海南出版社 2004 年版，第 400 页。

及亚娘鞋地方，击贼不利，官兵死者数十人。[①]

嘉庆十四年（1809年）五月，登岸劫沿海村庄老幼数十人，逼近大林市，乃还。八月，贼自石礶港登岸肆劫，郡将徐升击走之。[②]

嘉庆十四年（1809年）六月十三日，乌石二等带船十余只，肆掠铺前。守备郭天星带兵防守，贼乃遁去。八月，复犯铺前，伤毙兵丁十名，乡勇一名。旋围炮台甚急。外委姜朝梁备勇督兵开炮，毙败数十名。贼逃去。十一月，复犯南犊都七斗、锦罗等村。都司德昌击走之。先是，贼从木栏头上岸，武生韩汉等防御严密，贼不得上，恨甚，声扬要尽剿灭木栏头等处村庄。众绅耆告急于署千总韩国辉，贼遂摇小艇从南篮溪上岸。国辉导都司德昌并署守备韩彪，带兵八百，从东寨港赴锦山市。知贼已登岸，潜由东塔溪步涉而上，与贼遇于七斗村。见前面牛抽山，德昌询国辉此山大小，辉漫应以大，德昌虑有埋伏，乃绕道迎贼，仅杀数人。贼退。德昌复过其山，见非深密，乃大悔，切责国辉。[③]

嘉庆十四年（1809年）六月，香山协许廷桂驻师桅夹门，与张保遇，酣战，发巨炮毙梁宝。我师力渐竭，廷桂见势不敌，遂自刎。至各旗之扰害乡村市镇，抢夺民船洋舶，不可胜计。惟提督孙全谋于嘉庆十四年（1809年）二月率米艇百余号出海，围贼香山属万山，生擒二百余人。十月，困张保于新安赤沥角大屿山，毙贼三百余人，均为大捷。其是年遂溪、广州湾之战，失去十四舟；九月，广州沙湾之战，失去四舟，守备梁滔自焚死；十一月，南澳之战，贼败遁，夜中为贼反攻，焚毁二舟，抢去三舟，提军并失利云。时总督百公龄莅任（粤人称曰“百青天”），始以封港之策断贼粮食。会郭婆带、张保相仇杀，

① （清）聂缉庆、张延主修，桂文炽、汪瑔纂修：光绪《临高县志》卷十六《临海类》，海南出版社2004年版，第400页。

② 朱为潮、徐淦等主修，李熙、王国宪总纂：民国《琼山县志》卷十一《海防志·海寇》，海南出版社2004年版，第524页。

③ （清）张霈等监修、林燕典纂辑：咸丰《文昌县志》卷七《海防志·海寇》，海南出版社2003年版，第288—289页。

制军剿抚并用。[①]

嘉庆十四年（1809年）八月初七午时，海寇乌石二等飞船数十只，自大海突入石礸港，登岸劫马家，幸有营官徐升带兵拒敌，寇渐退。是夜马家款留徐升防守，次早寇又至，徐升与本营赵仕隆招乡民协助力敌，寇乃远遁。[②]

嘉庆十四年（1809年）十二月，郭婆带同张日高、冯用发、郭就喜等在归善县平海降，自此黑旗遂靖。[③]

嘉庆十五年（1810年），郑一嫂与侄郑邦昌、张保、梁皮保、萧步鳌等到香山县芙蓉沙降，自此红旗亦靖。[其麦有金等寇琼府积年，自十四年（1809年）八月入澄迈县石礸港登岸劫掠。][④]

嘉庆十五年（1810年）三月初一，海寇乌石二、海田九等复入石礸港登岸，掠劫冯家而退。初三复至，乡民敌之，杀二贼。四月初三，入东水港登岸，抢掠东水、那黎、好马、石角、潭才各村。时知县盖运长招募乡勇五十名，日给口粮，并请陆兵数百名，水师一百名，躬亲督兵御敌，幸而无虞。四月十六日，琼郡总镇马正国带兵屯住石礸岭上，委员剿寇，船覆而逃，始获安静。[⑤]

嘉庆十五年（1810年）三月，麦有金、海田九等入石礸港再次劫掠，四月贼自澄迈东水港登岸掠各村，均不得逞志而去。五月初一，麦有贵、麦有金等百余艘入澄迈县石礸、五抱、麻颜诸港，直抵临高海岸，杀掠弥惨，百里内无孑遗。先是，制军专剿青、黄、蓝、旗三伙贼，与巡抚韩公崶运筹出师，命督粮道温承志、雷琼道朱尔赓额率弁兵分守

① （清）聂缉庆、张延主修，桂文炽、汪瑔纂修：光绪《临高县志》卷十六《临海类·海患》，海南出版社2004年版，第401页。

② （清）龙朝翊主修、陈所能等纂修：光绪《澄迈县志》卷五《海黎志·海寇》，海南出版社2004年版，第258页。

③ （清）聂缉庆、张延主修，桂文炽、汪瑔纂修：光绪《临高县志》卷十六《临海类·海患》，海南出版社2004年版，第401页。

④ （清）聂缉庆、张延主修，桂文炽、汪瑔纂修：光绪《临高县志》卷十六《临海类·海患》，海南出版社2004年版，第401页。

⑤ （清）龙朝翊主修、陈所能等纂修：光绪《澄迈县志》卷五《海黎志·海寇》，海南出版社2004年版，第258—259页。

要害，遏贼奔逸。又虑其西逸安南，檄国王设兵江坪截之，令张保仔为前锋。①

嘉庆十五年（1810年）夏五月，两广总督百龄遣降盗张保仔计擒海盗乌石二等，磔之。先是，张保仔在广州各港劫掠，乌石二在高、雷、琼各港劫掠，惨毒尤甚。总督百龄遣人招抚，许以不死。张保仔先投诚，乌石二仍往琼州扰劫。乃命提督童镇升、总兵黄飞鹏率舟师，带领张保仔剿捕。亲至雷，督师至琼海。张保仔用计诱乌石二入雷之双溪港。提督、总兵各以大兵扼其后，以乡勇拒于前，生擒乌石二等数千人。磔乌石二等九人于市。余或枭示，或遣戍，或赦宥，俱处如律。贼悉平。有东海伯者，先张保仔、乌石二而起，亦以此时投诚免死。②

嘉庆十五年（1810年）四月辛丑，各弁兵船尽启行。庚戌，遇黄旗别部于七星洋。我师奋勇，所向披靡，擒盗首李宗潮等三百九十人。又遇青旗伙于放鸡洋，贼舟数十号。我军放炮攻击，贼骇逸。官军乘势追杀，擒斩几尽。

五月丁巳，百制军亲到高州督战。我军愈奋勇追截，遇麦有金于儋州，大战。麦有金见势不敌，欲遁。镇军黄飞鹏指挥各船环攻之，自辰至午，焚十余艘，毙贼无算。麦有金知不可脱，回帆相拒。张保于炮烟中望见，急夺，力跃登其舟，大呼："我张保来！"手刃贼数人。贼大挫。保叱麦有金曰："吾数劝汝降，汝何不我听？今复何言？"有金错愕失刀，梁皮保遂前缚之，余众悉就擒。时其兄有贵见有金被擒，仓皇欲奔。提督童镇升暨孙全谋挥兵追击，亦就擒。副将洪鳌、都司胡佐朝擒其弟麦有吉等。吴知青见势孤，亦自诣降。李尚青潜逸吕宋。

癸酉，制军至雷州，各师献俘双溪港口，是役也，获贼男妇五百人，受降三千四百六十人，船八十六只，铜铁炮二百九十一尊，兵械

① （清）聂缉庆、张延主修，桂文炽、汪瑔纂修：光绪《临高县志》卷十六《临海类·海患》，海南出版社2004年版，第401页。

② （清）张霈等监修、林燕典纂辑：咸丰《文昌县志》卷七《海防志·海寇》，海南出版社2003年版，第289页。

一千三百七十二件。制军乃集僚佐将弁于海康北门外，磔盗首麦有金等八人，斩黄鹤等一百一十九人。青、黄、蓝旗伙皆平，而余贼在滨海各县亦以次扑灭。凡涠洲、硇洲各岛屿为贼所掳者，制军命朱尔赓额、温承志等率兵往扫荡之。溯自寇起以来，近海居民不安业者十余年，及是海氛遂靖。[①]

嘉庆十五年（1810 年），贼党入东营港，至瑶山等村掠男妇数十人。居民集众御之，杀贼十余名，乃遁。自三年以后，海贼流劫濒海一带，数十里俱被害。

嘉庆十五年（1810 年）八月，总督百龄领兵莅雷，时广州贼首张保、郭婆带等已就抚，因令其诱乌石大、乌石二、乌石三等降，至则歼厥渠魁，余释勿问，海南人被掳者俱获还。初，海寇郑一、乌石大、张保等啸聚海岛，雷琼海船往来多被劫，商旅裹足，边民久被其害，至是始平。[②]

在张岳崧的《筠心堂集》中，也曾真实地记录下壬申年澄迈盖邑侯守城拒盗的事迹，在《澄迈盖邑侯去思诗序》中写道："当是时，嘉庆十七年（1812 年），粤海氛不靖，公募卒治守御，昼夜逻缉，获匪伙数十人。会当事冒公功，不以闻，公无怼色。庚午夏，群匪浮艨艟数十，泊澄城外，炮声震屋瓦，澄城孤兵孱民，闻寇，惊呼衢巷，喧阗奔窜践藉。或劝公曰：'寇且至，速闭关自卫！'或又曰：'事急矣，权送眷赴郡，庶保不虞！'公仗剑厉声曰：'城为民卫，闭之民将奚归？况某奉天子命守土辑众，誓与城存亡，敢有浮言惊吾民者，置军法！'即率先登陴，指麾严守。密伏港两岸。匪疑无备，驾快舸数十飞投抵岸。公率伏奋击，出巨炮二，震轰列缺，烟雾迷离，碎其舸十余。匪大溃，自是不敢窥澄岸，民以大安。"[③]澄迈盖邑侯是典型。他身先士

① （清）聂缉庆、张延主修，桂文炽、汪瑔纂修：光绪《临高县志》卷十六《临海类・海患》，海南出版社 2004 年版，第 401—402 页。

② 朱为潮、徐淦等主修，李熙、王国宪总纂：民国《琼山县志》卷十一《海防志・海寇》，海南出版社 2004 年版，第 524 页。

③ 张岳崧：《筠心堂集》卷五《澄迈盖邑侯去思诗序》，海南出版社 2006 年版，第 200—201 页。

卒，自己“登陴，指麾严守”，又有“乡壮数百”配合，在“匪徒无备”的情况下，驾快舸数十“飞投抵岸”，打击盗匪而至“大溃”。嘉庆以后，盗匪虽然仍活跃，但较乾隆年间相对减弱。

奉宪永禁索扰示碑

崖州正堂加十级纪录十次谭，为禀明除五害事。本年六月十三日，据西黎汉道村峒长符安祥等呈称：缘祥等前期，以一件遭殃求救原由渎呈，蒙金彻底认祥示，此诚仁天能保黎民峒□在抱者也。自来滋扰诸弊，前示严摘周全，独贽见汛官一例，作俑于嘉庆年间，然始不遇斗粟鸡酒，用以奉□。实至道光初年，专索钱银，变本加厉，或二三十两，至七八十两不等，视峒之大小以为分。甚至一官往复数次，威迫再三。前未偿而后又加。富变穷而贫俱散，百般陷害，是惟此凶。道光十年，□逢府宪暨袁州主视临招抚，□绝严禁，暂蒙□□和，旋后仍行科勒。越有客岁，韩副爷代防，尽革陋规，民黎悦服。无何升上未获承恩，即有罪魁百总罗开兴等，不时带兵数十，串谋扰索，借言巡哨地方，实在追迫，贽见就拿，见牛即封，各村逃避，各处含冤，灾切剥肤，如虚甘坐。势迫赴诉仁天，怀保黎庶，残厥渠魁，永示碑，俾穷黎托安生业，不致□□摧残，东西诸峒食德无疆矣。为此，冒死切叩等情到州。当批，据呈该处汛官带兵入黎勒贽见，如果属实，殊堪骇异。候即出示永远禁止，以安黎众，而绝弊端在案。合行出示严禁。为此，晓谕各黎峒长总管悉知：朝廷设立文司武汛，原以镇抚黎人，若似此勒索贽见，多至数十余两，是扰黎也。汉人扰黎无论官民，照私通土苗例发近边充军，立法何等森严。自此以后，如有文衙门差役□，以新官到任，办差为名，勒索规费贽见者，准尔等黎人指名禀究，本州定照例总□祥办，绝不宽贷。如武营有不肖兵丁，逢迎汛官，假以巡哨地方为名，带兵入黎勒索贽见者，尔等黎人，亦即来州控告，以□□本州会同营宪，照例□□，并将文武衙门，一切扰黎陋规，永远禁止，以安黎众。该黎人等，亦应安分守法，勿得误听汉奸勾引，诬告陷害。如有此等，亦著一并究处。各其凛遵，勿违。特示。

西峒各村

只类太把峒长　汉道散用　多涧抱训　抱政抱界　只屏凡上

总管

符安祥　麦士保　卢那洪　卢那有　符那休

头家

吉石不　林那安　盘那□　韦亚出　韦那全

理事

吴亚三　符那若　文那卒　周石雷

东西峒

同禁

官方多港、刘峒长、德霞抱由及众村总管哨官，头家村老等同立

光绪十四年八月吉旦立禁

（碑存乐东县抱由镇番豆村）

嘉庆数年来洋面不靖，海匪剽掠。至嘉庆十五年（1810 年）五月初一，海北乌石大小等贼集一百余艘，飞入石䃭、玉抱、麻颜诸港口，下抵临高海滨登岸，焚毁掳人，劫物无数，横行几十里许。人民逃散，莫敢与之争锋，其祸更惨。各官惊愕，羽檄详闻。制台百龄迅速领兵莅雷州，再出招安计。仍吋张保仔招诱贼党来受上赏，免为扰害。寇便允从，越数日，尽拖贼船归集海安所。官兵守围，拘去讨罪，先歼渠魁，余不尽诛。海南人被贼掳者，俱放回家，兆姓始宁。百之功不在潞马下矣。[①]

又道光《琼州府志》也有相同记载，最后结语说："自嘉庆三年（1798 年）以后，海寇郑一、乌石大、张保等啸聚海岛，雷琼海舶往来多被劫，商旅裹足，边民久被其害，至是始平。"[②]

光绪《崖州志》也有同样记载：

---

① （清）龙朝诩主修、陈所能等纂修：光绪《澄迈县志》卷五《海黎志·海寇》，海南出版社 2004 年版，第 259 页。

② （清）明谊修、张岳崧纂：道光《琼州府志》卷十九《海黎志·海寇》，海南出版社 2006 年版，第 816 页。

道光十二年（1832年）九月，海贼冯生、疔痣、朱亚二、刘亚三等自甲洲夷洋山岛驶三船，潜入三亚港。水师守备黄仕扬巡海遇之，率师船并渔船围击。贼以死战，官兵多有伤者。仕扬奋勇当先，击覆贼船。贼死无算，生擒亚二、亚三等，解省正法。①

道光二十二年（1842年）四月，海贼梁亚球泊船三亚港，率党百余人攻扑林家村。廪生林之拔募黎团数百名御之，战败。贼入村，劫掠一空。②

道光二十三年（1843年），海寇梁亚球率匪船几十只，党徒数百人，守兵寡不敌众，攻入县城连抢三日，居民财帛一掠而空。知县夏□□逃匿，被掳去太太并县印落船，勒赎钱壹千余串。后察觉系本土淫妇石兰、观引、喜莲、泮香四人勾通指点，经拿获正法。③

道光二十八年（1848年）四月初六，海寇张十五驾船三十余只，肆掠清澜东岸。初七日，贼党潜往东郊市，为乡民所识，打死四人，生擒三人。初八日，贼带百余人上岸搜寻，旁掠港头、调炳等村，掳郑宏宝等一十四人。宝诈顺从，称可寻出上市七人，贼乃放回。宝等即时赴县告急。邑令袁名洋置若罔闻。绅耆乃联建安全社，募集乡勇，备器械，筑土坡，日夜巡哨。贼始遁。④

道光二十九年（1849年）闰四月初四，海寇张十五、杨头等入铺前，劫炮台大炮十二位。初十，寇海口。五月十一日，贼船九十余只复犯铺前，毁巡检司署，杀村民一、市民一，商船皆被劫。有十余贼登岸，屡扰迈犊等村。一日，数贼继至。乡民数十人邀击之，毙贼一名，生擒贼四名解郡。后遂不敢深入。惟近海一带，北至新埠，南至后港，

① （清）钟元棣创修、张嶲等纂修：光绪《崖州志》卷十二《海防志·海寇》，海南出版社2006年版，第313—314页。

② （清）钟元棣创修、张嶲等纂修：光绪《崖州志》卷十二《海防志·海寇》，海南出版社2006年版，第314页。

③ 周文海重修，卢宗棠、唐之莹纂修：民国《感恩县志》卷十二《海防志·海寇》，海南出版社2004年版，第263—264页。

④ （清）张霈等监修、林燕典纂辑：咸丰《文昌县志》卷七《海防志·海寇》，海南出版社2003年版，第289—290页。

被害极惨。时众铺户及沿海居民悉搬移入内地。贼屡次上岸，无所获，至六月十九日乃去。[①]

道光二十九年（1849 年）六月，贼复寇清澜东岸，掠港头等村，焚民房数所。绅耆禀报县，并赴郡告急。道宪黄宗汉给以火药，饬团练防御。贼始遁去。先是，寇海口。被署参将黄开广击败后，又数被兵船攻破，势渐穷蹙。十月廿旬，杨头带船数只来海口就抚。越数日，张十五亦就抚。[②]

道光二十九年（1849 年）四月二十六日，海贼张十五等驾船数十乘潮突入海口港，时兵船二十余只将出哨，不及备，甫交战，官船器械火药俱失，官兵奔窜逃匿，贼势愈炽，人心惶惧，郡城戒严。闰四月初二、三日，攻海口城，自辰至午，守备许颖升、署守备黄开广同崖州副将吴元猷悉力御之，杀贼十余名。碣石镇王鹏年男某复从西面陷阵，悉力御敌，杀贼巨酋一人，乃退。初四夜，复来袭，船上火光烛天，设为疑兵。黄开广令人从暗中开炮，杀贼数十名。贼气夺，退泊铺前港。三十余日后，渐流劫各州县，官兵不能救。十月，太守林鸿年主议招抚张十五上海口安插，给顶带，党与渐散，海氛以息。新设炮台于旧炮台内。[③]

道光三十年（1850 年）三月二十七日夜，贼劫海口钱铺数处，官兵知之不追，贼遁去。[④]

同治初年间，马袅港贼王那龙、那表纠党猖狂，士民震惊。王元士集众剿捉，送官磔于市，乡民乃安。[⑤]

---

① （清）张霈等监修、林燕典纂辑：咸丰《文昌县志》卷七《海防志·海寇》，海南出版社 2003 年版，第 290 页。

② （清）张霈等监修、林燕典纂辑：咸丰《文昌县志》卷七《海防志·海寇》，海南出版社 2003 年版，第 290 页。

③ 朱为潮、徐淦等主修，李熙、王国宪总纂：民国《琼山县志》卷十一《海防志·海寇》，海南出版社 2004 年版，第 524—525 页。

④ 朱为潮、徐淦等主修，李熙、王国宪总纂：民国《琼山县志》卷十一《海防志·海寇》，海南出版社 2004 年版，第 525 页。

⑤ （清）龙朝翊主修、陈所能等纂修：光绪《澄迈县志》卷五《海黎志·海寇》，海南出版社 2004 年版，第 259 页。

同治四年（1865年）七月，有贼船十八只窜入三亚港。洋船追至，击破之，毙贼百余人。贼船焚毁殆尽，余党登岸溃散。寻集于港。官军合同乡勇迎击，未克。贼遂拥众入三亚市，勒索赀粮，夺商船而去。[①]

同治十年（1871年）秋月，夜间有海盗潜入内港，上海口劫参将署前当户，同街宅铺有盗伺守门外，不敢出救。巡夜营兵亦畏逃匿，自此海盗玩视水师，常有劫掠。[②]

同治十年（1871年），海匪两舰入清澜，劫东郊墟联昌。当饱掠而归，黎明出港，道经烟墩炮台，当时风流俱逆，如俟其匪舰驶近其处，击之甚便，讵汛官周朝升遥望，燃炮攻之不中。贼由小艇登岸，入炮台，夺器械，斩汛官十余刀而毙，并伤勇丁一名。邑绅符天驹等呈请，海口把总符为汛官，有胆略，可疑之船入港，搜查维严。又购军械，练兵防守，而海寇稍敛迹。[③]

同治十一年（1872年），卢大光（新安人）住头沙嘴，纠集贼船数十只行海，劫抢博顿港口，疍民受害无算。本县李公令、林向荣、林四得等禀府请剿，王总镇引兵剿办，嗣后民得安堵。[④]

同治十二年（1873年），贼入清澜，劫新造在坞之船。岸上观者蚁集。贼燃枪击伤数人，众惊散。邑令余栻羽书告急。越二日，兵舰至，而贼已遁。[⑤]

光绪元年（1875年）乙亥秋夜，海寇百余人又上海口，劫牛路头当户，同街铺户各有一贼分守门外，有一铺误开门，被贼刃伤街中，

① （清）钟元棣创修、张巂等纂修：光绪《崖州志》卷十二《海防志·海寇》，海南出版社2006年版，第314页。

② 朱为潮、徐淦等主修，李熙、王国宪总纂：民国《琼山县志》卷十一《海防志·海寇》，海南出版社2004年版，第525页。

③ 李钟岳等监修、林带英等纂修：民国《文昌县志》卷四《海防志·海寇》，海南出版社2003年版，第292—293页。

④ （清）聂缉庆、张延主修，桂文炽、汪瑔纂修：光绪《临高县志》卷十六《临海类·海患》，海南出版社2004年版，第403页。

⑤ 李钟岳等监修、林带英等纂修：民国《文昌县志》卷四《海防志·海寇》，海南出版社2003年版，第293页。

夜小贩者二人均被刃伤。海口营兵追捕不及，因设营房于关厂坊，以备防御。[①]

光绪十年（1884年），越南事亟，筹办海防。琼州共驻第十四营，除内防黎匪外，俱驻扎本境。海口所城及海口盐灶两炮台，分扎陈荣辉，辉字一营，东安勇一营。西场，秀英等处，分驻提督郑绍忠安勇一营，署雷琼道王之春毅字湘勇三营。迤南驻金字一营，迤东驻毅字左右两营。停战后，存雷琼朱宋军十底营，办理善后。[②]

光绪十三年（1887年），聂邑侯缉庆莅任。以临邑港汊分歧，为盗贼出没之薮，雇勇备船沿海堵缉，禀请督、抚、宪派拨镇涛轮船帮同巡缉，广购眼线，不吝重赏。有巨盗陈五卿、王大幅等在儋、临一带海面抢劫，为害已久，于光绪十四年（1888年）八月十七日掳获陈五卿与伙犯谢得六、周二当、符四元等多名，斩枭示众，为地方除一大害。[③]

光绪十九年（1893年），马袅港土匪林凤山、篆发棣、秦焕朝、雷文贵聚党凶狠，人民恐惧。琼军哨官周继昌、先锋吴元利剿平之。[④]

光绪二十年（1894年），吴川、临高会匪窜入州境，盘踞三亚港口及佛罗市等处，勾结土匪，劫商船，掠村市，掳人索财，阖属骚然。[⑤]

光绪二十二年（1896年）七月初七日夜，有海匪几十人突入县署，抢劫知县卢芳林，财物皆空。连夜遁去，不知所踪。[⑥]

光绪二十三年（1897年）十月初九，江门商船行至四更洋面遇盗，

---

① 朱为潮、徐淦等主修，李熙、王国宪总纂：民国《琼山县志》卷十一《海防志·海寇》，海南出版社2004年版，第525页。

② 《琼山乡土志》卷一。

③ （清）聂缉庆、张延主修，桂文炽、汪瑔纂修：光绪《临高县志》卷十六《临海类·海患》，海南出版社2004年版，第403页。

④ （清）龙朝翊主修、陈所能等纂修：光绪《澄迈县志》卷五《海黎志·海寇》，海南出版社2004年版，第259页。

⑤ （清）钟元棣创修、张嶲等纂修：光绪《崖州志》卷十二《海防志·土寇》，海南出版社2006年版，第316页。

⑥ 周文海重修，卢宗棠、唐之莹纂修：民国《感恩县志》卷十二《海防志·海寇》，海南出版社2004年版，第264页。

炮斗三时之久，被戕七十余人。县累牍申闻，镇宪随坐火轮，带师船四艘沿海缉捕，与县会通，水陆兜拿，仍在四更洋面生擒巨盗十名。据供，前劫四更沙商船已于十月二十二日暴风打碎，人货俱空，闻者莫不痛快。天网恢恢，疏而不漏，信哉！①

光绪二十四年（1898 年）十月，劫黄流市店一十八间，其氛愈炽。②

光绪二十五年（1899 年）十月，署知州钟元棣到任，即会同署州守备黎献廷严办。黎献廷督水军封港登岸，合扎驻琼军搜索，拿得贼首陈仁等三名，就地正法。余党远窜。棣去任，窜者复聚，勾引抱扛贼黎，肆行抢劫。③

光绪二十六年（1900 年）秋月，沿海贼船游弋，劫掠滨海村落道郡吴家，大肆抢劫一空，并劫人勒赎，水师坐视不能援救，势甚猖獗。④

光绪二十六年（1900 年）十月十一日，有海匪几十人设计假水师送贼来城。甫至境，勇民围观甚多。匪疑机露，击毙县勇二人，直入署劫掠知县徐政财物。城民敌之，被伤三人。⑤

光绪二十六年（1900 年），海寇入抱陵港，奸民云崇耀导入各村，掳人勒赎。知县阮萃恩侦知，捕耀杀之，贼亦逃散。⑥

光绪二十八（1902 年），贼匪结党惊众。邑侯林玉铭悬赏严办。

---

① （清）李有益纂修：光绪《昌化县志》卷五《经政志·海寇》，海南出版社 2004 年版，第 211 页。

② （清）钟元棣创修、张嶲等纂修：光绪《崖州志》卷十二《海防志·土寇》，海南出版社 2006 年版，第 316 页。

③ （清）钟元棣创修、张嶲等纂修：光绪《崖州志》卷十二《海防志·土寇》，海南出版社 2006 年版，第 316 页。

④ 朱为潮、徐淦等主修，李熙、王国宪总纂：民国《琼山县志》卷十一《海防志·海寇》，海南出版社 2004 年版，第 525 页。

⑤ 周文海重修，卢宗棠、唐之莹纂修：民国《感恩县志》卷十二《海防志·海寇》，海南出版社 2004 年版，第 264 页。

⑥ 李钟岳等监修、林带英等纂修：民国《文昌县志》卷四《海防志·海寇》，海南出版社 2003 年版，第 293 页。

拿获林凤山、谢贵珍渠魁磔于市，一乡乃安。[①]

光绪二十九年（1903年）七月初二夜，海寇劫大场村。禀生王乃昌侄居恭二人往儋、临地方，四方山处。十一月赎回，花白金一千余元。[②]

光绪三十一年（1905年），海寇劫拨南厂，离老城十二里，贼匪集众劫去童男女五人，扬船而去，不知所之。县主龙朝诩亲到其处勘验。[③]

光绪三十三年（1907年）夏，贼艘数只泊冯家港，焚掠墟村，势甚猖獗。凤会村健仆生铭，知义奋勇，邀众抵御。铭为先锋，被贼掳去斩首，悬竿以舞。里人哀之，议设祠以祭。留穗学生等据事联名呈报，当道兵舰至，贼乃遁。[④]

光绪三十四年（1908年）三月，贼舰入抱陵港图，劫文教市。其夜途遇陈在济，胁导路，济愤甚，与贼相持，拳伤一贼仆地。旁贼发枪中济，匪党亦被弹而毙。村邻闻警呼集，匪胆寒即刺船夜遁。此市免遭抢劫，济之力也。寻因枪伤而亡。[⑤]

海南岛辽阔海洋的自然条件，有助于海盗肆无忌惮的往来活动。到18世纪末，由于海上贸易的增长，海盗活动逐渐从小规模向大规模扩展，小股的海盗相互之间结成盟友，扩张他们在海上的势力。而清代海南岛上的防御能力，又比广东各海口更差，正如光绪《临高县志》所说的："环琼皆海也。虽有舟师，疾风弗及；虽有斥堠，声息难周。故从来策海惟琼为难，亦惟琼为略也。临地滨海者百里而遥，六浦港汊在在可犯，在在宜防。独马袅、博顿两营有兵，然仅半

---

① （清）龙朝翊主修、陈所能等纂修：光绪《澄迈县志》卷五《海黎志·海寇》，海南出版社2004年版，第259—260页。

② （清）龙朝翊主修、陈所能等纂修：光绪《澄迈县志》卷五《海黎志·海寇》，海南出版社2004年版，第259页。

③ （清）龙朝翊主修、陈所能等纂修：光绪《澄迈县志》卷五《海黎志·海寇》，海南出版社2004年版，第260页。

④ 李钟岳等监修、林带英等纂修：民国《文昌县志》卷四《海防志·海寇》，海南出版社2003年版，第293页。

⑤ 李钟岳等监修、林带英等纂修：民国《文昌县志》卷四《海防志·海寇》，海南出版社2003年版，第293页。

百，其他所谓墩台者，名焉而已。”[①] 在海防兵力薄弱的情况下，海南岛沿岸必然成为海盗的渊薮了。而且海南岛周遭的海盗，往往与澳门、香港、广东连在一起，这股华南海盗在广袤的南海上活动，来去无阻。

5. 清代海盗活动的特点及清廷的对策

清代海盗的活动与明代比较各具不同特点。清代海盗既有明显的政治目的，又不离海盗本性，两者糅合，显示在政权交替时代，海盗文化的复杂性、交叉性。[②] 清代海盗势力的猖獗，组织力量的壮大，令清廷官军几乎束手无策，而清廷采取离间海盗集团之间的关系并实施招抚政策，最终令海盗土崩瓦解。

（1）海盗订立合约、结成联盟以对抗朝廷

清代各股海盗之间，经常为争夺利益而发生混战，于嘉庆十年（1805 年）海盗之间订立合约，结成海盗联盟，以合作的力量对抗清兵。“合约”由当时有实力的海盗首领郑文显、麦有金、吴智清、李相清、郑流唐、郭学宪、梁宝等七人联合订立。据中国第一历史档案馆所撰写的《嘉庆十年广东海上武装公立约单》一文中所公布：

立合约人郑文显、麦有金、吴智清、李相清、[③] 郑流唐、郭学宪、梁宝等，为会同众议，肃以公令事。

窃闻令不严不足以儆众，弊不革不足以通商，今我等合众出单，诚为美举。然必始末（末）清佳，方能遐迩取信。凡我各支快艇，良恶不齐，妍强各异，苟非约束有方，势必抗行弗顾。兹议后开款条，各宜遵守，矢志如一，无论权势高低，总以不阿为尚。倘有恃强不恤、抗行例约者，合众究办。今恐无凭，立合约七纸，每头船各执一张为照。计议款条开例于后：

一议通海大小船只边（编）作天、地、玄、黄、宇、宙、洪七支。

① （清）聂缉庆、张延主修，桂文炽、汪瑔纂修：光绪《临高县志》卷十六《临海类 · 海患》，海南出版社 2004 年版，第 399 页。

② 司徒尚纪：《中国南海海洋文化史》，广东经济出版社 2013 年版，第 262 页。

③ 海盗的名字，志书中所记多用谐音，故前后略有不同。

各支将行纲花名登薄列号，每快艇于悝尖书某字若干号，头桅亦依本支旗号。如悝尖无字号，以及头桅旗色不符者，即将船艇、炮火充公，并将行纲处决。

一议某去原有某支旗号，如有假冒别支旗号色者，一经查察出，将其船艇、炮火归众。行纲立心不轨，候众处决。

一议快艇不遵例禁阻截有单之船，甚至毁卖船货，以及抢夺银两、衣裳，计脏填偿，船艇、炮火一概充公，行纲分别轻重议处。如脏重填披不起者，则照本支分子扣除。

一议打货船，所有船艇货物，系某先到者应得。倘有恃强冒占，计其所夺脏物多寡，加倍赔偿。如有不遵者，合众攻之。

一议不拘何支快艇牵取有单之船，旁观出首拏捉者，赏银一百大员（元）。对打史弟被伤者，系众议医调治，另听公议酌偿。从旁坐视不首者，以串同论罪。

一议有私自驶往各港口海面劫掠顺校贩卖之小船，以及带银领照之商客者，一经各支巡哨之船拏获，将船烧毁，炮火、器械归众，该老板处死。

一议不拘水陆客商，平日于海内有大仇者来，有不潜综远遁及其放胆出入卖买者，虽略有口气亦可相忘，不得恃势架端扳害，以及借以同乡亲属波连，拏酷赎水。如违察出真情，则以诬陷议罪。

一议头船遇通海有事酌议，则于大桅树旗，各支大老板宜齐集会议。倘有话致本支快艇，则于三桅树旗，本支行纲宜进船听令。如有不到者，以藐法议处。

奉主公命，抄发各船，以示遵守。

天运乙丑年六月 日（年号处钤“有金记号”印）

吴尚德（系调行）执[①]

在这些立约人中，郑文显即郑一（其妻郑一嫂），麦有金即乌石大

① 叶志如整理：《嘉庆十年广东海上武装公立约单》，载自《历史档案》1989年第3期，第19页。

（其弟乌石二、乌石三），吴智清即东海伯（东海霸），李相清即金牯养，郑流唐即郑老同，郭学宪即亚婆带薮郭婆带。各帮武装联合订立公约，其主要内容是协调各帮关系间有关规章制度以及规定对违规者的处罚。在这七个帮派中，各帮旗色加以区别，郑一为红旗，麦有金为蓝旗，吴智清为黄旗，李相清为绿旗，郭婆带为黑旗，梁保（总兵保）为白旗。他们之间形成海盗联盟之后，达成一定规模的合作，称为五色帮，不过各旗主主要以各自的家乡地区为活动范围。

（2）清廷水师借助日本、越南等武力联合追捕

在海盗横行的日子里，清朝水师力量单薄，经常借助葡萄牙军队的力量与海盗作战。海盗在南海一带流动，又与日本、安南（现越南）以及东南亚各地海盗联络密切。

如上列《清实录》所载的乾隆五十六年（1791 年）著名的崖州案，其盗首及各伙海盗，当官兵水师力量增强无法取胜时，便潜匿在安南境内，这时清廷必须通过国与国之间的协调进行追捕。而活动于海南岛的海盗头领如郑一、张保仔、郑一嫂、乌石大等，也是活动于香港、广东一带海面的大盗，所以消灭海盗的作战行动，不是海南水师一地之力，主要是两广总督指挥行事。

《清实录》中嘉庆元年（1796 年）十一月两广总督吉庆的奏章中，就反映了这一问题。

嘉庆元年（1796 年）十一月，两广总督吉庆奏："粤省十府三州之内，八郡皆系滨海，自惠、潮以迄雷、琼，袤延二千余里，处处毗接外洋。今拟将海防分为三路：西路高、雷、廉、琼，所属洋面每有盗匪伺劫商族，琼州，孤悬海外，雷州，近接夷洋。查盗船俱在江坪、白龙尾一带藏躲，而雷属之海安，与琼属之海口二营，隔洋对峙，中间水面，仅八十余里，向来盗船，俱由此处潜驶来粤。现于二营各派兵船三十号，分作两帮，遴委将弁，往来巡缉，轮赴龙门、硇洲、涠洲等处搜拿。自惠州平海以东，至潮州闽粤交界，是为东路。饬南澳镇总兵林国良，领兵船二十只，上紧堵拿。并咨会闽浙总督魁伦札饬铜山营，配兵船二十号协缉。至广州、肇庆所属之虎门、大鹏、广海寨、老万山等处

洋面，是为中路。派参将黄标，领兵船三十只，实力追捕。总期将盗首擒获，悉绝根株。至洋匪所需硝黄、米谷、淡水，自系图利奸徒接济，现派员密赴各口岸访拿严究。再兵丁月饷无多，出洋捕盗，力难裹带，每名每日，应请给盐菜口粮银五分，在藩库杂款项下，作正开销。”得旨：“嘉获，如所请行。”[①]

道光十三年（1833年）间，越南海盗与南海海盗啸聚抢劫的情形，人们也可从卢坤等人的奏折中看到。

道光十三年（1833年）三月，谕军机大臣等：“卢坤等奏歼擒盗首伙匪，洋面安静及现在办理情形一折。览奏均悉。越南国奸民陈加海，与内地游匪杨就富、冯生、疔痣、吴三狗，先在夷洋狗头山啸聚，因乏食出巢，图越内地劫掠。以副将李元、游击林凤仪等，率带兵船，驶赴夷洋交界白龙尾，各匪船十余号驶来。林凤仪等迎截驶拢围捕，枪炮并施，击破匪船一只，伙匪落海三十余名。都司佘清，生擒大头目杨就富，并获伙匪炮械，余匪窜逃。官兵追至夷洋青蓝山，歼毙渠魁冯生、疔痣及伙匪王亚狗等，又打破匪船三只，获船四只，生擒头目梁尚添等二十余名，击伤匪党李亚吉等落海淹毙。又据商船宋敬利等追入夷洋，认系盗首陈加海船，越南夷目亦带兵船赶到，匪伙落海淹毙过半。追至雾水洲，陈加海船撞礁击破，杀著名凶盗吴三狗及段俚咸，并余匪多名，陈加海带妻属伙伴十余人，逃入深山，其胜发、黄亚喜二船打坏后望南驶脱。该土目擒贼匪潘亚八取供移送。其盗首李亚吉潜回东莞，亦经拿获解送，所办迅速可嘉。陈加海虽经逃逸，已如釜鱼阱兽，不日当可就擒。黄亚喜、胜发两船，虽被枪炮击伤，现已望南驶脱。除恶务尽，必须绝其本根，亦着随时侦拿，勿任漏网。所有卢坤照会该国王咨文，尚为得体。现将师船、渔船收回内地，照常各守边界。并稽查澳甲渔户，毋许越界采捕滋事，所办均妥。提督李增阶，在洋屡次遭风，几至沉溺，漂入琼州昌化港，始得收泊，幸获生全。其参将林开疆，遭风击损师船，漂至琼州澄迈县收泊。览奏

① 《清实录・仁宗嘉庆实录》卷一一。

稍慰。其督标中营二号米艇，阳江右营二号米艇尚无下落。着卢坤等飞饬沿海州县探明具奏。其在事文武员弁,俟定案时,择其尤为出力者,核实保奏，候朕施恩，毋许冒滥。将此谕令知之。”①

越南海盗头目陈加海伙同中国广东盗匪加害而遭官兵追捕，但陈加海仍在逃。不久，陈加海被生擒。

道光十三年（1833年）三月，谕内阁："卢坤等由驿驰奏，生擒越南巨盗陈加海，匪巢尽扫，华夷洋面肃清一折。此案越南国奸民陈加海即阮保，与内地游匪杨就富，均在夷洋狗头山啸聚，陆续掳逼多人入伙，共船三十六只，四出行劫。先经游击林凤仪等，带领兵船驶赴夷洋围捕，都司佘清，生擒杨就富，并获伙匪多名。其陈加海船撞礁击破，带妻属伙伴逃入深山。兹据奏称，越南土目禀报，生擒陈加海即阮保，并匪党阮文军等男妇十一名口，押回州屯槛禁。并据商船壮勇宋敬利、陈金发，知首犯已获，随转至青蓝山，搜获余匪陈亚福等七名，斩匪目黄矮二、王亚二首级，起获大铜炮一门、铁炮一门以及环刀、挑刀七把，火药一箱。通判陆向荣等，搜获逃匿逸犯王亚大、覃大业二名。署琼州镇谢德彰等，在竹山一带获解匪犯黄沅洸等十余名，其文武委弁获解匪党张亚德等二十余名。并经廉州府知府张堉春，究出此股洋匪，尚有出海为盗主谋之林致云，现在冠头岭外洋游奕窥伺，又经该府等，密饬员弁前往屣拿，获解来府，提同各犯质证，究出行劫实情，尚属能事。提督李增阶，现驻儋州，督饬参将林开疆等，会同文武缉获吴亚麟等十七名，并船只、铁炮、越南国藤牌等件。贼巢已扫，渠魁就获，华夷洋面全就肃清。办理甚为妥速，览奏欣悦。着卢坤等即提集现获首从各犯，严讯确情，按律从重定拟，毋稍宽纵。其在事出力文武员弁，着卢坤等择其尤为奋勉者，秉公酌量保奏，候朕施恩，毋许冒滥。”②

从以上奏折中，人们了解到南海海盗与越南海盗的密切关系，其

① 《清实录·宣宗道光实录》卷二三三。

② 《清实录·宣宗道光实录》卷二三四。

原因在于广东海面辽阔，东自南澳，西至琼崖，沿海岸线岛屿星罗棋布。长年以来，海盗啸聚其间。而在乾隆五十四年至五十五年间（1789—1790年），安南国发生阮光平、阮光缵父子以兵篡国事变，攻夺黎氏政权，自立为王之后，国库空虚，因此命官兵以采办军饷为名，招中国海盗作为向导在海上抢劫。

据魏源《海国图志》载："初，阮氏世王广南，以顺化海港为门户，与占城、暹罗皆接壤。阮光平以兵篡国，国用虚耗，商舶不至，乃遣乌艚船百余，总兵官十二，以采办军饷为名，多招中国海盗，使为乡导，入寇闽、粤、江、浙。嘉庆初，各省奏擒海贼，屡有安南兵将及总兵封爵敕印，诏移咨安南，尚不谓国王预知也。"①

当时安南国利用的中国海盗头目有乌石大、乌石二、郭婆带和大炮腹等人，广东海盗郑一、张保仔、金牯养等也与越南的"艇盗"互相勾结，在南海上联结成一股"凶悍无伦"的势力。

魏源在《圣武记》中也谈及"艇盗"，他指出："嘉庆初年而有艇盗之扰。艇盗者，始于安南。阮光平父子窃国后，师老财匮，乃招濒海亡命，资以兵船，诱以官爵，令劫内洋商舶以济兵饷。夏至秋归，踪迹飘忽，大为患粤地。继而内地土盗凤尾帮、水澳帮亦附之，遂深入闽、浙，土盗倚夷艇为声势，而夷艇恃土盗为乡导。三省洋面各数千里，我北则彼南，我南则彼北。我当艇则土盗肆其劫，我当土盗则艇为之援。且夷艇高大多炮，即遇亦未必能胜；土盗狡又有内应，每暂遁而旋聚。而是时川陕教匪方炽，朝廷方注意西征，未遑运筹岛屿，以故贼氛益恶。"②

清廷会同越南在南海清剿，屡有战功，但海盗阮光平以兵篡国后，联合广东海盗互相配合，肆意抢劫。而朝廷又将兵力转向川陕，未及运筹岛屿清剿，故南海海盗为患仍烈。

---

① （清）魏源撰：《海国图志》卷五《东南洋一越南一》，岳麓书社1998年版，第353页。

② （清）魏源：《圣武记》卷八《嘉庆东南靖海记》，中华书局1984年版，第354页。

（3）海盗与陆地会党合流

海南会党遍布于各市县，如咸丰二年（1852 年）五月，会匪啸聚，始于琼山、文昌。头目来定邀集。二更后，出旷野间，歃血结盟，谓之“放台”，均目为洪姓兄弟。十月，强盗蜂起。抢劫南闾猫尾甬、羊角岭等处一带村庄，系会匪与琼、澄贼匪勾引高、廉、广、潮游匪，夹土匪乘机作乱。

咸丰三年（1853 年），定安南门外孙光明，同岭口市张壘、程廷文、邢昭全、李家芳、何志、孙穆辉，隆门市吴国治等聚党结会。至三月，隆门武生叶玉辉、梁元运，岭口市郑文光，雷鸣市苏德隆等，增邀入会，重行放台，蔓延至南闾、岭门、黄竹、居丁、长岭、仙沟各市，并诱骗村人，挟制庸愚，共千余人。自称“老洪”，彰扬声势，强买强卖。语言偶犯，即群起殴打，拆卸房舍。四月初旬，雷鸣市会匪夹琼邑新兴、澄邑新吴匪党数百人，夜集金鸡岭，要抢劫莲塘、春内。会有备而退，后劫仁同村。此月，雷一、石豆、由义、兴胜等处村庄皆被劫掠。五六月，连劫闾二图黄头园、打伞岭等处一带村庄。六月二十六日，嘉积会匪肆暴，士民拿送会同县。匪党李家俊等即纠琼、澄、文、定、会、乐六县会匪三千余人，七月初四日至会同县劫监。知县冯云路诱于初六日至嘉积，给盘缠。乃令商民歼之，杀定匪三十余名，并各县匪党共杀三百余名。详文道府。初九，雷琼道江遣张霈与德钧、梦熊等带兵五百名，与二县协，拿获隆门市头目武生叶玉辉、梁元运，黄竹节市头目严毅、梁茂兰解郡。其余零星缉捕。民心稍安。[①]

魏源在《圣武记》中谈及海盗的内应问题，即是岛上的会党与海面的海盗做内应。兵科给事中陈昌齐奏《洋面缉捕事宜疏》中说：“广东海防分为三路，惟西路高、雷、廉、琼等府海面较僻，兵力稍平，向为洋匪渊薮，嗣因会匪勾连，遂更肆行无忌……其由海上岸之洋匪，

① （清）吴应廉创修、王映斗总纂：光绪《定安县志》卷十《杂志一》，海南出版社 2004 年版，第 802—803 页。

率不过一二百人，至行劫时，辄有陆居会匪多人持械助凶，势难抵御。每行劫后，又在海滨招伙，许给丁壮等安家银，每人数十两，诱令下海。”[①] 海盗会匪陆海结合，祸害无穷。

陈昌齐又说:“琼、廉二郡又与安南接壤，可为该匪接应销赃之地。每年八九月，乘风扬帆，蚁聚登岸，打庄夺舍，任意蹂躏，直至次年四月方止，历办有案。近闻该匪自与会匪结连后，水、米、器具有家居会匪为之接济，掠人抢物有家居会匪为之引导，水陆交通，益无忌惮，滨海人民不遑安处。”[②] 是时，天地会从浙、闽、台地区传入广东，并迅速蔓延，又演变为三点会、三合会、老洪会等，这些会党遍布广东全省，海南岛上也不例外。会党与海盗互相呼应，为海盗采购物资，处理赃物。陈昌齐指出：“又闻洋匪大半皆系雷州府遂溪县堪川司所属东海地方居民，该处四面环海，该匪等各有室庐，各有眷属，惧抢掠银物，仍随时携回家中度日，以故习俗相沿，竟视作匪为恒业。邻里畏其报复，不敢举首；地方官虑其激变，如且因循。”因此，“会匪之敢于煽聚，皆藉洋匪为去路”。[③]

会党与海盗相互依赖，祸害无穷。海南会党的情况，在《清实录》咸丰的下谕中也可见一斑：“咸丰四年（1854 年）六月辛卯，又谕：有人奏广东琼州府属琼山、文昌、会同三县，有无赖游手纠集多人，名为老洪会，藉端讹索，肆行抢掠，虽被练勇格毙多名，其分扰各县亦均有擒戮，而党与尚多，并各海口时有盗船停泊，居民惊恐。会匪勾引洋盗，其患更不可胜言。着叶名琛、柏贵按照折内所指各情，檄饬该管道府，督率所属地方官，务将首要各犯，严密查拿，就地正法，无任一名漏网。”[④]

---

① （清）明谊修、张岳崧纂：道光《琼州府志》卷十九《海黎志·防海条议》，海南出版社 2006 年版，第 838 页。

② （清）明谊修、张岳崧纂：道光《琼州府志》卷十九《海黎志·防海条议》，海南出版社 2006 年版，第 839 页。

③ （清）明谊修、张岳崧纂：道光《琼州府志》卷十九《海黎志·防海条议》，海南出版社 2006 年版，第 840 页。

④ 《清实录·文宗咸丰实录》卷一三四。

又如《光绪朝东华录》中张之洞奏表上也说及："光绪十二年（1886年）二月丙子，张之洞等奏：粤东山海交错，民情犷悍，盗匪之炽，甲于他省……近年海防多事以来，各路投营遣撤之游勇，纷至沓来，往往勾结土匪，打单吓财，入村拦路，劫掠惨杀。加以各处积匪，结党拜会，受雇助斗，肆抢勒赎。此外洋犯盐枭，纵横出没，时而在洋伺劫，时而登陆剽掠，一经兜拿，辄即连樯结阵，放炮抗拒，形同叛逆。本年以来，已经多起……是目前粤省土匪（马贼）、会匪、游勇、盐枭、斗匪、洋盗七种合而为一。"① 这里所说的粤省，包括琼州在内。

张之洞认为："广东莠民为害地方者约有三类，一曰盗劫，一曰拜会，一曰械斗。盗以抢掠，会以纠党，斗以焚杀，三者互相出入，统名曰匪。会多则为盗，盗强则助斗，斗久则招募，会盗各匪皆入其中，习俗相沿，蘖芽日盛，扰害农商，扰乱法纪。"② 会党与海盗结合，使海盗能纵横海洋，波涛之险安如平地，使清朝官兵难以收复。

6. 海盗与官衙里的贪官互相勾结，表里为奸

屈大均在《广东新语》中指出："贼以大猾为资，大猾又以贪官为援。其人耳目甚广，牙爪多，急则行贿赂，缓则舞文，持吏短长，与胥役相为囊橐。又善阴行鸩蛊，稍睚眦不平，辄假手金蚕挑生毒杀之。或嗾其党与，词连善类，使污蔑无以自明。而又与藩前有势力者交为奸利，以瑰货子女相胶漆，以故群盗倚藉之，公行无忌。当事欲发官兵而剿，官兵或即其党；欲募土兵而征，土兵或即其人；而且县之令史，乡之巡简，亦往往受其珠贝，多所包容。以致良善之民，噤口而不敢一语。比年剿捕虽行，贼中有保结者得释，无则诛戮，然皆盗之散仔，无足重轻。诸魁渠根株甚固，皆有主持之者，未能芟除其二三也。稍市恩縻以招抚，彼则阳为悔过，阴复横行。出入官衙，与兵吏益习，表里为奸。其抚丁仍居故土，与抚目来往不衰，虽曰归农，其部落仍

① （清）朱寿朋编、张静庐等校点：《光绪朝东华录》，中华书局1958年版，第2064—2065页。

② （清）张之洞：《张文襄公全集》卷十四（奏议十四）《查办匪乡折》，中国书店1990年版，第301页。

然未散也。乡民以其既抚也，益畏惮不敢侧目。一告讦，则先为所陷害，身死家倾。反不如其未抚之时，犹畏乡闾指摘，不致白昼纵横也。至有边海之豪，伪为强贼，以图有司招抚。有司不知，辄以询之乡长，乡长受其财物，亦指为真。一得招抚，奉委为首领官标，则负力怙威，横噬里党，父兄任其报复，子弟惟所诛求。诸轻薄之徒，与为羽翼，扬扬志满，反以真贼为荣，伪贼为辱矣。呜呼！民之不轨，丧失其心至此。所由者,内无贤父兄之教诫. 外无威明大吏之督责。且上有好者，下必有甚。《易》曰:击蒙不利为寇,利御寇。今牧民者,其皆以利为寇,以寇为利耳。四境之内不治，岂尽盗贼之罪乎哉？”①

7. 清代海南官员议论对付海盗的对策

在清代，海南岛上的政府和官员们，面对海防的情况，也不断提出许多防范措施，以防御海盗劫掠。他们所提出的防海盗条议，主要的有下列几种。

（1）设水寨以防海盗

尹瑾云："广东东起潮州，西尽琼、廉，原设水寨以备防守。在琼州有白沙寨。琼州四围皆海，周环数千里。清澜诸所累被贼陷，乐会诸县曾遭寇殃。贼众我寡，强弱不敌，又安能不坐失事机哉？以崖州、陵水、万州、乐会抵连外洋，使哨船弛备，海寇突至，其何以御之？至于各寨汛地皆有港，可以避风泊船，但港门有浅深，湾澳有险易。港深而易泊者，无论船只大小，皆可驻扎，若港门浅狭，则不利大船。白沙寨汛地，惟清澜可泊大船，而白沙、万州诸港俱浅，船易涸顿。一遇大风,大船不能入港,累被覆灭。今白沙寨须酌用三号、四号之船，遇飓可以入港湾泊。其船常存，则其威常振耳。"②

尹瑾分析海盗各港口停泊特点，建议设置水寨，选用三号、四号大船，可灵活进出港口，抵御贼寇。

---

① （清）屈大均:《广东新语》卷七《人语》，中华书局 1985 年版，第 247—248 页。

② （清）明谊修、张岳崧纂：道光《琼州府志》卷十九《海黎志·防海条议》，海南出版社 2006 年版，第 817—818 页。

（2）设保甲制，自相管摄

为了防微，必申保甲之制，论者提出，以乡为单位，乡立一老，自相管摄，十家为甲，百家为乡，出入互相觉知，行检互相纠察，寇盗互相守望，则沿海之民，无法挺身潜迹，独出为盗。如有聚众漂洋为盗者，则有三办法扼制：①凡海盗俱由海港入，扼海港则入劫无路。②防奸民与通，馈之粟米、酒肉、利器，绝其内交。③扼沿海之山，沿海山出泉，流为溪涧，水清可食，贼漂据洋中，水咸卤，以食则泻，以靧则皮溃，贼乏清水，久之自困。除海岸地外，海上渔船，也议十船为一甲，立一甲长，三甲为一保，立一保长。无论地僻船稀，零星独钓，有无罟朋大小料船，俱要附搭成甲，编成一保，互结报名，自相觉察，按以一犯九坐之条，并绳以朋罟同粽之罪。甲保一严，奸船难闪，则盗薮清而盗源塞。[①]

建立保甲制度的建议，实施则不易；但海盗由海港入，当时没有力量据守海港让海盗不能进入。

（3）设哨船探传消息

哨探为兵家之耳目，有哨探传消息，则先事有备，不至于贼已登岸而致惊慌失措。因此提议把总官务要督同各哨官弁多置哨船，精选知水性之人远出外洋，分投探哨，如有声息，先来传报。其附近各港官兵一闻警急随即合粽，约会截击大洋，以获制胜之功。设哨船进必须注意：①哨船之军器宜审；②巡哨踪迹宜密。[②] 清代的实际情况并不是如建议中所说的。如万州，仅有二船，每船二十余人，粮食不足不说，都不习水性。哨船从何而来？！

（4）增加兵力对付海盗

海南岛上守兵数奇少，遇贼船对敌，兵力悬殊，无法取胜。各州县官吏，皆呼吁增兵防范。如万州知州茅一桂在《备倭议》中说：“本

① （清）明谊修、张岳崧纂：道光《琼州府志》卷十九《海黎志·防海条议》，海南出版社 2006 年版，第 820—821 页。

② （清）明谊修、张岳崧纂：道光《琼州府志》卷十九《海黎志·防海条议》，海南出版社 2006 年版，第 823—824 页。

州备倭船三只，每只二十余人，共七十余人，官一员督率之。近奉例减一，止存二船，共四十余人，皆以本所军充之，轮班无常。夫军所食不过月粮，轮则未必惯习，果足用乎？”茅一桂认为，兵少、船缺，粮又不足，又不习水性，在独州山隔七里的海南，巨贼泊船其中，公行劫杀，但船兵不足，不敢上前抗拒。他建议，增船增兵，一于独洲山立一浮营，建大旗，每日轮二船兵往来戍守，并以伐本山树木几株为信，有事彼此救援。澄迈县知县高魁标分析澄迈海南形势，提出防贼措施必须平时养募乡兵，练成一旅，堪备实用，并行令各部、各乡皆习团练。一旦警报，乡兵即协助营兵，壮声气，作应援，设疑伏，这样一来，海贼就无法猖獗了。[①]

这是一项关于在海南沿海港湾增加兵力以对付海盗的建议。四位官员从自己的管辖范围着眼提出方案，但是，都缺少对海南沿海形势的把握。海盗是“海艅扬帆，瞬息千里”，沿海海面无处不到。海南沿海岸线长 1618 公里，沿海港湾有 68 个，少数官兵，不敌“巨贼舶船”。

总兵范时捷于康熙四十三年（1704 年）巡视边海后，建议添兵，他希望在琼山县应派水师辖汛五港，即牛始、白沙、盐灶、东水、石礶五港，临高县派水师辖汛马袅港、石牌港。儋州应设防汛兵七十名。昌化县有英潮港，离县城三里，儋营有百总一员，带兵三十五名防守。感恩县有北黎港和感恩港，应增一十八名，令崖营酌量抽拨防守。崖州为全琼之后户，海面约二百里，应于适中之地设兵五十名，拨千总一员，每年轮换，带兵防守。万州有东澳港、那乐港，万州营拨百总一名，带兵六十五名驻扎东澳并防那乐。乐会有博鳌港，拨百总一名，带三十六名防守。会同有潭门港，文昌有铺前、清澜二港。范时捷认为，琼州五营兵制，为数仅四千有零，内一层防黎，中一层防城，外一层防海，即已在在须防，而海艅扬帆，瞬息千里，陆路应援，跬

① （清）明谊修、张岳崧纂：道光《琼州府志》卷十九《海黎志・防海条议》，海南出版社 2006 年版，第 825—826 页。

步为难，因此他希望舟师冬春派兵周巡东西海面，则水陆交严，海疆静谧。①

郡守贾棠也提出，海口所为琼郡咽喉，铺前港居东，马袅港居西，乃琼郡之肘腋，但各地未设有水师兵船，如贼艅飘忽突至，官兵无船，难以追剿，他提出宜撤回防碙及巡吴川、白鸽等处战船，分拨于儋、万、崖三州。每州港口抽水师协千把总一员，带兵一百名，驾船二只，轮流巡哨，使水陆互为声援。②

（5）建炮台

临高知县樊庶说："吾环琼四面皆海也，虽有舟师，疾风弗及；虽有斥堠，声息难周。故从来策海，惟琼为难，亦惟琼为略也。临地滨海者百里而遥，六浦港汊，在在可犯，在在宜防。独马袅、博顿两营有兵，然仅半百，其他墩台名焉而已，万一海波复扬，风雨骤至，欲望救郡旅，得乎？故余捐募团练之外，于博顿、乌石、新安、石牌诸港增建炮台，移营而昼夜竞也。"③

（6）固兵船

提督李增阶提出在海战中第一要紧的是必须坚固兵船，配备好员弁、兵丁。对于海南的战船，颇有讲究，他结合海南特点，提出建船首先拣料，桅、舵、碇三者最重，桅须番木，碇、舵须呀礌膩或盐番木，亦可龙骨。桅夹横檀，舵牙、桅托，件件须检。船内横梁须直长透者，曲手湾须长成大湾，交船底板最妙。如有直无湾，不可用。曲手多多甚妙，譬如人胸骨多大者力必大。樟木桂或菩萘木亦可，番木恐钉打下裂开，不可用。水底板长阔者佳，如窄短则船不坚固，厚薄照船大小。配钉宜密，不可用竹钉。钻孔与钉大小配，若钉大孔小，打下板必裂，若孔大钉小，打入不得力。此船匠省工之弊也。灰须细白，桐

① （清）明谊修、张岳崧纂：道光《琼州府志》卷十九《海黎志·防海条议》，海南出版社 2006 年版，第 829—832 页。

② （清）明谊修、张岳崧纂：道光《琼州府志》卷十九《海黎志·防海条议》，海南出版社 2006 年版，第 832—833 页。

③ （清）明谊修、张岳崧纂：道光《琼州府志》卷十九《海黎志·防海条议》，海南出版社 2006 年版，第 827 页。

油舂灰交练熟透者佳。若省工捣练草率，船多漏。凿灰要用网纱，丝者妙，粗者不固，易于损漏，若用竹丝者断断不可。广东多用竹丝，厦门全用网纱。篷索装扮得宜，麻要长白，青短者不堪用。藤白小者妙，棕索须梳净，不可杂有片碎。兵船御敌，古有用牛皮、竹栅、网纱者，而御火炮则其莫如网纱，愈厚愈妙，且用水湿，不易燥。此以柔制刚之法。四面遮盖，彼铳箭皆不能入，则军心固矣。燂洗亦是紧要。久不燂洗，船底板生虫结住，驾驶不快而船板易烂。又须时时整顿，或船有渗漏，或杠具不坚，则急于修补，否则一御敌船即追驶外洋，便迟缓，且惊虞风浪，焉得专心打仗？李增阶还提出，选兵必先选舵工，舵工最为难得。战船配兵四百名，其器械须配足四百件，以备左右临时执用。在打仗过程中，敌远者，用大炮；略近者，用鸟枪、火器、喷筒、钻箭；再近者，用火罐、火斗、石块；再近者，火具一齐开发。洋面水战，全仗火炮、火铳、鸟铳、石炮、火箭、喷筒。如用火攻船破敌，领兵者必须随机应变，临阵之时，宜占上风。①

（7）训练民兵，奖励乡民抗海盗

兵科给事中陈昌齐在《洋面缉捕事宜疏》中说："广东海防分三路，惟西路高、雷、廉、琼等府海面较僻，兵力稍平，向为洋匪渊薮，嗣因会匪勾连，遂更肆行无忌。臣曾于上年恭折具奏，惟是该匪等凶狡多端，凡官兵经行之地，暂且潜踪，而官兵未到，或已历之区，愈加蹂躏。其由海上岸之洋匪，率不过一二百人，至行劫时，辄有陆居会匪多人持械助凶，势难抵御。每行劫后，又在海滨招伙，许给丁壮等安家银，每人数十两，诱令下海。近缘各村士民稍有力者多迁居府县城内躲避，该匪等复访其祖父坟墓，插标贴字，勒令出银免挖，人情汹惧，不知所措。臣查高、廉、雷、琼等府皆土旷人稀，城市村镇相距辽阔，每遇该匪行劫，或离塘汛稍远，在官兵实有鞭长不及之势。惟闻沿海居民类皆自少采捕为生，习拳勇，熟水势，向为该匪等所畏惧。凡有力

① （清）明谊修、张岳崧纂：道光《琼州府志》卷十九《海黎志·防海条议》，海南出版社2006年版，第834—837页。

村庄，能雇募伊等二三十人防守，该匪即不敢来犯。”①

陈昌齐还提出赏赐办法：“有能相率出洋剿捕或乘该匪等上岸并力歼擒送官验实者，除将所得该匪等军械交官外，其财物船只并陆路上或有匪产，一概给予获匪之人充赏。即已经听诱下海之丁壮，若能设法歼擒多匪，连船械等物运来投首，亦准免贼为民，一体给赏。其擒获勾引助凶之会匪掳有证据者，亦照此办理。则当该匪行劫，在塘汛切近之地，官兵自可闻信趋剿，或官兵未到之时，丁壮亦必图赏力捕。仍须地方各官详稽户口，妥编保甲，以清续行入匪之源。于各埠头访拿济匪粮物，于各市镇严缉代匪销赃，以绝水陆勾连之路。”

这里对洋面缉捕策略，是以发动各村庄民众进行防守，并尽量断绝海盗与沿海奸民互相勾结、打庄劫舍的祸害。

最终，清代的海盗联盟，也并非海南岛的兵力所能击败，而是在广东张百龄的策反、招抚政策下被平定的。典型的例子是收拾红旗帮一案。

海盗联盟的首领是红旗帮，红旗帮的头目是郑一，郑一嫂又称“龙嫂”，乳名香姑，广东新会人，是疍家女，姓石。郑一嫂参与郑一海上行劫，威震海面。嘉庆十年（1805 年）订立广东武装海上条约之后，不到两年，嘉庆十二年（1807 年）四月，郑一在一场风浪中溺死于越南海面，年仅 42 岁。郑一嫂挺身而出，统率红旗大帮，横行海上，成为举世闻名的女海盗头目。

郑一嫂为争取广东沿海沿江老百姓的支持，命张保仔制订三条约束部众的帮规。据袁永纶《靖海氛纪》的记载，这三条帮规的内容为：第一，私逃上岸者谓之反关，捉回，插耳刑示各船，遍游后，立杀。第二，凡抢夺货物，不得私留寸缕，必尽出众点阅，以二分归抢者，以八分归库，归库后谓之公项，有私窃公项者立杀。第三，到村落掳掠妇女，下船后，一概不许污辱，询籍注部，隔舱分住，有犯强奸私合者，立

① （清）明谊修、张岳崧纂：道光《琼州府志》卷十九《海黎志·防海条议》，海南出版社 2006 年版，第 838 页。

杀。[①] 正因为郑一嫂的红旗帮“盗亦有道”，故能获得广东沿海老百姓源源不断地接济生活用品和货物，“红旗遂独雄于诸部矣”。也因为如此，郑一嫂掌握了海上活动的主动权。在嘉庆十三四年间，击败官兵对他们的围剿，声势甚猛。

郑一死后，郑一嫂与张保仔结成夫妻。《番禺县志》载：“张保者，新会江门渔人子，年十五，随父捕鱼。遇郑一为所掳。机便为头目。嘉庆十二年十月飓风，郑一溺死，石氏领其众，贼谓之郑一嫂。石氏与保通，使领一队。保事石氏甚谨，每事禀命而行，保日事劫掠，其党渐众。乡民贪利者接济酒米货物，计其值而倍之，有强取者立杀，以故米粮火药皆不匮。时商船有鹏发者，其力大而善战，自安南东京还，保得之，由是愈强。”[②]

张保仔与郑一嫂私通之后，两人同心合力，号会严肃，以钱财笼络民心，势力更加强大，在洋面拦劫往来商船收取保护费，也闯入沿海岸村落骚扰，不把水师官兵放在眼里。

是时黑旗帮头目郭婆带，因对郑一嫂早怀心意，因此对张保仔恨之入骨。当张保仔与官军鏖战于大屿山时，郭婆带拒不出战，结果张保仔战败突围而逃。在珠江口之战，郭婆带也欲置张保仔于死地，坐视不救，致使张保仔战败。于是双方发生冲突，张保仔寻仇。红旗帮与黑旗帮彻底分手，郭婆带怕张保仔寻仇，索性向官府投降。

嘉庆十四年（1809 年），张百龄擢两广总督，对海盗采取新的策略，他“撤沿海商船，改盐运由陆，禁销赃、接济水米诸弊。筹饷练水师，惩贪去懦，水师提督孙全谋失机，劾逮治罪。每一檄下，耳目震新。巡哨周严，遇盗辄击之沉海，群魁夺气，始有投诚意”。[③]

此时，张百龄认为：“张保妻郑尤黠悍，遣朱尔赓额、温承志往谕以利害，遂劝保降，要制府亲临乃听命”。他说：“粤人苦盗久矣！

① 袁永纶：《靖海氛纪》卷上，第 5 页。

② 叶林丰：《张保仔的传说和真相》，香港上海书局 1970 年版，第 4 页。

③ 赵尔巽等撰：《清史稿》卷三百四十三《百龄传》，中华书局 1977 年版，第 11134 页。

不坦怀待之，海氛何由息？”遂单舸出虎门，从者十数人，保率艦数百，轰砲如雷，环船跪迓，立抚其众，许奏乞贷死。旬日解散二万余人，缴炮船四百余号，复令诱乌石二至雷州斩之，释其余党，粤洋肃清。[①]

张百龄招降海盗后，张岳崧有《平海纪事诗上百菊溪宫保前辈》诗，叙述张百龄抚平或剿灭广东海盗的过程，歌颂张百龄平海盗的功绩。

平海纪事诗上百菊溪宫保前辈

瀛海靖貔貙，肤功属讵儒。皇威原止辟，民望慰来苏。朱鸟分星壤，仙羊旧沃都。百蛮臻贸易，五岭号膏腴。地辟珠江壮，潮通碧澥输。虎门关扼塞，鳌背聚舲舻。每为滋丰庶，多缘习侈朊。吏谁栽枳棘，盗正长萑苻。狡兔潜营窟，狂鲸讶负嵎。沙虫迷射影，蜃雾偃星弧。出没矜长策，波涛实坦途。如何持法网，顿使漏天诛。十郡绥饶地，经年扰躏虞。乘流疑窃鼠，沿岸叹瞻乌。圣德安良切，嘉猷简在需。舆情元夙戴，公抚粤罢归，粤民攀辕卧辙者千计，乃微服夜出。朕卜此同符。许国忠心亟，成城众志孚。赍粮先厉禁，简卒汰恇怜。粤弁务废弛，公廉，不用命者置于法，军政肃然。刁斗严光弼，军容肃亚夫。鹳鹅群列象，蛇鸟八门图。青海鼍驱壁，天山夜控砮。势方穷突兕，计尚作疑狐。恃有豚鱼格，真无秦越殊。轻舠明坦易，群丑感顽愚。匪徒向诈降，抵岸阴图接济，公小舟径抵贼寨，宣谕威德，贼众遂降。祭鳄诚相服，然犀照不渝。汾阳亲悍虏，诸葛渡深泸。东海初归命，西师尚萃逋。兜鍪劳涉履，老稚竞欢呼。时东路就平，公总戎亲指高、雷，老幼迎拜马下，感泣不已，贼匪大骇，众遂溃。犀手挥熊虎，鸱鸣射镤铎。轰波腾万炮，地动转千舻。螳臂难相拒，狼凶已就俘。神功同破竹，能事比摧枯。令震鲲身岛，风严雁户区。回戈迎凯奏，献馘属锟铻。西路匪逆乌石二百廿人皆伏法，贼遂平。溟渤看弢甲，关河俨弃繻。烟光迎海若，云气净天吴。更讯诸群从，毋令贼不辜。生还余绻缱，故里乐忻愉。

---

① 赵尔巽等撰：《清史稿》卷三百四十三《百龄传》，中华书局1977年版，第11134页。

蔼蔼桑麻景，熙熙作息娱。岁时丰蟹稻，生计及茭菰。恰见敉宁速，谁云礼让迂？淳风期上理，甘澍快旁敷。入奏天颜喜，酬庸帝眷纡。彩翎光顾盼，文锦重璠瑜。方叔猷能壮，阿衡德莫逾。平定奏闻，上赐公花翎世爵并加宫保衔。讵矜荣宠意，倍觉拊循须。走也家荒僻，时惊有毒痡。关心存故井，翘首即康衢。再造恩同戴，生全泽共濡。长歌上公寿，常此翊神谟。①

张保仔投降之后，改名张宝，成为清廷水师官员，后授福建闽安协副将，驻守澎湖列岛，官至三品，道光二年（1822 年）死于闽安协副将任上。有一儿子，名张玉麟，曾荫袭千总御。

林则徐于道光二十年（1840 年）五月十五日呈一奏折请追夺张宝继室石氏诰封一事，让世人知道郑一嫂最后的下落。林则徐奏折云：奏为服办控案，查有再醮妇女冒受封典，应行追夺诰封，以重名器。恭摺奏祈圣签事：窃以本年二月间，有籍新会县寄居南海县之张石氏，赴臣衙门递呈，以伊夫原任福建闽安协副将张宝在日，会于嘉庆十五年间将银二万八千两，交付职员伍耀南生息置产，有书信收据为凭。道光二年夫故，四年该氏自闽回粤，上年二月向计被吞，控县未结等情。

当查张宝即系嘉庆年间投诚之洋盗张保仔，曾任副将身故。其生前果否将银托人置产被吞，自须查有实据，方可著追。即经批司饬县，录案申送覈办。并因张石氏呈内自称命妇，果否受有封诰，亦须查明，以防假冒其后。兹据南海县知县刘师陆禀覆，此案据张石氏与伍耀南在县控诉，执无中证为凭，所缴信单饬令伍泡南当堂写字，覈对笔迹，迥不相符。该氏现年六十五岁，先嫁郑一为妻，夫故之后改嫁与张保仔为妻，道光元年曾经请有诰封。禀请覈办前来。

臣查张石氏自闽回粤，十有六年，其夫张保仔在日，果有存交伍耀南银二万八千两，何肯任欠多年，近始出控？且既称嘉庆十五年交银置产，维时张保仔已在广东省城入伍，何难将伍耀南代置各产之契

① （清）张岳崧：《筠心堂集》卷一，海南出版社 2006 年版，第 8—9 页。

收回执业，而转任其侵收花息至三十年之久，尤欠情理。况所执信单，乃本案要据，经该县比封笔迹，绝不相符，又无中证为凭，明系捏造图诈，业已饬县速行究结，勿任狡延。

至张石氏前夫郑一，乃从前广东洋盗之渠魁，尝夥蔓延，横行海上，幸逃显戮，自伏冥诛。张保即张保仔，本系疍户子，幼嗣郑一为子，并受安南国伪封。郑一死后，接管帮船，所聚大小匪艇数百支，盗夥数万人，劫掠商民，戕伤兵士，其罪逆更有甚于郑一。粤省滨海村庄，受其荼毒之惨，至今闾港传闻，痛心劫骨。即嘉庆十五年间，悔罪乞诚，其中反复情形亦非一次，均有旧案可稽。当时在事诸臣，舍剿言抚，亦系为民苏困，事出权宜。现在遁呈之张石氏，即郑一之妻，改适张保仔，以叠作萑苻之眷属，竟滥邀翟茀之光荣，是其名节俱亏，实恐沾污章服。查命妇夫亡再嫁，按律尚应拟罪追夺，所以励贞操而重名器也。今张石氏系再嫁后请封，尤为冒混，现尚恃系命妇，凭空捏诈，缠讼不休，自应夺其原请诰轴，送部察收，仍将该氏饬族约事稽查，无足以儆奸邪而维风化。

臣谨会同广东巡抚臣怡良，恭折奏闻，伏乞皇上圣鉴训示。

"再，查张宝之子张玉麟，曾荫干总，现年二十七岁，并未投营，亦有被控聚赌之案，併饬审明虚实，另行覈办，合并陈明，谨奏。"①

事情的缘起是：道光二十年（1840 年），65 岁的郑一嫂向官府起诉，言嘉庆十五年（1810 年）张保仔曾交 2.8 万两白银予十三行首富察曜托其代购房子事，后无下落，要求任家退还款项。在诉状中，郑一嫂自称"命妇"，林则徐以案情已过三十年，不予受理，而且请奏剥夺郑一嫂"命妇"资格。从林则徐的奏折，使后人得以知道郑一嫂晚年的下落，四年之后，郑一嫂死去，终年 69 岁。其子也早于四年前病殁。

现香港仍传说有张保仔当年活动遗址张保仔洞、张保仔古道等。

综上所述，清代海南官员议论对付海盗的对策，之所以如此热烈，

① 叶林丰：《张保仔的传说和真相》，香港上海书局 1970 年版，第 69—70 页。

是因为历史上“从未策海，惟琼为难，亦惟琼为略也”，而海南四面皆海，“在在可犯，在在宜防”，但又没有设防或设防较弱。官员的这些议论，出发点是值得肯定的，但都是脱离实际的纸上谈兵！

第四节　张之洞对治理海南的贡献

一、张之洞对于治理及开发海南的几项重要措施

在张之洞被派任两广总督之职前，他的前任张树声，治两广三年，对广东情况深有感触，在离任前，向光绪上奏表，陈述粤事利弊，并希望张之洞到任后，将一切应办事宜认真经理，总期有利必兴，无弊不革，以资治理而重地方。[①]

张之洞到任后，对两广事务可谓呕心沥血，其中对海南岛开发事业的关注、吏治的治理，在有清一代，非其他官员所能及。张之洞所采取的各项措施，前人所想做而不能做，要做的事，他果断地实施了，前人治琼未想到的事，他想到了，并付诸实践，张之洞以他的广富见识和魄力，对于清代尚处于落后状态的海南岛，具有极其重要的历史作用。

在光绪年间，由于吏治的腐败，黎族起义活动十分频繁，已成了清朝政府统治海南的心病。但黎民起义历代早已有之，在清代，海南岛上的动乱，又出现了新的情况，即客家移民的叛乱活动，使海南治安更加复杂。

张之洞到任并考察海南状况之后，他在上光绪奏表中，曾作如下的分析。他认为：

> 琼州一府，孤峙海南，黎巢其中，民环其外，地瘴而瘠，民弱而惰，其为地方之害者，一曰“客匪”，一曰“黎匪”。“客匪”大率皆籍隶嘉应州及广州府之新宁，肇庆府之恩平、开平、高明、鹤山等县，言语风俗，自为一种，土人不与为婚姻，或云即系佗人，非

① （清）朱寿朋编、张静庐等校点：《光绪朝东华录》，中华书局1984年版，总第1726—1729页。

若他省侨寓民户皆谓之客民也。其性勤苦力作，悍猛齐心，所到之处，土民无不视为他族，积至深仇。在琼有老客新客之分，老客寄居百余年，较为安分；新客则多系同治年间恩平、开平、高明、鹤山、新宁、阳江等处滋事客匪。前抚臣蒋益澧奏明安插高、廉、雷、琼等府，广西容、和等县，琼属之儋州、临高、澄迈皆有之，渐衍至万州、陵水等处。查琼属沿海居民之地，患在沙瘠。近山膏腴之区，患在瘴疠。至铜铅各矿，皆在黎境。土民安于贫弱，地利坐落瘴地，腴田多属客产。

光绪五年（1879年）“客匪”滋事，经前抚臣派军前往分别惩办，迁之雷、廉，乃未久而潜回故里，为匪如故。以后土客之衅遂成。黎人所居最深处曰黎母山，其地居琼之中，盘亘数百里，现在未经开通之处，纵横二百余里，十三州县环之，定安、会同、乐会、万州、陵水、崖州等处，皆有峒口出入。前代生黎，榛狉荒陋，为患尚轻。百年以来，熟黎与民人往来，习为狡黠，生黎渐稀，出巢益数。诸黎以儋州、临高为最驯，临水俸黎、歧黎为最悍，崖黎富强，亦易滋事。其出也，北路则定安当其冲而波及于琼州，南路则万州、陵水当其冲而旁扰于乐会。①

张之洞对海南黎族居住地的了解甚为详细，特别注意到光绪期间人员流徙的变化，自从粤北一带的客人进岛之后，其中的确也有部分非法之徒，他们借黎人对受贪官污吏压迫愤激的心理，教唆黎人起来反抗，于是琼州武装起义的新形势，发生了实质上的变化，也正如张之洞所分析的：“近七八年来，‘客匪’游勇散入黎族族群之中，奉惠州客民陈钟明、陈钟青为总头，合生黎、熟黎、客匪、游勇为一伙，名为黎而不尽为真黎，遂敢离巢数百里，大肆劫杀，其军火盐米，皆由客民接济，每牛一头易枪一枝，火器既具，党羽益多，得以抗拒官军，习为战斗，岁必出巢两三次。该处官军未尝认真痛剿一次，不过

① （清）朱寿朋编、张静庐等校点：《光绪朝东华录》，中华书局1984年版，总第2167—2168页。

零星分防，尾截零匪，幸未回巢，以为了事。大率客人以黎峒为负嵎，藉黎人为声势，黎人以客人为向导，藉游勇为附从，客黎纠结。在起义军队伍中，由于纪律松散，混进一些社会奸人，乘势烧杀抢掠，全琼遂无安枕之日。其于起义军这种新的力量的组合，使官军甚为头痛，此时在琼州海岛上，烽火四起，新老客人于光绪十二年（1886 年）十一月揭竿遽起，旬月之内聚至二千余人，以临高之和舌、兰洋、岑仑、隔丰，儋州之抱舌、田表、乐基、那安、四方山、大星等市为基地，至澄迈之金江司、瑞溪等处。”

“在此星火燎原的形势下，张之洞是清朝统治阶层的大员，自然不能坐视不管，他派遣钦、廉防务提督冯子材于七月初率兵前来海南剿黎客起义，冯子材采取剿抚兼施的办法，其剿杀手段可谓惨烈，起义军被镇压枪杀几千人数，不过杀戮之后，即设法化导，变榛柸为驯柔，他自督剿琼州生黎，先攻克中东两路，安抚西路良黎，生擒黎军首领，然后移师南路，病者撤出善地调养，壮者继续深入，以致平定起义军之后，冯子材在张之洞拟定的《抚黎章程十二条》指示下，在岛上加以贯彻落实。”①

所以，张之洞在以强大军力剿黎之后，虽然与前朝一样，镇压手段十分残酷，但这是统治者既得利益所导致的。不过，张之洞比较历朝官吏的剿黎行为，显得十分明智，他之所以超过历代官吏，在于他的治黎抚黎政策的实施，给海南人民带来实际的好处，促进了海南社会的发展。

1. 抚治策略的实施

张之洞的治黎政策及治理海南岛的措施，有如下各项。

酌拟《抚黎章程十二条》，刊发传布，这十二条是：

（1）官军此举，专为剿除乱黎，招抚良黎。开通十字大路，以期黎、汉永远相安。其良黎秋毫不扰，毋庸畏惧。

---

① （清）朱寿朋编、张静庐等校点：《光绪朝东华录》，中华书局 1984 年版，总第 2168—2170 页。

（2）从前为匪黎人，投诚者免，抗拒者诛，擒斩来献者重赏。

（3）投诚各黎，无论生、熟，一律薙发改装。

（4）投诚黎首，开送户口册，捆献匪徒，缴呈枪械。

（5）投诚黎众，随大军伐木开山，前驱向导，仍按计里数酌给赏犒。

（6）将来开通生黎大路后，选择要地设官抚治，安营弹压。各村黎长助剿开路有功者，授为土目，就中酌设局总土目数人，散目给顶戴，总目授土职，自为约束，仍听地方官选黜。略仿黔滇各省土司之例，不令吏胥索扰。

（7）开通后黎人仍安生理，有主之田断不能强夺，惟抗拒者藉产入官，充官军屯田之用。

（8）开通后田业三年内不收赋税，三年之外务从轻则起征，断不科敛。

（9）开通后黎境有各矿山，由官商开采者，给钱租赁，绝不强制占据，黎、汉均享其利。

（10）开通后民人盐、布、百货与黎地牛、木、粮、药等物，在各峒口设场互市，来往畅通，公平交易，严禁汉民讹赖盘剥，总令于黎人有益。

（11）设立土目之后，应各具永远不敢杀掠抗官、藏匿匪徒之切结存案，所属有犯，责成该土目拿送到官，按律惩办。

（12）每数村仿内地设一义学，延请塾师，习学汉语、汉文，宣讲圣谕广训，所须经费就地筹办。①

这十二项，张之洞下令在籍绅士总兵林宜华、副将符鸿升等分遣通晓黎语团绅，经历各峒，剀切宣谕，并嘱对霞黎、苗黎、哮黎、乾脚岐各种，类多裸处，酌给衣裤，令其渐被冠裳之化，驯其顽悍之俗。不久据各路禀报，已经薙发改装就抚造册者，东路丁口三万余人，北路一万余人，西路四万余人。

① （清）张之洞：《张文襄公全集》卷十九（奏议十九）《剿抚各黎开通山路折》，中国书店1990年版，第398—402页。

在这十二项抚黎的指令中，可以显示张之洞治黎的思想：第一，他在以强大武力镇压黎民起义之后，力求朝廷与民众、汉族与黎族之间相安无事，所以凡投诚黎首或黎众，一律薙发改装，服从朝廷管理。在现实生活中，民族的生活习惯各不相同，他以行政命令要黎族薙发改装，在黎族族群中，在清代命令薙发改装实在是十分困难的事，而张之洞这种强制薙发改装的命令，虽然他说各路共八万多人已经薙发改装，这一数字很可能是地方官员虚报，因为黎族的服装头型，具有自己民族的习惯，一直到20世纪，仍然如旧，哪能由清廷一纸命令就改造过来呢？第二，张之洞的伐木开山、开通十字路的决定，对于黎族山区的开发及生活的改善，的确是一项大事，他对开路有功的各村黎长，授以土目，利用他们管理黎民。不令官府派吏索扰黎村，使黎村能安居。第三，在黎峒口设场互市，并严禁汉民欺骗盘剥，保护黎民利益。第四，几村联合设义学，令黎族孩子学习汉语汉文，开发黎村文化。第五，开发黎区矿藏资源。这一系列的措施，对于安定黎村的人民生活是有利的。

张之洞在剿黎之后不仅开展抚黎工作，而且让各项措施付之实行，并一件件地加以督促，使黎区趋于平静。

2. 开通十字路，并雷厉风行地付诸实施

前朝有开通十字路之议，明朝时海瑞及一些有识之士，都提出开十字路之议，但未付诸实行。康熙二十年（1681年）琼州镇总兵吴启爵剿南劳峒黎后亦曾议及，但中途而辍。张之洞认为，综考黎峒形势，北以十万峒之牛栏坪为要，东以太平峒之什密为要，东南以宝停司为要，南以罗活峒之安司为要，西南以古振州峒为要，西以红毛峒之凡阳为要，皆出入冲要可以屯兵足食之所。他提出拟开大路十二道。

（1）由乐会之嘉积市西行，经石壁、船埠、加岭、中平、河滥出五指山之北，西抵牛栏坪，此为东北路。

（2）由万州之兴隆，五甲西北，行经长沙营、什密、禁会、南峒、七村，出五指山之东，亦抵达牛栏坪。

（3）由定安之铜甲口西北行，过毛祥口，出五指山之南，西抵五指山下水满峒。

（4）由陵水之乌牙开至宝停司，又由崖州之藤桥亦开至宝停司，再由宝停司西行横开一路，越七指山抵崖州属乐司，此为东三路，均责成道员杨玉书办理。

（5）由崖州东之三亚口西北行，越华林大岭，出五指山之西抵凡阳，此为东南路，责成道员杨玉书暨知府冯相荣、冯相华办理。

（6）由儋州南丰市东行，经大水、番崙、元门、红毛、合棘诸峒，东南抵五指山下水满峒。

（7）由红毛峒南行，经番响、毛匮诸峒，出五指山之西北，经凡阳南抵乐安司。

（8）由儋州之调南市东南行，经七坊、刀缸诸峒南抵感恩、古振州峒北，为西三路。

（9）由昌化东行，经古振州峒东亦抵乐安司，此为西南路，均责成道员方长华办理。

（10）由崖州西之九所市北行，经乐平汛东北，抵乐安司，此为南路，责成署崖州知州刘保林、署崖州协副将方敬会合方长华办理。

（11）由定安之岭门南行，经蚺蛇峒、十万峒、牛栏坪、南劳峒抵五指山，过山南至水满峒，此为北路。

（12）由岭门西南行，经三坎溪、猪母湾、加钗峒，出黎母山之南抵红毛峒，此为西北路，责成督带福军同知孙鸿勋办理。①

张之洞认为十字路的建设，开凿险隘，芟焚林莽，令其四通八达，阳光照临，人气日盛，则风瘴自消，水毒自除。这十二条路，统由冯子材考核督催，并饬琼州道府激励各属绅团同力协助。大率参考前明海瑞、俞大猷诸人之说，加以变通推广，所开之路如“井”字形，其余各州县团夫分开小路，以合于大路。纵横贯通，同时并举，分地定

① （清）张之洞：《张文襄公全集》卷十九（奏议十九）《剿抚各黎开通山路折》，中国书店 1990 年版，第 401—402 页。

限，会合连接，勇团土黎并力作工，以一丈六尺为度，极险仄处以八尺为度，人力所不能施者以炸药轰裂之，所到之处，伐木焚莽，搭桥凿井，经过黎岐随宜抚定，分遣员生测绘地图，并令沿途查看各河道是否可行船筏，以备运出老山材木百货，测看各山矿苗种类以备开采，山内地形土性宜于种植何物，以阜物产而赡琼民。路通地辟之后，应于内山要隘广饶处所建置城寨，设官安营，以资化导控制，举办一切，俾此奥区永为乐土。①

张之洞这十二条路，全长 3600 里，在光绪十三年（1887 年）四月已完成十分之四,五月间路工可一律告成。此外，复劝督各州县团绅另开小路 22 条，均已与大路接合。官开各路，林莽芟除，山石开凿，舆马俱可畅行者十得其五。余或限于地势，或迫于日期，未能依前定丈尺开足,已饬俟秋凉后随地招募土黎,设法轰凿增修,多造坚固木桥,务令一律宽通，并于冲要平坦处所，搭盖棚寮，设立墟市，以便商旅往来。②

张之洞建十字路的目的，当然是为朝廷着想，希望开荒凿险，开道十字路之后，深入老山，抚黎工作就可顺利进行了。他的这一做法，一方面便利清朝统治者对黎族的统治，另一方面对开发黎区原始的生活状态有利，使黎区黎族族群由此可以建立一个长治久安的社会。

3. 伐木垦田

张之洞认为，琼州黎山开通，山内林木茂美，田土饶沃，现在筹办善后，开浚利源，尤以伐木、垦田为当务之急。关于伐木，张之洞向朝廷奏明招商伐木，略分官办、商办二法，官办亦须转售商人，仍应广为招徕。查商贸向以木料为大宗，琼郡素产木材，而历年出口，木税收数甚属几微。因为黎山深阻，烟户甚稀，人工运脚无一不昂，商贩不前，坐弃大利。在道路开通之初，欲兴商务，必须宽筹办法，

① （清）张之洞:《张文襄公全集》卷十九（奏议十九）《剿抚各黎开通山路折》，中国书店 1990 年版，第 402 页。

② （清）张之洞 :《张文襄公全集》卷二十一（奏议二十一）《全琼肃清分别裁留营勇通筹善后事宜折》，中国书店 1990 年版，第 421 页。

减轻成本，以招徕商贾，以此优惠黎区的生活，因此，他提出，凡由琼州出口木料，三年之内所有关税、厘金暂行宽免。官山则指定地方，限以四年给予护照。开采黎产，则与黎人公平价买。三年之后，再行察看情形，量征厘税。若能开通老山木料，层出不穷，商贸云集，征榷自形畅旺，埠头日见繁盛，边民生计利赖良多。[①]

那么，何谓官办、商办呢？光绪十三年（1887年）六月十三日，张之洞还提出一些具体做法。他提出，招商伐木，商务以林木为大宗，现饬朱采于抚黎局内附设招商局开采山木，并委发粤差委记名提督谢鸿章、贵州候补知府席时熙专办。招商伐木事务，分官办、商办二法，官办，则派员率带土勇深入老山，无论良材杂树一律砍伐，成材者堆积溪河两岸，转售商人。丛杂者一并芟除，亦可充搭棚盖屋为薪之用，藉以豁其阴霾，消其瘴气。商办则指定何山限以四至，先给护照，始令开采官山，量材纳税，黎产公平价买。现粤商分赴定安、万州、崖州等处，勘得近河道处山木极夥，尚可设法运出，集股前往者络绎不绝。[②]命令下达一年多之后，光绪十四年（1888年）十二月二十四日，张之洞致电琼州朱道，询问开路后各情况："所开各路，恐不免有废塞者矣。乘冬寒速委员弁分投确查，勿弃前功，紧要。伐木商情畅旺否？近日出海者多少？张廷钧矿又续兴工否？均即确复。"[③]电报发出后，朱道于光绪十五年（1889年）正月初八日回电报告。关于伐木一项，朱道说："伐木局王商在嘉陵采运，上半年出口之木约二万余株件。秋间风暴停运，冬间又运数千株件，已采未运者三万余株件。另有庐商秋间来琼，在东路各州县相度冬间，设局崖州，扎桥采木，王商所开之山，定安、乐会、万州、陵水大都由浅入深，庐

① （清）张之洞：《张文襄公全集》卷二十三（奏议二十三）《琼州伐木免税垦田给奖折》，中国书店1990年版，第465页。

② （清）张之洞：《张文襄公全集》卷二十一（奏议二十一）《全琼肃清分别裁留营勇通筹善后事宜折》，中国书店1990年版，第422页。

③ （清）张之洞：《张文襄公全集》卷一百三十一（电牍十）《致琼州朱道》，中国书店1990年版，第331页。

商所办属崖、九所、乐安一带，木植最好，运送较难。”[①] 这是伐木的情况。

不过，张之洞又特别强调，防止商人把黎山官山混为一谈，偷税漏税，他在致朱道等人的电文中特别提醒注意。电文中说：“黎山新开，岂有商人旧业？显系张同兴等捏词罔利，且公然声请图占，尤属贪妄。总之，有主者为黎山，无主者为官山，黎产应租，官山应税，必须限定四至，皆无准商圈占之理。且托名保护，假借兵威役扰黎人，尤多流弊。昨席守禀：‘商办必多选择，无减于瘴，不如官办，多募土勇作工，良材榛莽一律砍伐，听商人入山采买，价值作善后各费。倘无商买，官运官销，数月一年便可伐清’等语，所筹甚是。材木为琼利第一，必须善为经理。”[②]

关于垦田，张之洞认为：“近来民人入山觅地，多系零星认垦，不成片段。田土之利本微，又属瘴乡，若欲广集商民，大开阡陌，必须格外鼓励，始足歆动群情。”[③] 所以，他拟出告示晓谕商民，有能集资前往雇募黎岐开垦，一人名下认垦至千亩及万亩以上，三年成熟者，酌量给以千把外委等武职，以示奖励。而且，他又主张移民垦田，他指出：“移民垦田，黎山既通以后，查其田土，皆属饶腴，土暖雨多，一岁三熟，远胜于琼属。山外州县，除有名诸岭而外，多系坡坂绵延，可资种植，即山谷之中，亦多产佳药材木，并无荒崖弃土。计现在人跡可到可耕者，何止数十余万亩，种禾、种薯、种蓝、种蔗，无所不宜，听民自便。文昌县人稠田少，每年出洋趁工服贾者甚多，已饬县出示晓谕，民人愿入山垦种者，听其自择地段，认垦报官，勘明给照，三年内免其升科，并令文昌团绅副将符鸿升广为劝导他县民人，愿往开垦者一律办理。民情甚为踊跃，数年之后，琼地米谷日多，闲民日少，

① （清）张之洞：《张文襄公全集》卷一百三十一（电牍十）《朱道来电》，中国书店 1990 年版，第 331 页。

② （清）张之洞：《张文襄公全集》卷一百三十（电牍九）《致琼州朱道、方道、谢提督、席守》，中国书店 1990 年版，第 305 页。

③ （清）张之洞：《张文襄公全集》卷二十三（奏议二十三）《琼州伐木免税垦田给奖折》，中国书店 1990 年版，第 464 页。

庶于本务不无裨益。”[①] 到了光绪十五年（1889 年）正月朱道的报告中，提及认垦已有落实，如张廷钧秋间在昌化县大聘村择地开荒，纵横约十里，高洼相间，大约可得地数千亩，已于冬月勘明亩址，给照开办。该商携眷住海头，颇有期在必成之志。又庐商择定澄迈蛤骨塘、大塘口等四处，琼山芳排一处，均可成田数十亩。冬月在定安设局，给照开垦。[②] 又光绪十五年（1889 年）九月十九日，朱道又电告说：“番区开垦，现辟田地已近八百亩，收有谷子、芝麻约七十担。今年动手太迟，下种不多，故收获止此。现水田赶种晚禾，旱地种山芋、萝卜、甘蔗等物。最可喜者，番区至金江相去百余里，虽一水相连，而大石阻路，向来不通舟楫，现在船只渐众，碍路之石渐渐铲除，小舟径达无阻。昨有木商前往，相度木山，如能将上墩松木运出，商人可大获其利，夏秋收获运送亦易，于开垦尤有大益。此路久塞忽通，殊出意外。”[③]

在这项工作中，张之洞告诫琼地官员开垦与屯田是两码事，不准借此混淆，增加人民痛苦，他在回答琼道禀查办临邑客匪编屯开垦情形的公文中说：“开垦之与屯田截然两事，琼属但须招垦，毋庸置屯……当此开垦伊始，正宜轻徭薄赋，以广招徕。该革倅乃以积匪充屯，限以五年始获役满，垦熟之田仍须还官，五年之中纳租自五成以至二成，赋役之重无过于此。每丁仅垦十亩，勤者勉足自食，而谓准其妻子依屯以居，将令何所仰给耶？至于四时编册，出入有假，似此苛细，岂能见诸施行？试问责令开荒而不令其永为世业，且又重租倍于什一，拘束同于编管，谁肯为之？”[④]

① （清）张之洞：《张文襄公全集》卷二十一（奏议二十一）《全琼肃清分别裁留营勇通筹善后事宜折》，中国书店 1990 年版，第 422 页。

② （清）张之洞：《张文襄公全集》卷一百三十一（电牍十）《朱道来电》，中国书店 1990 年版，第 331—332 页。

③ （清）张之洞：《张文襄公全集》卷一百三十三（电牍十二）《朱道来电》，中国书店 1990 年版，第 359 页。

④ （清）张之洞：《张文襄公全集》卷一百一十五（公牍三十）《批雷琼道禀查办临邑客匪编屯开垦情形》，中国书店 1990 年版，第 10 页。

张之洞唯恐下属不执行开垦政策，混淆视听，坑害民众，因此三令五申，再三叮嘱。他又再致公文查办番区垦田，提出："查开垦荒田，安插莠民，畀以恒产，课之力作，以期化莠为良，实于保全之中，兼寓裁成之意。惟是开垦之与屯田，截然两事。"[①] 张之洞认为，垦者，劝民开辟，酌给牛种，缓征薄赋是也。琼属但须开垦，毋庸设屯。

张之洞的开发山区林木及垦田政策，对于海南黎区的开发，大有裨益。但从其来往电信的报道中，开山属抚黎局，所开采木材，成千万株运出，已出现乱采滥伐的势态，这对于海南岛原始植被的保护，已出现了破坏生态环境势头，但当时张之洞及琼州官吏只想官商发财，而从不考虑事态所造成的恶果，开了100多年来破坏海南原始森林生态环境的先例。至于大片开垦荒地成为良田此举，则为后世创造了农垦事业开创的最初模式。

4. 助商开矿

海南铜铁矿矿藏丰富，志书早有记载。张之洞平黎之后，继伐木和开垦两项工作，对矿产的开发也颇为关注，并列为一项重要的事项。

他在光绪十三年（1887年）六月十三日，在平黎之后的通筹善后事宜中，郑重地提及此事，他提出，助商开矿，黎境各峒有五金矿者甚多，惟昌化所属大艳山铜矿最旺，铜苗上泄，多产石绿，故亦名石绿山，《府志》名为峻灵山。宋以来即称其山常有宝气。

嘉庆三年（1798年），曾经督抚臣奏请开采鼓铸，以省远运滇铜。

同治四年（1865年），有西人与香山监生林腾汉私议，欲开此矿，经前督臣瑞麟查知照约阻止。现有香山职员张廷钧集资往开，募黎作工，经营已及两年，机器现亦购到，察其矿苗确系丰美，现经设法鼓舞开通，并许由县营力为保护，免致土黎索扰。目前粤省正在设局铸钱，如此矿畅旺铸，钱即可取资琼产，可免外购洋铜。大率材木之利在一年以后，垦田之利在两年以后，铜矿之利在三年以后。虽不能骤致富庶，

① （清）张之洞：《张文襄公全集》卷九十四《札道员方长华查办琼州番岖垦田》，中国书店1990年版，第629页。

总可期琼地商民生计日裕，公家亦资其益，庶不致以一切经营全行仰给内地。①

在琼州开矿，三年内可以免税，张之洞于光绪十三年（1887 年）十一月二十四日对户部的报告中，详细述及免税原因。他说："琼州府昌化县境内大艳山《府志》名峻灵山，多产铜及石绿，故亦名为石绿山。前经香山职员张廷钧招集股份，购备机器，前往开采，业经奏明在案。查石绿为铜苗所结，下有铜矿，精华上溢融为石绿。每石绿百斤，佳者可练铜十余斤至二十斤不等。其不能练铜者，卖作颜料。兹查大艳山地近黎境，道路既远，瘴疠尤重。出产虽佳，工费甚昂。现在黎境甫通，矿务创始，倘无确利可图，必致观望自沮。惟有减轻成本，始足以徕商贩而惠民黎。兹拟将昌化石绿及铜斤，凡贩运出琼州海口者，自光绪十四年起，三年之内，所有山税及关税厘金概行暂免，俟开采行销大旺，再将税厘酌量抽收。其余琼属五金等矿，如有集资开办，亦即一律办理，暂免税厘，庶几通商惠工，地利兴而岛民裕矣。"②

同时，他又致电张廷钧，明确表明政府的态度："昌化大艳山、石绿矿山税关厘三年内一概全免，三年后察看情形再酌办。"③

实际上，大艳山铜矿，在当时的情况下，恐难得到，但不敢轻弃，在政府的优惠政策下，留在续办之中。而开矿一事，在当时是官商结合、联手开矿的，并非区区一商人的力量，张之洞在此事上也有明文下达，他在致万州道杨玉书的电文中提出："委张廷钧之意，欲令其助福军孙鸿勋办抚黎开山查矿诸事。张熟情形，孙有兵力，相辅可成大功，独行无从施展。该主事现在何处，速饬其赴定安岭门一带，与

① （清）张之洞：《张文襄公全集》卷二十一（奏议二十一）《全琼肃清分别裁留营勇通筹善后事宜折》，中国书店 1990 年版，第 422 页。

② （清）张之洞：《张文襄公全集》卷二十三（奏议二十三）《琼州开矿暂免厘税片》，中国书店 1990 年版，第 464—465 页。

③ （清）张之洞：《张文襄公全集》卷一百三十（电牍九）《致琼州朱道、昌化职员张廷钧》，中国书店 1990 年版，第 316 页。

孙商办。”①

开凿昌化矿山，自张廷钧始，100多年来，矿山的开发，至今矿业仍在继续经营之中。

5. 设墟招商

张之洞极力主张在海南城乡继续办好墟市，以便利商贩往来，食货交易。他提出：“在光绪年代，有岭南一局，南丰一局，凡阳一局，番岖一局，乐安一局，廖二弓一局，茅地一局，古振州一局，皆系扼要之所，即为将来设官控制应增应移张本。其新开各路，近外者畅行无阻，近内者稍有水冲草没之处，已严饬各局随时巡查，修理芟剔，以免梗塞。设立墟市数处，商贩渐集，如定安之荔枝园，陵水之闵安墟，儋州之薄沙峒、牙汪村等处。民黎食货交易日多。”②

因此，张之洞认为通商设墟，尤富民安黎要策。闵村既经开市，他处宜逐渐添设，即禀商雷琼道筹给经费。因地设墟，减轻房屋租赁，平定货物价值，以广招徕。商贾集则道路通，贸易盛则民黎富，当务之急无过于此。③

在抚黎政策中，也以设立互市之举为重要策略。他说：“十字路开通后，民、人、牛、具、盐、布与黎地木、粮、香药等物，设场互市，来往畅通，公平交易，于黎人有益。”④

设市之事，尤当因势利导，光绪十五年（1889年）九月十九日，朱采向他报告凡阳市在路开通之后市场兴旺的情况：“岭门至凡阳路穿黎境，前经钟仁宠自南而北，任蓉自北而南，修辟通畅，复因文报阻滞，由钟营安设传送六站。故自郡至凡，现在信息较便，凡阳市场日渐兴

① （清）张之洞：《张文襄公全集》卷一百二十八（电牍七）《致万州道杨玉书、主事张廷钧》，中国书店1990年版，第275页。

② （清）张之洞：《张文襄公全集》卷二十六（奏议二十六）《全琼肃清汇奖出力员弁折》，中国书店1990年版，第507页。

③ （清）张之洞：《张文襄公全集》卷一百一十五（电牍三十）《批署陵水县格通额禀到任查勘情形》，中国书店1990年版，第19页。

④ （清）张之洞：《张文襄公全集》卷一百二十七（电牍六）《致屯昌冯督办》，中国书店1990年版，第254页。

旺，今已筑窑烧瓦修房，为久远之计，并招集黎丁，逐渐开垦。新造木城内，现设义学一座，有黎童五六人上学。自凡至崖，现拟修辟车路，此路一辟，商贾前往必能日多，惟该处牛只太少，尚须设法筹济耳。”①

当张之洞接到这一电报后，于九月二十一日回信表示意外惊喜，他说：“电悉凡阳市旺，番�秋获，金江舟通，均出意外，喜慰何极。自凡至崖，迅开车路，尤须多造牛车，赶购牛只，始可畅行。钟仁宠办事认真，应加奖励。”② 因钟仁宠在平黎后允驻凡阳抚黎，办理垦荒开市一事，做出成绩，张之洞查核予以表彰。

张之洞对于设市的建设，态度十分积极，凡申请经费补助的，都给予支持，他认为抚黎自以开通利源为先务，然如采木设市等事，官为倡始，只可建造屋寮，招徕商贾，防护劫夺，平定价值，减免厘税，听其自然趋赴，久之自能成聚成都。吾闻因民之利而利，不闻夺民之利以为利也。据禀创设官市，建立廛舍，收买货物转售而又取约券权子母，是直夺商利而敛之官，甚非政体。且利之所在，经理一不得人，赔折则累及官帑，获利则徒饱私囊，必然之势。古来官办商务除刘晏一人外，有利无弊者更无所闻，其难可知。查荔枝园地方，据周令林、伍令蓉等电禀已建屋开市，民黎受廛列肆者甚为踊跃，他处即可仿照办理。惟所禀目前冰片登场，此乃黎货大宗，姑先由该道派员采办行销，藉以考核黎货盈虚商利多少，准借拨银三千两交该道试办，选派妥员经理，看其有无成效。张之洞在抚黎经费内借拨支用，至设墟造房所费，虽不能甚多，亦统在抚黎经费内开支。③

在另一电报致琼州朱道谦守，其中也说及此事，他说：“先酌拨二万金，择要酌办。官设互市，事尤繁重，人亦难得。目前冰片登场，

① （清）张之洞：《张文襄公全集》卷一百三十三（电牍十二）《朱道来电》，中国书店 1990 年版，第 358 页。

② （清）张之洞：《张文襄公全集》卷一百三十三（电牍十二）《致琼州朱道》，中国书店 1990 年版，第 358 页。

③ （清）张之洞：《张文襄公全集》卷一百一十五（电牍三十）《批雷琼道府禀请拨经费创设官市》，中国书店 1990 年版，第 7 页。

准先借给银三千两，无论道存何款，由朱道派妥员试办，看其利弊如何？”①

张之洞对官市、墟市的建立，给予高度重视，为了促进黎区交通、商业贸易的发展，使黎民能摆脱贫穷，他打通从各方面致富通道，不过，在光绪年间，国家积贫积弱，海南经济发展十分贫乏，虽张之洞想力挽狂澜，也无济于事，黎区摆脱贫穷之路，尚十分遥远。

二、张之洞加强琼州海防建设

鉴于法国海军对中国沿海的骚扰，张之洞特别重视海南港口的安全工作。光绪十年（1884 年）七月十五日，他在《批琼州镇道禀琼防布置情形》的批牍中说："法人贪悖残毒。叠据闽电，法人将长门、金牌各炮台，全行击坏。于初十日，各船全出闽口。前日接闽电，法船又来四艘，泊长门，潜珠港，然大队确已离闽口。昨日据港探，有法兵船三艘，向澳门一路西去。此说如确，难保不窥伺。琼防急宜加意速备，如果法船犯境，务即相机攻击，勿稍迟疑落后，坐失事机。福建初开仗时，敌人狡诈先发，我军还炮不及，以致兵船七艘被寇击沉，敌船伤而未坏，船场旋即被毁，正坐未肯先发之故。前车之鉴，必当早计也。敌人船炮固猛，然闻琼州口内巨舰难入，若与之斗于狭河深淖之中，连冈丛林之内，亦未必无制胜之道。"②

张之洞根据情报，以福建海防前线坐失时机的败例，提醒琼州镇道如遇法舰，必须主动出击。

一个月之后，他根据文报局委员译文呈报的消息，催促琼州镇道速办琼防，保卫海疆。信札中写道："据文报局委员译呈洋字报云：'法人若据基隆之后，即行往攻海南。'又云：'向中国索取八千万佛郎，作为恤款。前在天津所议条约，应要中国立即照行，遂先占据台湾、海南为质，俟赔偿交清，再行交还。'又英京洋报云：'据法报内称：

① （清）张之洞：《张文襄公全集》卷一百三十（电牍九）《致琼州朱道谦守》，中国书店 1990 年版，第 311 页。

② （清）张之洞：《张文襄公全集》卷一百一十四（公牍二十九）《批琼州镇道禀琼防布置情形》，中国书店 1990 年版，第 1000 页。

我水师提督孤拔，定必踞守基隆、台湾，而海南一岛，密迩东京，该提督亦必兼踞，俟各该处得踞之后，即行往攻北省’等语。”[①]

张之洞认为，洋人在攻击某处之前，往往先在期刊及各报发表，从前基隆之劫煤，马江之毁厂，事前声言不讳。现在法人欲占据海南，断非无因；且法人若不得志于淡水，必将别图取偿。

张之洞分析当时海南情况，提醒海南镇道“毋得恃陋儌幸，致误大局”。他说：“琼郡或谓地瘠无益于商务，水浅有碍于兵轮，或可偷安自保。不知琼为入中国第一岛，彼得之，则雷、廉二州一帆可渡，海防将无驰备之日。且海口贸易，足可收税。昌化铜矿，久已垂涎。彼若经营垦辟，以为屯驻水师之所，便利甚多。浅轮洋划，何难载兵深入，若待敌舰已来，横绝海面，即使便有兵有将，何从飞援？有饷有械，何从接济？望洋坐困，思之寒心。虽经雷琼王道暨吴署镇，经营一载，战守可资，而地势孤悬，自宜及此时，速为筹备。”如此叮嘱，可谓苦口婆心。他还提醒如何广储军火，囤积米粮，选练民团以备助战，密雇商舶以通军书以及筑垒掘堑，制造战具守具等事，一一安置，务使琼州镇道精心备战。对于法国无故背约的马江之战，法人围攻台湾的战事，不断提醒琼州镇道速办道防，密定谋划，使能因地设险，出奇设伏，藉资民力，激励军心应战。[②]张之洞对海南国防地位的重视，对保卫海南海防的关切之心，历历可见。

在加强海南海防建设的工作中，张之洞整治海南的工作，有如下几项贡献。

1. 派员测绘海口图说

他在光绪十年（1884年）将沿海各口地形绘图，在海南绘制琼防地图，铺前港、青蓝港、儋州、海口、崖州、海口附焉。[③]关于勘明

① （清）张之洞：《张文襄公全集》卷九十（公牍五）《札琼州镇道速办琼防》，中国书店1990年版，第549页。

② （清）张之洞：《张文襄公全集》卷九十（公牍五）《札琼州镇道速办琼防》，中国书店1990年版，第549页。

③ （清）张之洞：《张文襄公全集》卷九十二（公牍七）《札委各员测绘海口图说》，中国书店1990年版，第576页。

各口门宽狭、曲直深浅，内外暗礁明岛、口外沙滩若干里？何口为极冲？何口为次冲？何口为又次冲？何处可屯师船？何处可创立船坞？何处可造电房？何处埋伏水雷、鱼雷？或渔舟疍户可资引水，或暗沙丛岛无庸置防，及海口现有各炮台，或旧式或洋式，工程用石、用沙、用土及离海、离江若干步尺？或江心或海滨船行之际，距台若干远？每台建兵房几间？应用炮兵几队？台旁台后余地能扎步队几营？现扎兵勇几营？安炮位大小几尊？炮台应否添建？由海口入内之河，宽窄深浅，可抵何处？均须详载图说，以期形势了然。[①]

2. 展设琼州电线

张之洞说："琼州孤悬海外，正与越之海防一口相直。"因没有电线可通信息，"琼郡则音信阻绝，实为可虑。上年海防紧急，各路戒严。港、越之间，法船如织。惟有赶造电线，以捷军报"。因此，他与直隶候补道盛宣怀，详筹定议，饬善后局会同总办两广电报局副将王荣和，委员分道勘估，次第兴办。所需外洋物料，分向上海、香港等处采购，有仓促难集者，并与丹国大北电线公司商借。乃就两广原线，设法展接。海南岛方面，从海安所、二塘港口，入海作线，南行渡海至琼州属海口迤西之天尾村登岸，东行达琼州府城，东抵海口，中间海、港、溪、河分设水线数处，计水陆线路共五百一十六里，海线四十七有奇。琼口海线上岸之处，择于水浅地僻处所。即有兵事，不致为敌所断[②]，并规定廉琼线于光绪十一年（1885年）二月二十九日竣工。

至于设电线经费，张之洞也作了细致的预算，光绪十年（1884年）八月十七日，电告天津盛道台说："琼线总不如与大东商搭港至越线既速且省，重费不惜。缘琼至廉旱线三百余里，费约两万。内外海线六十里，费亦钜。成须五六个月，不济急。设局巡修人多事繁，法岁贴费四万二千，我暂照此数贴之亦无妨。事定再详议，或减贴，或自造，

① （清）张之洞：《张文襄公全集》卷九十二（公牍七）《札委各员测绘海口图说》，中国书店1990年版，第576页。

② （清）张之洞：《张文襄公全集》卷十一（奏议十一）《展设钦廉雷琼电线片》，中国书店1990年版，第264页。

速商复。行营线造百中里即可。海线每中里费若干？并示。”希望天津盛道台做出预算告诉他。[①]

隔了几天，八月二十五日，他又电告天津盛道台，命盛道台与王副将议：“琼海线须至徐闻县城方妥。徐闻南距琼之海口一百八十中里，北距廉之北海陆行约四百中里，海安所太近大洋防毁。由琼至廉，水陆两线并设局约需七万两，琼之海口水线径达廉之北海一百零八英里，北司索价三万磅，计十万两，当可行。查海口、北海俱商岸，商报必多，不如令北司自作官报免费，饵以此利，或可允。其利有三：省钜费一，速成二，不劳保护修理三。即我每年酌贴费亦便宜。”[②]

八月二十九日，又致电天津盛道台说：“琼廉线妥否？悬系。无论北司、东司皆可。王副将三策想已悉，一、彼自造，我贴费，廿年为限；一、五年加利归本；一、华本洋造。闻北洋借洋款三百万，南洋二百万，皆一分息。”[③]但张之洞又顾虑以洋资设线的祸害，他于九月初一又致电天津盛道台说：“海线总以西人自作我贴费为妥。此时放线尚虑劫，临战岂不虑毁。若敌据琼岸线房，此物废矣。北司尤善，英恐有防，丹无所图。闻北司有附俄股，然俄与琼廉无涉。”[④]

张之洞又接着于九月十四日致电天津盛道台，把他的顾虑贯彻到实施工作中去，他指出：“安线时尚不保战险，事已难成，有警更不得其用。众议不愿拟我出工料费代北司造，将琼至雷海线，由雷至廉旱线，全让与北司，饵以商报之利。我并贴费岁数千元，三五年后我再赎回，与以此大便宜当可允，但图北司应名敌不毁而已。琼海上岸处须作地线，暗达城内，或于琼口左近另择隐僻处上岸，迂途多费无妨。

① （清）张之洞：《张文襄公全集》卷一百二十二（电牍一）《致天津盛道台》，中国书店1990年版，第153页。

② （清）张之洞：《张文襄公全集》卷一百二十二（电牍一）《致天津盛道台》，中国书店1990年版，第154页。

③ （清）张之洞：《张文襄公全集》卷一百二十二（电牍一）《致天津盛道台》，中国书店1990年版，第155页。

④ （清）张之洞：《张文襄公全集》卷一百二十二（电牍一）《致天津盛道台》，中国书店1990年版，第155页。

惟洋线例不准上岸，能思一变通名目，立约声明他国不得援例否？若只将琼雷海线让北司，雷廉旱线我自造更佳。但雷非口岸，无商利耳。”[①]

光绪十二年（1886年）时值冯子材剿黎，张之洞又令冯子材把电线延伸，一至定安，一至澄迈，九月中旬可成。若定安大军前进，再用行军线[②]，以此可指挥军事行动。张之洞对海南电线的铺设，可谓用心良苦矣。

3. 建置海南各处炮台以自卫

张之洞认为，今日筹琼之要，以治军防海为归宿。琼州一岛，为海疆第一要冲，孤峙大洋，逼近越境，关键中外，地方千里。黎山广深，榛狉未启，林木茂美，矿产颇多，强敌日伺，垂涎已久。盖自英得香港以来，不惟商务殷繁，尤于屯泊修造兵轮为便。泰西各国群相艳羡，于中华洋面诸岛莫不欲探得善地，为开设埠头停顿兵轮之所。是琼岛一隅，在中国则如石田、如赘瘤，然令他人据之则全粤不能一日安枕，非惟一国之觊觎，实为列邦所瞩目。

他重引曾纪泽的奏折提出，海南岛情形较台湾尤为吃紧，而光绪皇帝对此意见已经采纳，张之洞领旨，他在剿黎告一段落之后，经过一番巡视调查，光绪十五年（1889年）九月二十日，他在上《建筑琼廉海口炮台折》中向光绪皇帝建议在海南修建炮台，以防列强入侵海岛。张之洞提出：“臣前年冬间因出巡各海口，先至琼州海口亲加相度，海滩广阔，敌人巨舰难以驶近，然其船炮甚巨，足可护其登岸舢板。若我之台炮稍弱，则徒受炮而不能击敌，滨海旧有废炮台二座，修造既未合法，地基亦被淹浸，当勘得海口城西五里之秀英山，土人称为水英山，地势最好，距敌较近，岗阜高广，可以东西兼顾，应筑台七座。海口城西十里之西场地亦坚实，其地亦可登岸，应筑台三座。每台各配大炮一尊，均二十四生三十五倍口径长炮，始足及远攻坚。

① （清）张之洞：《张文襄公全集》卷一百二十二（电牍一）《致天津盛道台》，中国书店1990年版，第158页。

② （清）张之洞：《张文襄公全集》卷一百二十七（电牍六）《致琼州冯督办、方道》，中国书店1990年版，第246页。

海口城后西南之大英山，地势耸出，俯瞰海口令城，应筑台五座，配十五生长炮五尊。外洋所争，专重海口埠头，此防敌人万一登岸屯踞海口，有此巨炮下击，自难立足。该山坚实高燥，外人久图侵占，民情不愿。”

“光绪元年（1875年）至光绪十二年（1886年）间，屡烦笔舌，若筑有炮台，兼可消患无形。其海口城西三里之盐灶，近年建有镇琼台，城西一里临河，旧有得胜台，地低沙松，只可量加修治，酌设田鸡等炮，以资辅助。惟琼州海口形势，海岸平衍，海滩散漫，若敌人用舢板小轮分投，伺便登岸，更难防遏。比年以来，熟加谘度，惟有沿海坚筑炮堤，方可有恃。今将滨海一带西自西场起，东至牛始旧炮台止，共二十余里，筑一坚固长堤，开修炮路，通行炮车，用以扼击沿滩入口敌船。炮台远攻，车炮近击，交相为济，庶可云以守则固。”

张之洞对琼州炮台的建筑，在巡视海口之后，作了细致的安排。但因海口堤基长，海港间阻，又须多造坚桥，工程浩大，筹办不易，于是他先后委派雷琼道朱采、署琼州镇总兵李先义履勘，复派署北海镇总兵陶定昇带同精于测绘之将弁前往覆勘，博采众论，酌定办法，而且因为需款甚巨，年来多方撙节腾挪，始得有所藉手。

张之洞派委朱采、李先义督办炮堤工程，会同切实。估计堤身自西至东长共五千五百五十九丈有奇，高八尺，厚二丈，堤墙高四尺，一律坚筑平坦，通行炮车，共配七生半车炮一百零二尊，计十七队，操演精熟，以备攻击。堤脚遍裁簕竹、波罗茨，护堤当潮，以期经久。所有堤工、桥工及堤墙栽种簕竹，一切需银七万余两。在张之洞于光绪十五年（1889年）九月二十日上奏折的时候，已经兴工，炮台俟炮到再行确估，赶速修竣安设，这些是当时勘估兴筑琼州海口炮堤炮台及分配台炮车炮的情形。①

而且，张之洞还把肇庆及潮州两税厂新增节省防费为买炮专款，

---

①（清）张之洞：《张文襄公全集》卷二十七（奏议二十七）《建筑琼廉海口炮台折》，中国书店1990年版，第522—523页。

订购十五生长炮五十尊，除第一批运到五尊外，其余四十五尊，权剂缓急，配拨琼、廉两防，炮力尚嫌其小，他又于上年电致出使德国大臣洪钧，与克虏伯厂改订二十四生三十五倍口径长炮二十尊，架件全共，配击铁甲钢弹六百颗、开花钢弹一千四百颗、钢子母弹四百颗、硬铁弹一千六百颗、引火五十枚、装弹炸药二万二千启罗，又额外添配小粒药九百五十启罗，药筒一百二十六启罗，专为新式子母弹之用。此项炮价除以从前议定之价相抵仍动支奏定买炮专款外，改订大炮核计应加七万余两，于十年专款项下陆续扣还，并限定于光绪十六年（1890 年）十月全分造齐运粤。又在另一笔购炮专项中，拨琼防十尊长炮。他再三提出，琼、廉防务必须炮台、炮队相辅为用。[①]

但是，关于德国克虏伯厂所购订车炮，却遭到李瀚章的弹劾，据《光绪朝东华录》所载："光绪十七年（1891 年）六月庚申，李瀚章奏：查前两广督臣张之洞，因琼州海滩散漫，拟筑炮堤二十余里，订购外洋七生半车炮一百二尊，于光绪十五年九月二十日具折奏明在案。现经德国克虏伯厂一律造齐，运送到粤。臣逐细查阅，制作精美，车驾码弹俱全，实为行军利器。惟用之于粤，不甚合宜。粤地潮湿异常，琼州愈甚，白蚁滋生，无物不啮，炮架皮垫等物必易损坏，炮身更虞锈蚀，一也。粤地多山，无所驰骋，琼州海滩，非沙则淤，轮蹄易陷，况车炮甚长，堤上难以旋转，二也。粤省向不产马，又乏料豆，营马购自川、黔，身材既小，畜牧维艰，以之配驾重车，力不能胜，殊难适用，三也。此盖限于天时地势，无可如何。历询将弁，所言皆同。臣思琼州沿海地方，虽形散漫，惟当力守要隘以遏其冲。若明知车炮不宜而姑用之，非微臣谋国愚诚所敢出也。查此项车炮坚利异常，置诸广漠之区，战守均能得力。因思直隶及东三省地势高爽，马匹膘壮，土坚足以任重，平原足以驰驱。如海防边防练习马队，不可无此利器。与其留于广东，时虞损坏，莫若移之北路，守卫京畿。臣电询直隶督

① （清）张之洞：《张文襄公全集》卷二十七（奏议二十七）《建筑琼廉海口炮台折》，中国书店 1990 年版，第 524 页。

臣李鸿章，意见相同。拟即筹商起运，解赴天津点收，由李鸿章分拨留存，以备缓急之用。至其炮价银两以及保险运费，臣已由粤借款清给，应仍归粤省造销，将来直隶如能筹还，再行奏明办理。”[①] 张之洞的苦心，因朝廷官员之间的矛盾而被移用了。

对于海南岛炮台的建筑，张之洞的叮嘱细之又细。他在光绪十五年（1889 年）九月二十日向光绪皇帝上奏折之前，在八月初一已对琼州李先义作过详细的指示。他在致琼州李镇的电报中说：“海口东西炮堤丈量，应用工部尺，不应用弓尺，致欠明晰。堤工全用石灰太贵，即用土沙能厚亦好。应高厚各若干，即酌拟候核示。本部堂意大率分四路：海口街外旧得胜炮台故址筑三台，为首路；迤西之水英场筑三台，为中路；再迤西之西场筑三台，为尾路；大英山上筑三台，为后路。俱安二十四生大炮，共洋式台十二座，炮十二尊，已电饬陶镇赴琼会同勘丈筹办，都司林国祥、千总黄伦苏随同测量，并札游击谢桂秋、都司陈良杰、千总王得胜携带测量器具赴琼勘估。”[②]

同一天，他又致电琼州黄伦苏：“即赴琼州海口，随同李镇履勘，东西炮堤工应筑厚若干，高若干，作何式样，炮台应筑几座，测准敌船所泊远近，何处筑台最为扼要？大英山地高土坚，筑台似最为得力，距海面兵轮泊处究有若干里？克虏伯廿四生新式长炮力能及否？炮路于海口民房有碍否？”他命令：“该都司等会同详细测量，毋稍舛错，各抒所见，拟议办法，详晰电禀，勿稍迁就”。[③]

到了八月二十六日，又电告琼州陶镇、李镇、顾道：“琼海水浅滩阔，以防舢板登岸为要，炮堤最为相宜。高八尺，厚二丈余即可，只用沙土，不必用灰。或沙土各半，或四六成，随宜酌办，间有坍塌，每岁修补不难。顶面略用三合土，以免雨淋水浸足矣。外种簕竹护堤，两年后

① （清）朱寿鹏编、张静庐等校点：《光绪朝东华录》，中华书局 1958 年版，总第 2938—2939 页。

② （清）张之洞：《张文襄公全集》卷一百三十三（电牍十二）《致琼州李镇》，中国书店 1990 年版，第 352 页。

③ （清）张之洞：《张文襄公全集》卷一百三十三（电牍十二）《致钦州广捷林国祥、琼州镇涛黄伦苏》，中国书店 1990 年版，第 352—353 页。

自然坚固。尽可一面筑堤，一面种竹，不必待竹既长成始行筑堤。至招工作营用小铁路、造桥等事，均可照办。将来发给七生半车炮一百尊，以备有事时沿堤攻击。其海口、水英、西场三处炮台，何处安炮几尊？均详勘确估。至大英山俯瞰海口，山上若筑大炮台，敌虽登岸，不能久踞海口，最为制胜要策，此山拟安二十四生炮五尊，即相度地势，将炮位疏密高下配妥。一切均详细绘图贴说。”①

两个月以后，海南也按他的指示办妥，他又于十月初七致电琼州李镇、朱道，一方面是表彰朱道办事认真，另一方面是再次提醒注意事项。他说："沁电悉。内堤外堤丈尺均如所拟，工价既经覆勘，即照办。该镇道办事认真，本部堂知之有素，听言信行，谅无差谬。堤工八万九千余缗，桥工三千余两，合计需六万三千余两。堤桥及栽竹一切具奏需银七万余两，有盈无绌。从前所筑各段尚未如式，且嫌低薄，必须另筑，一律修成高厚坚实，与新堤整齐划一。桥工一律用石台工。即派该镇道勘估水英七座，西场三，均安炮廿四生，大英五，均十五生。青砖洋泥，既需购运，炮巨沙松，工程自难与省防同论。大英炮较小，五座相连，兵房药房当可并用，价当较水英、西场减少，每座物料工价运费实需若干，李镇台工熟手，即会同朱道详切估计，一面电复，一面具禀，本部堂毫无所疑。禀务于月半前到院，以便批定立案，俟堤成即筹款举办。”②

张之洞对海南炮台的建筑，计划颇为详细周全。为了巩固海南岛海防，防备当时外国军船的侵入，他可谓殚精竭虑，实施方案也十分具体。这些炮台在当时是建成了。现在只剩下海口秀英炮台的遗迹，供后人对当时这段历史的回顾。

4. 为巩固海防建设榆林港

榆林港是海南重要港口，环瀛各国，虎视眈眈。越战期间，法国

① （清）张之洞：《张文襄公全集》卷一百三十三（电牍十二）《致琼州陶镇、李镇、顾道》，中国书店1990年版，第355页。

② （清）张之洞：《张文襄公全集》卷一百三十三（电牍十二）《致琼州李镇、朱道》，中国书店1990年版，第361页。

军舰停泊榆林港，光绪十五年（1889年）七月初三，又有法国兵轮驶入榆林港。榆林港军事形势之重要性，引起张之洞的关注。

光绪十三年（1887年）四月初九，在海南督军剿黎的万州道杨玉书，因感染瘴气病殁，他在大病时曾写一电文给张之洞，请开榆林港埠头，电文中说："职道士年，请开榆林港埠头，出南林，后同张主事廷钧亲勘其地。据土人云：'越南之役，法屯兵泊轮十八艘，逐日操演，崖协、牧不问，琼镇、道不知，幸欵局已定，不然琼事不堪设想。'书今日请开港，实为筹海计也。港门两岸宜筑炮台，控制之内立埠头，中可容轮船数十艘，通黎山之出产。张主事愿觅外洋咖啡、吕宋烟、蔴、蔗、胡椒各种，每年销售外洋，似足为穷黎开衣食之源。其港口较埠头为胜，与香港不相上下，海口水浅，高之十倍。此处一开埠头，则崖东、南、西三路源头均活，实为富琼第一要策。惟事关中外交涉，未敢擅拟。书南林染瘴，榆林受风，山岚海气，蒸郁成疾，昼夜呻吟，苦不可支。伏枕口授电闻。"①

张之洞接读电报后，因杨玉书及众多士卒瘴病死亡，剿黎平定后事又忙于抚黎各项工作，至光绪十五年（1889年）八月初五，才有《致总署》电，其电文云："据琼州镇道及署崖州知州禀称：'七月内有法船驶进崖东百里之榆林港，上岸钉桩四处，港口有二大石桩，均用灰涂，东西岸分插红白小旗，立标十五处，来往无常，心殊叵测。有海关巡船遇见'等情，当电饬琼关税司查覆。现据复称，'该关名开办之巡船，在榆林港遇法国兵船，询其何事，据称到琼岛西南方测量水道'。查琼州除海口而外皆非通商处所，法国何得派船在榆林港等处测探水道、上岸钉桩、插标？岂惟存心叵测，实属越权妄为。除饬将各旗标撤去，严切禁阻，不准土恶乘机勾引外，请诘责法使立电该兵船，毋得擅进不通商口岸，以杜狡谋，俾免滋事。"②

① （清）张之洞：《张文襄公全集》卷一百二十九（电牍八）《杨道遗电》，中国书店1990年版，第295—296页。

② （清）张之洞：《张文襄公全集》卷一百三十三（电牍十二）《致总署》，中国书店1990年版，第353页。

自此之后，张之洞对榆林港的关注已列入工作议程，二十天之后，他连发两封电报致琼州李镇，八月二十四日的电文曰：“榆林港深广若何？山势有无扼要筑台？能否办理？先电陈大略，速速。”①

八月二十六日电云：“榆林港情形已悉。抛石填港一节未尝不可，但宽至六十余丈，深至三丈余，若欲填满，工费须若干？即约估禀复。若留此港，设我有铁舰与敌舰在琼海争战时尚可入港收泊，藉台为护，塞之则于我亦有不便矣。再酌复。”②

张之洞在一番调查研究之后，于光绪十五年（1889年）九月二十日向光绪皇帝上了奏折，详细报告法国兵轮的入侵以及榆林港形势在军事上的重要性，拟于榆林港建立军事基地及炮台军事宜。他据琼州镇总兵李先义等人的禀告云：“勘得榆林港两山环抱，水口紧而且深，形如葫芦，口门内水深港阔，可泊铁甲大船十余艘，中号兵轮二三十艘，各山林木丛杂，泉水甚甘。周围十余里，土人及来往舢板皆往取水，如海防有事，扎水寨为营，形势之胜，不独为琼海他口所无，即广东通省各海岛亦所罕觏。查琼州海面七洲洋一带风浪最恶，无可停泊，若将此港筹备完密，设琼海有事，我之铁舰与敌舰攻击之时，倘值风暴不便，得此可资收泊。又有炮台以为犄角，实为讲求海军必争之地。”张之洞根据他们的报告，又进一步向光绪皇帝报告说：“臣查法人窥伺琼州已非一日，此次在榆林港量水插标，狡谋显露，该港水深能泊铁舰，并可取水避风，若不幸为敌所据，兵轮中道停泊有所，岂惟琼州一府之忧，将南洋各口胥被其害。方今环瀛各国眈眈群伺，此港既为形势之区，牖户绸缪，自应极图预防之计，现拟于榆林港口门外东山乐道岭、西山田独岭分筑炮台各三座，两岸相距二百余丈，敌船若欲进口，中等炮力尽可摧坚，若配十五生新式长炮六尊，足资扼守。惟该港经营必须及早筑台，尚可从容。现经雷琼道朱采调派一营前往

① （清）张之洞：《张文襄公全集》卷一百三十三（电牍十二）《致琼州李镇》，中国书店1990年版，第355页。

② （清）张之洞：《张文襄公全集》卷一百三十三（电牍十二）《致琼州李镇》，中国书店1990年版，第355页。

驻扎，令其覆加体察，一俟定议，即行筹款购炮兴工。”①

张之洞对于海南榆林港，深谋远虑，提出他的意见及布局，榆林港建设后，直至现在仍具有极其重要的战略价值。可见一任官吏，对于所治一方的建设所做的努力，有益于千秋后代。

① （清）张之洞：《张文襄公全集》卷二十七（奏议二十七）《查勘榆林港形势，筹议驻营筑台片》，中国书店 1990 年版，第 525 页。

第三章　清代海南经济的发展

第一节　赋税以及关税

清初入关之后，赋税图籍多为流寇所毁。顺治元年（1644 年）五月，御史曹溶、给事中刘昌上疏要求“定经赋”，希望尽快恢复正常的赋役制度。接着，御史宁承勋提出重新编纂赋役全书的建议。于是，顺治三年（1646 年），晓谕户部稽覆钱粮原额，汇为《赋役全书》。顺治十一年（1654 年），命右侍郎王宏祚订正《赋役全书》，先列地丁原额，次荒亡，次实征，次起运存留。起运分别部寺仓口，存留详列欵（同“款”）项细数。其新垦地亩，招徕人丁，续入册尾。每州县发二本，一存有司，一存学宫。赋税册籍，有丈量册，又称鱼鳞册，详载上中下田则。有黄册，岁记户口登耗，与《赋役全书》相表里。[①]但是各级官府在执行赋役制度的过程中，却无法有效地掌握民间人口的增减和控制人口盲目流徙，因此根据人丁编审徒具形式。康熙五十一年（1712 年）二月，提出“钱粮册内有名丁数，勿增勿减，永为定额，其自后所生人丁，不必征收钱粮，编查时止将增出实数，审明另造清

① 赵尔巽等撰：《清史稿》卷一百二十一《食货志二·赋役》，中华书局 1986 年版，第 3527—3528 页。

册题报”。[1] 又有所谓“摊丁入地”政策，即将丁银按丁征收，改为按地征收，把康熙五十年（1711 年）的丁银总额摊入田赋银中统一征收。但是，“摊丁入地”实行后，得到一定的效果。这所谓滋生人丁，“永不加赋”的规定，在执行中也难以兑现。

一、赋税

清代的土地制度，分官田、屯垦两种。官田初设官庄，以近畿民来归者为庄头，给绳地，一绳四十二亩。其后编第备庄头田土分四等，十年一编定。设粮庄，庄给地三百饱响，响约地六亩。清初的圈地、拨发从顺治元年（1644 年）十二月开始，历四十余年，直到康熙二十四年（1685 年）才令“嗣后永不许圈”。圈地的停止，是广大汉族人民，包括官员、缙绅反对和斗争的结果。屯垦即屯兵边境，就地开垦。屯垦是历代政府为取得军队给养或税粮利用兵士和农民垦种的荒废田地，有军屯、民屯和商屯。到了清代，屯田基本上已成民田。“雍正五年（1727 年），粤督阿克敦陈近年粤东垦弊四：一、豪强占夺；一、胥吏婪索；一、资本不充；一、土瘠惧为课累。劝导法五：定疆界，杜苛取，贷籽种，轻科额，广招徕。其后惠、潮贫民垦肇庆属地，高、廉、雷属山荒垅埆，皆给资招垦，并免升科。嗣琼州亦如之”。[2] 光绪二十八年（1902 年）后，固漕米已由海运，清政府下令裁撤屯卫弁丁，并令屯户将所占地亩缴纳地价，报官税卖，听其营业，原征屯饷改为丁粮。漕运地方屯田也废。

海南的赋税，也按照《赋役全书》执行，不过与全国一样，海南处于人丁不稳定的混乱状态之中，目前记载的史料，仅存于道光年间的《琼州府志》及《古今图书集成·琼州府部汇考》中。这两种记录较为全面，现选择道光《琼州府志》作为根据，分别列表，见表 3—1：

---

① （清）蒋良骐撰：《东华录》卷二十二，中华书局 1980 年版，第 358—359 页。

② 赵尔巽等撰：《清史稿》卷一百二十《食货志》，中华书局 1898 年版，第 3503 页。

表 3—1　清代土田税额一览表

州县＼田税	原额田	田	地	塘	泥沟	年号	新垦升科税	连原额共计税	内除豁免荒税（或被水冲陷田地）	外实编征官民田地山塘等税	备注
琼州府	38335 顷 91 亩 9 分 9 厘	34670 顷 71 亩 6 分 3 厘	3526 顷 29 亩 9 分 8 厘	138 顷 90 亩 3 分 5 厘	42座，车池 10 座	康熙元年至嘉庆十一年	3112 顷 40 亩 8 分 3 厘 4 毫	41448 顷 32 亩 8 分 4 毫	11466 顷 5 亩 3 分 9 毫	29982 顷 27 亩 4 分 9 厘 5 毫	康熙三十一年（1692 年）至乾隆八年（1743 年）豁免荒税
琼山县	6809 顷 45 亩 1 分 3 厘 2 毫		2154 顷 57 亩 1 分 7 厘 8 毫	75 顷 91 亩 4 厘 4 毫		康熙二年至乾隆二十二年	388 顷 85 亩 5 厘	9439 顷 56 亩 2 分 6 毫	1685 顷 47 亩 5 分 7 厘 8 毫	7754 顷 8 亩 6 分 2 厘 7 毫	乾隆六年（1741 年）到乾隆八年（1743 年）被水冲陷田地
澄迈县	3758 顷 43 亩 5 分 3 厘 7 毫		92 顷 94 亩 1 分 9 厘 6 毫	10 顷 67 亩 2 分 8 厘 5 毫		康熙元年至乾隆二十六年	526 顷 24 亩 6 分 3 厘 1 毫	4388 顷 29 亩 6 分 4 厘 9 毫	1338 顷 56 亩 2 分 3 厘 9 毫	3049 顷 73 亩 4 分零 9 毫	
定安县	3203 顷 74 亩 5 分 7 厘 6 毫		556 顷 83 亩 1 厘 4 毫			康熙元年至三十六年	460 顷 95 亩 4 分 8 厘 8 毫	4221 顷 53 亩 7 厘 8 毫	2105 顷 45 亩 7 厘 1 毫	2116 顷 8 亩 6 毫	
文昌县	7086 顷 33 亩 6 分		81 顷 95 亩 3 分	1 顷 66 亩		康熙二年至嘉庆十一年	138 顷 47 亩 6 分 8 厘 1 毫	7309 顷 41 亩 3 分 2 厘 5 毫	1089 顷 26 亩 1 分 1 厘 8 毫	6220 顷 15 亩 2 分 6 毫	
会同县	1258 顷 30 亩 1 分		7 顷 81 亩 3 分 3 厘 1 毫	1 顷 54 亩 3 分 1 厘		康熙二年至乾隆十九年	59 顷 17 亩 6 分 5 厘 7 毫	1326 顷 73 亩 6 分 9 毫	157 顷 9 亩 3 分 1 厘 9 毫	1169 顷 64 亩 2 分 7 厘 9 毫	
乐会县	1091 顷 27 亩 2 分 2 厘 6 毫		20 顷 36 亩 9 分	1 顷 43 亩 5 分 4 厘 2 毫		康熙二年至乾隆十七年	300 顷 59 亩 3 分 6 厘 1 毫	1413 顷 67 亩 2 厘 9 毫	378 顷 49 亩 9 分 6 厘 4 毫	1035 顷 17 亩 6 厘 5 毫	

续表

州县＼田税	原额田	田	地	塘	泥沟	年号	新垦升科税	连原额共计税	内除豁免荒税（或被水冲陷田地）	外实编征官民田地山塘等税	备注
临高县	3236顷12亩9分2厘7毫		379顷99亩4分5厘	2顷48亩4分8厘1毫		康熙元年至乾隆二十一年	635顷2亩5分9厘7毫	4253顷63亩4分6厘6毫	2455顷18亩1分4厘6毫	1798顷45亩3分1厘7毫	康熙三十一年（1692年）无征田税
儋州	3126顷92亩1分7厘5毫		112顷71亩3分8厘9毫	15顷35亩5厘3毫		雍正七年至乾隆三十三年	43顷76亩7分1厘7毫			3298顷75亩8分1厘1毫	
昌化县	12顷17亩7分9厘6毫	官屯田1亩7分4厘2毫，民田424顷42亩1分6厘8毫	10亩8分	5顷91亩6分		康熙二年至乾隆十七年	75顷57亩7分7厘1毫	518顷23亩3毫	211顷54亩7分1厘3毫	306顷68亩2分8厘8毫	
万州	1162顷37亩9分3厘2毫		3顷81亩7分1厘6毫	6顷18亩6分3厘4毫		康熙元年至乾隆四十年	250顷80亩6分7厘2毫	1423顷19亩9分2厘2毫	653顷55亩2分9厘6毫	769顷64亩6分2厘6毫	
陵水县	1165顷85亩1分1厘4毫		72亩2分3厘6毫	5顷97亩1分2厘		康熙二年至乾隆四十二年	58顷12亩7分7厘	1230顷67亩2分4厘	671顷92亩8分8厘1毫	558顷74亩3分5厘8毫	
崖州	2071顷8分7厘8毫		98顷81亩6厘7毫	9顷44亩1分6厘8毫		康熙二年至乾隆二十六年	70顷47亩3分5毫	2249顷8亩6分1厘8毫	628顷8亩6分1厘8毫	1621顷64亩7分9厘9毫	
感恩县	264顷36亩9分5厘6毫		3顷86亩4分6厘	2顷32亩5分		康熙元年至乾隆二十七年	104顷33亩1分2厘7毫	374顷89亩4厘3毫	91顷41亩3分5厘1毫	283顷47亩6分9厘1毫	

资料来源：《琼州府志》卷十三下《经政志·土田》，海南出版社2006年版，第599—605页。

1. 官田：即属官民田，清代海南属官民田从顺治十一年（1654 年）开始统计，至康熙年间不断正规化。

2. 屯田：明代设卫，以屯养军，以军隶卫。清代循明制，卫屯给军分佃，罢其杂徭。顺治元年（1644 年），遣御史巡视屯田。顺治三年（1646 年），定屯田官制。卫设守备一，兼管屯田。又千总、百总，分理卫事，改卫军为屯丁。雍正二年（1724 年），并内地屯卫于州县。雍正九年（1731 年），令屯卫田亩可典与军户，不得私典与民。乾隆元年（1736 年），豁免广东屯田羡余，因除各省军田额外加征例。[①] 屯田在执行过程中，一切操于官吏之手，多与民田相杂，弊病不可胜穷。

清代的屯田粮米丁银，自雍正间裁废卫所后，概归各州县征解。丁银同正赋汇报，米征本色，同民米一并支给兵食。每年册报督粮道，会同藩司核销。嘉庆间，豁免荒缺丁粮及减则屯米各案，均于广属补升沙坦银内由司拨抵，每屯米一石，连耗拨补银八钱一分二厘。[②]

海南卫五所：雍正三年（1725 年）奉裁，归并琼山县管理。

崖州所：雍正三年（1725 年）奉裁，归并崖州管理。

儋州所：雍正三年（1725 年）奉裁，归并儋州管理。

万州南山所：雍正三年（1725 年）奉裁，归并万州、陵水二县管理。

清澜昌化所：雍正三年（1725 年）奉裁，归并文昌、会同、乐会、昌化、感恩五县管理。各州县屯田，见表 3—2。

3. 科则：科则是中国历代政府征收田赋按田地类别、等级而定的赋率。《禹贡》记载中已有将九州的田分为九等征赋的说法，到后来的各朝各代科则较为复杂，各地情况不同。大抵宋分五等，元分三等，明初官田分十一则，民田分十则。明中叶至明末，官民田均为一则，土地一般分三等九则。清代官民田地塘各分九则。各县依不同情况也各不相同。现据道光《琼州府志》列表如表 3—3。

---

① 赵尔巽等撰：《清史稿》卷一百二十《食货一・田制》，中华书局 1986 年版，第 3499—3500 页。

② （清）明谊修、张岳崧纂：道光《琼州府志》卷十三下《经政志五・屯田》，海南出版社 2006 年版，第 613 页。

表 3—2 雍正七年至嘉庆二十五年（1729—1820 年）屯田丁表

州县 屯田	琼山县	崖州	儋州	万州	陵水县	文昌县	会同县	乐会县	昌化县	感恩县
原额屯田	195 顷 41 亩 3 分 8 厘零	44 顷 80 亩	45 顷 40 亩	41 顷 93 亩 7 分	44 顷 80 亩	9 顷 6 亩 8 分 4 厘	13 顷 26 亩 2 分 8 厘 1 毫	22 顷 58 亩 1 分 7 厘 6 毫	22 顷 40 亩	22 顷 40 亩
米	5839 石零 8 升零	1344 石	1362 石	1452 石	1344 石	272 石 5 升 1 合零	397 石 8 斗 8 升 4 合零	677 石 4 斗 5 升 2 合零	672 石	672 石
除各案豁免荒陷外实存熟田	74 顷 78 亩 9 分 8 厘零	8 顷 20 亩	12 顷 96 亩 8 分 5 厘	7 顷 18 亩零 6 厘	8 顷 36 亩 2 分 3 厘 4 毫 9 丝 9 忽	4 顷 33 亩 6 分零 6 毫零	11 顷 58 亩 8 分 4 厘 5 毫零	13 顷 41 亩 7 分	13 顷 16 亩零 4 厘	15 顷 97 亩零 6 厘
实征上减二则米	2031 石 4 斗 9 升 8 合零	246 石	400 石零 2 斗 2 升零 2 勺 9 抄 9 撮零	上中减三则米 155 石 3 斗 7 升 1 合零	208 石 1 斗 1 升 5 合 9 勺 8 抄	76 石 3 石 3 升 1 合	147 石 5 斗零 7 合零	326 石 4 斗 5 升 2 合 3 勺零	187 石 6 斗 8 升 7 合 7 勺	262 石 9 斗 4 升 1 合零
嘉庆二十五年奉文减则米	445 石 2 斗 2 升零 6 合零	53 石 1 半 3 升 6 合零	310 石零 3 斗 4 升。25 年 17 石零 2 合 4 勺零	36 石 1 斗 3 升 6 合 1 勺零	41 石零 6 升 9 合 5 勺零	11 石 5 斗零 5 合 1 勺零	13 石 6 斗 8 升 1 合 6 勺零	63 石 6 斗零 5 合 2 勺零	21 石 7 斗 2 升 6 合 8 勺零	37 石 1 斗 6 升 9 合零 4 勺
实征屯米	1649 石 2 斗零 2 合 7 勺 3 抄 6 撮零	210 石零 3 斗 7 升零	72 石 8 斗 7 升 7 合 8 勺零	119 石 2 斗 3 升 5 合 2 勺零		64 石 7 斗 2 升 5 合 1 勺零	133 石 8 斗 4 升 7 合 1 勺零	262 石 8 斗 4 升 7 合 1 勺零	165 石 9 斗 6 升零 9 勺零	225 石 7 斗 8 升 1 合 7 勺零
以上熟田连各案垦复税共计		10 顷零 16 亩零								
征米		263 石 4 斗零 6 合 7 勺零			167 石零 4 升 6 合					
原额屯丁共计	183 丁	18 丁 1 分 5 厘	28 丁 7 分	10 丁零 5 分 5 厘	14 丁 5 分 4 厘		8 丁 3 分 7 厘	23 丁 6 分 3 厘	12 丁 2 分 2 厘	

续表

屯田＼州县	琼山县	崖州	儋州	万州	陵水县	文昌县	会同县	乐会县	昌化县	感恩县
每丁征银	3钱零9厘			2钱5分7厘	2钱5分7厘					
共征银	56两5钱6分零		10两3钱7分1厘3毫4丝	2两7钱3分1厘	3两7钱3分5厘4毫零					
编征银		4两6钱6分零9毫零8忽					2两1钱5分	6两零6分8厘7毫3丝8忽	4两4钱5分2厘1毫	
尚征银			1两5钱零6厘3毫4丝							
嘉庆二十四年报荒缺丁银			5两8钱6分5厘							

资料来源：道光《琼州府志》卷十三下《经政志·屯田》，海南出版社2006年版，第608—613页。

表 3—3　清代科则一览表

县名 项目	琼山县	澄迈县	定安县	文昌县	会同县	乐会县	临高县	儋州	昌化县	万州	陵水县	崖州	感恩县
分则情况	官民田、地、塘各分九则	官民田、地、塘各分5则，沟池止分民米2则	官民田各分3则，民地2则	官民田、塘各分6则，民地1则	官民田各分3则，民塘2则	官田2则，民田、地、塘7则	官民田、地、塘各分5则	官民田、地、塘各分5则，又官地1则	官田、地、塘分3则，民分4则	田、地、塘分5则，民黎分6则	官田、地、塘分5则，民地1则	官民田、地、塘各分5则	官田、地分4则，民黎田、地、塘分4则
上则田，每亩科官米	殷苗2合7勺3抄9撮7圭1粟	2升4合9勺8抄4撮6圭6粟	3合4升3抄4撮1圭3粟4粒	8合5勺7抄1撮零	1合1勺1抄7撮7圭4粟	1则官田，2斗5升零9勺1抄6撮7圭	1升零5勺9抄3撮	1升1零勺8抄8撮7圭6粟7粒	上则官田、地、塘，2斗9升1合零4抄	官田，科2斗6合1勺	4合1勺2抄6撮8圭6粟5粒	2合9勺5抄8撮3圭5粟	半京民田，6合9勺2抄9撮9圭
民米	3升1合5勺2零圭9粟	1升5合2勺4抄7撮3圭4粟	2升5合6勺6抄9撮8圭6粟6粒	2升1合9勺2抄3撮零	1升8合5勺6抄5撮9圭8粟		2升1合5勺7零撮	2升7合7勺9抄6撮2圭3粟3粒	上则官屯田，每亩科官米2斗1升4合		1升4合零6抄3撮1圭□粟5粒	2升2合1勺4抄1撮6圭5粟	2升5合1勺7抄零1圭
中则田，每亩科官米	殷苗2合7勺3抄9撮7圭1粟	2升零5勺零8粟	2合6勺零1圭3粟4粒	7合3勺6抄8撮零	9勺3抄1撮4圭9粟	民田，1升3合7勺2抄9撮7圭2粟	8合5勺6抄	8合6勺2抄1零3粟		官田，科2斗1升3合1勺6抄5撮4圭	3合3勺9抄8撮5圭9粟5粒	2合6勺零4撮7圭6粟	民田，6合9勺2抄9撮9圭

续表

项目＼县名	琼山县	澄迈县	定安县	文昌县	会同县	乐会县	临高县	儋州	昌化县	万州	陵水县	崖州	感恩县
民米	2升4合1抄零	1升2合5勺6抄9撮2圭1粟	1升8合6勺8抄5撮8寺6粟6粒	1升8合8勺4抄6撮零	1升5合4勺7抄1撮6圭5粟		1升6合零5抄	2升3合4勺7抄8撮9圭9粟	中则民田、地，每亩科民米3升2合1勺		1升1合5勺8抄1撮4圭零5粒	1升9合4勺9抄5撮2圭4粟	2升5合1勺7抄零1圭
下则田，每亩科官米	般苗2合7勺3抄9撮7圭1粟	1升4合3勺5抄1撮1圭5粟	1合8勺9抄4撮1寺3粟4粒	4合8勺4抄2撮	4勺1抄9撮9圭5粟4粒	碱伤田，科伤米1升4合7勺7抄7撮1圭	5合5勺7抄9撮9圭4粟3粒	6合9勺2抄5撮5圭6粟		官田，科2斗6升6合1勺	1合9勺6抄5撮2圭1粟2粒	1合8勺7零撮零7粟	
民米	2升4合1零抄零2圭9粟	8合7勺6抄8零圭4粟	1合8勺零2撮6粟5粒	1升2合3勺8抄5撮	9勺4抄1撮6圭4粟		1升9零9勺5抄2撮9圭4粟8粒	1升8合8勺6抄1撮4圭4粟	中则泉源田，一亩正科民米4升2合8勺	民田1则，科4升2合8勺	6合6勺9抄6撮8圭6粟2粒	1升3合5勺2抄4撮9圭3粟	
下则田，每亩科官米				1合9勺9抄3撮零		学田，科学米1升5合4勺8零撮8圭8粟							

续表

县名 项目	琼山县	澄迈县	定安县	文昌县	会同县	乐会县	临高县	儋州	昌化县	万州	陵水县	崖州	感恩县
民米				5合1勺零		民黎田，科黎米1斗1升8合8勺零1撮				僧道田，每亩科5升3合5勺			黎田，每亩科黎米3升2合1勺
下则地，每亩科官米				4合8勺4抄2撮		地亩1则，科夏米2升6合9勺4抄9撮4圭	地1则，1合4勺1抄9撮零1粟3粒					地1则，1合5勺3抄5撮7圭5粟	官屯田，每亩科官屯耗米3斗
民米				1升2合3勺8抄5撮			1升零7勺4抄7撮9圭3粟6粒			黎田，每亩科黎米3升2合1勺		1升1合4勺9抄4撮2圭5粟	
地税，每亩科夏税米					1升9合6勺8抄3撮7圭2粟		又科夏税农桑米6勺3抄1撮7圭1粟5粒			官地，每亩科官米2斗1升3合2勺			
上则黎地，每亩科夏税米								3合3抄6撮2圭6粟		民地，每亩科民米4升2合8勺			

续表

项目＼县名	琼山县	澄迈县	定安县	文昌县	会同县	乐会县	临高县	儋州	昌化县	万州	陵水县	崖州	感恩县
棉花地，每亩科官米								7合零9抄7撮9圭8粟					
民米													3升2合1勺
塘溪，每亩科民米					1升9合6勺8抄3撮7圭2粟								
苎麻地，每亩科夏税米			2合零4抄3撮7圭										
淡灾伤苗，每亩科官米	殷苗2合7勺3抄9撮7圭1粟												
民米	1升7合6勺9抄7撮2圭9粟												

续表

项目\县名	琼山县	澄迈县	定安县	文昌县	会同县	乐会县	临高县	儋州	昌化县	万州	陵水县	崖州	感恩县
碱伤苗，每亩科官田	殷苗2合7勺3抄9撮7圭1粟												
民米	1升7合6勺9抄7撮2圭9粟												
林湾黎田苗，每亩科官米	殷苗2合7勺3抄9撮7圭1粟												
民米	1升7合6勺9抄7撮2圭9粟												
苗地，每亩科官米	殷苗2合7勺3抄9撮7圭1粟												
民米	5合2勺3抄2零圭9粟												

续表

县名/项目	琼山县	澄迈县	定安县	文昌县	会同县	乐会县	临高县	儋州	昌化县	万州	陵水县	崖州	感恩县
桑丝地，每亩科官米	全仓夏税米8合正								上则官桑丝地，每亩科夏税米2斗9升1合4撮				科农桑米2升1合8勺5抄7撮9圭2粟3粒
粮地，每亩科官米		1升4合3勺5抄1撮1圭5粟							中则民桑丝地，每亩科夏税米3升2合1勺		1合5勺8抄3撮7圭4粟5粒		抛荒田，2斗1升4合
民米		7合3勺4抄7撮3圭3粟									5合3勺9抄6撮9圭3粟5粒		
塘一则，每亩科官米	殷苗2合7勺3抄9撮7圭1粟	2升3合1勺1抄2撮		8合5勺7抄1撮零		塘苗，科塘米3升1零勺4抄6撮3圭5粟	8合5勺6抄	塘苗，6合9勺2抄5撮5圭1粟		官塘，每亩科官米2斗3升7合1勺	塘税，2合1勺零8撮1圭	1合8勺7零撮零7粟	民塘，5升
民米	1升9合7勺3抄2圭9粟			2升1合9勺2抄3撮零			1升6合5抄	1升8合零6抄1撮4圭4粟	中则民塘，每亩科民米5升	民黎塘，每亩科民黎米5升	7合1勺8抄3撮7圭8粟	1升3合5勺2抄4撮9圭3粟	

续表

县名/项目	琼山县	澄迈县	定安县	文昌县	会同县	乐会县	临高县	儋州	昌化县	万州	陵水县	崖州	感恩县
泥沟，每座苗米		1石2斗											
车池，每座科民米		1石零5升											
桑地，每亩科夏税米				1升9合2勺2抄7撮						夏税地，每亩科夏米4升2合8勺	1升5合3勺1抄5撮7圭		

资料来源：道光《琼州府志》卷十三下《经政志六·科则》，海南出版社2006年版，第617—624页。

4. 土贡：道光《琼州府志》转载《乾隆府厅州县图志》，清代的土贡品种有：金、银、珠、玳瑁、蜜蜡、布、盐、木、藤、槟榔、椰子、棋子、香、海漆、琼枝、菠萝蜜果、药。至于编派办法，府属州县土贡各项，在米石粮料编派者，照额征解。惟物料，在户部项下有供用库颜料、甲字库颜料、丁字库颜料，在礼部项下有均一料，银工陪项下有折本色物料、四司竹木翠毛等料并水脚，光禄寺项下有折色厨料，皆物料也。除光禄寺折色外，其余各项本折裁改向无定。至康熙十三年（1674年），停解本色物料。康熙二十五年（1686年），奉文全解，令俱折色归并地丁项下征解。

还有海南最著名的沉香，每岁额办沉香40斤，由督抚发价银40两，交琼州府采办。康熙八年（1669年），以琼地出香，奉文每年贡香百斤。海南土贡，由来已久，自汉至明，均有贡献，如金、银、珍珠、玳瑁、翠毛等物价，既珍贵，品类也繁多。自雍正年间（1723—1735年），将本色物料均改折色，编入正赋折征，每年汇同地丁起运项银报解，拨支兵饷，内仍分款造册奏销，官民皆便。至于沉香一种，独产琼南，由督抚岁发价银，交郡守采买解省，虽有土贡之名，而实非同前代取之于民。①

5. 海南盐业及盐税：清代海南盐业，比明朝有进一步扩展，沿海各县均有盐田，据《中国盐业史》载：琼山县有东西二厂：即大英、小英、感恩三廒在南渡江西岸，合称西厂；塔市廒在南渡江东岸，称东厂。临高县有马袅、三村、永和三厂。文昌县有乐会、陈村等厂。儋州有博顿、兰馨及昌化、马岭、小南等厂。万宁县有新安、岭脚二厂。崖州有临川厂。康熙二年（1663年），将员役裁省，课银归府州县经理，听任灶丁自煎自卖。

顺治十一年（1654年），琼山县塔市、演丰、东营一带，用耙沙、淋卤、煎制方法产盐。到乾隆后期（1763—1795年），盐业生产已形

① （清）明谊修、张岳崧纂：道光《琼州府志》卷十三下《经政志·土贡》，海南出版社2006年版，第638—639页。

成以户为单位（一坵沙田配一个池漏为一个生产单位），琼山、文昌、儋州、临高、崖县、万宁等县共有沙田（又称沙幅）4324 坵，池塌（又称漏床）4325 个。

鸦片战争开始至 1858 年，清廷被迫开辟琼州等地为商埠。咸丰四年（1854 年），承德塌由股东投资投工创建。同治八年（1882 年），广东省电白县红花尾人李隆春与崖州陈某等人，合资在三亚港兴办润和塌。光绪三十四年（1908 年），福建华侨胡子春在三亚港建筑大盐田，直接引海水晒盐。[①]

因海南四面环海，遍地产盐，均系灶丁自煎自卖，并无发帑收盐配引转运等事。明朝以前俱设提举场，免埠商转运，到了清代，一并裁省，课银归府州县经理，每年照额征收完解。光绪三十四年（1908 年），福建华侨胡子春，因海南人民喜食盐，乃创建侨丰公司，禀准采运，配省行销。

清前期的盐税，基本上沿袭明制，分为场课和引课两大部分。场课又称灶课，是对盐的生产者——灶户征收的税，包括灶户的人丁税和晒盐的盐摊税两大门类，类似于农村的地、丁两大门类。海南各地盐丁、盐课详细数字，为方便阅读起见，见表 3—4、表 3—5。

表 3—4　琼州府盐场人丁及盐课数［康熙二十三年至二十六年（1684—1687 年）］

数量 地场名	原额办盐人丁	共派征盐课银	附载盐饷银
琼州府大、小英、感恩场、铺前廒、三村、马袅场、永和廒	969 丁	408 两 5 分 2 厘 5 毫	10 两
儋州博顿、兰馨场	1197 丁	387 两 4 分 5 厘 5 毫	
万州新安场	363 丁 9 分	109 两 1 钱 7 分	
崖州临川场	210 丁	64 两 5 钱 7 分 5 厘	
临高三村、马袅场	650 丁	299 两 8 钱 1 分 2 厘 5 毫	
文昌县陈村、乐会廒	807 丁	211 两 4 钱 7 分 7 厘 9 毫	5 两

① 以上材料均引自唐仁粤主编：《中国盐业史・地方编》，人民出版社 1997 年版，第 605—606 页。

续表

地场名 \ 数量	原额办盐人丁	共派征盐课银	附载盐饷银
会同县并征陈村乐会会场调懒廒	179 丁	96 两 4 钱 6 厘 5 毫	
陵水县并征新安场岭脚廒	40 丁	12 两正	
昌化县并征小南廒	19 丁	5 两 8 钱 3 分 5 厘	
感恩县并征马岭廒	45 丁	14 两 8 钱 5 分 7 厘	

备注：以上府州县办盐人丁，照额征解，内有逃绝，系各场摊赔足额。至康熙二十二年（1683 年）的 20 年内，增饷及按丁加课征解。

从道光《琼州府志》的资料看，海南的盐税，康熙、乾隆年间作了几次调整。康熙二十六年（1687 年）初，设两广巡盐御史，康熙二十八年（1689 年），有商人在盐院衙门钻充琼州总埠，琼州府张万言恐累民，具详两院批准不设埠。于是各廒设廒总 1 人，催收盐课，交纳到府州县，大英、小英、感恩场及三村马袅场、永和廒的盐课送琼州府，万州新安场内岭脚的盐课送到陵水县，其他各盐场的盐税交纳也各有所属，但未明确记载。

6. 杂税：清代所收的杂税繁多，尤其在清后期，在全国如茶、矿、烟、酒等税，都在不同程度有所增长，并在国家财政税收结构中占有愈来愈重要的地位。海南在清朝的杂税，主要是酒税、牛税、槟榔税、门摊商税、车税、船税等。[①] 各类税收数额，见表 3—6。

① 郑学檬主编：《中国赋役制度史》，上海人民出版社 2000 年版，第 643 页。

表 3—5　清代康熙至乾隆年间各州县盐场灶丁及征课银一览表

年号	州县盐场名 / 级丁课数	琼州府经征小、大英、感恩场	儋州博顿兰馨场	临高县三村马袅场	崖州临川场	万州新安场	文昌陈村乐会场	会同县调懒廒
琼州府经征各州县原额	原额大引灶丁	420 丁	兰馨场灶丁 1258 丁 7 分	831 丁	原额灶丁 210 丁	原额灶丁 400 零 3 丁 9 分	353 丁	原额灶丁 209 丁
	每丁应征课银	4 钱 6 分 1 厘零	3 钱零 7 厘零	4 钱 6 分 1 厘零	3 钱零 7 厘	3 钱	4 钱 6 分 2 厘零	大引盐 209 引
	小引灶丁	415 丁	马岭廒灶丁 19 丁				353 丁	
	每丁应征课银	3 钱 7 厘零	3 钱零 7 厘零				3 钱零 7 厘零	
			小南廒灶丁 48 丁					
	每丁应征课银		3 钱零 9 厘零					
	共灶丁	835 丁	1325 丁 7 分				714 丁	
	共征课银	321 两 3 钱 3 分 7 厘零	407 两 7 钱 3 分 7 厘零	386 两 5 钱 2 分 7 厘	64 两 5 钱 7 分 5 厘	121 两 1 钱 7 分。内有岭脚廒盐 40 丁，征银 12 两，系陵水征解	273 两 8 钱 3 分 4 厘	270 两零 3 厘。内故绝灶丁 30 丁，大引 30 引，现存灶丁摊赔足额
							1 项，故绝缺额盐课银 34 两零 5 分零，在现丁内赔补	

续表

年号	州县盐场名／级丁课数	琼州府经征小、大英、感恩场	儋州博顿兰馨场	临高县三村马袅场	崖州临川场	万州新安场	文昌陈村乐会场	会同县调懒廒
							1项，附载盐课银5两	
康熙二十年（1681年）编审报绝丁	绝丁课银	134两3钱7分5厘零（除永和廒在临高县额征外）	（小南廒开除）10两 零2钱1分4厘零（每年在现丁内赔补足额）	（在琼州府经征大、小英、感恩场并三村马袅场、永和廒内开除）58两1钱1分7厘（每年在现丁内赔补足额）				
	一项附载盐课银	10两，在灶丁挑盐墟市换卖，输纳足额						
康熙二十年（1681年）奉文按产盐斤加增	每万斤增饷银	15两8钱5分1厘	15两8钱5分1厘零	15两8钱5分1厘	15两8钱5分1厘	15两8钱5分1厘	15两8钱5分1厘	
	共加银	176两5钱6分5厘零	771两4钱2分	170两零5钱9分6厘	31两1钱9分5厘	131两8钱1分7厘	544两4钱8分3厘	
康熙二十六年（1687年）又将大引灶丁增课银	大引灶丁增课银	3分	每丁增银2分		每丁征银2分	每丁征银2分	每丁增课银3分	
	小引灶丁增课银	2分					每丁增课银2分	
	共增银	20两零9钱	26两5钱1分4厘		4两2钱	8两零7分8厘	17两8钱1分	
康熙三十二年（1693年）奉文减半	计加征银	10两零4钱5分	13两2钱6分2厘		2两1钱	4两零3分9厘	8两9钱零5厘	

续表

年号 \ 州县盐场名 / 级丁课数		琼州府经征小、大英、感恩场	儋州博顿兰馨场	临高县三村马袅场	崖州临川场	万州新安场	文昌陈村乐会场	会同县调懒廒
乾隆二年（1737）	豁免加增银	10两零4钱5分	13两2钱6分2厘		2两1钱	4两零3分9厘	8两9钱5厘	
			嘉庆二十五年，清查沙田池塌，各被海水坍没1054坵，灶丁逃亡1054丁7分，奉文豁免加增银771两4钱2分，实尚灶丁271丁，共征银407两7钱3分7厘5毫					
	沙田原额	835丘	1325丘，尚存271丘	837丘	210丘	403丘	714丘	
	池塌	835个	1325个，尚存271个	838个	210个	403个	714个	
	以上实征丁课银	507两9钱零2厘	407两7钱3分7厘5毫	557两1钱2分3厘零	95两8钱7分	252两9钱8分7厘	853钱2分2厘	
以上各场通共额征灶丁课银3460两7钱5分7厘零								

资料来源：道光《琼州府志》，卷十四上《经政志·盐法》，海南出版社2006年版，第646—651页。

表 3—6　海南各地杂税一览表

税额＼地区	琼州府经征	琼山县	澄迈县	定安县	文昌县	会同县	乐会县	临高县	儋州	昌化县	万州	陵水县	崖州	感恩县
牛税银	409两6钱6分零4毫		220两零2钱3分7厘	264两2钱8分6厘	203两8钱2分3厘6毫		88两8钱2分7厘	220两零2钱3分7厘	237两8钱5分6厘5毫		237两4七1分5厘	132两1钱4分4厘2毫		
白沙田租铺税银（系白沙居住商民办纳）	42两1钱2分8厘								田铺租税银45两3钱7分7厘3毫		龙吟峒口并收地租银2两5钱		花藤税银35两6钱（拨支本府福差凑支经费）	
新钦沙窑埠税银	5两													
商税银	290两			7钱9分7厘（门摊）				门摊6两1钱6分1厘			万陵东澳商银35两	门摊1两2钱6分8厘5毫	门摊：7两7钱2分4厘2毫	
海口地税银	6两4钱4分7厘		东水港地税银30两	地租银9两	北门官地租银9钱									
椰椰税银		146两1钱7分3厘5毫	19两6钱零5厘4毫	445两4钱7分9厘	256两1钱9分1厘8毫	591两4钱8分4厘	308两8钱零9厘3毫	7两6钱零8厘9毫	10两零3钱3分6厘8毫	2两3钱7分5厘6毫	700两零5钱4分5厘	145两1钱8分2厘2毫	44两9钱3分6厘5毫	
牛税银		72两	220两2钱3分7厘	32两	200两3两8钱2分3厘6毫	18两		220两2钱3分7厘	237两8钱5分6厘5毫				7两7钱2分4厘2毫	
酒税银		6两	3两	2两5钱	3两			3两	6两			1两5钱	5两	

续表

税额＼地区	琼州府经征	琼山县	澄迈县	定安县	文昌县	会同县	乐会县	临高县	儋州	昌化县	万州	陵水县	崖州	感恩县
李茂没官田租银		9两9钱8分5厘			31两6钱2分6厘3毫			王宗没官田租银40两3钱3分3厘4毫			李茂、陈德原没官田租银25两6钱3分5厘			
地利、窑冶、茶课银		2两2钱4分4厘												
抽收官地租银		8两		9两										
薪税补饷银		305两4钱1分3厘7毫		127两3钱3分4厘	372两3钱5分3厘4毫		66两6钱6分6厘7毫				247两零5分9厘			
税契原额征银		50两	50两	50两	50两	10两	11两	50两	50两	10两	50两	10两	50两	8两
又征科场银		16两6钱6分6厘7毫	16两6钱6分7厘	16两6钱6分7厘	16两6钱6分6厘7毫	3两3钱3分3厘	3两3钱3分3厘4毫	16两6钱6分6厘7毫		3两3钱3分3厘	16两6钱6分6厘7毫	3两3钱3分3厘4毫	16两6钱6分6厘7毫	2两6钱6分6厘7毫
当户每名征饷银		5两	5两，7名共银35两									2名，每名饷解5两共银10两		

续表

税额＼地区	琼州府经征	琼山县	澄迈县	定安县	文昌县	会同县	乐会县	临高县	儋州	昌化县	万州	陵水县	崖州	感恩县
上税银					110两(原本府经征)									
官地租充时宪书价银					1两5钱2分5厘									
船税银							21两8钱3分3厘3毫		8两			10两		
以上共征税银	753两2钱3分5厘4毫	616两4钱8分2厘9毫	374两5钱零9厘4毫	948两零6钱2分3毫	1046两8分6厘8毫	622两8钱1分7厘	431两4钱6分9厘7毫	449两4钱5分5厘4毫	374两7钱零7厘3毫	15两7钱零8厘6毫	1309两8钱2分零7毫	329两1钱7分8厘	157两9钱2分7厘4毫	10两零6钱6分6厘7毫
以上各州县通共征杂税税契当饷等项银	7440两零1钱2分8厘6毫													
备注	琼州府经征：内除海口地税银发修天后庙外，余收征解充饷		琼山县：雍正六年（1728年），奉文每契价1两税银3分，又征科场银2分；每税银1两征火耗银3分。此项银两尽征尽解。嘉庆二十四年（1819年），奉文比较，琼属向无溢表，无可比较，仍照原额解司，各州县同									陵水县：议追修造营兵器械黎米银15两7钱5分		

资料来源：道光《琼州府志》，卷十四下《经政志·榷税》，海南出版社2006年版，第654—659页。

在道光《琼州府志》的记载中，似乎清廷不断在豁免各州县的杂税，如：

（1）奉文豁免琼山、万州、文昌、昌化四州县禁海缺征银 224 两四钱 9 分 2 厘。

（2）豁免琼山、临高、定安、文昌、乐会、会同、昌化、陵水、感恩九州县牛薪等税共银 1573 两 2 钱零 4 厘。

（3）豁免琼山县渡海生牛税银 30 两，河北所税银 14 两 4 钱。

（4）豁免乐会县酒税银 2 两，门摊商税银 1 两 9 钱 1 分 1 厘 4 毫。

（5）豁免文昌县新添椰青税并船头充饷银 50 两，抽收船税 14 两 5 钱零 7 厘 6 毫，又椰青税银 100 两。（文昌县铺前、青蓝司征解充饷）

（6）豁免陵水县薪税补饷银 126 两 6 钱 6 分 6 厘。[乾隆十一年（1746 年）豁免]

（7）豁免崖州渡海牛税银 237 两 8 钱 5 分 6 厘 6 毫，抽收船税银 10 两，薪税补饷银 231 两 2 钱 1 分 6 厘 9 毫，比附钞钱 700 文，折银 1 两。

（8）豁免昌化县牛税银 70 两零 4 钱 7 分 6 厘 2 毫，船税银 15 两，酒税银 1 两，薪税补饷银 112 两 1 钱零 5 厘，门摊商税银 3 两 8 钱 3 分 4 厘。

（9）豁免感恩县牛税银 44 两零 4 分 8 厘 4 毫，船税银 3 两，酒税银 1 两，薪税补饷银 21 两 7 钱 2 分，门摊商税银 1 两 9 钱 9 分 2 厘 6 毫。

以上共豁免银 2891 两 4 钱 3 分零 7 毫。①

为什么清廷会豁免各类赋税呢？原因在于清廷赋税制度的混乱。各级官府对田赋、杂税的变相剥削日益严重，田赋册籍散失无存，于是颠倒户名，百弊丛生，在粮书差役和地方劣绅的操纵下，民众负担日益沉重，这种横征暴敛的政策，势必失去民心，于是清政府采取减赋的豁免政策来缓和政府与民众的矛盾。在海南岛上，有的明智官吏也看到这一点。康熙四十五年（1706 年），巡道焦映汉命知县王贽

① （清）明谊修、张岳崧纂：道光《琼州府志》卷十四下《经政志·榷税》，海南出版社 2006 年版，第 659—660 页。

详豁烈楼、兴政二图荒粮 16 石，以垦米顶除，民累顿清。又如琼山田多斥卤，各图荒粮 70 余石，赔纳之苦，官民俱累。康熙四十七年（1708 年），知县王贽洞悉民隐，思以豁之，查历年陆续报垦之数与荒粮相符，力详抵荒，以甦民困。[①] 但这些措施，也不是彻底解决问题的办法。因为清廷赋税的积弊实在太深。琼山县郡伯于霈曾写下《为备陈海南派累积弊事》和《为再请豁除积弊事》两篇奏议，揭露了当时海南赋税的弊政。他指出："琼南十三州县，向有额编杂税，载在《赋役全书》，与正供一体征输，此亦率土皆然，无足异者。乃杂税内有牛税、薪税、渔课、船税、门摊、商税等项，按其原额，各州县有三四百两、一二百两至十数两之不同。究其实征之货而无货可征，问其输纳之人而无名可指。每届奏销，虽按款奏报，而征收之际，则百弊丛生。数十年来，各州县因其缺额无征，遂尔摊派抵补，有均入地丁米石者，有派入排门烟户者，有在槟榔税内加征者，有按养牛之家照牛只征收者，有在车户、酒店、歇店、铺户、排门零星抽派者，种种派累不一，亦不知始自何年。其间地方官办理不善，则绅衿有借优免包占之弊，胥役有借催输需索之弊，保甲有得钱欺隐之弊，以少报多，将无作有。嗟此莫告之穷民，输纳正供而外，又有无着之项，层层披剥，良可悯矣！"[②] 于霈揭露了地方官、乡绅、胥役、保甲等层层的盘剥，使民众难以承受，其痛苦已不胜言。如牛税一项，贫民终岁勤劳，畜养一牛，借此耕种。而今年征牛税，明年征牛税，频年出税，百姓苦不堪言。尤其是瘴乡穷黎，无可告吁，而其间豪强胥役，借端需索，层层剥削，流弊无穷。而在清廷的豁免令，也很难在地方执行，于霈说："半载以来，望泽之心无日不神驰于北阙，而蠲除之诏尚未下逮于南天，目见派在排门烟户者，又复派入排门烟户矣，派在养牛之家者，又复按牛只征收矣。将欲禁之，而此项钱粮载在赋役，入于会计，虽欲禁

① 朱为潮、徐淦等主修，李熙、王国宪总纂：民国《琼山县志》卷八《经政志·豁除积弊附》，海南出版社 2004 年版，第 417 页。

② 朱为潮、徐淦等主修，李熙、王国宪总纂：民国《琼山县志》卷八《经政志·为备陈海南派累积弊事》，海南出版社 2004 年版，第 418 页。

之，而势有不能。将欲听之，而小民脂膏有限，既经任土作贡，何堪又有此额外之苛征。”[①] 乾隆九年（1744年）七月，琼山知县杨宗秉也揭示赋税中名不符实的作假勾当。他指出州县设立派书，专司粮册及管民间一切推收过割之事，法久弊生，每年更换之说徒为具文，或豪强盘踞，或革蠹钻充，甚至父子相承，兄弟朋充。一邑之钱粮咸归掌握，遂至飞洒诡寄、包揽侵渔，弊窦丛生。杨宗秉说："职于上年（1743年）九月十二日抵任后，每期收阅词状，民间告争粮额不清及总书飞洒派累者，纷纷不一。调查一切推收底册并无的实户名、田地亩数及土名坵段，仅注某都图甲额银若干，某年月日收某甲银若干，亦并不呈官查核，用印钤记，其中任意涂改，茫无稽考。当时悬料该总书等藏匿正册，朦混搪塞，遂严加诘讯。据供历任相沿，由来已久，未经清造。”[②] 清廷的册籍如此草率，漫无头绪，弊政无止境，柔弱小民受害无穷了。

由于琼州官吏中有识之士的竭力起奏，因此，才有清廷豁免之举。如《清实录》载："乾隆十一年（1746年）七月庚申，又谕：广东琼州府属，有应征牛薪等项税银4200余两。据该督抚查奏，此项税银内有无着银1700余两，实系畸零小户，难以照旧派征等语。朕思牛薪等项税银，虽载在《全书》，例应征纳，今既查明此内有无着银两，若按额征输，民力未免拮据。着将广东琼州所属应征牛薪等税内无着银两，加恩永行豁免。俾边海贫民不致有追呼之扰。该部即遵议行。"[③] 但是，这样的事例实在太少了，清廷减赋或豁免等措施，目的在于安定民心，但减赋越来越流于形式，有名无实，到了清代末期，核减浮收的措施就越来越难推行了。

---

① 朱为潮、徐淦等主修，李熙、王国宪总纂：民国《琼山县志》卷八《经政志》，海南出版社2004年版，第421页。

② 朱为潮、徐淦等主修，李熙、王国宪总纂：民国《琼山县志》卷八《经政志》，海南出版社2004年版，第423—424页。

③ 《清实录·高宗乾隆实录》卷二七一。

二、海关及关税

1. 清代海关的建立

南宋乾道年间（1165—1173年），海南设立琼州市舶分司，隶属广州市舶司，为琼海关之雏形。

康熙二十三年（1684年）统一台湾后，于次年开放海禁，在沿海设立粤海、闽海、浙海和江海四个海关，管理东南沿海的对外贸易。《粤海关志》载："粤东之海，东起潮州，西尽廉，南尽琼崖。凡分三路，在在均有出海门户。自海禁既开，帆樯鳞集，瞻星戴斗，咸望虎门而来，是口岸以虎门为最重。而濠镜一澳，杂处诸番，百货流通，定则征税，故澳门次之。余如惠、潮，如肇、高、雷、廉、琼，各有港汊，亦各设口岸征榷。凡货之自外入，自内出者，得查验之，盖即古者诘奸御暴之意也……讲关榷之口岸，与论海防异。海防重其险而难犯，口岸则取其通而易行。见今所设：有正税之口，有稽查之口，有挂号之口。正税之口三十有一，在琼州者十……"[①] 海口总口系正税总口，在琼州府琼山县，距大关一千七百里。海口总口下设九个分口，十二个分卡。

（1）海口总口图：此系正税总口，在琼州府琼山县，距大关一千七百里。

（2）铺前口（下辖塔市分卡）：此系正税口，在琼州府文昌县，距海口总口七十里，距大关一千七百里。

（3）清澜口（下辖烟墩、林桐分卡）：此系正税口，在琼州府文昌县，距海口总口二百四十里，距大关一千九百里。

（4）沙荖口：此系正税口，在琼州府会同县，距海口总口三百六十里，距大关二千里。

（5）乐会口：此系正税口，在琼州府乐会县，距海口总口三百二十里，距大关二千里。

---

① （清）梁廷枏总纂、袁钟仁校注：《粤海关志》卷五《口岸》，广东人民出版社2002年版，第59页。

（6）万州口：此系正税口，在琼州府万州，距海口总口四百八十里，距大关二千一百里。

（7）儋州口（下设海头、海昌分卡）:此系正税口，在琼州府儋州，距海口总口三百六十里，距大关二千里。

（8）北黎口（下设板桥分卡）：此系正税口，在琼州府感恩县，距海口总口六百四十里，距大关二千三百里。

（9）陵水口（下辖灶新、篡桥、坡头分卡）：此系正税口，在琼州府陵水县，距海口总口六百四十里，距大关二千四百里。

（10）崖州口（下辖三亚、榕树、佛罗分卡）：此系正税口，在琼州府崖州，距海口总口九百六十里，距大关二千七百里。[①]

海口总口还兼管东京湾对岸大陆的廉州、钦州两个分口及其所属分卡。总口初由粤海关监督派员管理，以后监督裁撤管理几经移易，或由巡抚，或由广州副将，或由粮道，或由将军派员驻管其事务。[②]

清代的海关，在第一次鸦片战争以前海关行政是完全独立自主的。海关的设立，税率的规定，管理的制度，都由清政府自行决定。清廷设海关是为了监督管理对外贸易，不过由于西方各国商船的骚扰和掠夺，清政府又于乾隆二十二年（1757 年）关闭其中三个海关，只剩下粤海关为唯一对外贸易口岸。至此外船来华仅限于广州口岸，粤海关成为中国唯一管理外商进出口贸易的海关。这时期的海关行政权一直是独立自主的。

但是，第一次鸦片战争之后，道光二十二年（1842 年）八月二十九日，清政府钦差大臣耆英、伊里布与英国全权代表璞鼎查在南京签订了关于结束鸦片战争的条约，共 13 款。主要内容为：①中国向英国赔款 2100 万银圆；②割让香港岛给英国；③开放广州、福州、厦门、宁波、上海等五处为通商口岸；④中国抽收进出口货的税率由中英共同议定，不得随意变更。从此，西方资本主义侵略者打开了中国的门户，

① （清）梁廷枏总纂、袁钟仁校注：《粤海关志》卷五《口岸》，广东人民出版社 2002 年版，第 104—113 页。

② 中华人民共和国海口海关编：《海口海关志》，1992 年 11 月，第 37 页。

使中国由封建社会逐步沦为半殖民地半封建社会。

第二次鸦片战争期间，咸丰八年（1858年）六月二十六日，英国强迫清政府订立不平等的《中英天津条约》。这次条约由清朝钦差大臣桂良、花沙纳与英国全权代表额尔金在天津签订。共56款，附有“专条”。主要内容为：①英国公使可进驻北京，并在通商各口设领事馆;增开牛庄、登州、台湾（台南）、潮州、琼州、汉口、九江、南京、镇江为通商口岸；②耶稣教、天主教教士可自由传教；③英国人可往内地游历、通商；④英国商船可以在长江各口岸往来；⑤中英两国派员在上海举行会议，修改关税税则；⑥中国给英国赔款白银400万两；⑦确定领事裁判权和片面最惠国待遇。这样，从北方辽东半岛到南方的海南岛广大沿海地区，几乎所有重要港口都被迫开放。由于中国丧失了关税制定权和海关控制权，在这种情况下，不可能给沿海地区带来真正的经济繁荣，进口的商品主要是西方的廉价工业品，如棉毛纺织品、铁品、锡、火柴、煤油、糖等，出口商品则大都是生产原料和手工业产品，如丝、茶、棉花、大豆、烟草、皮毛等原料。这些贸易对象，已反映出中国作为列强产品倾销地和原料供应地的半殖民地经济性质了。

不平等的对外贸易对海南的农业自然经济形态有所冲击。海南被辟为通商口岸后，隶属于粤海关的海口总口及其所属分口管理，负责本地商人与南洋一些地区的贸易货物，并负责办理海南与广东各地及大陆沿海各地贸易货物的出入口手续，以及执行进出口岸的各种法令、法规。监管进岛货物主要是棉花、麻、绢布、烟等，出岛货物主要是本岛生产的土产品和数量很少的加工品，其中以砂糖为大宗。

当时，出口口岸货物出入口流通除海口外，比较繁荣的口岸还有博鳌口岸。宣统《乐会县志》卷四《洋务略·口岸》载：“博鳌口岸，乃统汇万泉河诸流之所，东有圣石捍海，西有三江合注，南与万县接壤，北系博鳌墟。其出入口之船舶，俱泊于此。每年夏秋间，有临高、海口等渔船捕鱼，相为贸易，秋后旋归各埠。此为本邑咽喉，亦为各处货品出入之要口。”①

博鳌港出入口的货品有："博鳌港进口之货，由南洋、香港、澳门等处进者水油，儋、崖进者生盐，江门进者纸料、爆竹、布匹等为大宗。其余潮州进者瓷器，高、廉进者埕瓮水缸等物，崖、陵、万、会、文进者灰石，崖、陵进者咸鱼。”②

博鳌港出口之货："有槟榔、椰子、红藤、黄藤、蜂糖、枋板、生猪等物为大宗。其余有黄蜡、牛油、牛筋、牛皮、牛角、藿香、艾粉、冬叶、芝麻、益智、草仁、咸蛋、骨砖等物。”③

2. 被迫开放通商口岸

咸丰八年（1858年），清廷与英、法分别签订《天津条约》，被迫开辟琼州府等地为商埠，并允许英、法等国设立领事馆。咸丰十年（1860年）十二月二十四日、二十五日，《中英天津条约》《中法天津条约》正式交文生效，是年英国在海口设立领事馆。

咸丰十一年（1861年），清廷与德国签订《中德通商条约》，规定以琼州为通商口岸。（该条约于1917年8月14日对德宣战后废止）

同治二年（1863年），清廷分别与丹麦、比利时签订《中丹天津条约》及《中比商约》，均规定琼州为通商口岸。

同治三年（1864年），清廷与西班牙签订条约，订明开辟琼州为通商口岸。

同治五年（1866年），清廷与意大利签订《中意北京条约》，规定琼州为通商口岸。

同治八年（1869年），清廷与奥地利签订《中奥通商条约》，订琼州为通商口岸。（该商约于1917年8月14日对奥宣战废止）

在海口被辟为通商口岸之后，首先向英、法、俄、美进而向欧洲

① （清）林大华纂修：宣统《乐会县志》卷四《洋务略·口岸·出入口货品》，海南出版社2006年版，第441—442页。

② （清）林大华纂修：宣统《乐会县志》卷四《洋务略·口岸·出入口货品》，海南出版社2006年版，第441页。

③ （清）林大华纂修：宣统《乐会县志》卷四《洋务略·口岸·出入口货品》，海南出版社2006年版，第441—442页。

各国相继开放，从此海南有了直接的对外贸易往来。1858—1876 年，凡进出海南岛的沿海贸易货物和外国贸易货物均由海口总口统一负责办理，对出入内地贸易的货物，总口以签发子口单验放。输入内地的进口洋货，以核对三联单检查免税放入通行。[①] 在《天津条约》之后，光绪二年（1876 年）四月一日，受外国人把持的总税务司推行“各口划一管理”用“外人帮办税务”等制度，设置“琼州海关”（简称“琼海关”，俗称“琼州洋关”或“新关”），地址在今海口市中山路尾南侧。原海口总口及其所属分口、卡，为了进行区别，洋关改称“常关”，仍归粤海关监督管辖，负责管理民船（旧式帆船）所经营的国内埠际贸易。光绪十三年（1887 年）七月一日，琼海关开始对行驶香港、澳门和琼州之间的帆船进行监管。光绪二十二年（1896 年），琼海关在三亚榆林港设立分卡，规定所有去南洋贸易帆船或汽船每次起航前须从海关申请出洋牌照交由榆林港分卡查验，销案后，始准开往。[②]

3. 琼海关的成立

在海关向欧洲各国开放，琼海关成立后，高级职务均由洋人担任，海关行政机构由税务部、海务部、工务部组成。

（1）税务部，由税务司兼任领导，工作人员分内班、外班及海事班三种。内班在海关内部办公，处理征税、统计、会计、总务等事务，分税务司、帮办、税务员。外班船勤监管以检查船舶、检查行邮、查验货物、查禁走私为主要业务，分监察长、监察员、稽查员、验估员、验货员。海务班掌管关艇、关警、海上缉查事务，外班的地位都不及内班。

（2）海务部，由巡工司领导，负责管理船舶进出口及港内外灯塔、浮筒等助航设备。

（3）工务部，负责海关的财产（土地、房屋、灯塔、船只等）管理、修理等技术工作。

---

① 海南省地方史志办公室编：《海南省志》第九卷《口岸志、海关志、商检志》，南海出版公司 1996 年版，第 161 页。

② 中华人民共和国海口海关编：《海口海关志》，1992 年 11 月，第 10—12 页。

经清政府和两广总督批准，琼海关于 1897 年 8 月在海口市设立邮政局，由税务部兼管（1911 年海关与邮局分开）。1901 年琼海关接管 50 里内的常关，1901—1902 年间，海口仅有一家海关银行，只征收船税和货物税，不办理其他银行业务。

在 1876 年以后，琼海关税务司均由列强国派员担任，见表 3—7。

表 3—7　1876—1910 年琼海关税务司任期表

姓　名	中译名	国　籍	职　务	任职时间	离职时间
H.O.Brown	博 朗	英国	税务司	1876–03–27	1876–07–05
E.Mekean	吉 德	英国	署税务司	1876–07–05	1877–03–05
C.C.Stuhlmana	施德明	德国	代理税务司	1877–03–05	1878–02–23
A.Lay	李明良	英国	代理税务司	1878–02–23	1881–04–09
Cohn Jamieson	哲美森	英国	税务司	1881–04–09	1882–04–28
F.SchJoth	余 德	挪威	代理税务司	1882–04–28	1883–04–14
M.B.Bredon	裴式模	英国	代理税务司	1883–04–14	1884–04–08
J.F.Schenicke	史纳机	德国	代理税务司	1884–04–08	1885–06–01
J.Twinem	屠迈伦	英国	署税务司	1885–06–01	1886–06–20
C.C.Clarke	客纳格	美国	代理税务司	1886–07–22	1889–03–18
Colin.Jamieson	哲美森	英国	税务司	1889–04–09	1889–10–08
J.Neumann	聂务满	德国	署税务司	1889–10–08	1893–06–06
F.S.Unwin	安 文	英国	署税务司	1893–06–06	1895–05–21
J.F.Schoenicke	史纳机	德国	税务司	1895–06–27	1899–05–27
J.Nenmann	聂务满	德国	税务司	1899–05–27	1900–12–03
W.Mec.Osborne	阿兹本	——	署税务司	1900–12–03	1901–05–20
J.Acheson	阿歧森	英国	署税务司	1901–05–20	1906–05–01
C.Kliene	葛磷瑞	丹麦	代理税务司	1906–05–01	1908–09–07
A.W.Cross	克乐思	英国	署税务司	1908–10–10	1910–05–06
J.H.M.Moorhead	穆厚达	英国	署税务司	1910–05–06	1911–03–21

资料来源：中华人民共和国海口海关编：《海口海关志》，1992 年 11 月，第 41—42 页。

海关所设的官职，康熙二十四年（1685 年）设粤海关监督一员。

后据监督毛克明奏称：粤东海关地面辽阔，事务繁多，洋商胥吏以及地方势豪，引诱串通，弊端百出，监督一官难于稽查防范，不若就近归于督、抚兼管，则通省文武军民均受统属节制，不敢欺公玩法。再令京员掌管监督印信、监收钱粮，则税务肃清而弊可杜。疏入，照所请行。监督如下。

（1）管理总口委员七员，其中一员是琼州府同知。有书吏：大关额设二名，承办通关收支、报解税项，五年役满归农，于各房掌案书内拔补。高、雷、廉、琼、潮五总口五名，间届一年期满，于五口内轮流更调，统计五年役满归农。嘉庆二十三年（1818年），监督祥绍咨定核拨税饷章程，将琼州歉收之口额饷，量为酌减，归入近年较裕之口办理。所以自嘉庆二十三年（1818年）八月二十六日起，至十一月二十五日止，一季期内为始，琼州总口减额饷银五千两，乐万口减额饷银四百两，崖州口减额饷银四百两，北黎口减额饷银二百两，清澜口减额饷银一百两，沙荖口减额饷银五十两，共减额饷银六千一百五十两。这些减额，分摊给雷赤口、庵埠口、潮阳口、北炮台口、黄冈口、府馆口负担。

（2）大关案书：掌册案书、掌平案书、掌稿案书、单房案书、算房案书、贡房案书各一名。

（3）大关各房缮写书。人数无定，给饭食银两有定。

（4）大关平柜：一名。

（5）澳门总口：总书一名。

（6）柜书：琼州总口二名。

（7）大关清书：十二名。

（8）口书：海南有铺前口、儋州口、陵水口、乐会口、崖州口、北黎口各一名。

（9）家人：大关四名。

（10）巡役：儋州口、陵水口、乐会口、崖州口、清澜口、沙荖口各一名，琼州总口二名。

（11）水手：万州口二名，北黎口、清澜口三名，崖州口、沙荖口各四名，铺前口、儋州口、陵水口、乐会口各五名，琼州总口十名。

（12）水火夫。

（13）火夫：铺前口、儋州口、陵水口、乐会口、万州口、崖州口、北黎口各一名。

（14）大关轿伞扇夫八名。

（15）大关库丁十八名。

凡守口吏役，一年更换。道光十六年（1836年）八月议定，交代日期注册遵行。

书吏口书日期：铺前口、儋州口，各口书并十月二十六日。北黎口、陵水口、崖州口，各口书并短差四个月。乐会口口书，短差三个月。

巡役日期每口各一：儋州口十月二十六日，陵水口、崖州口，并短差四个月，清澜口、沙荖口，并短差三个月，乐会口，短差两个月。[①]

关于海关官员，弊端甚多，往往阳藉稽查之名，阴行勒索之术，凡遇船只出入挂号之时，需索银钱，顺其意即刻放行，拂其情需时等候。商人挟不赀之血本，历万顷波涛以求微利，其情已苦。而司汛口官弁不能不假手书记，因而相倚为奸。在上司见闻既远，访察或未能周；在商人出入营生，含忍不能与较。种种需索，日甚一日。清代的海关表面是有规则定例，但守口官弁兵借端留难勒掯的情弊丛生，也可见清朝海关政治腐败之一斑。

4. 海关税则

《粤海关志》载：“凡征税关，各颁其则，锲而树于市，令商自注于册而输课，遂给以单，稽其隐匿者、起行者，重则罪之，轻则罚之。凡贡物皆征其税，惟外藩之贡物则不征。凡免税者，核其实而验放焉。”[②]海南琼州各口岸，向有家人、书役查船，收取饭食、舟车银，自一二钱以至一两钱，自一二十文以至五六百文不等，向或以一半归

---

① （清）梁廷枏总纂、袁钟仁校注：《粤海关志》卷七《设官》，广东人民出版社2002年版，第114—123页。

② （清）梁廷枏总纂、袁钟仁校注：《粤海关志》卷八《税则一》，广东人民出版社2002年版，第150页。

公，一半赏给，或全数给与，载入例册征收。[①]海南总口多出产槟榔、藤丝、椰子、楠木板枋、牛皮、京皮各货。在收税银方面，各口税银不一。据《粤海关志》所载，琼州的税银数是：

（1）琼属各口每年额征银

海口正税总口：每年额征银一万二千七百两零。

铺前正税口：每年额征银六百两零。

清澜正税口：每年约额征银五百两零。

沙荖正税口：每年额征银三百两零。

乐会正税口：每年额征银二千二百两零。

万州正税口：每年额征银三百两零。

儋州正税口：每年额征银一千两零。

北黎正税口：每年额征银三百两零。

陵水正税口：每年额征银三千二百两零。

崖州正税口：每年额征银二千七百两零。[②]

（2）粤海关各税口有关海南税银

①大关：凡琼、高、雷、廉船来省进口，在各本口税过各项货物，每百斤收担头银二分。每船收银一两四钱。应免货物无税，每百斤收担头银二分四厘。空船出口领米照，每张收银三钱五分。（以上俱纹银九折库平）

②总巡挂号口：琼南进出货船，每只收银二钱，空船不收。琼南船下货，每单收银二钱。下琼南船货。每单收银五分。

③江门正税口：凡往琼南、雷州、高州各口贸易船只，正饷货红重，每百斤照则例征收税银。正税，每一两火耗加一。各正税货，每百斤红重收九色担头银四分四厘。正饷货物满载，每船出口收九色银九两七钱。如装载各饷货四五十担至七八十担，每船出口收钱六百文。至

① （清）梁廷枏总纂、袁钟仁校注：《粤海关志》卷八《税则一》，广东人民出版社2002年版，第161—162页。

② （清）梁廷枏总纂、袁钟仁校注：《粤海关志》卷十《税则三》，广东人民出版社2002年版，第208—209页。

一百担者，照满载征收。

凡海南陵水来未经税过货物，正饷货红重，每百斤照则例征收税银，每两火耗加一。正饷货，每百斤收担头银二分四厘。正饷货，每百斤收银一分九厘八毫。单桅船批照，每张论货，每百斤收银六厘，又每船另收九色银六钱。正饷货红重,每百斤收九色银三分三厘。椰咸，每大箦收九色银六分六厘，每中箦收九色银三分三厘，每小箦收九色银二分二厘。黄白藤，每大把收九色银三分三厘，每中把收九色银二分二厘，每小把收九色银一分一厘。

凡海南清澜来，未经税过货物，正饷货红重，每百斤照则例征收税银，每两火耗加一。椰子，每一千个作七百个，照则例征收税银。正饷货，每百斤收担头银一分二厘。椰子，每百个红数收银四分。单桅船、藤步船批照，每张收银一两二钱。各正饷货红重，每百斤收银三分三厘。椰子。每千个红数收钱一千六百文。

凡海南崖州来，未经税过货物，正饷货红重，每百斤照则例征收税银，每两火耗加一。正饷货，每百斤收担头银二分七厘。各饷货，每百斤收银二分九厘七毫。单桅船、藤步船批照，每张收银一两五钱，又每百斤收银一分。各饷货红重，每百斤收银三分三厘。椰咸每大箦收九色银六分六厘，每中箦收九色银三分三厘，每小箦收九色银二分二厘，黄白藤，每大把收九色银三分三厘，中把收九色银三两零七分，小把收九色银一分一厘。

凡海南贸易货船进口，税过椰咸，每大箦收九色银六分六厘，每中箦收九色银三分三厘，每小箦收九色银二分二厘。椰玉，每大包收九色银七分二厘，每中包收九色银三分六厘，每小包收九色银二分四厘。税过黄白藤、藤丝，每大把收九色银三分三厘，每中把收九色银二分二厘，每小把收九色银一分一厘。税过楠木寿枋，每副收九色银一钱三分二厘。税过各货，照红单每百斤收九色银三分三厘。免单蔗校，每副收九色银二钱四分。税过椰子，照红单每千个收钱一千六百文。

④虎门挂号口：琼南往来装货船，每只收银二两，空船进出免收。

如有免单批照，零星货物出口者，收银三钱。

⑤紫泥挂号口：凡部牌双桅船装载商货出口往琼，每只收银二两五钱。部牌双桅船在琼装客商货进口往省，每只收银二两七钱。部牌双桅船装盐进口，每只收银五钱。部牌双桅船装柴进口，每只收银五钱。部牌双桅船装竹叶、青竹、藤香进口。每只收银五钱。[①]

（3）海南各税口税则

①海口正税口

凡正饷：照则例征收，每两火耗加一。正钞：照梁头征收，每两火耗加一。凡往省、高、雷、廉货：每担收银七厘。椰青：每担收银九厘。往福、潮、江南货：每担收银一分，进口同。换船牌梁头：每尺收银二钱五分。换牌：每张收银五钱。往江坪椰青船：每只收银十二两。木料：每件收银五厘六毫。以上俱收纹银司平，每两加平一分。

凡省货出口并进口：每担收银一分七厘。阳江货船出口：每担收银一分六厘五毫，九折。福、潮、江南出口并进口：每担收银二分五厘四毫，九折。洋船进口、出口：每只收银十六两。如船小货少，收银八两。洋货：每担收银六分四厘，红重九折，纹银司平。

凡新烙船给牌梁头五尺上下：收银八两三钱三分。新烙船给牌梁头一丈以上：收银十二两。

凡单桅船货：每担收钱五文。每船货多收钱一百文，货少往本口近处不收。税过货拆单：每担收银一分八厘。应免货：每担收银二分，九折。船户改名：收银一两二钱。豆、麦：每大包收钱五十文。铁锅：每连收钱十文。油枯：每担收钱六十文。姜：每担收钱三十文。灯草：每大篑收钱一百二十文。花生：每大包收钱五十文。麻：每百斤收钱五十文。棉花：每包收钱三十文。京布：每包收钱二十文。佛布：每包收钱三十文。草包：每大捆收钱一百文，每小束收钱二十文。草席：

① （清）梁廷枏总纂、袁钟仁校注：《粤海关志》卷十一《税则四》，广东人民出版社 2002 年版，第 214—224 页。

每百张收钱一百文。藤帽：每顶收钱一文。布皮鞋：每双收钱一文。咸鱼：每担收钱五十文。皮料：每斤收钱三文。鱼网：每担收钱三百文。土碗：每副收钱一文。臭皮：每捆收银七分。牛脯：每捆收银七分。葱头：每车收银一钱。江南花子：每担收银三分六厘，九折。米照：每张收钱二百文，详见大关案语。印票：每张收钱一百文。墨渣：每包收银六分。虾、榄酱：每缸收钱三十文。苦糖水：每担收钱十文，往福建、江南等处，每担另收银一分。海北来豆子：每包收钱五文。往潮州豆子：每包收钱二十文。商照：每张收银三钱。原单照运：每担收银一分，九折。豆豉：每大包收钱一百文，每百斤五十文。蛇皮：每张收钱二十文。毛椰壳：每笠收钱一百二十文，如零星每千个收钱二百文。烟草：每篢收钱三十文。碱水：每两埕作一百斤，收钱三十文。梅菉酒：每埕收钱十五文。钱串绳：每束收钱十文。皮鼓：每合收钱一文。竹叶：每把收钱十五文。线香：每篢收钱三十文。以上收银者，俱九三色九八平。

②乐会正税口

凡正税：每两火耗加一。正钞：每两火耗加一。

凡换船牌：耗钞外梁头每尺银三钱。新烙船给牌：每只收银十二两八钱。

凡各货往本省：每担收银一分。各货往江南：每担收银一分三厘。各洋货照红单九折：每担收银六分四厘。椰青：每担收银一分二厘。以上纹银司平，每两加平银一分。

凡各货挂号照红单：每担收银八厘一毫。往省城、江门各货：每担收银一分八厘，又每船收银四两五钱。往阳江各货：每篢收银三分六厘，又每船收银一两八钱。往梅菉、雷州各货：每篢收银三分，又每船收银一两二钱。楠木寿枋往省城、江门：每副收银七分。往江南米照：每张收银二钱。往江南商照：每张收银三钱。单桅船装货批照：每张收银三两六钱；如船小货不满载者，收银二两七钱。缸瓦船进口：每只收银三两五钱；如船小货不满载者，收银一两四钱。税过船进口：每担收银一分八厘。应免货进口：每担收银一分八厘。臭皮：每担收银二分。出口货船：每只收银二两四钱。各货船往省城、江门、梅菉、雷州：每只收银四钱。往阳江：收银六钱。以上九二色司平。

③沙荖正税口

凡收正税饷：每两火耗加一。货物：每百斤收担银一分八厘。换船牌正钞银：每两火耗加一。梁头：每尺收银三钱。换牌：每张收银六钱。以上纹银司平，每两加平银一分。

凡往梅（菜）（菉）槟榔：每箩收银三分六厘。往阳江槟榔：每箩收银四分二厘。

往江门槟榔：每箩收银四分八厘。出口红单：每张收银三钱。凡征税不及五钱者，免收。槟榔船出口：每只收钱九百二十五文。货船出口：每只另收银二两四钱，小船收银一两四钱。以上收银者，俱九二色司平。

④万州正税口

凡正税：每两火耗加一。正钞：每两火耗加一。

凡换船牌：钞耗外梁头，每尺收银三钱。换牌：每张收银六钱。新烙船给牌正钞归公各项：共收银十二两。

凡各货往本省：每百斤收银二分八厘。各货往江南：每百斤收银三分一厘。洋货照红单九折：每百斤收银六分四厘。以上纹银司平，每两加平银一分。

凡各货放关：每百斤收银二分七厘，如往本处内口者不收。进口税过货物：每百斤收银二分一厘。

凡单桅船装货批照：每百斤收银一分六厘，如往本处内口者不收。双桅货船出口：每只收钱一千七百文。单桅船：收钱一千四百文。

凡免单货：每百斤收银一分八厘。

凡往江南米照，详见大关案语：每张收银二钱。商照：每张收银三钱。

凡货船出口：每只收钱六百文。货船出口：每只收银一两二钱，小船收银六钱。以上收银者，俱九二色司平。

⑤崖州正税口

凡正饷钞：每两火耗加一。

凡货：每担收银二分七厘。

凡换船牌梁头：每尺收银二钱五分。换牌：每张收银五钱。以上纹银司平，每两加平银一分。

凡货船往省城：每担收银二分九厘七毫。往琼、潮、廉、西等货船：每担收银三分三厘。单桅船批照：每担收银一分，又每张收银一两。免单货：每担收银二分四厘。换船牌：每尺收银五分，每张收银一钱。每大船：收银八钱。小船：收银七钱。每大船：收钱三百文。小船：收钱二百文。以上收银者，俱九二色司平。

⑥陵水正税口

凡正饷：每两火耗加一。

凡货物出口：每担收银二分四厘。如往江南货：每担收银二分七厘。

凡船钞：每两火耗加一。梁头：每尺收银五钱。以上纹银司平，每两加平银一分。

凡单桅船、藤步船货物：每担收银一分，又收批照银六钱。货船出口：每只收钱六百文。商照：每张收银三钱。米照：每张收银一钱四分。楠木寿枋：每块作一百四十斤。杂木：每块作一百二十斤。椰子：每个作二斤，照收担头出口银。缸瓦进口：大船收钱八百文，中船收钱五百文，小船收钱三百文。以上收银者，九二色司平。

凡外洋苏木、乌木等货：每担收银六分四厘，红重九扣，纹银司平。

总收饷耗担货物归公则例：

凡藤丝：每担收银一钱七分三厘。槟榔：每担收银九分四厘。椰子：每百个收银一钱三厘。楠木寿枋：每块收银一钱四分四厘。杂木寿枋：每块收银四分。猪、牛骨：每担收银五分四厘。粗香、黄白藤、藤杆、花梨木：每担收银七分四厘。土黄蜡、细香：每担收银四钱二分。山马、麖皮：每担收银二钱八分二厘。牛皮、鹿角、海参、鱼胶：

每担收银二钱二分二厘。牛角、牛油、虾米、木耳：每担收银一钱二分三厘。鱼翅、树香：每担收银三钱二分一厘。鹿筋：每担收银二钱七分二厘。以上俱纹银司平。

⑦北黎正税口

凡饷货出口：每担收银二分七厘，纹银司平，每两加平银一分。

凡往省城饷货：每担收银二分七厘。单桅船装货往省照印票：每张收银一钱。

凡免单货花子出口：每担收银一分一厘。免单烟草出口：每担收银一分七厘。免单咸鱼出口：每担收银一分七厘。免单鹿脯出口：每担收银一分七厘。免单烟草花子出口：每担包收钱二文。

凡税过货进口：每担收银一分八厘。油枯进口：每百个收银一钱五分。草席进口：每百张收银五分。竹篑进口：每百合收银一钱五分，四个为一合。藤帽进口：每百顶收银一钱。草竹帽进口：每百顶收银五分。土碗进口：每百副收银一钱，茶酒杯三副作一副。鞋篑、杂货篑进口：每个收银五分。线面、灰面篑进口：每个收银三分。木屐进口：每百双收银四分。线香篑进口：每个收银三分。虾酱进口：每缸收银三分。豆豉进口：每担收银二分四厘。雨伞进口：每百把收银五分。米豆进口：每包收银三厘。其余零星进口货物：俱按担收银一分八厘。楠木寿枋：每副作六百斤，每副收担头归公银一钱二厘。杂木寿枋：每副作五百斤，每副收担头归公银八分五厘。粗丁纸进口：每包收银三分。以上俱收九二色司平。

⑧儋州正税口

凡正饷照则例征收：每两火耗加一。

凡换船牌照梁头收钞银：每两火耗加一。

凡各货：每百斤毛重收银二分八厘。以上纹银司平，每两加平银一分。

凡出口毛货：每担收银一分六厘五毫，往琼州本地不收。

凡进出口免货：每担收银二分。进口税过货拆单：每担收银二分。

凡换船牌梁头：每尺收银四钱，纹银司平。换牌：每张收银五钱，纹银司平。

凡单桅船装货：收钱四百文；如不满载，收钱二百文。蔗校：每副收银一钱六分五厘。生猪出口：每只收钱十文。牛骨：每百斤收银二分八厘。黄白藤、花梨、白木香：每百斤收银二分八厘。鹿筋：每百斤收银二分八厘。山马麖皮：每百斤收银二分八厘。藤丝：每百斤收银二分八厘。牛角、京果、瓜子：每百斤收银二分八厘。椰玉：每百斤收银二分八厘。黄蜡、各色细香：每百斤收银二分八厘。山马、鹿角、牛皮、鱼胶、蜜糖：每百斤收银二分八厘。楠木寿枋：每块作一百二十斤，收银三分三厘六毫。杂木寿枋：每块作一百斤，收银二分八厘。以上收银者，俱九二色司平。

⑨清澜正税口

凡正税照则例征收：每两火耗加一。正钞照梁头征收：每两火耗加一。

凡换牌：钞耗外梁头，每尺收银二钱五分，每张收银二钱。新船印烙给牌银：十二两八钱。

凡各饷货进出：每百斤收银一分二厘。椰子：每百个七折收饷，八折收担。以上纹银司平，每两加平一分。椰咸往阳江、江门：每箦收银二分四厘。椰干往梅菉：每箦收银一分六厘。椰干往雷州：每箦收银二分。

凡进出口免单：每担收银一分六厘。进口税过货照毛重：每担收银七厘。椰子：每百个收银二分六厘。单桅船给印照：每张收银一两五钱。船只进出：收钱三百五十文，空船不收。由长岐出口槟榔各货：每箦收银四厘。以上俱收九二色司平。

⑩外馆挂号

凡出口货：每担收银一分三厘。进口货：每担收银七厘。椰子：每百个作一百六十斤，每百斤收银一分三厘。椰咸往江门：每百斤收银一分三厘。椰干、椰咸往阳江：每箦收银一分二厘。椰干往梅菉：每箦收银八厘。椰干往雷州：每箦收银一分。

凡船只装货出入：收钱一百文，空船不收。换牌梁头：每尺收银五分，每只收银一钱。

凡进出口免单货：每担收银八厘。以上收银者，俱九二色司平。

⑪ 铺前正税口

凡正税货：每百斤九折，照则例征收，每两火耗加一。正钞：照则例科算，每两火耗加一。梁头：每尺收银二钱五分。换牌：每张收银三钱。

凡椰干：每百斤九折毛，收银八分。椰子：每百个七折毛，收银五分九厘。灯油：每百斤八折毛，收银九分八厘。椰青：每百斤九折毛，收银三分。染靛：每百斤九折毛，收银四分。土棉布：每百斤九折毛，收银三钱零七厘。黑糖：一百八十斤作一百斤毛，收银八分四厘。以上俱纹银司平，每两加平一分。

凡新船给牌：每只收银一十二两，纹银司平。

凡单桅船装槟榔干：每十篑收银三钱五分，如五篑以下免收。

凡各税货：每百斤收银一分。

凡税过货进口：每百斤收银一分一厘。榔干：每篑收银二厘。椰子：每五十个作一百斤，收银二厘。各税货：每百斤收银二厘。

凡换船牌：每张收银二钱。

凡双桅船出口放关：收钱一百八十文。

凡免单货，油枯：每百块收钱二百二十文。杂木板料：每十块作一件，收银一分四厘。如大者五块作一件，短者十五条作一件；薄板二十块作一件。芦麻：每百斤收钱四十四文。腌鱼：每百斤收钱二十文。烟叶：每大篑收钱四十四文，每小篑收钱三十三文。芦席：每百张收钱二十文。旧鱼网：每包收钱二十六文。石臼：每百个收钱二百文。石磉：每四个作一副，每百副收钱二百文。粗竹帽：每百顶收钱三十文。毛椰壳：每小篑收钱三十三文，如大篑收钱四十九文。线香：每百斤收钱二十二文，奉神者不收。虾酱：每缸收钱十六文。

⑫ 外馆挂号

凡各税货：照红单每百斤收银七厘九折。

凡换船牌：照梁头每尺收银五分，每张收银五分。

凡榔干出口：照红单每百斤收银七厘九折，每箦收银一分。椰子：每五十个作一百斤，收银七厘九折。

凡单桅船装槟榔：每箦收银九厘。单桅船装榔青出口：每箦收银九厘。以上货物出口：每船收钱一百一十文，如五箦以下免收。

凡免单货，油枯：每百块收钱一百一十文。税过货物进口：照红单每百斤收银五厘五毫。杂木板料：每十块作一件，收钱三文。如大者五条作一件，短者十五条作一件，薄者二十块作一件。醃鱼：每百斤收钱十文。芦席：每百张收钱十文。芦麻：每百斤收钱二十二文。烟叶：每大箦收钱二十二文。旧鱼网：每包收钱十三文。石磙：每四个作一副，每百副收钱一百文。石臼：每百个收钱一百文。粗竹帽：每百顶收钱十五文。毛椰壳：每箦收钱十六文。线香：每百斤收钱十一文，奉神者不收。虾酱：每缸收钱八文。本港船往各口换牌回日：每只收银三钱。以上收银俱九二色九八平。[①]

5. 光绪琼海关历年各项税收统计表

表 3—8 琼海关历年各项税收统计表［光绪二年至三十年（1876—1904 年）］

单位：库平两

<table>
<tr><th rowspan="2">年次</th><th rowspan="2">税收总计</th><th colspan="2">进出口正税</th><th colspan="2">复进口半税</th><th colspan="2">内地子口半税</th><th colspan="2">船钞</th><th colspan="2">洋药税</th><th colspan="2">洋药厘金</th></tr>
<tr><th>华商</th><th>洋商</th><th>华商</th><th>洋商</th><th>华商</th><th>洋商</th><th>华商</th><th>洋商</th><th>华商</th><th>洋商</th><th>华商</th><th>洋商</th></tr>
<tr><td>1876</td><td>29349</td><td></td><td>17123</td><td></td><td>190</td><td colspan="2"></td><td></td><td>1637</td><td></td><td>10399</td><td></td><td></td></tr>
<tr><td>1877</td><td>61588</td><td></td><td>37973</td><td></td><td>118</td><td colspan="2"></td><td></td><td>2022</td><td></td><td>21475</td><td></td><td></td></tr>
<tr><td>1878</td><td>62028</td><td></td><td>31739</td><td></td><td></td><td colspan="2"></td><td></td><td>1932</td><td></td><td>28357</td><td></td><td></td></tr>
<tr><td>1879</td><td>67159</td><td>4476</td><td>27397</td><td>1</td><td></td><td colspan="2"></td><td>338</td><td>2153</td><td>5739</td><td>27055</td><td></td><td></td></tr>
<tr><td>1880</td><td>80018</td><td>7489</td><td>31581</td><td>1</td><td>22</td><td colspan="2">118</td><td>983</td><td>2104</td><td>1913</td><td>35807</td><td></td><td></td></tr>
<tr><td>1881</td><td>83275</td><td>13075</td><td>32984</td><td></td><td>9</td><td colspan="2">88</td><td>1004</td><td>3084</td><td></td><td>33031</td><td></td><td></td></tr>
<tr><td>1882</td><td>77171</td><td>6033</td><td>43062</td><td></td><td>11</td><td colspan="2">95</td><td>238</td><td>3149</td><td></td><td>24583</td><td></td><td></td></tr>
<tr><td>1883</td><td>89573</td><td>3496</td><td>56943</td><td></td><td>10</td><td colspan="2">146</td><td>899</td><td>2711</td><td></td><td>25368</td><td></td><td></td></tr>
</table>

① （清）梁廷枏总纂、袁钟仁校注：《粤海关志》卷十三《税则六》，广东人民出版社 2002 年版，第 272—280 页。

续表

年次	税收总计	进出口正税		复进口半税		内地子口半税		船钞		洋药税		洋药厘金	
		华商	洋商	华商	洋商	华商	洋商	华商	洋商	华商	洋商	华商	洋商
1884	111027		73858		9		986	300	3067		32807		
1885	125840		79401		93		1340		3763		41243		
1886	131712		70980		162		1667		4962		53941		
1887	191041		69722		95		1761		6658		46417		66388
1888	198420		63798		95		758		7775		37532		88462
1889	164650		68382		29		634				24833		70772
1890	142176		52378		57		554		2787		24170		62230
1891	125126		46096		51		488		2452		21271		54768
1892	106199		70632		33		2634				8984		23916
1893	92404		61457		28		2292				7818		20809
1894	102737		72678		27		2116				8222		19694
1895	106293		66226		19		3079				9479		27509
1896	108227		74254		21		3028				8434		22490
1897	153259		91665		55		7525				14731		39283
1898	139588		72916		67		2830				17393		46382
1899	201405		107125		177		6173				22941		64989
1900	162278		90146		155		3804				20446		47727
1901	176031		121382		237		10731				10096		33585
1902	205382		147677		46		10760				13907		32992
1903	158332		125489		308		5519				7194		19822
1904	180181		129886		10885		6052				11552		30806

注：

（1）1876年4月1日至同年9月30日为第一税收年度。在1876—1884年这九年中，1876—1878年和1882年缺报，而1879—1881年及1883—1884年档案材料只有进出口正税及船钞合并报销一项，无各项税收细数，故自1876—1884年各年税收数目全部采用税务司税收统计换算补充。

（2）1890—1892年档案材料只有进出口正税一项，1893年缺报，故1890—1893年各年税收数根据税务局关税统计换算计入，而税务司统计也缺各年税收细数，兹以1888—1889两年各项税收细数所占各年税收总数百分比的平均数，估算出1890、

1891 年各项税收细数；又以 1894、1895 两年各项税收细数所占各年税收总数百分比的平均数估算出 1892、1893 年各项税收细数。

（3）本年税收报告计三年零两个月又二十六天，缺报四天税收，按税务司所报 1902 年的税收数目，以 365 天平均计算洋药税、复进口半税、内地子口半税各项税收，以四天的数目换算补充所缺之数。唯进出口正税一项系根据档案材料一年补报表，其中包括船钞。[①]

表 3—9　琼海关征收各项税款统计表［光绪十二年至宣统三年（1886—1911 年）］

项目 年度	进口不包括鸦片	出口不包括鸦片	复出口不包括鸦片	鸦片进出口复出口	船钞	内地子口税	鸦片厘金	总计
	海关两	海关两	海关两	海关两	海关两	海关两	海关两	海关两
1886	31331	36588	176	57476	5302	1768		132640
1887	36347	32884	58	41925	6816	1373	88510	207915
1888	33961	25885	104	33167	7047	727	88446	189338
1889	28770	28718	17	24331	10710	879	64881	158306
1890	37295	26352	56	16050	8096	503	42801	131154
1891	35927	26214	8	12581	8776	460	33550	117516
1892	40751	26671	13	6145	7436	872	16388	98276
1893	39822	27912	52	3126	7966	1246	8335	88459
1894	32179	31013	14	8805	6114	2811	23480	104417
1895	33404	24593	10	8734	7606	2310	23291	99948
1896	38553	26629	27	10965	13087	3031	29239	121532
1897	39351	41580	73	16361	10450	7532	43629	158975
1898	38115	38231	67	19199	6136	3704	51197	156648
1899	47356	48959	267	23713	11072	6540	63236	201142
1900	52439	32024	37	15957	10747	4027	42553	157785
1901	66722	47065	252	11473	11130	11001	30595	178234
1902	70866	57472	42	12671	16134	11003	33790	201980
1903	74010	35740	386	5687	12388	4393	15166	147771
1904	74249	45141	2385	13507	13079	6604	36020	190985

① 汤象龙编著：《中国近代海关税收和分配统计表》，中华书局 1992 年版，第 454—456 页。

续表

年度 \ 项目	进口不包括鸦片	出口不包括鸦片	复出口不包括鸦片	鸦片进出口复出口	船钞	内地子口税	鸦片厘金	总计
	海关两	海关两	海关两	海关两	海关两	海关两	海关两	海关两
1905	77935	65416	4429	32228	12666	14345	85942	292961
1906	103000	49417	4888	31514	16733	6843	84037	296432
1907	88306	47640	5285	34006	15168	3764	90682	285449
1908	104505	51999	7800	25393	16287	7439	67714	281137
1909	11284	44243	6982	26457	18250	6611	70551	283379
1910	97345	39704	5876	3463	21185	10788	9234	187594
1911	81860	35537	5080	1683	16013	4420	4287	148879

资料来源：中华人民共和国海口海关编：《海口海关志》，1992年11月，第214—216页。

第二节　农　业

一、农业政策

清代初期，由于社会动乱，岛上大片土地荒芜。到康熙年间，为了恢复工农业生产，采取了土地调整政策，奖励开荒，减轻赋税，纠正官纪，实行摊丁入亩制度，征收统一的地丁银，按耕地面积等级征收田赋。乾隆十八年（1753年），清廷发布《敕开垦琼州荒地》曰："上谕：内阁，据广东巡抚苏昌等奏称，琼州为海外瘠区，贫民生计维艰。查有可垦荒地二百五十余顷，请照高、雷、廉之例，召民开垦，免其升科等语。着照该抚等所请，查明实系土著贫民，召令耕种，免其升科，给予印照，永为世业。仍督率所属妥协办理，庶土无遗制，俾该处贫民得资种植。"① 乾隆的诏令发动百姓开垦土地之后，移民大增，人口从康熙时的40多万，到嘉庆时增加至150万。新垦耕地几十万

① （清）明谊修、张岳崧纂：道光《琼州府志》卷三十八《艺文志》，海南出版社2006年版，第1659页。

亩。但从康熙到嘉庆期间，耕地仅有 298.8 万亩左右，仅为明朝万历四十三年的八成，粮食紧缺。清前期农副产品的加工业比较发达，制糖业、酿酒业、纺织业、藤器业等已具相当规模。[①]

清代海南农业，在黎区虽然土壤肥沃，“生、熟黎力田，岁皆两熟，并植杂粮”。[②]

张庆长的《黎岐纪闻》中说：“黎内多崇山峻岭，少平夷之地，然依山涧为田，脉厚而水便，所获较外间数倍，其米粒大色白，味颇香美，然外间人食之多生胀满，琼人所谓大头米，即黎米也。”[③]比较肥沃适宜耕种的土地，多在黎村，而且品种也较外界优良。

但黎民不了解较先进的耕种方法，只用原始方式耕种，张庆长在《黎岐纪闻》中记载：“生黎不识耕种法，亦无外间农具，春耕时用群牛践地中，践成泥，撒种其上，即可有收。近时颇有学耕种法如外人者。”[④]

屈大均在《广东新语》中载：黎人“所居凭深阻峭，无平原旷野，伐树火之，散布谷种于灰中，即旱涝皆有收获，踰年灰尽，土硗瘠不可复种，又更伐一山，岁岁如之，盖天所以制其力也”。或有诗云：“火粒收畬客。”凡畬田所生曰火粒，石田所生曰石粒。石灰碱，其粒颇苦，木灰淡。其粒绝甘，故琼人最重黎米，他处则重傜豆，傜豆绝大而甘，亦火粒也。盖琼田滨海洋者，苦风涛变为斥卤，附黎人者，患剽劫渐致汙莱，惟居中一带稍膏沃，然春秋之间，黎水横溢，又往往以淡伤为苦，故岁中亩无半收。田皆下下，即上田每亩不过五斗，三农率贪天功，所谓上次者不可得也。[⑤]

① 海南省地方志办公室编：《海南省志·农业志》，南海出版公司 1997 年版，第 49 页。

② 彭元藻、曾友修，王国宪总纂：民国《儋县志》卷八《海黎志四·黎情》，海南出版社 2004 年版，第 453 页。

③ （清）张庆长撰：《黎岐纪闻》，广东高等教育出版社 1992 年版，第 117 页。

④ （清）张庆长撰：《黎岐纪闻》，广东高等教育出版社 1992 年版，第 117 页。

⑤ （清）屈大均：《广东新语》卷十四《食语·谷》，中华书局 1985 年版，第 376—377 页。

这种原始耕种状况，遍布于各县黎区。如定安县关于小稻的种植写道："山稻，种于内图及黎山中。燔林成灰，因灰为粪。不需牛力，以锥凿土而播种焉。不加灌溉，自然秀实。连岁有收，地瘠，乃弃去之，更择他处。有粳、糯二种。"①

昌化县也有同样的情况："昌邑东北近黎岐，高燥。民以刀耕火种为业，名曰斫山，集山木而焚之，播草蔴子、吉贝二种于积灰之上，昌民之利尽于是矣。阅三年，即弃去。西南浮沙荡溢，垦之为田，必积牛之力蹂践既久，令其坚实，方可注水。分秧之后，民不复有家。无男妇老稚昼夜力于田事，踏风车取水灌田，或一日辍功，则无成。"②

黎寒地区不甚习耕种，至于汉族地区，又有大片荒地缺人耕种，粮食告饥。焦映汉曾为此写下当时实况："琼州为左粤支郡，环海而处，三面俱大洋，极东南为占城，为暹罗，西为交趾，渺无内地可通。惟北与雷对峙，距以八十里，海面舟楫往来，风浪云阻，非若广、韶诸郡疆连壤接，可以丰歉相资而通籴四邻者也。海滨之地多斥卤，冲于水，压于山，浮沙而土膏不沃，民不力穑而望有秋，难矣。又四方之人杂遝辐辏，耕之家一，坐而食之者百，故虽一岁再熟，而合琼之粟不足食琼之人，而旱潦可知。夫琼所仰给者，独有雷耳。假雷与琼交饥，雷尚可仰食于高肇，而琼必至坐困。不思所以善其后，徒支吾目前为不终月之计，毋怪乎民不聊生也。余承乏二郡观察，下车以来，鳃鳃以是为虑。戊子己丑，琼告饥，余详请督抚告籴雷郡，得谷数十万石，所活无算。"③

由于琼州土地荒芜，农业滞后，所以自康熙朝以来，把恢复农业经济放在重要地位，大力招民复业，奖励垦荒，兴修水利和一再蠲免赋税，并对地方官以招民复业和垦荒多寡作为考核、升黜的标准。

---

① （清）吴应廉创修、王映斗总纂：光绪《定安县志》卷一《舆地志十一·物产·山稻》，海南出版社2004年版，第98页。

② （清）方岱修、璩之璨校正：康熙《昌化县志》卷一《舆图志·风土》，海南出版社2004年版，第20—21页。

③ （清）李文烜修、郑文彩纂、郑廷标编辑：咸丰《琼山县志》卷二十六《艺文志·焦映汉〈义仓碑记〉》，海南出版社2004年版，第1027页。

雍正即位之后，屡颁劝农之招，要求各省督抚以及府州县官大力招民垦荒；并令借牛、种、口粮以作为生产工本；又宽其起科年限，水田六年，旱田十年，著为定例。雍正的垦荒政策，有利于“粤民踊跃争愿垦荒”。

乾隆十八年（1753 年），对于琼州有《敕开垦琼州荒地》的命令，在清廷和一些地方良吏的支持下，海南岛的农业有所发展。但是，从乾隆后期，海南人口增加，而土地不加扩，政府恐怕“民力未免拮据，著将广东琼州所属应征牛薪等税内无着银两，加恩永远豁免，俾边海贫民不致有追呼之扰”。①

道光十一年（1831 年），李鸿宾等的奏文中也提及：“粤东高、雷、廉、琼等府山场荒地，听民开垦，概不升科，并令地方官给予印结，永为世业。乾隆年间，曾经迭奉谕旨施行，令援照该四府成例，免其升科，俾贫民均有恒业，事属可行，着照所议办理。唯此事原系善政，若地方官不能实心经理，一任胥役需索扰累，或影射舞弊，贫民被累实多，转不得沾实惠。”②

与明代相比，清廷对海南汉黎田赋的征收相对减少，力图采取宽厚政策以安定民心。

鸦片战争以后，耕地面积日趋下降，而人口又日趋增加。正如小叶田淳在《海南岛史》中指出的：“我们可以想象得到，海南岛这个地方，自古以来就有一种倾向，就是关于耕地的所有及其使用，都比较的平均，经营面积非常狭小。清代户口激增，其中也有黎人附籍，不过这是没有什么问题的。其间经过康熙、雍正、乾隆等三个平静的时代，所以原来的户口，无形之中增加很多。其次是明朝末年以后的移民，然而他们不是有资产的，他们在农业上只要是自耕农，就已经感到相当满足。如此情况之下，每户耕地面积愈发细分，从琼山、文昌、儋州开始，此外像定安、澄迈、乐会、万州等州县，以前在耕地

① （清）明谊修、张岳崧纂：道光《琼州府志》卷三十八《艺文志·敕免琼州牛薪等项无着税银（乾隆十一年）》，海南出版社 2006 年版，第 1659 页。

② 《清实录·宣宗道光实录》卷一九一。

方面还保持着余裕的局面，而今早就接近不能再分的界限，同时，那些未耕地以及所有权不确定的耕地又多在僻远的地方。所以清代后期，经常可以看到人民从东北部州县迁居分散到西南部州县去的情况。”①这段话表明，过去海南岛北部及东北部土地比较肥沃，临海交通方便，明以前的汉族迁移到海南岛的，多沿海而定居，明代移民来海南岛的，多数是自耕农，在土地紧张的情况下，他们为了垦田能获得土地，就迁移到西部黎区去，尤其是光绪年间，张之洞派冯子材抚黎开山，招来大量移民。

光绪《临高县志》载："光绪十二年（1886年），总督张公之洞奏请开通山内林木，以泄岚瘴，大可合抱者奚止数万株，悉伐去；平治道途，开通沟洫，使水有所蓄；按地掘井，便民汲饮。由是大开阡陌，设立官市，以广招徕。听民择地开垦，播种五谷，其已开垦处，给予官照，三年免其升科，三年以后量地按亩递行赋税，所费帑金数十万。”②

清政府的抚黎措施，使在岛上的垦荒者逐渐向西部移民。在政府招徕垦辟、多方劝耕的同时，许多地方大力兴修水利，而且许多地方由知州出资或个人捐资兴修水利。如民国《儋县志》载："沟虾塘之塘尾，名为符老雄江口。康熙年间，乐善里七坊村有一姓名符老雄者，尝由塘尾凿山导水以灌稻田，功虽未就，造迹犹存，故有此名。古人之勤力农业，有此创举，后之耕种者，其勉之。"③

道光《万州志》载：元朝大德二年（1298年），吴显昌曾舍田效义，捐俸督民力凿洪口。"康熙三十八年（1699年），水利吴孔惠捐资挖通至东兰洋吴村仔，灌田一千亩。一曰'吴家沟'，通至东山洋，灌田一千亩。第三陂设禄保扶，州南三里，沟一条，通至艾索，灌田八百六十亩……溪内又有连车坝三十二座，灌田三百亩。陂坡一十三

① [日]小叶田淳：《海南岛史》，张迅齐译，学海出版社1979年版，第246页。

② （清）聂缉庆、张延主修，桂文炽、汪瑔纂修：光绪《临高县志》卷十五《黎岐类叙·抚黎》，海南出版社2004年版，第391页。

③ 彭元藻、曾友修，王国宪总纂：民国《儋县志》卷一《地舆志·山川》，海南出版社2004年版，第80页。

段，以备取土筑陂。明末，陂沟填塞，昌裔孙岁贡生吴时行重修。康熙三十八年（1699 年），水利吴孔惠复捐资重修，知府张光祖赐匾额悬家祠，曰‘功成祖德，昌裔世袭’。水利有洪夫三十六名，洪差一名，坝差一名。奉州主印册执据，每年春冬两季，水利亲率洪夫至洪口，并陂首水户派定桩木蔓草，修理大河。横陂壅水入于洪口，利赖最多，至今沿溪一带犹奉祀吴显昌焉。”[①] 又光绪《定安县志》载：“临高洋沟，在县南百余里官峒岭麓。沟多巨石，水不能通，田因荒废。道光年间，临高人杨姓买其地而耕之，浚其沟，碎其石，水泉旋注，田始肥饶，渐至殷富。”[②] 由于开垦荒地，民间兴修水利积极性很高，有的地方官吏也领导民众兴修水利。

列举道光《琼州府志》所载几则水利工程：

（1）琼山县

①河口河，在郡城门外。明弘治年间知府张桓始开，久淤。乾隆元年（1736 年），巡道潘思矩复疏凿之，灌田甚广。乾隆四十八年（1783 年），巡道德明置闸，以资蓄泄。

②康熙五十一年（1712 年），雷琼道申大成、知府林文英、知县王贽筑滚坝，启三门，架桥于上，视水大小以时蓄泄，极灌溉之利。五图农民皆赖焉，立碑记之。

（2）文昌县

衙前堤，在县南五里，乾隆四十八年（1783 年），岁贡陈大钦筑，决水灌田四千余亩。

（3）儋州

滳丹陂，在州东二十里，水自李许都蚂蝗山出……道光七年（1827 年），岁旱源竭，李许都与零春村争水，讼久不决。道光十四年（1834 年），巡道张堉春勘定蚂蝗山水听李许都筑陂灌田，如有溢流陂外，

① （清）胡端书总修，杨士锦、吴鸣清纂：道光《万州志》卷三《山川略·水利》，海南出版社 2004 年版，第 311—312 页。

② （清）吴应廉创修、王映斗总纂：光绪《定安县志》卷一《舆地志七·水利·县治之南》，海南出版社 2004 年版，第 70 页。

仍准零春等村灌溉；若岁旱，则专从大江筑坝引水，不得分蚂蝗山水，并令李许都助钱一百五十文给零春等村，生息为筑坝之费。

（4）万州

①洪口溪，在州西九里。元大德二年（1298年），万宁县民吴显昌舍田为溪……康熙三十八年（1699年），水利使吴孔惠复捐赀重修。

②第二陂，曰下横栅，明崇祯间塞，乡民捐修资复，溉南门洋田。康熙三十八年（1699年），水利使吴孔惠复凿之，通东关洋吴村仔，溉田千亩。一曰吴家沟，溉东山洋田千亩。

③禄益溪，在州西五里。明州守谭进导石络河水，筑陂车水溉各村田亩。又自石络开沟至铜鼓岭，遇石中止。康熙三十年（1691年），生员萧之淇复煅石凿通，溉南洋田，利甚溥。今铜鼓河设官陂民陂共五所，禄益至大蒙有陂三、沟三。

④那合陂，在州北二十里。康熙六十年（1721年），州民冯天清开沟三十余条，筑大陂五座，溉宣义、通化二图十村田千余亩。

⑤大埂陂，在州西五十五里，源出山笼寨。康熙五十二年（1713年），乡人吴应宗捐资修筑，因地培土成沟，连接十余里。六载功竣，灌溉清明、田五、大埇，计八百亩。知州董鸿勋旌以匾。东流至牛乐园入于河。

⑥深波溪，在州西二十五里，源出柴潚岭。康熙五十三年（1714年），州岁贡王玠捐赀，筑长渊、石盘陂二所，又越岭腰开沟二，溉田三百余亩。①

这里，仅引《琼州府志》而据府志中所记载，没标明时间年代的水利工程，也应是清代所兴修。清代的农田水利工程，规模已比前朝有所扩大，所包括内容也进一步扩展，他们使用各种工程手段，利用陂塘、渠道和渠系建筑来输送水源，使农田获得灌溉。而且清代海南岛上的水利建设另一特点，是民间捐修与主政官员出资领导修建相结

① （清）明谊修、张岳崧纂：道光《琼州府志》卷四《舆地志七·水利》，海南出版社2006年版，第179—207页。

合，官员给民间以鼓励，农民为有政绩的官吏立碑以记之。由于政府与民间的结合，海南的农田水利有了长足的进展。正如《琼州府志》引《文献通考》中所说的："琼郡田多倚山垦辟，或海滨斥卤，取水维艰，迩时始知启闭蓄泄之道。近水泉者，甃砖以引之，曰圳；架竹以通之，曰笕；树栅畚土以潴之，曰陂；砌石为门，以时出纳，曰闸；凿木为机，手挽脚踏风转，曰车。之数者，因地制宜，其利渐溥。更得良有司察其利病，时其修葺，则三农及灌溉之利，而四时无旱涝之虞，将化瘠壤为膏腴，而耕凿之风可复见于今日矣！"①

清代采取多种形式兴修农田水利，希望能"化瘠壤为膏腴"，不过，从现实看来，在广大的海岛上，这些良好的现象是表明了历史进步的一面，如当时的万州，有陂 57 处、沟 47 条、塘 2 口，共灌田 3 万多亩，其他州县也拥有数量不等的陂塘，但大面积的农田仍处于落后荒凉的状态。

光绪十五年（1889 年），唐镜沅在《请豁免屯田荒米详文》中写道："开屯之初，其税较民粮减轻，且其田必平阳近水。故各州县屯田，实为各州县良田。卑州屯田多在西里，原属平阳近水之良田也。岂知此间水皆自黎山，从高泻下，又无堤防。每逢雨水多涨，地平则泛滥无涯，当冲者遂洗成塘，稍高者即积成为坡。塘低，水无所泄，愈久愈深，并不能借以溉田。坡高，皆砂石涌积，易聚易散，亦不足资以障水。故一经水洗，不能复开为田，实与内地沙坦情形迥异。"②

像崖州这样的黎地山区情况，水利问题根本没有解决。海南粮食收成多数出产在黎区，但黎区农业生产尚处于落后状态。光绪十三年（1887 年）十月二十一日至十一月二十二日期间，胡适的父亲胡传曾受吴大徵之命到琼州视察黎情，他以亲身经历记录黎区农耕状况。当他从红毛村经过时，所见的黎村耕地："黎人耕田不知用犁起土，以

---

① （清）明谊修、张岳崧纂：道光《琼州府志》卷四《舆地志七·水利》，海南出版社 2006 年版，第 207 页。

② （清）钟元棣创修、张嶲等纂修：光绪《崖州志》卷二十《艺文志》，海南出版社 2006 年版，第 601 页。

水牛四五头多或六七头乱踹田中，使草入泥中，泥涌草上，平之以栽秧。低田常有水者二熟，高田一熟。”行至他运村，又见到另一可喜的事：“他运村南襟大河，其东有山溪，村人以石作堰，压其溪流蓄水使高，如安徽之蝎，缘山腰而西而南，开水沟引所蓄之水以灌田，如安徽之圳，能兴修水利，殊可喜也。”[①]胡传从琼山出发到崖州一带，沿路所见所记的实景，生动地说明清朝海南岛的农田水利状况的不平衡性。

二、热带经济作物的发展

康熙年间，海南农业生产有所恢复，经济作物也受到青睐。如槟榔与椰子，都是海南的特产。其经济收入大于谷物，槟榔可辟腥消食除瘴，“俗重此物，凡交接必以为先容，婚姻以为定礼”。历来海南都以“槟榔为命”，也是出岛的热门土产。[②]当时，文昌、琼山、会同等县种植最多。道光《琼州府志》云：“四州皆产，文昌、琼山、会同特多。”“会同县土田，腴瘠相半，多种槟榔，以资输纳。”[③]又屈大均在《广东新语》载：“槟榔，产琼州，以会同为上，乐会次之，儋、崖、万、文昌、澄迈、定安、临高、陵水又次之，若琼山则未熟而先采矣。会同田腴瘠相半，多种槟榔以资输纳。诸州县亦皆以槟榔为业，岁售于东西两粤者十之三，于交趾、扶南十之七，以白心者为贵……粤人最重槟榔，以为礼果，款客必先擎进。聘妇者施金染绛以充筐实，女子既受槟榔，则终身弗贰。而琼俗嫁娶，尤以槟榔之多寡为辞。有斗者，甲献槟榔则乙怒立解。至持以享鬼神，陈于二伏波将军之前以为敬。”[④]槟榔既有礼品价值，其商品价值也凸显了，所以百姓喜种槟榔。康熙《乐会县志》载：“其耕种，冬稼夏获曰‘小熟’；夏种秋割曰‘大熟’。

---

① 胡传：《游历琼州黎峒行程日记》，顾廷龙整理，原文载《禹贡》二卷一期，1934年9月。

② （清）明谊修、张岳崧纂：道光《琼州府志》卷五《物产》，海南出版社2006年版，第226页。

③ （清）明谊修、张岳崧纂：道光《琼州府志》卷三《舆地志·礼俗》，海南出版社2006年版，第95页。

④ （清）屈大均：《广东新语》卷二十五《木语·槟榔》，中华书局1985年版，第628—629页。

百亩之粪，用以培榔田。”“遇凶荒遂至大歉，地方栽槟榔，赖以供粮税。”“以园配田，以榔均赋。”[①] 是时，种植槟榔，成为生财之道。正如屈大均说的：“万州岁凶，则以藷蓣、桄榔面、南椰粉、鸭脚、狗尾等粟充饥，耕者颇少，然琼山人亦皆从事贸易，不甚力耕，禾虽三熟，而秔稌往往不给，多取盈于果蓏，家有槟榔之园，椰子之林，斯则膏腴之产矣。”[②]

海南的椰子种植，历来都有传统，文昌县种的椰子既多又珍贵，有一种小椰子，“其壳可作数珠，价逾沉香，中土甚宝贵之”。[③]“凡椰出于琼者，处处相似，独文昌铺前所产者，大小形殊，小者至如拇指，作杯以此为贵，寻常用则以沉速香杯，因香之大小方圆刳成，状千百出，以金银镶之，粤人颇尚奇器。”[④]

除这些在当时可谓名牌产品外，还有如油类，文昌多山柚油、海棠油、山竹果油。儋州多麻子油，皆美。[⑤] 又有海中石岛里的燕窝菜，皆著名。屈大均介绍说：“崖州海中石岛，有玳瑁山，其洞穴皆燕所巢，燕大者如乌，啖鱼辄吐涎沫，以备冬月退毛之食。土人皮衣皮帽，秉炬探之，燕惊扑人，年老力弱，或致坠崖而死。故有多获者，有空手而还者，是为燕窝之菜。或谓海滨石上有海粉，积结如苔，燕啄食之，吐出为窝，累累岩壁之间。岛人俟其秋去，以修竿接铲取之。海粉性寒，而为燕所吞吐则暖；海粉味咸，而为燕所吞吐则甘，其形质尽化，故可以清痰开胃云。凡有乌、白二色，红者难得，盖燕属火，红者尤其精液，一名燕蔬。香有龙涎，菜有燕窝，是皆补草木之不足者，故曰

① （清）林子兰、程秉慥等纂修：康熙《乐会县志》卷一《地理志·风俗》，海南出版社 2006 年版，第 121、125 页。

② （清）屈大均：《广东新语》卷十四《食语·谷》，中华书局 1985 年版，第 375 页。

③ （清）明谊修、张岳崧纂：道光《琼州府志》卷五《舆地志八·物产·果类》，海南出版社 2006 年版，第 227 页。

④ （清）屈大均：《广东新语》卷十六《器语·酒器》，中华书局 1985 年版，第 456 页。

⑤ （清）屈大均：《广东新语》卷十四《食语·油》，中华书局 1985 年版，第 388 页。

蔬。榆肉产于北，燕窝产于南，皆蔬也，石花亦然。石花出崖州海港中，三月采取，过期则成石矣。”[①]

海南岛上的燕窝特产固然珍贵，在山上还有稀有的树木，也价值连城。屈大均也曾作详细的介绍："海南文木，有曰花榈者，色紫红微香，其文有鬼面者可爱。以多如貍斑，又名花貍，老者文拳曲，嫩者文直，其节花圆晕如钱，大小相错，坚理密致，价尤重，往往寄生树上，黎人方能识取。产文昌陵水者，与降真香相似。有曰乌木，一名角乌，色纯黑甚脆，其曰茶乌者，来自番舶，坚而不脆，置水中则沉。有曰鸡翅木，白质黑章如鸡翅，绝不生虫，其结瘿犹柟斗斑，号瘿子木。一名鸡刺，匠人车作素珠，泽以伽𪾢之液，以给买者。有曰虎翅木，文如虎斑，皆出文昌、陵水。有曰苏方木，汁红可染，黎山野生者良，其花即金凤。有曰铁索木，质坚皮黄，剥落时如榆，可为器，黎山为多。有曰香柟，产崖州，童童若幢盖，亭擢而上，枝枝相避，叶叶相让，干甚端伟。一名端正树，肤有花纹，色黄绿而细腻，剖之香辣。有曰相思木，似槐似铁力，性甚耐土，大者斜锯之，有细花云，近皮数寸无之，有黄紫之分，亦曰鸡翅木，犹香榭之呼鸡鸂木，以文似也。花秋开，白色，二三月荚枯子老如珊瑚珠，初黄，久则半红半黑。每树有子数斛，售秦晋间，妇女以为首饰，马食之肥泽，谚曰马食相思，一夕膘肥，马食红豆，腾骧在庑。其树多连理枝，故名相思。唐诗：'红豆生南国'又曰：'此物最相思'。邝露诗：'上林供御多红豆，费尽相思不见君。'唐时常以进御，以藏龙脑，香不消减。有曰铁力木，理甚坚致，质初黄，用之则黑，其性湿，赤手凭之令脉涩。黎山中人多以为薪，广人以作梁柱及屏障。南风天出水，谓之潮木，亦曰石盐，作成器时，以浓苏木水或胭脂水三四染之，乃以浙中生漆精薄涂之，光莹如玉如紫檀，其潮亦止。紫檀一名紫榆，来自番舶，以轻重为价。粤人以作小器具，售于天下，花榈稍贱，凡床凡屏

① （清）屈大均：《广东新语》卷十四《食语・燕窝菜》，中华书局1985年版，第391页。

案多用之，若香桐、虎子桐、铁力，则凡为栋梁船碇皆是也。香桐有紫贝、金钗之名，金钗色黄赤，紫贝黄中带绿，皆香辣细润，黄桐木理粗疏。有水杪者，叶如罗汉松，肤理细润，可方铁力，以作棺不朽。有飞云木，文如波浪到心，可为杯。有秋风木，类梓，生子数十成丸，味酸甜可食。有胭脂木，高三四丈，叶类波罗，色如胭脂红艳，与秋风木、紫荆性皆耐土不易朽。有桧，根叶俱类桃，而肤理轻细油腻，性耐水。有橡木，分青黄白三种，黄者最良，坚而腻，不招虫蛀。有槌子木，一名员子，一名赤梨，橡之别种也，子如珠玑可食，亦曰珠子木，子多则岁歉，长乐人每以为验。有水椰，叶如鱼子兰稍尖，其质有文如牛角者良。有曰栌，性坚而理疏，有金丝標，可为弩，其白標如象牙者，可为器皿，性最韧。有椅，一名云楸，琵琶棋枰多用之。有吐珠木，坚如铁力，色比紫荆较赤，此皆海南之文木也。海南五指之山，为文木渊薮，众香之大都，其地为离，诸植物皆离之木，故多文。又离香而坎臭，故诸木多香，香结于下则枝叶枯于上，有科上槁之象，故欲求名材香块者，必于海之南焉。自儋州至崖千里间，木多杂树，又多树上生树，盖鸟食树子，粪于树枝而生者，巨且合抱，或枝柯伏地下，连理而生。亦多铁力、石梓、香桐、水杪之属，惟地暖少霜雪，松木不生，即生亦质性不坚，脂香液甘，易为白蚁所食。故岭南栋柱榱桷之具，无有以松为用者，亦以多文木故也。”[①] 这些珍奇稀有的文木，是得天独厚的，只有海南岛这块神奇的土地才能生长如此贵重的木料，所以也为统治者及外地客商所觊觎，或巧取豪夺，或用贱价购买外运。

海南还有两种特品，即名藤及沉香，为历代当权者或商家所盘剥，宋代在南海对外贸易的通道上，海南岛已成了香料之路的主要出口地。一直到清代，这些天然的香料，仍然是黎族的财路之一。

张庆长在《黎岐纪闻》中说："黎产唯藤之利为大，外客出租资于

① （清）屈大均：《广东新语》卷二十五《木语·海南文木》，中华书局 1985 年版，第 654—656 页。

山中起寮，雇黎仔采取之，出而运诸海口，通行各省，取值辄数倍其本焉。沉水香，俗人以为海南宝。牛角沉最上，细花次之，粗花又次之。其成片者为浑屯形，类帽者为帽头，虫蚀而有嵌空者为虫口，象形取义，各不同也。又有一种曰飞香，如牛筋飞、大练飞、苦瓜飞、麻雀飞等类，其形各殊，命名亦异，然飞香内亦有牛角沉、细花、粗花之类，未可概论。大抵各香以沉水不沉水分贵贱，其不沉水者，或以作器具，或为药香，或为炉香，随所用也。最下者为黄苏，海南人以之烧岁，不足贵矣。"①

屈大均也记录了海南香的价值："香产于山，即黎人亦不知之，外人求售者，初成交，偿以牛酒诸物如其欲，然后代客开山，所得香多，黎人亦无悔，如罄山无有，客亦不能索其值也。黎人生长香中，饮食是资，计畬田所收火粳灰豆，不足以饱妇子，有香，而朝夕所需多赖之，天之所以养黎人也。香曰沉香者，历年千百，树朽香坚，色黑而味辛，微间白疵如针锐，细末之，入水即沉者，生结也。黎人于香树，伐其曲干斜枝，作斧口以承雨露，岁久香凝，入水亦沉，而色不甚润泽者，死结也。伽楠与沉香并生，沉香质坚，伽楠软，味辣有脂，嚼之粘齿麻舌，其气上升，故老人佩之少便溺。上者莺哥绿，色如莺毛；次兰花结，色微绿而黑；又次金丝结，色微黄；再次糖结，纯黄；下者曰铁结，色黑而微坚，名虽数种，各有膏腻。匠人以鸡刺木、鸡骨香及速香、云头香之属，车为素珠，泽以伽楠之液，磋其屑末，酝酿钖函中，每能给人。油速者，质不沉而香特异，藏之箧笥，香满一室。速香者，凝结仅数十年，取之太早，故曰速香，其上四六者，香六而木四；下四六者，木六而香四也。飞香者，树已结香，为大风所折飞山谷中，其质枯而轻，气味亦甜。铁皮香者，皮肤渐渍雨露，将次成香，而内皆白木，土人烙红铁而烁之，虫漏者，虫蛀之孔，结香不多，内尽粉土，是名虫口粉肚。花划者，以色黑为贵，去其白木且沉水，然十中一二耳，黄色者质嫩，多白木也。云头香者，或内或外，结香一线，错综如云，

① （清）张庆长撰：《黎岐纪闻》，广东高等教育出版社 1992 年版，第 122 页。

素珠多此物为之。最下则黄速、马牙，如今之油下香。以上诸香，赝者极多，即佳者亦埋于地窖，覆以湿沙，卖时取起，半沉者试水亦沉。如大块沉香，须试于江，江水流动，非真沉香不沉，若置缸缶中，水少自然沉底，不可不察也。然此等尚可识之，唯夹板沉难识，以水浸一宿，即涣散矣。”①

“沉水香，孕结古树腹中，生深山之内，或隐或现，其灵异不可测，似不欲为人知者。识香者名为香仔，数十为群，构巢于山谷间，相率祈祷山神，分行采购，犯虎豹，触蛇虺，殆所不免。及获香树，其根在干在枝，外不能见，香仔以斧敲其根而听之，即知其结于何处，破树而取焉。其诀不可得而传，又若天生此种，不使香之终于埋没也。然树必百年而始结，又百年而始成，虽天地不爱其宝，而取之无尽，亦生之易穷。香之难得有由然也。”

“百岁深岩老树根，敲根谛听水沉存。太平神岳怀怀久，敬出名香贡九阍。”②

海南这些特种物产，本属天价，但因黎人不懂物价，往往被外地商人所欺骗，虽然这些天然物产早已进入商品销售的范围，但肥了商家，黎人所得利甚微。

第三节　手工业

一、造船工业

海南在明万历年间，被批准打造兵船，于白沙寨立厂，取材于本地。到了清朝开始，在顺治十七年（1660 年），申严洋禁，造海滨双桅沙船。③由于重视沿海巡视，所以修造船只的事务也比前期繁忙得多，

---

① （清）屈大均：《广东新语》卷二十六《香语 · 沉香》，中华书局 1985 年版，第 670—672 页。

② 符桂花主编：《清代黎族风俗画》，海南出版社 2007 年版，第 180 页。

③ （清）明谊修、张岳崧纂：道光《琼州府志》卷四十二《杂志》，海南出版社 2006 年版，第 1890 页。

海南的造船工业也日益发展。

琼州水师各营船实存数目：

1. 崖州协：原额拖风船三只，哨船三只。嘉庆四年（1799年），奏准以米艇拨抵，裁哨船二只。嘉庆十一年（1806年），裁拖风船二只，哨船一只。道光十六年（1836年），裁大米艇一只，改造快船二只。

现存小米艇一只，每只配兵三十名；捞缯船二只，每只配兵二十七名；快船二只，配兵无定数。以上大小师船共五只，俱琼州府厂承修。

2. 海口营：原额左右两营赶捞缯船二只，艍船四只，拖风船六只。嘉庆四年（1799年），奏准裁缯船一只。嘉庆十一年（1806年），裁变缯船一只，艍船三只。嘉庆十五年（1810年），裁拖风船六只，均以米艇、捞缯船拨抵。道光十六年（1836年），裁捞缯船一只，拨入儋州营。又铺前、清澜二港旧置拖风船二只，专巡内港。道光十六年（1836年），护道张堉春详准，海口营每年再捐雇拖风船一只，共四只。其出洋弁兵行粮，即于本营弁兵内匀给。

现存大米艇四只，中米艇三只，每只配兵四十名；捞缯船四只，每只配兵二十七名；又捐雇拖风船四只，每只配兵二十四名。以上大小师船共十只，俱琼州府厂承修。

3. 儋州营：乾隆十八年（1753年），奉拨海口左右两营快哨船各一只，归儋州、万州两营配兵巡防。乾隆十六年（1751年），又添海口、海安二营快桨船二只归儋州、万州两营巡查。至乾隆三十二年（1767年），奉文裁去。道光十六年（1836年），添设本营水师，始抽龙门左右二营，海口、海安两营各捞缯船一只，拨归儋州营配兵巡缉。现存捞缯船四只，琼州府厂承修。

原设海安所班渡船三只。乾隆二十九年（1764年），奉裁二只。嘉庆二十一年（1816年），奉裁一只。

海口所班渡船三只。乾隆二十九年（1764年），奉裁二只。嘉庆二十一年（1816年），奉裁一只。以上班渡船只，现在并非官设，民间自置渡船往来，报地方官查考。[1]

海南所造的船有的称藤埠船，屈大均在《广东新语》中云："琼船之小者，不油灰，不钉铬，概以藤扎板缝。周身如之。海水自罅漏而入，啧啧有声，以大斗日夜戽之，斯无沉溺之患。其船头尖尾大，形如鸭母，遇颶风随浪浮沉。以船有巨大木为脊，底圆而坚，故能出没波涛也。"[2]另一种属粤船，粤船有所谓铁船纸人、纸船铁人之语。盖下海风涛多险，其船厚重，多以铁力木为之。船底纵一木以为梁，而舱艎横数木以为担，有梁担则骨干坚强，食水可深，风涛不能掀簸，任载重大，故曰铁船。船既厚重，则惟风涛所运，人力不费。小船一人一桨，大船两三人一橹，扬篷而行，虽孱弱亦可利涉，故曰纸人。篷者船之司命，其巨舰篷，每当逆风挂之，一横一直而驰。名曰扣篷。[3]海南造船的缆索用棕成造，也有用藤成造，但乾隆三年（1738 年），准原用棕缆一条者，添用棕缆二条，原用藤缆二条者，将藤缆改换棕缆，外添棕缆一条。

造船均为官府监督，至于价值，不希图节约，估计大小船号，通融增补，务在足敷材料、工匠诸多费用，目的在于造作坚厚，可为兵家战守之利而已。一切由官府监视，于左近地方坚固监修。如修造不坚，未至应修年份损坏者，除责令赔修外，交有关部门严加议处。

广东省原设外海战船一百三十七只，内缯船十八只，艍船六十三只，拖风船三十五只，膨仔船十七只，乌舨船一只，哨船三只。先于雍正三年（1725 年）议定，分作河南、庵埠、海口、芷艼四厂修造。乾隆二年（1737 年），复行定议，将芷艼厂承修龙门协战船，于龙门地方另设子厂专管修造。又于乾隆十八年（1753 年），议准将海安营雷州协战船折造大小修理通归琼州海口厂。

至于造船经费，其工料、银有部价协贴之分，部价系动支司

---

① （清）明谊修、张岳崧纂：道光《琼州府志》卷十七《经政志十五·船政》，海南出版社 2006 年版，第 761—762 页。

② （清）屈大均撰：《广东新语》卷十八《舟语·藤埠船》，中华书局 1985 年版，第 483 页。

③ （清）屈大均撰：《广东新语》卷十八《舟语·操舟》，中华书局 1985 年版，第 477 页。

库正项钱粮协贴，在于各州县耗羡银内派拨。如大船折造照新造价值给工料银四千三百七十八两六钱五分五厘，大修照给工料银三千二百八十三两九钱九分一厘。小修照给工料银一千九百二十六两六钱零八厘。中船折造照新造价值给工料银三千六百二十两七钱六分五厘，大修给工料银一千七百十五两五钱七分三厘，小修给工料银一千五百九十三两一钱三分六厘。小船折造照新造价值给工料银二千六百七十七两八钱七分三厘，大修给工料银二千零八两四钱四厘，小修给工料银一千一百七十八两二钱六分四厘。捞缯船折造照新造价值给工料银一千六百四十五两七钱五分二厘，大修给工料银一千二百三十四两三钱一分四厘，小修给工料银七百二十四两一钱三分一厘。[①]

海南造船工业的高潮，是在嘉庆年间，据《琼州府志》所载：

> 嘉庆四年（1799 年）奏准：额设缯、艍船八十二只，船身笨重，不如民船、米艇迅捷，酌留三十五只，其余四十七只仿照民船、米艇式样，将缯船改为大号米艇，艍船改为中号米艇，共改造米艇四十七只。
>
> 嘉庆五年（1800 年）奏准：添造米艇二十只，拖风船八只，在运库闲款动支。
>
> 嘉庆十二年（1807 年）奏准：新旧米艇共一百三十五只，以一百二十只分为四帮，东、中、西分三路巡缉，其余一帮往来策应。以十五只为轮换替修之用，照现存只数作为定额。其额设缯、艍、拖风等船共一百三十五只，必须留防巡哨者五十一只，其余暂停修造，其节省之修费，即可移为修理米艇之用。
>
> 嘉庆十四年（1809 年）奏准：原估登花船二十只，难于购料成造，改设大、中、小米艇四十号，以便水师兵弁习惯驾驶。
>
> 嘉庆十五年（1810 年）奏准：现设巡船一百四十号，系于新造。

---

① （清）明谊修、张岳崧纂：道光《琼州府志》卷十七《经政志·船政》，海南出版社 2006 年版，第 755—758 页。

旧存收缴各米艇挑备坚固，倘有损坏，随时更换修补。又于存船内挑贮三十号以备替用。其旧存应行折修及投诚各船不堪应用者，均行变价。

嘉庆十八年(1813 年)题准:出洋各项师船,均自十六年正月以后,仍遵定例大小修折造年限办理,不得援引十五年以前之案。随损随修,一律报销运厂。

嘉庆二十年（1815 年）奏：巡洋中、小米艇浅水处所驾驶不灵，裁中、小米艇二十号，酌改捞缯船三十四只。

嘉庆二十一年（1816 年），咨准捞缯船每只例给燂洗银二十八两，加增银十四两，续增银二十四两一钱七分六厘。①

至于兵船的建造，更为严格。是时，提督李增阶曾说："兵船宜坚固也。首先拣料，桅、舵、碇三者最重。桅须番木，碇、舵须呀囒膩，或盐番木亦可。龙骨、桅夹、横檀、舵牙、桅托，件件须检，船内横梁，须直长透者。曲手弯须长成大弯，交船底板，最妙。如有直无弯，不可用。曲手多多甚妙。譬如人，胸骨多大者，力必大。樟木佳，或菩奈木亦可。番木，恐钉打下裂开，不可用。水底板，长阔者佳。如窄短，则船不坚固。厚薄照船大小。配钉宜密，不可用竹钉。钻孔与钉大小配。若钉大孔小，打下，板必裂。若孔大钉小，打入，不得力。此船匠省工之弊也。灰，须细白，桐油舂灰，交练熟透者佳。若省工，捣练草率，船多漏凿。灰要用网纱，丝者妙，粗者不固，易于损漏。若用竹丝者，断断不可。广东多用竹丝，厦门全用网纱。蓬索，装扮得宜，麻要长白，青短者不堪用。藤，白小者妙。棕索，须梳净，不可杂有片碎。兵船御敌，古有用牛皮竹栅网纱者。御火炮，则莫如网纱。愈厚愈妙。且用水湿不易燥，此以柔制刚之法。四面遮盖，彼铳箭皆不能入，则军心固矣。燂洗亦是紧要。久不燂洗，船底板生虫，结住，驾驶不快。而船底易烂，又须时时整。或船有渗漏，或杠具不坚，则

① （清）明谊修、张岳崧纂：道光《琼州府志》卷十七《经政志・船政》，海南出版社 2006 年版，第 756—761 页。

急于修补。否则一御敌船，即追驶外洋，戗使迟缓，且惊虞风浪，焉得专心打仗？水师，第一要紧是战船。”①

从嘉庆年间造船情况看，海南的造船业应是达到最高峰，对兵船的要求又精又细，但是自1840年鸦片战争之后，资本主义国家的产品——洋船的进入，极大地打击了海南的造船业，导致造船业受到洋船的排斥而走向衰落。不过，虽然大型的帆船不再制造，但木船对于商品流通的工具，在沿海及内河商品经济的发展中，仍然起着重要的作用。

二、矿业——石碌岭铜矿的开发

海南的矿藏蕴藏丰富，在清代统治时期尚未被系统开采。

道光《琼州府志》载："崖州黎田，其水潆洄清澈，浮光耀金，有商人以金贸而淘之。"

又"生金，出岭南……旧崖州出金华，金有花彩者贵"。

又"银广州……崖州、琼州、儋州、万安州"。

又"锡产儋州"，"铜产儋州、昌化"。②

这些都是海南省一些地方文献对海南地下矿藏的记录。

随着各国及内地商人络绎不绝，接踵而至，他们除虎视眈眈海南农业及手工业的特产外，掠夺的对象中也开始重视海南的矿藏，其中最主要的是石碌岭铜矿的开采。

据《昌江县志》载：石碌岭铜矿的开采，有史记载可上溯到明代。《昌化县志》记载：崇祯二年（1629年），知县张三光赶走矿盗，严禁私采亚玉山（石碌岭）。明至清的几百年间，石碌铜矿多为私采，故几次议开又几次禁采。乾隆四十七年（1782年）六月，代理昌化知县的儋州正堂李玉章在水头村立严禁私采碑一块（碑文尚存）。

---

① （清）钟元棣创修、张嶲等纂修：光绪《崖州志》卷十二《海防志三·海防条议》，海南出版社2006年版，第316—317页。

② （清）明谊修、张岳崧纂：道光《琼州府志》卷五《舆地志·金类》，海南出版社2006年版，第276—277页。

乾隆四十七年所立的禁采石碌碑

□□县事儋州正堂随带加二级纪录□记大功□，为严禁私挖事。照得县属亚玉山，坐落黎地，土名石碌，向有不法民人潜入该山偷采，业经前县林封禁存案，未及立碑。兹本县奉委代理昌篆，于四月二十日到任，合行勒石，永远封禁。所有县属军民人等，一体遵照，毋违。特示。

乾隆四十七年六月初一日立

过了十多年，到嘉庆初年，议开一次，但因兵戈屡作，疫乱齐兴，未果。此后经道光、咸丰朝 70 余年，无人再敢议开。同治四年（1865 年），江苏候补马道禀请开采，并得到当时广东巡抚郭嵩焘的批准。这次开采承办人为香山县（今中山县）监生林腾汉。取得开采权之后，林腾汉便私下串通洋人 10 人（其中 2 名英国人，8 名新加坡人），乘坐火轮南下，于是年十一月初八日达昌、儋交界之海头港停泊，招工进山开采。由于林腾汉私下串通洋人合股开采石碌山铜矿，违反了清政府于咸丰八年（1858 年）与英、法分别签订的《天津条约》，因此，正当林腾汉准备招工进山开采的时候，于同治四年（1865 年）腊月，雷琼兵备道孙观、琼州知府王福已会禀两院，请行禁止并奉命立案，督同昌化县迅将监生林腾汉严拿解省，以凭发审，严究办理。次年，即同治五年（1866 年）二月，适院试期，琼州十三属绅士，又以戕伤地脉，害及生灵，借鉴前车，思防后害等为由，复联呈两院，请为立案，"永远严禁，不准开凿"。联呈获当时镇守广州将军兼署两广总督瑞麟、广东巡抚郭嵩焘批准。到了光绪年间，石碌铜矿"议开"之事，也曾出现两次，一是光绪十年（1884 年）香港张鋆来勘，禀请开矿。二是光绪十四年（1888 年），湖广总督张之洞据香山县张廷均的调查，认为石碌铜矿质地优良，每百斤可炼出铜 10 余斤至 20 斤，奏请免除山税以助开发。两次议开虽然禀请光绪皇帝，但还"开发"不成。[①]

① 海南省昌江黎族自治县地方志编纂委员会编：《昌江县志》卷十一《海南铁矿》，新华出版社 1998 年版，第 296—297 页。

这一段记载，详细地叙述了石碌铜矿开采的过程，从乾隆、同治到光绪年间，这一议题时起时落。

上面所提及张廷均开矿一事，张之洞在光绪十四年（1888年）二月曾向光绪皇帝报告,《光绪朝东华录》载:“琼州府昌化县境内大艳山,《府志》名峻灵山，多产铜及石缘，故亦名为石缘山。前经香山职员张多均召集股份，购备机器，前往开采，业经奏明在案。查石绿为铜苗所结，下有铜矿，精华上溢，融为石绿。每石绿百斤，佳者可炼铜十余斤至二十斤不等，其不能炼铜者卖作颜料。兹查大艳山地近黎境，道路既远，瘴疠尤重，出产虽佳，工费甚昂。现在黎境甫通，矿务创始，倘无确利可图,必致观望自阻。惟有减轻成本,始足以徕商贩而惠民黎。兹拟将昌化石绿及铜斤,凡贩运出琼州海口者,自光绪十四年（1888年）起三年之内，所有山税及关税厘金概行暂免。俟开采所销大旺，再将税厘酌量抽收。其余琼属五金等矿，如有集资开办，亦即一律办理暂免税厘，庶几通商惠工，利兴而岛民裕矣。下户部知之。”①

而在《清实录》中也记载：“光绪十四年（1888年）正月，两广总督张之洞奏，琼州昌化县境内大艳山，开采石绿铜矿，凡贩运出琼州海口者，请自光绪十四年（1888年）起，三年之内，山税及关税厘金，概行暂免。下户部知之。”② 由此可知，张之洞对采矿一事十分重视。他再三来电询问采矿进度：“张廷均开矿有实际否？何时能见矿苗？”③“张廷均矿又续兴工否？均即确复。”④ 而朱采的复电说:“张廷均秋间在昌化县大聘村择地开荒，纵横约十里，高洼相间，大约可得地数千亩，已于冬月勘明亩址，给照开办。该商携眷住海头，颇有期

① （清）朱寿朋编、张静庐等校点：《光绪朝东华录》第三册，中华书局1984年版，第2416—2417页。

② 《清实录·德宗光绪实录》卷二五一。

③ （清）张之洞：《张文襄公全集》，卷一百三十（电牍九）《致琼州朱道》，中国书店1990年版，第314页。

④ （清）张之洞：《张文襄公全集》，卷一百三十一（电牍十）《致琼州朱道》，中国书店1990年版，第331页。

在必成之志。其大艳山铜矿恐难得利，然不敢轻弃，尚在续办。”[①] 此事一直至张之洞离开湖广时，还是没有着落。

附：

载同治五年（1866年）阖府呈请封禁昌化石碌山全案

钦命广东分巡、雷琼兵备道、兼管水利驿务加十级纪录十次孙为示谕事，案奉镇守广州将军兼署两广总督部堂瑞宪牌开，据琼州府十三属绅士琼山县中书吴俊等遣抱吴升赴辕呈称：窃惟人杰必由地灵，实赖山川之毓秀，而小利酿成巨害，亦为孺稚所伤心。琼之为州，孤悬海外，由安南导其脉，至昌化发其源，有山特起于其邑中，绵亘儋州，周围八十余里，实为五指来龙之祖，阖府作镇之区，十三属之地脉因兹发详，数千载之人文由其孕育。东坡翁云：“上帝赐之以奠南极，琼向借之以启文明。”即谓此也。近有无知大棍，勾香山监生林腾汉等，串引洋人，欲规重利，谓此山生有石碌，产有金银，竟行欺罔，呈请开采。虽假为献利之计，实暗存坑害之心。试思此山为全琼之巨镇，有琼州则此山不可损，无此山则琼州直可无。嘉庆初年议开一次，因而兵戈屡作，疫乱齐兴。当道据以上陈，奉命禁止。然人文由是寖衰，凶荒因之叠见，琼人尚有悸心。近年来，元气渐将复原，利徒又将继起，幸蒙中堂烛知其奸，已行禁止。但恐奸人诡计百出，谋动多端，设微利以诱人，借奸棍为牙爪，戕伤地脉，害及生灵。更恐募集多人，必致煽扰，黎众生变将形于旦夕，担忧固不独琼人。职等世籍是邦，久资庇荫，庐墓所在，性命相依，势难坐视其陆沉，奚忍默容其坑陷？闻之者人皆切齿，见之者士尽同仇。借鉴前车，思防后害，只得沥情乞示，存案永远，严禁不许开凿，俾全琼之保障无伤，海外之苍生籍庇等情，到本兼署部堂，据此当批林腾汉等私往昌化开山一案，先经严饬禁止，拿解究办。兹复据呈各情，候行琼州道府查明立案，饬将山场照例封禁，不准

① （清）张之洞：《张文襄公全集》卷一百三十一（电牍十）《朱道来电》，中国书店1990年版，第331页。

棍徒再往私开生事，以肃法令而顺舆情，并候行司知照等因。除揭示及行东藩、臬二司知照外，备牌仰道即便遵照呈批:事理查明立案，饬将山场照例封禁，不准棍徒再往私开生事。倘敢故违，立即严拿，禀请究办，毋违等因。并奉署广东抚部院郭宪批：同前因，各到道奉此查此案，前经本道禀奉札，饬严行禁止，并饬督拿林腾汉解省究办。当即会同琼州府，示谕儋、昌两属一体遵照在案。兹奉前因，除札琼州府转饬昌化县，查照立案，并将山场照例封禁外，合行出示晓谕。为此示谕阖属沿海澳甲商民人等知悉，嗣后如有不法棍徒再往私开生事，立即严拿，禀请究办。切勿稍事徇获，同干咎戾。各宜凛遵毋违。特示。

雷琼兵备道孙、琼州府正堂五，为会衔出示晓谕事。同治五年正月二十一日，奉钦命镇守广州将军兼署两广总督部堂瑞宪札，同治四年十二月初八日据禀，据琼州府禀，同治四年十一月内奉藩宪，札行香山县监生林腾汉禀请开采昌化县属黎峒石碌，奉抚宪批准承办等因，当经转行昌化县查照在案。随闻该监生林腾汉带同洋人数名，乘坐火轮船驶至琼山县属之海口港外湾泊。查该监生呈请开采石碌山，原系自行承办，今既与洋人同来，自应确切查明，禀报察核。当即委员前往确查禀覆。去后旋据委员禀称，饬转该监生林腾汉面加询问。据称现坐火轮船船主名阿根，船上洋人共十人，一名高露云即三桂，一名高云，系英国人，其余八名系高露云伙伴，均新加坡人。伊等火轮船拟在海口港外暂泊数日，即赴昌儋交界之海头地方湾泊，招工进山开采等情，并据海口澳甲报称，该火轮船已于十一月初八日驶往昌化等语，由府转禀到道。据此理合据实禀明察核等由，并据琼州府禀同前由，各到本兼署部堂，据此正在核办间。即于本月初八日准署抚部院咨会内开此案：据琼州府具禀前由，当批查。此案系由江苏候补马道屡次禀请，开采昌化铜斤，粤东鼓铸停废多年，亦可藉资开办，饬该道与藩司细心核议，暂准试办，并无洋人招工开采之说。该处出产铜碌均属黎峒，若由外招工前往，尤虑滋生事端。仰布政司迅饬该府移询洋人高露云等，是否林腾汉邀请帮办，因何并无申陈。一面由该司传询马道，查明林腾汉因何挟同洋人前往，该道知情朦禀之咎，恐亦难辞也。除印发外，相应咨会查照等因，又于本月十二日再准署抚部院咨开：据雷琼道禀，同前由。复查明《通商章程》第九款：一、英国民人准听特照前往内地各处游历、通商，执照由领事官发给，由地方官盖印；经过地方如饬交出执照，应可随时呈验无讹，方准放行；雇船雇人装运行李货物，不得拦阻。如其无照，其中或有讹误，以及有不法情事，就近送交领事官惩办；沿途只可拘禁，不可凌虐。又第四十七款：一、英商船只独在约内准开通商各口贸易，如到别处沿海地方私做买卖，即将船货一并入官等。因是，英国人在内地游历，均以执照为凭，其沿海地方非通商口岸，私做买卖者，船货一并入官。今该监生林腾汉串同外国人，径赴昌化县黎峒诸山，并无执照而招工开采铜碌，又更甚于贸易，应即按照条约办理。除札雷琼道琼州府昌化县遵照，将该监生林腾汉严拿解省，以凭讯办，一面饬知英商高露云即三桂，并高云等赶速驶回香港，无为林腾汉所诙，如有逗留等事，即按照条约将英船货一并入官。仍查照条约第九款，事宜将该英商高露云等送交英领事惩办，沿途拘禁护送，惟不可稍有凌虐。本署部院商知英国罗领事，以为此系正办，该英商高露云等如有抗拒，即由该道府及昌化县据实禀明，以凭札知罗领事查办，外咨会查照等因。前来合就，札遵札到，即便遵照，督同昌化县迅将监生林腾汉严拿解省，以凭发审，严究办理，其英商高露云等亦即按照条约妥解来省，送回英国领事惩办。嗣后遇有外国人到琼，务当循照条约，查验有无领事请给印照，分别核办。其火轮等项船货私到未通商港口，并应严查，将船货照约一并入官，以肃海防。切切等因，并奉抚宪行同前因，奉此查本案。先据昌化县禀报，该监生林腾汉乘此轮船至海头地方湾泊，旋驶回香港等情，当经本府具禀各宪，请将停止开采缘由，札饬香山县就近传谕该监生知照，一面札行儋州、昌化遵照，并由府出示晓谕在案。兹本道府访闻儋州、昌化交界之海头地方，有外来游民在彼居住，诚恐勾结本地商民，私入黎峒开采石碌，滋生事端。除札儋州、昌化访拿究办外，合再出示晓谕。为此示谕阖属沿海澳甲商民人等知示，嗣后如有奸商乘此轮船，带同洋人前往儋州、昌化属地方开采石碌，该澳甲等立即查明，就近禀报地方官，分别查拿解办。附近商民人等不准与之私做买卖，及听信外来游民引诱，私入黎峒采挖石碌，卖与洋人。倘敢故违，一经查出，定即分别严拘，从重究办。其各凛遵毋违。持示。

按：石碌山为吾琼发源地脉，与古胳膊山俱为峻灵王所镇。东坡所撰《庙记》言之綦详，山名载在《旧志》。道光庚子，张翰山，方伯重修，特没其名，嫌其以利炫人也。同治三四年间，土棍勾引洋人，希图开凿，风旱大作，年为不稔者三。同治四年腊月，兵备道孙公观、知府五公福会禀两院，请行禁止。五年二月适院试期，阖郡绅士复联呈两院，请为立案。蒙总督大学士瑞公麟、抚院郭公嵩焘牌行藩、臬两司，并道、府、昌化县五道衙门立案严禁。兹将全案备录，俾世籍兹土者触目警心，永远护守。庶地灵人杰，获昭衍于生生世世云尔。同治五年十一月，缮补《府志》附记。[1]

除昌化县石碌铜矿的开发外，海南其他各地矿藏，也备受关注。如光绪二十四年（1908年），杨士琦奏请华商集资创兴琼崖地利办法折单中，关于矿业一条，提及由三品卿衔胡国廉请办儋州、那大等处锡矿。不过，这一工作在清代也难以实现。

光绪年间，法国技师曾对石碌矿山作过调查。1904年，英国人斯伯特曾来九所铅锌矿探查，但无详细记载。[2]

---

① （清）李有益纂修：光绪《昌化县志》卷十一《纪事》，海南出版社2004年版，第369—374页。

② 海南省地方志办公室编：《海南杂志·地质矿产志》，南海出版公司2004年版，第6页。

第四节 商 业

在清代，由于移民人口的增加，促进了农业、手工业及商业的进一步发展。汉族商人、商贩深入黎寨苗村，从事商业活动，沟通商品生产信息，有的商人索性住在黎寨，以沽酒为业，于坡地种烟，雇黎人采藤及香料。《黎岐纪闻》中载:“惠、潮人入黎者，多于坡地种烟。”“黎产唯藤之利为大，外客出租资于山中起寮，雇黎仔采取之，出而运诸海口，通行各省，取值辄数倍其本焉。”① 黎族的生活习惯改变了，被汉族所同化。黎族“峒有数十村，土沃烟稠，与在外民乡无异”。② 道光《琼州府志》载:“其近民居者，直与齐民无异，近多遵守王化。”③ 生产力低的黎族，在与汉族融合的过程中，产生了不同民族的复合结构，进而促使商品生产的发展，提高自己的生活水平。民国《儋州县志》云:“海头市，距州城一百四十里……外通居海港，入接黎岐……入七坊峒之坡尾、水头二村，凡一百一十里与昌化县黎交界，为儋、崖、昌、感诸黎及客民贸易之区。”④ 商品经济使海南岛家庭手工业有所发展，商品生产和商品交换状况也发生了变化。

一、墟市以及市集的发展

1. 墟市增加

海南墟市在宋代已开始萌芽，明代各地墟市发展十分迅速，已设有 170 处之多，以后由于战争等原因不断有所荒废。到了清代，墟市的设立犹如雨后春笋般出现，其中有官办的，有自然成市集的。墟市使岛内的黎、汉商品贸易关系不断增强。这些墟市，五日一集，是汉、

---

① （清）张庆长撰:《黎岐纪闻》，广东高等教育出版社 1992 年版，第 122 页。

② （清）屈大均:《广东新语》卷七《人语·黎人》，中华书局 1997 年版，第 241 页。

③ （清）明谊修、张岳崧纂:道光《琼州府志》卷二十《海黎志五·黎情》，海南出版社 2006 年版，第 842 页。

④ 彭元藻、曾友修，王国宪总纂:民国《儋县志》卷八《海黎志·关隘》，海南出版社 2004 年版，第 456—457 页。

黎交易的场所。

美国传教士香便文在《海南纪行》中写及嘉积市集的景况，十分真实而生动，他写道："清晨，我们发现已经到了嘉积镇外的码头。从码头步行到客栈，我们差不多走了一英里，因此我们对镇子的规模有了一些概念。嘉积镇无论在大小还是在重要性上，即便不是等于也是仅次于海口。两条主街道相交成直角，形成一个T字形，主要的店铺都在这里了。还有许多小街从这两条主街上扩展出去，遇上赶集的日子，流动商贩们就在这里摆摊设点。集市上人山人海，数以千计的人挤满了各个角落，你能想到的各种物品，这里都有卖。从松鼠、长尾小鹦鹉、野生藤蔓，到火柴、廉价香水以及从遥远的西方运来的各种小玩意儿。"

"生活必需品似乎格外便宜。鲜鸡蛋4文（Cash）一个，又大又甜的香蕉3文两个，椰子6文一个，鸭子4分（Cents）钱一磅，鲜牛肉和其他东西也是这个价钱。我花了一整天时间带着书逛街，剩余的书全部算上大约有300本，不费吹灰之力就卖掉了。（辛世彪注：医书）"[①]

对黎货贸易，他如此描写："买卖黎货是本地主要的也几乎是唯一的贸易，几乎全由广东人操控，他们的四五家大商号控制着贸易。这里的人也讲其他方言，但是粤语最为普遍。黎货贸易量也很令人诧异，所有商号任何一天收购的货物竟然装不满一辆水牛车，猜想这桩生意应该利润巨大，只有这样才能做得下去。主要货物有藤、鹿角、鹿筋、干蘑菇、香木、兽皮及一些小物品。"

"这些都是从赶集的黎人和游走黎寨的汉人掮客手中零星收买来的，积攒到够装满几辆水牛车时，就经由60英里陆路，把货物运送到加烈（Ka-lit）码头，那里是定安河（Teng-on river）航道的起点，再由此船运至海口。有时少量货物运到'头嘴'（How-sui），还有一些运到海头（Hai-tau）。"[②]

---

① ［美］香便文：《海南纪行》，辛世彪译注，漓江出版社2012年版，第152页。

② ［美］香便文：《海南纪行》，辛世彪译注，漓江出版社2012年版，第50—51页。

根据道光《琼州府志》，清代海南岛上的墟市如下：琼山县 44 个，澄迈县 59 个，定安县 36 个，文昌县 43 个，会同县 14 个，乐会县 12 个，临高县 15 个，儋州 33 个，昌化县 3 个，万州 27 个，陵水县 4 个，崖州 10 个，感恩县 3 个。

全岛共有墟市 303 个。这些墟市，都设置在水陆交通便利、各村寨居民经常出入的地方，而且墟市的特色是百姓自由交易的场所，也即自由开放，官府不宜进行控制。

《清史稿・杨廷璋传》载，乾隆三十一年（1766 年），镇压崖州黎民反抗活动之后，在呈乾隆的奏折中提到黎区设墟市一事，他说："黎民市易设墟场，熟黎令薙发。"[①]

张之洞在光绪十三年（1887 年）十月十二日《批雷琼道府禀请发经费创设官市》的批文中说："抚黎自以开通利源为先务，然如采木设市等事，官为倡始，只可建造屋寮，招徕商贾，防护劫夺，平定价值，减免厘税，听其自然趋赴，久之自能成聚成都。吾闻因民之利而利，不闻夺民之利以为利也。"[②] 张之洞又批评地方官府以设市而中饱私囊的行为，他说："创设官市，建立廛舍，收买货物转售而又取约券权子母，是直夺商利而敛之官，甚非政体。且利之所在，经理一不得人，赔折则累及官帑，获利则徒饱私囊，必然之势。古来官办商务，除刘晏一人外，有利无弊者，更无所闻，其难可知。"他又说："查荔枝园地方，据周令林、伍令蓉等电禀，已建屋开市，民黎受廛列肆者甚为踊跃，他处即可仿照办理。"[③]

张之洞把垦田、设墟、招商诸事连在一起办理，他指出："现在琼州黎境分设抚黎局八处，各派委员一两人，文武参用。每局各募土勇一百名，或数十名，责令该员等经管平决争讼、缉拿盗匪、修路垦田、

① 赵尔巽等撰：《清史稿》卷三二三《杨廷璋传》，中华书局 1986 年版，第 10812 页。

② （清）张之洞：《张文襄公全集》卷一百一十五（公牍三十）《批雷琼道府禀请发经费创设官市》，中国书店 1990 年版，第 7 页。

③ （清）张之洞：《张文襄公全集》卷一百一十五（公牍三十）《批雷琼道府禀请发经费创设官市》，中国书店 1990 年版，第 7 页。

设墟招商等事。岭南一局，南丰一局，凡阳一局，番岖一局，乐安一局，廖二弓一局，茅地一局，古振州一局，皆系扼要之所，即为将来设官控制应增应移张本。其新开各路，近外者畅行无阻，近内者稍有水冲草没之处，已严饬各局随时巡查，修理芟剔，以免梗塞。设立墟市数处，商贩渐集，如定安之荔枝园，陵水之闵安墟，儋州之薄沙峒、牙汪村等处。民黎食货交易日多，其各墟所设义学，黎人子弟多有来附学者。”①

而在同年（即光绪十五年）九月十九日，朱道致电向张之洞报告说：“岭门至凡阳路穿黎境，前经钟仁宠自南而北，伍蓉自北而南，修辟通畅，复因文报阻滞，由钟营安设传送六站。故自郡至凡，现在信息较便，凡阳市场日渐兴旺，今已筑窑烧瓦修房，为久远之计，并召集黎丁，逐渐开垦。新造木城内现设义学一座，有黎童五六人上学。自凡至崖，现拟修辟车路，此路一辟，商贾前往必能日多。惟该处牛只太少，尚须设法筹济耳。”②

清代的墟市，在官府的支持下，日趋繁荣。

从胡传（胡适之父）自光绪十三年（1887 年）十月二十二日至十一月二十二日《游历琼州黎峒行程日记》中，也可了解到光绪年间黎区墟市的景况。“十月二十六日，由那大而南，稍东，十里过河，曰白茅村。又十里曰红坎村。官军所开道甚宽平，而大半茅寨，人行者少也。又十里，抵临高之南丰市。民黎交易处也。其地南接乾脚上水下水诸峒，西阻白沙，北连南洋，为走集之都会，而荒僻殊甚，前固为黎地也。”过了两天，十月二十八日，当他将入黎峒的时候，抚黎局的洪范卿对他说：“现奉札令于南丰筹开官市官行，体察情形，有四难：一入峒之黎客自有赀本者少，领行本者多，官招黎客则无本者来，有本者必不来，行赊货于客，客赊于黎，其不消乃常情也。客欠

① （清）张之洞：《张文襄公全集》卷二十六（奏议二十六）《全琼肃清汇奖出力员弁折》，中国书店 1990 年版，第 507 页。

② （清）张之洞：《张文襄公全集》卷一百三十三（电牍十三）《朱道来电》，中国书店 1990 年版，第 358 页。

行本不清不能另投行,其所购之黎货不敢交他行,也常情也。官招之来,则其原交易之行必哗然投局评论，曲直不休，此一难也。一商贾不能不赊贷物于花户，其所赊贷之价较钱交易者必加一二分，防其亏负不能完清也。商贾每岁将此等未收之账或十作五,或十作三,或竟不作数,斯可核实通盘，官中交代，不能如此，二难也。南丰一带，处处有墟，今日在东，明日在西；黎货不能日日集于一市。设官行而山货他往，听之，则在坐食无所取利，分设于各墟，则人多费益多，终亦难取利，此三难也。原领官领本百两分四年拨归，每岁已取息二分半，加以行中薪水食用必每值百文之货值四五分价出脱，而后足以取盈，恐市上无此厚利，此四难也。”又十二月初七到凡阳，该地钟君竹汀告诉他：“欲招黎中客设市于凡阳，毋许入居黎村，私与黎贸易，贸易必于市，官可就近为平物价，亦禁盘剥之一法也。”①

在黎、汉墟市的交易中，汉商缺斤短两及强行买卖的欺诈行为时有发生。因此，地方政府在管理时也发告示加以制止，据光绪三十四年（1908 年）四月初十日的《奉道宪严禁碑》:“琼州抚黎总局为晓谕事”中其中之一事是：“议客民买卖货物，斗秤须要公平，彼此交易，有信有从，不得强牵牛马及将儿女抵债，违者送官究治。”②

光绪年间的墟市，从胡传的考察日记及其他记载中，也可看到经营维艰，虽有官府出资建设及支持，但由于黎区经济落后，奸商盘剥，所以墟市虽比明代增加一倍多，但各地也因商品流通的困难，而有时设时废的现象。不过，清代农村墟市的发达，也折射出资本主义经济萌芽的迹象。曾日景的《南城晚市》诗云：“北关辐辏集人烟，商贾遥通数百年。近辟城南鱼米市，散时归趁月娟娟。”③ 瞿云魁的《南城晚市》诗云：“城南半亩地，日日趁墟忙。最爱霜鳞美，争夸水芋香。

① 胡传:《游历琼州黎峒行程日记》，载《禹贡》1934 年 9 月。

② 广东民族研究所编:《黎族古代历史资料》下，第 849 页。

③（清）瞿云魁纂修：乾隆《陵水县志》卷九《艺文志》，海南出版社 2004 年版，第 302 页。

夕阳人影乱，归路树烟茫。博得鱼盐利，相忘是瘴乡。”① 这里所描绘的是陵水的古墟市盛况。由此可见城乡之间墟市盛况之一斑。

2. 各地形成规模较大的市集

在清代海南岛内的商品流通不仅各处有墟市，而且也在各地形成规模较大的市集。如三亚市、嘉积市、陵水市、那大市等具有一定规模的商品集散地，在黎区也出现如抱由、东方、保亭、牙叉、崖城、藤桥等规模较小的市集。在北面，早已从宋代繁荣发展起来的海口，到了清代，更发展成为各地商贾云集的商埠。

据《海口市志》载：康熙二十三年（1684 年），清政府取消“海禁”后，在东南沿海分设江、浙、闽、粤四海关，并在辖区内各主要口岸设置总口。当时，隶属粤海关的海口总口及其所属分口管理本地商人与南洋地区的贸易货物，并负责办理海南与广东、大陆沿海各地贸易货物的出入口监管。时海口内外贸易日趋活跃，海口商人和岛内外商船循例自由往来，定居海口的浙、江、闽、桂、粤等地商人，日见增多。为维护自身利益，岛内外商人先后建立了许多商会馆，其中规模较大的有五邑会馆、潮州会馆、高州会馆、福建会馆、兴潮会馆和漳泉会馆，仅漳泉会馆和兴潮会馆在海口经营的商店就有近 400 家。由于会馆的兴起，商贾往来日众，促进了海口贸易的繁荣。至道光年间（1821—1850 年），海口的店铺比明代增加了 10 倍，城区街道也扩建至 25 条，形成“商贾络绎，烟火稠密”的局面。时海口港进出口的船货有“往省高雷廉货”“往福潮江南货”“往江坪（门）椰青货”“进出口省货”“往阳江货船”“进出口福潮江南船”“苦糖水往福建、江南等处”“海北来豆子”“往潮州豆子”等。②

清代，海口不仅每年有浙、闽商船从海口装运土特产往日本等国，而且海口本土对外贸易亦较为活跃。清前期，每年由海南开赴暹罗（今

① （清）瞿云魁纂修：乾隆《陵水县志》卷九《艺文志》，海南出版社 2004 年版，第 286 页。

② 海口市地方史志编纂委员会编：《海口市志》上册，方志出版社 2004 年版，第 9 页。

泰国）的民船不下 40 艘；开赴交趾支那南部的有 25 艘；开赴东京（今越南北部）和交趾北部的通常有 50 艘，大船载重 159 吨。[①] 这种从事国外贸易规模虽小，但为数甚多。[②] 据记载，清前期“海南岛小帆船，每艘估计为 150 吨，总吨数约一万吨”[③]，“这些贸易小帆船远可往暹罗、安南（今越南），近可抵海安、梅菉，甚至上达苏杭，直渡日本长崎，无处不在，十分活跃”。[④]

雍正七年（1729 年）夏四月，以琼山县县丞移驻海口所。总督孔毓珣奏：海口城商贾络绎，烟火稠密，奸民易溷，请将琼山县移驻稽察。从之。[⑤] 可见，当时海口已是十分热闹的商埠了。

二、海南的邮电设施

海南岛的邮电通信开端于海口。

海口市位于海南省北端，南渡江出海口西侧，与雷州半岛隔海相望。宋代“海口浦”成为郡治要津，州府门户，咸丰八年（1858 年）辟为通商口岸。

海口市创办邮电通信源远流长。宋代官府已在“海口浦”白沙口樵汲港码头（今海口市白沙门）设“星轺驿 ”，传递京师、省城文册。清代海口设“塘铺”，配铺兵两名，专司传递官府文书。民间则设民信局，为平民百姓传递家书。咸丰八年（1858 年）《天津条约》签订，海口辟为通商口岸，允许外国人来往，英国、法国、安南、中国香港等国家和地区先后在海口设立邮政局（称“客邮”），同各自的国家和地区通信。

光绪八年至二十二年（1882—1896 年），地方官府在海口设森昌成邮政办事处，负责传递香港和通商口岸来往信函。

---

① ［日］小叶田淳：《海南岛史》，张迅齐译，学海出版社 1979 年版，第 279 页。

② ［日］小叶田淳：《海南岛史》，张迅齐译，学海出版社 1979 年版。

③ 聂宝璋：《中国近代船运史资料》第一辑上册，第 52 页。

④ 海口市地方史志编纂委员会编：《海口市志》，方志出版社 2004 年版，第 9 页。

⑤ （清）明谊修、张岳崧纂：道光《琼州府志》卷四十二《杂志·事记》，海南出版社 2006 年版，第 1898 页。

光绪十年（1884年），由大北公司铺设徐口单芯铜包海底电缆一条，自徐关（今徐闻县）至琼州海口。这是琼州同大陆互相通信的第一条有线电报线路。

光绪十一年（1885年）二月，琼州电报局在海口成立，利用琼州海峡海底电缆同大陆通报。

光绪十三年（1887年），广西提督冯子材来琼镇压黎民，曾在琼州海口等地设立无线电报局五处。

光绪二十三年（1897年）二月二日，琼州大清邮政局在海口正式开办，由琼州海关税务局兼理。

光绪三十一年（1905年），海口商人向上海礼和祥购买长波无线电报机两台，分装于琼州（海口）、徐闻，使用火花发报。这是我国较早的民用无线电通信。

全国划分35个邮界，琼州划分为一个邮界，每个邮界设一个邮政总局，设在海口的琼州邮政局改为邮政总局。

光绪三十二年（1906年），琼州海峡海底电缆损坏，琼州海口同大陆有线电报通信中止。

光绪三十四年（1908年），复铺设琼州海峡海底电缆，琼州海口与大陆有线电报通信恢复营业。

宣统二年（1910年），琼州大清邮政总局改为副总局，次年脱离海关，独自设立，归邮传部管辖，并收为分局，隶属广州邮政局。

宣统三年（1911年）五月，琼州邮政脱离海关独自设立，设在海口的琼州邮政副总局改为邮政分局。

琼州海口无线电报通信停办。①

三、商品经济的发展以及传统农业经济体系趋于崩溃

1. 外国商品资本输入，海南的商品经济发生变化

随着外国商品资本的输入，海南岛上的商品经济也产生了明显的

① 海口市邮电局史志办公室、海口市地方志办公室编：《海口市邮电志》，南海出版公司1994年版，第1—3、21页。

变化，从商品内容看，大多为热带的经济作物，如槟榔、椰子、甘蔗、香蕉等，从自然经济状态而进入商人有目的的投资经营。海上捕捞的海货，山区的木材与药材，以及畜牧业中的牛皮、皮革、生猪等也成为海南输出的重要产品。从1886—1912年琼州口岸出口货物统计表中，就很清楚地了解到从海南岛向外输出的各类产品，见表3—10至表3—16。

表3—10 1886—1889年琼州口岸出口货物统计表

货名	量别	1886年		1887年		1888年		1889年	
		重量	价值（海关两）	重量	价值（海关两）	重量	价值（海关两）	重量	价值（海关两）
槟榔	担	8231		8374	70680	8342	61999	10887	
鱿鱼	担			1194	2370	1426	9840	1288	10348
鲜蛋	只			9885200	24670	10706000	26798	6999650	77669
咸鱼	担			222	1350	462	2830	382	2287
良姜	担	15481		9599	7500	5314	3697	10815	8052
牛胶	担	2579		3380	18870	3245	20041	2417	15216
上等土布	担	641		241	18950	279	20754	296	22117
花生饼	担	52480		33345	41687	21856	28821	17548	24711
大麻	担	1584		754	19528	776	21436	984	26490
牛皮	担	1630		2327	23648	598	6280	337	2329
皮革	担	3124				3003	43432	3583	54883
龙眼肉	担			2823	24170	1245	14666	246	2733
烟叶	担	669		1959		3354	14805	4576	22427
中药材				1690	18167		25016		1147
生猪	头	67589		85082	55385	77209	462251	50063	300196
家禽	只			8928	1110				
芝麻	担	23860		17215	58518	22107	74962	12656	50652
蚕丝	担	155		137	14856	208	23454	167	17975
红糖	担	104041		110198	230169	76901	180025	91581	197586
白糖	担	29958		20616	62632	10380	35194	22830	76234
动物脂	担	1396		1113	6499	1312	7814	1250	7886

表 3—11　1890—1893 年琼州口岸出口货物统计表

货名	量别	1890 年		1891 年		1892 年		1893 年	
		重量	价值（海关两）	重量	价值（海关两）	重量	价值（海关两）	重量	价值（海关两）
槟榔	担	10401	54362	10335		9044	57260	6071	49442
鱿鱼	担	1213	9584			1217	10028	1540	13778
鲜蛋	只	7088000	18569			13714800	33442	20903620	41407
咸鱼	担	418	2502			303	1999	595	4962
良姜	担	10104	9585	8074		16376	18835	16555	20998
牛胶	担	3685	20986	3956		4148	26555	3436	21654
上等土布	担	207	17960	182		234	20918	349	33314
花生饼	担	16242	24183	20210		20144	29460	16072	23352
大麻	担	1393	34232	1774		2192	46626	2011	45941
牛皮	担	296	2308	817		1569	13303	2453	20013
皮革	担			3869		3487	45804	3898	57566
龙眼肉	担	3712	28085			1341	13491	2529	24097
烟叶	担	5871	27390	4287		4775	22930	2172	10726
中药材			27896				25612		19669
生猪	头	27943	171573	41833		47232	783187	58272	349632
家禽	只					322623	32048	41393	34015
芝麻	担	19397	77800	16605		10906	47549	8206	32446
蚕丝	担	112	11292	172		160	16606	210	21165
红糖	担	64127	133412	83958		80529	158839	93224	231322
白糖	担	9757	31670	7349		726	24679	7861	33074
动物脂	担	1720	12137	1556		1368	9604	1131	7752

表 3—12　1894—1897 年琼州口岸出口货物统计表

货名	量别	1894 年		1895 年		1896 年		1897 年	
		重量	价值（海关两）	重量	价值（海关两）	重量	价值（海关两）	重量	价值（海关两）
槟榔	担	5862	40908	4842	46549	7228	62493	9730	80759
鱿鱼	担	1327	15869	1084	18010	856	14849	969	13565
鲜蛋	只	10878800	27196	9014800	23383	16200360	56177	19959600	65775

续表

货名	量别	1894 年		1895 年		1896 年		1897 年	
		重量	价值（海关两）	重量	价值（海关两）	重量	价值（海关两）	重量	价值（海关两）
咸鱼	担	1025	6217	2131	13319	1215	7529	1324	8217
良姜	担	20377	22538	17232	20676	2230	37944	39024	66337
牛胶	担	4080	23496	4176	24161	4265	21323	4281	21404
上等土布	担	506	55689	364	52844	623	90365	831	120725
花生饼	担	19159	28738	19914	31882	22363	35782	23123	36828
大麻	担	1512	39321	1521	39532	1655	48701	1784	53540
牛皮	担	3974	28695	2942	22354	1488	15898	1569	16477
皮革	担	4064	63767	3617	65032	2797	49603	3382	59405
龙眼肉	担	136	1549	568	6250	738	8853	1510	18122
烟叶	担	1005	8538	1137	9668	651	5530	178	1412
中药材			17954		14763		22748		32461
生猪	头	59345	356070	43237	271422	56592	339552	77946	
家禽	只	322721	24201	340946	33335	427114	37723	585534	43182
芝麻	担	8936	37711	11034	47638	15916	67735	20388	91757
蚕丝	担	170	19358	219	75083	154	16006	99	9908
红糖	担	104922	322697	60224	173593	64698	196359	132249	39031
白糖	担	16234	63168	8794	43704	10323	45399	22732	102295
动物脂	担	1525	11053	1953	14154	2083	15461	2920	23360

表 3—13　1898—1901 年琼州口岸出口货物统计表

货名	量别	1898 年		1899 年		1900 年		1901 年	
		重量	价值（海关两）	重量	价值（海关两）	重量	价值（海关两）	重量	价值（海关两）
槟榔	担	10857	89576	11030	92688	11855	100774	8904	75680
鱿鱼	担	965	13814	2154	31236	1252	18958	1323	2118
鲜蛋	只	16591200	55304	18777600	62888	21570000	70343	25737160	86994
咸鱼	担	2100	13192	3001	18604	4658	28883	3168	19008
良姜	担	19117	32497	15110	25930	10899	19617	21438	40733
牛胶	担	6606	33029	6221	33730	4613	25370	3553	18745

续表

货名	量别	1898 年		1899 年		1900 年		1901 年	
		重量	价值（海关两）	重量	价值（海关两）	重量	价值（海关两）	重量	价值（海关两）
上等土布	担	847	122930	678	98503	1093	160673	942	141285
花生饼	担	12466	70670	11277	21518	6060	12727	4327	9519
大麻	担	1959	58770	5287	158604	2395	71851	3493	104789
牛皮	担	7476	75121	10355	103543	3360	35061	115	1245
皮革	担	5286	93625	7579	139326	5906	114254	4403	89440
龙眼肉	担	1959	24765	4293	55810	1024	13310	2253	30419
烟叶	担	390	3316	252	2142	63	536	102	857
中药材			25366		35044		26915		35671
生猪	头	66356	398136	76045	456270	66293	397758	82203	493218
家禽	只	530150	52170	583380	58338	43304	43304	485140	4854
芝麻	担	1272	40387	13662	71773	4639	25980	9026	50552
蚕丝	担	219	21946	198	19768	128	11541	108	11908
红糖	担	90619	266760	124851	428085	94332	331982	161912	519452
白糖	担	10215	45969	21443	104730	1377	6886	31316	162844
动物脂	担	3092	24733	2292	18332	1270	11138	824	7092

表 3—14　1902—1905 年琼州口岸出口货物统计表

货名	量别	1902 年		1903 年		1904 年		1905 年	
		重量	价值（海关两）	重量	价值（海关两）	重量	价值（海关两）	重量	价值（海关两）
槟榔	担	6323	70489	9546	102640	11769	119390	12786	
鱿鱼	担	1538	26818	1195	17253	1277	34027	400	
鲜蛋	只	17703940	39313	13229100	62619	8296200	44807	13289240	
咸鱼	担	2224	13275	2937	14235	3917	18684		
良姜	担	16492	28391	26493	34583	17289	29736	11019	
牛胶	担	2387	15370	3386	25290	3374	24193	3596	
上等土布	担	798	114010	681	80587	15	995	808	
花生饼	担	2716	6324	984	2558	6987	18307	5871	
大麻	担	2872	72776	4106	104268	3831	125636	3846	

续表

货名	量别	1902 年		1903 年		1904 年		1905 年	
		重量	价值（海关两）	重量	价值（海关两）	重量	价值（海关两）	重量	价值（海关两）
牛皮	担	493	4916	1587	14848	1957	24268	1159	
皮革	担	3205	61622	4325	86114	4406	77985		
龙眼肉	担	2526	29720	1563	17610	1724	41568	2045	
烟叶	担			396	3824	243	243		
中药材			61959		45685		53035		64945
生猪	头	75319	451914	71527	732763	65306	881631	75107	
家禽	只	367230	36543	256360	25636	246872	26669	255000	
芝麻	担	8538	44753	3589	22907	4366	28905	2498	
蚕丝	担	103	10163	59	6299	87	10473	64	
红糖	担	247485	778817	109396	307531	129416	455545	242722	
白糖	担	22693	103630	527	2177	9367	50957	29863	
动物脂	担	1258	10975	989	8371	963	10593	1141	

表 3—15　1906—1909 年琼州口岸出口货物统计表

货名	量别	1906 年		1907 年		1908 年		1909 年	
		重量	价值（海关两）	重量	价值（海关两）	重量	价值（海关两）	重量	价值（海关两）
槟榔	担	15864		15259		14800		15908	
鱿鱼	担	981		529		326		336	
鲜蛋	只	11933036		7243260		13143900		11316220	
咸鱼	担								
良姜	担	14193		15387		78609		16725	
牛胶	担	3813		4293		4565		5330	
上等土布	担	703		801		954		1272	
花生饼	担	11032		9025		9570		7374	
大麻	担	4752		4365		4107		2847	
牛皮	担	2179		2073		1627		1879	
皮革	担								
龙眼肉	担	322		5262		3875		1306	

续表

货名	量别	1906 年		1907 年		1908 年		1909 年	
		重量	价值（海关两）	重量	价值（海关两）	重量	价值（海关两）	重量	价值（海关两）
烟叶	担								
中药材			96938		38921		32391		52826
生猪	头	73131		69065		80288		82383	
家禽	只	460790		180230		176858		90040	
芝麻	担	7785		14463		11997		6863	
蚕丝	担	35		48		33		15	
红糖	担	97114		63864		108198		56092	
白糖	担	2160		1096		7745		452	
动物脂	担	696		480		914		445	

表 3—16　1910—1912 年琼州口岸出口货物统计表

货名	量别	1910 年		1911 年		1912 年	
		重量	价值（海关两）	重量	价值（海关两）	重量	价值（海关两）
槟榔	担	12686		13394		8734	
鱿鱼	担	296		408		689	
鲜蛋	只	4679610		7491680		5796920	
咸鱼	担						
良姜	担	10887		11353		16196	
牛胶	担	4069		3332		3774	
上等土布	担	808		1001		1152	
花生饼	担	1189		2807		5239	
大麻	担	3669		3328		3472	
牛皮	担	927		948		3643	
皮革	担						
龙眼肉	担	1414		4209		1601	
烟叶	担						
中药材			33611		26311		11316
生猪	头	64478		48119		65514	

续表

货名	量别	1910 年		1911 年		1912 年	
		重量	价值（海关两）	重量	价值（海关两）	重量	价值（海关两）
家禽	只	31440		54207		101560	
芝麻	担	4379		11598		9251	
蚕丝	担	20		22		27	
红糖	担	128665		44402		110308	
白糖	担	1102		813		88	
动物脂	担	163		980		997	

资料来源：中华人民共和国海口海关编：《海口海关志》，1992 年 11 月，第 226—228 页。

从琼州口岸出口货物统计表中看出，海南出产的商品主要是土特产，如槟榔、鱿鱼、鲜蛋、咸鱼、良姜、牛胶、牛皮、皮革、龙眼肉、中药材、红糖、白糖等 21 种，这些都属于家庭农业、手工业，成为对外商品流通的货物。

从岛外进口的货物主要是工业的制成品，如棉织品、毛织品、五金、杂货等。这些经过加工之后的工农业产品，当然优于当时经济尚处于落后状态的海南岛上的产品了。这里，录下 1887—1911 年琼州口岸进口货物主要品种统计表，作为对比，见表 3—17 至表 3—22。

表 3—17　1887—1890 年琼州口岸进口货物主要品种统计表

货名	量别	1887 年		1888 年		1889 年		1890 年	
		重量	价值（海关两）	重量	价值（海关两）	重量	价值（海关两）	重量	价值（海关两）
棉织品									
灰布料	件	12713	20999	11922	20149	11973	10129	10129	18160
白布料	件	30660	70533	19547	57090	17032	39961	24467	57774
染花布	件	1204	2712	1059	2222	984	2041	1097	2194
毛巾	件	3984	1687	3958	1625	2783	1372	1651	548
棉法兰绒	件			44	225				
日本棉布	件	16366	6988	10980	4782	7986	3383	11454	4699

续表

货名	量别	1887 年		1888 年		1889 年		1890 年	
		重量	价值（海关两）	重量	价值（海关两）	重量	价值（海关两）	重量	价值（海关两）
棉绒	担	8333	2955	987	3443	6450	2496	9559	4267
毛织品									
英羽毛缎	件	760	7142	655	6075	525	4908	608	5689
羽绫	件			527	4374	288	2399	351	2841
宽毛料	件			20	68			150	4206
纹绒布	件			141	1482				
衣毛料	件			41	694	60	213		
绒布	件	31	474	3379	15902			145	1407
毛毯	对	936	2377	257	729	199	509	543	1161
意毛布	件								
五金类									
铁钉条	担	208	352	2073	4282	1928	3884	96	235
铁丝	担	1831	3181						
旧铁	担	252	435	386	489	259	455	422	824
铁钉	担	99	625	150	519	66	526	1669	3514
黄铁片	担	38	191			52	936	56	979
钢	担	1	14	184	573	151	501	218	806
水银	担	16	983	19	1264	8	927	14	1019
杂货类									
豆类	担							3	135
槟榔	担			372	904	176	583		
二级燕窝	斤	3	2464	3	2309	2	2071	1	1657
衣服花边	盒	18272	9674	28191	12312	18587	9443	22806	12204
本地布	担								
棉花	担	593	6230	114	1563			149	1860
带籽棉布	担	7767	26758	4159	13720	785	2565	1162	5833
染料	担				4496				4479
面粉		5087	11801	5828	12120		27089		19348

续表

货名	量别	1887 年		1888 年		1889 年		1890 年	
		重量	价值（海关两）	重量	价值（海关两）	重量	价值（海关两）	重量	价值（海关两）
人参	斤			80	33023	77	34911	65	33668
大麻	担	3161	1418	3865	1899				
火柴	箩	15820	5791	38284	8782	48960	10492	83068	19434
西药				1088	1100				
煤油	加仑	21330	2852	60390	9060	4193	1265	491540	80030
大米	担	129425	178206	131083	183075	124066	188705	50625	79534
粉丝	担								
白蜡	担								

表 3—18　1891—1894 年琼州口岸进口货物主要品种统计表

货名	量别	1891 年		1892 年		1893 年		1894 年	
		重量	价值（海关两）	重量	价值（海关两）	重量	价值（海关两）	重量	价值（海关两）
棉织品									
灰布料	件			9217	16054	10181	19530	6627	14122
白布料	件			26165	59043	25290	62492	14272	43408
染花布	件			864	2132	865	2236	869	2991
毛巾	件			3322	978	3576	1082	1894	798
棉法兰绒	件							361	352
日本棉布	件			7924	2846	6713	2538	2639	1264
棉绒	担			148	5033	131	4826	83	3960
毛织品									
英羽毛缎	件			656	6205	811	7605	499	5170
羽绫	件			330	2736	404	3456	189	1783
宽毛料	件			2734	11919	3200	14457	1537	7594
纹绒布	件			144	1487	226	2365	122	2100
衣毛料	件			169	4195	251	6542	110	3782
绒布	件			235	3077	412	5135	246	3557
毛毯	对			321	989	369	967	72	212

续表

货名	量别	1891年		1892年		1893年		1894年	
		重量	价值（海关两）	重量	价值（海关两）	重量	价值（海关两）	重量	价值（海关两）
意毛布	件								
五金类									
铁钉条	担			1598	3094	1417	2880	1606	3468
铁丝	担			29	129	144	615	47	226
旧铁	担			35	85	239	576	464	1075
铁钉	担			61	392	401	2387	120	786
黄铁片	担			82	1271	165	2813	69	1587
钢	担			215	842	239	902	155	696
水银	担			20	1225	18	1127	12	553
杂货类									
豆类	担			25633	37542	23624	39008	361	36611
槟榔	担					2220	10431	558	36100
二级燕窝	斤			257	3438	135	1742	95	1027
衣服花边	盒			29370	9118	29527	11534	45843	7171
本地布	担			435	17751	654	30470	501	20026
棉花	担			1972	25705	5146	63270	3591	49034
带籽棉布	担			1995	6734	121	437	91	326
染料	担				6153		5665		4327
面粉					26373		34772		81913
人参	斤			7928	38868	9889	50546	8567	43257
大麻	担			3659	27354	3243	26376	2984	21532
火柴	箩			178620	216824	195388	35399	199550	37535
西药					45965		60702		47527
煤油	加仑			558890	86928	381640	49296	390305	51813
大米	担			1851	4295	78213	119951	376773	689881
粉丝	担			8631	49323	7639	46444	6833	44937
白蜡	担			63	3370	91	6930	86	5726

表 3—19 1895—1898 年琼州口岸进口货物主要品种统计表

货名	量别	1895 年		1896 年		1897 年		1898 年	
		重量	价值（海关两）	重量	价值（海关两）	重量	价值（海关两）	重量	价值（海关两）
棉织品									
灰布料	件	6316	14526	9171	21093	13289	23664	7122	16380
白布料	件	16362	55884	19526	66392	17399	59808	12084	41689
染花布	件	774	1887	1498	4065	2302	6446	806	2248
毛巾	件	930	352	840	282	588	181	450	154
棉法兰绒	件	303	314	715	830	319	412	552	854
日本棉布	件	266	122	810	428	1328	736	381	245
棉绒	担	50	4101	73	9443	72	9386	58	7583
毛织品									
英羽毛缎	件	330	4555	404	6576	264	3696	109	1550
羽绫	件	98	1015	171	1813	121	1317	56	615
宽毛料	件	1604	9224	2471	13766	1670	9673	666	4092
纹绒布	件	89	1735	211	3718	112	1798	66	1077
衣毛料	件	45	1682	115	3902	83	2241	59	1593
绒布	件	68	1008	115	2063	61	956	87	1665
毛毯	对	71	220	204	653	103	330	126	415
意毛布	件							8	135
五金类									
铁钉条	担	1413	3181	1674	4650	1369	4107	1113	3337
铁丝	担	72	360	83	417	55	276	64	320
旧铁	担	312	657	408	694	384	529	183	412
铁钉	担	229	1496	246	1682	246	1688	250	1778
黄铁片	担	76	1665	91	2001	55	1213	51	1131
钢	担	206	1149	292	1326	149	668	207	932
水银	担	14	701	15	881	15	915	11	634
杂货类									
豆类	担	20662	35485	18954	30666	21816	32726	14786	22731

续表

货名	量别	1895 年		1896 年		1897 年		1898 年	
		重量	价值（海关两）	重量	价值（海关两）	重量	价值（海关两）	重量	价值（海关两）
槟榔	担	3306	12585	2111	7808	541	2196		
二级燕窝	斤	457	1799	91	1047	145	1406	53	636
衣服花边	盒	15498	7008	12152	5593	10582	4927	1692	763
本地布	担	515	20613	577	28129	813	41977	456	23437
棉花	担	2899	41881	1973	35380	3296	53282	1980	34407
带籽棉布	担								
染料	担		4604		5127		5178		3647
面粉			61576		62986		44327		44472
人参	斤	8679	43196	9048	48692	10782	49084	9529	43222
大麻	担	2867	21489	3132	23492	2684	20352	2925	21938
火柴	箩	202510	39694	233800	44704	238380	45822	250140	47997
西药			45190		52252		58925		51032
煤油	加仑	537310	71472	634690	95242	920010	139332	945790	141934
大米	担	93730	175443	65561	129077	19371	42340	196755	510556
粉丝	担	5290	36783	7367	5309	6700	48365	4980	35554
白蜡	担	65	4893	116	9240	97	9727	86	8623

表 3—20　1899—1902 年琼州口岸进口货物主要品种统计表

货名	量别	1899 年		1900 年		1901 年		1902 年	
		重量	价值（海关两）	重量	价值（海关两）	重量	价值（海关两）	重量	价值（海关两）
棉织品									
灰布料	件	8371	19427	8878	21777	12545	32447	4787	11615
白布料	件	17645	61840	20323	76221	22469	88604	14269	51300
染花布	件	2996	8325	5073	14736	10935	31713	6713	24167
毛巾	件	486	310	383	238	926	465	804	324
棉法兰绒	件	2090	3994	2378	6549	4047	6564	216	880
日本棉布	件	1514	818	7690	4158	6919	4584	2950	2041
棉绒	担	83	11187	75	10494	110	17524	72	9754

续表

货名	量别	1899年		1900年		1901年		1902年	
		重量	价值（海关两）	重量	价值（海关两）	重量	价值（海关两）	重量	价值（海关两）
毛织品									
英羽毛缎	件	389	5577	383	5877	325	4643	360	3111
羽绫	件	170	1904	206	2370	125	1457	118	1239
宽毛料	件	2118	12976	2534	14825	2426	12870	74	2406
纹绒布	件	132	2191	95	1629	96	1592	94	1692
衣毛料	件	164	4748	158	4797	149	4763	27	673
绒布	件	124	2122	134	1841	117	1696	156	2317
毛毯	对	925	3014	470	1680	373	1375	336	1259
意毛布	件	62	919	176	3565	426	7303	595	9876
五金类									
铁钉条	担	1071	3227	1069	4135	1209	4836	419	1257
铁丝	担	174	870	219	1312	290	2031	1039	3117
旧铁	担	125	296	341	712	440	1068	274	782
铁钉	担	250	1805	262	1967	316	2579	233	1640
黄铁片	担	52	1149	40	959	63	1680	71	2211
钢	担	222	1071	256	1333	228	1243	357	2248
水银	担	10	619	15	1107	616	1291	8	830
杂货类									
豆类	担	22406	38260	21212	39837	32457	61653	332	2991
槟榔	担	106	528	513	2565	89	445	7	60
二级燕窝	斤	49	612	97	1358	53	742	34	612
衣服花边	盒	8030	3532	12546	5232	21606	8885	19939	7651
本地布	担	767	39169	1126	57436	1402	72718	890	42700
棉花	担	3223	55773	2830	51694	1701	28641	651	12296
带籽棉布	担								
染料	担		7176		11964		17797		15661
面粉			75560		77703		88052	38436	123137
人参	斤	263727	44288	9666	47411	10115	57548	10639	58981

续表

货名	量别	1899 年		1900 年		1901 年		1902 年	
		重量	价值（海关两）	重量	价值（海关两）	重量	价值（海关两）	重量	价值（海关两）
大麻	担	3516	26371	2689	21147	3476	28558	2013	21900
火柴	箩	274476	53250	220218	47988	220701	56056	238731	63981
西药			56188		58202		61815		77476
煤油	加仑	1004700	157751	1180240	200454	1488580	254003	1050570	171838
大米	担	1042	9186	772	6949	1364	12277	509335	1543728
粉丝	担	6194	53030	8376	75384	10386	93477	8823	74107
白蜡	担	132	13213	112	11159	154	15429	70	6970

表 3—21　1903—1906 年琼州口岸进口货物主要品种统计表

货名	量别	1903 年		1904 年		1905 年		1906 年	
		重量	价值（海关两）	重量	价值（海关两）	重量	价值（海关两）	重量	价值（海关两）
棉织品									
灰布料	件	7464	20824	7464		6216		8254	
白布料	件	18307	75115	18307		16650		23009	
染花布	件	369	1965	763	3842	675		1486	
毛巾	件	71	60	376	272	2920		3798	
棉法兰绒	件					3207		2792	
日本棉布	件			56343	3094	2915		7800	
棉绒	担	38	12189	7883	1499	19041		20041	
毛织品									
英羽毛缎	件	365	5846	401	5940	330		46	
羽绫	件			116	58	137		30	
宽毛料	件	61	2693	1464	2222	41		16	
纹绒布	件	130	1437	214	2338				
衣毛料	件			31472	12294				
绒布	件	185	3549	34	2330				
毛毯	对	54	2348	4775	1877				
意毛布	件								

续表

货名	量别	1903年		1904年		1905年		1906年	
		重量	价值（海关两）	重量	价值（海关两）	重量	价值（海关两）	重量	价值（海关两）
五金类									
铁钉条	担	181	652	121	378	146		263	
铁丝	担	78	525	1925	6024	193		341	
旧铁	担	22	118						
铁钉	担	340	1971	487	1903				
黄铁片	担	64	1971	64	2090	18			
钢	担	211	1283	25	134	147		194	
水银	担	10	1130						
杂货类									
豆类	担	29499	86027	25279	49658	28640		25724	
槟榔	担	19	164	5	38				
二级燕窝	斤	67	1381	54	1032				
衣服花边	盒		6489	87	11768	92		121	
本地布	担	845	42241	1113	49182	1040		865	
棉花	担	1218	22254	1684	20282	1803		2299	
带籽棉布	担								
染料	担				12437		12048		19675
面粉				28877	93829	16235		66646	
人参	斤	995	1645	7569	40767				
大麻	担	6289	69176	2786	27087				
火柴	箩	22433	74802	245593	74307	283034		915635	
西药			73508		66770		76932		98349
煤油	加仑	1140371	246225	1319241	240504	847340		1803470	
大米	担	108855	378693	87595	235218	62352		119697	
粉丝	担	8564	78658		862	9567		11735	
白蜡	担	173	11277	113	6008				

表 3—22　1907—1911 年琼州口岸进口货物主要品种统计表

货名	量别	1907 年		1908 年		1909 年		1910 年		1911 年	
		重量	价值（海关两）	重量	价值（海关两）	重量	价值（海关两）	重量	价值（海关两）	重量	价值（海关两）
棉织品											
灰布料	件	5289		8497		7345		5684		6118	
白布料	件	18617		22879		32727		17815		19639	
染花布	件	953		628		1205		1227		1488	
毛巾	件	11644		11727		8523		16951		2280	
棉法兰绒	件									223	
日本棉布	件	7431		8317		10393		5760		2400	
棉绒	担	17855		16500		15270		13497		12633	
毛织品											
英羽毛缎	件	335		985		628		280		233	
羽绫	件	359		206		116		87		35	
宽毛料	件									25	
纹绒布	件										
衣毛料	件										
绒布	件										
毛毯	对										
意毛布	件										
五金类											
铁钉条	担	99		60		152		60		4	
铁丝	担	1492		1683		1112		1117		325	
旧铁	担										
铁钉	担										
黄铁片	担	30		60		69		47		67	
钢	担	118		121		167		111		115	
水银	担										
杂货类											
豆类	担	23873		33703		43076		35936		29211	

续表

货名	量别	1907 年		1908 年		1909 年		1910 年		1911 年	
		重量	价值（海关两）	重量	价值（海关两）	重量	价值（海关两）	重量	价值（海关两）	重量	价值（海关两）
槟榔	担										
二级燕窝	斤										
衣服花边	盒	104		124		111		44		33	
本地布	担	440		312		454		271		193	
棉花	担									483	
带籽棉布	担										
染料	担		16518		16818		16903		12054		8651
面粉		42530		33447		29261		30560			
人参	斤									40	
大麻	担										
火柴	箩	319716		355286		341013		359238		314027	
西药			88871		106808		121782		119513		115396
煤油	加仑	1172025		1620395		1672920		2183550		1238200	
大米	担	192855		30335		282943		331831		254821	
粉丝	担	11006		14155		13515		13522		10294	
白蜡	担										

资料来源：中华人民共和国海口海关编：《海口海关志》，1992 年 11 月，第 229—242 页。

2. 商品经济的发展以及海南的传统农业经济体系趋于崩溃

外国商品潮涌而来之后，海南传统的男耕女织式的农业经济体系趋于崩溃，古老的手工业也逐渐被淘汰，如洋布、毛料、煤油、铁料、西药的运入，使海南广大农村的土纱业和榨油业纷纷停业破产，海棠油的产量大幅度下降。黎族地区一向所用的土棉纱，一部分被洋纱代替了。①

① 《黎族简史》第五章，广东人民出版社 1982 年版，第 82 页。

先就棉纱而论，在洋棉纱未输入之前，文昌的家庭妇女，大多数自己种棉、种麻，自己纺纱织布。但自印度棉纱输入后，文昌的棉纺织业几乎停产。据琼海关报告，1876年由印度输入棉纱39担，1882年增至3167担，1891年竟跃进至17184担，仅隔九年，就增长四倍多。这些棉纱，60%在文昌销售，因而文昌的家庭妇女大多数放弃了棉纺业，转向织布业。再就石油输入而论。1882年输入6980加仑，1890年增至491540加仑。1891年减260690加仑，这样，使海南岛向来作照明用的花生油、海棠油，特别是海棠油，几乎濒于绝迹。① 因此，海南农业原始状态的封闭性生产，也开始解体。由于海外市场对海南传统土特产及其加工品的大量需求，这时候，在汉区出现了为交换价值而投资经营的槟榔园、椰子园、甘蔗园、香蕉园等等。

最早建议引进南洋作物的是候补道杨玉书与商人张廷均。杨玉书于光绪十三年（1887年）五月建议张之洞开辟榆林港为商埠，除了海防作用外，尚有发展经济与贸易的功能。杨玉书在电文中说："书今日请开港，实为筹海计也。港门两岸宜筑炮台，控制之内立埠头，中可容轮船数十艘，通黎山之出产。张主事愿觅外洋咖啡，吕宋烟、麻、蔗、胡椒各种，每年销售外洋，似足为穷黎开衣食之源。其港口较埠头为胜，与香港不相上下。海口水浅，高之十倍。此处一开埠头，则崖东、南、西三路源头均活，实为富琼第一要策。"②

光绪三十四年（1908年），侍郎杨士琦曾向清廷上一奏折，详细提及在琼崖如何设总公司来广兴实业的办法，对于开发海南岛的矿业及热带作业、盐业、渔业作了多方的设计，此奏折说明清廷对于海南的开发各问题，说得颇为具体：

光绪三十四年（1908年）七月，农工商部奏：本年三月初八日准军机处片交，本日侍郎杨士琦奏华商集资创兴琼崖地利办法折单

① 冯河清：《海口市商业发展史》，载《海口文史资料》第一辑，文史资料研究委员会编，1984年出版，第116—117页。

② （清）张之洞：《张文襄公全集》卷一百二十九（电牍八）《杨道来电》，中国书店1990年版，第296页。

一件，奉旨，农工商部议奏，钦此。传知钦遵等因到部，查原奏内所列一纲十目，均系筹边殖民要政，亟应统筹全局，次第设施，当经臣等电嘱胡国廉来京面商办法，兹接胡国廉函称琼崖事件艰巨，非厚集商力，不足相与有成。拟先设总公司，为开辟琼崖之根本，一面招致侨商，分设各项小公司，广兴实业，资本不足，总公司佽助之。俟其获利，则总公司酌提津贴，以示报酬，大小相维，厥效自著。现已招股一百万元，设立侨兴总公司，先办垦矿畜牧汇兑事宜；又招股一百万元，设立侨丰公司，专办盐务。以候选道区昭仁专驻琼崖，综理一切，以道衔张维藩佐之。又有四品卿衔吴梓材、候选同知郑瓒、盐运使衔胡梦青分驻香港霹雳等处，同心规划。此外南洋各埠，同志颇多，现值银价低落，筹款较难，一俟市面稍宽，尚当续招巨股等语。并令代表人张维藩来部面陈办法，臣等窃维琼崖全岛为古儋耳、珠崖等郡，地多炎瘴，山海崎岖，数千年来，未经垦辟，然其地内屏两粤，外控南洋，与香港、小吕宋、西贡等埠，势若连鸡，隐然为海疆重镇，而土脉膏腴，农矿饶衍，尤为外人所艳称。未雨绸缪，诚为急务。胡国廉雅负物望，精擅商才，原单内所列各条，及此次函陈办法，均属胸有成竹，切实可行。惟是造端甚宏，创始不易。若诸务同时并举，资力或恐未胜，臣等与该代表人往复推求，共同商榷。就所列一纲十目，参之以情势，证之以事理。窃以为有宜亟办者五，有宜次第举行者三，有宜暂行缓办者二，而鳃鳃过虑，更有不能不为公司筹久远为国家杜流弊者，谨一一为我皇太后、皇上缕晰陈之。查原单内开银行一条，百业以资本为根源，而资本以银行为枢纽，盖有银行则散者可使之聚，滞者可使之通，西人经济专家之言，至以银行为实业之母，故银行势力所及之地，实业即随之而兴。征之列强，成效可睹。该公司拟在琼州设劝业总银行，俾商民尺币寸金，皆得有所储蓄，血汗所易，不至随手耗失，而凡办垦矿事宜者，亦皆有所告贷补助，以资周转。虽目下地利未尽，不妨小试其端。而他时百废俱兴，即力图扩充之计，经营琼岛，良为要图。此臣等所谓宜亟办者一也。又原单内兴矿业一条，琼崖矿产饶富，地不爱宝，而人弃之，至可惜也。今既力图开辟，则开采矿产，亦其要矣。拟将琼崖全岛各矿，俱归该公司勘采，或由该公司转招他商承办。利源既辟，风气益开，成绩所彰，殆可逆睹，惟是维持商业，首在体恤商艰，所称矿章限制太严，租税征收过重。拟请通融办理各节，自是实情。现在新定矿章，已经奏明重加厘订。将来边远之地，有难一律遵行者，均可准予变通。胡国廉前请办儋州、那大等处锡矿，亦经臣部核准量予变通有案，该公司勘采全岛矿产，规划尤属为难。欲求全体之振兴，必予以特优之利益。所有该公司照费、年租、出井税等款，均可按照年限一律豁免，以资鼓励。至出口税关系正款，仍饬令照章完纳。庶几商力不困而常课无亏，利国利民，无逾此者。此臣等所谓宜亟办者二也。又原单内清荒地一条，琼崖十三州县，井里寂寥，动忧土矿，振兴农业，必始查荒。惟是清丈事关地方，稍一不慎，易滋骚扰，应由两广总督严饬劝业琼崖两道，督同该管州县，会商该公司，将全岛荒地，分段查勘，分别官荒民荒，妥筹办法。总以厘正经界毋扰居民为主义。一俟查勘完竣，即由该公司承领开垦，并测绘详图，拟订章程，具报臣部及两广总督会商核夺。庶几疆场可正，沟洫可治，阡陌可通，物宜可办，而农利乃可言矣。此臣等所谓宜亟办者三也。又原单内广种植、讲畜牧两条，树畜为农政大端，若必俟全岛清荒事竣，方能举办，则天时地利物力均废弃可惜。自宜逐段考查，有著手较易者，为最先之试办，如棉花、蓖麻、甘蔗、萝葡、洋薯、树胶、椰子、胡椒各品，于琼崖土性适宜，拟先从琼、澄、临、儋、定安境内先行种植，畜牧则先选购牛羊佳种，择水草佳处为畜牧场，并制造皮毛，化生为熟。数年之后，以次陆续推广，滋生蕃衍，博硕肥腯，必有可观。或以供制造，或以资贩卖，细之足以裕小民之生计，大之可以增全岛之利源。事有似微而实宏，似缓而实急者，此类是也。此臣等所谓宜亟办者四也。又原单内兴盐务一条，琼岛滨海，本系产盐之区，现由胡国廉设立侨丰公司，拟即广辟盐田，精求制法，与广东盐运司议定章程，业经两广总督批准专办三十年在案。事关盐法，应由两广总督咨明度支部办理，此臣等所谓宜亟办者五也。又原单内长森林一条，林业获利最优，而收效较晚。琼崖地方辽阔，层峦叠嶂，森林地位，本极相宜。惟旦旦斧斤，遂致难期长养。居民樵采已惯，一时禁令必有所难周。体察情形，不能克期并举，应俟清荒之后，公（事）[司]办有头绪，再行陆续兴办。此臣等所谓宜次第举行者一也。又原单内重渔业一条，渔业关系海权，至为重要，所称置备轮船，改良捕法，讲求腌制，以广销路，办法亦极允洽。惟创办既多耗费，获利亦未可预期。应俟该公司气力稍充，势能兼顾，再行广集资本，切实讲求。此臣等所谓宜次第举行者二也。又原单内筑马路一条，筹琼以筑路为要著，原奏内亦曾声明，明臣海瑞、前督臣大学士张之洞，先后均经筹办，然披荆斩棘，其事绝艰，备料程工，需款尤巨。拟从农矿开办之处，先行筹筑，随后逐段扩充，庶几款不虚糜，路不虚设。岁修之费，亦有所资，至或由官办，或由商办，应饬该公司会商地方官妥为布置。此臣等所谓宜次第举行者三也。又原单内设轮船一条，琼岛孤悬海外，必须自开航路，以便交通。所称创设轮船争琼港往来之利益，诚具卓识。惟实业未盛，运货无多，公司虑有亏折，应俟以上各项渐次发达，然后相机措办，届时禀商邮传部办理，此臣等所谓宜暂行缓办者一也。又原单内开商埠一条，琼州海口早已设关，客货无多，收税未旺，该口沙碛，飘荡靡常，潮退之时，难容巨舶；榆林港在崖州西南，人烟稀少，出产甚微，目前尚难建筑。该公司拟别择良港，自辟商埠，诚为保守利权之计。应俟商务渐盛，再行体查情形，由臣部咨商外务部办理。此臣等所谓暂行缓办者二也。夫以该公司负非常之责任，抱无穷之希望，志业伟大，良足嘉尚。虽经臣等酌量缓急，定措施之次序，然工艰费巨，任重事繁，投资本于蛮烟瘴雨之乡，期成效于旷日持久之后，非予总公司以特别之权，不足以资提倡。重以汉黎杂处，主客异形，开办之初，虑多阻扰，惟赖朝廷主持于上，地方官协助于下，宽税则以纾商力，简文法以顺商情。将来百货万商，骈阗充溢，公司蒙其利，国家亦坐受其成，万一权多旁掣，功废半途，前者寒心，后者裹足，时机一误，隐患方深。臣等公拟仰恳天恩俯念琼崖事体重要，明降谕旨，特派大员督办琼崖垦矿事宜，以重事权，并请饬下两广总督督饬劝业道及琼崖道实力保护，并由臣部随时稽查，遇事维持，俾策全功而收实效。臣等所谓为公司筹久远者此也。抑臣等更有进者，此项垦矿章程，为发舒商力鼓舞侨情起见，且创办各商，均热心祖国，夙负重望，自不妨格外从宽，以尽地利，而将来流弊，亦不可不豫为之防。该总公司系完全商办性质，任事各员，悉由股东公举，他日辗转易员，至十数年数十年以后，倘有搀合外股借用外款等事，仍由臣部及两广总督暨两广咨议局随时稽查，一经觉查，所定章程作为无效，并饬该公司将此条订入专章，以期永守。臣等所谓为国家杜流弊者此也。至于未尽事宜，及各项详细办法，统俟该公司妥订章程，呈由臣部核定办理。上谕农工商部奏，筹议华商创兴琼崖地利事宜。酌拟办法一折，著派三品卿衔胡国廉总理琼崖垦矿事宜，其有关涉地方他项商民利害事务，应会同地方官妥商办理，余依议。[①]

光绪二十八年（1902 年），华侨曾金城从马来西亚运回第一批橡胶树苗，在那大附近的洛基乡西领村栽植，是为我国栽培橡胶之始。[②]

光绪三十三年（1907 年），欧榘甲（1869—1912 年）在新加坡担任三年南洋总汇报主笔之后，深觉实业的重要，乃邀请其富商好友胡子春一同组织农垦公司，开发海南。他们二人于此年二三月间环游海南一周，作深入的考察，原计划一面移植南洋植物于海南岛上，一面开掘岛上矿产，组织银行，要建立一个现代化的省份。后因其他原因未能实行，可能是他们将自南洋带回的热带优良植物种子如橡胶、玉桂、咖啡、菠萝、椰子、木瓜等，无条件赠送给当地政府与人民，劝导推广种植，以富裕民生。[③]

---

① （清）朱寿朋编、张静庐等校点：《光绪朝东华录》第五册，中华书局 1984 年版，总第 5969—5972 页。

② 《热带作物手册》，转引自刘跃荃编：《黎族历史纪年辑要》，广东省民族研究所 1982 年版，第 105 页。

③ 李少陵：《欧榘甲先生传》，第 35—37 页，转引自苏云峰：《从南洋经验到台湾经验——1945 年以前的海南农业改良》。

光绪三十四年（1908 年），旅居马来亚一带的华侨组织海南实业开发公司筹集资金 25 万—30 万鹰洋（墨西哥鹰洋可兑换 0.7023 两纹银），准备在海南岛投资开发实业。同年，有华侨从马来亚带回咖啡种苗在那大试种，为咖啡在海南岛栽培之始。①

光绪三十四年（1908 年），陈赵隆公司在藤桥设立，资本约二万银元，在距藤桥七里之海滨种植椰子、槟榔、甘蔗等经济作物。②

宣统二年（1910 年），乐会县人何麟书自南洋带回巴西橡胶种苗，在定安县落河沟（今琼中县）拓地 250 亩，设立琼安公司，试植 4000 余株，五年后收割得生胶 500 斤。③

道光十七年（1837 年），海南黄氏宗亲和海外泰国、新加坡、马来亚等国的华侨（英裔）捐资光洋数千银元，在琼山府城镇兴建落成一座黄忠义公祠，共同敬奉先祖，作为华侨回国寻根问祖的地方。清代探花张岳崧为公祠题匾。

四、广东的十三行和海口的商业活动

清代广东在对外贸易中，1757 年催生了十三行，这是一个垄断性质的中国对外贸易专营机构，后来，广州十三行在告别垄断之后，轰然倒塌。

屈大均在《广东新语》中云："东粤之货，其出于九郡者，曰广货。出于琼州者，曰琼货；亦曰十三行货。出于西南诸番者，曰洋货。在昔州全盛时，番舶衔尾而至，其大笼江，望之如蜃楼屃赑（传说中龙生九子之第六子，貌似龟而好负重，有齿，力大可驮负三山五岳），殊蛮穷岛之珍异，浪运风督，以凑郁江之步者，岁不下十余舶。豪商大贾，各以其土所宜，相贸得利不赀，故曰金山珠海，天子南库，食者艳之。"④这是对清代广东对外贸易状况的描述，其中"琼货"也包括在内，足

① 刘跃荃编：《黎族历史纪年辑要》，广东省民族研究所 1982 年版，第 106 页。

② 刘跃荃编：《黎族历史纪年辑要》，广东省民族研究所 1982 年版，第 106 页。

③ 陈植编：《海南岛新志》，海南出版社 2004 年版，第 168 页。

④（清）屈大均：《广东新语》卷十五《货语·黩货》，中华书局 1985 年版，第 432 页。

见当年琼货之珍贵了。

何谓十三行？清政府在对外通商时，为了保证行商对贸易的垄断，便于对商品的约束和关税的征收，必须把贸易限制在一定的街区，于是，在广州，便指定了一些商人专门同外商进行交易，这些商人称为行商，又称洋商，行商所开设的对外贸易行店，称为洋货行，俗称十三行。十三行是作为广州具有经营进出口贸易特权的总称，行商承揽对外贸易，办理外商的货物报关纳税，管理约束外商，转达政府和外商之间的一切交涉。

广州的十三行，与海南商行的建立有着密切关系。当时十三行中就有海南行，据《粤海关》载："国朝（即清朝）设关之初，番舶入市者仅二十余柁。至则劳以牛酒，令牙行主之，沿明之习，命曰'十三行'。舶长曰'大班'，次曰'二班'，得居停'十三行'，余悉守舶，仍明代怀远驿旁建屋居番人制也。乾隆初年，洋行有二十家，而会城有'海南行'。至二十五年，洋商立'公行'，专办夷船货税，谓之'外洋行'。别设'本港行'，专管暹罗（今泰国）贡使及贸易纳饷之事，又改'海南行'为'福潮行'，输报本省潮州及福建民人诸货税，是为'外洋行'与本港、福潮分办之始。"①

又嘉庆五年（1800年），监督佶山奏言中提到："乾隆十六年间，俱系'外洋行'办理，共有洋行二十家，并无本港名目，亦无福潮行名，止有省城、海南行八家。迨乾隆二十五年（1760年），洋商潘振成等九家呈请设立'公行'，专办夷船，批司议准。"②

《粤海关》中所说的"海南行"，虽然后来改为"福潮行"，实际上还是与海南货有紧密关系，因为：①海南过去属于广东。②海南的货物多次由福建人及潮州人采购之后，运至广州再销售出去的。所以专办福建、潮州的贸易的"福潮行"，他们的货物中一部分是海南的。那么，

---

① （清）梁廷枏总纂、袁钟仁校注：《粤海关志》卷二十五《商行》，广东人民出版社2004年版，第491页。

② （清）梁廷枏总纂、袁钟仁校注：《粤海关志》卷二十五《商行》，广东人民出版社2004年版，第496页。

“十三行”是由官府培植而成为封建政府对外贸易的代理人，实际上是官商。十三行自建立至鸦片战争后，道光二十二年（1842 年）被废止，行商荣枯无常，经常变动。最多时 26 家，最少时只有 4 家。清代海南的商家，也加入这一贸易活动的潮流中。

清代广东商品流通有四条水路，其中一条南边的水路是通过河流与高州、雷州、廉州、琼州（今海口）等地相衔接，是时珠江三角洲地区的商人往粤西做生意，必经此路贩货而去，所以海口是重要的出入货物的商埠。琼州的灵茶和棉花很著名，手工业方面如纺织业中，琼州的棉织业，乐会（今琼海）、临高、澄迈、琼山的麻织业，琼州的制糖业、制茶业、制香业、编织业，在清朝已贩运至中原各地。[①]当时海南的制糖业分布在万州、崖州、儋州、临高、澄迈等地。道光《琼州府志》记载：“琼之糖，其行至远，白糖则货至苏州、天津等处。”[②]屈大均在《广东新语》中说：“广州望县，人多务贾与时逐，以香、糖、果、箱、铁器、藤、蜡、番椒、苏木、蒲葵诸货，北走豫章、吴、浙；西北走长沙、汉口；其黠者南走澳门，至于红毛、日本、琉球、暹罗斛、吕宋，帆踔二洋，倏忽数千万里，以中国珍丽之物相贸易，获大赢利。”[③]其中有许多商品，都属于海南特产。

又何乔远在《闽书》中也说及广东东莞、番禺、新会的船只：“其船各系富家主造船，其驾船之人名曰后生，各系主者厚养壮大，每船各四十五人，南至琼州载白藤、槟榔等货，东至潮州载盐，皆得十倍之利。”[④]海南岛的特产，已成珍贵的商品。

五、各地行业会馆的创立

由于商品的流通，各地经商城镇建立了自己行业的会馆，海南于

---

① 冼剑民：《明清广东手工业的发展》（未刊稿），转引自黄启臣、庞新平：《明清广东商人》，广东经济出版社 2001 年版，第 18—19 页。

② （清）明谊修、张岳崧纂：道光《琼州府志》卷五《舆地志八·物产·饮馔类》，海南出版社 2006 年版，第 280 页。

③ （清）屈大均：《广东新语》卷十四《食语·谷》，中华书局 1985 年版，第 371—372 页。

④ 何乔远：《闽书》卷三十八《风俗》。

光绪年间，在海外东南亚各国也建立起来。同治九年（1870年）在马来西亚槟城建琼州会馆；光绪六年（1880年），琼州华侨69人发起在新加坡建琼州会馆；光绪八年（1882年）在马来西亚麻坡建琼州会馆，创建人陈文义；光绪十五年（1889年）在马来西亚吉隆坡建琼州会馆，创建人叶勇；光绪二十年（1894年）在马来西亚巴生建琼州会馆，创建人陈万德；同年在马来西亚安顺建琼州会馆，创建人李其仁、苏志东、云逢创；光绪二十六年（1900年）在马来西亚永平建琼州会馆。[①]

从光绪十年至三十年（1884—1904年）西贡、曼谷、顺化、吉隆坡、金宝均建立琼州会馆。凡所建的琼州会馆，必奉祀天后圣母。

表3—23　19世纪中后期新加坡及马来西亚琼州会馆一览表

会馆名称	所在地	创立时间（年）	创建人
新加坡琼州会馆	新加坡	1857	韩旺彝、王志德
马六甲琼州会馆	马六甲	1869	龙家传
太平琼州会馆	太平	1869	
槟城琼州会馆	槟城	1870	
麻坡琼州会馆	麻坡	1882	陈文义
新山琼州会馆	新山	1883	
雪兰莪琼州会馆	吉隆坡	1889	叶勇（又名叶荣）
关丹琼州会馆	关丹	1891	
巴生琼州会馆	巴生	1894	陈万德
安顺琼州会馆	安顺	1895	李其人、苏志东、云逢创
古晋琼州会馆	古晋	1898	
永平琼州会馆	永平	1900	

资料来源：王日根：《乡土之链——明清会馆与社会变迁》，天津人民出版社1996年版，第99页。

海南人不仅对中原各地进行贸易，而且也活动至海外了。在海南本岛上，也建立了几个会馆，如清初创建的广府会馆，道光年间，百

① 《新加坡马来西亚华侨史》，转引自《明清广东商人》，广东经济出版社2001年版，第208—215页。

姓增建房门外戏台，庙地前后环水，最为清爽。海南、番禺、东莞、顺德、新会等五邑的商人在雍正十年（1732 年），创建的广行五邑会馆，乾隆二十一年（1756 年），潮州商人建立的潮州会馆，乾隆四十三年（1778 年），琼郡岁歉，位和亟遣人驰告潮商，劝由海道运米至。又使其子玢橐千金市谷于雷，以备施赈。一时米船云集，市价以平。[①] 嘉庆年间建立的高州会馆，道光十九年（1839 年）创建的福建会馆，一处在白沙门的漳泉会馆，一处在水巷口的福建会馆。嘉庆二十五年（1820 年），海南商人发起建立文昌公所，至同治三年（1864 年）改为文昌社。这是一个同乡团体，大家结成同业公会，互相帮助。云茂琦在《海口文邑公所序》云："文昌公所，自有文昌以来未创之馆也，今创之曷故？盖缘琼郡海口为商贾辐辏，水陆冲衢，我邑人之读易而期三倍，读书而慕懋迁，究天官阜通之义，察春秋欲赢之文，逐什一、权子母者，每于此焉……嘉庆二十五年（1820 年），某某首倡议，鸠同人捐输，递年存积生息，而文昌公所立焉。"[②] 这一公所，是文昌商人聚会的场所。还有一个鳌峰会馆，康熙四十二年（1703 年）建，由琼山、澄迈、临高、定安等地的贩卖牛皮的商人捐款建的一个同业公会。在这些公会旁边，都建有天后庙，春秋二季祭祀。琼州海口天后庙匾额曰：鳀壑安流。[③]

小叶田淳在《海南岛的天后宫》一文中写道："琼山市鳌峰会馆：沿着琼山市西侧城壁伸展的一条小雅巷有一所小屋宇悬挂着一块'鳌峰会馆'字样的匾额。现在已改为民居，原来则是供奉着天后圣母的，即使现在还是左右壁间镶嵌着两面石碑，直看右边的碑面日期刻着乾隆十九年（1754 年），左边的日期为道光三年（1823 年）。这些都是当年整修会馆的年份。"

① （清）明谊修、张岳崧纂：道光《琼州府志》卷三十五《人物志·吴位和使》，海南出版社 2006 年版，第 1539 页。

② （清）云茂琦：《阐道堂遗稿》卷一《海口文邑公所序》，海南出版社 2004 年版，第 21 页。

③ 《清实录》卷八二。

“这间会馆在康熙四十二年（1703 年）创设，是府城和近邻的皮行，即是牛皮商人为生意买卖而大家同心协力并表现义气而设立的。后来多次重修都全由皮行斥资并负担。道光三年重修之时更加隆重其事，举凡海口、东山、旧州、新吴（以上琼山县）、金江福山（以上澄迈县）、多闻（临高县）、仙沟、山竹（定安县）等总共有六十行参与其盛。”[①]

海南岛至清朝中叶各地纷纷建立会馆。在雍正年间起至同治年间止，在海口市陆续设立了广行、五邑、高州、福建、文昌等会馆。这些会馆的成立，就是为了方便营业。对于联络乡情亦具有重要意义，相同地域同乡人士之间的互助救济等重大事务均属于其活动内容。然则鳌峰会馆表面上跟各自籍贯异同没有什么关系。显而易见地它具有不分籍贯，仅基于行业招收会员加以组织起来的特点。由于这个因素，鳌峰会馆供奉天后圣母，致力于同业的繁荣和组织盟约的强固，这亦说明了古时牛皮就成为海南岛的一种主要物产，并且还是对外输出的重要项目。

嘉积市的会馆。嘉积市在明清时代设置会同县，后来是琼东县，在海南岛是物质买卖最兴旺的其中一个都市。万泉溪流过本市西南方，附近包括琼东、乐会两市在内的平原相当肥沃，在海口市附近江口形成三角洲的南渡江支流新吴溪的上游很早就已开拓，跟嘉积市的距离也不算远，交通方便。南宋时候就有来自福州、泉州、广州的许多船只进出万泉溪河口附近的乐会。明代时期这块平原上已有发达的墟市。

在嘉积市可以看到的现存最古碑铭是在福建会馆里，有一块陶制碑面题为“永远勿替”，还可读出上面日期是“嘉靖二年（1523 年）季冬月初三日”字样。嘉积市除福建会馆外，还有南顺会馆、潮嘉会馆、五邑会馆、东新会馆。南顺会馆就在福建会馆附近，在街道东部的风景名胜区里。这间会馆有一块石碑题名“重修天后庙题名记”，树立于“崇祯九年（1636 年）岁次季夏吉旦”，上面刻着的碑文是“琼州

---

① ［日］小叶田淳：《海南的天后宫——天后的奉祀和商业》，若愚译，转引自《马来西亚雪兰莪琼州会馆庆祝百周年暨天后宫开幕纪念特刊》，第 273 页。

会同有市、曰嘉积，嘉积采奇求胜之客所环”。它记载有两人名为陈胆日、彭三衎，来往奔走二千里，主张建造天后庙，这两人从广东南海、顺德县外出经商，来往海南岛之间。康熙六年（1667年）树立了“重建天后宫碑”，即是当年曾予重建，然而根据康熙五十八年（1719年）的“南顺会馆碑序”，康熙六年（1667年），南海、顺德二邑有人募捐兴建会馆，说不定天后庙只是容纳在馆内的一个祠堂。

说到潮嘉会馆，根据嘉庆十二年（1807年）的“嘉应重建会馆碑纪”，潮州嘉应（梅县）人大量来往嘉积之间，万历年间他们成立了槟榔行，至乾隆四十七年（1782年）北市门改建，嘉庆九年（1804年）“各市镇乡亲同心协力”出资才建成会馆，并供奉圣母尊神（天后）。经道光十四年（1834年）修建一次，已经颓败，只剩门口依稀可辨。五邑会馆和东新会馆创建日期是比较新近的事。五邑会馆在咸丰四年（1854年），有“新建五邑会馆碑记”。同时还有道光年间的匾额和嘉庆的铁钟，供奉天后娘娘。匾额应是他处移来之物。这里所说的五邑是指琼山、文昌、定安、琼东、乐会。上述碑记上有“天后元（之）君商贾所铭敬者也”之句。①

另外，还创建一座海口公馆，焦映汉有《海口公馆碑记》云：“海口当南北之冲，冠盖仕宦之往来，必于是焉驻节。盖此地与海安相望，而隔以八十里，海面巨浪稽天，将渡而往者，潮侯不能不须之时日，其来者舍舟登岸，尤急谋宴息者也。先是公馆在北门外天妃庙西，湫隘卑陋，不足以容车马，又风雨摧败，其行装不无暴露燥湿之虞。用谋更置于南门城内，得地袤若干丈，广若干丈，取材于海北，伐石于山南，舁土于丘，需甓于陶，付铁于治，鸠工于肆，运徙转动于市。于是前为客庭，后为公寝，左右翼以两厢，俱各三楹，大门付以侧舍，为七楹，由大门而左，北向为仪门，又其左为官厅，其后为茶房，为庖御，合诸别室，以门面计者八，以楹计者三十。是役也，经始于戊

① ［日］小叶田淳：《海南的天后宫——天后的奉祀和商业》，若愚译，转引自《马来西亚雪兰莪琼州会馆庆祝百周年暨天后宫开幕纪念特刊》，第273—275页。

子（1828年）春初，落成于今秋七月，约计工费六百有奇，而民不与知。自镇府厅以及十三州县，莫不踊跃从事，余实倡其始也。”[①]当年在嘉积市（现琼海市），各籍来琼的商人建立此类会馆。

又乾隆三十七年（1772年）在北京宣武区大外廊营31号建立琼州会馆，此馆为清朝编修吴典策划经营。琼州会馆建成后，吴典写了《京都琼州会馆记》，记载建馆事宜始末，记中云：“琼州去京师九千余里，人士之至止者稀，以故他郡多有邸舍，而琼独阙焉。公车之上南宫，选人之赴吏部，往往寄寓全省行馆，屋少人众，或不能容，有力者僦屋以居，否则投诸逆旅，湫隘杂沓，要挟苛索，不可终日。乾隆三十四年（1769年）典官京师，始与郡人谋建会馆。乾隆三十七年（1772年）春买宅于正阳门外灵中坊大外郎营北口内，其屋三重，围以旁屋，计十七间，又买屋左隙地，纵十二丈，横五丈五尺，共用白金五百六十两。乾隆四十七年（1782年）仲秋乃改造焉……琼人万里而来者息肩投足，至若家居，乡语喧哗，忘其为客，不复有湫隘杂沓之虞与夫要挟苛索之患矣。”[②]当时，北京琼州会馆地址在北京大外廊营30号，管理人为韩崑斗，其职业为度支部郎中。不论是海口公馆或是北京琼州会馆，这两个馆是官吏所建的旅店，不是商人的汇聚地，但这些公馆的建立，也是海南经济繁荣的象征之一。

在谭棣华、曹腾騑、冼剑民编的《广东碑刻集》中，还保留了几通关于会馆的碑文，如陵水县的《鼎建凤城会馆碑记》《鼎建顺德会馆货资题名碑记》《重修顺德会馆头银碑记》《陵阳顺邑会馆记》《重修琼邑会馆捐题碑》等，这些碑文，刻下会馆建造的历史以及捐资者的数目。捐资人之多，有的不下数十人，数目不等，这些都是清代以来海南经商的商人。碑记中所写内容的特点，都是以崇拜天后圣母庇佑平安福荫为内容，并表示在琼经商者和衷共济，以志输诚。从所遗

① （清）李文烜修、郑文彩纂、郑廷标编辑：咸丰《琼山县志》卷二十六《艺文志·海口公馆碑记》，海南出版社2004年版，第1028—1029页。

② （清）李文烜修、郑文彩纂、郑廷标编辑：咸丰《琼山县志》卷二十六《艺文志·京都琼州会馆记》，海南出版社2004年版，第1065—1066页。

留的碑文看，乾隆、嘉庆、光绪年间各朝代都有广商的足迹。

鼎建凤城会馆碑记

古之达人，以宇宙为逆旅，光阴为遇客，同在两间者，萍聚乳合，均名为会。尽大地皆会合之人也，尽大地皆逆旅之馆也，会馆乞设无乃多乎？今之人异，是越陌度阡，邂逅而分轸域，翻罢覆雨倏忽。馆之设，所以萃其涣，同其睽也。地必据康衢，有取乎殊途同归也；筑室务为巩固，有取乎规模弘远也。岁时伏□，必虔祀事，有取乎神道设教也。神之灵依于庙貌以安，庙之貌因乎地利以建，地之情以协，故通都大邑，名区巨镇，在在有之，吾未见其为多也。琼之属邑为陵水，地濒溟渤，境接珠崖，固海隅日出之乡，商旅云集之所也。向无会集之馆，同为逆旅之人，乡水犹萍梗也。先是吾亲友土者结为案友，名曰永义。岁积之余，买受馆地一区，于县城北廓外，未及建盖，将有待也。至今康熙丙戌之冬，康锡采、张彤廷、洪沛长、张爵才、李宁宽、张式漢、康乾简、康世广厥事，任其劳。因前之同乡会众，乐厥成，合资千纸，选材木，鸠□工，悉以广顺而至，不必旷日持久，而庙土木告成。深三进，广三楹，输乎？奂乎？廓乎？其大观乎？工既竣，乃修饰宝座，塑金容，奉天后圣神为万年香火，春秋荐馨，享禩不悉。在会之众，事无大小，必质诸神；期有要约，必盟诸神；居有体处，必祷于神；出有攸往，必呼于神。神之人，犹母也，人之事，亦犹子也。异地同堂，亲之爱之，兄弟也。扩斯义也，通一郡为郡之馆，行一国，推而远之，天下皆有馆焉。六合一家，八荒一闉。乾称父，坤称母。民吾胞也，物吾与也，四海之内，皆兄弟也，无适而非会众之馆焉。吾又未见其多退休桂楴之下，乡人有庙记请者，广为会馆之说以志之。任事贤劳者，置地捐资者，不可忘也，勒石胪名，用永垂不朽云。

赐进士第翰林院检讨大清一统志三朝国史纂修官前持简吏科给事中甲戌科会试分考翰林院庶吉士习读清书官郑际泰熏沐拜撰（下略）。

重修顺德会馆并建戏台墓碑

盖闻莫为之前则无以垂后，莫为之后则无以承前，是二者实相须也。斯会馆之设，始自康熙锡彩公等。其时本邑客在陵，莫不踊跃佥题，以勷厥事。但一时工料未尽精良，以致数十年间，渐多倾圮。又明堂旷荡，识者感谓头门余地宜建戏台神座，以束其气，则发福愈大。于是众议重修，各皆喜。惟捐资、工匠、材料，务择其庀，戏台体制，则从各处神庙，给其形状，卜之娘娘，祝其所取而从事焉。兹既落成，将佥助督修首事勒碑，货头碑记另竖，以垂永远。因为一言，以弁诸其上。今将题助芳名朗列于左：(略)。

陵阳顺邑会馆记

天后圣母建阅百余年，中间增立香亭，添设戏台，造叙福所，皆赖同人鼎力。自昔迄今，具藉神庥而获盈宁者，不独在陵居奇之否为然也，后经商游宦蒙庇佑焉。日久栋宇桷蠹朽，砖瓦破坏，众议易其旧而新之，取木于山有年矣。诹吉庚午岁九月十八日兴修。鸠工购料，计需浩繁，早日为筹度。有抽货金尚不足用，予通司铎顺湖倡劝助，而诸同志乐勷厥举。出资者若而人，督理者若而人，和衷协力，矢公矢动，勑造拜亭，前濬壁池，后围花圃。道生旺治，植榕松之木，以障其坡。经营数月，及落成，焕然更新，金碧辉映，妥神灵以迓福荫，当无既也。虽然，聊桑梓之谊，以和平为本，司出纳之事，以公地同心。岁时祷祀敬慎，将之获神之庇佑之，视前不更有加无已耶！爰泐珉石，以志输诚。

调陵水县教谕羊额何秉杞谨撰

总理：康荣昌

督理：林聊大、康升广

各号捐题名略。

重建顺德会馆拜亭捐题碑志小引

尝思创建会馆，少酬神圣之灵，广拓宏基，亦邑人之色。所以侑先隆庙宇观瞻，式焕堂阶，况祭举春秋，既衣冠之可印之，非宜已哉。我会馆向有拜亭，由来旧矣。第以丹楹刻桷，渐将剥蚀于风霜华，断瓦残垣，尤觉摧磨于风力。倘非易以贞石，恐人思维鼎力，换圣母琼装之旧，增财神宝像之新木，取牛作筑，择日申之，腊金镶龙，殿崇升诹。乙酉之秋，倡言者两馀，囊大啟投钱，作布地之施，砥柱高擎，炼石尽补天之力，将见礼行三献，无虞风雨所飘播千秋，直与河山并寿。爰陈始（下缺）

各号捐题芳名略。

重建顺德会馆并建中庭碑记

窃以重修会馆，妥酬圣母之灵，重建中庭，共遂邑人之念。原日拜亭，由来已久，被风倾塌，既往思新。今拟馆联三进，堂布两廊。拜亭向与香亭相接，中座还与后座相连。以此登拜，无虞雨露沾衣，入馆参神，不惮暘风扑面。怎奈灿陈大厦，一木难支，协力成城，众擎易举。神本无私，乐助虽多，而益馆曾有约喜捐，即少其奚嫌。兴工适在戊申之夏，告竣诹夫己酉之春。司理者三人，赞襄者一二辈。将见庙庥永庇无穷，姓氏长垂不朽，用泐贞珉，爰申小引。

重修琼邑会馆捐题碑

圣泽汪洋，天后克当。庙建□阳，人本琼乡。佛罗经商，神力扶康。日久月长，宇舍毁伤。爰是经理兴运，其荣等邀率同行。德化金相，不吝倾囊，捐资赞襄，重修庙廊。表庆增光，妥□圣娘，祀奉宥当，血食无疆。亘叠馨香，佑我合坊，赐福降祥。昌炽嘉减，必有余庆，铭刻中央，留后人望。（下略）

这些会馆的成立，是海南岛资本主义形成过程中的标志，也说明海南人民的经济活动逐渐占有重要的地位。

清代自 1858 年海口辟为通商口岸之后，外国船舶可以来海南直接货运，也经营海口与香港以及其他地区的客货运输。1876 年琼海关成立之后，凡从事对外贸易和沿海口岸贸易的外籍船舶和华籍船舶一律从海口港入港，向琼海关作出境书面申报，接受海关监管。1886 年，琼海关又于三亚、榆林港特设一个关卡，从事南洋贸易的帆船或汽船，报关后可驶往境内各口岸。因此，海口口岸与三亚关卡的货物流通，又更直接影响琼货向外交流，促进了海南商业的发展。

第四章　清代海南的民族关系与治理

海南是一个传统农业形态的多民族的海岛，岛内的组合及不同族群的矛盾呈现着多样性和复杂性特征。当多种社会冲突发展到无法解决时，就以武装暴动的形式爆发出来。清代海南的移民，除了汉、回等各民族的正常迁移进来外，随着时代的变化和推移，又呈现出新的状况和新的趋势，既有由政府集体迁移入岛的，也有久居岛内的人民随着海运的发达而迁居南洋各国的。

清代在海南岛上政权稳定之后，内外贸易增加，从康熙三十一年（1692 年）到嘉庆年间，人口增加至 150 万。乾隆十八年（1753 年），清政府发布《敕开垦琼州荒地》后，移民大批进入海南岛，道光年间，来自雷州、廉州、潮州、嘉州的人民到儋州耕种荒地，被称为“老客”。道光以后，从广州、肇庆府管辖的恩平、开平、高明、鹤山、新宁、阳江等地迁来的海南的移民则被称为“新客”。道光十五年（1835 年），海南人口为 125 万人，呈现缩减趋势。咸丰八年（1858 年），琼州被辟为通商口岸，外货输入增加，迫使大批农民和手工业者失业人数急剧上升，许多居民不得不漂泊海外。清末朝廷政治腐败，加上帝国主义不断侵略，因此，人民群众的反抗斗争日益频繁。咸丰年间的太平天国起义也波及海南岛，咸丰三年（1853 年），海南岛天地会组织会员 3000 多人，发动武装起义。同年六月，大本峒的黎族首领王亚峰响应天地会起义。咸丰八年（1858 年），陵水各地黎族人民也起来斗争，咸丰九年（1859 年），起义才被清廷残酷镇压下去。

鸦片战争以后，海南岛进入动荡不安的年代。咸丰八年（1858 年），琼州被辟为通商口岸之后，海南岛逐渐沦为西方资本主义列强争夺之地。英、法、德、日等列强把持琼海关，垄断海运，操纵进出口权，对海南进行殖民开发，引起海南棉麻生产和市场萎缩，农民破产，土地荒芜，传统农业处于半解体状态。工商业遭受沉重打击，大批失业者向南洋迁移。

与此同时，清朝对各族人民的横征暴敛，也达到了空前的程度，各种名目的"附加税"沉重地压在各族人民身上，在重重压迫和剥削下，各族人民过着流离失所、倾家荡产的悲惨生活。各地汉族人民以及黎族农民的武装起义，此起彼伏，斗争越来越激烈。1911 年辛亥革命爆发，成功地推翻了清王朝和两千多年来的封建君主专制的统治。[①]

第一节　清代在黎族地区的统治

清政府对海南黎族地区的统治，在顺治年间，尚未设官和正式纳入地方行政管辖范围。由于明代对抗争的黎族进行了大规模的征讨残杀，再加上时代的发展，黎、汉两族的融合也不断增加，因此，黎区日益缩小，黎族人口也比过去减少。清朝进入海南之后，对黎族的统治开始循依明制，一方面，采用怀柔政策，进行招抚；另一方面，对抗争者进行镇压。同时，运用行政组织的办法，把各村寨的黎民归入版图，以便各级政府进行管理控制。

乾隆十六年（1751 年），傅恒奉命绘制各民族服饰及生活习惯，出版一册《皇清职贡图》，其中对于黎族作如此叙述："按黎人，后汉谓之俚人，俗呼山岭为黎，而俚居其间，于是讹俚为黎，散处于琼属五指山各峒中。性儿凶横，时相仇杀，自唐至本朝，叛服不常。康熙三十八年（1699 年），总兵唐光尧率兵剿抚，始获绥靖。雍正七年（1729

① 海南省地方办公室编：《海南省志 · 总述》，海南出版社 2012 年版，第 32—40 页。

年)，各峒生黎咸愿入版图，悉为良民。”[①] 又乾隆《陵水县志》记载了总督郝玉麟的一份奏表云:“雍正七年（1729年）十月，恭逢万寿圣节，众官祝厘。陵邑生黎数百人，焚香叩首，连呼万岁。八年（1730年）春正月，崖、定、琼三州县生黎王那诚、王天贵、番否等，陵邑生黎那萃等共二千九百四十六人输诚向化，愿入版图，每丁岁纳银二分二厘，以供赋役，三月总督郝玉麟等奏。”奏表上陈后，雍正立刻回应，其颁旨的内容也十分恳切。其书云：

> 诚心向化，愿附版图，朕念其无田可耕，本不忍收其赋税，但既倾心依向，若将丁银全行豁免，恐无以达其输诚纳贡之悃忱。将递年每名输纳丁银二分二厘之数，减去一分二厘，止收一分，以作徭赋。地方文武大臣，时时训饬所属有司弁员等，加意抚绥，务令安居乐业，各得其所，以副朕胞与地方之至意。
>
> 钦此。黎民感泣，悉化为良。[②]

这是清朝抚黎的例子。但是由于海南岛孤悬海外，山高皇帝远，贪官恶吏、骄兵悍将们对深山老林中纯朴的自然之子黎民，只要不来盘剥他们，就诚心诚意地感激涕零了。而一旦遇到各类苛捐杂税的无理欺凌，山野之民怒气冲天，又铤而走险反抗了。另外，外面的福建商人或逃亡到海南岛的人，挑拨他们造反。因而，黎乱在康乾盛世之后，仍然层出不穷。正如《琼州府志》中所说的：“黎有生、熟二种，有此地即有此人。生黎虽犷悍，不服王化，亦不出为民害。为民害者，熟黎耳。初皆闽商，药贵及本省土人，贪其水田，占其居食，本夏也而黎之。间有名为贸易，图其香物之利，实为主谋，予以叛敌之方，往往阴阳生黎，凭陵猖獗。吁，此古今黎祸之媒孽也！”[③] 于是，清政府循明朝办法，运用一整套的行政管理办法，深入黎民山寨，对黎族

---

① （清）傅恒：《皇清职贡图》卷四，载《历代文人笔记中的海南》，海南出版社2006年版，第159页。

② （清）瞿云魁纂修：乾隆《陵水县志》卷八《海黎志·附抚黎》，海南出版社2004年版，第225—226页。

③ （清）焦映汉修、贾棠纂：康熙《琼州府志》卷八《海黎志·原黎》，海南出版社2006年版，第754页。

进行管辖。

一、清初的残暴统治以及黎族人民的反抗斗争

1. 采用征抚两手兼施的政策

清代治黎主要采用征抚两手兼施的政策，主要的方针是以抚为主。如顺治年间张凤徵治陵水县，“当兵燹之时，抚定流移，兴复学校，政教大行。黎岐三十九峒，闻风向化”。①

康熙四十二年（1703 年），黄友瓒任崖营游击，“奉命抚戢生熟黎瑶。往来岚瘴间，勤劳而卒”。②

康熙十五年（1676 年），李华之视察粤东时，到琼州黎峒，“华之单骑往谕、更为布置营伍，兵黎相安”。③

又如光绪十年（1884 年），崖州协府黄、特授崖州正堂萧、特授都阃府鲍告示，其中一项写道：“尔各黎人既经就抚，急宜勤耕种，完纳钱粮，其有年纪幼小者，须入书馆，教其读书识字，或各村凑合敦请先生教学，将来识字，可以记簿或钱债借拟书记簿内，不为奸民所欺，家中老幼，须讲明五伦，学习礼义，有钱者准其盖屋头田，无钱者急须学艺货耕，数年之后，衣冠兴起，即可成一文物乡村也，谁敢欺尔黎人哉。”④

清政府推行的以抚为主的抚黎措施，在当时形成了相对安定的局面。

2. 黎族的 85 次反抗斗争

海南黎族对清朝的反抗活动，在开国之初，与南明反清势力联合在一起，一直至顺治朝末期以后，多次的抗争是由官吏的残暴而引起的。现据《志书》记载列于下：

---

① （清）明谊修、张岳崧纂：道光《琼州府志》卷三十一《宦师志三·宦绩下》，海南出版社 2006 年版，第 1401 页。

② （清）钟元棣创修、张嶲等纂修：光绪《崖州志》卷十七《宦绩志》，海南出版社 2006 年版，第 470 页。

③ 朱为潮、徐淦等主修，李熙、王国宪总纂：民国《琼山县志》卷二十三《宦师志》，海南出版社 2004 年版，第 1453—1454 页。

④ 《汉黎舆情》卷一《光绪十年五月初十日都司主稿》。

康熙《临高县志》:“顺治元年(1644年),时未归正署县府学训导闽人翁吉烨沉湎暴虐,士民解体。叛首黄德华勾峒首符万冈攻破县城,焚毁衙库,屠吉烨家三十七口并闽人侨居者数十人而去。”[①]

康熙《临高县志》:“顺治二年(1645年),黎首符元豪等围城二日,署县儋牧陈震祥督盟兵赵二等开城门出战,阵斩渠魁,余党奔散。”[②]

光绪《崖州志》:“顺治二年(1645年)七月,土舍符顺道署藤桥营,夺取募村黎椰园。黎人不许,顺道杀之。黎首苏九容遂聚众作乱,焚藤桥营市,村落一空,杀商民二百余人。掘顺道父冢及居宅,得金累累。州守丁家进以闻。顺道坐激变,论死。第二年(1646年)二月,九容就抚。藤桥平。”[③]

《治黎辑要》:“顺治三年(1646年)二月,苏九容就抚黎贼平。”[④]

《治黎辑要》:“顺治四年(1647年)五月,万州叛将曹君辅结黎哨陈曾镳等,聚众鼓谍入城,杀知州戴纶,吏目朱九锡遂据万州,由是喃嘐诸峒黎亦乘间劫掠,频年为害。六月琼州镇李某率兵克复州城,曹君辅遁入黎峒。”[⑤]

《治黎辑要》:“顺治五年(1648年)四月,曹君辅复纠黎贼攻万州郡,旗鼓官在陵水者闻之,率兵赴援,君辅复遁黎峒。”[⑥]

光绪《定安县志》:“顺治六年(1649年)八月,黎贼马蹬根、李花脸袭破县城。王宗伯、孙荫生昌言夫妻相继死亡。十一月,知府梅南远率兵攻之,马蹬根狡脱。九年(1652年)十月,总兵高进库剿

---

① (清)樊庶纂修:康熙《临高县志》卷十《黎岐志·黎患》,海南出版社2004年版,第162页。

② (清)樊庶纂修:康熙《临高县志》卷十《黎岐志·黎患》,海南出版社2004年版,第162页。

③ (清)钟元棣创修、张嶲等纂修:光绪《崖州志》卷十四《黎防志三·抚黎》,海南出版社2006年版,第363页。

④ (清)陈坤:《治黎辑要》卷下。

⑤ (清)陈坤:《治黎辑要》卷下。

⑥ (清)陈坤:《治黎辑要》卷下。

平之。”[①]

《治黎辑要》：“顺治九年（1652 年）八月，官兵渡海恢复琼州，参将马正龙以兵五百定万州诸黎。”[②]

光绪《澄迈县志》：“顺治十年（1653 年），复屠掠水北地方。百姓群集督抚泣控。总镇高进库发兵大行征剿，深入巢穴，歼馘凯旋。黎氛殄灭，兆庶始宁。”[③]

光绪《崖州志》：“顺治十二年（1655 年）六月，抱鼻黎谭亚枕作乱。游击马可任遣总谭建守率兵袭杀之。枕子逃入罗葵。八月，纠罗葵、罗蓬、红花诸村黎大肆猖獗焚劫田寮、三亚、番村、妙山、羊栏诸村落殆尽，男妇死者三百余人。”[④]

光绪《昌化县志》：“顺治十三年（1656 年），王翁生黎屡出抱驿都地方劫掠，县令陆观光、城守何玉统兵夤夜截其要路，斩黎贼首十余颗，生擒六黎，责令斩狗誓血，刻箭为凭：毋使要路劫掳，一也；毋使焚村擅杀，二也；毋使倚林盗牛，三也；毋使容隐逃民，四也；毋使狡逆土官，五也。数黎得释，感恩畏严。此一峒黎岐数年来不敢出。”[⑤]

光绪《崖州志》：“顺治十三年（1656 年），抱婆黎出掠东厢。厢勇御之。适官兵至，贼弃弓矢遁。”[⑥]

光绪《昌化县志》：“顺治十四年（1657 年），因逃民久潜黎境，导引落洒诸黎侵扰乡村，县令、城守觅得故土舍王启英之母张氏为酋，

① （清）吴应廉创修、王映斗总纂：光绪《定安县志》卷九《黎岐志·平黎》，海南出版社 2004 年版，第 756 页。

② （清）陈坤：《治黎辑要》卷下。

③ （清）龙朝翊主修、陈所能等纂修：光绪《澄迈县志》卷五《海黎志·平黎》，海南出版社 2004 年版，第 269 页。

④ （清）钟元棣创修、张嶲等纂修：光绪《崖州志》卷十四《黎防治志·平黎》，海南出版社 2004 年版，第 373 页。

⑤ （清）方岱修、璩之璨校正：康熙《昌化县志》卷五《经政志·原黎》，海南出版社 2004 年版，第 215 页。

⑥ （清）钟元棣创修、张嶲等纂修：光绪《崖州志》卷十四《黎防志》，海南出版社 2006 年版，第 373—374 页。

母着同差役叶志引至黎峒传谕。明年春，氏带落洒、峨茄、拐锁、可邦、婆梅五村之黎数百到县投诚，县令、城守赏给花红、盐牛，仍令誓血刻箭如约。众黎额首以归，即搜逐逃民导黎为患者，如萧三、蒙大、蒙四、苏民仰、符北麟等解县，鞭死示众。自是导谋之萌消息。”①

光绪《崖州志》：“顺治十六年（1658年）三月，侵宇黎王亚锦、亚畏等复叛，纠合罗葵诸黎，蹂躏东里。游击马可任率兵进剿。贼伏险以待。可任奋击，斩十余人。贼大溃，驱男妇牛畜入掩劳岭，结寨自保。次日，纵兵搜山谷，不可得。四月，贼复纠岐黎数千人来攻营，可任出骑兵逐之。贼尽弃弓矢，遁入深岐。锦遣子亚捐出降。可任数其罪。抚平之。”②

康熙《临高县志》：“顺治十八年（1661年），生黎王忠、吴卿等结连附黎，从罗片、坑麻等处歃血造乱，掠劫加运、摩耶等村。知县蔡嘉祯会同儋、澄牧令请兵密剿，道镇遣防儋岳参将进捣其巢，节次擒斩，余党遁散。”③

康熙《乐会县志》：“康熙元年（1662年），其头目王俊构党欲灭昌，始逃命赴州请兵，攻俊不下，后详琼镇发官军直捣其穴，俊计穷，窜西黎，抵郡投降。以俊羁琼，昌羁万，地方始得安息焉。”④

道光《琼州府志》：“康熙五年（1666年），昌化扫蛮黎首王廷魁等侵扰大小幄诸隣峒，副使马逢皋命琼州右营易知诱出，擒斩之。”⑤

《治黎辑要》：“康熙八年（1669年），定安大河土舍王之诜等谋叛，知府牛天宿总兵崔世荣令中军游击丁月桂、千总杨廷、把总陈飞

① （清）李有益纂修：光绪《昌化县志》卷五《德政志·原黎》，海南出版社2004年版，第215页。

② （清）钟元棣创修、张嶲等纂修：光绪《崖州志》卷十四《黎防志》，海南出版社2006年版，第373—374页。

③ （清）张文豹纂修：康熙《临高县志》卷十《黎岐志·黎患》，海南出版社2004年版，第162页。

④ （清）林子兰、程秉慥等纂修：康熙《乐会县志》卷三《黎情·降抚》，海南出版社2006年版，第163页。

⑤ （清）明谊修、张岳崧纂：道光《琼州府志》卷二十二《海黎志·平黎》，海南出版社2006年版，第914页。

龙统兵入剿，与贼战，杨廷死之，飞龙身先士卒，奋勇力战，贼溃奔窜，月桂厚赏邻峒黎人，使诱王之诜斩之。”①

光绪《崖州志》：“康熙八年（1669年）十二月，东西黎因定安县乱黎传箭，纠合作乱，远近蠢动。知州张擢士、游击张德远集兵剿捕。先遣人入谕祸福，一时抱显、抱怀、德霞、小营、止强、罗葵、亩感等生熟黎三十余峒，赴州就抚，州赖以安。”②

《古今图书集成》：“康熙十年（1671年），大乡岐寇出掠，官兵讨之。”按《崖州志》：康熙十年（1671年）六月，大阃乡岐寇出掠，游击张德远遣千总王焕率兵剿之。③

康熙《乐会县志》：“康熙十四年（1675年），韩文德以负罪逃黎，构生熟黎寇数千余众，两路出劫，杀人夺牛，烧毁房屋。至会，合过河，径长驱至城边，此从来未有之害。”④

咸丰《琼山县志》：“康熙十六年（1677年），黎首那乂、那嘎集党围城屠村，蹂躏州县，琼山西南受害尤甚。”⑤

咸丰《琼山县志》：“康熙十七年（1678年），佥事范养民命本邑举人梁际运领乡兵进剿，擒杀贼党郑梁等数十人。乂、嘎势穷，就抚安插，漏网韩有献（即杨胡子）走匿。”⑥

光绪《定安县志》：“康熙十九年（1680年）十一月，海贼谢昌、杨二、沈狗等流劫琼、儋、澄、文地方。武生王衡、卫官书办陈华辈外通海逆，内透黎贼。韩有献（花名羊胡子）、梁道、符乾定、那乂、那嘎、番仑、

---

① （清）陈坤：《治黎辑要》卷下。

② （清）钟元棣创修、张嶲等纂修：光绪《崖州志》卷十四《黎防志·抚黎》，海南出版社2006年版，第364页。

③ （清）陈梦雷编纂：《古今图书集成》，《广东黎人岐人部》，海南出版社2006年版。

④ （清）林子兰、程秉慥等纂修：康熙《乐会县志》卷三《黎情·降抚》，海南出版社2006年版，第163页。

⑤ （清）李文烜修、郑文彩纂、张廷标编辑：咸丰《琼山县志》卷十二《海黎志·平黎》，海南出版社2004年版，第491—492页。

⑥ （清）李文烜修、郑文彩纂、张廷标编辑：咸丰《琼山县志》卷十二《海黎志·平黎》，海南出版社2004年版，第491—492页。

番献、八仙黎等起为乱。明年（1681年即二十年）二月，水师守备黄世贤开海口所城迎之。三月（《府志》二月）初三，又导贼到澄迈东门。知县吕登瀛自西门遁，初五日至定安。知县韩秀成向无防备，日以比较为事，夜则戏酒为乐。及登瀛至，亦于初六早挈眷弃城走，士民无有知者。土宄私赴贼营，备说虚实。初八辰时，杨胡子入据县城，令其党蔡、董二都司往附近村庄诓人回家。妻儿财物与海贼掳掠一空，被杀最惨。琼州总兵佟国卿调万州副将董三策领兵救之。十七晚，杨胡子闻风离城，遁扎黄竹木亚坡。三策与贼鏖战，杀数百人，贼大败。顺德总镇宫保蔡璋统舟师亦至海口，杨二、谢昌逃命还海洋。杨胡子、梁道率贼夜遁归南黎。三策统兵同乡勇深入黎境，招抚那乂、那嘎，赦之，令与土舍王徽猷为向导，直抵巢穴。海贼逃入黎者千人，皆歼之。降黎众数十峒。三策凯旋，邑绅士制锦颂之。惟韩有献未就抚，密赂谭明扬、王时雍等鸩害三策。闻者流涕。”①

咸丰《琼山县志》：“康熙二十一年（1682年）副使程宪、郡守佟湘年招出酋长符乾定、谭名显、王外类等，而番仑及曾莫相余党百余人无可倚附，亦赴郡投诚，给赏归籍。独酋首韩有献屡招不服。”②

又《古今图书集成》：“康熙二十一年（1682年）平头塘等峒西黎叛。按《崖州志》：康熙二十一年（1682年）正月，西黎头塘等十余村以逋粮谋叛。千总赖日胜乃密谋于游击张安庆暨署州事陵水县杨来凤，会详发兵剿抚，安庆遣中军守备三天志、千总赖日胜率兵及乡勇进剿，时日胜颇有骄气，遂轻进，反为黎人所败。于是黎势益炽，东黎也动，远近震惊，知州彭可有因见岁荒民困，不轻易用兵，及会安庆招抚，屡招不出，始详请镇道右营游击陈国玺领兵援剿，值岁饥，州守措捐粮料以济兵食，士卒始得饱腾，国玺统兵奋勇当先，安庆继之，头塘一鼓而破，由是各峒黎首皆股慄乞降而东黎定，大军凯旋，诸黎

---

① （清）吴应廉创修、王映斗总纂：光绪《定安县志》卷九《黎岐志·平黎》，海南出版社2004年版，第756—757页。

② （清）李文烜修、郑文彩纂、张廷标编辑：咸丰《琼山县志》卷十二《海黎志·平黎》，海南出版社2004年版，第492页。

悉平。”①

咸丰《琼山县志》：“康熙二十二年（1683 年）副使程宪入觐，琼镇刘成龙谋于护理道事佟湘年，复命举人梁际运兼差熟识有献之符乾定进招有献出郡归诚。”②

又《古今图书集成》：“康熙二十二年（1683 年），东黎参宇峒黎首归诚。按《崖州志》：康熙二十二年（1683 年）二月，东黎参宇峒黎首王亚金等作乱，劫杀民黎，其喃吝抱笼亩利、亩感、指波、指麻等峒亦随为乱。崖州游击张安庆发兵进剿不克，详请镇标左右营及儋、万营官兵会剿。王亚金败，遁入深岐，官兵追入抱诈，黎贼连党出截。至八月，游击王锡嵩抵任，知州彭可有会？官兵归防道路，遣人招抚，谕以恩威。王亚金狐疑不决。十一月，会游击王锦嵩论兵直抵峒口，谕以出降。王亚金畏惧，率各峒黎归诚，而东黎遂平。惟喃吝负固不出，仍然肆暴。因崖民久困兵扰，谕以安业，而喃吝稍平。”③

光绪《定安县志》：“康熙二十二年（1683 年）正月，雷琼道程宪遣本县城守刘任、旗牌伍选，招出韩有献党伪总兵曾英相等一百二十人，并伪印一颗，赴郡投诚。”④

《古今图书集成》：“康熙二十三年（1684 年）逆黎就抚。按《崖州志》：康熙二十三年喃吝黎首复有出劫之意，即于十一月彭可有会同王锡嵩率健兵数百，直抵峒口，差人往谕逆黎各赴就抚，而各峒亦释然安业矣。”⑤

又光绪《定安县志》：“康熙二十三年（1684 年）五月，刘任招诱

---

① （清）陈梦雷编纂：《古今图书集成》，《广东黎人岐人部》，海南出版社 2006 年版。

② （清）李文烜修、郑文彩纂、张廷标编辑：咸丰《琼山县志》卷十二《海黎志·平黎》，海南出版社 2004 年版，第 492 页。

③ （清）陈梦雷编纂：《古今图书集成》，《广东黎人岐人部》，海南出版社 2006 年版。

④ （清）吴应廉创修、王映斗总纂：光绪《定安县志》卷九《黎岐志·平黎》，海南出版社 2004 年版，第 757 页。

⑤ （清）陈梦雷编纂：《古今图书集成》，《广东黎人岐人部》，海南出版社 2006 年版。

韩有献至郡，以病死，黎患始息。”[①]

咸丰《琼山县志》：“康熙二十五年（1686年），喃唠陶家坠诸酋王乾雄等又出劫定安、乐会二县地方，掳掠男妇。琼镇吴启爵、副使程宪遣人招抚，始释掳民归。事平，因议复设水会所、新关坡、定乐诸新旧营，设兵屯要隘以防黎患。”[②]

民国《琼山县志》：“康熙二十八年（1689年）三月，黎酋王国臣、梁圣奇焚劫乡村，杀掳男妇，总镇吴启爵统兵进剿。先攻喃唠峒，斩贼首王乾雄、王文成等三十五人，招出余党那柳等四百余名，次攻陶家坠，斩贼酋王国臣、陈晋等三十二人，擒余党三百余人，救回被掳一十三口，振旅而还。本年八月，复有生黎母葵、母赞等反，声言报仇。复领兵破之，杀十数贼。诸黎酋以次输诚，共招抚生黎一十七峒。总镇吴雨番深入黎峒，悉其情形，呈请督院，愿领本标官兵，自裹行粮，略定黎地，顺抚逆剿，一二年间可以廓清全琼，听朝廷设立州县，为久安长治之计，以议非万全而止。乃为善后之策，开十字路以直通诸州县于民黎交错处，琼山设水尾营，定安设太平营，崖州设薄沙营，陵水设宝停营。”[③]

光绪《崖州志》：“康熙三十年（1691年），嘉合村黎抗粮。把总姜通济奉差，带十余人催之，尽遇害。仅一名脱回。事闻部、院，遣琼州府游击率兵会崖营及王弘贵黎兵征剿。擒逆首亚救、亚九等，凌迟示众。黎平。”[④]

民国《琼山县志》：“康熙三十八年（1699年）又二月，指马峒黎首王振邦杀巡哨兵十二人为乱，各峒黎首王盆东、王思义等聚众应之，

① （清）吴应廉创修、王映斗总纂：光绪《定安县志》卷九《黎岐志·平黎》，海南出版社2004年版，第757页。

② （清）李文烜修、郑文彩纂、张廷标编辑：咸丰《琼山县志》卷十二《海黎志·平等》，海南出版社2004年版，第492页。

③ 朱为潮、徐淦等主修，李熙、王国宪总纂：民国《琼山县志》卷十二《黎防志·平黎》，海南出版社2004年版，第623页。

④ （清）钟元棣创修、张嶲等纂修：光绪《崖州志》卷十四《黎防志·平黎》，海南出版社2006年版，第374页。

抚黎同知何斌误堕贼计，坚执招抚，土棍借招抚出入黎峒，潜通消息，致官兵进退失措。”①

民国《琼山县志》：“康熙三十九年（1700年）十月，总镇唐光尧统兵由定安县新关北路峒口进巢，又分兵三路，由儋、万、崖三州峒口夹攻。不十日，振邦穷蹙就擒，题请枭示，诸黎帖服。”②

道光《万州志》：“康熙三十九年（1700年），黎寇王镇邦作乱，吏目宛培英入黎招抚，病卒。”③

又道光《琼州府志》：“康熙三十九年（1700年）十月，总兵唐光尧统兵由定安县新关北路峒口进剿，又分三路由儋、万、崖三州夹攻，不十日，黎酋就擒正法，诸黎慑服，文武官以激变议罪有差。时感恩生黎陈章烈亦乘机出掠附近村市，为邻境熟黎所杀。”④

又关于王镇邦起义事迹的全过程，《清实录》有较详细记载。《清实录》载：康熙三十九年（1700年）十二月庚申，广东广西总督石琳疏言：“上年十二月初十日，生黎王镇邦等攻犯宝亭等营，与弁兵为难。其起衅之由，据就抚王仕义等告称，兵丁王履平等进黎种种扰害。又准提臣殷化行咨称，访闻游击詹伯豸、雷琼道成泰慎等文武官扰害款迹。即委肇高廉罗道李华之赴琼，会镇臣唐光尧察审，把总姚凤巡黎勒牛，致杀兵丁十二命，应革职究拟。游击詹伯豸、雷琼道成泰慎等，差人采取花梨、沉香等物，应解任候勘。现在招抚王镇邦，倘负固不出，相机擒拿。”得旨：“着差凯音布、邵穆布前往，会同该督审明具奏。”⑤

康熙三十九年（1700年）十二月丙子，礼部左侍郎凯音布、内阁学士邵穆布，差往广东察审黎人王镇邦侵犯及启衅文武官员，请训旨。

① 朱为潮、徐淦等主修，李熙、王国宪总纂：民国《琼山县志》卷十二《黎防志·平黎》，海南出版社2004年版，第623—624页。

② 朱为潮、徐淦等主修，李熙、王国宪总纂：民国《琼山县志》卷十二《黎防志·平黎》，海南出版社2004年版，第623—624页。

③（清）胡端书总修，杨士锦、吴鸣清纂：道光《万州志》卷七《前事略》，海南出版社2004年版，第433页。

④（清）明谊修、张岳崧纂：道光《琼州府志》卷二十二《海黎志·平黎》，海南出版社2006年版，第915页。

⑤《清实录·圣祖康熙实录》卷二〇二。

上谕之曰："尔等至彼鞫审时，如官员有苛酷处，即行拿问，其内有升调者，亦行调审。倘总督有应取供之处，亦行勘问。今彭鹏调补广东巡抚，尔等会同广东总督石琳，巡抚彭鹏，赴琼州鞫审。"凯音布、邵穆布奏曰："总督、巡抚、提督等，已经差人往招黎首王镇邦，若出降则已，如不降，臣等请但审现在人犯。"上曰："于尔等未到之先，想已出降矣。如果不降，尔等即审现在人犯，趁署前速还。"[①]

康熙三十九年（1700年）十二月，刑科给事中汤右曾疏言："臣办事垣中，阅视揭贴，见两广总督石琳疏参雷琼道成泰慎、琼州府同知何斌、琼州右营游击詹伯豸等，遣人进黎扰害，致生黎王镇邦等攻犯宝亭等营。似此贪婪不法之员，总督石琳、巡抚萧永藻、提督殷化行何以平时毫不觉察，恣其贪毒？事起于康熙三十八年十二月内，并不具题，迨王镇邦不就招抚，势须用兵然后奏报。徇庇容奸希图欺隐，若不严加处分，恐后无所儆戒，必然贻误地方。"得旨："所参事情，著石琳、萧永藻、殷化行各明白回奏。"[②]

康熙三十九年（1700年）十二月，广东广西总督石琳题报："琼州黎首王镇邦，蠢动攻营，不即出抚。臣照会镇臣唐光尧，亲统官兵前去，始率侄那佛，于十一月初一日亲赴投诚。"下所司知之。[③]

光绪《崖州志》："康熙四十年（1701年），岐黎王镇邦、张飞三、老虎四等纠东西黎作乱，二月，掠州东罗休村。五月，掠盐灶村。八月，入郎典村，杀冯君弼一家。督部闻警，遣总镇吴某率五营官兵会崖营征剿。贼酋镇邦等七人就擒，解省正法。黎悉平。"[④]

道光《万州志》："康熙五十三年（1714年），吴十八黎招黎人作乱，经官兵剿平。"[⑤]

---

① 《清实录·圣祖康熙实录》卷二〇二。

② 《清实录·圣祖康熙实录》卷二〇二。

③ 《清实录·圣祖康熙实录》卷二〇二。

④ （清）钟元棣创修、张嶲等纂修：光绪《崖州志》卷十四《黎防志·平黎》，海南出版社2006年版，第374页。

⑤ （清）胡端书总修，杨士锦、吴鸣清纂：道光《万州志》卷七《前事略》，海南出版社2004年版，第434页。

光绪《崖州志》："康熙五十八年（1719 年），监生邢克善入黎村，取吴十所遗花梨。知州董桓祚欲分，弗得，捕克善。克善遂遁入黎峒，纠黎抗拒。桓祚会游击刘升率兵追捕。克善遂纠州西民黎缴犁耙，罢耕散村。桓祚以乱闻。巡道卞之纶及总镇遣五营兵征剿不克，伤兵百余人。又六十一年（1722 年）巡道沈澄至崖，克善自出伏罪。解省安插。"①

道光《琼州府志》："康熙六十年（1721 年），万州黎作乱，官兵剿平之。"②

光绪《定安县志》："乾隆三十一年（1766 年）三月，黎酋王天成作乱，自定安至崖州悉被蹂躏，屯住乐安城。总督杨廷璋率大兵驻雷州，遣琼州镇甘国宝、巡道王锦、郡守曹槐、抚黎同知宋锦等，分督弁兵剿捕之。"③

道光《琼州府志》："乾隆四十六年（1781 年），崖州乐安所属官坊村黎首那回等作乱。岁饥，汉奸放债盘剥，黎人苦之，出掠乡村。总督巴延三亟命署知府丁某同雷琼总兵常衡，督兵往剿。巴延三亲至琼州，益以儋、万兵，海口、海安兵各三百，分赴各要隘追捕，仍出示招抚，购熟悉黎情者深入。先后擒贼首数十人，并拘盘剥激变奸民解郡治罪，崖州平。"④

又道光《万州志》："乾隆四十六年（1781 年）辛丑春，崖州黎人扰乱，乐安司被害，制台觉罗巴延三、提台窦瑸临崖平黎，路经州过。"⑤

道光《琼州府志》："嘉庆八年（1803 年），崖州抱怀村黎酋韦那

① （清）钟元棣创修、张嶲等纂修：光绪《崖州志》卷十四《黎防志·平黎》，海南出版社 2006 年版，第 374—375 页。

② （清）明谊修、张岳崧纂：道光《琼州府志》卷二十二《海黎志·防黎》，海南出版社 2006 年版，第 898 页。

③ （清）吴应廉创修、王映斗总纂：光绪《定安县志》卷九《黎岐志·平黎》，海南出版社 2004 年版，第 758 页。

④ （清）明谊修、张岳崧纂：道光《琼州府志》卷二十二《海黎志·防黎》，海南出版社 2006 年版，第 915—916 页。

⑤ （清）胡端书总修，杨士锦、吴鸣清纂：道光《万州志》卷七《前事略》，海南出版社 2004 年版，第 443 页。

养及弟那文等纠党数百人，焚掠各村庄。雷琼道海祥、总兵西密扬阿调镇标及儋、万二营兵，同知府焦和生赴崖剿抚。”①

道光《琼州府志》：“嘉庆九年（1804年）正月，斩获黎贼并炮击杀凡数十人。督抚奏闻，委署廉州知府杨楷至崖协办，先后擒黎酋数十。乃出示招抚，胁从者皆出投诚，继获那养、那文等，解省正法，诸峒悉平。”②

道光《琼州府志》：“嘉庆二十年（1815年），琼山、儋州交界番仑村已革黎总符克先作乱，遂纠生熟、黎数百人掠附近黎村，渐扰入儋境。冯墟峒黎总符功保率良黎御之。克先中矢死，其党亦为兵勇击败。黎匪复聚众肆掠琼山林湾、加禄诸村，知县万鼎琛、知儋州言尚炜会营督兵深入黎境抚谕，防堵严密。贼无由出掠，又闻大兵且至，各匿深山中。乃命符功保及林湾峒长邓魁星等各率本峒黎守望相助，更令诸酋公举诚实、公正黎人，充大小水峒总管，约束散黎，无许滋事，琼、儋底定。”③

道光《琼州府志》：“嘉庆二十一年（1816年）八月十四日，儋州薄沙峒生黎符那二，因黎总符再兴严刻，遂传狗革村匪黎符巴要、符恶等诸村作乱。官军追捕，四散逃匿。护雷琼道史祐、琼州镇洪鳌议委府经历王柱协同儋营守备梁国英率兵入峒招抚。冯墟、龙头、七坊三峒总管，率众迎谒投诚，惟薄沙峒对峨、狗革两村负隅不出。官军开山辟径，绕出村背，贼集众拒敌，官军擒杀数人。越日，长驱直入。贼势穷蹙，呼吁乞命，王柱受降而归，诸黎感激。兵退，留五十人驻调南市防隘口。”④

---

① （清）明谊修、张岳崧纂：道光《琼州府志》卷二十二《海黎志·防黎》，海南出版社2006年版，第916页。

② （清）明谊修、张岳崧纂：道光《琼州府志》卷二十二《海黎志·防黎》，海南出版社2006年版，第916页。

③ （清）明谊修、张岳崧纂：道光《琼州府志》卷二十二《海黎志·防黎》，海南出版社2006年版，第898—899页。

④ （清）明谊修、张岳崧纂：道光《琼州府志》卷二十二《海黎志·防黎》，海南出版社2006年版，第898—899页。

道光《琼州府志》:“嘉庆二十二年(1817年),崖州吏役兵丁盘剥索诈,激变乐安汛东、西报贤等村黎为乱,流劫村庄殆遍。署知州俞孜善以驭下不严罢职,乐安汛千总文光宗、韩彪皆斥革。总督蒋攸铦檄田文焘摄州事,调万州营千总周明清带兵,往同崖营署守备王庆清堵捕。寻命琼州府史祐、镇标游击马天益带兵驻乐安,委王应清入峒招抚,晓谕诸黎总,将所属乱黎缚送治罪,并严究役兵,索诈盘剥者,皆坐以律。永革包纳钱粮夙弊,照陵水黎粮输法,岁由黎总汇收缴州,以免侵蚀。诸黎悦服,誓不复反。”①

道光《琼州府志》:“道光九年(1829年),崖州黎人黎亚鸡作乱。州东八十里有洋淋岭,地广而饶,中环村峒数十。黎性畏官,其田赋必倩民人代纳,称曰甲头。大率劣矜衙蠹为之包揽,甚或指官索加,收至倍蓰者。黎人不堪,谋诱生黎为乱,且杀甲头。值岁饥,生黎乏食,洋淋村黎亚鸡等因导生黎出掠,州兵不能御。知府普祥、总兵孙得发率兵驰赴,黎人走匿。普祥使土人招出,厚抚之。贼侦知无进剿意,皆出领赏,而心益轻视官兵。会亚鸡病死,或割其两耳以献。普祥以招抚功竣,申大吏,奏闻,遂撤兵还师。甫行,焚掠如故。又奉黎酋张红须、张亚基为首,杀掠弥甚。普祥复至,仍执抚议。总督李鸿宾亟命剿捕,孙得发、普祥乃增募乡勇,调镇标及儋、万二营兵,集文武议方略。普祥意仍主抚,孙得发意主剿,群下依违,久不决,贼益横叠。奉羽檄趣剿办,不得已,定十二月二十八日进兵。时役夫多归家度岁,募不足,杂以妇女舁行粮军器。贼谍知之,先伐木置路旁,并火具,刈草覆之,令奸民诣营,乞为向导。孙得发信之,分兵东西二路入。次日,师次洋淋岭,粮尽。役夫遇贼,多弃辎重逃。师急退,则巨木塞道,火起伏发,官兵溃走,孙得发仅以身免。万州营千总周明清、崖州营记委黄振疆战殁,兵丁死伤甚众。报至省督抚,驰驿奏闻,并劾雷琼道张铭、总兵孙得发、知府普祥、知州齐元发、署知州袁斯

① (清)明谊修、张岳崧纂:道光《琼州府志》卷二十二《海黎志·防黎》,海南出版社2006年版,第899页。

熊等，皆削职。李鸿宾新莅雷州，命提督刘荣庆率劲兵千余，驰至崖剿抚。张红须等窜匿不出，诸黎首乃因土人乞降。刘荣庆责令缚贼酋自赎悬赏，募生致贼首者赏五百金，谕黎人补完九、十两年丁赋，永革甲头包揽诸弊。众喜跃，具结悔罪。张红须等匿穷谷中，刘荣庆诱入城，伏兵擒之，槛送雷州，悉斩以徇，崖州平。文武会议善后，始借帑生息，岁得二千金，贮道库备支防黎经费。更定崖州营制，增兵设卡。是役也，焚劫民村数十，杀人数千，俶扰三载，糜饷亿万，虽曰黎性犷悍难驯，其祸实自甲头始。迨后议剿议抚，贻害日甚，可不慎欤！”①

又光绪《崖州志》：“道光九年（1829 年）四月，东黎叛乱，攻破妙山村，伤死男妇二口，焚掠一空。”②

又民国《感恩县志》：“道光九年（1829 年），陀仑七户黎酋廖亚开、廖亚对纠匪作乱，攻劫南乡各村，男妇死伤甚众。丹村稟生符汉昭被黎矢射毙，月村训导林开侯亦被黎矢穿鼻。民不聊生。后经官绅抚绥，始获粗安。”③

民国《儋县志》：“道光十三年（1833 年）七月，儋州黎人黎亚义等作乱。是年大旱，贫黎四出觅食。奸民贷以钱米，期倍蓰偿。至秋复饥，索逋不得，无肯复货者。熟黎咸怨，思结党尽杀汉奸，然未有以发。初，黎人未知耕凿，土多闲旷。雷、廉、潮、嘉诸郡州民潜入峒中，借垦其地，许偿以粟。或佃耕黎田，因辟其旁隙地，渐至连阡累陌。黎人无券约，亦无界至，岁久，所垦田已辗转分售，而黎人不知，以为皆已有也，但得租足食则已。至是饥，黎田皆赤土，而客民有收获者，黎人不平，则仇杀客民，倡众作乱。外峒贫黎群起应之。复传箭龙头、薄沙内峒，煽生黎为乱。高雷土匪薛凤章等，亡命入黎，导之出劫。

① （清）明谊修、张岳崧纂：道光《琼州府志》卷二十二《海黎志·防黎》，海南出版社 2006 年版，第 900—901 页。

② （清）钟元棣创修、张嶲等纂修：光绪《崖州志》卷十四《黎防志·平黎》，海南出版社 2006 年版，第 375—376 页。

③ 周文海重修，卢宗棠、唐之莹纂修：民国《感恩县志》卷十三《黎防志·抚黎》，海南出版社 2004 年版，第 280 页。

七月，黎亚义、薛凤章率生熟黎匪千余人，焚掠田头市，居民悉被搜括。比州兵至，贼已去。儋州游击塔鲁与薄沙巡检娄汝楫率兵追捕至外峒。官兵染瘴病甚，娄汝楫以瘴卒。贼众复出，劫王五市。总兵李元、巡道王铸命游击何朝亮率兵二百驰往。朝亮言于镇帅曰：'黎贼苦饥，掠食以救死耳。闻大军至，必散伏林莽中。山径险仄，迹之不获。瘴毒，重兵不可久屯。不能获贼而退，则损威。盍扼诸隘口，使贼谍不通；更令近黎诸村，自相团结，设火器以惊之。彼不得肆掠，徒守空山，两月食且尽，不降则死耳。今贼出薄沙、龙头二峒，调南为要道，宜重兵守之，分游兵旦夕巡逻，绝其出入。黎人重利忘义，既饱掠必自争夺，待其势穷党涣，然后招之。以黎攻黎，令杀贼自效。桀骜者诛之，冻饿者食之，恩威并行，可不血刃定也。请毋趣进兵，毋遽然招抚。'镇道许之。乃行与知府富尔崇阿等，俱进次调南，先后擒贼目王老球、符小二、符爱老、王一等数人。委员松寿、绅士张绩、邢德等督练乡勇，诸村皆集丁壮，置火器，环立木栅以自固。贼不得肆。总督卢坤檄崖州知州、诸镇赴儋会剿。何朝亮以所议禀于大吏，极邀嘉奖。十月，贼首黎亚义死，薛凤章为他黎所杀。山中食尽，互相杀夺，散亡者众，时出剽掠，悉为兵民所歼。官军扬言分五路进剿，贼大惊。十八日，良黎符世陇率黎头符那新等六村头目乞降。何朝亮诸镇许之，使为前驱，导兵入山，捕获符元兴等十一名黎总。符那密等率生黎数十人，缚其酋符老二及汉奸陈瓒等四人以献，槛送郡城。贼党皆降。慰谕遣之，赐羊酒银币，抚安诸黎复业。惟汉奸薛凤章、贼首黎亚义戮尸枭头；符元兴等发遣枷示，论如律。先是，琼山大、小水村与薄沙峒通，贫黎有附贼出掠者。后官军日迫，乏食，遂为儋黎所杀。诸镇命勿穷究，止传其峒酋长谕令严束村众，并请帑金施赈儋州饥黎。两月，薄沙、龙头二峒始设总管各一人，为诸村长。众皆悦服，儋州平。”①

又光绪《崖州志》：“道光十三年（1833 年）三月，大本峒黎以争

① 彭元藻、曾友文修，王国宪总纂：民国《儋县志》卷《海黎志·防黎平黎》，海南出版社 2004 年版，第 460—462 页。

大赞坡田作乱，攻掠永宁乡及各黎弓，进围藤桥市，势甚披猖。监生余接星、蔡登云、李贤济等募乡勇，大破之，斩首数百级。进捣各弓，讨平之。”①

光绪《崖州志》:“道光十六年（1836 年）冬，抱由黎杀营兵作乱。署都司钟金标星夜率兵捣巢，擒斩首恶七名。抚平之。”②

民国《感恩县志》:“道光二十三年（1843 年），南乡各村连被黎匪扰乱三年，伤害民舍、物产甚众。当榕仔村被攻时，男妇走入一室，致被杀死七十二名口，惨不忍言。旋由绅耆招抚，乃靖。”③

光绪《崖州志》:“道光三十年（1850 年），大本峒酋王亚峰作乱。”④

光绪《崖州志》:“咸丰元年（1851 年）正月朔，大烟村黎酋林开清纠众作乱，攻扑妙山村三次。乡勇力堵，击走之。”⑤

《崖州志》:“咸丰三年（1853 年）六月，（大本峒酋王亚峰）纠党出攻藤桥市。李焕贤及监生蔡登云、杨凤祥等率乡勇击退。十月进剿，擒亚峰斩之。登云与理问职李同日、记委符家仁，奉州谕至加札弓招抚。余党悉平。”⑥

光绪《崖州志》:“咸丰六年（1856 年），止强黎酋张那光，因署知州卢凤应勒索，负重债难赔，遂杀债主作乱。凤应协同都司王汝翚率兵勦捕，不克。”⑦

---

① （清）钟元棣创修、张嶲等纂修：光绪《崖州志》卷十四《黎防志·平黎》，海南出版社 2006 年版，第 376 页。

② （清）钟元棣创修、张嶲等纂修：光绪《崖州志》卷十四《黎防志·抚黎》，海南出版社 2006 年版，第 367 页。

③ 周文海重修，卢宗棠、唐之莹纂修：民国《感恩县志》卷十三《黎防志·抚黎》，海南出版社 2004 年版，第 280 页。

④ （清）钟元棣创修、张嶲等纂修：光绪《崖州志》卷十四《黎防志·平黎》，海南出版社 2006 年版，第 367 页。

⑤ （清）钟元棣创修、张嶲等纂修：光绪《崖州志》卷十四《黎防志·平黎》，海南出版社 2006 年版，第 376 页。

⑥ （清）钟元棣创修、张嶲等纂修：光绪《崖州志》卷十四《黎防志·抚黎》，海南出版社 2006 年版，第 367 页。

⑦ （清）钟元棣创修、张嶲等纂修：光绪《崖州志》卷十四《黎防志·抚黎》，海南出版社 2006 年版，第 376 页。

光绪《崖州者》:“咸丰七年(1857年)知州黄政钧、副将陈志邦先后募藤桥勇李阿六、符定邦等,合营兵进剿。乡勇鼓勇深入,连破止强、止讼等村。那光窜入母邱石洞,多涧黎目吉那厚率黎兵擒之,解府王法。乱平。”①

光绪《崖州志》:“咸丰八年(1858年),陵水县黎酋李亚密作乱,过山、琅瑶、椰根各峒黎应之,攻劫永宁里,全境焚掠一空,男妇死伤甚众。贼陷海邑村,村人符廷桂赴海死,子妇一家七人殉之。八月,贼又勾结定安黎匪,纠党数千,攻扑藤桥市。汛弁符世纪协同监生符运敞及符定邦、余斯盛等,督乡勇击走之。九月二十三日,贼复倾峒来扑,世纪等昼夜力堵,炮击毙贼无数,贼势稍靡。勇弁余斯拔、陈志泰、张有明等,率乡勇四出博战,大破之,贼死枕藉。遂乘势进剿各峒。二十七日攻田湾、大赞坡。亚密窥藤桥市空虚,遣弟亚兑纠众袭之。定邦等回军,两下相遇,混战多时,斩首四十余级,贼大败。亚密兄弟窜旧陵水。”②

光绪《崖州志》:“咸丰九年(1859年)夏,诸峒以次夷平。是役也,壮士余集贤、刘阿朋、何阿养、谢阿用、余阿贵先后陷阵而亡。自是藤桥勇名威慑诸峒。是年十月,抱鼻黎王怕娘,因藤桥黎乱,勾引十八弓俘匪亚力、有庆等起叛,诸峒响应。二十二日,攻陷三亚市村,杀死商民二十余口,进围羊栏村。乡人力堵,不退。报知副将林大鹏,即遣署都司王汝薰率兵赴援。汝薰逗留于马岭汛。二十六日,羊栏、妙山、林家等村皆破,焚掠一空。既而汝薰至,遇贼,不战自溃。外委吴卓强误陷深田,被杀。汝薰仅以身免。大鹏复率兵驻扎金鸡岭,屡战不利。难民离散。”③

光绪《崖州志》:“咸丰十年(1860年)三月,三亚廪生王懋赏倾

① (清)钟元棣创修、张嶲等纂修:光绪《崖州志》卷十四《黎防志·抚黎》,海南出版社2006年版,第376页。

② (清)钟元棣创修、张嶲等纂修:光绪《崖州志》卷十四《黎防志·抚黎》,海南出版社2006年版,第376页。

③ (清)钟元棣创修、张嶲等纂修:光绪《崖州志》卷十四《黎防志·抚黎》,海南出版社2006年版,第376—377页。

产倡捐，募勇剿办。时嘉应州陈悦来寄居东厢之腊尾，应募，招藤桥乡勇驻扎下村，围击散倖匪。各民村以次收复，乘势攻抱鼻、崩塘、南丁、半岭各峒。复悬军深入罗蓬、红花、大茅等峒，捣巢歼魁。大烟、抱丑等村黎匪震慑乞抚。不两月，东里全境肃清。后被奸黎诬控悦来需索扰黎，知州李光业杖死之。"①

光绪《定安县志》："同治元年（1862年），思河图贼首何哑万父子招匪劫乐邑内地，并吾邑雷二老牛沟等处，被土勇冯妚极、吴天调杀死哑万之子，夺回牛只货物。哑万犹不知非，屡欲招党与雷二图人构怨。"②

光绪《崖州志》："同治二年（1863年），多涧峒黎麦秀芳起叛。署知州卢凤应率兵抵其巢，秀芳窜匿。其弟秀松惧，擒送官。余黎就抚，事遂寝。"③

光绪《崖州志》："同治六年（1867年）六月，官坊黎刘雪映（一作石娘）作乱。初，乐安城修葺，各峒皆分段供役。雪映因贿知州唐逢泰，给谕勒碑示免。乐安汛弁洪云章，率汛兵仆其碑。黎人蜂起，杀云章，与难者三十八人，遂大乱。头塘、匿才等峒，依次响应。副将赖镇边急札把总黎桂香入守乐安。十一月，遣都司吴成龙进剿。举人吉大文助以乡兵，攻破大田。十二月朔，攻入头塘。师旋至车仔坎遇伏，桂香战殁，丧兵三十六名。成龙走陷泥淖中，赖乡勇救免。贼踵到，围乐安。成龙病悸，卒。千总蒋模与大文率兵民力堵。贼势愈炽。"④

光绪《崖州志》："同治七年（1868年）正月朔，分股出扑乐平。

① （清）钟元棣创修、张嶲等纂修：光绪《崖州志》卷十四《黎防志・抚黎》，海南出版社2006年版，第376—377页。

② （清）吴应廉创修、王映斗总纂：光绪《定安县志》卷九《黎岐志・平黎》，海南出版社2004年版，第758页。

③ （清）钟元棣创修、张嶲等纂修：光绪《崖州志》卷十四《黎防志・平黎》，海南出版社2006年版，第377页。

④ （清）钟元棣创修、张嶲等纂修：光绪《崖州志》卷十四《黎防志・抚黎》，海南出版社2006年版，第367—368页。

镇边闻警，添募勇四百名，亲将入援。围解，乘势进攻官坊，破之。镇边身先士卒，屡战皆捷。寻以丁艰，撤军。四月，知州张莹剿匿才峒，焚巢而归。抵州，病卒。贼势复振。”①

光绪《崖州志》：“同治八年（1869年）七月，署总兵刘成元，统琼军南下，驻扎九所，遣副将王伯熊、都司郑焕章深入剿抚。雪映窜匿，刘白皮、刘那棍等出降。诱擒匪首邢疮面，解省正法。招抚余党，旋师。十月，知州蒲国祥、都司杨茂雄续办。匿才匪首董亚因就抚。后数年，雪映为其下所杀。乱始平。”②

光绪《定安县志》：“同治十一年（1872年）正月廿旬，何哑万招曾老敬、陈恶泰与蒟昌等，声言为子报仇，由乐邑艼劫出吾邑雷二等处。三月，雷二生员王泽霖、蒙恩清、符瀛等选团勇八百名，齐集牧养村，与贼对仗，互有胜败。四月，多河图陈献修接济火药、洋烟入黎峒，复与哑万等贼匪二千余人，于初一日直破入牧养各村。壮勇庞恒泰、冯振桂、全家发、蒙元位等十余人死之，雷二全图尽陷，并陷入雷一十余村。绅民赴县郡告急。四月，雷琼道王澍奉总督瑞麟札，预发道库银为军糈，请琼州镇刘成元调各营兵丁，亲带到乐邑阳江市及本邑雷二图、石壁市，搭寨举进坡文武帝阁，分路剿捕。知县赵光祖派生员蒙恩清、王泽霖、陈子惠、王泽春、王焕宸、蔡中节，职员程广熙、监生程载熙等，按雷二田榔租息捐饷；并派市甲陈魁元劝捐，石壁市铺户助赀。命王命虎、蒙传忠、王命斗、符运彰、王文龙、阮家乡等勇百余名，四散寻捕，拿获雷一陈业三、雷二符运槐、乐邑曾进高、多河陈家宗等匪六名，亲献镇宪歼之。总镇又移营驻扎粪塘，派弁勇同廪生虞大臣，附生王履中、彭裕羽，武生王射斗，州同许明思，军功潘才三，监生黄承绪等筹饷，备器械。军功许伯超、戎绅陆驹麟等带勇随镇宪，设计拿捉头目何哑万、何良钰、曾老敬、哑万之

① （清）钟元棣创修、张嶲等纂修：光绪《崖州志》卷十四《黎防志·抚黎》，海南出版社2006年版，第367—368页。

② （清）钟元棣创修、张嶲等纂修：光绪《崖州志》卷十四《黎防志·抚黎》，海南出版社2006年版，第367—368页。

子何秀通，解郡。随后崖州都司郑焕章、知县赵光祖、千总王定邦督率兵勇，攻南敲峒蒚昌贼城。乡勇王命虎直破入木城，杀死蒚昌于城门，亦带首到总镇大寨献功。此七月二十旬事也。贼穷蹙潜踪。镇宪以军功赏给王命虎、王保荣等勇有差。总镇凯旋回郡，将何哑万等凌迟示众。知县赵光祖亦卸任。郑焕章仍退回乐邑阳江市，缉拿余匪。乡民至此稍安，回境耕种。”①

光绪《定安县志》：“同治十三年（1874年）春正月，万州贼首李文进（改名有章）、洪香、陈恶泰等纠党，由乐邑白石、崇文等乡劫出吾邑雷二图。生员蒙恩清、王泽霖、王泽春、王宣三禀呈知县郑葆常，团勇堵敌，杀贼数名，夺回货物。壮勇阮大业死焉。详报郡宪。三月，雷琼道王澍移总镇刘成元、游击黄相奎、知县郑葆常督兵剿之。葆常令生员王泽霖、蒙恩清，职员程广熙，监生蔡维泽、符运升等，复按图中苗米捐输助饷。其时兵勇未集，相奎志急剿贼，二十二日率兵迳进。贼大队出迎战，相奎命枪击之，死贼数名。贼见我兵少，抵死格斗，弁兵韩士贵，团勇王文澜等十余人死焉。兵遂溃。贼乘势尾追。幸有王命虎等勇十余人殿后截杀，各人始得回石壁市。次早，葆常与相奎由石壁市复退回到椰子寨市。贼追猝至，葆常舍舆而徒，与相奎等到嘉积市。距贼已远，始得安驻，羽书飞郡告急。四月，雷琼道飞檄请廉州镇郑金委派游击黄忠保带廉州安勇五百名，随琼州镇刘成元，带各营兵弁救援。四月十五，历嘉积市至石壁墟，驻扎举进坡文武帝阁。议分兵三路进剿，约定于万州太平峒黄村之地相会。第一队，总镇刘成元、千总王定邦，先带廉州安勇并各营兵，由乐邑、万州入黎，为南路。次一队，命雷二壮勇王命虎等二百名，协同万州把总许君超，自本邑乌坡市由南敲峒入，为西路。第三队，万州游击唐元安、千总杨茂霖，由石壁市入黎，为中路。三路分发，号令分明。五月，杨茂霖带兵由中路入黎，至万州地攻贼，误中贼匪诡计，

① （清）吴应廉创修、王映斗总纂：光绪《定安县志》卷九《黎岐志·平黎》，海南出版社2004年版，第759—760页。

茂霖死之。自五月十一日，各路兵勇进攻，至六月十七日，三路兵始会合于万州太平峒黄村地。贼稍敛迹，兵勇各归。乡民流离数月，始得归复其所。知县郑葆常亦回县视事，第以劳心戎事过度，发疾，卒于任。”①

光绪《崖州志》：“光绪元年（1875年），抱寨村黎符亚殿倡乱。先是，抱丑黎王怕动修与亚殿有隙，纠侼匪数十人与为难。亚殿反邀侼匪劫掠邻峒。又勾引万州贼酋李有章为羽翼，诸峒应响。攻劫过岭、匿才、抱古、止强等村。声势大张。”②

光绪《定安县志》：“光绪二年（1876年）冬间，万州贼首落解尾，合本邑思河内峒那九等焚劫，由乐地黎劫出吾邑雷二村庄。绅耆赴县告急。时知县吴应廉初莅任，急扎饬绅士蒙恩清、王泽霖，军功王命虎等，筹饷招勇防御。”③

光绪《定安县志》：“光绪三年（1877年）正月二十日，知县吴应廉开印，即会营弁商议剿贼之策。招干勇，备器械。号令一下，图中响应。贼知应廉初得人心，恐其带众而来，曲不胜直，二十底尽退而去。应廉饬各绅耆为善后计，派勇防守隘口甚严。贼知有备，心服应廉之贤，相戒各安巢穴，不复出掠。图中绅士符景运、蒙恩清、王泽霖、王宣三、王泽春、符缙光、王焕宸、程载熙等，始召集逃民回乡安业。”④

光绪《崖州志》：“光绪四年（1878年），西黎高亚厚、符怕凯又起一股，结巢永宋营，邀亚殿、有章，攻掠生铁、办铳。知州克星额、水师守备邓围辉率兵剿之。亚厚窜去，怕凯就抚。亚殿自是不时蹂躏

① （清）吴应廉创修、王映斗总纂：光绪《定安县志》卷九《黎岐志·平黎》，海南出版社2004年版，第760—761页。

② （清）钟元棣创修、张嶲等纂修：光绪《崖州志》卷十四《黎防志·平黎》，海南出版社2006年版，第377—378页。

③ （清）吴应廉创修、王映斗总纂：光绪《定安县志》卷九《黎岐志·平黎》，海南出版社2004年版，第761页。

④ （清）吴应廉创修、王映斗总纂：光绪《定安县志》卷九《黎岐志·平黎》，海南出版社2004年版，第761页。

西黎，深入大岐，扰及感恩。”[①]

光绪《崖州志》：“光绪五年（1879年），贼至洋赖，副将李其昌率兵御之。兵溃，外委卢启明遇害，其昌走免。”[②]

又光绪《崖州志》：“光绪五年（1879年）五月，陵水黎大乱，越境攻劫大水弓，胁从甚众。结巢只近村。藤桥汛把总陈步高，协同监生王运龄，率先勇进剿，县丞职李荣诰接济军饷。六月，军次加务处。贼来扑营，勇目李子春、符明发开垒两次，击走之，斩首七级。寻率精锐五十人，黎明袭破贼巢，内外夹攻，斩首数十级，擒其渠魁，枭之。未匝月，乱平。步高见尸横遍地，梦中惊跳，得病卒。”[③]

光绪《崖州志》：“光绪六年（1880年）二月，署知州李宗光檄藤桥记委陈志泰，募乡勇进剿。千总谢以庄率营兵守险为后应。志泰直捣贼巢。贼暗里狙击，伤勇目数名。战不利，退至横岭。以庄弃险遁，遂被大烟等村贼截击。前后受敌，志泰阵亡，丧兵四十余名。州东大震。事闻，宗光、其昌削职。亚殿寻被弟怕恶枪毙。怕恶尤凶悍，纠众窜掠州境。十二月，攻破东里头铺灶村，继攻西里山脚、庄仔等村，皆破。”[④]

光绪《崖州志》：“光绪七年（1881年）春，又陷抱旺、油柑等村。遍地告急。九月，总兵刘成元率琼军南下，添募陵水、藤桥勇，助以开花大炮。副将陈仪刚率营兵，州人候补道吉大文率乡兵会剿。十月，攻破大烟村。”[⑤]

又民国《感恩县志》：“光绪七年（1881年）三月，陀仑、七户黎

---

① （清）钟元棣创修、张嶲等纂修：光绪《崖州志》卷十四《黎防志·平黎》，海南出版社2006年版，第378页。

② （清）钟元棣创修、张嶲等纂修：光绪《崖州志》卷十四《黎防志·平黎》，海南出版社2006年版，第378页。

③ （清）钟元棣创修、张嶲等纂修：光绪《崖州志》卷十四《黎防志·平黎》，海南出版社2006年版，第379—380页。

④ （清）钟元棣创修、张嶲等纂修：光绪《崖州志》卷十四《黎防志·平黎》，海南出版社2006年版，第378页。

⑤ （清）钟元棣创修、张嶲等纂修：光绪《崖州志》卷十四《黎防志·平黎》，海南出版社2006年版，第378页。

酋李亚后、亚获作乱，召集崖东匪黎毁掠，南区一带及崖属毗连各村均被骚扰，日不宁处。所有种植椰子等树刊伐殆尽。后由邑侯协同绅耆调抚，乃解。”①

光绪《崖州志》：“光绪八年（1882 年）春，大茅、南林等贼，二次出扑洪李村。监生韩精准率乡勇击走之，擒斩数名，解营报捷。四月，成元遂饬精准及临川里监生王宠恩各募乡勇，分攻大茅，以杀贼势。遂破之。适成元被参，撤军。精准等以无援败退。九月，巡道刘镇楚统领湖南劲勇接办。遣参将衔刘文成、都司衔李渭培等营于水脚、抱丑、大烟等村。开路凿险，进，遇伏。挫锐。十月朔，大风雨，山水暴涨，军溃退，驻妙山村。楚勇病疫者众。乃强遣三亚里监生吉天相、民人林天性，诡质出怕恶，解省正法。十一月，怕恶弟侦知怕恶诛，率贼党千余，攻扑妙山。文成等开栅击走之，追十里而还。镇楚遂以大捷报平。”②

光绪《崖州志》：“光绪九年（1883 年），二月，撤军。七月，贼出，攻破羊栏村，焚毁殆尽，伤死男妇十余口。贼势愈炽。兵科给事中戈靖奏闻。兵部侍郎曾纪泽、两广总督张之洞，继奏请开道立县，以夷黎境。朝议是之。”③

民国《感恩县志》：“光绪十一年（1885 年），红水沟黎唐呵邝因杀渐厚村民一命，自畏罪重未赦，便倡乱邀结土仑、七户、乌槐等村黎攻破渐厚村，房屋财产尽被焚掠无存，及杀十余人。知县潘志赓匿未报，被崖州知州先禀抚道，令责志赓削职留任，招抚黎人了案。”④

---

①　周文海重修，卢宗棠、唐之莹纂修：民国《感恩县志》卷十三《黎防志·抚黎》，海南出版社 2004 年版，第 280—281 页。

②（清）钟元棣创修、张嶲等纂修：光绪《崖州志》卷十四《黎防志·平黎》，海南出版社 2006 年版，第 378—379 页。

③（清）钟元棣创修、张嶲等纂修：光绪《崖州志》卷十四《黎防志·平黎》，海南出版社 2006 年版，第 378—379 页。

④　周文海重修，卢宗棠、唐之莹纂修：民国《感恩县志》卷十三《黎防志·抚黎》，海南出版社 2004 年版，第 281 页。

光绪《崖州志》:"光绪十二年(1886年),命广西提督冯子材统办全琼军务,驻节陵水,筑堡凡阳,开通十字大路。"[①]

光绪《崖州志》:"光绪十三年(1887年)三月,遣子候补府相荣、相华,候补道杨玉书,率前军抵三亚。南林匪首谭亚吉,抗不就抚,官军连夜进剿。相荣、相华率兵一千,从罗蓬入;参将符坚高率兵五百,从大茅入;参将冯华、都司陈才业率兵一千,从半岭入;知县石佩琼率兵五百,从藤桥只让弓入。皆越崇山峻岭,直捣贼巢。大破之,斩首八十余级。分军搜山,大索十昼夜,深入数十里。败坠崖落峒死者枕藉。擒获红花贼酋吉文香。亚吉逸去,购线获之。解大营正法。诸峒震慑,薙发投诚,凿山开路,奉命惟道。会玉书、佩琼卒于军,四月,撤兵还。后张制军亦去任,黎峒立县事竟寝。"[②]

光绪十四年(1888年)元月十三日,崖州公布奉宪永禁索扰示碑。

奉宪永禁索扰示碑

崖州正堂加十级纪录十次谭,为禀明除五害事。本年六月十三日,据西黎汉道村峒长符安祥等呈称:缘祥等前期,以一件遭殃求救缘由渎呈,蒙金彻底认祥示,此诚仁天能保黎民恫□在抱者也。自来滋扰诸弊,前示严摘周全,独贽见汛官一例,作俑于嘉庆年间,然始不遇斗粟鸡酒,用以奉□。突至道光初年,专索钱银,变本加厉,或二三十两,至七八十两不等,视峒之大小以为分。甚至一官往复数次,威迫再三。前未偿而后又加。富变穷而贫俱散,百般陷害,是惟此凶。道光十年,□逢府宪暨袁州主视临招抚,□绝严禁,暂蒙□□和,旋后仍行科勒。越有客岁,韩副爷代防,尽革陋规,民黎悦服。无何升上未获承恩,即有罪魁百总罗开兴等,不时带兵数十,串谋扰索,借言巡哨地方,实在追迫,贽见就拿,见牛即封,各村逃避,各处含冤,灾切剥肤,如虚甘坐。势迫赴诉仁天,怀保黎庶,残厥渠魁,

① (清)钟元棣创修、张嶲等纂修:光绪《崖州志》卷十四《黎防志·平黎》,海南出版社2006年版,第378—379页。

② (清)钟元棣创修、张嶲等纂修:光绪《崖州志》卷十四《黎防志·抚黎》,海南出版社2006年版,第379页。

永示碑，俾穷黎托安生业，不致□□摧残，东西诸峒食德无疆矣。为此，冒死切叩等情到州。当批，据呈该处汛官带兵入黎勒贽见，如果属实，殊堪骇异。候即出示永远禁止，以安黎众，而绝弊端在案。合行出示严禁。为此，晓谕各黎峒长总管悉知：朝廷设立文司武汛，原以镇抚黎人，若似此勒索贽见，多至数十余两，是扰黎也。汉人扰黎无论官民，照私通土苗例发近边充军，立法何等森严。自此以后，如有文衙门差役□，以新官到任，办差为名，勒索规费贽见者，准尔等黎人指名禀究，本州定照例总□祥办，绝不宽贷。如武营有不肖乒丁，逢迎汛官，假以巡哨地方为名，带兵入黎勒索贽见者，尔等黎人，亦即来州控告，以□□本州会同营究，照例□□，并将文武衙门，一切扰黎陋规，永远禁止，以安黎众。该黎人等，亦应安分守法，勿得误听汉奸勾引，诬告陷害。如有此

西峒各村

只类太把峒长　汉道散用　多涧抱训　抱政抱界　只屏凡上

总管

符安祥　麦士保　卢那洪　卢那有　符那休

头家

吉石不　林那安　盘那□　韦亚出　韦那全

理事

吴亚三　符那若　文那卒　周石雷

东西峒

同禁

官方多港、刘峒长、德霞抱由及众村总管哨官，头家村老等同立

光绪十四年八月吉旦立禁

（碑存乐东县抱由镇番豆村）

光绪《崖州志》："光绪二十年（1894年）十月，大水弓黎黄观泰、黄那敛等作乱，结巢只建。勾引陵水黎匪，攻劫椰根峒各弓。焚毁黎房数百，杀伤男妇无数。署知州尚昌锜闻变，急协同都司郭显廷，率

兵星夜驰赴。檄武生李奇光，招募乡勇协剿，攻破贼巢，斩首二十余级。匝月乱平。”①

民国《感恩县志》：“光绪二十一年（1895年）三月初四日，陀仑、七户黎酋李封发利作乱，纠匪毁残渐厚旧、新二村。新村石良玉一家被伤老幼男女六七人，并伤同村十余人，共伤二十八人。二村宅舍一切无存。迄二十六年，崖州都司郑琮熊招抚，其乱乃平。”②

光绪《崖州志》：“光绪二十二年（1896年）八月，美国教士冶基善设教堂于乐罗。教民陈庆昌入黎索债，被多港峒吕那改枪死。告诸州，不能理。”③

光绪《崖州志》：“光绪二十三年（1897年），上控府道。知州李怀清惧，饬乐安把总何秉钺捕凶首。那改窜匿，秉钺拘其女，以图诈索。那改遂于十一月十八日，纠多港、多润黎拥入汛城，劫出其女，被汛兵枪伤黎人一名。黎人乘机大乱，戕杀兵民三十一口，城中抢夺一空，秉钺仅以身免。各峒闻风附从。十九日，乐平讯溃。二十一日出扑州西，连日烧山脚、庄仔、倒榕十余村。烽火涨天，伤死男妇八十余口。二十七日，进攻九所市，乡勇击却之。仍拥众屯山脚不退，州西大震。举人林缵统，附生陈奇珍、陈人信等，在郡闻变，吁宪请援。十二月，巡道冯光遹檄参将陈良杰率琼军右营驰扎九所防堵。十八日，贼率大伙攻抱旺村，管带防营尽先守备胡友德等驰救，围乃解。二十三日，攻赤楼、塘上等村，良杰自将击之，逐北十里。贼退，尽毁乐安城庙署民房，一炬焦土。”④

光绪《崖州志》：“光绪二十四年（1898年）二月，贼大出，将攻

① （清）钟元棣创修、张嶲等纂修：光绪《崖州志》卷十四《黎防志·抚黎》，海南出版社2006年版，第380页。

② 周文海重修，卢宗棠、唐之蓥纂修：民国《感恩县志》卷十三《黎防志·抚黎》，海南出版社2004年版，第281页。

③ （清）钟元棣创修、张嶲等纂修：光绪《崖州志》卷十四《黎防志·抚黎》，海南出版社2006年版，第368页。

④ （清）钟元棣创修、张嶲等纂修：光绪《崖州志》卷十四《黎防志·抚黎》，海南出版社2006年版，第368—369页。

州城。厢坊乡勇出御，擒获黎酋一名，贼始退。怀清睹贼氛日炽，会良杰调僧、万两营，合琼军进剿，攻葫芦门，不利。怀清遂一意主抚，贼愈横。良杰怏怏撤兵还。三月，募抱鼻、大烟等峒黎团再剿，以把总张健鹏节制。黎团全无纪律，且志在财畜，抄掠远近，而贼垒仍旧坚守。乃以厚赏饵叛党杨日升、高亚厚，为之关通。日引峒丁假称酋长，出城受盟，而正匪藏匿不出。怀清以为得计，即同副将鲍灿以黎平报案。秉钺坐激变伏诛。而日升、亚厚二匪，阳则托受抚之名，阴则纵其党日肆杀掠。虽州东稍戢，而州西益骚扰。”①

光绪《崖州志》：“光绪二十五年（1899 年）五月，署知州李洪毓劝捐，禀请开花炮，募藤桥武生李奇光、庞镜渭等续办。奇光以孤军深入，与贼相持，屡挫其锐。七月，五品衔李有明率琼军左营会剿。洪毓随营督办，攻破两巢。那改营讫不能下，乃刈贼稻以资军粮，为久困计。贼大惧，将乞降。洪毓寻卸任，奇光亦以饷竭，归。雷琼道周炳勋，复檄尽先副将邱显铭，率新中营兵，同署崖营都司易廷辉继办。而显铭毫无胆略，畏葸不前，廷辉亦于军中病故。”②

光绪《崖州志》：“光绪二十六年（1900 年）二月，署知州钟元棣以显铭久屯无功，老师縻饷，遂单骑深入贼巢，谕以祸福。时那改已死，韦亚荣、杨亚经、李亚发、洪亚沉等，始率党就抚，境赖粗安。”③

民国《感恩县志》：“光绪二十九年（1903 年），有黎匪伏在山岭，抢掠各村。村民恐慌，采薪均持械巡防。时陀利黎仔担竹峒出汉途中，遇本廉村民巡哨，误拿殴伤，捆送官厅押狱，病故。陀利黎愤懑不平，歃血纠集邻近诸黎为乱，日夜攻掠。知县聂宗诗着谕本廉绅士、陀利黎首调解，本廉捐伤过甚，执不肯就。宗诗将车役冒本廉绅士和之。后黎人觉诈，复扰如故。知县王金绶严令本廉、陀利双方亲遇解结，

① （清）钟元棣创修、张嶲等纂修：光绪《崖州志》卷十四《黎防志・抚黎》，海南出版社 2006 年版，第 368—369 页。

② （清）钟元棣创修、张嶲等纂修：光绪《崖州志》卷十四《黎防志・抚黎》，海南出版社 2006 年版，第 369 页。

③ （清）钟元棣创修、张嶲等纂修：光绪《崖州志》卷十四《黎防志・抚黎》，海南出版社 2006 年版，第 369 页。

始得粗安。”[①]

民国《感恩县志》:“光绪三十一年(1905年),县境历十余年久匪黎猖獗,地方蹂躏太甚。知事李光宇禀请道尹,十一月调营官李有明、周兆云统带琼军第二、第三两营兵扎板桥村,募乡勇一百名为向导,派县城人五品军功赵友升管之,会同进剿鸡毛应村。琼军畏怯,不战先退,乡勇在后遇伏,战死友升及乡勇三名。光宇禀闻道尹,吴荣援例给友升体恤银一百两,乡勇每名五十两。更调炮队带开花炮二门、劈山炮一门,饬扫穴歼魁方准撤军。未久,吴荣丁艰去任,新道尹多龄,以有明、兆云出师半载无功,主于抚。有明、兆云为官职攸关,出已财贿买黎人就抚塞责,黎势从此愈凶。”[②]

民国《感恩县志》:“光绪三十四年(1908年),下水黎首符士光与龙卧村有隙,执仇纠黎抢劫,民不安寝。知事刘鸿恩亲临黎界招抚,患方解。”[③]

又光绪《崖州志》:“光绪三十四年(1908年),小抱扛黎乱。先是大小抱扛阻险,与多港叛黎同恶相济。多港就抚,大抱扛稍戢,小抱扛跳梁自若。其匪魁陈河联煽诱亚花爹、疮面三等,时出劫掠,为州西患。乡民累禀。署知府卢芳林悬赏拿获河联,禁之,地方幸得安堵。芳林去任,知州冯如衡不察,纵之归。未匝月,复出劫官村、赤隋民牛。诉诸州,不理。自是无忌惮,日肆焚劫,攻破多能、佛老、茅坡、球尾灶、竹溪等十余村,掳掠男妇,剖胎焚棺,备极惨毒,全州皆震。如衡惧,归狱汉民。道宪饬妥办理,如衡不得已,乃设法招抚抱翅匪党为引线。是年冬,深入至抱翅之穷谷,抚之,乱乃止。”[④]

---

① 周文海重修,卢宗棠、唐之莹纂修:民国《感恩县志》卷十三《黎防志·抚黎》,海南出版社2004年版,第281页。

② 周文海重修,卢宗棠、唐之莹纂修:民国《感恩县志》卷十三《黎防志·抚黎》,海南出版社2004年版,第281—282页。

③ 周文海重修,卢宗棠、唐之莹纂修:民国《感恩县志》卷十三《黎防志·抚黎》,海南出版社2004年版,第281—282页。

④ (清)钟元棣创修、张巂等纂修:光绪《崖州志》卷十四《黎防志·抚黎》,海南出版社2006年版,第369—370页。

民国《琼山县志》:“宣统三年(1911年)十一月间，客匪首亚五花、黎匪首筠发科等纠集黎客各匪千余人，聚在西溪一带之三港合口、加禄口、红花肚、加冬朗、风流村等处。此月十五日，拿王天运到加禄口村，宰杀祭旗。十六日，焚劫周朝地方，枪毙王隆福一命。十九日，焚劫岭肚市、加令村、西边坡村，连日焚劫甘蔗园、雷打、南蛇腹等村，焚宅杀人，鸡犬一空。而三合会亦乘机而起，勾通贼匪，开台放会，勒索良民，地方恐慌，扶老携幼而走，哭声载道，行旅断绝，路途不通。王建勋、李登相、黎之清、许之修等微服赴郡，适值地方绅士王国士为明字顺军向导，偕黄统制回琼。甫至海口，王建勋等即急与磋商弭乱之策，国士一面请建勋等先回乡收拾人心，一面向黄统制请兵，方到半途，而本地绅耆王国儒、王世聪、王有邠、李登相、符瑞、王国栋、王志崇、王事三、黎学超等联集地方壮丁，先后攻破三港合口、加禄口、红花肚、风流、加冬朗等处。该匪退聚于隔溪之六客、包密头、毛耀田等村，出没无常，时复出劫掠，三合黎匪扰乱如故。国士带兵到乡，邀集安仁、南坤、富谷、环瑯、怀义、踵科、西义、林湾、加禄八图绅耆王逢辰、王国儒、钟文丽、蔡嘉麟、王建勋、符瑞、王国栋、陈明标、李登相、凌世凤、陈文周、王启生、陈芝兰等议设八图乡团，联结团体，守望相助，互相救援。凡已入三合会者，均准入团，合为一心，团为一体。投票王国士为八图图总团长，王国儒、李登相为副团长，急谋剿抚之计，自卫地方。十二月十四日，该黎复聚，大伙贼匪由六客等处越溪劫掠，势甚猖獗，团勇探知报信，官军闻知，先已逃走回郡。国士调八图团勇数千余人分三路进剿，到西溪等处，国儒前率侦探队百余人与贼相遇，开枪轰击，毙贼数人。贼见团勇敢战，即退却过溪而逃。团勇见山势险恶，又有溪隔绝，亦不敢过溪追贼。遂将各谷口用木石叠塞，掘陷放箭。近西溪一带之黎苗，亦改邪归正，同心协力，与团勇轮流守望。自是以后，黎匪亦不敢再向琼属八图，地方始获安靖，而澄迈之岭仑等处又被该匪蹂躏矣。”①

① 朱为潮、徐淦等主修，李熙、王国宪总纂：民国《琼山县志》卷十二《黎防志·平黎》，海南出版社2004年版，第624—625页。

3. 清代镇压黎族出现的新状况

清代对黎族的镇压，其残杀手段与以往各朝代相比，又出现了新的状态。

（1）以枪炮的火力镇压赤手空拳或仅有大刀弓箭的黎民群众

雍正九年（1731年），朝廷准琼人藏枪防黎乱。

《清实录》载："雍正九年（1731年）三月，大学士等议复：'广东巡抚鄂弥达疏言，鸟枪一项，禁例甚严。但广东之琼州，孤悬海岛，外与交趾连界，内与黎人错处，居民多籍鸟枪以为防御之具，似未便照内地一例收缴。请将民间现有鸟枪，令报明地方官注册，并令地方官严饬保甲，于十家牌内开明数目，一户止许藏枪一杆，其余交官收贮。'"[①] 准许琼人藏枪，对付黎族起义。

不过，在黎族起义军与官军搏斗过程中，他们也夺获官军枪械，也有汉人私带军火，潜入黎区贩卖。《军牍集要》中说："黎性椎鲁犷悍，善用标枪及药箭、药弩之属，无不犀利。而近年汉奸勾引，接济军火，洋药、洋枪、洋炮逼码无不备足。多自万州、陵水海港而入，加之各处安设毒签，误踏之即难医救。"[②] 因此，起义军也以武器与官军对打，但官军毕竟拥有强势的枪炮、火箭等先进武器，起义军处于劣势，而被残酷镇压。

（2）调动正规军进行剿杀

每次黎族起义，官府都派遣镇守琼州的正规军或地方官长率兵进行围剿，以强大的兵力镇压，速战速决。如顺治九年（1652年），参将马正龙"率兵五百定万州诸黎"。

顺治十三年（1656年），城守何玉统兵斩黎。

顺治十八年（1661年），知县蔡嘉祯会同儋、澄牧令请兵密剿，道镇遣防儋兵参将进行围剿。

康熙元年（1662年），黎族起义，琼镇发官兵直捣其穴。

---

① 《清实录·世宗雍正实录》卷一〇四。

② 张云卿、庄秉衡编辑：《军牍集要》卷十二。

康熙八年（1669 年），定安黎起义，知府牛天宿总兵出征，知州张擢士集兵剿捕。黎族在清朝 85 次大大小小的起义活动中，官兵都调集足够兵力前往剿杀。

（3）清代剿黎之后进一步实施抚黎的策略

清代对于黎族广大地区的叛乱，以强大兵力及炮击方法全面镇压之后，认为必须拟订具体计划，加以平抚，如光绪十二年（1886 年）及光绪十三年（1887 年）命广西总督冯子材大举平黎之后，粤督张之洞、吴大徵向清朝上呈《会奏黎匪剿抚事宜疏》，备述冯子材剿黎之后所制订的抚黎政策。

冯子材平黎之举，在清代是一次大规模的军事剿捕活动，以大军搜捕、大炮轰击、范围广大、详细战斗的惨烈情景，在张之洞的奏疏里得到证实。其《剿抚各黎开通山路折》所写比《志书》中的记载更为详细。奏折中写道：

> 窃查琼州黎匪，自攻克陈仲明什密老巢，平毁马岭、廖二弓十八村匪寨后，军威已振。西峒逆首陈文中，马岭逆首黄清，廖二弓逆首那肥，即胡那肥，那闪，陵水逆首丁鬚生、蓝红衫、胡明时，乐会逆首赖文成等负隅抗拒，死党尚多。又有伪大将军郑显昌，系光绪七年（1881 年）闰七月奉旨饬拿未获之逆首，琼民多罹其害，均应亟为剿办，以伸国法而快人心。当经提督冯子材派直隶州知州刘保林督率部勇剿办那肥一股，道员杨玉书，知府冯相荣率军追剿陈文中、黄清各匪，分饬绅团搜捕余孽。上年（光绪十一年，1885 年）十一月二十七日，探知那肥踞湾二弓老巢，濠深岩密，上列炮石，以死守计，刘保林派队攻先，毁坚木栅十余层，该逆犹抵死不退。二十八日我军直逼老巢，以火箭飞射寨中，知县石佩琼、主簿杨士丞、巡检杨桂振等绕出山后围攻，自晨至午，贼势不支，弃巢向后山越窜，石佩琼督勇猛追，那肥中枪倒地，经杨桂振割取首级，逆党回援，杨士丞猝为飞弹所中，登时阵亡，各军四面兜击殄毙悍贼百余名，夺获枪械三百余件，阵亡勇丁九名，受伤三十余名，生擒匪供那肥枪毙属实，余匪逸出无几。维时陈文中窜入陵水首弓之打铁屯。

十二月初一日，杨玉书、冯相荣暨团绅谭乔绅分带兵练，驰往围捕。该逆夺门狂窜，练长林明志奋起持斗，枪毙逆首陈文中，练长吴金章生擒伪先锋胡那耀，并毙匪伙多名。初七日，杨玉书、冯相荣、刘保林移营廖二岭尾，逆首那闪率党出栅拒战，猛鸷异常，我军合力围攻，炮伤该逆左脚，始经就擒，解交冯子材大营，讯明枭示。连日各军剿捕搜山，丁鬚生、蓝红衫、胡明时三逆以次就擒。总兵林长福率萃右军搜剿乌坡一带余匪，初一至初五等日，将横山固贼党一并收毁，生擒赖金昌、王打狂等匪，歼毙逆党数十名，我军亦有伤亡。知府冯相华率萃中军分搜定安望天岭、天峒岭一带，擒斩逆匪赖文才，伙党黄亚二等九十余名。萃右军擒获逆首赖文成暨匪党胡凤尾等八十余名。刘保林所部萃左军擒获黄昌明等一百余名。萃前军擒获林成珍等一百八十余名。均系积年党匪，供认迭次杀掠不讳，经冯子材先后饬令正法。东中两路匪势已经涣散，惟郑显昌、黄清未获。十二月二十一日，侦知郑显昌率其死党盘踞万州黎峒，冯才材饬署万州营游击方敬选派弁兵，会合萃军，驰往围捕，千总张德星、五品军功朱廷光首先奋勇深入黎巢，将该逆生擒解营正法。本年（光绪十二年，1886 年）正月十二日，冯子材自赴宝停司（现保亭县）督剿，令冯相荣、刘保林分率勇团搜山，是夜蹑及黄清于廖二弓湾州地方，都司陈荣坤、守备刘步高连枪击毙之，令降黎认明属实，并将平日济匪致富被控多案之土棍李荣诰拏获正法，合县称快。当萃军渐移琼南之时，中路定、乐毗连之岭门、乌坡一带尚有余匪，当经臣之洞由省另派福军四营，益以土勇两营，前往搜剿抚定。其西路客匪黄邹保、温河清伙党，前次虽经投诚，渡海安插，仍复潜回故地，伺便纠众劫掠，怙恶不悛，法难宽宥，经道员方长华派军擒斩匪首陈赞桂，匪目张秀生、邓亚生、赖官生等四十三名，稍轻者分别发交州县慿禁保释，仍饬该处绅团勒拏余匪，以期安缉。又有儋州匪首陈钟铭借报复为名，纠众滋扰感恩地方，焚杀淫掠，黎汉各村，均被其害，上年（1885 年）八月奏明在案；方长华派府经历毓濂等设法擒获，交冯子材大营讯办。[①]

以上文字是冯子材、方长华、杨玉书等向张之洞报告的剿黎材料。在定、乐、陵、万、澄、感各地剿杀之后，由于崖州处于海南岛的最南端，距府城路途将及千里，山谷最深，瘴毒最重，也是古人未到之处，自道光九年（1829 年）至道光十一年（1831 年）戕官为乱，经前督臣李鸿宾督军剿平。但官兵未深入羊林岭之北黎邨，因此叛为生黎，不纳丁粮。在陵、崖交界之卜马峒和五指、七指之间，地势深险，对此情况，当时清军将士久劳，馈饷不易，但张之洞认为不就此兵威一律低定，则琼地病根未除，声教终梗，以后难期再举。应一劳永逸，以竟全功，于是与冯子材电函定议，激励诸军，多备医药，移师南路，病者撤出善地调养，壮者鼓勇深入。令冯相荣、冯相华、刘保林等三军由东路进，方长华之军由西路进，会合绅团，分别剿抚。这次剿黎，是清朝官军最彻底的一次军事行动。

（4）剿黎之后实施的抚黎策略

张之洞派冯子材在海南岛剿黎之后，他又拟《抚黎措施十二条》，刊发传布，以安民心。以武力镇压之后，又以安抚的举措收服黎族民心；其抚黎策略，虽专为剿黎，以期黎汉永远相安，其政策，于黎族有好处。

关于开辟道路，统由冯子材考核督催，并饬琼州道府激励各属绅团，同心协助。这次张之洞的决定，大多参考明朝海瑞和俞大猷关于将五指山开十字路的建议，而海瑞的建议又师承于丘文庄公（丘濬），明代海南有识之士及官吏们，已深深理解海南岛开发黎区的重要性。

海瑞在《治黎策》中说："愚生以为今日之计，不过坚持开十字道之心，固执立州县之计而已。自此之外，虽议之之尽其方，处之之尽其术，皆下策也。"[②]

明朝的韩俊，在《议黎奏稿》中提出"开辟五指山十字路，以通

① （清）王延熙、王树级编：《皇朝道咸同光奏效》卷五十二上《德世续编》。

② 《海瑞集》卷二《治黎策》，海南出版社 2003 年版，第 158 页。

往来”。明代杨理深入五指山考察黎情后，写下《上卢兵备书》《上欧阳太守书》中，提出开辟道路的建议。吴会期在给皇帝的奏议中，也提出开十字大路的建议。唐胄在《平黎总论》中同样提出开路建议。王弘诲在《议征剿黎寇并图善后事宜疏》里，提到伐山开道的建议。凡是治理过海南岛或海南本土的有识之士，都异口同声地提过开十字道路的具有远见的建议，可惜明朝统治者置若罔闻。

两广总督张之洞，当他考察海南及派遣冯子材武力剿黎之后，深谋远虑，认为要统治海南岛，让黎民不造反，安居乐业，归附皇朝，不是靠武装力量所能维持，而是必须开发海南才是上策。于是，他参考海瑞、俞大猷等人之说，加以变通推广。他提出开发道路的理念、方针及策略，并加以实施，其上疏中提出开路的设计："所开之路，如井字形。其余各州县团夫分开小路，以合于大路，纵横贯通，同时并举，分地定限，会合联结，勇团土黎，并力作工，以一丈六尺为度，极险仄处，以八尺为度，人力所不能施者，以炸药轰裂之。所到之处，伐木焚莽，搭桥凿井，经过黎岐，随宜抚定；分遣员生，测绘地图，并令沿途察看各何道是否可行船筏，以备运出老山材木百货；测看各山矿苗种类，以备开采；山内地形土性宜于种植何物，以阜物产，而赡琼民。路通地辟之后，应于内山要隘广饶处所，建置城寨，设官安营，以资化导控制，举办一切，俾此奥区永为乐土。"[①]

张之洞提出这些治琼策略大多参考前明海瑞、俞大猷诸人之说，加以变通推广。他的可贵之处，在于马上付诸实施，雷厉风行。在下令之后不久，他在《疏》中说："目前路工，已得十分之四，约计五月间路工可一律告成。"不过后来因筑路士兵多得瘴气病，所以未完工就把筑路军队撤走了。

张之洞的平黎策，固然是为巩固清王朝统治海南岛着想，其"策励诸将，稔恶乱黎，诛擒殆尽"也很残酷，但剿黎之后，进而"开荒

---

① （清）张之洞：《张文襄公全集》卷十九（奏议十九）《剿抚各黎开通山路折》，中国书店1990年版，第399页。

凿险，渐化榛狉”，以开发交通、发展生产的政策来抚定黎民。他调冯子材平黎之举，其诛擒手段也十分残暴。

冯子材是光绪同光名将，中法战争之后，曾奉命在广西镇南关与法军作战，屡立战功，威名大震，加太子少保。张之洞推荐冯子材督办琼州军务。光绪十三年(1887年),冯子材抵达五指山,并亲笔题下“手擘南荒”四个大字勒石于五指山上。

《冯子材传》中载：“光绪十三年（1887年），讨平琼州黎匪，降敕褒嘉”。[①]冯子材“手擘南荒”的摩崖石刻,至今犹存,巨石高11尺，长18尺，两旁小字有“大清光绪十三年春”，“钦差大臣太子少保督办全琼军务钦州冯子材三品衔广西即补分道遇缺尽先前知府子相荣相华统兵平靖客黎各匪泐此并志”。

据江应梁于1937年记载：今日黎群中，流传着许多冯宫保（大臣加衔或死后赠官,通称宫衔；清朝咸丰帝后不再用“师”而多用“保”，故又别称宫保；这里指冯子材的官衔）的故事逸闻。其治军怎样严格，持身怎样正直，对待黎苗怎样仁爱，都为现时一般黎苗所津津乐道。今保亭县即当时冯宫保停辕处，在民间广为流传，保亭县据说是冯宫保领兵经过的地方，曾在此建有一亭，后人称为宫保亭，日久简称宫保亭为保亭；又一说并无建亭事，不过冯宫保曾停驻于此，后人便命名此地为冯宫保停，简称保停，故保亭又写作保停。又，当年保亭黎酋王勋君，常以其父当时曾为冯宫保的挑夫，认为莫大荣幸，时以之夸耀于人前。可见，冯子材在征黎过程中所产生的极大影响。

冯子材的军队撤离海南岛之后，他的士兵冯开取，因患病离开队伍留在五指山，通什政协文史组的朱开宁、王业曾记下这段历史材料。笔者也曾前往水满寨村采访过冯开取的后代。当年冯子材的亲兵冯开取，原患关节炎，夜间忽发高热剧病，动弹不得，于是留在水满寨托黎胞治疗，等他痊愈后，队伍已离开海南。冯开取在黎寨，娶妻生

---

① 赵尔巽等撰：《清史稿》卷四百五十九《冯子材传》，中华书局1986年版，第12691页。

子，一代代繁衍下来，现为第四代冯德云，已有60多岁，有七男二女，已传到第七代了。他们与黎族人民相处得很好。由此例子可回溯到清代的历史，冯子材在剿黎之后，抚黎工作收复了黎心，开十字路是海南黎区发展的必由之路，所以，冯子材在海南剿黎抚黎距今已有100多年的历史，但黎区人民仍然纪念他。这是他实践张之洞开发海南策略的功绩，至今黎族人仍称他为“冯公”。民间有一首民谣：“冯公抚黎好主张，开十字路通城乡。设义学馆供读书，垦荒造田免税粮。”①

（5）张岳崧的《抚御琼黎论》对海南平黎策提出明智的见解

张岳崧在《抚御琼黎论》一文中，论述他对抚黎的见解。他说：自古安边之策，在乎抚御。得宜则师不劳，民不扰，而成功也易。琼郡孤悬海外，所辖十三州县，沿海而居，而黎人实踞心腹：十三属中，唯文昌距黎稍远，馀属皆与接壤。黎地延袤三百里，高山深林，云雾蒸湿，水土最为恶劣。其类有生黎、熟黎。生黎所处尤为深邃，熟黎则稍近平原，粗通语言，时与商民来往贸易。其各峒均有头目，不相统属，而声势联络。所居转徙无常，不甚习耕作，恒操弓矢，以弋猎为生。其性蠢顽犷悍，然畏惮官长，即商民吏役，咸所慑伏。此琼黎之情形也。

其起衅也，或就近商民，欺其愚蠢，难免侵凌。或防汛吏卒，利其物产，无不滋扰。又有汉奸匪徒潜匿其中，相为诱煽。往往啸聚焚掠，扰及居民，然终不敢离巢穴远出为害。昔海忠介有《平黎章》入奏，其意欲建城于黎中，并开十字道以通商贾行旅，使黎无可据之险，而行人往还，衣冠文物足以化之。当时议驳不行，以今审之，亦有难者：孤城少援，难于防守，一也；险道崎岖，未易开辟，二也；瘴气太盛，人惮来往，三也。夫黎地弹丸险阻，得其地不足为利，得其人不可为民，唯议安抚之策，严守御之方，令相安无事，足矣。

窃以为安抚之策，必先自治。平日每有以查黎为名，其实适所以

---

① 王帕雅口述、王一生整理：《清末冯子材抚黎记》，载《海口文史资料》第八辑，海南农垦报社1992年版，第33—34页。

扰黎者。凡沿边分防之佐贰,出汛之武弁,务择谨饬安静之人。严役卒,毋令侵渔;禁商民,勿许凌辱。稽察奸宄,使不得逃匿其中。各员弁能数年安静者,酌于边俸常例之外,量予议叙;不能安静者,降罚有差,庶纠察严而安抚不难矣。

至或有事而筹守御之方,则不可兴师动众,不可征调远兵,不可深入,不可久屯。兴师动众则闻风先遁,征调远兵则水土不习,深入险径幽林,主客异势,久屯则岚毒烟瘴疠疫易生。只宜用本境之兵,助以团练乡勇,严守口隘,坚壁清野,令不得抢掠。间或用计诱敌,设伏截剿。彼将溃散,仍须道府亲往晓谕,示以利害,悬赏示信,计擒汉奸,区区小丑,自当敛戢。

考国朝二百年来,黎人极安靖,偶有蠢动,立即肃清。顷闻黎扰崖州,崖距郡远,计程将半月。瘴气既酷,用兵殊难。若督抚由数千里外提师涉海,则险阻未悉,劳逸异宜,而征调之烦,已不胜其苦。宜委之境内官属,并遣令妥员,相机守御,则底定之功,指日可待。至于善后之策,则当严饬有司,讲抚绥之方,严奸宄之禁,遵而行之,永无黎患可也。①

二、在黎峒设立都图里甲直接管理

在黎区设都图里甲,黎峒又设黎总一人,哨管若干人,管理黎村生产。关于此,各类志书都有详细记载:

> 琼山黎东曰清水峒,明嘉靖二十一年(1542年)编为东黎,今改开文,立里甲编差。南曰南岐、南椰、南虚、琅环、南坤、居采、岭平、沙湾、居碌、居林九峒,前编为西黎都,今仍其旧。澄迈黎南曰南黎,今为一都、二都,水土平善;西曰西黎,今为一都,终都,尚囿于风气,前常出为民害。临高黎峒,大率有八:曰坟营,曰坡头,曰那律,曰番吉,曰略远,曰番溪,曰松百,曰重绕;八峒皆以番豹山为险,只容一人入,过此十里,则西至重绕、坡头等峒,东至番溪等峒,南至番洒等峒。定安黎南曰南闾峒,去县三百里,地平旷,

① 张岳崧:《筠心堂文集》,海南出版社2006年版,第184—186页。

民乐居之，见充里甲；惟光螺在县西南四百里，思河在县东南三百里，原系黎峒出没之冲。文昌黎曰斩脚峒，治平已久，田地经丈入有司，可以不患。乐会黎曰纵横峒，去县四百余里，北接思河、光螺，南接万州青山，声势相倚，驭失其道，啸聚为乱。儋州黎视诸处最繁，昔梁隋间儋耳归附者千余峒，今生熟凡五都：曰抱驿，曰黎附，曰顺化，曰来格，曰来王。明弘治五年（1492年）招至桐横一处。嘉靖九年（1530年）招至修途、打松、蕃洋、下台、那婞、大落影、打爽、水头八处。东黎属土舍峒首部领，南黎属州部领，其余自耕食，不属州。昌化黎散处山谷，不相统摄，与民杂居，不为寇害；旧有土职二员，以招黎为名，既归有司，遂不复领于土舍。万州旧有民黎九都，熟黎九十三邨；西南则鹧鸪啼峒，去州一百二十里，与陵水黎亭等峒潜通；北则龙吟峒，去州五十里，与思河、纵横二峒潜通，不复统于土舍。陵水黎北有黎亭，去县二十里；南有岭脚，去县三十余里；岭脚由葫芦门而出，黎亭由黎罗而出；又有东北峒，有大牛岭、小牛岭，为黎人往来必由之路，前常出为寇。崖州黎其地多于州境，其人十倍之，分东西二界，生熟半熟二种，前屡为患，罗活、千家为甚，德霞、抱显次之。感恩黎附版籍者什九，不附者什一，与民杂居，无他志，患在崖之生黎切近；出没孔道有二：一自莪茶总路分入陀兴、必改；一自湳濂岭总路分人岭头、白沙。①

"都"是我国具有悠久历史的行政单位名称。"图"起源于明代里甲制度，清朝在全国确立统治后沿用明朝的都图行政管理制度，并且这一制度一直沿用到民国时期。清代南方省县以下设乡，乡以下又设图；乡设乡董，图设图董，总管一乡、一图事务。

各县都图黎峒分布情况一般依循明代分布，但到了清代，由于黎族人居住无常，迁徙不定，地方及人口的变迁，也会有所变化。现简述如下。

---

①（清）瑞麟：《广东图说》卷六十七。

1. 琼山

（1）峒

大水上峒：黎总一人，管辖生黎凡四十二村。

白山峒，即大水下峒：黎总一人，管辖生黎凡三十六村。

小水上峒，即元满峒：黎总一人，管辖生黎凡三十五村。[①]

（2）都

《琼山县志》有记载：

仁政乡，在县西南，领都图二十二，今当作领都图三十八……西黎一，西黎二，林湾都（《郡志》云：以上二都俱熟黎向化，近始编差）。今查仁政乡尚有西黎三一图，其从西黎三析出者曰：荫棠都、踵科都、富谷都、集雅都、崇德都。此外又有冠南、安仁、环瑯、怀义、南坤等都，俱新增。

永兴乡，在县南，领都图一十五，今当作领都图一十六……开文都，原东黎一，《郡志》仍其旧，名作东黎一都，注云：今又名开文。德兴都，原东文黎都，《郡志》仍其旧名作东黎二都，今改德兴。……[②]

（3）图

琼山县……水尾司巡检一员，其属大乡九：西黎一图，城西南一百三十里，西黎二图，城西南一百四十里；怀义保图，城西南一百八十里；踵科图，城西南一百九十里；环瑯一图，城西南一百九十里；西黎中图，城西南二百二十里；环瑯二图，城西南二百二十里；林湾图，城西南二百二十里，有坡市；南坤图，城西南二百二十里，有黄岭市。[③]

2. 澄迈

（1）峒

道光《琼州府志》载：澄迈县诸黎村峒凡一百三十有七，探

① （清）明谊修、张岳崧纂：道光《琼州府志》卷二十《海黎志・村峒》，海南出版社2006年版，第846—847页。

② 朱为潮、徐淦等主修，李熙、王国宪总纂：民国《琼山县志》卷五《建置志六・都市》，海南出版社2004年版，第303—304页。

③ （清）瑞麟：《广东图说》卷六十七。

部……居润祚。(《通志》)

县城西南一百二十里,旧系黎峒。明永乐(1403—1424年)年间,抚黎知府刘铭奏以抚黎官王朝冠等招抚生黎,概免徭差。正统(1436—1449年)年间,革归有司。弘治十七年(1504年),副使王檵复援前例,以黎图仍归土舍,止令防黎,纳粮免差。其后黎地渐归豪民。黎人归化既久,与齐民等。现查其地为西黎中、正二都,南黎正一、二等都,每都编为十图,虽有黎都之名,实无黎人之实。唯南黎都之南,相距十里即接连琼山、定安两县黎峒,西黎都之西六十里,接连临高县黎峒,地势犬牙相错,山峒毗连,两邑黎人多来县境,耕山伐木,居止无常,迁徙不定。[①]

光绪《澄迈县志》:永泰乡领都二十三……嘉庆(1796—1820年)年间,增保义、东南黎正二都,另增宝江、富教、南黎福三都。

(2)都图

西黎正都,县西南一百二十里,编图十。以下四都。《旧志》:明永乐四年(1406年),抚黎知府刘铭奏籍,以抚黎官王朝冠等招抚生黎,概与新招黎人免差。正统(1436—1449年)年间,革归有司。弘治十七年(1504年),副使王檵援引前例,黎图各归土舍,防黎只许纳粮不差。后黎图田地各归乡宦富豪。嘉靖二十二年(1543年),知县秦志道概编徭役,以俟渐化。大抵供报之初,未及丈量,田地广腴,民多杂居,勾构词讼。万历四十年(1612年),清造后四黎买民四几二百余石,其间影射者几五百余石。是在清查毋为所饵,一视而均布之耳。

西黎中都,县西南一百二十里,编图十,旧编九。

南黎一都,县南一百二十里,编图十。

南黎二都,县南一百二十里,编图十,旧编九。

南黎正都,县南一百二十里,编图十。

① (清)明谊修、张岳崧纂:道光《琼州府志》卷二十《海黎志·村峒》,海南出版社2006年版,第847—848页。

南黎福都，县南一百二十里，编图十。

富教都，县西南七十里，编图十。[①]

3. 定安

（1）峒

乾隆《琼州府志》：“定安黎，南日南闾峒，地平衍，民乐居之，现充里甲。”[②]

光绪《定安县志》：黎岐村峒，地有六峒，乾隆（1736—1795 年）年间改为归化图。今十万、喃唠、水满为上三峒，加钗与红毛上下为下三峒，前南蛇一峒已省归十万峒管。十万、喃唠、加钗三峒熟黎居之，水满、红毛上边居者半生半熟，下边居者全生黎，此黎保所禀也。[③]

光绪《定安县志》所载的黎峒情况如下：

十万峒：在岭门之南，思河岭西，横四十里，直五十里，南与喃唠峒接壤，总管一人，哨管四人。

南蛇峒：在十万峒西，环居白滩、分界诸岭，今归十万峒管辖，西与加钗峒接壤。

喃唠峒：在五指山东，风门岭西，横直三十里，南与水满峒接壤，哨管一人，辖十七村。

水满峒：五指山即其地，居五指之阳，总管一人，哨管四人，辖二十二村。

加钗峒：在十万之西，环居铁钻岭前。总管一人，哨管二人。辖二十五村。

红毛上峒：在五指岭西，总管一人，哨管二人。辖十二村。

红毛下峒：在五指山西南，毛炎诸岭皆其地。设总管一人，副总

① （清）龙朝翊主修、陈所能等纂修：光绪《澄迈县志》卷一《舆地志·乡都》，海南出版社 2004 年版，第 65 页。

② （清）萧应植修、陈景埙纂：乾隆《琼州府志》卷八《海黎志·黎岐》，海南出版社 2006 年版，第 829 页。

③ （清）吴应廉创修、王映斗总纂：光绪《定安县志》卷九《黎岐志·村峒》，海南出版社 2004 年版，第 740 页。

五人，包阴黎二人，哨管四人。辖二百余村。[①]

（2）都图

《周礼・地官・小司徒》有“九夫为井，四井为邑，四邑为丘，四丘为甸，四甸为县，四县为都”之说。夏制，十邑为都。《广雅・释地》也有：“八家为邻，三邻为明，三明为里，五里为邑，十邑为都，十都为师，州有十二师焉。”

定安县……玉磁司巡检一员，驻南闾市，其属大乡四：闾二图，城西南一百五十里，有石璧市，南界乐会县；光螺图，城西南一百八十里，有枫木市、岭门市，南界乐会，北界琼山；思河图，城西南一百九十里；归化图，城西南二百三十里，内有黎峒七。喃唠、水满、红毛上、红毛中，巢居穴处，未入版图；十万、加钗峒编入版图。[②]

4. 文昌

《萧府志》：“文昌黎曰斩脚峒，治平已久，田地丈入版图，故有‘文昌无黎’之说。”又《广东通志初稿》云：“文昌不受欢迎诸黎村凡三十五处。”

5. 会同

会同无黎，因分县时黎隶属乐会。

6. 乐会

嘉靖《广东通志初稿》：“乐会县诸黎村峒凡五十三处。”[③]

康熙《乐会县志》：乐会县有熟黎村峒，又分北峒和南峒。北峒土舍王兴仁轮管输赋。南峒无土舍。生黎村峒在明朝时被王鸿胪贞卿招降，颇驯服，曾与香根诸黎交通出劫。[④]

---

① （清）吴应廉创修、王映斗总纂：光绪《定安县志》卷九《黎岐志・村峒》，海南出版社2004年版，第744页。

② （清）瑞麟：《广东图说》卷六十九。

③ （明）戴璟修、张岳等纂、黄佐纂修：《广东通志初稿》卷三十六《生黎》，海南出版社2006年版，第8页。

④ （清）林子兰、程秉慥等纂修：康熙《乐会县志》卷三《兵防志・黎情》，海南出版社2006年版，第159—160页。

7. 临高

光绪《临高县志》:“临高县村峒凡二百三十有九。”

县属现存熟黎二峒，曰番溪峒，曰阜青峒，广袤百里，自县城正南一百四十里入番溪峒，向设峒长一名，管黎村凡十有四。峒之东境群提村与琼山县黎相通，东南十五里与澄迈县黎通。南一百五十里入生岐界，道路阻塞，水土恶毒，穴居鲜食，不成村峒，无土名可记，土人亦不能至。自县城西南一百八十里入熟黎阜青峒，设峒长一名，管黎村凡十有六。距南定汛五十里，和舍司八十里，东距番溪峒二十里。峒西十里即通儋州美胡黎村，峒南百余里入生岐界。熟黎凡二峒三十村。[①]

8. 儋州

儋州诸黎村峒凡二百有九。

冯虚峒：黎总一人，哨管二人，管辖熟黎、生黎、霞黎凡八十有三村。

七坊峒：黎总一人，哨管二人，管辖熟黎、霞黎凡二十有六村。

薄沙峒：黎总一人，哨管二人，管辖熟黎、生黎凡三十有三村。

龙头峒：黎总一人，哨管二人，管辖熟黎、生黎、苗黎凡二十有六村。

儋州又有霞黎一种，即生黎之类，居深山中，性猛鸷如禽兽。居处无屋，裸体无衣，足迹不履峒外，故亦不为民害。

儋州又有苗黎，凡十村，约九十余家，男妇不满千人。所居近冯虚峒，附归该峒黎总兼管。性最恭顺，时出调南市贸易，从无滋事。盖前明时，剿平罗活峒叛黎，建乐安城，调广西苗兵防守，号为药弩手，后迁居于此，即其苗裔也。至今其人善用药弩兼有邪术，能以符法制人，为生熟黎岐所畏服。[②]

---

① （清）聂缉庆、张延主修，桂文炽、汪瑔纂修:光绪《临高县志》卷十五《黎岐类叙·黎村》，海南出版社2004年版，第387—388页。

② 彭元藻、曾友文修，王国宪总纂：民国《儋县志》卷八《海黎志·村峒》，海南出版社2004年版，第454—455页。

9. 昌化

（1）峒

光绪《昌化县志》："昌化县诸黎村峒凡三十有三。"

"昌化县黎人二峒。峒外为熟黎，峒内即生黎。由县城东北八十里至大村峒，内有生熟黎共十村。由县城东北一百里至大员峒，内有生熟黎共八村。二峒中惟有可那、拐销、鸦玉、乌螺四村水土最恶，与生岐相接，出入俱山僻小径。两峒相距，中有三义河一道，发源五指山，一名崔公河，大员峒居其北，大村峒居其南，相隔八十五里。每峒向设总管一名，哨管一名，约束黎众。东南与感恩县黎接界，东连生岐境，南一百四十五里与崖州黎通，广袤四十余里，共生熟黎二峒十六村。"①

（2）图

《广东图说》：昌化县……典史一员，其属大乡七：南黎四图，城东南三十里，有三家、玉雄、居候……等村；北黎五图，城东南五十里，有落蔓、岭村、长塘、纳风……等村；南罗半图，城北五十里，内有十八村，有海尾市、南昌市、英潮汛。②

10. 万州

《广东通志初稿》：万州黎凡三峒，三十二村。西、北二峒皆系熟黎，惟太平峒外居熟黎，内有生黎。自州城北六十里，至禁岭脚入北峒，内熟黎共八村。自州城西八十里至西峒，峒内熟黎共十三村。由北峒入，又行一百二十里，至太平外峒，峒内熟黎共十二村，内峒生黎村不能确数，亦无名可纪。太平峒距西峒一百里，距山同一百二十里，距州城二百余里，西北二峒相连，北峒与乐会黎通，太平峒与定安黎通，西峒与陵水黎通。每峒设立峒长一名，每村设立黎首一名，各辖本村峒黎众。三峒黎广袤共一百余里，生黎地直接五指山，与各州县黎均有山径可通，虽民人不能至共处，惟州城至北峒路稍平坦。共计熟黎

---

① （清）李有益纂修：光绪《昌化县志》卷五《经政志·村峒》，海南出版社2004年版，第218—219页。

② （清）瑞麟：《广东图说》卷七十五。

三峒，三十二村。[①]

11. 陵水

（1）峒

《明府志》：陵水县诸黎村峒凡三十有一。陵水生黎，距县城一百里，熟黎距城三十里，并归巡检、典史管束。城西三十里有岐村弓，三十五里有马岭弓、深田弓，四十里有交村弓，五十里有土董弓，六十里有廖二弓，皆典史属。自县城东南五十里入梯村弓，五十五里有深田弓，六十里有奠板弓，六十五里有多昧弓，七十里有打奥弓、大田弓，七十五里有歌训弓，八十里有喃耀弓、汪谈弓、琶喃弓，八十五里有母盛弓、喃温弓，九十里有全亲弓，一百里有喃春弓，皆宝停司巡检属。以上皆熟黎。五弓设总管一名约束一弓之众。自县城西一百一十里人生黎界，凡十八弓，内除冲禄一弓归崖州管束，番窝一弓非经归化外，尚有母感、母岸等十六弓环居小五指、七指两山之间，虽属巡检稽查，然其习俗性情与熟黎异，向无峒长约束，共贸易聚集皆在宝停弓。琼属黎岐村峒惟陵水称弓，崖州亦间有黎弓者，盖一弓即一村之地，居人多寡不齐。统计生熟黎境广一百二十余里，袤三百有余里，西南与崖州黎峒接界，西北与广州、乐会黎峒交界，现存熟黎二十弓，生黎一十六弓。[②]

（2）图

《广东图说》：陵水县……典史一员，共属大乡九……脚一图，城西南二十五里，内有小村七。民黎杂处，往来大道有白茅营；石岭图，城西南五十里，内有小村六。民黎杂处，往来大道有赤岭汛，东南滨大海，西南界崖州。共属黎峒六：岐村弓，城西三十里；马岭弓，城西三十五里；深田弓，城西三十五里；交村弓，城西四十里；土董弓，城西五十里；廖二弓，城西六十里，以上熟黎，向设总管一名。

宝停司巡检一员，驻宝停市，共属黎峒三十二：梯村弓，城西北

① （明）戴璟修、张岳等纂、黄佐纂修：《广东通志初稿》卷三十六《生黎》，海南出版社 2006 年版。

② 《明府志》卷二十《海黎志·村峒》。

五十里，有温泉；深田弓，城西北五十五里；蔑板弓，城西北六十里，有蔑板营；多昧弓，城西北六十五里；打奥弓，城西北七十里；大田弓，城西北七十里；歌训弓，城西北七十五里；喃耀弓，城西北八十里；汪谈弓，城西北八十里；琶喃弓，城西北八十里；母盛弓，城西北八十五里；喃温弓，城西北八十五里；全亲弓，城西北九十里，有全亲营；喃春弓，城西北一百里；以上熟黎，向设总第三名。

宝停弓，城西北一百十里，往来大道有宝停营市；母感弓，城西北一百十里；福安弓，城西北一百十五里，北界万州；把巴弓，城西北一百十五里，北界万州；昂沟弓，城西北一百二十里，北界万州；番窝弓，城西北一百二十里；指妈弓，城西北一百二十五里；台鳌弓，城西北一百二十五里；昂结弓，城西北一百三十里；母岸弓，城西北一百三十里；指婆弓，城西北一百三十五里；昂雅弓，城西北一百三十五里；母招弓，城西北一百四十里；指晏弓，城西北一百四十里；那孝弓，城西北一百四十五里；指崙弓，城西北一百四十五里；亚堪弓，城西北一百五十里；冲禄弓，城西北一百五十里；以上生黎，向无峒长、哨管。①

12. 崖州

崖州黎峒生熟黎区各半。东路生熟黎村凡七十有二，向设峒兵六人，总管六人，哨管十三人。其中：西黎生熟黎村凡四十有二，向设峒告六人，总兵三人。

崖州黎分三种：曰生黎，曰熟黎，曰生熟各半黎。生黎与世隔绝，熟黎已归化，户口编入国甲。生熟各半者谓可生可熟之黎，治则为熟黎，乱则为生黎。②

崖州分东、西、北三路。

东路有永宁司巡检一员，崖协陆营把总一员驻扎，防御十二弓黎。西路有乐安司巡检移驻此，抱兴讯移驻此。东北路出域东北荔枝头，

① （清）瑞麟：《广东图说》卷七十七。

② 《明府志》卷二十《海黎志・村峒》。

十五里至沟口讯。西北路由域西后河北，十里至郎萎讯。

黎境山深地广，分东西二界。而东黎村峒独多，广袤三百余里，又分为中路东黎、三亚东黎、藤桥东黎。向设峒长六人，总管六人，哨管十三人，今革。(《府志》) 独总管尚存，而无常额，检有能者充之，每村自立头目一人，附近民居者，亦分属地保辖之。西黎村峒同。

中路东黎村峒，附域环居，岭前凡十有六峒。附域正北岭后，村峒凡七。由域东北岭后迤入二百里，村峒凡四十有五。由域东延袤马岭汛，村峒凡七十有三。三亚东黎岭前，村峒凡五十有一。三亚岭后深入百余里，村峒凡五十有三。过山峒村凡十有六。椰根峒凡七弓半，五十村；琅瑶峒凡五弓，六十有一村；三差黎岭前，村峒凡三十，三差黎岭后，村峒凡三十有四；四差黎环居乐安汛域，村峒凡一百二十有八。[1]

13. 感恩

《感恩县志》：黎村峒凡四十有一。熟黎凡三峒：楼峒、王峒、古镇州峒。古镇州峒距县东北一百余里，内有黎村二十。楼峒距县城东北一百一十里，内有黎村十八峒。王峒距县城东一百余里，有黎村六峒。每峒各有峒长，每村各有黎总约束黎众。每村皆有地主（该地主汉人、黎人皆有之），每年照垦征收地内居家黎山地钱粮，上纳官司，并无与三峒管辖地界干涉。[2]

三、从“土流兼治”到“改土归流”

临高邑令樊庶说：“窃查临高钱粮，名分三乡，乡分五十二图。历来旧例，催征钱粮，每图轮一人出官，名曰图长。但逢征比，花户高坐私家，惟图长一人是问，不但终年奔走，如同无罪之囚，且以一人之皮肉，代阖图之敲扑。更于每年报充之时，择其能事者，阖图敛粮顾募，每名二三十两不等，通县计之，约费千有余金。且有一等奸刁

① （清）钟元棣创修、张嶲等纂修：光绪《崖州志》卷十三《黎防志·村峒》，海南出版社 2006 年版，第 332—337 页。

② 周文海重修，卢宗棠、唐之莹纂修：民国《感恩县志》卷十三《黎防志·村峒》，海南出版社 2004 年版，第 275—277 页。

图长，因花户痴愚，任其增派，收粮饱囊，至征期将竣，耸禀签拿，复累小民，多致重纳。种种弊端，殃民不浅。”①

在明代，朝廷为了统治黎区的需要，在黎族聚居地实行土官制度，给倾心朝廷的黎族峒首以较高的政治地位和军事权力，以加强对其的笼络与统治。

清代在开国之初，仍袭土舍制，也曾利用土舍权威统治黎区。但他们后来发现土舍制对于王朝的基层统治十分不利，土舍狐假虎威，勒索黎民物力，产生了许多弊端，引发黎民激烈反抗，如昌化县陶元淳所说：土舍之弊，“略有四端：其未为土舍也，保举则贿卖黎头，委牌则贿卖官吏，此不资之费，将何以出也？其既为土舍也，衙门之赂遗，胥役之勒索，此无限之求，将何取偿也？官派一而私派十，官取百而私取千，而无不责之于黎，酒浆鸡黍，所至为之一空，花藤皮蜡，所见皆为己有，此其吸黎之骨髓者一矣。出入乘桥，则索扛抬，营运林木，则索人夫，官府虽回雇觅，而黎人苦于中饱，黎人正欲耕种，而土舍督令办工，至于时晚务闲，而黎之土亩已荒，俯仰已无所资，钱粮已无所出矣，此其竭黎之筋力者一也。然其害犹未及于民也。自黎人转徙入山，而土舍所辖之地，半为民居，民与土舍等也，非有统辖之权，君临之分也。今乃擅受民词，擅理民事，甚者擅用刑罚，擅行科敛，而其害及于民矣。然犹未及于邻邦也。自符南蛇作乱于前，符梦熊兼并于后，蚕食邻峒，惟力是视，官斯土者，苟常相安于无事，隐忍不言，而朝廷之疆界，不可复请矣”。② 陶元淳指出，土舍对黎区掠夺之弊害，势力之强大，非朝廷所能控制，所以建议废除土舍制，削弱土官势力。清廷建立了制约黎族的土官制，主要是对黎峒的控制。

实际上，黎峒自古早已存在，梁隋时代的冼夫人，就曾收服海南千余峒主。历代黎峒是黎村的自然存在，他们自由选举头人，如《广东新语》中所说的“黎多符、王二姓，非此二姓为长，黎则不服。欲

① （清）聂缉庆、张延主修，桂文炽、汪瑔纂修：光绪《临高县志》卷十八《艺文志·樊庶（条议）》，海南出版社 2004 年版，第 430 页。

② 《皇朝德世文编》卷八《兵政十九》。

立长，则系一牛射之，矢贯牛腹而出，则得立。黎长不以文字要约”[①]，这是黎区民俗约定俗成的事。与明代相比，清代管理则利用一些自然的法则来实行对黎区的统治，如上所列举的各县组织，村（弓）是社会上最基层的组织形式，以黎峒为单位，峒设峒长、黎总、哨官，这些人员作为对黎民的行政上的管理，收纳赋税。

正如张庆长《黎岐纪闻》所载的：“黎头辖一峒者为总管，辖一村或数村者为哨官，大抵父死子代，世世相传，或间有无子而妻代之及弟代之者，为众心所归而公立之也。凡小事听哨官处断，大事则投诸总管，总管不能处，始出而控告州县。”[②]

清代依据黎族的自然习惯所建立的黎区统治系统，对于他们的统治是十分有利的。因此，在康乾时代，清代对海南岛的统治也相对安定。

第二节 清代对海南回族的统治

海南回族，自唐、宋、元、明已陆续迁徙到海南岛，形成了一个具有凝聚力特色的民族。到了清代，大部分都集族而居琼崖南端的三亚港，俗称番村。

三亚番村有东、南、西、北四座清真寺，形式与其他地方的清真寺相同。其中东庙建于明宪宗成化六年（1470 年），建筑时代较早，南庙建于明成化二十三年（1487 年），西庙建于清光绪二十年（1894 年），北庙建于乾隆年间。岑家梧在《琼崖三亚回教考》一文中说：“其人以蒲、哈、海、李、江、刘、陈为姓，蒲、哈、海应为阿拉伯人来中国后之姓，李、江以下的则系袭用汉姓。”乾隆十八年（1753 年）东庙碑记云：“番人初本姓蒲，今多改易，不食豕肉，不祀祖先，惟建清真寺，白衣白帽，念经礼拜，信守宗教，至死不移。吉凶疾病，

① （清）屈大均：《广东新语》卷七《人语・黎人》，中华书局 1985 年版，第 242 页。

② （清）张庆长：《黎岐纪闻》，广东高等教育出版社 1992 年版，第 117 页。

亦必聚众念经。有能亲至西天膜拜祖之荣归者，群艳为荣，岁首每三年必退一月。”[①]

一、关于《正堂禁碑》

回民聚居三亚里番村（即现称羊栏，又称凤凰镇），以捕鱼为主要产业。在东调里有乾隆十八年（1753年）十二月十七日树立的《正堂禁碑》，记录下三亚和平保里、望楼里因渔税和渔场范围发生纠纷的事件，为此政府给予裁定，并将其内容勒刻此碑。这是至今留下来的重要碑刻，使后代可由此了解三亚回族在清代时的生活状况。

《正堂禁碑》碑文如下：

> 特授崖州正堂，加二级，记录四次许为乞恩准，给碑横模，以垂久远事。据士民蒲儒嵩、周贤盛、周之造、王仕伟、蒲祖贤、蒲学嵩、蒲高仕、蒲弘仁、周元秀、蒲高贤、陈国傅、蒲锡嵩、蒲金玉、蒲春倚、蒲永发、蒲万谥等，状呈前事，到州堂批准抄录判语，勒碑在案。随查保平里徐翰珪等，三亚里蒲儒嵩等，互控海面一案，绿州属沿海东至赤岭与陵水交界，西至黄流莺歌与感恩接壤。共载米五百八十四石二斗零，共编征课银一百六十二两九钱零。近年所三亚里，完银六十一两三钱，保平里完银五十两六钱零，望楼里完银四十二两九钱零。其海面虽无界址，而各里疍户，向来按照各埠采捕输纳，或有异邑小艇，呈请给照顾在其海面采捕，即帮照其处课粮该管。现该完纳，相沿已久。兹保平里徐翰珪居藤桥，欲将藤桥海面归贴保平，因以海面宽窄悬殊，具控前来庭讯之。下查保平、望楼二里，载米二百五十石，黄流、莺歌二里，分载米二十石余，按户征输。自深沟至黄流海面，仅一百四十里，三亚里载米一百六十石。内于康熙五十年间，抽米饷于赤岭、瑯琅等处，仅米一十石余，亦按户征输。自红岭至崖、陵交界赤岭海面，共一百七十里，其番坊绝米，已有燕菜足供输纳。若以东西海面米石相较，则西面米多海少，所以徐翰珪等有不平之鸣。但事已久远，

① 岑家梧：《琼崖三亚回教考》，载《广东日报》1941年11月19日。

殊难分更，仍着照旧分管在案。兹据该生等，呈请给发碑模，前来合行勒石，为此示谕，各该疍户人等，知悉嗣后，务宜照在本埠附近海面采捕。朝出暮归，不得多带米粮违禁运出，或有异籍疍户到增采捕，该埠长俱须查明，呈请给照帮课，亦不得私行越界，强占网步兹事。如敢抗违，许该埠长指名扭禀，按事究治，宜各禀遵毋违！特示。

乾隆十八年十二月十七日立

此碑共刻有605个字，高154厘米，宽530—575厘米，厚100—105厘米，原本立于三亚湾海坡岸边，日军占领期间，原住在海坡的穆斯林，日军迫迁到回辉村时才把碑搬迁到清真古寺（东寺）保存。这是迄今为止发现的唯一的一份以汉文记载当地穆斯林族群的宝贵文物。

碑文中显示：

（1）乾隆年间，三亚回民以捕鱼为业，而当时崖州官府对渔业课税不是以渔民实际渔获量计税，而是将海面渔场划分范围分配给各埠渔民出海捕捞，所以容易使不同地段的渔民发生纠纷。清廷收缴渔税使回民承受沉重的经济负担。由此可知，渔民生活之艰苦，才会有捕鱼时的海面之争。

（2）回族大姓是以蒲姓为主，三亚回族的主体是蒲氏家族。

（3）三亚市回族的祖先在宋元之间从占城"挈家驾舟而来，散泊海岸"，《正堂禁碑》记录的是乾隆十八年（1753年）间，回族人蒲儒嵩等呈状与徐翰珪互控海面一案的判语，是三亚市回族自宋元间以来发现的唯一用汉文刻记并能保存下来的珍贵文物。它对研究清代崖州的鱼赋以及三亚市回族对开发古崖州渔业经济的研究，有着极其重要的价值。①

二、海富润携带回字经及汉字书五种案的始末

在精神生活上，海南回族也同样遭受清廷文字狱的迫害。据故宫

① 黄怀兴：《三亚市回族〈正堂禁碑〉及其历史价值初探》，载《广东民族通讯》总第11期，1987年8月28日。

博物院出版的《清代文字狱档》中回民海富润携带回字经及汉字书五种案中所载：在清乾隆四十七年（1782年），羊栏回族曾发生一起“携带经书案”的文字狱事件。

羊栏回族阿訇海富润，于乾隆三十九年（1774年）从崖州启程，北上求学，沿路传经，经桂、湘、鄂、陕及西北回族地区。除了安徽地区无人传经外，沿途所到之处，都有“传经供饭”的穆斯林人家接待。乾隆四十六年（1781年），海富润结束学业回乡，至汉口时，卧病清真寺，痊愈后头发部分脱落，未能编结发辫。当他离开汉口时，一位名经师袁国祚将自费版刻的《天方至圣实录年谱》一部十册，《天方字母解义》《天方三字经》《清真释疑》各一册赠送给海富润。袁国祚又名袁二，祖父袁盛之（汝琦）是金陵著名经师，袁国祚继承祖父遗志，版刻金陵穆斯林先贤遗著以问世，并亲自注释《天方三字经》。

乾隆四十七年（1782年）五月十一日，海富润经过桂林，被桂林知府衙门巡逻认为他“不僧不俗，形迹可疑”而被拘捕，知府贵中孚呈报巡抚朱椿，朱椿一方面上奏折给乾隆皇帝，另一方面派人往崖州海富润家严密搜查，并移咨江苏等省，拿解与海富润有交往的“案犯”。一时间各地风声鹤唳，一片恐怖气氛。

1936年原故宫博物院文献馆编著的《清代文字狱档》一书中，保留了这一案件的全部资料，称为《回民海富润携带回字经及汉字书五种案》，其中《广西巡抚朱椿折奏》（军机处档）云：“广西巡抚臣朱椿跪奏，为盘获回匪恭折具奏事。乾隆四十七年五月十一日酉刻，据桂林知府贵中孚禀称：奉谕查缉匪徒，兹于桂厂见有一人初蓄辫发，状似还俗僧人，询称‘伊名富海润，系广东崖州三亚村回民，游学已阅九年，发因病脱新蓄未长’等语。查其行李箱内有抄录回字经二十一本。据称：‘或系自抄、或系买来、或系送受。’至其中有无违碍无从识辨。又汉字《天方至圣实录年谱》一部十本，《天方字母解义》一本，《清真释疑》一本，《五功释义》一本，《天方三字经》一本，俱系江宁回人刘智所著，袁国祚等于乾隆四十年暨四十三等年刊行，板系袁氏家藏。各书大义通系揄扬西域回教国王穆罕默德之语。其书‘至圣实录’已属僭妄，且以本朝人译刻而于庙讳、御名不知敬避。狂悖之处不一而足。”严讯海富润供:“于乾隆三十九年自籍起身,历经广西、湖南、湖北、安徽、陕西等省，除安徽无人传经外，其余俱有传经供饭之人，而在陕西之大荔、渭南等县为最长久。所带汉字书系四十六年自陕西回至汉口居住礼拜寺开张帽店之同教江宁人袁二所赠等情。并据两司禀同前由。”

“臣查回字经二十一本臣不能辨识汉字书五种，实多狂悖荒唐，且该犯系陕西回粤，恐系甘省番回漏网逆党，尤应逐一究明从重治罪。臣现在提犯研鞫并飞咨该犯原籍广东省查有无不法字迹，并咨江南暨各省督抚查缴前项板片解京送销，并咨拿译刻散布暨著书赠书各犯审拟治罪。谨将搜获各书缮写清单恭呈御览，所有盘获回匪缘由理合恭折由驿驰奏，伏祈皇上睿鉴。谨奏。乾隆四十七年五月十三日。”

朱椿上奏折的同时，附上海富润携带回经书籍清单，计有：

《天方至圣实录年谱》一部十本

《天方字较【母】解义》一本

《清真释疑》一本

《五功释义》一本

《天方三字经》一本

以上各书系汉本

《特直威德》一本

《古利寺拖纳》一本

《老宿涂勒木算经》一本

《胡特布》一本

《包特那扎经》一本

《已而沙得经》一本

《雪而福》一本

《而挖弥勒》一本

《孩儿喀意革》一本

《白亚泥经》一本

《满蓼经》一本

《哨经》一本

《儿喀叶得经》一本

《射而暇目尔脊》一本（破）

《杂学得而哇忒经》一本（破）

《木兴妈特经》一本（破）

《杂学》一本（破）

《纂查泥经》一本（破）

《费格黑墨思殴得经》一本（破）

《特补色耳经》一本（散）

《委喀夜经》一本（散）

以上抄写回经新旧大小共二十一本，有无违碍不能识辨，据该犯口音以汉字记其名目，合并陈明。[①]

朱椿自以为得到向朝廷效忠的好机会，以文字狱“悖逆”重案，急如星火地搜缴此案，追究袁国祚所刻书的下落，以此向清廷邀功。而两广总督巴延三接到朱椿报告后，派人调查，否定了朱椿所罗织的罪名。两广总督巴延三折奏（军机处档）云：

两广总督臣觉罗巴延三跪奏，为奏闻事。

乾隆四十七年五月二十一日准广西抚臣朱椿咨开，据桂林府知府贵中孚盘获回匪海富润，搜出汉字书五种，语多狂悖荒唐，业经签出恭折具奏。海富润系广东崖州三亚村回民，据供家内有父祖、叔侄、兄弟，该犯于乾隆三十九年四月内在广东省城礼拜寺从马尚仁读经五月，相应飞咨查办等因。

臣查海富润携带狂悖经书往各省游荡，该犯家中定有不法字迹，其父祖、叔侄、兄弟在籍有无聚众诵经煽惑诓骗亦须彻底根究，当即密委雷琼道率同琼州府亲赴崖州海富润家内严密搜查，将搜出字

① 上海书店出版社编：《清代文字狱档》，上海书店出版社2007年版，第456—458页。

迹连各犯属解省审办，并即饬臬司景禄督同广州府丁尹志等至省城礼拜寺严加查搜，研讯马尚仁从前容留海富润在寺教读何项经典，有无聚众引诱。

随据该司等禀称，在寺内查出回字经一百五十三本、汉字旧抄药方二本、汉字四书五本、汉字《千字文》一本、汉字《三字经》一本、汉字《初学诗》一本，逐细检阅并非违禁之书，此外亦无不法字迹。马尚仁已于四十三年病故，寺内之事交与脱景文接管。四十六年脱景文又故，现系保廷芝接管，询据保廷芝供称：寺内为回民诵经礼拜之所，外来回民形迹可疑者原不收留，惟本省回民愿在寺中诵经礼拜、闲留住宿，三十九年有崖州回民六人，内有海姓四人，一同到寺要马尚仁教读回经，马尚仁留住数月，海姓四人内伊认识海玉润一人，有无海富润在内伊实不知，马尚仁有子马文珍在家等语。该司等复赴马文珍家搜查，并无经卷及违禁书籍。据马文珍供称：因两腿残疾，未曾读书亦未入寺，海富润从前曾否到寺实不知晓，质之保廷芝，委非捏饰。现饬崖州拘提海富润到案究询确供，并根追同行五人下落及有无海富润在内，另行详报等情，连抄出经书解送前来。

除将经书封贮俟雷琼道克星额等搜查海富润原籍崖州有无不法字迹，将犯属押解到省严审实情另折具奏，连先后抄出经书一并解部外，所有臣准咨查办缘由谨先据实由驿奏闻。伏乞皇上睿鉴。至广东巡抚印务系臣暂署，无庸会衔，合并陈明。谨奏。

乾隆四十七年五月二十六日[①]

从五月十三日到五月二十六日，仅 14 天时间，在广西、广东两省，已为海富润案捣闹得沸沸扬扬，由汉口查到广州，由广州搜查到崖州，里里外外，严密搜查，罗织殆尽，几部破经，穿凿附会，竟酿成重大罪案，人心自危。清廷文字狱的余孽，残害人民之甚，实在令人切齿。

清朝自雍正朝迭兴文字狱以来，民怨沸腾。乾隆面对各宗民族矛

① 上海书店出版社编:《清代文字狱档》，上海书店出版社 2007 年版，第 459 页。

盾，尤其是对回族的统治政策，实行“以回制回”“恩威兼施”的策略，对于朱椿所呈奏案件，乾隆以清醒的态度加以处理，而且整个案件的过程，自始至终，也处置得十分迅速。一个星期后，乾隆即下诏令。

上谕（军机处档）：

乾隆四十七年六月初三日奉上谕：据朱椿奏盘查回民搜获书籍现在严办一折，内据称桂林府知府贵中孚禀报盘获广东崖州回民海富润，有抄录回字经二十一本又汉字《天方至圣实录年谱》等书，系江宁回民刘智所著，书内大意约略揄扬西域回教国王穆罕默德之意居多，据该犯供称得自陕西回民袁二所赠，已咨各督抚查缴书籍，恐系甘省漏网逆党，以此煽惑人心，现在逐一严究从重究拟等语，所办殊属过当。甘省苏四十三系回教中之新教即邪教也，今已办尽根株，至于旧教回民各省多有，而在陕西及北省居住者尤多，其平日所诵经典亦系相沿旧本，并非实有谤毁、显为悖逆之语，且系朱椿现在签出书内字句大约鄙俚者多，不得竟指为狂悖。此等回民愚蠢无知，各奉其教，若必鳃鳃绳以国法将不胜其扰，况上年甘省逆番滋事系新教与旧教相争起衅，并不借经典为煽惑，朱椿独未闻知乎？朕办庶政不肯稍存成见，如果确有悖逆狂吠字迹自当按律严惩，不少宽贷，若如此等回教书籍附会其词，苛求字句，甚非朕不为已甚之意。此事着即传谕朱椿并毕沅等竟可毋庸办理，嗣后各省督抚遇有似此鄙俚书籍俱不必查办，将此一并传谕知之。钦此。[①]

乾隆的批示，分清甘肃回教的新教、旧教之分，指出回民所诵经典非悖逆之语，斥责朱椿对民族问题之无知，“况上年甘省逆番滋事系新教与旧教相争起衅，并不借经典为煽惑，朱椿独未闻知乎？”最后批下此案“毋庸办理”。圣谕一下，海富润及被他所牵连的许多回民就被解脱无罪了。

是时，军机处也调查所有为《至圣年谱》作序的人员是何等身份，调勘的结果是：

① 上海书店出版社编：《清代文字狱档》，上海书店出版社2007年版，第459页。

军机处奏（军机处档）

臣等遵旨将朱椿奏到搜查回教经卷案内所有《至圣年谱》一书作序之是否现有官职交查吏部，兹据复称，惟赛玛一员曾任四川珙县知县，业于乾隆二十三年缘事革职，至俞楷等五人并未身列仕版，理合奏闻。乾隆四十七年六月初三日。

又军机处奏（军机处档）

臣等遵旨将朱椿奏到回民海富润携带各书内详加检阅，尚无违碍字句，至所有作序诸人除赛玛一名业于书内刊明系曾任四川珙县知县，其余诸人开单另交吏部查明有无官职再行请旨办理外，今将拟写谕旨进呈。谨奏。

乾隆四十七年六月初三日

《至圣年谱》内

赛玛原任四川珙县知县，曾否病故。

刘智江宁人

改绍贤江苏华亭人

马士芳陕西咸阳人

袁国祚江宁人

五功释义内

俞楷东阳人

书中所涉及的每一个人，军机处追根究底，结果也查不出什么问题。此案又涉及江南一带，因此江南提督保宁又要掘地三尺挖个究竟，由于改绍贤是江苏华亭人，于是有《江南提督保宁折奏》（军机处档）：

江南提督义烈公臣保宁谨奏，为奏闻事。

本年六月初五日申刻据华亭县知县林培由面禀，奉苏州抚臣闵鹗元行准，广西抚臣朱椿奏，起获回匪海富润搜出逆书一案，内有作序之华亭县人恂斋绍贤一并严密查拿，当于县属内遍加密访，并未有恂斋绍贤之人，惟访查有提督衙门刑房书办姓改名筠者，号系恂斋，字绍贤，华亭县人，与来文查拿之字号相符，是否即系此人，禀请发讯等语。

臣查该书办改筠既属字号相符，即拿交该县林培由严加讯供，并令该县密速前赴该犯家内查抄有无别项不法书本、字迹解苏审究，一面飞咨苏州抚臣闵鹗元查办外，理合恭折奏闻，伏乞皇上睿鉴。谨奏。

乾隆四十七年六月初六日

乾隆四十七年（1782年）六月二十七日，奉朱批：不宜办，早有旨了，钦此。

江南提督保宁的奏折，仍然是要拘捕海富润的解苏审究，六月初六日的上书，于六月十七日得到“不宜办”的批复。

而在此之前，江苏巡抚闵鹗元早已在六月初十日得到圣旨批谕，遵旨释放有关人员。

江苏巡抚闵鹗元折奏（军机处档）：

江苏巡抚降三品顶戴留任臣闵鹗元谨奏，为钦奉谕旨恭折复奏事。

窃臣于乾隆四十七年六月初十日接奉上谕，据朱椿奏盘查回民海富润案内搜出汉字回经《天方至圣实录》等书五种，语多狂悖，移起各书板片并查拿作序人惝斋改绍贤等办理，当即飞饬江宁、松江等属查获解苏审办，经臣于本月初九日将现在查办缘由恭折具奏在案。兹伏读谕旨，仰见圣主胞与为怀，仁同覆载，伊率土民庶无不共游于光天化日之中。臣谨遵圣谕，即饬将已拘之人悉行释放安业，书籍、板片仍各发还本人，并出示晓谕，毋任胥吏藉端滋扰，其行提质询之安庆营都司胡世雄亦即咨明毋庸解询。

所有遵旨省释缘由理合恭折由驿奏复，伏祈皇上睿鉴。谨奏。

乾隆四十七年六月十一日

乾隆四十七年（1782年）六月二十一日奉朱批：汝先所办甚属过当，不达事体，汝不应如此，不同朱椿也。钦此。

乾隆下旨之后，海富润案宣告解脱。

军机处档的乾隆谕旨的原文是：

上谕（军机处档）：

乾隆四十七年六月十七日奉上谕，据巴延三奏称，准广东巡抚朱椿咨盘获回匪海富润搜出汉字书五种及回字经卷，并将海富润原籍搜查押解人犯到省现在审询等语。此案前据朱椿奏到，因查系回人相沿旧教经典并无悖逆之语，已降旨令其毋庸办理，并传谕各省督抚不必查办，想巴延三尚未接奉前旨，故为此奏，着传谕巴延三即遵前旨毋庸办理可也。将此谕令知之，钦此。

又军机处奏（军机处档）：

查本月初三日朱椿奏到拿获回民海富润究办一折，业经奉有寄信谕旨令其毋庸查办。今巴延三所奏即系此案，臣等谨拟寄信巴延三谕旨进呈。谨奏。

乾隆四十七年六月十七日

各级文书来往中，关于海富润案的过程，已详细实录。朱椿原本想通过海富润案邀功请赏，弄得满城风雨，人心自危，结果落得惨败下场。最后，实录乾隆的谕旨，即可明了此案的始末及处理缘由和结果。

上谕（军机处档实录）：

乾隆四十七年六月二十二日，奉上谕，本日据萨载奏：接准广西抚臣朱椿咨拿获回民海富润案内之改绍贤等三犯，当即转饬查办解赴江苏抚臣究审一折，所办殊属非是。此案海富润有抄录回字经卷及汉字《天方至圣实录年谱》等书，其书内大意约略揄扬西域回教国王穆罕默德之意居多，回民持诵经典自唐宋以来早已流传中国，现在相沿旧本在回民俱属家喻户晓，并无谤毁悖逆之语，则是回民之各奉其教，即与此时之僧道喇嘛无异，焉能尽罪其人而火其书乎？此案前据朱椿奏到，节经降旨通饬各省督抚毋庸查办，乃萨载接准朱椿咨会并不权衡事理之轻重，遽行飞饬各属将改绍贤等搜查押解究审，如此矜张办事，殊非大臣实心任事之道，实属可鄙可笑。萨载久任封疆，在督抚中尚属老成历练、明白晓事之人，乃亦与朱椿之初任巡抚遇事茫无主见者相同，能不知所愧乎！地方大吏遇有奸民倡立邪教及惑众敛钱之事，自当实力严查究办，务净根株，以除风俗人心之害，若回教民人各省多有，毋论西北省分居住者固多，即江省一带零星散处，其饮食作息俱与平民相等，不过不食狗豕肉耳。如以传习经卷与邪教悖逆之书一例查办，则安分守法之回民转致无所措其手足。且从前山东王伦及甘省王伏林等滋事不法，回民中即有首先奋勇打仗者，即上年苏四十三之事，其旧教回民倡义率众协同官兵剿捕为出力，经朕节次奖赏，则朕之视回教民人皆吾赤子，各省督抚安得歧而二之乎？现在此案查拿之改绍贤诸人，虽已据萨载折内声明业经遵旨概行省释，其书籍、板片亦即给还，并当出示详晰晓谕回民务各循分守法，各安本业，毋致惊惶扰累，但各省督抚若因有此旨遂致因噎废食，将地方实系邪教重案亦藉词镇重姑息养奸，竟致不办，则是误会朕意，不度事理，将未发觉时恐不能当其罪也。将此通谕中外知之，钦此。[①]

一场由广西巡抚朱椿一手炮制的回族伊斯兰历史上的文字狱案件在乾隆的民族策略中被否定了，海富润事件中的受害者也被释放。据纳国昌在《清代回族伊斯兰文字狱》中所载：乾隆四十八年（1783年），古郯（今山东郯城）庠生丁慒曾在台城（今江苏南京）接待喜国祚，丁慒又接受袁国祚请求为《至圣实录》作序：“复读《至圣年谱实录》，不知先生（指刘智）苦心积虑几何哉！如汇此编，赖有袁氏国祚者，刊刻流布，非徒沽名射利，其阐明道之心，与刘子并垂不朽。讵竟袁公怀宝沽害，虽在缧绁，而非其罪，此书得呈御览，不加饬禁，岂非刘子身后之一幸哉！岂非袁公甘心耻辱者哉！予生居山左，未得亲受业于刘子之门，然而诵其书如见其人……凡此由困而坚其志者，即袁公诚信真主之明证也，幸袁公驱车台城，得瞻风采，睹其耆而益壮，蔼然相亲，殷殷以圣道为己任，语云吉人天相，洵不诬也。”

袁国祚出狱后，初衷不改，“常虑天经之局于土音（阿拉伯语），难晓同人，所幸刘智之精于翻译，可质大雅，故敢冒昧刊梓《至圣实录》等书……是以奔走四方，希冀广布，岂意竟经海富润显露于粤西，

① 上海书店出版社编：《清代文字狱档》，上海书店出版社2007年版，第460—463页。

以致飞咨震惊夫各省，同书咨部，恭呈御览”。为此，袁国祚北上京师，将《至圣实录》奉呈乾隆皇帝“御览”全书风貌。经御批布告天下，伊斯兰汉文译著在国内刊行取得合法化。

最有深意的是，袁国祚收集有关海富润案件的乾隆上谕、各省督抚奏章、咨文附刊于《至圣实录》编末，为后世留下回族伊斯兰历史上文字狱的原始资料，影响所及，在此后较长时期内，某些地方官吏鉴于朱椿的前车之鉴，对歧视与迫害回族伊斯兰之风有所收敛，不敢轻举妄动。①

三、从《崖县三亚港回族通村宗谱》看回族移民状况

海南回族是一个十分团结、艰苦勤劳的民族，他们背井离乡，远离家乡，移民三亚。

所以，清代回族的移民，不仅陆续有回民从外移入海南岛，而且随着时代的发展，陆、海交通的日益方便，具有活动能力和开拓精神及经商经验的回民，也纷纷移民海外或到大陆。而此时迁入海南岛的回族，除了从占城（越南）或阿拉伯地区、波斯等地迁来之外，有的也从大陆如云南、湖南、广西、广东等地迁移到海南。据金关大夫于 1941 年所著的《海南岛民俗片段·三亚街的回教徒》一文中，谈及三亚回族的来源时说：“从位于该部落（村）尾的回教基地的墓碑来看，找不到年代较久的墓碑，多数是刻着湖南、广西籍贯的道光、光绪年号的墓碑。”② 也就是说，大陆回民的后裔在清代也有的迁移到海南岛来。海南岛上的回民，也有的迁徙到国外或大陆各地，有的是“去番邦”，有的到陕西、湖南、广东、广西各地去学习和居住。

海南回族的谱牒，很难寻觅。20 世纪 30 年代，德国人类学家史图博到三亚调查后，在他所写的《海南岛民族志》中写道：“据闻，

---

① 纳国昌：《清代回族伊斯兰文字狱——海富润案件始末》，《回族研究》2000 年第 4 期。

② ［日］金关大夫：《海南岛民俗片段》，1940 年。

因为近年来此地遭受到劫掠，大抵所有的家谱都散失了。”①

而小叶田淳在《海南岛史》中说：“我们调查回辉村民的系谱，知道他们已经相传九代到十代。就是说，早一世纪之前，他们已经移住在这里，据住民的传说，也是如此。”②

那么在明、清期间，三亚回族应保存有各姓族谱。笔者于2002年到三亚回辉村参加古尔邦节，拜访老阿訇蒲贵才，询问回族的族谱，老阿訇蒲贵才说：“过去是有的，但这份族谱在刘遵贤手上，他是回辉村一位小学校长，1947年参加广东回族俱进会时，他把全部族谱寄给广东回族俱进会会长熊振东，后来熊会长迁往台湾，回辉村族谱就不知去向了。”当时老阿訇得知我们即将赴台湾参加一次学术会议，特写下委托书，希望我们在台湾寻找熊振东。但我们到台湾后，宝岛人海茫茫，何处寻觅！只好失望而归。到广州再打听，都说刘遵贤、熊振东已仙逝，此事就作罢了。不料在2003年年初，我们到香港中文大学参加一次学术会议，居然在香港中文大学图书馆中找到《崖县三亚港回族通村宗谱》，而后来又在小叶田淳所著的《海南岛回教徒的村落回辉村考》一文中，得知日本人小叶田淳也看到过这份族谱。

小叶田淳说：“有题为《通屯宗谱全书》的记录，我从刘遵贤氏那里借阅者，有中华民国30年（1941年）3月8日吉日的日期标示。不过，这个日期可以说是刘氏誊写的日期，估计原本应当在此数年前编成。”③可见，小叶田淳已从刘遵贤处看过这部宗谱。

---

① ［德］史图博：《海南岛民族志》，中国科学院广东民族研究所编印（内部参考），2001年7月版，第300页。

② ［日］小叶田淳：《海南岛史》，学海出版社1979年版，第310—311页。

③ ［日］小叶田淳：《海南岛回教徒的村落回辉村考》，《南方文化》1976年第3期。张兴吉提供。

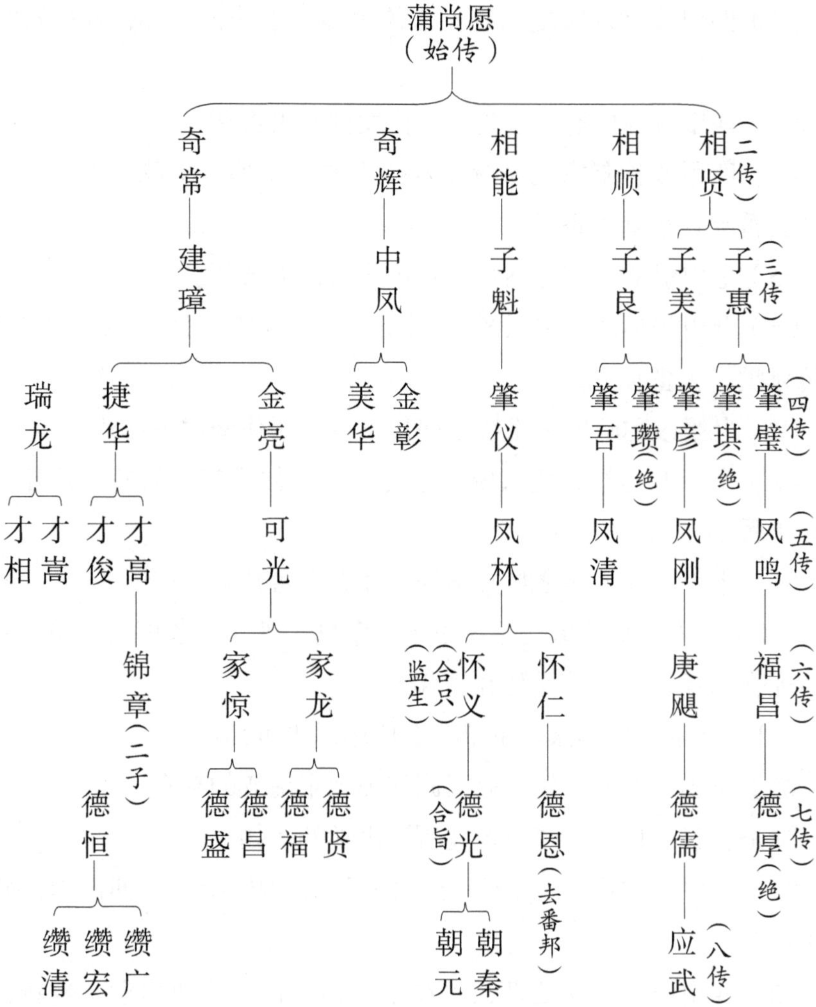

蒲氏简谱

《崖县三亚港蒲氏简谱》由十甲编成，以一甲为序，收集了各家的家谱，从家谱中人们可了解到三亚回族的移民情况。

一是从三亚移民国外，如：

（1）一甲改称高家和庄家之蒲氏系统者：以蒲茂华和蒲茂林为始祖，蒲茂华改称高姓，蒲茂林改称庄姓。在蒲茂华系统中，六传位仁去番邦，位义去番邦，七传文光去番邦，八传少芳亡于番邦，九传望扬亡于外，步云去番邦。蒲茂林生三子，改称庄姓。九传国俊，去番邦。

（2）四甲改称刘家之系统：八传生瑾、生珠去番邦，九传贤智去番邦。

（3）四甲改称杨家之系统：六传发祥，去番邦。

（4）四甲改称刘家之系统：八传生瑾去番邦，生珠去番邦。九传承恩去番邦，承基去番邦。

（5）七甲仍称蒲家之系统：六传元魁，去番邦。

（6）九甲仍称蒲家之系统：五传德瘠，去番邦。七传国耀，去番邦。八传元洪，去番邦。

（7）九甲改称哈家之系统：四传书章，居住南洋槟榔屿。

（8）十甲改称江家之系统：十传岳嵩，住番邦，岳衡住番邦，岳琦亡于番邦。

（9）十甲自外入住之林姓系统：逢春去番邦。

（10）十甲改称海家之系统：十传孝良去番邦，孝惠去番邦。九传文达死在南洋，十传德昆死在番邦。

（11）十甲改称傅家之系统：七传德恩去番邦。

综上所述，可见当年三亚回族移民到东南亚的甚众。

二是从三亚移民到国内各地所谓出学的，如：

（1）二甲改称哈家之系统：始传蒲成槮，七传国仕，广西出学；国明，四川出学。

（2）四甲改称刘家之蒲氏系统：八传茗松，广西出学；生新，湖北出学，九传贤才，云南出学；贤斌，安徽出学；贤道，云南出学；贤信，南京出学。

（3）四甲仍称蒲家之系统：八传鸿昌，外江游学。

（4）五甲改称李家之系统：六传明瑄，陕西出学。七传振馨，广西出学；振模，湖南出学；振文，陕西出学。

（5）九甲仍称蒲家之系统：七传国辉，游四川省。

（6）十甲改称海家之系统：六传富润，陕西出学。七传天龙，陕西出学。八传麟发，游陕西省。九传文顺，游云南；文英，安徽出学；文烂，陕西出学。十传鸿均，南京出学；德惠，死在直隶省；德恭，在奉天省；宗珠，湖南出学。

（7）十甲仍称蒲家之系统：二传元良，河南出学。三传训嘉，广西出学。

（8）十甲改称张家之系统：炳荣，山东出学，其子宏仁，湖北出学。

（9）十甲改称赵家之系统：三传德溥，河南出学。

（10）十甲改称汪家之系统：永兴，青海出学。

（11）十甲改称哈家之系统：应亮，南京出学。

（12）十甲改称杨家之系统：启豪，甘肃出学；中清，河南出学。

三亚回族游学各地，范围甚广，当然，多数省份都是回族聚居的地方。

三是三亚回族参加科举考试，中举者颇有其人，可见回族对汉族文化的认同。如：

（1）一甲改称高家之系统：六传位明为监生。

（2）二甲改称哈家之系统：五传应慧为例贡。

（3）四甲改称刘家之系统：七传必恭为监生，八传茗崧为监生，生辉为武生。

（4）五甲改称李家之系统：五传子英为监生，六传春芳为监生，春生为监生。

（5）十甲改称海家之系统：四传儒嵩、学嵩；八传士明、麟玉、麟昭、廷筠皆为监生。九传文辉、文锦、文通为监生。九传大兴为例贡。八传廷洁、九传文谟、文灿为武生。九传文绣为附生。十传德宏入翰林院。

（6）十甲改称傅家之系统：六传怀义为监生。

（7）十甲仍称蒲家之其余系统：启昌为例贡。这些，都是回族参加科举考试所获得的成绩。而历年参加考试的人，一定多于中举的人很多倍。[①]

① 以上三项均引自罗香林：《海南岛蒲氏回教徒考》，载罗香林：《蒲寿庚传》，台湾中华文化出版事业委员会 1955 年版。

清代的海南移民状况，有移入海岛的，但更多的是在新的形势下，即从海南岛向东南亚一带及大陆各省迁移的。这种移民趋势，与以往各朝代已显示出新的迹象，从清代后期到民国时期，海南由于海路的畅通，对外移民日益增多，在东南亚一带已成为后来四大侨乡之一的“琼帮”了。

第三节　清代对客家人的统治

一、客家人的械斗与迁徙到海南之后的抗争

海南岛上的客家人，有“老客”“新客”之分。

所谓客家，《辞海》的解释是：“相传西晋末永嘉年间（4 世纪初），黄河流域的一部分汉人因战乱南徙渡江，至唐末（9 世纪末）以及南宋末（13 世纪末）又大批过江南下至赣、闽以及粤东、粤北等地，被称为‘客家’，以别于当地原来的居民，后遂相沿而成为这一部分汉人的通称。以粤东梅县、兴宁、大埔、五华、惠阳等地最为集中。尚有部分分布广西、四川、湖南、台湾、海南部分地区和侨居海外南洋一带。讲客家话。妇女社会地位较高，不缠足，普遍参加劳动生产，不受封建陋习的约束。在聚居区保持自己的生活习俗传统。山歌也别具风格。”① 领导太平天国革命的洪秀全即为居住广西的客家人。语言保留较多的汉语古音的，称“客家话”。由此来理解，所谓客家人不是民族概念，而是一种文化概念，是属于一个具有共同经济和文化特征的族群。客家是一个富有新兴气象、特殊精神、极其活跃有为的民系，是汉族里面一个系统分明的支派。

罗香林对于客家的迁移，倡导“五次迁徙说”，即晋朝、唐、五代、宋末、明末及清代。《崇正同人系谱》卷一云：“广州属之增城、东莞、新安、番禺、花县、龙门、从化、香山、三水等县，又西江之肇阳、罗、沿海之高、雷、琼、廉等州县，广西全省各州县，湖南毗连广东等州县，

① 《辞海》，上海辞书出版社 2009 年版，第 1247 页。

在在多有吾系，大抵皆在清初康、雍、乾各朝代，由梅州及循州（即韶州古称）之人，或以移垦而开基，或以经商而寄寓。此盖为最后移殖者。至海南别有一部分之客，则又在清末咸、同年间，因世乱避地而迁往者，皆安置于高州之信宜，雷州之徐闻，琼州之陵水各属，若广州西陲之赤溪一厅，亦当时所置划地以安集移徙之民者也。”①

客家人又有“土”“客”之分，也即所谓“老客”“新客”，实际上是因迁徙的先后而称呼。正如《崇正同人系谱》中说的：“如赣、汀、南韶、连各州之吾系民族，乃当日中原南来初经一次为客之民族也，而未再转徙且已成为今日最先之土著矣。然实则客中之主也。今日梅、循二州与珠江、西江上游及福建、潮、琼同系各族，乃皆当时度岭愈南再经二次为客之民族也，而不复转徙则亦成为土著矣。然实仍客中之客也。今日增城、东莞、花县、番禺、新安、龙门、从化、清远以及一概插处之客族乃又近代生齿日繁、人稠地逼因图发展更经三次、四次为客之民族也，而转徙不已，又若成为频动之客族矣。是则客中之客而愈客也，而究何者纯为土？何者不为客耶！明乎此，而吾系之本末昭然矣。”②

本来“土”与“客”都同为汉族其中的一个支系，但是由于鸦片战争之后政治形势的变化，广东地区遭受自然灾害之后，官府仍征收赋税，乡村生活更加贫困，在咸丰四年（1854年）广东爆发了洪兵起义。客人卷入了这场起义战争之中，宣统《恩平县志》载：“客人素与土人不协，常欲借端启衅，图为不轨。及得令，益自恣睢，结寨云乡、大田，佯托官军，诬土著为匪党，肆行杀戮，各邑又潜为勾引，蔓延六县。”③于是客民之间互相械斗，土客交相杀戮，各自达到数十万人之多。罗香林在《客家研究导论》中写道：“先是道咸之交，广东恩平、开平、增城、新宁记广西武宣、贵县等地的客家，因与土民积不相能，

① 《崇正同人系谱》卷一《源流》，香港崇正总会1995年版，第6页。

② 《崇正同人系谱》卷一《源流》，香港崇正总会1995年版，第9页。

③ 《恩平县志》卷十四《纪事二》，转引自刘平：《1854—1867被遗忘的战争——咸丰同治年间广东土客大械斗研究》，商务印书馆2003年版，第264页。

迭相攻击，两粤大吏不敢过问。至咸丰四年，恩平、开平、鹤山、新宁、高要等县的城池，屡为土匪攻扰，地方官无力悍御，乃募客勇防守，屡胜土匪，斩获颇众。两广总督叶名琛，复令鹤山知县沈造舟，统率客勇，搜剿余匪。是时，各地匪首及附匪的无赖，多属本地系人，一闻要剿，便生惊惧，乃散布澜言，谓客人挟官铲土。土众惑之，因遂'仇客分声'，乘势杀掠客民，客民起而报复。寻衅焚烧，遂成形械斗的局势。"①

在广东赤溪、开平、恩平、赤水、沙田等地的客人械斗，持续了十多年，土客互相残害，结仇已深，在双方械斗灾祸中，土客双方时和时战，清廷对于土客械斗，到了同治年间，土客斗祸因官军的介入而演变成客民与官军的对抗，在此过程中，清廷在用武力镇压之后，最后采取迁徙办法，把客民迁移到其他地方落户。郭嵩焘在奏稿中说："查土、客仇雠日深，各率其恣睢险狠之常，无复问曲直是非之义。本年二月间，总兵卓兴强为安插，明知土、客两不相安，犹冀痛深创巨之后，宿怨渐消，但获一二公正晓事之衿耆出而调停其间，或可抚绥数年，辑睦无事。讵客民栖息有所，尚不忘未复之旧业而日肆侵凌；土民报复相寻，反深恨尽弃其前功而再谋攘夺。是以两造决计挑衅，各怀致死之心，而土著则挟数县之资财物力，醵集而共逞于一隅，客籍不堪其扰，孤立无援，势不得不抛弃田庐，去而他徙。"②

民国《赤溪县志》中也记载了官军的命令："尔等尽可不必过虑，如能革面洗心，将旧存军械全行缴出，炮台木栅悉数折毁，凡曹冲、赤溪以内，住经五代以上者，姑准仍留旧居，毋庸他移，听候设官驻兵，妥为弹压，以资保护。其寄居未久之家，务须概行外徙，以杜麇聚滋事，仍准厚给川资，按地安插，断不令流离失所。"③因此，在械斗灾祸稍

① 罗香林：《客家研究导论》，台北南天书局 1922 年版。

② 郭嵩焘：《郭嵩焘奏稿》中《恩平县那扶等处客民逼窜出境现在亟筹办法疏》，《郭凡客、嵩焘奏稿》，岳麓书社 1983 年版，第 237—239 页。

③《赤溪县志》，转引自刘平：《1854—1867 被遗忘的战争——咸丰同治年间广东土客大械斗研究》，商务印书馆 2003 年版，第 178 页。

为平定之后，清政府重新安插客民到广东的高州、廉州、雷州、琼州各地。这样一来，海南岛也成为客民迁移的主要地点了。

1882年，美国传教士香便文海南之行，于1886年写下《岭南纪行》一书，书中写及他所见到的客家人迁移到海南来的情况，他写道：

客家人：在和舍，我们遇到了一支新人群，即客家人。他们占据了一块富庶美丽的乡村地带，位于沿海早期汉人移民和山区土著人之间。北方客家移民的勤俭进取，在海南腹地移民点的历史上得到了充分展示。

大约120年以前，有两个客家人从广东省东北部来到海南，历尽艰辛进海南腹地。他们在沙帽岭（Sha-mo-ling）[①]这座大山附近，发现了无人居住并且极适宜农耕和放牧的土地，于是在那里安家，不久便兴旺起来。几年后他们回去接家人，他们发家的好消息吸引其他人随之而来，直到形成一个大的居民点。从此，客家人的人口数量和领地面积不断扩大，直到差不多完全占领了一个长40英里、宽15英里的区域。

据某些客家头领说，他们的人口大约有两万，集中在“岭仑”（Ling-lun）[②]、“和舍”（Wo-she）、“那大”（No-tai）、“南丰”（Nam-fung）和“洛基”（Lok-ki）。

客家人凭借长期的勤劳和节俭，变得相当富裕，又避免与汉人和土著人发生冲突，彼此相处得很融洽。他们持守自己的语言和风俗习惯，牢记自己家乡在大海对岸，他们的祖坟和祖庙都在那里。

客家人为了纪念来到这里的移民初祖，在他们最初的落脚地附近修建了坟墓。如果我们看到的草图可信，这地方背靠高大的沙帽岭，有来自山上的溪水流过，又与周围的村庄整体协调，这些都表明它

① 沙帽岭（Sha-mo-ling），地方史志中或作砂冒岭、砂锅岭，位于儋州市东南部的南丰镇境内，距儋州市区18公里左右，海拔837米，毗邻松涛水库，是儋州最高的山。

② “岭仑”（Ling—lun），在今澄迈县西南部仁兴镇，在中兴镇通往昆仑农场与仁兴镇的路上，旧时有岭仑墟，今有岭仑村。

是一块绝佳的风水宝地。①

友好相待：这些客家人被称作“老客”（Lo–Haks）或“老客家”（Old Hakkas），我们在此地小住期间，他们待我们非常友好礼貌。我朋友的卖书人（Colporteur）②是个来自大陆的客家人，与他们相处觉得非常自在。通过这个卖书人，离和舍十英里的一个村庄恳请我到他们那里去访问，并讲解基督教义。这些人对我们传教士友好相待，对卖书人殷勤热忱，热衷购买基督教书籍，很多人表示渴望接受特别的教导，这是旅途中最令人愉悦的插曲之一，也使我们对前路充满信心。③

这些人严格坚守自己的语言，也会讲海南话，还会讲一点岛上其他方言和土著人的语言。他们被称作“老客”，以区别于大约二十年前来到海南岛的“新客”（San–Haks）或“新客家”（New Hakkas）。④

新客家：新客家属于暴乱一族，曾在新宁（San–ning）、恩平（Yan–ping）、新兴（San–hing）等地区引发大面积混乱，使之满目疮痍，因而在同治（Tung–Chi）初年被驱逐出境。也许因为都是客家人，有共同的语言，他们被吸引来，在老客家附近定居。但是，老客家主要以和平之策兴家立业，新客家与其不同，他们不久就开始了一

---

① 后文说老客家长者送给香便文一张他家祖坟的风水图，指的就是这张草图，这应该是一张画有地形的示意图。

② 卖书人（Colporteur），这是个法文词，原意是流动商贩，在英文中特指教会中专门售卖圣经及其他属灵小册子的人。本书中多次提到卖书，但只在这里提到冶基善有一个客家籍卖书人。

③ 这里面应该有3个基督徒：冶基善、香便文和卖书的客家人。作为冶基善的助手，这位卖宗教书的客家人应该是基督徒。因此，对卖书人的热情自然成了对传教士的热情。由于客家人之间的亲切感，很多客家人纷纷买书。又因卖书的客家人信主，其他客家人纷纷前来了解信主之事。

④ 新客家（New Hakkas），旧时根据客家人来到海南岛的时间先后及来源地的不同，把他们分为“老客”与“新客”。嘉庆、道光年间来的为老客，咸丰、同治以后来的为新客。老客原为潮州、嘉应州人，新客多为肇庆府恩平、开平人。《儋县志》载：“本潮州、嘉庆人，国朝嘉、道间，因乱逃亡，见祥发、怀集、嘉禾数里多山谷，遂挈眷聚处。嘉、道以前来为‘老客’，咸、同以后来为‘新客’，多肇庆府恩平、开平人。风俗、言语、衣服、婚丧祭，皆率其旧，与本处风俗多不相同，故皆自为婚姻，不通戚属。”另据《临高县志》“大事记”，清同治六年（1867年），恩平、开平等县平息“土客之争”后，分拨数千名客家人安插儋州、澄迈、临高交界之地。

系列抢劫和欺侮。攻击对象既有临高的汉人，也有黎人，掠走牛群和土地，直到这些地方的人持械反击。

临高人不善作战，对这些新客家束手无策，而官府派去的士兵屡屡被击退。直到有一位杰出将领率一支训练有素的特别部队出征，才把新客家制服，把他们从番溪谷的据点驱逐出去。此战被杀人数众多，但是战后被处死的人更多。活下来的人被勒令离开海南岛，违者以死罪论处。在这个短命的移民点占据过的一些地方，保留着这一段简短血腥插曲的很多遗迹。他们在官方的命令和监督下，被分成小群，遣返回大陆各地。据估计，被杀和被遣送回籍的人数高达 10000 人，然而，实际数量可能没有这么多。被击败后，他们中有许多人逃往山里，成为官府捉拿的逃犯，从此他们与黎族劫匪合为一处，成为当地的祸患。①

老客家避免公开认同新客家，但众所周知，他们同情其遭遇，在物质上多方接济新客家。然而，官方对此并没有任何公开举措，明智地对这种秘密援助视而不见，他们出通告下令驱逐所有的新客家，又慎重声明所有的“老客家”可以留在此地，不受干扰。②

二、客民迁徙海南后与土客的械斗

清代初年，与汉族移民同步，惠、潮、嘉等地客家人开始进入海南岛。

客家人迁徙海南岛之后，始则租赁田地，以耕以植，继则渐次设法收买，因客家人个性强悍，本支系的人由于语言不通，不与外人交流、

① 临高“土客之争”发生过两次，香便文经历的是第一次，又称“新客之乱”，始于光绪四年（1878 年）。据《澄迈县志》“大事记”，1879 年，客家人聚集儋县那大、洛基，临高南丰、兰洋、龙波、和舍、加来、多文，澄迈和安、中兴、仁兴等地数千客籍民众，与儋、澄、临三县本地临高人械斗，死伤众多，并一度攻到临城附近的波莲。后两广总督刘坤一委派镇军（即总兵）郑绍忠等，率大军围剿，并在临高乡勇配合下，把客家武装追至蓝洋番溪岭，一举击败，首领问斩，余众遣送高州、廉州安置。参看：黄元辑《临高第一次土客之争》，《临高文史》第 4 辑（1988 年 10 月）。1882 年 10 月香便文到达临高南部时，看到的就是数年前客家人暴乱的遗迹。香便文旅行结束后的光绪九年（1883 年），新客家再次起事，至光绪十三年（1887 年）始告平息。

② 参见［美］香便文：《海南纪行》，辛世彪译注，漓江出版社 2012 年版，第 43—45 页。

通婚，又善于经商，因此，慢慢地扩张势力，他们与当地黎族杂居其间，形成相对竞争的局势。

因此，在乾隆年间，客民与海南黎民开始发生冲突。据《清实录·高宗乾隆实录》载："乾隆三十一年（1766 年）五月辛未，谕军机大臣等，据杨廷璋奏：琼州府岐黎猖獗，纠党焚杀客民，夤夜聚围汛地，现在飞饬镇、道督率弁兵在于隘口堵御，并晓谕熟黎人等，将凶黎尽数缚献，如敢负固，即勒兵进剿等语。已于折内批示矣……寻奏：臣自驰赴雷琼调度剿抚黎匪机宜，随据镇臣甘国宝，巡道王锦会禀，该镇、道同抵崖州，查明黎匪系被客民居住黎村者重利盘剥，凌虐难堪，黎人挟仇图报，那隆、水满山为首，杀死藤客李林兴、李孙劲等二十余人，并焚烧邻村，逼胁附和赶杀客民，客民逃入乐安汛城。守备任贤督兵追捕，黎众逃散。"①

又："乾隆三十一年（1766 年）五月丙申，署两广总督杨廷璋、广东巡抚王检奏：岐黎仇杀客民一案，实因内地及外省客民，贩买黎峒藤板香货，间有娶黎妇插居黎村者，欺黎贫愚，放债盘剥，凌虐难堪，黎图报复，故酿巨案，现获首从各犯，定罪另奏。查琼州十三州、县，惟文昌一县绝无黎人，余皆有客民插居黎村，臣等酌筹善后事宜：一、民黎杂处滋事，应将客民久居黎地，有家室田园庐墓者，使其共居一村；其客民无眷属插居黎村者，移住客民村内，另编保甲管束。其黎村仍饬该总管，哨管黎头稽查，不许黎岐往来民村私相借贷，如违，该甲长，黎头禀究。二、从前钱债数目，饬地方官彻底查明。其非违例取息，已收一本一利者，将券缴销，否则仍令清还。如系重利盘剥，将收过一本一利外，余息追出充公。永禁客民入黎放债，违者递解回籍。三、琼南藤板、香料及杂货等物，多出黎峒，宜酌筹交易以资黎人生理。应饬地方官于州、县城外汛地，设立墟场两三处，定以墟期交易。届期责成该汛巡检、弁兵，督黎头、保甲弹压，如藉端索扰，立即参革。"②

① 《清实录·高宗乾隆实录》卷七六一。

② 《清实录·高宗乾隆实录》卷七六一。

由于客民从内地来到海南岛，与海南黎民杂居，把黎区的特产运出作为商品获利致富，而黎族在深山里不明了外地情况，受其盘剥，必然引起反抗。在乾隆年间，黎客之争已发展到械斗的紧张局面。不过这种矛盾在清廷控制下，斗祸时隐时现，如咸丰八年（1858年）七月，琼州府陵水县属红鞋十八村，黎总黄有庆与黎耀村客民李亚六寻仇挑衅，是年夏间，黄有庆“知会各黎村传箭出门，与客民互相斗杀”。陵水知县程宗洛统率兵勇驰往弹压，黎人“恃众抗拒”。署万州营游击吴成龙等带兵往剿，“匪即窜散”。官军退走后，黄有庆与李亚六双方仍互相残杀，报复不休。八月二十三日，陵水黎人又劫上园客乡。程宗洛再次带勇攻剿，杀伤颇多。各侾黎眼见不敌，遂密约崖州赞坡村生黎“四处滋扰”。琼州镇总兵黄开广会商道府，派拨弁兵，驰往陵水；委州判果绍乡管带潮勇，驰往崖州，分路剿捕；又委代理感恩知县庆瑞接署陵水知县。这时，客民“畏惧解散”，而侾黎添纠大艾、高鬃各峒生黎继续抗拒。①

在黎民与客民互相争斗之中，时起时伏，虽然相处无法和谐，但相对来说，斗祸尚未达到激化程度。正如《临高县志》所载：“咸丰初年（1851年），肇庆府开平、恩平二邑土民与客民不和，屡相仇杀。咸丰六年（1856年）春，广州府新宁县曹冲客匪亦蠢动。自后劫掳焚杀，流毒积年，居民受害甚惨。同治六年（1867年）二月，巡抚蒋公益澧剿曹冲客匪，驻军浮石，各路将士屡捷。四月，众穷蹙，乞就抚，分拨客民安插琼州，散处儋、澄、临交界之区，十余年颇称安谧。”②

这十余年难得的平静，也是客民从开平、恩平等地移居到儋县、崖县、澄迈、临高、万宁、陵水、琼中八县山区之后，易地而居，经

---

① 陈坤：《粤东剿匪纪略》，载《红巾军起义资料辑》，广东省中山图书馆编印，第395—396页，转引自刘平：《1854—1867被遗忘的战争——咸丰同治年间广东土客大械斗研究》，商务印书馆2003年版，第355—356页。

② （清）聂缉庆、张延主修，桂文炽、汪瑔纂修：光绪《临高县志》卷三《舆地类·前事》，海南出版社2004年版，第77页。

营新的田园房舍相安无事的十余年。但是，由于客家人在与黎族杂处的过程中，不容易相互融合，他们之间语言不通，习俗各异，自通婚姻，不服水土，族群之间很难团结，又加上官府在迁移过程中对他们的歧视，他们在械斗失败后的满腔怒火，最终还是爆发出来。

光绪四年（1878年）夏季，在儋县终于爆发了所谓的“新客之乱”，临高人称之为“土客之争”。

海南的客家人有“老客”与“新客”之分，民国《儋县志》载：“本潮州嘉应人。国朝嘉、道间，因乱逃亡，见祥发、怀集、嘉禾数里地多山谷，遂携眷聚处。嘉、道以前来者，为老客；咸、同以后来者，为新客。新客多肇庆府恩平、开平人。其俗言语衣服冠婚丧祭皆率其旧，与本处风俗多不相同。故皆自为婚姻，不通戚属，致与乡人时相诟谇。光绪初年（1875年），新客与那大等处为难，老客暗中助之，蹂躏至百余村，杀毙至千余命，乡人逃走。幸有和平县教谕拔贡生卓凤举、刑部主政卓超举两兄弟亲行上控，雷琼道刘镇楚、提督军门郑绍忠亲行剿办，始行解散。”[①] 光绪四年（1878年）夏季，客家人谢彤封、符世扬、许中发带头聚众数千人相斗，互相残杀，死人甚多，斗争持续八年多。儋州历史上称为“新客之乱”，临高人称为“土客之争”。

这次“土客之争”，导火线是因墟市上粜谷时口角引起的。刘坤一的奏表中说：“兹据署琼州镇总兵何明立、雷琼道王澍、琼州府余培轩先后禀报：儋州属之那大、洛基、天表等墟，向有客民在彼贸易耕种。本年天时亢旱，米价昂贵，讵新客中有等亡命之徒，常在临高县之和舍墟、澄迈县之烂洋墟往来，遂勾结临高土匪，同至天表墟埋伏，希图乘机啸聚。九月初二日，有临高民人到该墟粜谷，因争论价值低昂，互相口角，维时客匪与临高土匪共有三四百人，持械蜂拥入墟，乘间抢掠各铺户财物，杀毙六命，致伤一人，烧毁铺户六间，盘踞墟内。

① 彭元藻、曾友文修，王国宪总纂：民国《儋县志》卷二《舆地志·客俗》，海南出版社2004年版，第131—132页。

复图攻打那大、洛基等处。"[①] 这是事件爆发的起因,斗祸一旦发生之后,就越发不可收拾了。

这次斗祸十分惨烈。光绪《临高县志》写道:"光绪四年(1878年)戊寅夏,客匪谢彤封、符世扬、许中发倡乱,啸聚数千人,肆扰兰洋、南丰、博文、嘉来、浪波及儋州之那大、田表、乐居等市,劫村庄者百计,烧屋宇者千计,掳杀丁口,被害奇惨。出至冰廉村前,距临城十余里,乡人以死抵御,杀十余贼,乃退。"[②] 是时,儋县绅士卓凤举、临邑绅士王仕魁等禀请雷琼道刘镇楚、琼州府余培轩转禀两广总督刘坤一,札委刘道宪督兵剿办。在刘道宪调遣多名武官及士卒的围剿下,发展成为当时官军与客民恶战的和舍墟之战与那大墟之战。本来是"土客之争",当官军介入之后,又转化为客民与官军的对抗了。

《清实录》载:"光绪四年(1878年)十一月己未,谕军机大臣等:刘坤一、张兆栋奏:儋州客匪勾结临高县匪徒滋事,现筹剿办情形一折。广东儋州客匪,因临高县土民粜谷争斗启衅,辄敢聚众肆扰,实属形同叛逆。现经刘坤一等调派兵勇,饬署琼州镇总兵何明立前往督剿。即着饬令妥筹剿捕,将该匪迅速扑灭,毋任勾结蔓延。所有首要各犯,及随同焚杀各伙党,务当悉数歼除,不准一名漏网。其被胁之人,即行妥为解散,俾免株连。并着督饬该道府等,查明本案启衅根由,秉公办理,以昭平允而杜后患。"[③]

光绪四年(1878年)的和舍墟之战,儋州和临高的客民在杀害土民之后,转而与官军之战,官军也把矛头对准客民,进行无情镇压。《临高县志》载:"事闻大府,复调郑镇军绍忠督兵驰剿。至城,面谕绅士林承茂、吴大美、丘如山等与富户捐资,募勇九百,分守要隘。旋

① 《刘坤一遗集》(一),中华书局1959年版,第474页,转引自刘平:《1854—1867被遗忘的战争——咸丰同治年间广东土客大械斗研究》,商务印书馆2003年版,第356页。

② (清)聂缉庆、张延主修,桂文炽、汪瑔纂修:光绪《临高县志》卷三《舆地类·前事》,海南出版社2004年版,第77页。

③ 《清实录·德宗光绪实录》卷八一。

即启行，营雷有法，士卒用命。以乡勇为向导，标下莫参将□□勇往直前，由和舍、兰洋攻至番区岭上，追至江水，杀贼无算，不旋踵而渠魁授首，余众分别安插归农，派兵护送高、廉等府安置。未久，又潜逃南渡。”[①]这次战役，因力量悬殊，客民大败，阵亡80余人，被擒杀7人，清军阵亡8人，受伤23人。[②]

光绪五年（1879年），《清实录》中记录了刘坤一处理这一事件的安顿情况：“光绪五年（1879年）三月丁巳，谕军机大臣等：刘坤一等奏，官军进剿客匪，尚未得手，添募劲勇，派员督办一折。广东客匪分屯临高县属之和舍墟，儋州属之那大墟，将土民恣意杀戮，抗拒官兵，并有另股数千人出图绕袭。似此叛逆情形，自应痛加剿洗。现在受创乞抚，愿遵约束，难保不首鼠两端，意存观望。前派镇道办理，未能得力，自当调募劲勇，另派大员督办。着刘坤一饬令郑绍忠会同王澍前往相机妥筹。所有水路各军，统归节制调遣，以一事权。并令殷锡茂、刘镇楚察看情形，如抚事尚未就绪，即令回郡专办防务。前募勇丁量行裁撤，以节糜费。以后剿抚机宜，概交郑绍忠、王澍酌办。此事耽延已数月之久，该督务当严饬该镇道等迅速蒇事，勿任迟回，致干咎戾。至该省土客构怨，屡肇衅端，皆由不得其平，致成固结莫解之势。刘坤一务当一面饬令各属文武，遇事持平，妥为安顿，庶免他处客民，效尤滋事。”[③]

实际上，清廷也认为事件的起因是因为“不得其平”而聚众闹事，所以当武力镇压之后，对善后事宜也作谨慎处理。在光绪五年（1879年）五月，刘坤一又请示说：“儋、临就抚客民，愿迁往遂溪县属涠洲墩居住，现饬妥为安插等语。涠洲墩地方，前经封禁，现在该处居民甚众，自难概行驱逐。此次儋、临客民迁往居住，能否相安，不致

---

① （清）聂缉庆、张延主修，桂文炽、汪瑔纂修：光绪《临高县志》卷三《舆地类・前事》，海南出版社2004年版，第78页。

② 《刘坤一遗集》（二），中华书局1959年版，第507页，转引自刘平：《1854—1867被遗忘的战争——咸丰同治年间广东土客大械斗研究》，商务印书馆2003年版，第367页。

③ 《清实录・德宗光绪实录》卷八九。

生事，着该督饬令地方官随时察看，妥筹办理。”[①]

到了该年八月，刘坤一又上奏表说：“续查儋、临客民，分别安插及联络土客，饬属筹办善后等语。广东儋、临客民滋事，业经剿平，自应乘此兵力，迅速搜查，为一劳永逸之计。现在各处交出新到客民三百余名口。琼山、定安二县，又有恳求招抚者一千八九百人。该督已饬属将此起客民，遣往高、廉、雷三府，量行区处，自可消弭嫌隙，俾得永远相安。”清廷命令“刘坤一、裕宽务当饬属加意拊循，毋令失所，仍随时察看，倘安插后仍不能各安本业，亦宜另为设法办理，毋任再滋事端。其旧日客民，已与土民设局联络，可保无事，即着该督抚将善后事宜，责成各属实力筹办，以苏民困”。[②]

对于武力镇压之后的善后事宜，刘坤一也着力去办，并设立“土客永安局”，办理善后事务。光绪《临高县志》也有记载：“大府恐其复生事端，非妥筹善后不可，于是夏委刘道宪董其役，谕令绅士林承茂、郑国光、黄流光、薛扬勋、王正枢等在城设总局，李恒春、杨元珍、王士经、符兆炳、钱大观等在和舍市设土客永安局，盘查奸宄，并劝相和，六七年来相安无事。”[③]

光绪九年（1883年），客家武装又死灰复燃，来往飘忽靡常。光绪十年（1884年）、光绪十一年（1885年）间，当海防吃紧之时，清廷没有能力顾及地方，客家武装遂啸聚于儋州之四方山及田表、落居，或在临高的兰洋、九紫坡等处窥伺时机，白天伪装在田地上耕种，夜间则分途劫掠，在澄迈、临高交界之间恣意抢夺，村中的市墟及来往行人深受其害，不过他们行为诡秘，还不敢公然肆意胡为。至光绪十一年（1885年）七月间，黄邹保（一作招宝）、林乾华带头率领数十人各持枪械在和舍墟威逼官长局绅，形成不能弹压之势。土人畏其凶焰，即使他们其中一二人经过墟市，也非常猖獗。在离城十余

① 《清实录·德宗光绪实录》卷九五。
② 《清实录·德宗光绪实录》卷九九。
③ （清）聂缉庆、张延主修，桂文炽、汪瑔纂修：光绪《临高县志》卷三《舆地类·前事》，海南出版社2004年版，第78页。

里的那白墟连劫数家，浪波墟亦同时被劫。嗣后更明目张胆，在澄、临交界土村地带活动，受害的人家更多。面对此情况，清政府雷琼道王之春委派毅字右营管带提督张军门拔萃、左营管带玉司马礼查拿究办。军威所至，客家武装销声匿迹一个多月。九月间，王道宪奉命出关会勘边界、所派遣毅字左右两营，由护理琼州镇陈参将荣辉分统。黄招宝等人旧态复萌，又在澄、临交界地方纠党横行，所过市镇、村墟，大肆抢夺。时琼州知府谦贵代理职务，又派毅字左营右哨周副将□□、别驾丘仁洵带领营勇。于儋、澄、临三州县交界处所周历梭巡。十月二十六日到县，二十九日，临高知县佛光遂会同前往和舍墟查办。士绅符明鋆、客绅蓝成茂等密约澄迈县绅士王敬修等，各带士勇五百名，于十一月初三日驰赴和舍墟，帮同官军捕缉。县主委员恐营勇势力不敌，而澄迈县士勇又系客兵，恐怕无济于事，遂阻止澄迈县士勇，带领队伍回去，并声言一定要等澄迈县杨县令亲自到来协商，才能汇聚剿敌。怎奈澄迈士勇在回归途中，将客人林乾芳草屋焚烧，不久被林乾芳将澄迈士勇截杀，二名丧命，生擒一名。后来澄迈士绅托人与林乾芳说情，将被擒澄迈士勇赎回死者，作为抵偿焚屋迁就了事。而土人于前数月被客人武装焚杀劫杀，因路梗塞未曾赴县禀报，纷纷禀请佛公光就近相验，佛公光未及允准，于初四日先行回署，丘别驾、周副将也先后言旋。而客人武装遂于十一月二十三日在九紫坡联盟拜会，祭旗起事。二十四日，率领大队二三千众，直抵澄、临交界之西峰。时温河清所带领儋州客人武装二三千亦到。二十七日进扎枫树，十二月初一日扎金江，初四日直抵瑞溪，乱形始著。①

而这时候的客家武装叛乱，已与当年派系械斗的形势不一样，当客民在海南岛居住七八年之后，散居海南黎民村寨之中，一部分人与黎族结合在一起，当黎族起义反抗官军的时候，其中“奉惠州客民陈钟明、陈钟青为总头目，合生黎、熟黎、客匪、游勇为一伙，名为黎

① （清）聂缉庆、张延主修，桂文炽、汪瑔纂修：光绪《临高县志》卷三《舆地类·前事》，海南出版社2004年版，第78—80页。

而不尽真黎”。[①] 这时候黎民与客民的反抗队伍，时离时合，抢家劫舍，反抗官军。清廷称黎民为“黎匪”，称客民为“客匪”，光绪十年（1884年）闰五月二十日，张之洞就任两广总督，光绪十五年（1889年）十月二十二日离开两广就任两湖总督，在任期间共五年四个月。这一期间，张之洞继刘坤一之后，介入这一镇压“黎匪”“客匪”的事件了。而这时海南岛上客民的反抗已经离开族群派系械斗的性质，而是与黎族反抗队伍一道与官军争斗。

张之洞对黎、客反抗斗争的分析，又别有一番看法，他在光绪十二年（1886年）十二月八日《请派大员澈办琼州客黎各匪折》中，详细分析了海南岛上客民的活动。张之洞在奏折中分析了以下几个问题。

（1）客民与黎民

张之洞认为，琼州一府，孤峙海南，黎巢其中，民环其外，地瘴而瘠，民弱而惰，其为地方之害者，一曰客匪，一曰黎匪。客匪大率皆籍隶嘉应州及广州府属之新宁，肇庆府属之恩平、开平、高明、鹤山等县，言语风俗自为一种，土人不与为婚姻，或云即系犵人，非若他省侨寓民户皆谓之客民也。其性勤苦力作，悍猛齐心，所到之处，土民无不视为他族，积为深仇。

（2）老客与新客

张之洞认为，在琼有老客与新客之分，老客寄居百余年，较为安分。新客则多系同治年间恩平、开平、高明、鹤山、新宁、阳江等处滋事客匪，前抚臣蒋益澧奏明安插高、廉、雷、琼等府，广西容、贺等县。琼属之儋州、临高、澄迈皆有之，渐衍及万州、陵水等处。

（3）新客与黎民的交错结合

张之洞认为，查琼属沿海民居之地，患在沙瘠；近山膏腴之区，患在瘴疠。至铜铅各矿，皆在黎境。土民安于贫弱，地利坐荒，瘴地

① （清）张之洞：《张文襄公全集》卷十七（奏议十七）《请派人员澈办琼州客黎各匪折》，中国书店1990年版，第365页。

腴田多属客产。光绪五年（1879年）客匪滋事，经前督抚臣派军前往，分别惩办，迁之雷、廉，乃未久而潜回故里，为匪如故，以后土客之衅遂成。黎人所居最深处曰黎母山，其地居琼之中，盘亘数百里，现在未经开通之处，纵横二百余里，十三州县环之，定安、会同、乐会、万州、陵水、崖州等处皆有峒口出入。前代生黎獉狉荒陋，为患尚轻，百年以来熟黎与民人往来，习为狡黠，生黎渐稀，出巢益数。诸黎以儋州、临高为最驯，陵水之俘黎、岐黎为悍，崖黎富强亦易滋事。其出也，北路则定安当其冲而波及于琼山，南路则万州、陵水当其冲而旁扰于会同、乐会。从前出掠不过附近内山而已。近七八年来，客匪游勇散入其中，奉惠州客民陈钟明、陈钟青为总头目，合生黎、熟黎、客匪游勇为一伙，名为黎而不尽真黎，遂敢离巢数百里大肆劫杀，其军火、盐米皆由客民接济，每牛一头，易枪一支。火器既具，党羽益多，得以抗拒官军，习为战斗，岁必出巢两三次，该处官军未曾认真痛剿一次，不过零星分防，尾截零匪，幸其回巢以为了事。大率客匪以黎峒为负隅，藉黎人为声势，黎匪以客匪为向导，藉游勇为附从。客、黎纠结，全琼遂无安枕之日，此二十年来，客、黎各匪蓄毒构衅勾结滋蔓之实在情形也。

（4）光绪十年（1884年）、光绪十一年（1885年）客民黎民反抗的情况

张之洞奏折中所讲：其儋、临客匪一股，自光绪五年（1879年）查办迁徙以后，当时设局筹赀，给予图记，使客籍绅士自加约束，而局绅杨元珍、陈赞贵、阮祖禄等庇匪仇民，匪徒益无所畏忌。迨上年冬间，澄迈绅围入临高搜捕，复为该局绅阻回，时值岁旱米贵，人心摇动，匪首黄邹保等结新、老各客于十一月揭竿遽起，到处裹胁杂匪游勇，乘机附和，旬日之内众至两千余人。以临高之和舍、兰洋、岑仑、南丰，儋州之抱舍、田表、乐基、那大、四方山、大星等市为老巢，扰至澄迈之金江、司瑞溪等处。金江为澄属大镇市，该处既破，贼势蔓延临、澄百余里间，所到村庄恣意焚杀，勒索资财，民间积聚一空。而陵、万黎匪复有出掠会、乐之信，合郡惊扰。

（5）张之洞派员弹压及善后安插经过

张之洞说，他闻报后，即电饬署琼州镇总兵刘成元，护雷琼道琼州府知府谦贵，调集驻琼各军，以两营防黎，以三营剿客，黎匪旋退。合军进剿西路，参将陈荣辉率粤军，提督张拔萃率楚军，迭据镇、道禀报：节次击贼获胜，收复金江枫树市、西峰下岭等村。官军进扎那大、和舍，擒斩匪首刘真赞、陆真佑、林鸿猷、庞六石等暨余匪多名。匪首黄邹保、温河清率党赴陈荣辉营投诚，温河清并斩其党范亚先、江二来献，请照光绪五年（1879 年）安插儋、临客匪成案，将此股投诚丁口移徙钦州之白龙尾垦荒，自给等情前来，臣查该镇道迭禀，以该匪屡经官军战胜，畏剿投诚，自愿交凶就徙，始定抚议。乃经臣访闻，官军并未痛剿，民恨客匪痛入骨髓，咸以此策为非，且白龙尾在钦州西南海滨，正与越境毗连，岂有将无数匪徒置之界上，自贻边患之理。当经驳饬再议，遂至枝梧无策，其时众论参差，民情惶惑。

（6）派冯子材亲赴琼州察办

在这紧要关头，张之洞想起冯子材，于是派他亲赴琼州察办。奏折中写道："窃思督办钦廉防务、提督冯子材威望素优，钦、廉仅隔一海，情形易悉，往复询商，该提督谓客匪不可信，未剿而抚亦非长策。适琼民亦纷纷赴钦呈诉，恳冯子材发兵往剿，当经电奏请旨饬派冯子材亲赴琼州察看情形，孰宜抚、孰宜诛，以定办法，兼筹黎事。六月十三日奉旨：'此项余匪业经就抚，义无尽诛。著冯子材赴琼妥筹安插，仍随时妥商张之洞详慎办理，勿得稍有轻忽，钦此。'遵即恭录。咨催冯子材于七月初旬抵琼，而黎警又作。自本年春间，黎匪出扰琼山之屯昌市，七月间，逆首陈钟明部下黎、客杂匪千余，扰定安之南闾、仙沟、雷鸣各市及澄迈之新吴市。同时，另有儋州匪徒陈钟铭纠众滋事，攻掠感恩县西乡黎、汉各村，至陈荣辉所抚客匪，饬令造册送点，迁延避匿。其头目多自营逃归，抚局竟未就绪。臣迭次派员赴琼密查，接阅该处探报，并由冯子材暨道员方长华封送绅民公牍数十起，备知该客匪异常凶悍，文词悖逆，土民连年受害甚酷。即如去冬出扰澄迈所属，焚掠至百余村，戕害良民至七八百人，掳掠妇女至百余口，劫去耕牛至二千余只，财物至值钱百余万串。迨官军进剿虽有斩擒，而巨憝未歼，大股仍在，勉为就抚，首鼠两端，其用心叵测。黎匪今秋出扰，距定安县止城三十里，焚杀亦甚凶惨，回巢时，告虏胁运送财物之民人云：'俟下次出巢再并给扛抬价值。'尤为狂悖。自冯子材到琼后，群情欣悦，吁恳为民除害。臣综核情形，客匪、黎匪皆宜剿抚兼施，若再不亟图良策，大拯琼民，糜饷分防永无底止，受害愈深，失业愈众，养痈长寇，合势燎原，数年以后必致琼地全为群匪糜烂而后已。"

（7）王之春前往勘界后，冯子材剿抚兼施的策略

张之洞进一步分析当时形势说："查前署雷琼道王之春遵旨随同勘界，所部久无主将，渐就懈弛，先于六月间檄委在东差委之广西候补道方长华赴琼筹办客、黎各匪，即接统其众，将原有春字、毅字各营重加整顿，汰弱留强，编为八底营，统名琼军，仍饬听冯子材节制。近日叠与冯子材电商，定议：客则临以兵威，分别良莠，诛其凶悍为乱抗拒不悛者，抚其安分谋生、真心悔罪者，或即用为官兵前驱攻黎自赎，或迁往他处相宜地方，应俟临时察看情形，由冯子材督饬方长华暨琼属地方官妥为办理。黎则先剿积年逆首陈钟明一股，先将附和扰害之外匪乱黎痛加惩创，以次招徕良黎，宣布朝廷德意，相机进兵，如其势顺情通，再议深入老山驯生辟土之策。伏查本年正月二十二日寄谕：'琼州黎人迭次滋事，重烦兵力，果能设法化导，变犷獉为驯扰，实当务之急。等因。钦此。'仰见圣谟广运灼见，孤岛筹防必先自清内患始。倘能从此长驱深入，仿照前明以来海瑞诸人开通黎峒十字路之议，据其腹心，通其险阻，令其薙发向化，设立土目，从此渐开矿利，广植禾蔗，增益赋税，利民通商，于海防实大有益。即使地终不能富，民终不能强，而琼地永除心腹之患，琼民永免涂炭之苦，亦地方官必不容已之责，当务为急，诚如圣谕，此臣所以熟筹深念不能不为大举澈办之计者也。惟地势广阔，山箐深邃，今拟客黎兼办，数路并进，兵力过单，无济于事。冯子材所部萃军除留钦防外带赴琼者四

底营，兹酌派十四底营益以琼军八底营，陈荣辉全字两底营调往协剿之，王孝琪勤军一底营可勉敷分布，惟饷源奇窘，只有饬司局设法挪凑，移缓就急，暂为应付。并咨商冯子材劝谕绅民，晓以大举安民之意，就地筹集经费以助军需。”

（8）查办事件中不得力的官吏

张之洞最后提出：“至该前署镇刘成元、兼护道谦贵，于该处贼锋恣肆，生灵荼毒，官军未能得力，并未详切禀闻，筹画妥实办法。但以贼匪败退就抚为词，敷衍了事，实属玩忽因循，昧于事机，自应予以惩儆，除接署琼州镇张得禄，在任日浅，业经病故，应予免议外，相应请旨将前署琼州镇总兵记名提督刘成元交部议处，兼护雷琼道琼州府知府谦贵革职留任。前署海口营参将南澳镇右营游击陈荣辉轻于抚匪，草率敷衍，且所报战状不免铺张，尤为军营积习，亦应惩儆，姑念该参将深入瘴地，尚有斩获，拟请将陈荣辉革职留任，责令将所抚各匪刻日造册，送交冯子材办理，以竟前局。如始络不能切实出力，即行从严参办。冯子材现督办钦廉防务，应请明降谕旨，令该提督兼督办琼州客黎事宜，其镇道以下官暨琼防各营兵勇悉归节制，以一事权。”①

张之洞的经心指示和布置，海南各路官吏都动起来了。陈荣辉参将率带练勇严行剿抚，并会同王道宪所部之毅字右营管带张军门拔萃、左营管带司马王礼、大令陈起倬督队进发。而琼州刘镇军□□、护道琼州府谦尊贵复派营务处蒋金生、别驾饶志等在澄属的金江、瑞溪、西峰、岭仑，临高的和舍、九紫坡等处跟踪追剿。是役擒斩无算。张之洞复委派候补道观察方长华统领琼军到临高，正好宫保冯子材亦派官兵前往，并谕临高绅士黄流光、薛扬勋、薛扬熙、郑国光、林敬祖、符梦弼、谢国元等在城设总局，办团练，捐输接济兵饷，开通十字大路，运军装、粮米，船车脚费分各局团练，守卫要害地区共十五

① （清）张之洞：《张文襄公全集》卷十七（奏议十七）《请派大员澈办琼州客黎各匪折》，中国书店 1990 年版，第 365—368 页。

处，防止客家武装逃逸。方长华在西路独当一面，克期进军，多所斩获，剿抚兼用。光绪十二年（1886年）二月，黄邹保因大军压境，率数百人先后投诚。但当时因考虑收押过多，诛之未免太甚，责释恐蹈故辙，递插亦无可归，陈参将与王道宪往返函商，拟委大令蒋鸿烈将各名解送过海至高州，分别惩办。经王道宪在石城行辕提讯，将林乾华、柯锦生、吴秀、江九、刘亚申、岑亚善等就地正法，其余在高州就近分散安插。当未过海之先，黄邹保、温河清畏罪潜逃，后为统领琼军观察方长华派弁拿获，解送冯宫保大营，骈首示众。但因当时客民尚多散处，伏莽未清，况其时黎族反抗未平，又担心两股武装勾串在一起，张之洞又奏派雷琼道朱采接统琼军，所有东西两路八营均归调遣，并总办全琼开山抚黎事宜。其西路复派营务处徐赓陛分统，在三县交界处分驻巡缉。不久，由知县聂缉庆雇勇备船防堵海盗，禀请督抚派镇涛轮船帮同躧缉，广购眼线，不吝重赏，遂将儋、临著名盗首陈五卿拿获正法，其伙犯亦次第歼除。轰动一时的客家武装暴动终告平息下来。[①]

① （清）聂缉庆、张延主修，桂文炽、汪瑔纂修：光绪《临高县志》卷三《舆地类·前事》，海南出版社2004年版，第80—81页。

第五章　清代海南的教育与文化

第一节　教　育

清代的学校，沿袭明制。京师曰国学，并设八旗、宗室等官学。直省曰府、州、县学。①

关于府、州、县、儒学，由官府给予经费，优免在学生员，并赈助贫穷生员。各学教官，府设教授，州设学正，县设教谕，各一，皆设训导辅佐。生员入学考试，以《四书》《孝经》《性理》《太极图说》《通书》《西铭》《正蒙》等书命题。再试时以《四书》《小学》科试加经文。康熙帝先后颁《圣谕广训》及《训饬士子文》于直省儒学，到雍正年间，儒生考试时都要背录《圣谕广训》。各地方武生附儒学，通称武生。各省又设书院，辅学校之不足。又有义学、社学，社学是以乡为单位设置，择文行优者担任社师，免其差徭，量给廪饩。凡近乡子弟十二岁以上令入学。义学在各省府、州、县多设立，教孤寒生童，或少数民族子弟。②

光绪末年废科举。光绪三十二年（1906 年）并停岁、科试。中国

① 赵尔巽等撰：《清史稿》卷一百六《选举一・学校一》，中华书局 1986 年版，第 3099 页。

② 赵尔巽等撰：《清史稿》卷一百六《选举一・学校一》，中华书局 1986 年版，第 3115—3119 页。

科举制度自隋炀帝大业二年（606年）开始，至1906年，历时1300年而寿终正寝。从此以后，新的教育制度正式确立，各类学堂、公学及学校纷纷创办，学习农、工、商实业课程。在译学馆中，设立英、法、俄、德、日本文各科，教育改革之后，派学生游学日本、欧、美等国，毕业后回国。

海南岛上的教育，是随着当时全国的教育制度而发展变化的。

一、学制与儒学

清代海南的学制：顺治九年（1652年），礼部奉旨刊立卧碑，晓示生员。康熙十五年（1676年），始以广东提学道巡试琼府。康熙四十三年（1704年），颁《训饬士子文》于学宫。康熙五十五年（1716年），广东各卫所各取进童生一名，拨入各府学，教职督率。其补廪出贡，即附入府学原额。雍正元年（1723年），题准广东之儋州向系中学，今改为大学，取进十五名。雍正三年（1725年），复准广东卫所军户田粮，俱归并附近州县，其卫所军童生嗣后仍归原考之州县考录申送。琼州府学，额进二十四名，廪生四十名，增生四十名，一年一贡；武学额进二十四名。琼山县学，额进十五名，廪生二十名，增生二十名，二年一贡；武学额进十五名。儋州学，额进十五名，廪生三十名，增生三十名，三年两贡；武学额进十二名。崖州学、万州学各额进十二名，廪生三十名，增生三十名，三年两贡；武学各额进十二名。澄迈县学、临高县学、文昌县学、定安县学、会同县学、乐会县学各额进十二名，廪生二十名，增生二十名，二年一贡；武学各额进一名。陵水县学、昌化县学、感恩县学各额进八名，廪生二十名，增生二十名，二年一贡；武学各额进八名。[①]

清代儒学因循明制，但从明到清，各府学、县学俱已残破，所以进行重新修整和重建，现据道光《琼州府志》所记载各地儒学列述如下。

① （清）明谊修、张岳崧纂：道光《琼州府志》卷十六《经政志·学制》，海南出版社2006年版，第712—713页。

（1）琼州府儒学：在府治东。康熙六年（1667 年），分巡学道马逢皋重修殿庑斋署，康熙十年（1671 年），飓风，分巡学道王廷伊、知府牛天宿、同知刘永清、教授朱子虚捐修。康熙十一年（1672 年），复飓风。康熙十四年（1675 年），知府王元士重建。康熙二十三年（1684 年），御书“万世师表”额敬悬大成殿，各州县同。

（2）琼山县儒学：在府学南鼓楼之东。康熙六年（1667 年），学道马逢皋捐俸重建文庙及明伦堂，教谕谭福成督修。康熙十一年（1672 年）秋，飓风，各祠石柱皆折，墙垣倾圮，知县刘源清捐修，未就。康熙十四年（1675 年），佥事范养民、知县茹铉、教谕余谷捐俸成之。康熙二十三年（1684 年），副使程宪，知府佟湘年，知县朱玭，教谕卢启运，训道马煜、黎晖吉捐修。康熙二十八年（1689 年），知县佟世南、教谕黄铨捐修两庑垣墙。康熙三十四年（1695 年），知县戴圣先重修。康熙四十四年（1705 年），知县王贽修两庑、仪门，雷琼道焦映汉、学道翁嵩年、知府贾棠、同知姚哲、教谕关必登、训导黄廷濬相继捐修。以后各朝陆续修建。

（3）澄迈县儒学：宋立，在县治东。顺治十年（1653 年），复飓风，尽圮，知县王学典、教谕蔡嗣襄、署训导陈佳倡捐重建。顺治十四年（1657 年），知县吴翻继修庙庑门祠。康熙十年（1671 年），知县丁斗炳捐修。康熙二十二年（1683 年），知县吴世焜、教谕关国俊、训导湛承询捐修正殿、两庑、棂星门、戟门、泮池、名宦、乡贤祠。康熙四十年（1701 年），知县高魁标、教谕蔡昌镐、训导顾兆正捐修明伦堂，置地捐建大门照墙……以后各朝相继修建。

（4）定安县儒学：在县城东南。康熙二年（1663 年），知县王嗣昌建戟门。康熙七年（1668 年），知县杨天授、训导杨天培捐俸重修大成殿、启圣祠、明伦堂。康熙二十五年（1686 年），知县张文豹、教谕梁廷佐重修大成殿及戟门、棂星门、泮池、石桥。是年教谕梁廷佐、训导陈景遇复修启圣祠……以后各朝陆续修建。

（5）文昌县儒学：在县治左。宋建，附县治何恭都。顺治十六年（1659 年），飓风倾毁，训导梁垣栋、吴廷缙相继捐修，未竣。康熙七年（1668年），知县沈彲、训导欧阳敬捐俸续修。康熙二十三年（1684年），知县何斌、教谕郭炳如、训导毛翊同修殿庑。康熙四十五年（1706年），知县吴文美偕绅士冯震、云志高捐资，改建正殿及两庑、启圣、名宦各祠。康熙五十七年（1718年），知县马口炳建泮池、石桥、明伦堂、大门……以后乾隆、嘉庆各朝都有修建。

（6）会同县儒学：在县治左。康熙二年（1663年），知县黄信让倡同绅士重修启圣、名宦、乡贤各祠及明伦堂。康熙十一年（1672年），飓风坏庙瓦，知县曹之秀、训导梁英裘修葺完善。康熙二十六年（1687年），知县胥锡祚、教谕吴隽捐修泮池。康熙五十二年（1713年），知府林文英、知县张汝皋、教谕黄臣宗、署训导劳仁率邑人捐修……以后雍正、嘉庆各朝均有修建。

（7）乐会县儒学：在县邑治东。康熙六年（1667年），知县林子兰、训导邵岑倡同绅士捐建明伦堂及学署、仪门。康熙十一年（1672年），飓风坏殿庑各祠及明伦堂，教谕曾士珍补葺。康熙二十一年（1682年），知县张结绿、教谕杨本蕃、训导黎知逢改建启圣祠于正殿之后。康熙四十五年（1706年），教谕劳仁倡邑人捐修正殿及两庑，改建明伦堂……以后雍正、乾隆期也有修建。

（8）临高县儒学：在县治东。顺治十三年（1656年），教谕陈天锡修明伦堂及缭垣。顺治十八年（1661年），知县蔡嘉正、教谕黄铣、训导何峤重建启圣祠于明伦堂后，以及黉门、两庑，迁名宦、乡贤祠于黉门左右，并建万仞官墙、石牌坊。康熙六年（1667年），知县陈垂、训导陆高古捐修并建斋署，市学前民地建照墙，立礼门、义路坊于左右，改街道于照墙外。康熙十一年（1672年），飓风大作，两庑垣墙半坏，知县陈垂、训导陆高古倡捐重修，复建礼教斋。康熙二十八年（1689年），训导罗启相捐建戟门，修东庑及名宦祠。康熙三十四年（1695年），知县史流芳捐修西庑。康熙四十二年（1703年），飓风，复圮，知县樊庶扩其旧址，捐俸重建。康熙四十四年（1705年），樊庶迁名宦、乡贤二祠于棂星门左右，建正学讲堂于棂星门，迁射圃于启圣祠右，樊庶有记……以后雍正、乾隆、嘉庆、道光各朝均有修建。

（9）儋州儒学：在州城外西南隅。顺治十八年（1661年），举人曾开倡首，同学正陈祝、训导欧阳霖雨协捐重建。康熙二十三年（1684年），知州杨焜修棂星门及两庑。康熙二十五年（1686年），知州李仲极倡修正殿、两庑、仪门及明伦堂。康熙四十三年（1704年），知州韩祐捐修正殿及启圣祠……以后乾隆、嘉庆、道光各朝均有修建。

（10）昌化县儒学：在县治东。顺治十五年（1658年），署知县陆观光修葺。康熙六年（1667年），知县严于屏、训导梅宪魁倡修圣殿及棂星门，并建明伦堂，修复名宦、乡贤二祠。康熙十一年（1672年），知县高日旦捐修圣殿及启圣祠、明伦堂、两庑、棂星门并周围墙垣。康熙二十三年（1684年），知县方岱、教谕林应璧、训导陈威捐葺东西二斋。康熙三十年（1691年），知县璩之璨、典史陈汉、教谕郭胜琼、训导陈威捐修庑门墙。乾隆元年（1736年），题准部覆动项修葺。

（11）万州儒学：在州城外。康熙六年（1667年），学正屈驺建两庑、戟门、名宦、乡贤各祠。康熙八年（1669年），建启圣祠、明伦堂及宫墙。乾隆二十八年（1763年），知州廖佑龄、学正彭云际倡率绅士重修。嘉庆九年（1804年），岁贡杨士霖等呈请修葺，规制大备。嘉庆二十三年（1818年），飓风倾坏，知州汪长龄、卫千总朱拱扬捐修。

（12）陵水县儒学：在城北。宋建于那亮乡，顺治九年（1652年），毁于寇。康熙七年（1668年），知县张凤徵建正殿及两庑。康熙二十三年（1684年），知县杨来凤迁于今址，建正殿、两庑、仪门……以后雍正、乾隆、嘉庆等朝均有重新修建。

（13）崖州儒学：康熙六年（1667年），知州李应谦迁城外西南隅宋元旧址，创建殿庑，堂斋、祠宇俱备。雍正十年（1732年），知州杨城倡捐，复移于城内州治东。乾隆间，又移城外东南隅。嘉庆二十五年（1820年），以士民呈请，移建于城内中街参将署旧址。

（14）感恩县儒学：在县治东。康熙四十一年（1702年），知县姜焯重修大成殿及两庑。乾隆元年（1736年），题准部覆动项修葺。乾隆三十一年（1766年），知县杨侃重建。嘉庆二十年（1815年），知县时侍朝改建大成殿、崇圣祠。道光五年（1825年），茂名训导、邑人林开侯捐资集众重修。[①]

二、书院发展概况

清代全国有书院4365所，广东有531所，在全国各省排行第一名。海南岛虽然孤悬海外，地处南荒，也有书院42所。

清代建国之初，由于害怕明朝遗士宣扬明末民族主义思想，以书院为据点聚众反抗，因而抑制创建书院。顺治九年（1652年），诏令“各提学官督率教官、生儒，务将平日所习经书义理，着实讲求，躬行实践。不许别创书院，群聚徒党，及号召地方游食无行之徒，空谈废业”。[②]官府不准书院生员，指陈社会弊病，刊刻文字，禁抑书院建设。到了康熙年间，南明已彻底覆灭，清政府对书院采取放宽政策，开始重视创建书院。到了雍正元年（1723年）开始下达命令，“命各省改生祠、书院为义学，延师教授以广文教”。[③]到了乾隆年间，认为书院是一种教育机构，可以“导进人材”，以“广学校所不及”。于是规范书院管理，改山长为院长，聘请“多士模范者”担任。官方书院为官立，其创建、修复、经费、聘师、招生之权多操于各级行政长官，成为各级政区的最高学府。底层是私立的家族书院和民办的乡村书院，中间层是县立书院。到了清代中后期，书院的建立进入了一个前所未有的大发展阶段。清代书院的特点，主要是：①书院讲学由程朱理学转为经史考据之学。②建立书院的规章制度，严格院长及师资规格。③民间力量参与书院管理。清代的书院，以官府为主导，而民间的力量则以数量取胜。书院的建立，遍布全国各地。

海南岛的书院，也在全国创建书院如火如荼的情势下有长足的发展，现列述如下。

---

① （清）明谊修、张岳崧纂：道光《琼州府志》卷七上《建置志二·学校》，海南出版社2006年版，第309—337页。

② （清）陈梦雷编纂：《古今图书集成》卷三八三《选举典·学校部》。

③ 《清朝文献通考》卷七。

（一）琼山县

1. 琼台书院

在郡城内丁字街。康熙四十九年（1710 年），巡道焦映汉创建，集阖郡生童肄业其中，始置田产，以资膏火。康熙五十年（1711 年），巡道申大成立社课文，每月给诸生银一两佐薪水之费。乾隆元年（1736 年），巡道黄铮因府治义学原有北冲、河口、攀丹、北麻等田及藩司拨入定安陈村田十一丁，至雍正十年（1732 年），知府宗思圣将攀丹、北麻田拨入文明楼为香火费，尚存陈村、北冲、河口田三处，共二十五丘一十一丁，后义学荒废，铮以陈村田拨入书院。雍正五年（1727 年），巡道刘庶又将北冲、河口田并归书院。雍正三十八年（1760 年），巡道德庆重修。嘉庆二十三年（1818 年），督学傅棠捐助经费洋银四百元。嘉庆二十五年（1820 年），巡道费丙章倡率官绅，捐集洋银五千余元，添买西边民房一所，改建书院，转向南，围以垣墉，旁辟大门，西向，恢扩基址，增修书舍，除支销工费外，尚余钱三百五十千文。道光五年（1825 年），巡道周鸣銮复倡官绅续捐银四千两。道光七年（1827 年），巡道喻溥又捐俸钱四百千文，陆续置买田地数处，尚余钱三千零八十四千零，分交琼山县及库大使转发当商生息，每年所有各项租息银钱由该管有司催收，按季批解道库支给掌教监院修脯及正内课生童膏火，视旧倍增，各有定额，经前道周鸣銮详议章程条规，咨呈院司备案勒碑，存院。道光二十九年（1849 年），巡道黄宗汉将南边斋舍改大门南向，西边添造斋舍两间，并增士子膏火。①

琼台书院掌教者既有琼州人士，也有外省英才。其中有进士谢宝，对门生张日旻和冯泷格外爱护，结果张日旻进士及第，冯泷中举，后举孝廉。谢宝在琼台书院创作《搜书院》故事，流传至今。

武林、吴光昇是岛外英才，来琼授徒，两人掌教的生徒王斗文，

① （清）李文烜修、郑文彩纂、张廷标编辑：咸丰《琼山县志》卷四《建置志三・书院》，海南出版社 2004 年版，第 212 页。

接连中式举人和进士及第，名列进士榜第六位。

吴典晚年出任琼台书院掌教。吴典年轻时会试成功，名噪京师。官居庶吉士，授编修，进翰林院，参编《永乐大典》与《四库全书》。在京时，与进士王斗文等琼籍人士创建琼州会馆，作为琼州生员赴京应试的落脚点。返琼之后，出任琼台书院掌教。

王时宇和王承烈，中举后淡泊明志，隐居故里，在琼台书院掌教。张岳崧从师琼台书院，殿试荣获一甲第三名，是琼州历史上唯一的探花。晚年还乡，出任琼台书院掌教。乾隆元年（1736年），张日旻会试，进士及第，乾隆亲笔为张日旻写进士匾，悬挂于魁星楼上至今。

琼台书院先后刻立十多块碑记，现存碑记三座，碑文五篇。

①康熙四十九年（1710年），巡道焦映汉为创建琼台书院而立的《创建琼台书院碑记》。

②乾隆十八年（1753年），巡道德明立的《建琼台书院魁星楼碑记》。

③乾隆三十二年（1767年），巡道王锦立的《添设琼台书院斋舍经费碑记》。

④嘉庆二十三年（1818年），巡道费丙章立的《重建琼台书院碑记》。

⑤道光五年（1825年），巡道周鸣銮立的《重增琼台书院膏火碑记》。

道光二十五年（1845年），云茂琦任掌教时订立的《琼台书院学规五则》。[①]

这些碑记，是琼台书院珍贵的历史见证。

2. 雁峰书院

在城内东南隅旧郡庠遗址，面对雁塔三元峰，故名雁峰社学。乾隆三十六年（1771年），邑绅吴福等八家（吴福、吴必禄、杜常辉、

---

① 谢越华主编，叶风、李学能副主编：《琼台三百年》，海南出版社2002年版，第21页。

冯文炌、温星阳、温维新、何朝辅、毛映斗共八家）共捐银四千两，建讲堂五间，东西斋十二间，大门三间，除修建工费外，余银生息以为延师修脯。岁久倾颓。道光三年（1823 年），署知县于学质捐廉倡集邑绅共捐洋银五千四百七十六元，并铜钱三百一十千文，又绅士吴玢缴出前存本息银二千二百元，合共银七千六百七十六元，并铜钱三百一十千文，修葺讲堂斋舍。拔贡生王天佑综理其事，除修葺工费并置买田地外，尚存钱二千千文，发当商生息，添设生童膏火，改其额曰“琼山雁峰书院”，议定一切规条，通详各宪，立案勒碑存院。道光九年（1829 年），知县苏棨集绅士续捐洋银三千八百六十元，付林瀛、王魁衡收掌，易制钱三千千文，连前统计本钱五千千文，均发当商生息。咸丰元年（1851 年），知县张霈允邑绅蔡藩、张伯琦、黄建策等请，集官绅商民捐资重建。工竣，尚存捐资钱二千余千文，连前项共钱七千余千文，除咸丰六年（1856 年）置买汉眉庄田二契，共去钱四千九百六十千零四百七十文，尚存钱二千余千文，俱交当商生息以为修脯膏火之费，肄业正内课生童膏火额数与琼台书院同。[①] 首任院长王承烈，主讲时间长达 12 年。张岳崧有《示雁峰诸生》云：“构艺之方，迟速攸异。祢衡草奏于当食，阮瑀制书于据鞍，速之工者也。平子研京以十年，太冲练都于一纪，缓之善者也。然才思虽有敏钝，时日岂可怠荒？诸生未尝著《论衡》而潜思，宛若赋《甘泉》而惊梦。一篇初构，数宿仍成。闭无己之门，何曾觅句？吮长卿之笔，真欲腐毫。揆其所由，略悉其故。大抵人心静则专，专则挚，故径路绝而风云通。人心动则贰，贰则驰，故意象起而鸿鹄至。若夫义在咫尺而思隔山河，岂苦虑之有益？况乎学不敏求而思废寝食，诚冥索之徒劳！既悟前非，将观后效，何俟钟鸣烛尽，悔不十年读书？所希钵响诗成，等之百夫决拾。听春蚕之食叶，幸各抒柚予怀，愧老马之知途，当毋河汉斯语。”[②]

① （清）李文烜修、郑文彩纂、张廷标编辑：咸丰《琼山县志》卷四《建置志三·书院》，海南出版社 2004 年版，第 213 页。

② 张岳崧：《筠心堂集》卷十《示雁峰诸生》，海南出版社 2006 年版，第 366—367 页。

3. 苏泉书院

在浮粟泉上。乾隆十年（1745 年），知府于霈、知县杨宗秉因二苏祠捐建，堂舍通计四十七间。（前大厅三楹，后讲堂三楹，中间卷篷二间，大厅前左右学舍六间，其东凿山填堑，分为三进二级，共学舍二十八间，其西学舍五间。）复于泉上建六角亭，翼以雕栏，栏外凿池植荷，以为息游之地。共费银二千余两。知府于霈有记。（载《艺文》。《旧志》厅堂俱云重修，碑作新建，浮粟泉上亦作浮粟泉旁。）乾隆十七年（1752 年），改建龙王庙，泉上堂厅俱废，其余岁久亦渐次倾圮。乾隆三十九年（1774 年），巡道陈用敷、知府萧应植、同知陈景埙率阖郡官绅建复讲堂、后堂文奎楼各三楹于旧址之右，而祠二苏于堂，陈用敷为之记，未几复圮。乾隆五十八年（1793 年），知府叶汝兰倡率官绅捐资重建，前为书院讲堂，后为二苏祠。嘉庆十四年（1809 年），知府张增重修，仍称东坡书院。[①]

新建苏泉书院记

琼士之以能文著也，自宋姜唐佐始也。琼士之与于进士科第也，自宋陈孚始也。河源涓滴，仅资滥觞。迄乎有明盛时，而琼山丘文庄公出焉，领乡解，掇高第，回翔玉署，容与黄扉，而且著述等书身，巍然为一代大儒。后进之士亲炙兴起，咸思淬励成立，致身通显而科名鼎盛，仕宦显荣，蕞兹一岛四州，几与吴楚同风。然读文庄家传，载其天生异质，读书过目成诵，既领解额，赴春官试不第，则诣太学以卒远业。旅食京师者凡八年，记此八年中所得于名公巨卿之议论丰采，直谅多闻之切劘观摩，与夫兰台、虎观之藏，天禄、石渠之秘，所以开扩其见闻，增益其心性者，不为不多矣。其资之敏也如彼，而学之专且久也如此，以此知远到之器、不朽之业为伟男子所自树立，而苟简因循者不能几也。国家文教覃敷，浸淫周匝，百年以来，海隅徼塞四方万里之外，荒山僻壤之士皆知奋兴，不甘自

① （清）李文烜修、郑文彩纂、张廷标编辑：咸丰《琼山县志》卷四《建置志三·书院》，海南出版社 2004 年版，第 213—214 页。

弃于尧舜之世。乾隆九年，余膺简命，典郡斯地，月课诸生及岁科试童子，求所为切理脉而合绳墨之艺绝少。间一有之，亦乞灵于兔园册子而已。细推其故，大抵一衿已青，便束书不观，至有老死牖下，终身不一赴秋闱者。人事不齐，因而科名仕宦落落如晨星，不得谓人材囿于地方也。虽然，惰窳成风，咎不独在下也。鼓舞董劝，司民牧者实操化导之权。余乃择胜于浮粟井旁，为建书院之计。适琼令杨君远悫雅有同志，乃俾之董其成。合捐廉俸，堑山填壑，建讲堂，缮学舍，备器用，计为屋四十八间，计费白金二千余两，计时日十阅月而役毕。于是延师以课之，膏火以佽助之，多购经籍以酝酿之。曾子固有言："士有聪明朴茂之质而无教养之渐，则其材不成。"是则余与令之任也。《传》曰："学犹殖也，不殖将落。"是则汝诸生之任也。诸生肄业此间，游苏公之宇，饮苏公之泉，想像遗徽，既有以澡雪其精神，而且晓望晚眺，值夫碧溪新涨，悟风水之涣我以文章也；绿野香荷，欣池沼之贶我以君子也。秋则亭前皓月，占蒙养之正；冬则槛处寒秧，见天地之心；矗几凌门，而有初阳之塔影；清辉拱几，而有百雉之霞光。由是观之四时之变，晦明风雨之胜景，其足以相天机而拓文心，又当何如，有志者能勿蹶然兴欤？故于其落成也，榜之曰"苏泉书院"，而详述乡先辈之所以盛，继此之所以衰，与今日欲复还于盛之机，以怂恿诸生，而勒于石，俾后之人得以观览焉。①

4. 海门书院

在海口所城北门外江张二公祠之左，雍正年间，郡人陈国安等倡建以祀太守宗思圣，并置书院前铺屋二间，岁收租银为香火费，日久倾圮。乾隆年间，商人义利行等捐项重修，余存贮以垂永久。②

① （清）李文烜修、郑文彩纂、张廷标编辑：咸丰《琼山县志》卷二十六《艺文志》，海南出版社 2004 年版，第 1055—1056 页。

② （清）李文烜修、郑文彩纂、张廷标编辑：咸丰《琼山县志》卷四《建置志三·书院》，海南出版社 2004 年版，第 214 页。

5. 瀛海书院

即海门社学，在海口所城内。康熙十八年（1679 年），官绅商民捐建。外凿东西月池，遍植芙蕖。知县茹铉董其事，有记。后为水师右营守备署。康熙四十一年（1702 年）生员郭九围等呈请督抚批府断该营缴价银一百两。知府贾棠详明置买攀丹等处田，归入府治义学。监生谭世杰等欲复其旧，醵金未足。乾隆三十一年（1766 年），生员严孔炽等首倡劝捐得洋银八百有奇，别购地于海口所城东北隅，建讲堂、斋舍、大门。门前有池，池中建魁星楼一座，颜曰“蔚文楼”，亘以石桥，年延师讲习。知府萧应植有记。道光二十三年（1843 年），监生麦成泽、文其焕等倡捐重修斋舍，并修讲堂、大门，改名瀛海书院。①

6. 乐古书院

在郡西十里小英村。明弘治年间提举汪廷贞建为义学，内有怀沙亭，后废。举人陈家修、柯呈秀等修葺，岁久复圮。道光七年（1827 年），廪生陈瀛、柯拔萃等捐修，郡守普祥、知县钱万选拨每年盐批钱四十千文为延师修脯。②

7. 翰香书院

在暂都。咸丰二年（1852 年），附贡王中裕、吴攀桂同各图衿耆等捐建，捐宾兴钱一千余千文，交殷实衿耆掌管，生息以为院考、乡会试卷资公项之费。③

8. 环江书院

在调塘二图晓坡村张家园之西。咸丰五年（1855 年），贡生张伯琦合十家建。巡道黄钟音有记，载《艺文》。④黄钟音《环江书院记》云：

① （清）李文烜修、郑文彩纂、张廷标编辑：咸丰《琼山县志》卷四《建置志三・书院》，海南出版社 2004 年版，第 214—215 页。

② （清）李文烜修、郑文彩纂、张廷标编辑：咸丰《琼山县志》卷四《建置志三・书院》，海南出版社 2004 年版，第 215 页。

③ （清）李文烜修、郑文彩纂、张廷标编辑：咸丰《琼山县志》卷四《建置志三・书院》，海南出版社 2004 年版，第 216 页。

④ （清）李文烜修、郑文彩纂、张廷标编辑：咸丰《琼山县志》卷四《建置志三・书院》，海南出版社 2004 年版，第 216 页。

“琼州处大瀛南，造物钟灵，奥衍磅礴，蔚然海外雄封。又值圣天子向明继照，声教暨讫，海澨山陬，文明丕振，故皆家有塾，党有庠，文人士气蒸蒸日上，千村百峒雅歌相闻焉。癸丑冬，余自肇罗移巡雷琼，暇辄课士琼台、雁峰两书院，见夫室宇修整，诸生以时肄业其间，深喜其彬彬然有儒雅风。越乙卯冬，乡塾环江书院适告成，内祀文昌帝君，外为讲堂，翼以两廊，缭以周垣，讲诵庖湢之所罔不毕具，邑学博张伯琦与多士等期善作者之必善成，善始者之必善终，丐余一言记其事，以昭示后人。余以奖善励俗，使者之责也，因乐据其事而书之。其地在琼山调塘二都，距郡七十里，平畴突起一墩，广约里许，东为张家园书院。适踞其颠之西，居高居阳，兼擅一方之胜，面三江而背七星，左尼山而右石滩，迩则帆影参差，波光上下，水石咽激，声戛洪钟，远则诸山罗列，势若星拱，苍翠诡伏，绮绾绣错。歌咏之余，仰观俯听，足以怡情适性，陶写天真，诚读书奥区也。抑余尤有说焉。夫所谓读书者，岂仅工帖括博科名之谓？盖将嚅哜道真，涵泳圣涯，养根竣实，体充用腓，学问经纶，期大有裨于当世，如丘文庄、海忠介以儒生崛起海外，厥后正色立朝，或讦谟谠论，经术湛深，或剔蠹锄奸，忠贞铁石，本气质为文章，均卓然为一代名臣。学者幸生其乡，当企其为人。孔子曰：‘见贤思齐焉’，《诗》曰：‘高山仰止，景行行止’，苟是则是效，亦步亦趋，他日斧藻皇猷，崚嶒气骨，与文庄、忠介后先辉映，不徒为章句之儒，是则余所厚望也。是举也，肇其迹者，吴、张、陆、王、邓、宋六姓，分为十家，醵金积资，以裕宾兴膏火。至鸠工庀材，搆造室宇，则创之者贡生张伯琦，赞之者增生张其泰、附生吴汉章。躬劳厥事者则附生陆海、王天枢、王怀秀、张冏书，余嘉是举之有造于乡，与诸生之黾勉趋事襄成美举，且欲使乡之士知学当实，有所表见于世，并望两郡各乡闻是风而兴起焉。庶皆广厦大庇，居肆成事，处则纯儒，出则纯吏，不必区区功名事业，即所谓功名事业者，亦超出寻常万万矣。爰书数言，以告有志之士。”①

① （清）李文烜修、郑文彩纂、张廷标编辑：咸丰《琼山县志》卷二十六《艺文志・环江书院记》，海南出版社 2004 年版，第 1075—1077 页。

9. 炳文书院

在旧州墟，旧为文昌阁。咸丰六年（1856 年），绅士高锡淳、黄振仁协同各都市衿耆商民等捐建，改为书院，并捐钱千余缗，交当商生息以为宾兴之费。[①]

10. 研经书院

在今琼山府城鼓楼街南城门鼓楼东面，光绪十年（1884 年），举人冯骥声与琼山县陈起倬创建，拨猪税每年银乙千元为经费，专课经史词章之学。琼人之知实学自此始。但创建之初，无多经费，限于地基，外为印金公所，东为雁峰书院，西为武帝庙，室仅三楹，已无余地。逮光绪戊戌年，王国栋主讲，推广西边，建斋舍三楹，外面西向建大门，石刻“研经书院”四大隶书横额。又建稽艺亭于正室前，为讲经之所，义取郑康成戒子云“博稽六艺”语，以勉学生。其书院模规粗备，癸卯年举行宪政，改书院为学堂，始合入雁峰，开办琼山第一高等小学，而书院遂废。[②]

11. 月湖学堂

在官隆一里，原月湖书院。光绪二十六年（1900 年）创建，官隆一里、永盛、白石三图捐银三千余元。开学数年，至光绪三十二年（1906 年），改学堂，添建讲堂三夹、斋舍十二间，大门各宅俱全，前后费银五千余元，始成学堂。常年经费由三图公款酌拨及学生学费。后改为永兴乡第一初高等小学校。优贡王国宪有记。[③]

12. 应元书院

在县东大林墟。光绪十四年（1888 年），岁贡陈廷芬等即约亭地改建。陈廷芬记：有教育然后有人才，有人才然后有风俗，故教育者，人才、风俗之所关也。吾图旧有约亭，先大夫同乡先生创建于大林墟

---

① （清）李文烜修、郑文彩纂、张廷标编辑：咸丰《琼山县志》卷四《建置志三·书院》，海南出版社 2004 年版，第 217 页。

② 朱为潮、徐淦等主修，李熙、王国宪总纂：民国《琼山县志》卷四《建置志·书院》，海南出版社 2004 年版，第 254 页。

③ 朱为潮、徐淦等主修，李熙、王国宪总纂：民国《琼山县志》卷四《建置志·书院》，海南出版社 2004 年版，第 257 页。

东。每月逢吉，约斯民宣讲圣谕，使知束身修行，敦本正俗，以成遵道遵路之风。然里有仁风而庠虚化雨，鸮音未革，在泮优游，子衿佻达之诗安保其不作乎？故书院之设，正不容缓。特以经费浩繁，有志未逮，怅然者久之。时予派委廉州，因公假旋里，潘君应瑞为予言曰："吾里自先师尹东己酉登贤书，越二十余年，辜君锡璋始举京兆，迄今晨星落落。文运之不昌，职由教育之不立，吾辈可及时设法创建书院，为树人计。"予曰："善夫！"询于众，谋佥同。遂于光绪丁亥元月设部捐资，并前年先大夫筹款所存，合得制钱一千九百千有奇，即于约亭外重造大门一进，翼室十二楹，左右庖湢皆全，狭者广之，低者高之，汙者洁之，旧者新之，规模粲然大备。嗣复由各图劝捐膏火焉。是举也，经始丁亥七月，落成戊子六月。潘君应瑞、林君树华、陈君凤山实任其劳，冯君骥声、曾君慕颜、林君森、曾君世铭、杨君人瑞、陈君士志、曾君日灼、杨君开颖、卢君大球，亦同心协力，而予一人特因而成事焉。颜书院曰"应元"，盖以事起于元月，纪其实也。由是延师教读，严立学规，师道立则善人多，诸生于于而来，以道义相切磋，以诗书丕启沃，温文尔雅，蔚为国华，出则为天家柱石，处则为吾道干城，不仅文章之发达乘时应运，大畅元成也。是则予所厚望于继起者矣。

光绪三十四年（1908年），改为两等小学堂。宣统三年（1911年），改为琼山外义丰乡立第一初等小学校。1916年春，复改为琼山第二区立第四国民学校。[①]

13. 东山书院

在东山市外。光绪二十二年（1896年），绅士王鸿章邀众同建，冯道光遹题额。至光绪三十四年（1908年），改为东山二等小学堂，添建斋舍。1913年，改为仁政乡立第一初高等小学校。其经费由东山市利杂捐及关帝庙公款拨充，常年六百余金。[②]

① 朱为潮、徐淦等主修，李熙、王国宪总纂：民国《琼山县志》卷四《建置志·书院》，海南出版社2004年版，第261页。

② 朱为潮、徐淦等主修，李熙、王国宪总纂：民国《琼山县志》卷四《建置志·书院》，海南出版社2004年版，第262页。

14. 鹊峰书院

琼山、澄迈两县合办的书院，院址位于琼山美安镇安仁墟西南隅，距当时琼山县城府城50里，距澄迈老城30里。清光绪年间（1875—1908年），由澄迈县潭冯都儒安村绅士陈彝谦牵首创建。清末该村陈家是个大家族，其父陈毓桂曾任兵部武库司主事，钦加郎中衔；其弟任光禄寺署正；陈彝谦附贡出身，钦加同外郎，任兵部主政。致仕后创首邀集琼澄两县绅耆商议捐资，在其家乡附近安仁墟之乡村的琼澄交界地，共同兴建鹊峰书院，便于两县附近士子读书讲学。书院建有正室讲堂一间三眼，内立朱为潮观察长生牌一位；大门一间三眼；左右廊各一间，每间三眼；讲堂之右，夹耳一间为厨房，大门之左，夹耳一间三眼，以为守院者常时居住。外有照壁一座，敬字亭一座，地形宽阔清爽，吸引了当时两县不少学子来此求学。①

15. 珠崖书院

即府治义学，久废。康熙四十一年（1702年），知府贾棠建义学，集中金府学子肄业其中。后归入琼台书院。②

16. 凌霄书院

在县四十里许石山市。光绪十九年（1893年），知县张士理、附贡生王制宜及本都绅士等捐题建设。宣统庚戌年改为学堂。③

（二）澄迈县

1. 景行书院

雍正二年（1724年），知县鹿耿建于望海亭西，名曰景行书院。乾隆四十六年（1781年），知县詹昊移建于望海亭东。寝室一座三间，讲堂一座三间，门外照壁一座，左右旁宅各九间。乾隆六十年（1795年），知县吴晋勋重修，改名景苏书院。嘉庆十八年（1813年）知县

① 朱为潮、徐淦等主修，李熙、王国宪总纂：民国《琼山县志》卷四《建置志·书院》，海南出版社2004年版，第258页。

② 朱为潮、徐淦等主修，李熙、王国宪总纂：民国《琼山县志》卷四《建置志·书院》，海南出版社2004年版，第251页。

③ 朱为潮、徐淦等主修，李熙、王国宪总纂：民国《琼山县志》卷四《建置志·书院》，海南出版社2004年版，第262页。

李金藻重整。[①]

2. 澄江书院

位于老城文昌宫内。同治六年（1867 年）知县孙云会同合邑绅士捐题创建。即于城内文昌宫添建正殿一间，大门一间，监院一间，正殿下两廊并小屋六间。[②]

3. 金江书院

在澄迈县金江镇西北隅，系光绪十一年（1885 年）冬金江徐、王、陈姓各绅具禀聂缉庆知县后，捐筹款兴建。升梁之日，知县聂缉庆亲临金江祭告。院宇坐北向南，中建讲堂一间三眼；讲堂东西两旁各建横廊一间，每间三眼；讲堂之后为寝室，一间三眼，东西两旁各有夹耳屋一间，每间各三眼；讲堂之前，东偏正屋一间，西偏亦正屋一间，每间各三眼；堂前正中为学堂，故于光绪二十五年（1899 年），福建侯官县人林玉铭，由进士翰林院庶吉士加捐州同知衔，出任澄迈知县，在金江书院设立金江高等学堂，创建乐善堂。光绪三十年（1904 年），广西临桂县人龙朝翊，由进士庶吉士钦加花翎同知衔出任知县，将金江乐善堂改为金江高等小学堂。[③]

（三）定安县

1. 尚友书院

明万历癸巳年，乡官王弘诲为栽培后学，创建于儒学射圃地。置龙茶田租市税（年久失考），每年二十金，为书院之资。（有记，见《艺文》）。久圮。乾隆三十七年（1772 年），知县马用观集绅士邀捐，重创义学于尚友旧址。众绅因请仍复王忠铭先生尚友书院之名。以北门昌建义学废，将其学田租为师生修金膏火，权由官管理。嘉庆三年（1798 年），知县王体仁集绅士莫景环、莫绍德等，将书院各庄田交阖邑绅

---

① （清）龙朝翊主修、陈所能等纂修：光绪《澄迈县志》卷二《建置志·书院》，海南出版社 2004 年版，第 105 页。

② （清）龙朝翊主修、陈所能等纂修：光绪《澄迈县志》卷二《建置志·书院》，海南出版社 2004 年版，第 105 页。

③ 参见《海南教育志》。

衿轮管，延师课读，永为规例。莫绍德有记（见《艺文》）。嘉庆五年（1800年），院宇大坏，绅士莫景环等将书院存积项并邀捐重建。年久复坏。咸丰元年（1851年），知县梅占元捐俸一百千文，并存积项、前知县沈玉麟案拨钱一百千文、代理张霈案拨钱一百六十千文重修，加仪门一间。

2. 书院楼室

后堂三间，建楼其上，额曰“昌建”。左右翼房二间，后厨房二间，讲堂五间，东西廊各十间，仪门一间，大门五间，左右翼二间，外有照壁。原按院沈恺曾额曰“吾道南堂”，柱联云：“颂其诗，读其书，取天下之士，又论古人，是尚友也；入则孝，出则弟，守先王之道，以待后学，非食功乎？”“袭紫阳、白鹿芳规，明道东南，想河马洛龟，千古图书传盛世；揽文笔、金鸡胜概，毓祥岭表，际云龙风虎，百年豪杰应昌期。”王宗伯柱联云：“升堂入室，巍巍乎宗庙，百官常临，近圣人之居，若此其甚也；成德达才，济济然誉髦，多士毕集，学孔子之道，未能或先焉。”邑绅莫绍德题讲堂额曰“道立堂”，柱联云：“五指盥银河，弄云摘星，数中原知谁敌手？二黎簪碧玉，攀花映柳，破荒徼不是妄谈。”“君子之道焉可诬，譬诸草木，区以别矣；圣人有教本无类，自行束修，能无诲乎？”①

3. 居丁书院

康熙三十年（1691年），知县董兴祚建。②

4. 敦睦书院

在新三图云栖庵左。道光十七年（1837年），署县事赵万年准生员王景光，耆民吴桂明、朱钰，监生王增元、李有美等呈请，将云栖庵住田租息抽出建造，并赐额。咸丰二年（1852年），有妒之者控于官。知县梅占元不许废学，为立定章程。按年租息除完粮外，拨钱

① （清）吴应廉创修、王映斗总纂：光绪《定安县志》卷二《建置志·书院》，海南出版社2004年版，第167—168页。

② （清）张文韵纂修、梁廷佐同修：康熙《定安县志》卷一《学校》，海南出版社2006年版，第62页。

四十千，送入尚友书院充费。其余七分归敦睦书院，三分归庵。经详府道定案。[①]

（四）文昌县

1. 至公书院及蔚文书院

在县治北县学旧址，原名玉阳，在城北镇恬出之麓。明万历间开始备修，康熙二十六年（1687 年），奉文行郡县设义学。知县何斌建学于文昌阁，改为义学，捐俸延师，以教邑之童稚与有志于学贫而无赀者。康熙四十五年（1706 年），邑绅云志高等捐资徙建文昌阁于城内西北隅启圣祠后，西向。因于阁前捐建义学。头门三间，中堂三间，两廊各五间。康熙五十一年（1712 年），知县马日炳延贡生韩丕显为师，教授生童。雷琼道申大成颜其堂曰“从吾所好”。雍正九年（1731 年），知县梁继世将书院、义学合为一，改名曰“至公书院”。嘉庆九年（1804 年），移建于旧学宫旧址，东向，改为“蔚文书院”。讲堂有三间，堂下左右翼两廊，前为大门三间，大门下左、右翼两廊竖师生同甲坊于大门前廊下正中。同治年间（1862—1874 年），全县绅士捐资将书院重修，韩生彝等捐银贰仟元以助工费。光绪三十年（1904 年），邑绅黄远谟、云逢晟、桂熙邵、运逢景、李荣庆、云昌梁、郑炳文、陈灼等联众改为蔚文高等小学校，附设初级师范简易班。光绪三十三年（1907 年），改设中学校，为文昌中学前身。[②]

2. 溪北书院

位于文昌县铺前镇文北中学校园内。清光绪十九年（1893 年）由潘存发起，在雷琼道朱采和两广总督张之洞支持下筹资建造。溪北书院，建筑为砖木结构，坐北朝南，规模宏大，占地 20 多亩。书院两侧有砖砌房间，门匾上有清末书法家杨守敬所题“溪北书院”。正堂名曰“经正楼”，为书院主体。书院从建成至宣统三年（1911 年），曾

① （清）吴应廉创修、王映斗总纂：光绪《定安县志》卷二《建置志・书院》，海南出版社 2004 年版，第 179 页。

② （清）张霈等监修、林燕典纂辑：咸丰《文昌县志》卷三《建置志・书院》，海南出版社 2003 年版，第 100—101 页。

聘请不少学者在此讲学。①

3. 铜山书院

位于文昌铜鼓岭以西数十里。道光十四年（1834年），近山诸学子谋建书院于山下，后负山海，前朝溪流，面对三台峰，南望烟堆楼，北瞰青云梯。百步之近，有坛、有墠。坛、墠之外，有池、有泉。二月初书院落成。书院继承邢湄丘的优良传统，以铜山之英培育英才。②郑乃宪《铜山书院记》云："铜山书院：铜鼓山，为文昌巨镇，东际于海，琼岛清淑之气于是焉止。气之所止，蜿蜒磅礴郁积而必发。自铜鼓以西数十里，弦诵之声相闻，衣冠之族班班称盛。道光十四年，岁在甲午，近山诸学子谋建书院于其山之下。后负山海，前朝溪流，西对三台峰，南望烟堆楼，北眺青云梯。百步之近有坛，有墠，坛、墠之外有池，有泉。经始于二月初吉，落成于维暮之春。于懿哉！日者林生舒如、甫端、卿甫征记于余。余惟学校之设，所以长育人才，其极至于成治化、美风俗。自圣学不讲，凡师之所教，弟子之所学，官司之所董而劝之者，自时文、八韵、诗、词、赋外，无闻焉。余甚惑之。孟子曰：'待文王而后兴者，凡民也。'若夫豪杰之士，虽无文王犹兴，诸君勉乎哉！于此兴学，即于此藏修，于此游息，于此守先，于此待后，奇衺匪僻于此乎？绝礼义廉耻于此乎？张汲汲然而无欲速也，循循然而无敢惰也。其如颜之卓箪食瓢饮，不改其乐也。其如曾之异风浴咏归必尚其志也。其如山之登高，必自下也。其如川之流，往而不息也。其如泉之出，静而清也。其如泽之丽，说以解也。处则相师友，穷理尽性，修身齐家，以启迪其乡人；出则辅相皇极，泽润生民，蹈机握枵，经纬天地之化。吏治风俗，皆是赖。昔邢湄丘先生为天下士号神明吏，吾家篁溪子谓其实钟铜山之英，岂其生是使独欤？抑克自树立，而人皆可为也，诸君勉乎哉！皆曰：'谨受教。'请贞诸石，以示

① 参见《海南教育志》。

② （清）张霈等监修、林燕典纂辑：咸丰《文昌县志》卷十四《艺文志中郑乃宪》，《铜山书院记》，海南出版社2003年版，第658页。

无忘。”[①]

文昌市地方志编纂委员会编写的《文昌县志》中载：“书院，这一私立的办学模式，在县城此起彼落，几易其名，延续了400多年，最后还辐射到各区乡去。一些乡绅根据其办学实力，发动华侨捐资，扩建私学办书院。清代溪北书院、罗峰书院、万山书院、铜鼓书院、文溪书院、宗儒书院、同源书院、应源书院相继建立，覆盖全县，教学质量日见提高。清光绪年间，京官工部主事黄远谟，回里邀集乡绅，在蓬莱创办文山书院，并亲自主讲，名声大噪，很有影响，为本地教育掀开新的一页。”[②] 但这些书院，未见有详细记载。

（五）会同县（现琼海市）

端山书院：原在东关外旧学地址。万历三十七年（1609年），知县叶中声建匾曰“应台书院”。崇祯十年（1637年），知县夏铸鼎重建，改匾曰“同文院”。倾废多年，旧院基址建龙亭庙，书院改建入城内，原在分司东，知县卢章匾曰“正蒙清馆”。后废。康熙四十四年（1705年），知县曹允中捐资与黄世昌买址，重建于明伦堂之东，其地前至外街，后至施家空地。雍正三年（1725年），知县周渭熊增设草舍，东西各六眼，外建大门，中构草亭。后茅屋毁坏。雍正十一年（1733年），知县钟琏捐资重修正斋，东西造瓦房各五眼，中建八角亭为讲堂。学院缪曰藻赠匾曰“端山启秀”。乾隆二十二年（1757年），知县万师敬因捐修文庙剩资建书院后正房一间三眼。乾隆二十八年（1763年），知县田濬率劝通县绅士捐资二百余金，重加修葺中大厅一座，前八角讲堂一间，外两廊书房东西各四间，大门一间，厨房家伙备具。乾隆三十八年（1773年），署县于煌请于本府尊萧讳应植书题匾曰“端山书院”。[③]

---

① 李钟岳等监修、林带英等纂修：咸丰《文昌县志》卷九，海南出版社2003年版，第892—893页。

② 文昌市地方志编纂委员会编：《文昌县志》第十九章《教育》，方志出版社2000年版，第589页。

③（清）于煌等纂修：乾隆《会同县志》卷五《书院》，海南出版社2006年版，第90—91页。

后年久失修，倾颓多处。嘉庆十四年（1809 年），邑侯同全士民签捐钱 1400 百余串，重新修葺。光绪三十年（1904 年），书院改名为高等小学堂。

（六）乐会县

温泉书院：雍正十年（1732 年），乐会县知县何齐圣捐廉四百余金创建。又捐二百金膏火，购置义田五丁，以资修葺。道光八年（1828 年），重修大门并两廊。同治二年（1863 年），知县李培仁同邑绅重修。光绪三十年（1904 年），改为高等小学堂。[①]

（七）临高县

1. 澹庵书院

明嘉靖二十五年（1546 年），知县陆汤臣创建。清顺治十八年（1661 年），知县蔡嘉祯重建。清康熙七年（1668 年），知县陈垂、训导陆高古重建四贤祠。[②]

2. 通明书院

在城内城隍庙左边，明崇祯十三年（1640 年），知县胡宗瑜捐建。清顺治十三年（1656 年），知县陈蕃废除神像，改为分司。[③]

3. 鹅江书院

清康熙三十三年（1694 年），知县史流芳建，久废。[④]

4. 临江书院

在东门外茉莉轩，旧为义学，久废。清康熙四十六年（1707 年），知县樊庶创建。乾隆三十年（1765 年），知县李翰、典史汤德在与副贡生王元翰倡捐，移建于县署之西，名临江书院。置田，每年收租米

① （清）明谊修、张岳崧纂：道光《琼州府志》卷七下《建置志三・书院》，海南出版社 2006 年版，第 362 页。

② 《临高县志》编委员会编：道光《临高县志》，广东人民出版社 1990 年版，第 394 页。

③ 《临高县志》编委员会编：道光《临高县志》，广东人民出版社 1990 年版，第 394 页。

④ 《临高县志》编委员会编：道光《临高县志》，广东人民出版社 1990 年版，第 394 页。

53 笔，添给师生修火。[①]

（八）儋州

1. 东坡书院

即载酒堂，在州城东门外。清康熙九年（1670 年），滕元鼎重修。乾隆年间（1736—1795 年），知州裴镶将前知州唐瑜舒捐买的义学田二处拨入书院，共收租米 41 石 5 斗 5 升；又每年征收地租钱 159 千 220 文，以为延师膏火之费，或有不敷，由官府捐给。道光三年（1823 年），副贡唐书启首倡捐修。光绪十九年（1893 年），绅士周秉忠等倡修正殿、讲堂、头门，增建两廊及上中四耳房。光绪二十四年（1898 年），进士王云清主讲东坡书院，清末改设农学。[②]

2. 丽泽书院

即古儋义学，在城外东南隅，明给事中许子伟建。日久倾圮。康熙三十九年（1700 年），知县韩祐捐资，因旧址重建前堂，祀文昌像；中为丽泽堂。周缭以垣，与载酒亭巍然相向。每年仍捐俸延师课读。康熙四十四年（1705 年），又倡率绅士及义学生童捐置铺屋三间，岁收租钱为文昌祭品之费。道光七年（1827 年），风雨倒塌。道光八年（1828 年），重建，改名丽泽书院。咸丰、同治年间（1851—1874 年），经文昌举人蔡干东、琼山进士郑天章先生相继掌教，文风大振。光绪中年（1890 年左右），唐典初、王月樵、周稷农、曾秀夫诸先正互相设账，裁成士类，桃李成荫。光绪二十五年（1899 年），吴铁桥先生由广雅毕业归，知州王之翰聘为院长，以经史实学课后进，又改为经济书院，知名之士一时称盛。清末改为中和镇高小学校。[③]

3. 桄榔书院

原系桄榔庵，在旧州城（中和）南门外。光绪十三年（1887 年），

---

① （清）明谊修、张岳崧纂：道光《琼州府志》卷七下《建置志三・书院》，海南出版社 2006 年版，第 364 页。

② （清）明谊修、张岳崧纂：道光《琼州府志》卷七下《建置志三・书院》，海南出版社 2006 年版，第 365 页。

③ 彭元藻、曾友文修，王国宪总纂：民国《儋县志》卷四《建置志・书院》，海南出版社 2004 年版，第 240 页。

州尊崔增瑞由本城屠案拨款兴办。宣统二年（1910年），改为中和高初小学校。[1]

（九）昌化县

双溪书院：在县城内文昌祠左。乾隆三十年（1765年），知县邵应凤倡建。原有学田十五亩四分，每年收租钱二十一千文，为师生修脯。又保平田五十一亩，每年所收租息半归书院，以充膏火，半归治平寺为香火费。咸丰七年（1857年），知县胥运升迁学宫于新城署左，借为书院。有那豪田每年收租十五千文，保平田每年收租十四千文。又乾隆三十八年（1773年），充公芦古井地，每年纳租钱六百五十文。又道光年内充公牛角田，大小十二丘，每年收租五千文，每年全归书院作为师生修脯。光绪二十年（1894年），成德堂铺商韩永良等将芦古井地以开晒生盐，经邑绅合议，将成德堂每年出息于十成中抽一成二分，归书院永放生息，俟成本后，另作全县义举。[2]

（十）万州

万安书院：在州治左，即旧学基址。明万历年间（1573—1619年），知州茅一桂迁儒学于州右，因以旧明伦堂为书院，久废。乾隆十九年（1754年），署州事陵水知县顾芝徙建于州治东，讲堂、学舍规制毕备，举人杨景山有记。乾隆五十一年（1786年），知州李大根允绅士请，改建讲堂为重楼，中祀文昌魁星像。[3]

（十一）陵水县

顺湖书院：在城东，乾隆二十年（1755年），知县顾芝捐建。乾隆二十四年（1759年），知县贺廷楠查得陵水港坡头新湾一带置有罾网，每年每口纳钱四百文，拨入书院。乾隆二十八年（1763年），知县赵振铎率绅士捐银一千一百两，置产收租以充膏火，日久

① 彭元藻、曾友文修，王国宪总纂：民国《儋县志》卷四《建置志·书院》，海南出版社2004年版，第240页。

② （清）李有益纂修：光绪《昌化县志》卷七下《建置志·书院》，海南出版社2004年版，第158—159页。

③ （清）明谊修、张岳崧纂：道光《琼州府志》卷七下《建置志三·书院》，海南出版社2006年版，第367页。

田失。乾隆五十七年（1792 年），知县瞿云魁清查，每年仅得租钱五十八千九百四十文，其余园地俱荒。嘉庆二十二年（1817 年），知县王柱、教谕俞钟岳又拨入荒废官庄田一顷。道光六年（1826 年），因城南三昧寺僧人滋事，经知县张钧驱逐，将本寺牛楠庄等处田拨入书院，尚有寺前等田仍留为本寺并关帝庙香火费，俱详明立案。每年租息除支师生膏火外，余存为诸生赴科卷费。所有书院一切章程及各项租息，俱勒碑在院。①

（十二）崖州

1. 珠崖书院

在州城东关外。乾隆十九年（1754 年）知州宋锦、乾隆二十九年（1764 年）知州金绅先后倡捐，以资膏火，并添建屋宇。②

2. 鳌山书院

在城外东南隅。原文昌庙，乾隆二十年（1755 年）知州宋锦改为珠崖书院，捐银二百两，立义学会，延师训课。乾隆二十九年（1764 年），州人周士义、林石嶦、黄朝璇、陈用劢等，捐银二千二百两，重加修葺。内添斋舍，外缭围墙。余银发放，以充学会为师生膏火费。知州金绅有碑记。道光八年（1828 年），署州事袁斯熊捐廉倡修，齐元发改名“鳌山”。光绪三十三年（1907 年），合州捐资拓其址，改造高等小学堂。③

3. 龙山书院

在永宁乡。光绪十四年（1888 年），知州唐镜沅以没入李华堂宅改建。其田产变价，得铜钱四百千文。唐州主捐廉四百千文，并永宁乡绅民捐资，共得铜钱一千余串，发放生息，为书院膏火。光绪

① （清）明谊修、张岳崧纂：道光《琼州府志》卷七下《建置志三·书院》，海南出版社 2006 年版，第 371 页。

② （清）明谊修、张岳崧纂：道光《琼州府志》卷七下《建置志三·书院》，海南出版社 2006 年版，第 373 页。

③ （清）钟元棣创修、张嶲等纂修：光绪《崖州志》卷五《建置志·书院》，海南出版社 2006 年版，第 145—146 页。

三十四年（1908 年），改为永宁小学堂。[①]

4. 德化书院

在乐罗旧德化驿。咸丰六年（1856 年），里人同建。光绪三十四年（1908 年），改为乐育小学堂。[②]

（十三）感恩县

九龙书院：在儒学东。道光九年（1829 年），知县袁斯熊集邑绅捐资，将文昌庙改建，岁贡王世甲董其事，添建东西廊舍六间。道光十三年（1833 年），知县殷秉铦拨加傩田包山坡地共五十顷，并前捐存钱一百千文，交八所堡生员张星朗管理。每年收租谷一百余石，除一百石为诸生院考经费，其余以为师生膏火之资。勒碑于县署大堂左。[③]

清代的书院，有据可查的有 42 所。此外，有的史籍中提及“光绪年间，京官工部主事黄远谟回乡邀集乡绅在文昌蓬莱创建文山书院，光绪十年（1884 年），文昌县乡贤云凤若先生邀集城市贤达、南洋侨胞捐资兴办罗峰书院”，因未查获原始出处，故暂存于此。[④]

这 42 所书院，都有院规及章程，如定安尚友书院，有嘉庆三年（1798 年）知县王体仁立的旧章程，后又有道光七年（1827 年）知县于学质立的新章程，规定了书院聘师及上课的准则，尚友书院的新章程如下：

> 一、掌教修金每年钱一百二十千文，火烛钱四十千文。今酌议火烛钱二十四千文。
>
> 二、聘金四圆。
>
> 三、端阳、中秋二节，敬奉掌教银四圆。今酌定钱二千四百文。
>
> 四、敦请掌教，县尹会绅士酌议。前一年下关聘。

---

① （清）钟元棣创修、张嶲等纂修：光绪《崖州志》卷五《建置志·书院》，海南出版社 2006 年版，第 145—146 页。

② （清）钟元棣创修、张嶲等纂修：光绪《崖州志》卷五《建置志·书院》，海南出版社 2006 年版，第 145—146 页。

③ （清）明谊修、张岳崧纂：道光《琼州府志》卷七下《建置志三·书院》，海南出版社 2006 年版，第 373—374 页。

④ 林日举：《海南史》，吉林人民出版社 2002 年版，第 373 页。

五、正课生员二十名，每月每名给膏火钱八百文。正课童生三十名，膏火钱六百文。今酌定内课生员十名，内课童生十五名，膏火依旧；外课生员十名，膏火钱四百文；外课童生十五名，膏火钱三百文。

六、设学长一名，每月给钱八百文。今酌议六百文。

七、开学设酒席十席，议定费钱八千文。

八、入学敬掌教酒一席，散馆酒一席。每席费钱一千六百文。今酌定费钱一千二百文。

九、每月十六日官课，初六、二十六日师课。

十、师课二次，共奖赏钱一千六百文。

十一、每月三课。如有三课不到者，正课降为附课。

十二、楼上每夜香灯并守门一名，每月给钱一千文。

十三、每年十二月除夕，发钱一千六百文，交守门办金花、彩红、香烛、果碟等物之费。今酌议钱八百文。

十四、掌理催租三绅士，每年赏劳钱四十千文。今省归一人，赏劳钱三十千文。

十五、给门号房伺候钱一千五百文。其余依旧规。①

清代海南的42所书院中，其发展有先后快慢，建立书院的目的，在于辅助官学而为国家培养人才，在取士仍为科举制度的情况下，书院也与官学一样沦为科举的附庸。

清代书院的性质，已与前代有所不同。在清代以前，书院是山林派的讲学，纯然是主修养，居敬穷理，培植各自的学术中心。而到了清代，书院从私立改为官立，讲学的中心与每年应试的课题相衔接，书院主要是培养士子的应试能力，书院的一切设备，都以应试为目标。书院的变革，是根据清代的学术、政治、社会背景而转移。

顺治初年（1644年），由于对过去书院结党讲学的怀疑，因此曾

① （清）吴应廉创修、王映斗总纂：光绪《定安县志》卷二《建置志·书院新章程》，海南出版社2004年版，第177—178页。

抑制书院的创建。顺治九年（1652年）上谕勒："各提学官督率教官，务令诸生将平日所习经书义理，着实讲求，躬行实践，不许别创书院，群聚结党，及号召地方游食之徒，空谈废业。"其目的是法学院明代民族思想的复活。

到了雍正元年（1723年），始开放书院禁设令。雍正皇朝命各省"改生祠书院为义学，如系名宦去任之后，百姓追思建造者，准其存留，余俱著地方官员查明改为义学"。但是各地地方官不断创设书院，因此，雍正初年（1723年）以后，不得不改变态度，雍正十一年（1733年）上谕曰："各省学校之外，地方大吏每有设立书院，聚集生徒讲诵肆业者。朕临宇以来，时时以教育人才为念，但稔闻书院之设，实有裨益者少，浮有虚名者多，是以未尝敕令各省通行，盖欲徐徐有待，而后颁降谕旨也。近见各省大吏，渐知崇尚实政，不事沽名钓誉之为；而读书应举者，亦颇能屏去浮嚣奔兢之习，则创立书院，择取文行兼优之士，读书其中，使之朝夕讲诵，整躬励行，有所成就，俾远近士子，观感奋发，亦兴贤育才之一道也。督抚驻劄之所，为省会之地，著该督抚商酌奉行，各赐帑金一千两，将来士子群聚读书，须预为筹划，资其膏火，以垂永久。其不瞳者，在于存公银内支用。封疆大吏，并有化导士子之职，各家殚心奉行，黜浮崇实，以广国家著莪棫朴之化，则书院之设，于士子文风有裨益而无流弊，乃朕之所厚望也！"从这份圣谕看来，显然以前禁抑政策无效，而地方官之不断创设，又既成事实，于是进而采取开放奖励的态度。

乾隆元年（1736年）又谕曰："书院之制，所以导进人材，广学校所不及。我世宗宪皇帝命设之省会，发帑金以资膏火，恩竞至渥地。古者乡学之考，始升于国，然其时诸侯之国皆有学。今府、州、县并建，而无递升之法，国子监虽设于京师，而道里辽远，四方之士不能胥会，则书院古侯国之学也。居讲席者，固宜老成宿望，而从游之士，亦必立品勤学，争自濯磨，俾相观而善，庶人材成就，足备朝廷任使，不负教育之意。若仅攻举业，已为儒者末务，况籍为声气之资，游所之具，内无益于身心，外无裨于民物，即降而求文章成名，是希古之立言者，亦不多得，宁养士之初旨耶？该部即行文名省督抚、学政，凡书院之长，必选经明行修，足为多士模范者，以礼聘请。负笈生徒，必择乡里秀异，沉潜学问者，肄业其中；其恃才放诞之士，佻达不羁之士，不得滥入。书院中酌倣朱子白鹿洞规之仪节，以俭束其身心；倣分年读书之法，予以课程，使贯通乎经史。有不率教者，则摈斥勿留。学臣三年任满，谘访考覈，如果教术可见，人材兴起，各加奖励；六年之后，著有成交，奏请酌量议叙。诸生中材器尤异者，准令荐举一二，以示鼓舞。"①

这两份圣谕降颁之后，各地方官吏乡绅对创办书院更加积极了。

海南岛在清代隶属于广东省，在这种政治气氛下，有清一代，创建或修建了42所书院，每所书院的主创人多为地方官吏或乡绅。如苏泉书院，知府黄铮建；珠崖书院，知州宋锦修建；临江书院，知县李翰倡建；雁峰书院，官绅捐建；尚友书院，知县马用观建；景苏书院，知县吴晋勋建；蔚文书院，官绅阮建；东坡书院，知州倡建；乐古书院，邑绅修建；澄江书院，知县孙云倡改建；研经书院，邑绅冯骧声建；金江书院，官绅筹建；明文书院，都绅公建；鹊峰书院，邑绅陈彝谦筹建；月湖书院，乡绅建；等等。

清代书院的山长，多聘请词林洗达、经明行修之人担任，如琼台书院山长林诸英，博涉经史，沉酣于古文词，生平规行矩步，为多士楷模。琼州苏泉书院杨缵烈，教人读书，以四书为主，其余经史，必约之以四书，然后为有用。又如琼台书院山长吴典，研求理学，尤邃于义利之辨，不独以词章著，督课甚严，汇刊格言懿行，为书绅录绘书生。琼州雁峰书院山长郑文彩，留心课士，首重敦行，志在栽培后进。琼州苏泉书院山长王家球，经史餍饫，言论丰宏，为邑人所矜式，掌教口讲指划，孜孜不倦，门下多成硕士。

冯骧声，琼山研经书院山长，游学海堂归来，闭门精研，由江戴段王之经说，以寻绎汉儒之训诂，以经史词章课士，提倡实学风气。

① 转引自刘伯骥：《广东书院制度沿革》，商务印书馆1939年版，第45、54—55页。

其各书院的山长中，以琼台书院的著名人士最多，如林储英、常开菴、吴光昇、王时宇、王承烈、吴缵姬、曾日跻、云茂琦、郑乃宪、邱对勤、王乃谦、邱对欣等人，都属清代名儒而被聘为琼台书院山长，因此琼台书院培养出来的名士也最多，如张岳崧、王斗文、李琦、张日旻、吴典、王之藩、韩锦云、邱对欣、郑天章等杰出人才。

各座书院设有藏书楼，由官方规定必读书籍，乾隆元年（1736年）三月十日礼部复准："各省会城，设有书院，亦一省人材聚集之地，宜多贮书籍，於造就之道有裨。令各督抚动用存公银两，购买十三经二十一史发教官接管收贮，令士子熟习讲贯。"又乾隆九年（1744年）议覆："各省学宫陆续颁到圣祖仁皇帝钦定《易》《书》《诗》《春秋》《传说汇纂》及《性理精义》《通鉴纲目》《御纂三礼》诸书，各书院院长自可恭读讲解，至《三通》等书未经备办者，以资诸生诵读。"在朝廷的通告下，凡正式讲课的书院，多设藏书楼藏书，其藏籍或多或少，由生徒借阅。

书院有教规，对生徒严格要求，如张岳崧的《示雁峰书院》，对诸生勤奋学习的态度与方法、要求与希望甚为谨切。云茂琦为琼山书院山长时所订的学规内容是："一、为士先宜立志敦行——使立身有本，绩学有要。二、学业要刻苦精专——宜统终身计算；根底浅薄，如何培补？识解未超，如何增长？庸劣固陋，弊究安在？时刻研练，百方讲贯。三、诵读宜取其中正——以四书为入门，经传史鉴，均宜淹通，理学诸书，亦常加玩索寻绎。四、观摩贵有朋友——善择友者，每从才华礼貌外得之。其贤者下气以亲之，不贤者加意以防之。五、进德必须改过——心虚则能返照，责己则加搜剔，知过当根株净拔，深自痛恨，如此方能抗心希古。"这五条学规，经史兼论，涵盖学问及德行，令学徒遵循。①

清代书院顺应当时社会的心理趋势，士以科举为荣。因此，进入

① 云茂琦：《阐道堂遗稿》卷五《琼台书院学规》，海南出版社2004年版，第197—198页。

书院堂奥，都以科举考试为依归，这样一来，书院的流弊日益严重。鸦片战争之后，帝国主义纷纷入侵，甲午战争失败，政府及社会诸多人士，对书院的积弊多加责难。张之洞在《劝学篇》中说："近今数十年，文体日益佻薄，非惟不通古今，不切经济，并所谓时文之法度文笔而俱亡之。"梁启超在《戊戌政变记》中说："经义试士始于王安石，而明初定为八股体式，尊其体曰代孔、孟立言，严其格曰清真雅正，禁不得用秦汉以后诸书，不得言秦汉以后之事，于是士人皆束书不观，争事帖括，至有通籍高第而不知汉祖唐宋为何物者，更无论地球各国矣。然而此辈循资按格，即可致大位，作公卿，老寿者即可为宰相矣。小者亦秉文衡充山长为长吏矣。以国事民事论于此辈之手，欲其不亡，室可得乎？"由于书院授课内容已脱离清末国门洞开的方针，客观激荡凶猛的形势，使书院制度从学习内容的改变直到最后促使书院制度的取消。光绪二十七年（1901 年）八月二日，上谕著各省所有书院，于省城均改设大学堂，各府及直隶州均改设中学堂，各州县均改设小学堂。[①] 至光绪三十一年（1905 年）九月，上谕"张之洞、袁世凯等奏请立停科举以广学校并安筹加法一折，着即自丙午科为始，所有乡会试一律停止；各省科考试亦即停止。其以前之举贡生员，分别量予出路"。科举制度结束之后，清代以科举考试为目标的书院制度，也结束了。

书院名称始自唐代。书院为皇朝修书之所，自宋以来，经历元、明、清三代七百多年沿袭而不变，清代从私立转为官立，以理学的研讨转变为科举取士的追求，光绪之后，国势剧变，取消科举取士之后，书院的存在也必然走向消亡。

三、义学和社学

义学：亦称"义塾"，古代一种免费的私塾。经费主要来源为地租。社学：元、明、清三代的地方学校，清初令各直省的府、州、县

① 朱寿朋编、张静庐等样点：《光绪朝东华录》，中华书局 1958 年版，第 4719 页。

置社学，每乡置社学一所，社师择“文义通晓，行谊谨厚”者补充。

琼山县有：南关义学、府治义学、珠崖义学、范贤义学、梯云义学、宝荫社学、海门社学等。

澄迈县有：南离义学、大美社学、石湖社学、嘉乐社学、铁江社学、瑞溪社学、杨宦社学。

定安县有：昌建义学。

文昌县有：铜山社学、虎山社学、石峰社学、五云阁社学、嘉田社学、攀龙社学。

会同县有：正蒙清馆义学。

临高县有：县东社学。

儋州有：古儋义学。

昌化县有：义学三所，都是康熙三十年（1691年）知县璩之璨倡建。已废。

万州有：义学在州城西北。雍正十年（1732年），知州应上苑以书院久废，乃捐资买卫所旧署别建义学。后为飓风倾圮。

陵水县有：义学在城东隅。雍正三年（1725年），知县冷岐晖倡建。后废，旧址尚存。

感恩县有：义学一，在县东门外四宜亭北。康熙四十四年（1705年），知县姜焯捐建。后废。[①]

这类义学大多数因年久而毁废。

第二节　文　化

一、宗教信仰

清代海南岛上的宗教，比历代都丰富得多。因为除了佛教、道教和伊斯兰教外，地方民间的信仰，基督教和天主教的传入，海南岛上的天后及水尾娘娘的海上女神向海外传播，显示了海南岛上宗教信仰

① （清）明谊修、张岳崧纂：道光《琼州府志》卷七《建置志三・书院》，海南出版社2006年版，第348—374页。

呈多元化趋势。

（一）关于佛教

海南岛清代佛教，由于资本主义工商业的发展，一些资本家及小商贩，对佛教进行奉献和捐助，乐善好施，修庙建寺，居修之士与日俱增。尤其是康乾盛世，政治稳定，经济也相继发展，士绅及百姓自发集资兴建寺庙，使海南佛教文化出现复兴的迹象。

佛教寺庙在清代建立的有：

（1）大慈寺：清乾隆年间，建在府城镇北宫市。

（2）善惠庵：清康熙年间修建，在府城镇内巷，房屋有前、后正堂二进，厢廊四幢。

（3）万缘堂：清光绪九年（1883 年），由香港山海寺崇拜南海观世音菩萨的和尚，在府城镇尚书直街设万缘堂、顺德堂。房屋尚在，内立有两块石碑文。群众称为“斋馆”。

（4）广济庵：信奉观音菩萨。乾隆三十四年（1769 年），海口人严孔炽、郑邦佐等人发起筹建。光绪四年（1878 年）建立在海口市红坎坡十八号，主庵一间，附属房屋四间，房屋建筑面积合计三百平方米。

（5）三昧寺：明朝万历年间由知县娄应先兴建，清乾隆三十六年（1771 年），知县喻宝忠和绅士周陵志重修。

（6）大慈寺：位于琼山市北官街，建于清乾隆年间。

（7）广善庵：位于万宁市后安镇，建于康熙六十一年（1722 年）。

（8）西仁寺：原址在屯昌县屯昌镇庵堂岭，创建于清康熙癸卯年（1663 年），由当时的屯昌市、云福市、水口村、万赞村、万银村、蔡村、英鸡坡村、竹头塘村、溪岐村等群众自发集资兴建。

（9）西禅庵：位于海口市新华南路 127 号，创建年代不详。据现存庵内“咸丰元年岁次辛亥孟春月吉日”刻立的《西禅庵福石碑》所载，可知清代咸丰年间已有此庵。其碑记云：

> 海口西所内有西禅庵，由来已久，外祀关圣，内奉菩提。英灵慈惠，福庇无疆。庙貌几经重新矣。但洒扫启闭，无人延僧住持，香灯又无所赖。康熙二十九年，郑人仙等与住持僧古愚集众捐题，共得银

叁拾伍两，置湖内村田六丁有奇，以为住持香火朝夕之需。奈此田土地太瘦，租息又薄，加以土豪吞并，输纳难敷，未给香资费用。至道光庚戌年间，街众与施主子孙欲图万全，不得已将产就产，卖仙等前所置田，得钱叁佰仟元，并加捐题钱□文，另置田□坵，按年所得租息，除输粮外，仍交住持以为香资日用之资。非以肥僧，实以妥神而继前人之志也。因为之记。

由此碑记，可知清代人相继建佛庵的经过。

（10）余庆庵：位于琼山市灵山镇东平乡麻余村。建于清嘉庆十年（1805年）。

（11）莲井寺：位于定安县定城镇东门外，由清朝人莫绍德创建。据定安县博物馆馆藏石碑文物、莫绍德手书《修治莲井并构阁建亭碑记》记载：东门外的莲井水“甘而洌，可浣可饮”，本是一口有名的水井，但由于“久瘗不治”，无法使用。嘉庆三年（1798年），进士莫绍德提议重修莲井并带头捐款，各方人士积极响应。井壁砌好之后，在井上建阁、构亭，请僧人住守，“以保永久”。“是举也，靡金一千有四，醵于众者二，出于德者八。”工程刚结束，“德以游宦入都，官中书”。他这一走，就是十年，“己巳乃复归里”即嘉庆十四年（1809年）才回归故里。《修治莲井并构阁建亭碑记》就是莫绍德回归故里之后写成的。当时阁与亭的规模与名称为：“阁上下各三楹，名曰‘明照’；亭一楹，名曰‘并福’。”民间称之为“莲井寺”，成为定安县城最大的佛教寺庙。

（12）泰华庵：位于琼山市府镇草芽巷，始建年代不详。据庵内现存石碑《常住碑》介绍，清代乾隆二十一年（1756年）即有比丘尼住庵修行，住持尼为广章。该碑即为广章所立。

（13）福庆寺：位于屯昌县新兴镇，建于清代乾隆年间。

福庆寺坐落于屯昌县之北新兴镇岭前洞中，即海榆中线65公里处朝西分向约二公里的大圹村右侧。寺踞四顶岭东北，寺前有潺潺小溪，东流进入香车水库，寺院楼阁掩映于山水烟波之中，景色优雅，风景喜人。寺院之东、南、西三面，环抱良田沃土，盛产米谷瓜果，花红林茂，绿菀荫翳，优美富庶。

故寺原名“福禄庵”。最初由临济宗比丘尼释心贤和释心静住持。徒弟为源有、源义、源诚、源敬、源宗、源德。徒孙有广文、广傅、广慧。师徒皆精通经文，严守戒律，深受民众敬仰。师勤而佛赫，佛业伟发，佛徒日增，信士夹道朝拜。其时誉冠琼州，名扬岛外。

乾隆十四年（1749 年），贤、静二师相继归西。由源德法师住持庵院。师徒勤谨，烛明庵宇，经声琅琅，四时如恒。士尽其恳，佛显其灵，庵声遐驰，居修之士，与日俱增。商贾墨客，善男信女，云集于此，致使门庭如市。于是有人倡议修缮扩建庵堂。很快就建成了大雄宝殿，供奉佛像十二尊。庵有鼓舍、钟楼、斋堂、功德堂、慈航堂、韦驼殿、天王殿，设备渐趋完善。修缮后的庵堂，红墙黄瓦，金碧辉煌。庵院正门两侧，植有五瓜兰花，缠搭成牌楼棚架。繁茂的凤凰树，春末夏初，簇簇红花盖满树冠，远望鲜红一片，明艳盈目。涉足庵门，幽芳扑鼻，清香缭绕，溢飘云端。步跨庵院，放眼环视：奇花异卉，翠柏青松，修竹挺椰，笔榔虬荆，琳琅满目。更有假山披蔓，蒙络绕缀，造泉潺泻，鱼戏其间。径幽香远，院深殿伟。两侧碑林，镶刻唐贤今人诗赋和乐善好施的善士千古芳名及善事。壁挂师士典章，屋悬佛陀先师之格言。由于居士陈道炬、王克聪、王来硕等人捐助，寺院拥有水田六十二亩，坡地一百五十亩（眼镜坡坡脚五十亩，与公坡水渠交界；水领坡地六十亩，与光斗坡村耕地接壤；庵堂周围坡地四十亩，东、西、南至水田，北面跟王家交界），皆有碑文刻记，可供稽查溯源。

咸丰四年（1854 年），有敬法师住持庵院，将“福禄庵”改名为“新庆庵”。其徒弟有本静、本德、本衍等。师徒秉承先师遗德，治庵不愧于先师，庵誉与日俱增。

光绪二十四年（1898 年），临济宗四十世安法普真大师住持庵堂。徒弟觉心、觉因。徒孙昌诸、敬春、敬仁、敬右、敬轩等僧尼，慈心耿耿，弘先师之遗德，慧灯高悬，法鼓长鸣，庵堂充满诵经之声，音若鸣环击玉，妙音远播，余韵不绝。时有大塘村王大元协助庵院师徒，奔走求施，备有足资。“新庆庵”遂再度修饰，并更名为“福庆庵”。

宣统元年（1909 年），昌诸、昌慧住持庵院。徒弟有隆净、隆珊。徒孙有正玉、正明等僧尼。[①]

（14）一粟庵：清光绪年间建在琼山府城镇北街。

（二）满天神佛的宗教信仰

在道光《琼州府志》中，关于清代各州府所设坛庙，或佛或道，有的是纪念有功于海南的先贤祠，有的属于民间的广泛信仰。这些坛庙，说明海南岛上的宗教信仰是满天神佛，民间的信仰是多元化的。现分述如下。

1. 琼州府（琼山县附郭）

（1）厉坛：在城东北一里。道光十四年（1834 年）奉裁。

（2）府城隍庙：宋代开始已修建。乾隆三十九年（1774 年），知府萧应植重修。

（3）县城隍庙:康熙十四年（1675 年）知县茹铉建,在府城隍庙右。康熙二十三年（1684 年），知县朱玭移建县治东。康熙四十四年（1705 年），知县王贽重修。乾隆四年（1739 年），飓风损坏，知县杜兆观、杨宗秉相继修。乾隆三十九年（1774 年），知县汪垕重修。道光十五年（1835 年），知县张德尊率绅士捐修。

（4）龙王庙:一在城东北金粟泉上二苏祠左,乾隆十七年（1752 年）巡道德明同府县捐建；一在盐灶村系石庙庙后，有明时碑，题云“石泉灵应”。

（5）关帝庙：旧在府署左、海南卫右。明弘治初，迁于抱珥山今道署右,即古琼台也。康熙十年（1671 年）,巡道范养民、知府牛天宿修。康熙三十一年（1692 年），巡道党居易修。康熙五十一年（1712 年），巡道申大成捐修。乾隆四年（1739 年）、乾隆六年（1741 年），飓风损坏，知县江日暄重修。乾隆九年（1744 年），巡道谢樾、总兵黄有

① 以上资料来源于陈峰主编：《海南古今佛教寺塔碑像大观》，中华出版社 2001 年版，第 2—121 页。

才、知府于霈、知县杨宗秉公捐，移建于城东旧府学西，是为东武帝。抱珥山旧庙遂废。未几，郡人称改建不利。乾隆二十二年（1757 年），巡道张介祺复迁还旧址，今东西二庙并列。道光十五年（1835 年），巡道张埥春、总兵谢得彰率属捐修东武庙。

（6）天后庙：一在白沙门；一在海口所。元建，明洪武间屡葺。雍正七年（1729 年），监生陈国安、生员杨凤翔等募建大门三间。雍正十二年（1734 年），知县鲍启泌详准在海口关税内支担，规银四两四钱办春秋二祭。乾隆十一年（1746 年），陈国安复募建庙铺屋十间，岁收租银以供香火。迄今官民渡海来往，必告庙虔祀之，灵异甚著。一在郡城内总兵署前，嘉庆四年（1799 年）建。

（7）龙庙：在郡西二十里博堂崖都，宋建。庙前有井，傍有湖水，自龙口出，抗旱不涸。康熙十九年（1680 年），岁旱，巡道范养民步祷于庙，甘雨立应。因捐资重修，有碑记。

（8）药王庙：在城北五里亭西。乾隆五年（1740 年），知县杜兆观倡建，并延医施药。乾隆七年（1742 年），知县江日暄详准，拨定安、临高解司槲羡银支给药饵之费。乾隆十一年（1746 年），知县杨宗秉建内厅、穿堂、廊房，颜其额曰“普济”。道光五年（1825 年），署知县张德馨重修。今废。

（9）孚惠伯庙：旧名潘天仙祠，即东湖神君庙，在城东十五里博茂都。相传宋时有巨室潘姓居此，一夕飞升去，其宅遂陷为湖，官民立庙湖之祀之。元时天旱，湖中忽有一物直立如柱，高十余丈，须臾而仆，有声撼地，不二日大雨。后岁旱请水，祈祷辄应。庙久圮，康熙四十五年（1706 年），知县王贽重建，岁拨湖租四两入庙支用。雍正七年（1729 年），知县杨仙椿修。乾隆四十二年（1777 年），知府萧应植修，有记。嘉庆十年（1805 年），巡道海祥修，碑记尚存。道光四年（1824 年），岁大旱，阖郡官绅祷于庙，雨立至。邑人李流芳等具呈巡道周鸣銮、知府吕子班详请封号。道光五年（1825 年），奉旨敕封孚惠伯，岁以五月上辰日致祭。

（10）灵山庙，在城东南灵山市，宋元年间建。所祀之神有六，号曰灵山、香山、琼崖、定边、通济、班帅。灵异最著，历代虔祀之。康熙四十四年(1705年),按察使黄国才、雷琼道焦映汉、知府贾棠捐修。雍正七年（1729年），知府宗思圣修。乾隆七年（1742年），知县江日暄重修。

（11）吕祖祠，在城北锁钥门外大慈寺右。嘉庆十二年（1807年），知府张增建，有记。嘉庆二十年（1815年），知县万鼎琛重修。原置双簪田一，契交大慈寺僧，收租以供香火。详载碑记。

（12）苏文忠公祠，在城西社稷坛东南隅。旧在东门内。康熙四十二年（1703年），雷琼道黄国才、知府贾棠、同知姚哲移建于此，与明丘文庄公、海忠介公三祠并列，外缭以垣，内分三门。道光十年（1830年），知府普祥倡绅士重修。

（13）文昌宫二。其一旧在文峰塔旁，后移浮粟泉右。嘉庆二十三年（1818年），巡道左辅率绅士捐资，移建于城南一里圆通寺左，以拔贡生王天祐董其事。其一在西门内总兵署右，本进士杨恺宅基，明生员许一卿、王之乾等创建，邑人黄鼎倡捐重修。置田一丁半，岁纳粮米四斗六升。又置县前东西铺屋二间，南门外铺屋二间，后圮。乾隆三十年（1765年），邑绅吴位和倡众捐修，又置道前铺屋二间。现每岁收银为奉祀之费。

（14）北帝庙，在城北谯楼上。雍正五年（1727年），知府宗思圣重修，拨田三丁为供祀费。

（15）马王庙，在子城内马鞍街。顺治九年（1652年），总兵高进库创建。今与火神并祀。

（16）康王庙，在小西门内马鞍街。雍正年间，增贡生邓正捷迁建于达士巷。乾隆三十年（1765年），邑人邓宗汉改建，前为庙宇，后为西城乡塾。道光十一年（1831年），生员杨华倡众捐修。

（17）华仙庙，在府城隍庙右。嘉庆十四年（1809年），官民捐建。

（18）西天庙，在海口所城西二里许。祀明王佐，灵显海上，祈祷立应，故郡城商民虔祀之。乾隆三十年（1765年），生员林拔琼倡众捐修。

（19）天花宫，在城北锁钥门外。乾隆年间，编修吴典建。久圮，基址尚存。道光十四年（1834 年），护道张堉春捐建。

（20）文武二圣庙，在道聘村。道光九年（1829 年），廪生王魁衡倡众捐建。

2. 澄迈县

（1）厉坛，在城北一里，明知县刘时敏建。道光十四年（1834 年）裁。

（2）关帝庙，在通潮门外，明知县唐起宾建。康熙二十四年（1685 年），知县吴世焜修；康熙四十八年（1709 年），知县高魁标修。乾隆四十六年（1781 年），知县詹昊修。嘉庆十五年（1810 年），毁于飓，知县高翥复建。嘉庆二十四年（1819 年），知县谢济韶修。

（3）城隍庙，在今县署西，儒学署前。顺治十二年（1655 年），知县王学典修。康熙二十三年（1684 年），知县吴世焜修。康熙四十八年（1709 年），知县高魁标添建前后殿及照墙。乾隆四十六年（1781 年），知县詹昊修。乾隆五十八年（1793 年），知县吴晋勋修，复添建拜亭。嘉庆二十四年（1819 年），知县谢济韶捐修。

（4）伏波庙，宋建，在城东二里。明天顺年间，副使邝彦誉重修。康熙十六年（1677 年），知县吕登瀛移建东门外。久圮。嘉庆二十年（1815 年），知县李金藻因旧址重建。

（5）天后庙，初在城西通潮阁右，明洪武间知县邓春建，天顺间同知徐鉴徙于通潮门外。康熙四十七年（1708 年），知县高魁标重建。乾隆四十六年（1781 年），知县詹昊修。嘉庆九年（1804 年），知县李金藻重修。

（6）真武庙，在县治左，明知县周士昌建。清朝顺治十二年（1655 年），知县王学典迁建天后庙左。久圮。乾隆四十六年（1781 年），知县詹昊移建于北楼。嘉庆十九年（1814 年），知县李金藻修。

（7）雷公庙，在城西五里，明正德六年建。清朝康熙四十六年（1707 年），知县高魁标重建。

（8）风神火神庙，在县城隍庙后。乾隆四十六年（1781 年），知县詹昊建。

（9）忠义孝悌祠、节孝祠，旧俱在西门，今移景苏书院西报思祠旁。道光十五年（1835年），知县高凌汉、署训导李梓瑶同邑绅李恒谦等捐建。

3. 定安县

（1）先农坛，在东门外，雍正七年（1729年）建。

（2）厉坛，在演武亭西北，道光十四年（1834年）裁。

（3）关帝庙，在城北楼上，顺治年间知县王昌嗣建。

（4）城隍庙，在城东南。明正德年间典史莫志能建，嘉靖年间知县宋贤修。康熙六年（1667年），知县杨天授修。康熙二十四年（1685年），训导陈琛修。乾隆五十年（1785年），知县杨文镇修。嘉庆六年（1801年），知县灵玉修。道光十五年（1835年），署知县侯昕修。

（5）天后庙，在城内中街。康熙三年（1664年），邑人梁、邓、刘诸姓拓基重建。教谕梁廷佐捐置义田，租息以供香火，余存为宾兴之费。至大比之年，则另派银供庙祀。

（6）真武殿，在城北楼。康熙二年（1663年），知县王昌嗣重修。

4. 文昌县

（1）社稷坛，在北门外一里。旧在东门外。乾隆五十八年（1793年），知县彭锡璜建于此。

（2）厉坛，在城西北一里。道光十四年（1834年）裁。

（3）城隍庙，在县治南，后徙北门。康熙二十六年（1687年），知县何斌迁还旧址。康熙五十六年（1717年），知县马日炳修。乾隆三十七年（1772年），知县余发林修。

（4）关帝庙，在城外下市天后庙旁，明万历间创建。康熙五年（1666年），城守白天恩修。乾隆三十七年（1772年），知县余发林修。

（5）文昌阁，元建于儒学右。明万历丙申，知县贺沚移建玉阳书院左。邑人云志高等倡捐，改建启圣祠后。嘉庆九年（1804年），移建学宫左。

（6）龙王庙，在城东。乾隆三十一年（1766年），知县王熷章重建。

（7）天后庙，旧在城外紫贝山麓，后迁下市。康熙五十三年（1714

年），知县马日炳重修。又有庙在清澜所城外陈家市。

（8）真武庙，在城北。康熙五十五年（1716 年），知县马日炳建。

（9）忠义孝悌祠、节孝祠，旧俱在北门外，嘉庆九年（1804 年）移建于学宫内。

5. 会同县

（1）天后庙，旧在东门外。康熙十年（1671 年），知县曹之秀、训导梁英裘重建。康熙二十四年（1685 年），知县胥锡祚迁县治东。

（2）真武庙，在县治东，明典史余良复建。清朝康熙二十四年（1685 年），知县胥锡祚捐修。嘉庆年间邑人重修。

（3）关帝庙，在县学东。雍正十年（1732 年），知县钟琏修。乾隆三十年（1765 年），知县梁廷霖修。

（4）城隍庙，在县署西。康熙十一年（1672 年），知县曹之秀率士民重建。嘉庆四年（1799 年），知县曹世华修。

（5）忠义孝悌祠，在东门内，雍正三年（1725 年）建。

（6）节孝祠，在东门内，雍正三年（1725 年）建。乾隆三十六年（1771 年），署知县李筦重修。

（7）文昌阁，在县西南里许聚奎塔前。乾隆三十五年（1770 年），知县欧阳嶙捐建。嘉庆年间，知县江秋附祀吕祖于阁中。

（8）陈村南天庙，在县东真武庙后。雍正六年（1728 年），知县周渭熊重修。

（9）白沙庙，在县东三十里太平都，乾隆三十六年（1771 年）建。

（10）吴公祠，旧在义学后，嘉庆四年（1799 年）移建于聚奎塔前。祀明教谕吴隽。

6. 乐会县

（1）厉坛，在城北半里。道光十四年（1834 年）裁。

（2）水府庙，在河南头岸上。道光十五年（1835 年），知县吕华宾重修。

（3）天后庙，在城南门。道光十五年（1835 年），知县吕华宾重修。

（4）城隍庙，在县学东，分司署左。明洪武二年（1369 年），知县王思恭建于县治西。万历年间,始徙庙今地。岁久,倾圮。清朝顺治、康熙年间，知县潘汝奇、林子兰、张结绿相继修建。

（5）天妃庙，在城东门外，明万历年间建。清改建向南。

（6）真武庙,在县署西,后改建中街并祀观音像。道光十五年（1835年），知县吕华宾重修。

按：观音、真武二像皆铜铸，甚古。明初，真武像为盗窃舁至山中,以斧碎之。及膝,群响震天,鸟雀喧腾,贼怖弃去。邑人闻之迎回,斧痕犹存。未几，痕竟满无迹。

（7）南天庙,在东门外。道光十五年（1835年),知县吕华宾重建。

（8）元帝庙，在西门内。康熙二十一年（1682年），知县张结绿创建。

（9）南朝庙，在朝阳市东。旧在县治西，明建。雍正年间，知县赵光绪徙建今地。

（10）孟兰祠，在东门外。道光十三年（1833年），邑人林春杰等捐建。

7. 临高县

（1）关帝庙，在城东门外。旧在西郊，元大德间乡人建。明隆庆年间，典史林容始徙建今地。康熙十年（1671年），知县陈垂修。康熙十一年（1672年），圮于飓，训导陆高古复建。康熙四十四年（1705年），知县樊庶拓地修葺，并置田为祀费。

（2）天后庙，在城东郊外，明成化年间建。明嘉靖二十八年（1549年），县丞周鸾迁于临江桥东。顺治十八年（1661年），知县蔡嘉正重建。康熙九年（1670年),训导陆高古修。康熙三十一年（1692年）知县史流芳、康熙四十四年（1705年）知县樊庶修。

（3）峻灵王庙，在县城西门内。康熙四十三年（1704年），知县樊庶重建。

8. 儋州

龙王庙，在东门外观音庵前，久圮。嘉庆十九年（1814年），知州言尚炜捐修。

9. 昌化县

（1）厉坛，在城北一里。道光十四年（1834 年）裁。

（2）文昌庙，旧在城西南谯楼上。乾隆三十年（1765 年），署知县谭有德改建大街关帝庙东。

（3）天后庙，在城西小岭上，知县璩之璨等捐修。

10. 万州

（1）厉坛，在城北窑上村。道光十四年（1834 年）裁。

（2）关帝庙，在州署西。前有三义楼，明州人曾永和捐建。乾隆四十四年（1779 年），知州袁名器修。嘉庆十年（1805 年），知州吴晋勋修。嘉庆二十一年（1816 年），署知州邓必蓁修。

（3）城隍庙，旧在城东，明成化八年（1472 年）迁州学北，清朝迁建今书院东。乾隆十九年（1754 年），署知州顾芝修。嘉庆十七年（1812 年），署知州刘承龙修建。

（4）马王庙，在州治西北。嘉庆十八年（1813 年），游击马天益率阖营官兵重修。

（5）文昌阁，在书院内。乾隆五十一年（1786 年），改建讲堂为阁。嘉庆二十四年（1819 年），知州汪长龄捐置后底溪岐加漏田二丘，岁收租银为香火费。

11. 陵水县

（1）先农坛，在城东门外。雍正五年（1727 年），知县冷岐晖建。

（2）厉坛，在社稷坛旁。道光十四年（1834 年）裁。

（3）关帝庙，在海南道署旧址。康熙年间，知县李聘去任，邑民将为立生祠，李却之，令以所购木修武庙。嘉庆二十三年（1818 年），知县王廷栋率阖邑绅士捐修。道光十四年（1834 年），典史宋秉淳添建崇先祠于庙后。

（4）天后庙三：一在北门外，明万历三十五年（1607 年）知县沈应礼捐建，清朝康熙三十六年（1697 年）知县李聘率邑人重修；一在城南；一在上灶村。

（5）龙王庙三：一在城南，康熙三十六年（1697 年）知县李聘率邑人创建，乾隆五十七年（1792 年）知县瞿云魁重修，一在洞栖港；一在赤岭港。

（6）真武庙，在北门城楼上。乾隆四十六年（1781 年）建，乾隆五十七年（1792 年）修。

（7）文昌阁四：一在顺湖书院，道光二年（1822 年）贡生黄际泰等建；一在北门外；一在东门外；一在南门外。

（8）潘公祠，在北门外。乾隆十六年（1751 年），知县张暐建。久圮。乾隆五十七年（1792 年），知县瞿云魁重建。

（9）忠义孝悌祠，在城南门内。雍正三年（1725 年），知县冷岐晖建。

（10）节孝祠，旧在城南门内，久圮。道光十二年（1832 年），署知县朱坤、教谕黄培芳移祠内神主，祀城北观音庙内。

12. 崖州

（1）厉坛，在城北一里。道光十四年（1834 年）裁。

（2）关帝庙，在州治西。康熙十一年（1672 年），知州张擢士、游击张德远同建。

（3）城隍庙，在府治东。康熙十一年（1672 年），知州张擢士建。乾隆年间，知府宋锦重修。

（4）文昌祠，在城东南隅，康熙五十四年（1715 年）建。

13. 感恩县

（1）厉坛，在城北。道光十四年（1834 年）裁。

（2）关帝庙，在南门内。康熙四十三年（1704 年），知县姜焯捐修。道光十一年（1831 年），知县袁斯熊率士民重修，岁贡王世甲董其役。

（3）城隍庙，在北门内。明万历二十七年（1599 年），知县朱景和迁城时建。康熙四十一年（1702 年），知县姜焯重修，有记。道光九年（1829 年），知县袁斯熊重建，监生蒋旭辉董其役。

（4）风神庙，在北黎港。乾隆三十八年（1773 年），知县江炯创建。

（5）天后庙，在县北。

（6）真武庙，在西门外。道光十三年（1833 年），邑人重建，生员郑大新董其役。

（7）文昌祠，在儒学东。久废。乾隆六十年（1795 年），知县漆浥美、教谕吴奕材率士民重建。

（8）飞来庙，在县东北四十里。康熙年间迁于十所西南，旧址尚存，知县姜焯有记。[①]

从以上所记录的材料我们可了解到，清代海南的民间信仰十分广泛，并非完全以佛教为主体，而是各种各样的信仰并存。

除了本岛百姓有着对神佛的信仰外，海南人移民海外，也把这种民间信仰带到海外去，最突出的是在各地建立天后宫作为膜拜的神祇。

早期的海南移民为了谋生，漂洋过海，乘着帆船前往南洋各地。他们相信天后圣母可以保佑平安，船上供奉天后圣母，祈求一路顺风。上岸之后就设神坛膜拜天后圣母。为了信仰和联络乡情，在南洋各地，凡是有海南会馆处必定有天后宫，而且很多地方是先建天后宫后建海南会馆。如马来西亚最早的海南会馆是马六甲海南会馆，该馆成立于 1869 年，但在此之前，槟城的海南人已创立了天后宫。槟城的琼州会馆建于天后宫之后。1870 年前，先有天后宫，直到 1925 年重修后，才正名为“琼州会馆”。古晋的亚答街天后庙于 1825 年前已存在，“古晋海南公会”一名到 1830 年才出现。雪兰莪琼州会馆建立于 1889 年。

又如泰国，当海南人移民到泰国之后，在清代就建了 18 座海南人所信仰的神庙。见表 5—1：

表 5—1　泰国琼侨所建庙宇

庙　址	庙　名	创建年代	创建者	备　注
泰京三清	水尾圣娘庙	1841 年	云万生等	创者未详，于 1848 年重修。
呵叻（泰北）	水尾圣娘庙	1857 年	苏家盛等	
哒叻仔	水尾圣娘庙	1866 年	朱天桂等	

① （清）明谊修、张岳崧纂：道光《琼州府志》卷八《建置志四·坛庙》，海南出版社 2006 年版，第 375—407 页。

续表

庙　址	庙　名	创建年代	创建者	备　注
南邦（泰北）	水尾圣娘庙	同治年间	韩敦彝等	
北榄坡	水尾圣娘庙	1870 年	未详	高士佣等百余人重修。
曼谷地区	昭应庙	1871 年	陈如崧等 5 人	
苏梅岛那概埠	关圣帝庙	1872 年	杨金玉等 3 人	
披猜	水尾圣娘庙	1874 年	吴乃文等 3 人	
昆仑	昆仑头公所	1874 年	潘先达等 8 人	奉祀关公、天后、水尾等神。
他罗	水尾圣娘庙	1878 年	魏任天等 12 人	
宋加洛	三圣古庙	1887 年	林树敦等 2 人	
罗勇府	三圣古庙	1894 年	王槐拔等 10 人	
色梗港	三圣古庙	1895 年	符世积等 2 人	
攀牙府高吧	三圣古庙	1898 年	陈元高等 5 人	
坤西育	三圣古庙	1898 年	张修存	
北大年府（马来西亚北部）	昭应祠	光绪年间	邢世才等 2 人	
吞府龙桥	关帝庙	清末		
一百信	关帝庙	清末		

资料来源：《泰国海南会馆四周年纪念特刊》，1979 年。

海南民间的信仰，随着海外移民的足迹，散布至世界各地。

（三）清代妈祖信仰的传播及其观念变迁

妈祖信仰宋代起源于福建，元代传入海南岛，到了清代，天后庙已遍布海南岛各县。在琼山县的天后庙一座在白沙门，一座在海口所，这两座庙自元代传入，清代又在郡城内总兵署前新建一座。澄迈县在明代通潮阁建庙，清康熙四十七年（1708 年）重建，乾隆四十六年（1781 年）及嘉庆九年（1804 年）重修。定安县于康熙三年（1664 年）拓基重修。文昌县于元朝建庙，康熙五十三年（1714 年）重修。会同县康熙十年（1671 年）重建。乐会县于道光十五年（1835 年）重修及改建。临高县于明成化年间建，顺治十八年（1661 年）重建，康熙九年（1670 年）及康熙三十一年（1692 年）、康熙四十四年（1705 年）重修。昌化县在城西修建。陵水县有三座庙，一处在北门外，一处在城南，一处在灶村。感恩县一座，在县北。这 13 座庙宇，说明妈祖信仰传播范围在不断扩大。

清代是妈祖信仰发展史上一个非常重要的阶段，妈祖信仰从民间口头赋予的灵女、女神一步步上升为夫人、妃、天妃，最终达到天后的至尊地位。在清代，官方有意识的宣传起到主导作用，清朝把妈祖由天妃晋封为天后，直至尊称为天上圣母，封号累加达六十四字之多。朝廷诏令全国地方官员修建庙宇，并对妈祖尊行春秋致祭，与孔子、关帝并列。在国家政权的主导下，海南岛上的妈祖信仰也蔚然成风，建庙修庙成为各地方官员的重任。而妈祖信仰不仅是局限于海上女神的地位，而且进一步被赋予“博施于民而能济众”的政治功能，妈祖形象的演变，也随天后宫建立于各地而使妈祖崇拜逐步演变为海上保护神、地方保护神、官员升迁的保护神和赐子财神等。在清代特定的历史场景中，其功能与意义的变换，反映了地方文化资源和权力结构的历史变迁与社会形态。

1. 海南妈祖信仰在政权的推动下迅速传播

海南政府官员成为妈祖信仰发展的主体。光绪《崖州志》中载：“天后庙，在州治南海滨”①，以“天后宫，每岁以春秋仲月上癸日有司致祭，与文昌庙同。祭品由知府捐廉备办。祝文：维后配天立极，护国征祥。河清海晏，物阜民康。保安斯土，福庇无疆。千秋巩固，万载灵长。神恩思报，圣泽难忘。虔修祀事，恭荐馨香。士民一德，俎豆同堂。仰惟昭格，鉴此？尝。尚飨”。

每年天后宫祭祀，都由官府主祭，每年各地祭礼，如道署衙门官员赵承炳在《琼海重游笔记》中写道：光绪二十一年（1895 年）八月初十日“晴，黎明诣天后庙祠道府行秋祭礼”。在《九龙承乏笔记》（七）中记载：光绪二十八年（1902 年）正月十五日“天后庙神山庙行香”。“二月十四日，天后庙神山庙行春祭礼”，“三月十五日天后庙行香”，

① （清）钟元棣创修、张嶲等纂修：光绪《崖州志》卷五，海南出版社 2006 年版，第 147 页。

“二十三日晴，诣王后庙行诞祭礼，次诣神山王庙行礼回署”。[①] 由于官府每年带领祭祀，妈祖信仰更显尊贵地位。

2. 天后庙的经济费用，由官府担当，或由官员带头募捐，商人踊跃捐建

除官府主导外，海南商人是推动妈祖信仰的重要力量。

道光《琼州府志》载:“天后庙，一在白沙门，一在海口所。元建，明洪武间屡葺。商人谭海清等建后寝三间及观音堂，并塑诸神像。清雍正七年（1729 年），监生陈国安、生员杨凤翔等募建大门三间。雍正十二年（1734 年），知县鲍启泌详准在海口关税内支担，规银四两四钱办春秋二祭。乾隆十一年（1746 年），陈国安复募建庙铺屋十间，岁收租银以供香火。迄今官民渡海来往，必告庙虔祀之，灵异甚著。”一在郡城内总兵署前，嘉庆四年（1799 年）建。

3. 妈祖信仰观念的变迁

（1）妈祖已成为海南岛官民的保护神

海南岛四周环绕大海，僻处天涯，渡海航路艰难，声气难通，海盗频繁，官民渡海经常遇险，因此对妈祖的神位信仰更加虔诚。《琼山乡土志》中，记载天后的神验已成神话，写道："天后庙在海口所，官民渡海必告庙祭卜而后行，灵异甚著，往往于海上救护船只，凡船遇险，见海上有灯笼及箫管声，则虽险终得济。”妈祖在民间信仰的护航海神灵位，在海南岛上已成为救世祖。

在《康熙琼郡志》中,有洪之杰撰写的《重饬天妃庙田铺碑记》载:“琼郡环处滨海，海门一区犹郡治要津，通南北而便商民者也。厥地庙祀天妃，岁时崇礼。凡诸鼓楫？帆乘潮而顺渡者，莫不肃容起敬。盖俨然海天巍柱,为神称赫焉。”海神在海南岛上的地位,垂庙祀不朽。这些记载，对于妈祖的灵迹已历历可考。

（2）妈祖成为商业发达的财神

民国《琼山县志》中，于咸丰十一年（1861 年）重修海口天后

---

① （清）赵承炳 :《九龙承乏笔记》（七）。

庙时由琼邑举人李向桐撰写《重修海口天后庙记》，也历述修庙经过，其中云：

环琼皆海也，当南北之冲，一大都会为往来舟楫所必经者，则莫如海口，萃人物之繁华，揽舆图之胜概，枕山带海，虎踞龙蟠。形家谓海口之得地者，则莫如大庙，庙祀天妃灵爽迭著，舟行者必请命于神，许而后济，事亦如之。锡兹祉福，惠我无疆，有自来矣。庙创始于元，沿袭于明，而香火极盛于清。元无考已，明洪武间，商人谭海清等捐建后寝三间，筑观音山及塑诸神佛像，相传为苏、福、广、潮、琼五府同建。雍正七年，监生陈国安、生员杨凤翔募建大门三间。乾隆十一年，复募建庙前铺十间，岁收租银以供香火。而海口关税内每年支担规银四两四钱办春秋二祭，则雍正十二年，知县鲍启泌所请准奉行者也。今百有余年于兹矣。风雨侵蚀，榱崩桷析，非以妥神灵、壮巨观也。道光二十九年，海寇张十五猖獗拢舟，海口几被蹂躏，炮火轰击，弹子如雨，居民无一伤者，人以是益念神之功。回忆历朝鼎革以来，屡被兵燹，而庙巍然尚存，其神通广大又何如也！岁卒酉建，广、潮、高、琼五行商民相与捐建，因其垣墉而改造之，鸠工庀材，输奂一新，内外堂、寝、亭、台、门、庑俱备存其旧也。和衷共济，邀福神灵，波平浪静，时和气清，喜风月之明媚，乐宇宙之升平，又何惜韩陵片石而共垂今名？是役也，费白银八千有奇，襄其事者，五行绅商也，例得附书。琼邑举人李向桐撰，琼邑贡生黄琮润敬书。

咸丰十一年岁次辛酉冬月吉日[①]

这篇《重修海口天后庙记》，记述琼山县天后庙修建的历史，清代商人，信仰隆盛，五行商绅，争相修建。除琼山外，当年陵水县商业发达，来往广、福各地客商，踊跃募款建立会馆及天后庙，陵水县《鼎建凤城会馆碑记》记述陵水县修建凤城会馆的经过：“琼之属邑为陵

① 朱为潮、徐淦等主修，李熙、王国宪总纂：民国《琼山县志》卷十八《金石志》，海南出版社 2004 年版，第 1052—1053 页。

水，地濒溟渤，境拉珠崖，固海隅日出之乡，商旅云集之所也。”于是，商家集资建馆，“工既竣，乃修饰宝座，享禩不悉。在会之众，事无大小，必质诸神；期有要约，必盟诸神；居有体咎，必祷于神；出有攸往，必呼于神。神之人，犹母也，人之事，亦犹子也”。①

陵水《陵阳顺邑会馆记》：“天后圣母建阁百余年，中间增立香亭，添设戏台，造叙福所，皆赖同人鼎力。自昔迄今，具藉神庥而获盈宁者，不独在陵居奇之否为然也，后经商游宦蒙庇佑焉。”②《重建顺德会馆并建中庭碑刻》中也写道：“窃以重修会馆，妥酬圣母之灵，重建中庭，共遂邑人之念。”③乐东县《重修琼邑会馆捐题碑》：“圣泽汪洋，天后克当。庙建□阳，人本琼乡。佛罗经商，神力扶康。”④这些碑文见证，在海南岛上经商的商人们，都把天后尊为财神，凡建各地会馆，馆内必供奉天后塑像，以求发财致富。妈祖成为他们财产的保护神。在客籍商人看来，妈祖神灵有护商之功，因此，在创建会馆时，如陵水凤城会馆捐款人就有 323 人。

海南天后庙多为商人所建，如定安县的天后庙，“明万历年间，广府南、顺、新三邑商人创建，一间数椽。清朝康熙三年，梁、邓、李、刘诸姓拓基重建。咸丰三年，生员李尚华邀社友捐修。县衙前东边铺一间，在三角铺右，广商置为香灯。内翰坊下东边第五间铺两进，福城社与梁飞龙买置；庙右铺内外二间，亦广商置，皆为饰神像之费。北门街口铺一间，坐北向南，为天后、观音两神诞费”。⑤

海南岛四面环海，而且是个移民岛，沿海居民大多数以海洋捕捞

---

① 谭棣华、曹腾騑、冼剑民编：《广东碑刻集》，广东高等教育出版社 2001 年版，第 961 页。

② 谭棣华、曹腾騑、冼剑民编：《广东碑刻集》，广东高等教育出版社 2001 年版，第 991 页。

③ 谭棣华、曹腾騑、冼剑民编：《广东碑刻集》，广东高等教育出版社 2001 年版，第 994 页。

④ 谭棣华、曹腾騑、冼剑民编：《广东碑刻集》，广东高等教育出版社 2001 年版，第 998 页。

⑤（清）吴应廉创修、王映斗总纂：光绪《定安县志》卷二《建置志·坛庙》，海南出版社 2004 年版，第 188—189 页。

和航运为生。对于外来的闽粤移民，他们相信是在妈祖的保佑下才安全抵达海南的，本来就有民间信仰的根基；对于靠海维持生计的人们，妈祖就是他们的海上保护神，加上大量有妈祖“显灵”的传说，导致自宋至清朝廷多次颁旨册封妈祖各种称号，更加坚定了妈祖民间信仰的广泛性。

（四）天主教与基督教

明代西学东渐风潮日盛，外国宗教也已开始传入海南岛。在清代，天主教与基督教的传教士们也纷纷前来海南传教。

欧洲在宗教改革以前，基督教原有两大派别：一为罗马公教（即天主教）；二为东正教（即希腊正教）。宗教改革以后，罗马公教又分出了新的教派，旧教称为天主教，新教称为耶稣教或基督教。天主教与基督教同信奉天主和耶稣基督。

1. 天主教

天主教于明崇祯三年（1630 年）开始传入海南岛。至清顺治八年（1651 年），全岛天主教徒发展到 2253 人。①

康熙十四年（1675 年），出身罗马尼亚的俄国使节尼・斯・米列斯库（1636—1708 年）出使中国，康熙十五年（1676 年）在北京觐见了康熙皇帝，康熙十七年（1678 年）返回莫斯科，他在中国漫游后，写下了《中国漫记》一书，内容涉猎甚广，既有历史地理、政治故事、经济文化和科学技术，也有风土人情、宗教信仰、奇闻逸事和神话传说。书中写到他来琼山府所看到的一切时说：“这里有高山，山上出产人们生活所需的所有物品。不过汉人仅仅控制了海岸，岛的中央住着一个自由民族，他们只许汉人来做生意。他们居住的山里有金矿、银矿和珍珠，在靠近海岸处什么都不缺，那里还生长檀香木、大大小小的印度椰子，还有一种世界上最大的水果，一个果子就够二十个人吃，一个人勉强才能抱起来，形似大南瓜。这种树虽然也有树枝和叶

---

① 海南省地方史志办公室编：《海南省志・宗教志》，南海出版公司 1994 年版，第 476—477 页。

子，但树枝上既不开花也不结果，其果实直接长在树干上。这种果实的外壳十分坚硬，要用镰刀才能劈开，里面有许多核，其味各异，有的类似香瓜，有的类似栗子。这里有鹿、鸟等各种禽兽，还能捕捞到鲸鱼，中国人取出鲸油擦各种草制品和船只。府城附近生长一种神奇的草，中国人称它为'知风'，意谓'能预报风的来临'，水手们从这种草可以看出一年中哪个月将有多少晴天，就像历书上记载的那样。但是只有在这个地区才能如此。中国人说这个岛有一千俄里大，岛上有许多天主教堂，也有许多天主教徒。从前有位中国皇帝征服了这个岛，给它取名'琼崖'，因为这里珍珠无数，还有一处盛产红大理石……"①

在俄国使节的眼里，清代的海南岛，还是一片令人惊诧的神奇土地，而在这布满奇树异果的海岛上，却"有许多天主教堂，也有许多天主教徒"，可知天主教传教士早已十分重视在这海中孤岛上传教。

据《海南省志·宗教志》及《海口市宗教志》记载：清崇德二年（1637年），葡萄牙耶稣会派传教士林木笃来琼主持传教，在琼山县府城镇北高街建立一间天主教堂。崇德八年（1643年）在琼山府城至海口市的海府路中段的原五里亭附近东之坡购置土地，作为圣教坟地——信徒葬地。顺治十四年（1657年），法国耶稣会派神甫法捷来琼传教。约3年之久，法捷病死。顺治十八年（1661年），意大利耶稣会派神甫多凌斯来琼主持传教活动。康熙二十一年（1682年），多凌斯病死，由法国耶稣会派神甫加迷斯继任。康熙二十五年（1686年），加迷斯病死。多凌斯、加迷斯均葬于五里亭东坡坟地。在此期间，计有法国、意大利、西班牙、葡萄牙等国共7人相继来海南传教，住在琼山县府城天主教堂内，经常到岛内各县巡回，进行传教活动。康熙二十六年（1687年），由葡萄牙传教士林本笃主持府海地区的传教活动，在海口市租用民房增设天主教堂。全岛天主教徒人数由原来的2000多人发展到5000多人。康熙六十年（1721年），林本笃因年迈回国。

---

① ［俄］米列斯库：《中国漫记》，中华书局1990年版，第161—162页。

自雍正元年（1723年）始，清朝政府实行海禁，外国操纵的教会不敢再派人传教。此后70年，海南岛没有外来传教士主持传教，天主教活动几乎处于停顿状态。直到乾隆五十七年（1792年），澳门鸣九教区派葡萄牙籍神甫来海南传教，先后在琼山府城，文昌县蛟塘、昌造、东坡，安定县等地恢复传教活动。同时从定安挑选一名姓阮的，文昌挑选一名姓林的本地教徒学习拉丁文，准备培养成为本地神甫以配合传教。道光十一年（1831年），葡萄牙籍神甫因病死亡，埋葬在文昌东坡，阮、林二人无法独立传教，鸣九教区不再派神甫来海南。至咸丰元年（1851年），海南天主教停止传教活动，澳门鸣九教区在海南的传教有50多年的历史。咸丰二年（1852年）起，由驻广州的法国巴黎远东传教会派3名神甫来海南传教，由姓吴的神甫负责主持海南传教活动。咸丰三年（1853年），吴神甫到文昌县昌造、定安县等地传教，在定安县深水田村举行第一次领洗，吸收新教徒。咸丰十年(1860年),吴神甫又到琼山县福同村传教设点。同治七年(1868年),在琼山县府城镇设立教堂，有教徒848人。法国巴黎远东传教会在海南传教活动20多年中,吴神甫主持有18年之久。光绪二年(1876年),改由澳门鸣九教区派葡萄牙籍传教士4人来海南主持传教，他们分散在文昌县昌造村、定安县深水田村、琼山县福同村等地传教。此时在琼山县府城镇打铁巷购买土地兴建天主教府城堂会，并在定安县深水田村培养一位当地姓何的教徒学习拉丁文，后晋升为神甫，掌管深水田堂会活动，附设一所育婴堂。澳门鸣九教区管辖有30年之久。光绪三十四年（1908年），海南天主教划归广州天主教区管辖，由驻广州的法国巴黎双圣心会派芬神甫及随行圣保录会的一位修女来海南，芬神甫在琼山县府城镇主持传教，修女初期在府城镇协助芬神甫传教和管理孤儿院（该院曾一度迁移海口市白坡一带约几个月时间，后又迁于定安县万村）。宣统二年（1910年），天主教活动从府城迁移到海口市长沙坡租用民房设教堂。

光绪三十二年（1906年），天主教在海口市铜锣园购买私人土地筹建教堂。建成后，宣统三年（1911年），从长沙坡移到铜锣园新建的教堂活动，后逐步增购土地，先后建造育婴堂、修女院、修道院、学校等附属楼房。天主教神职人员逐渐集中于海口铜锣园天主教堂，逐步形成了海南地区的天主教活动领导核心机构，成立海南天主教监牧区，指导全岛的天主教活动。海口铜锣园天主教堂建立初期，由法籍关、李两位神甫主持。后来，李神甫常驻海口分堂会，关神甫常驻定安县深水田分堂会，文昌县昌造分堂会则由一位中国籍的梁神甫管理。

海南天主教监牧区于宣统三年（1911 年）成立，设在海口市铜锣园（今大同路 4 号）。清代海南天主教徒传教区在岛内各县设置堂口、堂会。

（1）海口堂会：创办于光绪三十二年（1906 年）。开始，在海口市长沙坡租用民房设教堂，后来迁移铜锣园新建立的教堂活动，由广州教区派黄神甫主持。

（2）昌造堂会：从康熙三十九年（1700 年）起，就有外籍神甫断断续续到昌造村传教。宣统三年（1911 年），正式创办固定教堂。

（3）蛟塘堂会：光绪十一年（1885 年），设立于文昌县蛟塘市内。

（4）深水田堂会：设在定安县深水田村内。天主教传入定安县城是从光绪二年（1876 年）开始，由天主教传教士林利洪纳、谢文、甘武（均系法国籍）到文峰村、深水田村，住在吴大业家进行传教活动，当时还没有固定教堂，只是间断地设点传教。深水田堂会于光绪十八年（1892 年）正式固定建立。宣统元年（1909 年）在堂会附近再扩建房屋两间作为传教场所。堂会主持人为林利洪纳、谢文、甘武等神甫。

（5）仙沟堂会：光绪二十一年（1895 年），设立于定安县仙沟市仙沟乡及加可乡附近，由法籍白光神甫主持。

天主教所设立的附属机构有：

（1）海南天主教圣保禄育婴堂：创办于宣统二年（1910 年）十月十九日，初办时设在海口市杂门街（今振东街），租赁民房使用。

（2）海口私立天门小学：由海南天主教传教区创办，建立于宣统二年（1910 年），校址设在海口市得胜沙路 110 号。

2. 基督教

基督教通常专指基督教新教，又称耶稣教。基督教于清光绪七年（1881 年）传入海南，美籍丹麦牧师冶基善在琼山县府城文庄路的吴氏宗祠内，设立临时传教场所，定名为中华基督教琼海区会，由美国基督教长老会领导。

光绪九年（1883 年），冶基善在海口设立传教总部。美国长老会派香便文前来协助冶基善。

光绪十年（1884 年），冶基善前往儋州那大建立第一个福音堂。

光绪十一年（1885 年），美国纽约基督教长老会派牧师康兴利来海南协助冶基善传教，康兴利在海口市盐灶村附近购置荒地筹建一间楼房作为医务室，建一间楼房作住宅，后来逐渐扩建，海南福音医院、海口福音堂也作为传教人员的居住场所。

光绪十二年（1886 年），麦坎得利斯 · 杰尔曼及其夫人来到海南，与冶基善等一起传教。

光绪十三年（1887 年），美国基督教长老会派纪路文、张约逊、王约翰、吴赖安、郝斐和徐君礼等来海南，在琼山县府城镇北门北官市租用民房一栋（一座三进）作为宗教活动场地。前二进为教堂和新设的中西女学堂，后进为传教人员宿舍。

光绪十四年（1888 年），清政府送那大市一块地皮给冶基善作为修建教堂之用。

光绪十六年（1890 年），在所租用民房后面的荒地建起一所楼房作为纪路文、张约逊的住宅，同时建一所楼房供中西女学堂使用。

光绪十九年（1893 年），纪路文、张约逊、康兴利离开海南回美国，长老会又派谢大辟接替纪路文在琼山府城基督教堂的牧师神职；悟熙国接替张约逊在海口福音堂任牧师；陈西美接替康兴利在海口福音医院当医生。

光绪二十年（1894 年），纪路文、张约逊、康兴利再次来海南，在琼山县府城镇北门北官市的西边再建起一所楼房作为中西女学堂校舍，由周罗以为女学堂负责人兼传教士，将原有的中西女学堂校舍改办为中西男学堂，由张约逊兼任男学堂的负责人。同时纪路文、谢大辟、张约逊、悟熙国牧师以及郝斐、徐君礼女传教士分别到岛内各县进行传教活动。

光绪二十二年（1896 年），美国长老会海南教会在海口市盐灶设立福音医院。

光绪二十五年（1899 年），在海口建住宅。

光绪二十六年（1900 年）五月，FPGilimasn 牧师前往嘉积进行传教活动，冶基善及其妻子则深入黎区活动。

光绪二十七年（1901 年）四月，美国教会在嘉积购民房作为礼堂，开展传教活动。六月，冶基善病死于从崖州至海口的帆船上。

光绪二十八年（1902 年），美国教会在嘉积建教会住宅区。

光绪三十年（1904 年），嘉积美国教会创办学校。

光绪三十三年（1907 年），美国教会在府城建匹瑾堂。嘉积美国教会创办 Kilbourne 医院。

宣统元年（1909 年），苗族首领陈日光因面部被熊抓伤，至嘉积美国医院求医治愈。陈日光请求美国教会派人至苗族地区传教。①

基督教的布道场所：

（1）海口福音堂：即海口堂会（海口市义兴路 247 号），于光绪十一年（1885 年）设立，主堂建筑面积 206.44 平方米，两翼走廊连成一体，右前侧建造 3 层作为吊持铜钟和活动使用，构造庞大，具有西方色彩。整个建筑面积共有 379.15 平方米，是全岛面积较大的一间福音堂。该堂建成后，由美籍牧师康兴利主持，府海地区、附近县、乡、村的基督教徒都会集到海口福音堂参加宗教活动，教徒人数达 500 多人。

（2）琼山县府城堂会：光绪七年（1881 年）设立，传教点原设在府城文庄路吴氏宗祠内，参加人数三四百人。

---

① 符国华：《基督教在海南的历史与现状》，载《海南文史资料》第八辑，1993 年版，第 213—214 页。

（3）儋县那大堂会：儋县那大基督教堂会（亦称那大堂会），系海南基督教会分支机构，于光绪十一年（1885 年）创建。起初，由丹麦传教士冶基善在那大市北门建起一座二进的平房，前进屋为教堂，后进屋为医务室，由冶基善主持传教兼管医务，接着纪路文也到那大协助传教。光绪十三年（1887 年），美国长老会又派传教士王约翰接替冶基善主持传教活动，吴赖安为医生，徐君礼为传教士。后来，相继派林保罗、李惠霖、石鼎业、叶兴利、梁德化等到那大传教。光绪二十年（1894 年），那大教会建起楼房两间，一间为神职人员住宿，一间供办医院使用，原有的房产作为兴办那大中西学堂的校舍，中西学堂负责人由王约翰牧师兼任。另建立教堂一间供信徒活动。光绪二十六年（1900 年），据那大教会统计，有教徒 100 多人；光绪三十一年（1905 年），教徒增至 200 多人。宣统二年（1910 年），香港基督教会派华籍牧师万鼎新（东莞县人）到那大教会协助主持传教活动。

（4）临高县加来、南江堂会：基督教于光绪十一年（1885 年）传入临高县，由驻海口市美国基督教长老会派传教士林保罗、李惠霖、石鼎业到临高地区进行传教活动。初期，教堂附近村庄有李金养、王那壁、符国荣等人接受洗礼入教。光绪三十年（1904 年），符国荣在加来、南江地区主持传教后，吸收了黄四文等 5 位教徒，起初在加来市教徒林文根家中做礼拜活动，两年后，教徒发展到 20 多户，便建立一间茅屋作为礼拜场地。与此同时，和舍市基督教传教士也租了一间寺院作为教堂活动场所，属加来堂会分设机构。

（5）澄迈县瑞溪堂会：基督教于光绪二十九年（1903 年）传入澄迈县，首先在瑞溪圩成立澄迈县瑞溪基督教堂会。

（6）琼海县嘉积堂会：基督教于光绪十六年（1890 年）传入琼海县，由美国长老会派纪路文和陈西美在嘉积市设点传教。初期，在嘉积市高士街附近的关帝庙处租一间大房子，分前后两个大厅四个小房，以前厅为传教所，后厅设医疗所。具体分工为纪路文负责传教活动，陈西美负责医疗所事务。光绪二十七年（1901 年），纪路文、陈西美在嘉积市北门外三圣庙附近，建造一所平房作医院，同时筹建一间可容纳 100 多人的教堂和一所校舍。光绪二十八年（1902 年）正式迁入新的教堂活动，医疗所同期迁移，改名为嘉积福音医院，当年还设立嘉积中西学堂。光绪二十九年（1903 年）兴建牧师住宅楼、工人住宅和厨房。光绪三十年（1904 年）长老会又派郝斐来嘉积教堂加强传教活动。

（7）崖州乐罗堂会：基督教于光绪二十年（1894 年）传入崖州乐罗地区（今属乐东县）。开始，由牧师冶基善到崖州乐罗村，在一村民家内设点传教，逐渐扩展成为堂会。

基督教会附属机构：

（1）海口福音医院:前身为海口福音医疗室，于光绪十一年（1885 年）设立。开始，由美国长老会派牧师康兴利主持筹办，正式办成医院后院长由美籍人陈大业担任，会计莫加礼、医生毛凤美均由美国长老会派来，医院一切权力由陈大业执掌。

（2）海口麻风病医院（海南秀英医院前身）:清末民初，在今海口市新华南路首端设有麻风疫寮。

（3）琼山县私立匹瑾初级中学校：设在琼山县府城镇北门北官市。光绪十三年（1887 年），由美国基督教长老会派传教士创办。开始，租用一间民房作为教堂,并供开设中西女学堂使用。光绪十六年（1890 年），在所租用民房的后面菜地建一所两层楼房供中西女学堂使用。楼上供十余名女生住宿，楼下为课室。光绪二十年（1894 年），筹建一所三层楼房为中西女学堂。当时，由周罗以（美籍）为女学堂的负责人兼教会传教士，不久，将原来办的中西女学堂校舍，增设为中西男学堂，由教会牧师张约逊兼任负责人。男、女学堂人数各有几十人，到 1900 年有学生 100 多人。宣统二年（1910 年），有位美国妇女匹瑾夫人来海南捐款办校，筹建校舍，将男、女学堂合并，改名为匹瑾中西女子中学，校长朱琼皓（留美硕士）。

（4）海口福音医院那大分院：儋县那大堂会起初在那大市北门建立医务室，光绪二十年（1894 年）设立那大市医院。

（5）那大中西中学堂：光绪二十年（1894年）设立。

（6）嘉积福音医院:设在琼海县嘉积市郊，于光绪二十八年（1902年）与嘉积教堂同期建立,由基督教长老会指导,院长由陈大业兼任。[①]

与天主教相比，基督教的传教方法有所不同，天主教比较注重吸收教民，发展教会势力；基督教比较重视利用医院、学校来扩大影响。

不过这两个教会都是在1848年鸦片和商品大量输入海南岛之后，成批的外国传教士涌入海岛，深入到各个城镇和乡村，成了海南岛上一种新的、特殊的社会势力。

清末由于时代的变化，中国国门洞开，一系列不平等条约为西方人士进入中国及海南岛提供了合法的依据，传教士在政治上、物质上得到了西方的支持和中国政府的保护。不过传教士虽然与西方殖民主义者有着千丝万缕的联系，但是他们的志趣还是有所不同，文化传教是传教士的一贯策略。传教士与教会的活动，其形式多样，在海南社会与文化生活中有其特殊的影响。不论是天主教还是基督教，他们的传教途径主要是建立学校、医院、育婴堂，以建筑教育为集合点，以此吸收百姓参加教会。譬如开设医院，传教士把基督教带到海南的同时，也带来了西方近代科学和医药学。在鸦片战争之后，迷信神灵与传统草药的海岛人逐渐开始接纳西医。西医的普及，对于海南卫生条件的改善与生命质量的提高，有着不可估量的影响。如美国基督教长老会在光绪十三年（1887年）于琼山府城创办第一所教会学校以来，先后在海口、那大、嘉积等地建立多所教会学校。这些学校不仅成为传教士向海南传播近代科技文化的洋学堂，而且也培养出一批海南近现代的优秀人才。“如海南医院的创始人之一，首任院长朱润深（1894—1957年）先生早年丧母，家境贫寒，靠祖父朱守京抚养，读不起书。后由基督教传教士介绍到嘉积镇教会学校（觉民学校）当工读生。因读书用功，得到教会赏识，被送到杭州之江大学就读，两

① 以上资料，引自海南省地方史志办公室编：《海南省志·宗教志》，南海出版公司1994年版，第476—531页。

年后转到湖南湘雅医学院学医。医学院毕业后参加美国耶鲁大学考试，获医学博士学位，是海南历史上最早获得医学博士的学者。后来，他筹建海南医院，为海南人民解除疾病痛苦做出重大贡献。”①

“又，海南大学的创始人之一，首任校长颜任光先生亦是童年家贫，由教会培养送美国芝加哥大学学习电学，荣获博士学位。回国后颜先生历任北京大学教授等职。后来海南大学创办时，他毅然放弃优越的条件，应聘回乡从事高等教育的拓荒工作。”②

虽然，在光绪二十二年（1896 年）八月，美国传教士冶基善在乐罗设教堂，教民陈庆昌入黎索债，被多港峒那改用枪打死一事，引起了一次规模较大的黎族大起义。过去人们解释为教会追债对黎民的残害。事实的情况是，乐罗村村民陈庆昌（又名陈世典），系汉族商人，在村里横行霸道，欺压黎族百姓。有一天，陈庆昌到抱赖村逼债，黎人杀鸡置酒款待他，哀求放宽数日，但陈庆昌蛮横地要拉走黎人唯一一头耕牛抵债，黎人走投无路，把他杀死。崖州基督教会向崖州府告状，乐安城千总不分青红皂白，抓走黎民李亚发的妹妹做人质，引起黎族人民的愤怒，在吕阿够的领导下爆发了一次反清封建统治的黎人大起义。这一事件虽然由教民引起，但这是清朝廷与黎村新旧矛盾的爆发，这一突发事件不能把全部责任都转嫁于教会头上。

不论是天主教或基督教在海南传教，他们主要是以建立医院、育婴堂及学校为途径，以建筑教堂为集合点，吸收百姓参加教会。在传教过程中，客观上促进了海南科教体制的形成，同时开设的医院，也推动了海南医疗卫生事业的发展。

传教士在海南传教的过程中，深入海南的村村寨寨考察，写下了一部部调查实录，为海南岛的历史留下了宝贵的第一手资料。如同治八年（1869 年）四五月间，传教士冶基善先行考察探索了黎区一些地方，同年十月陪同香便文进入黎区。香便文在冶基善的陪同下，在海南

① 海南省海口市文史资料委员会编：《海口市文史资料》第一辑，林诗泉：《朱润深先生筹建海南医院一事简介》，第 169—171 页。

② 海南省海口市文史资料委员会编:《海口市文史资料》第二辑，第 32—33 页。

岛进行了为期 45 天的徒步考察。回来后香便文于 1886 年在伦敦出版《岭南纪行》（*Ling-Nam or Interior Views of Southern China, Including Explorations in the Hitherto Untraversed Island of Hainan,* London, 1886.）一书，这部书的后半部分，即 11—17 章，中译本名为《海南纪行》，书的内容不仅有历史学、人类学和博物学价值，也有文学价值。此书以纪实手法和真材实料，在当时的西方世界影响很大，几乎成为西方人进入海南岛的“路书”。[①]

我们在前面所介绍的天主教在海南的传播，所能知道的仅仅是有文字传播的一部分，而在香便文的《海南纪行》中，又告诉人们这样的信息。当他从海口出发到一片高地，他写道：“在这个方向最令人感兴趣的是罗马天主教徒旧公墓（Old Romanist Cemeter），覆盖了山上最吸引人和最宝贵空间的部分。数以百计的坟头墓碑上，醒目地刻着十字架，包括这些中国皈依者的名字、具体年龄、居住地以及身份地位。几个中国人坟上的碑文，以及墓碑的大小形状，都显示他们是教会中居高位的人。”

“这里有三个欧洲人的墓格外显眼。其中一位是德国人，碑铭的拉丁文显示，他死于 1686 年 10 月 9 日，在海南待了 8 年。他显然是一位非同寻常的重要人物，他的墓比其他人的更精致。另两位看起来是葡萄牙人，死于康熙二十年（1681 年）。好些中国人的墓上差不多也都是这个日期，府志（Annals of the Prefecture）记载了那时候有非同寻常的致命瘟疫席卷全岛。这样一座公墓，位于那么好的位置，又有那么多可敬的人的墓，这当然表明罗马天主教徒在海南曾一度有大量追随者。”这一段描写，说明了康熙年间天主教在海南已经鼎盛一时，但到了光绪八年（1882 年），当香便文踏上这片墓地时，这些曾经为数众多的人，却全然消失得无影无踪了。而在当时，信奉罗马天主教的人也很少。这些哑默的石头上所标记和漫灭的碑文，告诉人们一个

① ［美］香便文：《海南纪行》，辛世彪译注，《19 世纪晚期海南岛真实的社会生活画卷》，漓江出版社 2012 年版，第 3—4 页。

明显的事实，即下面埋着的人真实存在过，至于他们如何由盛而衰，变成这些唯一可见的残存的墓碑，却渺然难知了。[①]

这段真实的记录，只可作为对康熙年间天主教在海南传教历史的补白。

香便文的另一可贵的贡献，是在书中细致而又生动地叙述他所探访的黎村情景，从衣、食、住、行到黎族的文身、黎锦的编织、黎族的船形屋尾的构造、黎村的美丽的黎族姑娘，对黎寨的山山水水的自然景色描绘得细致而又鲜活生动，展现了19世纪晚期黎族生活的画卷。

美国的传教士在海南传教，不仅带来了西方的文化教育、医药卫生的经验，而且能够以当年对人类学、民族学所获得的知识和广阔的视野，真实地记录下海南岛在晚清时期的社会生活的方方面面，给后人留下了丰富的历史记忆。

二、风俗与方言

清代自1840年鸦片战争之后，海南海关也全面开放，大陆向海南岛移民以及海南岛向东南亚一带移民日益增多，西方社会及中原的风俗也随之传入海南岛，并与海南传统的社会风俗发生了冲突与融合，从而促成了海南社会风俗的演变。海南岛虽然孤悬海外，但海上的交通网络非常密集，岛上商业发达，汉族黎民人数增多，所以其风俗既传承了原住民黎族的风俗习惯，又传承了汉族的古老习俗，也受到西方习俗的冲击，旧风俗的沿革及新风俗的形成，使清代海南的习俗又呈现了独存的时代特色。

（一）风俗

海南地居海岛，习俗朴素。在这多民族杂居的海岛上，形成了“外华内夷”的状况，在不同地区，土俗民风各异。顾炎武在《天下郡国利病书》中写道：“夫琼，中国外境也，大海是环，番夷四达，广袤

① ［美］香便文：《海南纪行》，辛世彪译注，漓江出版社2012年版，第9—11页。

三千余里，西南雄郡，无逾此者。且边海之饶，见称往古，风潮虽异，而气候无恶，汉人所谓鳞介易我衣裳者，岂其然乎？隋、唐之际，冯、冼内属，荒梗之俗，为之一变。明兴，圣谕称为南溟奇甸，有华夏之风。自是鼎臣继出，名满神州，至诚前知，信有征矣。麽惟俚峒盘踞腹心，而我之控制反在其外，生熟杂糅，屡为榛梗。五指、珠崖，最称险恶；文昌、万州，尚易驯制。特以诸邑营戍，寖成废弛，恣其趦趄耳。沿边海防，尤为诸夷观望，名存而实亡者，不独琼管为然也。尝闻之：'珠崖之变，起于髪髢。方今香蜡、藤葛、皮毛、齿革取辦于琼者不一，故齐氏腹背受敌而息肩亡繇，柔远能迩，盍豫图之？'"①

顾岎在《海槎余录》中云："儋耳与琼、崖、万，三处鼎峙，为郡因参以十县、十一守御所，其地孤悬海岛，平旷可耕之地多在周遭，深入则山愈广厚，黎婺岭居其中以为镇。自汉武迄今，几千年外华内夷，卒不可变者，以创置州卫县所必因平原广陌，故周遭近治之民，渐被日深，风移俗易。然其中高山大岭，千层万叠，可耕之土少，黎人散则不多，聚则不少，且水土极恶，外人轻入，便染瘴疠，即其地险恶之势，以长黎人奔窜逃匿之习，兵吏乌能制之？此外华内夷之判，隔非人自为之，地势使之然也。"②可知黎族由于居住在深山老林之中，地势险恶，与外界联系甚少，故其风俗的变易不显著，前代的风俗习惯较多，衣、食、住、行变化不大。其中最为突出的是黎族中被历代流传下来的巫术。"巫"又是自远古以来许多原始民族所保留下来的精神世界。"巫"的特征是动态、激情、人本和人神不分的"一个世界"。海南黎族的巫术与卜卦，是黎人不可或缺的民间习俗，"道公""娘母"是黎区专门从事巫术的职业人，他们是沟通人鬼两界并传达鬼神旨意的中介人物。黎人生病或遇到自己认为不祥的征兆时，就请道公或娘母查鬼、赶鬼，以祈平安。道公做鬼时全身颤动，娘母做鬼俯首细语。黎族中还有"禁公""禁母"，他们能用"禁包"埋在被"禁"

① 顾炎武：《天下郡国利病书・广东备录下・语音》，上海古籍出版社 2012 年版，第 3309—3310 页。

② 顾岎：《海槎余录》，台湾学生书局 1981 年版，第 397—398 页。

人的祖坟或屋墙上，念咒和被“禁”者名字使其患重病或死亡。此外，在民间还使用“鸡卜”“石卜”“蛋卜”“珓环卜”以卜凶吉，决定行为、出猎等活动。这种巫术并非人们所误认为的“迷信”，而是我国从新石器时代流传下来的祖先崇拜的原始现象，远古时代的“巫术礼仪”主宰了神鬼、天地而发生，一直源远流长地延续下来。海南岛上的“巫”的习俗，就在于沟通天人、凝聚民族、巩固群体的生存。

关于黎区的习俗，与明代以前的习俗没什么变化。由于至清代汉族移民已反客为主，成为岛上主人，其风俗变异，也多从大陆中原地区传入。但在不同的地区，也各有不同。现以琼山县为例：

“民国《琼山县志》中的记录比较详细。黄文裕云：‘郡城县城营居多戎籍，自宋元顺化皆汉土遗裔，洪武以来军士初拨则多苏浙之人，续拨则多河之南北，再调则又闽潮之产，厥后中原各处官吏充配者接踵而至，故士族多出中州。’中土来的汉族移民，从苏、浙、河南、河北、福建、广东各地接踵而至聚居海南，而使中原习俗与海岛习俗互相融合。如习俗重槟榔，这是汉黎习俗的结合，在琼山县，婚礼必以槟榔为定礼。至于婚姻习俗，则尚汉人习惯，郡城、海口非大家世族，悉不亲迎。乡村间仍以亲迎为重。习尚重门第，对高职位者均以官名呼唤。对新起家者，故族犹耻与交往。旧日冠不三加，婚多越度，丧用浮屠，祭用俗节。及进士吴锜尚文公《家礼》，丘文庄著《家礼仪节》，士俗以此为准则，吉凶吊贺往来，郡城多习古礼。百姓安土重离，离家不出三、两年即作归计。民务农工，少事商贾，女专纺织，少事蚕桑。所货各物，如槟榔、饴糖、米粟、油蜡以及吉贝、檀木、沉香、箬蓑等杂物均不出于本土，故价值不高。郡城妇女出入用柔薄草笠绾缚以蔽其面。乡村妇女出入细滑竹笠装戴，以盖其头。至若远乡妇女，自昔好为椎髻，妆饰颇与郡城无异。城中商贾辏集，易于生息致富。然故家子弟安分者，但坐耗其资，不复知有生活计。其奢荡者则又狭邪酗酒，聚党呼卢，故少有再承世者。偏僻乡落无他生意，专事田园，地或硗埆，如调塘、符离、演顺等处，即自形其窘。然勤劳俭约，虽无甚余积，而一产一业，尚可延及子孙。但勤俭则鄙吝易生，石地尤甚。”①

“清代海南民俗文化还有特殊的文化活动，因乡村故家世族皆自中土来琼，最重族姓，修谱牒，建祖祠，分大宗、小宗，无村不有。置祭田，捐祖款为春秋二祀经费。合族子姓同祭宗祠，行三献礼，颁胙，饮馂，犹存古风。族有族长，以年老有名望者为之。子弟有悖戾者必罚。族中有不平事，必质之。数十家便有蒙塾，乡党中必有私塾，以课十五岁以上者。合族党、都图必设宾兴，以为学费考试之资。俗重礼义廉耻。贫穷者舌耕至老，不肯辍业。自同光以后，士习渐离，无复同前质朴。”

“关于婚嫁习俗，婚嫁择门户。自少时遂论婚，礼聘视家有无，犹行古礼。自近世习尚侈奢，婚娶论财，富者礼聘数百金，贫者至少亦百余金，甚至再醮之妇亦百余金或二百金不等，皆其夫家父母、兄弟、族中兄弟瓜分其金。更有恃众夺婚，殴伤人命者。”

“姻戚旧好数世犹相往来，凡有喜庆，礼仪相馈。丧礼亦多赙仪，居丧以哀。戚为礼有不从者，必抬物议。惟丧用浮屠，仍沿陋习不改。”

“琼人重视丧葬，停棺择地，延请地师，苟得吉壤，远在一二百里，费或千数百金，亦所不惜。更有谋人祖地，偷葬名人墓坟，致相涉讼，倾家破产，所在多有。”②

其他地区的民俗，与此大同小异，但各地区也有不同的特色。如文昌县，其风俗志云：“民俗素朴，雅治诗书。衣冠文物，大类中土。治丧不用浮屠，鸡骨占休咎，土历验水旱。”“人文彬彬，向称海滨邹鲁。”“文昌各族姓，也重谱牒，建祖祠，备大小宗，置祭田。士重气谊，以实学砥砺。土人有酒癖，少茶癖。造酒以粳米及黍稷，亦有以薯芋为原料。妇女守阃阈，羞见外人。贫家亦时出耕作，而事纺织刺绣为多。近年妇女厌缠足，皆天然足，耕作多而纺织少。闺阁重节义，耻再醮。

① 朱为潮、徐淦等主修，李熙、王国宪总纂：民国《琼山县志》卷二《舆地志·风俗》，海南出版社 2004 年版，第 56—57 页。

② 朱为潮、徐淦等主修，李熙、王国宪总纂：民国《琼山县志》卷二《舆地志·风俗》，海南出版社 2004 年版，第 57—58 页。

寡守至老者，宗祠多奖以胙。”[①]

又如儋州，志书云：“专务农业，不事商贾。纯朴俭约，少有储蓄。家习儒，多艺吉贝，织布被。妇女负贩，俗有古风。疾病以巫为医，以牛为药。凡有病，多延道家以祈佛逐鬼，芳邻相助，锣鼓之声至昏达旦。男女出入，多缦布帕。旧俗尚佛，相袭为佛会。会有上帝会、白衣会、天妃会、邓天君会、羊元帅会。大村大会，小村小会，各以其类相赛，不可胜数。”[②] 儋州还有疍俗、番俗、客俗。

崖州风俗，大体与各州类似，不过各时礼节，颇有讲究。元旦，以爆竹开年，内外称贺，酌酒相庆。初三日，书帖，钉赤口于门，谓之禁口。八日，城中迎神赛会，谓之妆军。远近男妇，入城聚观，三日方止。东西村落间或行之。元宵前后，都里迎神张灯，扮演故事，谓之迎灯。自元日至此，昼打秋千，夜放天灯，或扮狮子、麒麟为戏。三月清明，诣先人茔墓，剪除荆棘，设祭，焚挂纸钱，谓之拜扫。四月，保平里有赛龙船之举。五月端午，为角粽，祀先祖，以相馈遗。又采芦花、香草、菖艾，浸水供神，浴体，或折艾悬门，以辟疫。是日，士女皆出港门观竞渡。儿童放各种纸鸢，角高下。乐罗、冲育、黎伏三里聚众千百，互相斗殴，谓之打风筝架，虽官府不能禁。七月十四日为寒衣节，以五色纸制衣履，设酒馔祀先，谓之烧冥衣。十五日，城乡男妇醵金作盂兰会，设斋醮，焚楮衣，赈水陆孤魂。中秋、冬至，不以为重。九月九日，亦有携酒登高者。腊月二十三夜，以茶酒、纸马送灶神。除日迎神，如之。是日，以竹枝扫室尘，换炉灰，送之于外，谓之送穷。日夕，置酒祀祖，辞岁。夜分，贴春联，易门神，以迎新岁。[③]

万州的黎族风俗，男作短衫，曰：“黎補”。前后掩两幅，不及

---

① 李钟岳等监修、林带英等纂修：民国《文昌县志》卷一《舆地志·风俗》，海南出版社2003年版，第60—63页。

② 彭元藻、曾友文修，王国宪总纂：民国《儋县志》卷二《舆地志·习俗》，海南出版社2004年版，第129—130页。

③（清）钟元棣创修、张嶲等纂修：光绪《崖州志》卷一《舆地志·风俗》，海南出版社2006年版，第51页。

膝，文其臂，耳缀银环。髻垂椎结额，拴牛骨簪，饰以羽。妇女亦着黎裲，髻垂后，腰下围花缦，刺腮涅为纹。茅屋垂地，不养羊豕之类。男女未配，随其意交唱黎歌为婚姻。刻箭结藤、斩牛饮血为信誓。生方童，教以弓矢，木弓、竹弦、铁镞，以所掳人口剥而系之树为的习射。中者，父母大悦。刀柄长尺余，弓箭不释手。虽父子，动辄相加。每出劫掠，曰“讨村”，曰“讨菜”。狎风雨，草行露宿，登高履险，趹步疾如飞。[①]

其他各地风俗，大体相同。

（二）方言

海南岛上，因移民来自各方，因此方言复杂，各民族语音迥异。所以人们说，海南是语言的宝库，此言非虚。

顾炎武在《天下郡国利病书》中写道 :“州城惟正语。村落语有数种 : 一曰东语，又名客语，似闽音 ; 一曰西江黎语，即广西梧、浔等处音;一曰土军语;一曰黎语，乃本土音也。其儋、崖及生黎与蜑、猺、番等人语，又各不同,或间杂胡语。若今呼小帽为‘古逻’,系腰为‘答博’是也。”[②]

琼人语有数种，有官语，即中州正音，缙绅士夫及居城厢者类言之,乡落莫晓。有东语,略似闽音。有西江黎语,似广西梧州等处土音。又崖州有迈语,与广州相似,多为商贾遗裔,故谓之客语。又有土军语、地黎语，乃本地土音。大率音语以郡城为近正。

绕郭人家所言者，俗谓之客语。东北一带都图语音与郡城同，西南一带都图居石地者尽言黎语，其不居石地者黎音十之四，客音十之六，客音止一派，黎音分多种，非习听者少有能解。[③]

① （清）李琰纂修:康熙《万州志》卷三《土俗志·风俗》,海南出版社 2004 年版，第 141—142 页。

② 顾炎武:《天下郡国利病书·广东备录下·语音》，上海古籍出版社 2012 年版，第 3309 页。

③ 朱为潮、徐淦等主修，李熙、王国宪总纂:民国《琼山县志》卷二《舆地志·方言》，海南出版社 2004 年版，第 58 页。

儋州的方言共有数种。一是军话，与海南省官话正音相同而声韵颇长。这是五代前士夫以军戍儋，遂相传习，故名军话，城市皆通行。二是乡话，字平声言则仄，字仄声言则平，惟入声字仍照仄言。这是由高州、梧州传来，故声调颇异，而与高、梧人言皆通。盖外人来儋，高、梧人为先且多，故其言传遍乡间。此二种为州中语言之大宗，而乡话为广。通乡话的人不一定通军话，而通军话的人必定兼通乡话。因军话仅行于城市，而乡话则通行里巷，里巷多而城市少，非通乡话不能相与往来。此外，近黎者则言黎话，近临高者则言临高话，来自吴川者则言吴川话，来自潮嘉者则言潮嘉话，来自琼文者则言琼文话。话多不同，然居乡必是兼通乡话，居城市必定兼通军话、乡话。①

崖语有六种：①军语，即官语，正音，城内外三坊言之。其初本内地人仕宦从军来崖，因家焉，故其音语尚存，而以军名。②迈语，音与广州语相似，附城四厢及正三亚里、椰根里言之。③客语，与闽南音相似，永宁里、临川里、保平里及西六里言之，与郡语同。④番语，所三亚里言之，即回语。⑤儋语，儋人隶籍者言之，与迈语相似。⑥黎语，东西黎言之，互有异同。②

海南岛由于移民比较复杂，故语言也复杂而多样化，形成了岛上语言的特点。屈大均曾对一些地名的称呼做比较加以说明，他指出：琼语有数种，曰东语；又曰客语，似闽音；有西江黎语，有土军语、地黎语。地黎称峒名有三字者，如那父爹、陀横大、陀横小之类；有四字者，如曹奴那纽、曹奴那劝、曹奴那累之类；有六字者，如从加重伯那针、从加重伯那六、从加重伯那撑之类；有七字者，如从加重伯那白吾之类。其山多曰鹧鸪啼，村多曰荔枝。

又琼州数尚六。禾六束曰一把，钱六百孔曰一贯，物六十觔曰一担。

---

① 彭元藻、曾友文修，王国宪总纂：民国《儋县志》卷二《舆地志》，海南出版社2004年版，第132页。

② （清）钟元棣创修、张嶲等纂修：光绪《崖州志》卷一《舆地志·风俗》，海南出版社2006年版，第52—53页。

万州则以禾十二把为一担。

琼地名，多曰那某、罗某、多某、扶某、过某、牙某、峩某、陀某、打某。黎岐人姓名，亦多曰那某、抱某、扶某。地名多曰那某、湳某、婆某、可某、曹某、爹某、落某、番某。其近汉者多曰㚷某。

海南语言的特色，目前尚待语言学家深入加以发掘研究。

第三节　张之洞对海南文教事业作出的贡献

张之洞重视兴办义学乡塾，关注琼州乡、会试，重视对海南文化名人及文化事业的保护。

一、兴办义学乡塾

兴办义学乡塾，是他抚黎工作中的一项重要措施。他拨经费设屯田义学，在化导琼黎之策中，就特别强调每村须设一义学。习汉文，讲圣谕，经费就地筹办。他认为，化黎必先教语言文字，兴利变俗，须好地方官循序讲求，久方有效，其义学章程，饬地方官妥议。[①] 因此，每处建墟市，人口比较集中，就设有一义学，如凡阳墟市，设义学，有黎童五六人入学。

在文昌，他主张应拜孔子，在《致崖州方副将敬》电讯中说道："文昌乃星宿，非义学所当奉，独祀关帝，亦未妥。欲知圣教，自应拜孔子。诸黎入学，设先师位，塾师率领叩拜，义学建用砖瓦，工宜坚实，切勿草率。"[②]

二、关心人才的培养

除乡村墟市建义学教晦学童外，张之洞还特别关心海南人才的培养。在清代，人才的出路在会试，因此，张之洞对会试也特别关心。光绪十二年（1886 年），他专门写《请编定琼州乡会试中额折》，希望

① （清）张之洞：《张文襄公全集》卷一百二十九（电牍八）《致陵水冯督办、杨令光铨》，中国书店 1990 年版，第 297—298 页。

② （清）张之洞：《张文襄公全集》卷一百三十一（电牍十）《致崖州方副将敬》，中国书店 1990 年版，第 320 页。

能采取办法培养琼州人才。他认为："琼州府所属十三州县，幅员方二千里，不少英才绩学之人，前代名臣通儒如丘濬、海瑞诸人，史册辉映。国朝乾隆、嘉庆年间科第颇多，嗣后稍稍不振，然如琼山、文昌、定安、会同等县，近日文风仍复可观。该府地瘠士贫，府治距省会海陆一千七百余里，所属南境州县距府治又八九百里，每逢大比，资斧艰难而重蹑竭蹶趋赴省门者甚不为少，徒以远处海南，风气近朴，游学不易，非无笃志。近思之，士或少修饰润色之功，与腹地郡邑合较自不免相形见绌，以故近十科以来每科乡试，大率七八百人至九百余人，往往竟无一人获隽。至北上春官，往返尤属不易，会试中式者数科间得一人，殊无以坚其励学之心，鼓其进取之志。查台湾未经分省之时，向定有会试中额二名，乡试则原编至字号、田字号共四名，迭加至七名之多。今琼岛孤悬，近邻越海，较台湾尤为重要。应请援案奏请，每文武科乡试编为玉字号，取中三名，会试取中一名，均由广东乡、会试中额拨出等情。由兼护雷琼道琼州府知府谦贵禀，经该司等核议，会详请奏。"

张之洞把台湾与海南两地相比较，海南较台湾尤为重要，其重要原因，他也作了详细的分析："查琼州地形最为吃重，防海、平黎、团练、捐输皆资民力，而士族单寒登进不易，若不亟思培植，何以鼓舞人才？"

张之洞更为忧虑的原因，在于"方今异学旁流，离经叛道所在横行，琼州为通商口岸，外邻越境，内接涠州墩，民俗传习素称哤杂，尤赖荐绅儒林蒸蒸继起，维持化导，庶免乡愚懵昧，见异思迁。查乡试拨加中额现有台湾成案可援，今琼、台地势略同，而海防尤冲，寒士尤苦。乡试人数至八九百名不为不多"。

因此，他仰恳天恩俯准援案，将广东乡试民卷中额八十三名内拨出三名，编定玉字号，每科就琼州府属取中三名，会试人数在十名以上，恳恩于广东中额拨出一名，取中若不及十名，临时无庸请旨，以示限制。其武乡试、会试，亦拟请照文闱名数编定中额，如果允纳的话，即自光绪十四年（1888 年）乡试，光绪十五年（1889 年）会试为始，庶边士登进有阶，益励敌忾同仇之气，愚民诗书被泽，不为异端邪说之归。[①]

明代王弘海曾申奏士子不必过海会试，令明清两代士子感恩戴德，为海南参加科举考试立下历史性的功劳。张之洞为海南乡、会试要求增加中举名额，要求清廷在每年会试中对海南初取工作给予优惠政策，增添录取名额，造福海南士子，为培养海南人才尽心尽力。

三、书院建设

张之洞对陵水县书院的关注，他说："该县顺湖书院产业岁可收钱千串，诚不为少。现在学田久荒，至于经费无出，良由历任各令皆视官为传舍，以此为不急之务，一任绅士侵蚀亏空全不过问，良可慨叹！琼属皆有书院，似此情形者想复不少，竟无一人为之清理举发者。该署令独不避嫌怨，澈底清查究追，尤堪嘉许。"[②]

自唐、宋代以来，海南建设书院培养人才甚众，尤以明代为盛。而到了清代，书院如此衰落，不能不引起张之洞重视了。

四、关注李德裕后代及苏轼的遗址

海南的文化名人及民俗宗教文化，张之洞给予的关注又令人敬佩。

光绪十三年（1887 年）十二月十八日，他致电琼州朱道徐守崖州唐牧，询问唐相李德裕后裔情形。电文曰："闻唐相李卫公德裕，有后裔在崖州多冈村，已变为黎俗。务速访求两三人，须确实有征验者，善为劝导，资送来省，当优给衣粮，令谋出路。其家如有李相故物，婉为购致一两种，重价不惜。"[③]

同月二十七日，唐牧很快回电说："卫公祠已废，现捐修。其裔李亚法为黎首，计二十余家。询知前存玉带玉盅，被匪抢失，无他遗物。

---

① （清）张之洞：《张文襄公全集》卷十九（奏议十九）《请编定琼州乡会试中额折》，中国书店 1990 年版，第 393—394 页。

② （清）张之洞：《张文襄公全集》卷一百一十五（公牍三十）《批署陵水县格通额禀到任查勘情形》，中国书店 1990 年版，第 19 页。

③ （清）张之洞：《张文襄公全集》卷一百三十（电牍九）《致琼州朱道徐守崖州唐牧》，中国书店 1990 年版，第 317 页。

近传亚法商选送省者，因病未至。”[①]

又光绪十四年（1888年）三月十七日电告曰：“李亚法来城，曲传宪谕，彼亦感动。二次率子弟十余人来，选年二十以外者，粗俗难化，且惧赴省，幼者皆在十二三岁以上，尚有韶秀者数人，其父母怯于远离，容再开导。故物碑版编索无存，城东望阙亭亦圮，但民黎共确指为卫公的裔，当不讹也。”[②]

一年多以后，唐牧又致回电告知李德裕裔孙二人，可送到郡城。他又一次致电崖州谢署副将鸿章琼州朱道，去崖州多同罔村，嘱其带往湖北省，电文曰：“唐贤相李德裕贬死崖州，其裔孙尚有存者，已从黎俗。去年屡电嘱唐牧访求，资送来省，据云该忠裔性质愚蒙，不敢远来。此事鄙人终觉于心耿耿，该将务须设法劝导晓谕，携两人同来，许以终身衣食不缺，吾将带往鄂省，将来携之北归中原，为古今忠臣劝。特此切嘱，需费若干，告知即电汇。千万办妥为要。”[③]

这时张之洞已调往湖北任总督。离开两广，但他还心记此事。光绪十六年（1890年）正月初七，朱道致电张之洞，言李德裕裔孙已送往郡城，了却他的心愿。电文曰：“李卫公后裔二人，由谢提督带至郡城，职道面问，一名亚六，年十八岁，一名亚洪，年十六岁，重译始通言语，均不愿远出。”[④]这是朱道给张之洞的电文。

寻找李德裕后裔，是张之洞对唐代名臣的尊敬。宋代名臣苏轼被贬海南遗迹，张之洞也致电寻觅，在同一时间里，张之洞致琼州朱道徐守的电文中说：“苏文忠居琼日有洞酌亭，在今府城，内泉甚

---

① （清）张之洞：《张文襄公全集》卷一百三十（电牍九）《唐牧来电》，中国书店1990年版，第317页。

② （清）张之洞：《张文襄公全集》卷一百三十（电牍九）《唐牧来电》，中国书店1990年版，第317页。

③ （清）张之洞：《张文襄公全集》卷一百三十三（电牍十二）《致崖州谢署副将鸿章琼州朱道》，中国书店1990年版，第368页。

④ （清）张之洞：《张文襄公全集》卷一百三十三（电牍十二）《朱道来电》，中国书店1990年版，第368页。

甘，遗址今尚存否？即查明速覆。拟筹款建祠，以章先贤。”①

朱道也同时回电说：“洞酌亭在城北不远，上为苏公祠，下临苏泉，泉甚甘，外江人官此者，均汲此泉以饮，剖竹符调水，步公故事。祠虽颓废，而规模尚存，重修经费不过千金，职道等力所能办，俟明春开工，再行具报。”②

苏轼在府城遗迹洞酌亭，经张之洞叮嘱，琼州朱道也及时修建了苏公祠。

光绪十三年（1887年）正月，张之洞在与南峒杨道讨论抚黎工作中编排保甲一事，杨道要争齐编保甲，张之洞认为应按实际情况编排，张之洞说：“黎散处万山中，或二三家，或二三十家，安能十家编一排，五百家编一保哉？窒碍甚多，徒扰无益。保甲千古良法，然宜师其意，不必整齐其数，但期群黎有头目约束，奉法向化足矣。至革去总管名目，暂可从缓，恐其疑惧。俟生黎开通后，再通筹一律办理。督辕发去告示，正拟编立土目土职，该道乃革其总管，尤不合，收采群策甚是，但不可设广方略馆名，内廷始有方略馆，名近于僭。办事以实不以文，该道等习气总不能改，何也？以后有关更革建置事体，务须请示复准方可行，勿擅勿率。”③

张之洞在与地方官吏商讨地方保甲建置等工作中，即兴引用苏轼故实，以教育下属，他在同一时间致电南峒杨道说：“苏文忠在琼日，一黎叟问苏：‘何故行新法？’苏曰：‘朝廷因民间贫富不齐，此以齐之耳。’叟曰：‘天生万民，安能齐同？强欲齐之，如两瓦相磨，欲令其厚薄相等，然厚者固薄，而薄者已穿，仍不能齐也。’此乃琼州故实，

---

① （清）张之洞：《张文襄公全集》卷一百三十（电牍九）《致琼州朱道徐守》，中国书店1990年版，第317页。

② （清）张之洞：《张文襄公全集》卷一百三十三（电牍十二）《朱道来电》，中国书店1990年版，第317页。

③ （清）张之洞：《张文襄公全集》卷一百二十八（电牍七）《致南峒杨道》，中国书店1990年版，第279页。

该道亦何为强齐之以牌甲之数乎？”①

关于前贤流传的典故，张之洞娴熟于胸，随手拈来，应用于实际工作之中，可见张之洞知识之广博，以对苏东坡贬儋情况之熟悉程度了。

除修苏祠外，还修建一院并祀历代谪琼名贤。

光绪十四年（1888年）十一月十三日，张之洞致琼州朱道电文说："苏祠竣工否？可修治闳整，鄙人捐千金，并饬局筹闲款千金助工。祠内可多建一院，并祀历代谪琼名贤。"②

这里所说的祀历代谪琼名贤，应是现在五公祠的前身。张之洞作为两广总督，对海南文化如此关照，堪为后代政府所效法。

张之洞对海南政治、经济、民生各方面的关切，不止于上列各项，其他如关税、洋商、宗教、移民等问题，他在给予海南各级官吏的电文及公牍中，尚有许多推动海南开发的意见，将在分述海南各项事件中加以分析。

---

①（清）张之洞：《张文襄公全集》卷一百二十八（电牍七）《致南峒杨道》，中国书店1990年版，第279页。

②（清）张之洞：《张文襄公全集》卷一百三十一（电牍十）《致琼州朱道》，中国书店1990年版，第328页。

第六章　清代海南的对外交往活动

第一节　清代撤除海禁后的海南

清代统一中国之后，经过100多年的经济调整，农业、手工业、商业经济获得恢复，逐渐出现繁荣的势态。到了康、雍、乾三朝，可以说是清代封建社会最辉煌的历史时期之一。在全国各地，开创了空前规模的大一统的多民族国家新格局，出现了历史上所谓的“康乾盛世”。

但在1840年鸦片战争以前，中国社会和资本主义萌芽发展缓慢，原因在于为了切断台湾郑氏集团，从顺治初年起，采取闭关自守的政策，清代一再颁发诏令，除有执照准许出洋者外，一律不准出海，顺治十二年（1655年）六月，宁南靖寇大将军陈泰上疏被采纳，“严禁沿海省分，无许片帆入海，违者置重典”。[①]禁海迁界令下达之后，沿海贸易陷入停顿状态。顺治十三年（1656年）六月十六日，又再次申严海禁，“严禁商民船只，私自出海，有将粮物与逆贼贸易者，不论官民，奏闻正法，货物入官”。[②]

清代实行海禁政策达数十年之久，严格禁止与台湾及海外各国的民间贸易活动，海南有：“壬寅（1662年）：康熙元年，迁沿海居民，

① （清）蒋良骐：《东华录》卷七，齐鲁书社2005年版，第109页。
② 章开沅主编：《清通鉴》（1），岳麓书社2000年版，第355页。

令徙内地五十里。赈贫民之不能迁者。”[①] 一直至康熙二十二年（1683年）夏六月，水师提督施琅征讨台湾，郑经之子郑克塽投降，清廷初设台湾府。施琅在设置台湾府之后，请求通市，获得朝廷允许，大西洋各国商人，皆争请开海禁，终于在康熙二十三年（1684年）下诏开放。

据《国朝柔远记》载："时沿海居民虽复业，尚禁商舶出洋互市，施琅等屡以为言。又荷兰以曾助剿郑氏，首请通市，许之。而大西洋诸国因荷兰得请，于是凡明以前未通中国，勤贸易而操海舶为生涯者，皆争趋，疆臣因请开海禁，设粤海、闽海、浙海、江海榷关四，于广州之澳门，福建之漳州，浙江之宁波府，江南之云台山，署吏以莅之。”[②] 开放海禁之后，雍正七年（1729年）又大开洋禁，凡康熙时设置而未解除的限制均予开放。《国朝柔远记》载："先是康熙中虽设海关，与大西洋互市尚严，南洋诸国商贩之禁，自安南外并禁止内地人民往贩。比因粤、闽、浙各疆臣以驰禁奏请，是年遂大开洋禁。"[③]

海禁期间民间仅可与随贡品船舶来华的番商贸易，开禁之后，凡经官府允准，不违反法令者，均可进行贸易。商业开放之后，洋商洋船来到中国，打开了中国的大门，外国商船纷至沓来，到了乾隆三年（1738年），到达的外国商船有23艘，其中有葡萄牙、西班牙、法国、荷兰、瑞典、丹麦、英国等，尤以英国东印度公司独占贸易特权。

一、开海贸易促进海口商业的繁荣

"开海贸易"令下达的第二年（康熙二十四年，即1685年），正式开放广东、福建、浙江、江苏四省沿海为通商贸易口岸，并在广州、漳州、宁波、上海设立海关，尔后只以广州为唯一通商口岸。从乾隆二十四年（1759年）到鸦片战争爆发前，垄断了全部对外贸易的广州港呈现

---

① （清）明谊修、张岳崧纂：道光《琼州府志》卷四十二《杂志·事纪》，海南出版社2006年版，第1890页。

② 王有立主编:《国朝柔远记》卷二《开海禁》，台湾华文书局印行，第117页。

③ 王有立主编:《国朝柔远记》卷四《西南洋诸国来互市》，台湾华文书局印行，第208页。

一派繁荣景象。

当时，在广东辖区内各主要口岸设置总口，隶属粤海关的海口总口及其所属分口管理本地商人与南洋地区的贸易货物，并负责办理海南与广东、大陆沿海各地贸易货物的出入口监管。据《海口市志》载：时海口内外贸易日趋活跃，海口商人和岛内外商船舶循例自由往来，定居海口的浙、江、闽、桂、粤等地商人，日见增多。为维护自身利益，岛内外商人先后建立了许多商会馆，其中规模较大的有五邑会馆、潮州会馆、高州会馆、福建会馆、兴潮会馆和漳泉会馆，仅漳泉会馆和兴潮会馆在海口经营的商店就有近 400 家。由于会馆的兴起，商贾往来日众，促进了海口贸易的繁荣。至清道光年间（1821—1850 年），海口的店铺比明代增加了 10 倍，城区街道也扩建至 25 条，形成“商贾络绎，烟火稠密”的局面。时海口港进出的船货有“往省高雷廉货”“往福潮江南货”“往江坪（门）榔青货”“进出口省货”“往阳江货船”“进出口福潮江南船”“苦糖水往福建、江南等处”“海北来豆子”“往潮州豆子”等。清代，海口不仅每年有浙、闽商船从海口装运土特产运往日本等国，而且海口本土对外贸易亦较为活跃。清前期，每年由海南开赴暹罗的民船不下 40 只；开赴交趾支那南部的有 25 只；开赴东京（今越南北部）和交趾北部的通常有 50 只，大船载重 159 吨。这种船从事国外贸易规模虽小，但为数甚多。①

二、门户开放之后陷于有海无防的困境

到了乾隆后期，乾嘉之际，清王朝已由盛转衰，吏治腐败，军事废弛，社会动荡不安，海疆防御十分虚弱。道光二十年（1840 年）鸦片战争之后，各国列强觊觎中国，尤其是广东沿海几乎成为列强逞凶交战的场所。海南是南海交通的要冲，成为列强争夺的目标。如同治十年（1871 年）十二月，“俄人请援各国例通商琼州，许之”。②

① 海口市地方史志编纂委员会编：《海口市志》上册，方志出版社 2004 年版，第 9 页。

② 赵尔巽等撰：《清史稿》卷一百五十三《邦交一 · 俄罗斯》，中华书局 1986 年版，第 4493 页。

又英国在同治十年（1871 年），“请开琼州商埠”。“先是同治七年修新约，英使阿礼国允将琼州停止通商，以易温州。至是，英使威妥玛与法、俄、美、布各国咸以为请，允仍开琼州。”①

光绪十二年（1886 年）十月，议琼州口岸。英领事以条约有牛庄、登州、台湾、潮州、琼州府城口字样，谓城与口皆口岸，中国以英约十一款虽有琼州等府城口字样，而《烟台续约》第三条，声明新旧各口岸，除已定有各国租界，应无庸议云云。《英约》天津郡城海口作通商埠，紫竹林已定有各国租界，城内亦不作为口岸，以此例之，则琼州海口系口岸，琼州府城非口岸也。②

光绪十年（1884 年）四月，署部察院左副都御史张佩纶奏：“法国水师总兵福禄诺，令税司德璀琳面呈信函，请准从中讲解等语……叠据李鸿章等电报，该国兵船先后来华，沿海各口岸防务吃重……琼州、台湾、定海、崇明等处，非通商口岸，尤为彼族所窥伺。”③

光绪十年（1884 年）四月，办理广东防务兵部尚书彭玉麟等奏，琼州孤悬巨浸，为彼族所垂涎。已多备水雷，添募壮勇。④

光绪十五年（1889 年），法船驶进琼州所属崖州东百里之榆林港测探水道，上岸钉桩插标，阻之。⑤

光绪二十三年（1897 年），“法要求琼州不割让租借于他国，许之”。⑥

同治十年（1871 年）十二月，“美请援例开琼州商埠”。⑦

从上面所引各例可知，在鸦片战争之后，俄罗斯、英国、美国、

① 赵尔巽等撰：《清史稿》卷一百五十四《邦交二・英吉利》，中华书局 1986 年版，第 4528 页。

② 赵尔巽等撰：《清史稿》卷一百五十四《邦交二・英吉利》，中华书局 1986 年版，第 4534—4535 页。

③ 《清实录・德宗光绪实录》卷一八一。

④ 《清实录・德宗光绪实录》卷一八三。

⑤ 赵尔巽等撰：《清史稿》卷一百五十五《邦交三・法兰西》，中华书局 1986 年版，第 4570 页。

⑥ 赵尔巽等撰：《清史稿》卷一百五十五《邦交三・法兰西》，中华书局 1986 年版，第 4572 页。

⑦ 赵尔巽等撰：《清史稿》卷一百五十六《邦交四・美利坚》，中华书局 1986 年版，第 4584 页。

法国等国都对海南岛虎视眈眈。是时，日本的战略目标专注于台湾。1895 年 4 月 17 日，清朝与日本签订《马关条约》，割让辽东半岛、台湾全岛及其附属各岛和澎湖列岛之后，台湾沦于日本之手。这一丧权辱国的条约，大大地加深了中国社会的殖民地化程度，也对海南岛造成严重的威胁。

清代自海禁撤除之后，一直到列强入侵，中国海疆门户从此洞开，陷于有海无防的困境。

为什么各列强国家都把目标引向海南岛呢？重要的原因是海南岛是南洋贸易的一个主要中心。海南岛北部的贸易中心是琼州，即现在的海口市，拱卫着南渡江河口；南部的繁忙港口是崖州，即现在的三亚市。而且海南岛与澳门、交趾（今越南）、暹罗（今泰国）有着重要的贸易往来。因海南岛地处最南端，每年 1 月都有 20—45 只帆船随季风从海南开往曼谷，因此，18 世纪清代海禁开放之后，海南已成为中南亚一带海上贸易的中转站，也是世界海上丝绸之路航线必经之地，海上的海船利用海南岛作为避风港和给养补充站。因此，海南岛也成为列强掠夺的战略要地。

三、光绪元年（1875 年）开始，英国等 10 国在琼州设领事馆

1840 年第一次鸦片战争失败，清政府派耆英与英国人签订《南京条约》。咸丰七年（1857 年），英法联军又借口向中国进军，咸丰八年（1858 年），在俄美两国支持下，攻陷大沽炮台，清政府又被迫订立《天津条约》，咸丰十年（1860 年），八国联军攻入北京，火烧圆明园，清政府又被迫与英、法签订《北京条约》及批准《中英天津条约》和《中法天津条约》，扩展在中国的通商口岸，其中就包括琼州。《中英天津条约》第一款规定："广州、福建、厦门、宁波、上海五处已有《江宁条约》旧通商外，即在牛庄、登州、台湾、琼州等府城口，嗣后皆准英商亦可任意与无论何人买卖、船货随时往来，至于听便居住、赁房买屋、租地、起造礼拜堂、医院、坟茔等事，并另有取益防损诸节，悉照五口通商无异。"

《中法天津条约》第六款也规定："中国多添数港，准令通商，屡

试屡验，实为近时切要，因此议定将广东之琼州、潮州、福建之台湾、淡水，山东之登州，江南之江宁六口，与通商之广州、福建、厦门、宁波、上海五口准令通无异。”

同时，俄国也强迫清政府订立《中俄天津条约》，把琼州作为通商口岸。咸丰十一年（1861年）签订《中德商约》，同治二年（1863年）签订《中丹天津条约》《中比商约》，同治三年（1864年）签订《中西条约》，同治五年（1866年）签订《中意北京条约》，同治八年（1869年）签订《中奥商约》，琼州在各条约中均被列为通商口岸。从此，各国先后派领事进入琼州。从光绪元年（1875年）十二月开始，英国最先涉足，领事是佛礼赐，一直至宣统三年（1911年），海南岛上有10国的领事驻扎。

现根据《清季中外使领事表》中所载，各国历年驻琼州领事年表见表6—1至表6—10。

表6—1　英国驻琼州领事年表

年代		姓名
光绪元年十一月	1875年12月	佛礼赐［署］R.J.Forrest
光绪四年三月	1878年4月	嘉托玛 Christopher Thomas Gardner
光绪七年八月	1881年10月	费里德 Alexander Frater
光绪九年二月	1883年3月	朱迩典［署］John Newell Jordan
光绪十年四月	1884年5月	倭妥玛 Thomas Watters
光绪十二年十月	1886年11月	任森［署］Octavius Johnson
光绪十七年	1891年	庄延龄 E.H.Parker
光绪二十一年	1895年	任森 Octavius Johnson
光绪二十二年	1896年	额必廉［署］Pierce Essex O'Brien-Butler
光绪二十六年十月	1900年12月	倭讷 E.T.C.Werner
光绪三十年六月	1904年7月	徐思义［署］M.Hughes
光绪三十二年正月	1906年2月	赛斐敕［署］V.L.Savage
光绪三十三年九月	1907年10月	德为门［署］B.Twyman
光绪三十四年	1908年	［署］G.W.Pearson
宣统三年	1911年	美哲［署］A.G.Major

表 6—2 法国驻琼州领事年表

年代		姓名
光绪十四年	1888 年	安迪 [副] Pierre Bons d'Anty
光绪十七年	1891 年	高 [副] Camille Gauthier 驻北海副领兼
光绪二十三年	1897 年	德儒 Veran Dejoux
光绪二十四年十月	1898 年 12 月	柏良材 [署副] E.Blanchet
光绪二十八年九月	1902 年 10 月	白兰 [署] Fernand Belin
光绪二十九年八月	1903 年 10 月	侯耀 [副] Raphael Reau
光绪三十一年八月	1905 年 9 月	伯威 [副] J.J.Beauvais
光绪三十四年十月	1908 年 10 月	何世刚 [副] A.Hauchecorne

表 6—3 德国驻琼州领事年表

年代		姓名
光绪七年八月	1881 年 10 月	费德 [代] Alexander Frater 英领兼
光绪九年二月	1883 年 3 月	朱迩典 [代] John Newell Jordan 英领兼
光绪十二年十月	1886 年 11 月	任森 [代] Octavius Johnson 英领兼
光绪十七年	1891 年	聂务满 [代] J.Neumann 系海关帮办
光绪十九年	1893 年	安文 [代] F.S.Unwin 系海关副税务司
光绪二十一年	1895 年	史纳机 [代] F.Schoenicke 系海关税务司
光绪二十六年	1900 年	阿滋本 [代] W.McC.Osborne 系海关副税务司
光绪二十七年	1901 年	阿歧森 [代] J.Acheson 系海关副税务司
光绪二十八年十月	1902 年	慕德乐 [副] Dr.A.Mudra
光绪二十九年	1903 年	法时敏 [署] H.von Varchmin①
光绪三十四年十月	1908 年 11 月	麦令豪 Dr.P.Merklinghaus

附注：① 1907 年，授正领事、驻北海兼。

表 6—4 奥匈驻琼州领事①年表

年代		姓名
光绪二十一年	1895 年	任森 Octavius Johnson
光绪二十二年	1896 年	额必廉 [署] Pierce Essex O'Brien-Butler
光绪二十六年十月	1900 年 12 月	倭讷 E.T.C.Werner
光绪三十年六月	1904 年 7 月	徐思义 [署] M.Hughes
光绪三十二年正月	1906 年 2 月	赛斐敕 [署] V.L.Savage

续表

年代		姓名
光绪三十三年九月	1907年10月	德为门[署]B.Twyman
光绪三十四年	1908年	[署]G.W.Pearson
宣统三年	1911年	美哲[署]A.G.Major

附注：①奥匈驻琼州领事，均英领事兼。

表6—5 比利时驻汕头、琼州、北海、三水领事年表

年代		姓名
光绪二十八年七月	1902年8月	韩蔓 Th.Hamman 驻香港兼
光绪三十三年正月	1907年3月	李百协 J.Bribosia 驻香港兼
宣统元年	1909年	Francis Janssens 驻香港兼

表6—6 意大利驻汕头、琼州、北海、三水、江门领事年表

年代		姓名
同治三年	1864年	崇利 F.Chomley
光绪六年	1880年	Chev.D.Musso
光绪二十四年	1898年	Ugo Nervegna
光绪二十五年	1899年	福罗秘车利 Z.Volpicelli 兼管粤、闽、滇、黔。1902年授总领事

表6—7 葡萄牙驻琼州领事[①]年表

年代		姓名
光绪二十三年	1897年	甘司东[副]Gaston Camille Kahn
光绪二十四年十月	1898年12月	柏良材[署副]E.Blanchet
光绪二十八年九月	1902年10月	白兰[署]Fernand Belin
光绪二十九年八月	1903年10月	侯耀[副]Raphael Reau
光绪三十一年八月	1905年9月	伯威[副]J.J.Beauvais

附注：①葡萄牙驻琼州领事，均法领事兼。

表6—8 挪威驻琼州领事年表

年代		姓名
光绪三十三年	1907年	安伯雅图[副]Albert Otto

表 6—9　美国驻琼州领事年表

年　　代		姓　　名
同治十一年五月	1872 年 6 月	鲁异师 [副] Burge R.Lewis
光绪七年五月	1881 年 6 月	任森 [代] Octavius Johnson 英领兼
光绪八年	1882 年	费里德 Alexander Frater 英领兼
光绪九年二月	1883 年 3 月	朱迩典 [知] John Newell Jordan 英领兼
光绪三十四年	1908 年	G.W.Pearson[署] 英领兼
宣统三年	1911 年	美 哲 [署] A.G.Major 英领兼

表 6—10　日本驻琼州领事①年表

年　　代		姓　　名
同治十二年六月	1873 年 6 月	林道三郎 [副] Dosaburo Hayashi
同治十三年六月	1874 年 8 月	安藤太郎 [副] Taro Ando
光绪九年十月	1883 年 11 月	町田宝一 [代] S.Machida
光绪二十四年一月	1898 年 2 月	上野季三郎 Kisaburo Uyeno
光绪二十七年十月	1901 年 11 月	野间政一 M.Noma

附注：①日本驻琼州领事，均由驻香港领事兼。

以上资料来源：故宫博物馆明清档案部、福建师范大学历史系合编：《清季中外使领事表》，中华书局 1985 年版，第 94—196 页。

注：副：表示副使臣或副领事

署：表示署理使臣或领事

署副：表示署理副使臣或副领事

代：表示代理使臣或领事

知：表示知事

外国领事进驻海南岛，说明在光绪朝以后，海口作为通商口岸，已开始对外开放，外国领事已登上海南岛进行活动了。

当时海口设立了各国领事馆，得胜沙路成为西方人的聚居地。来自海外的商贾也在得胜沙路设置办事机构。外国领事进驻海南之后，对于海南经济的变化，与他们的初衷是不一样的，历史的发展往往是从相互矛盾、相互冲突中产生剧变的。在这一历史剧变的时刻，海口市的商业活动也发生了重大的变化。

第二节　海南居民大量向海外迁徙

一、清代向海外移民的原因

清代的移民特点，是大批海南人纷纷迁徙海外，尤其是东南亚地区各国。史志上有记载的如：

道光《琼州府志》："康熙五十六年（1717年），申严洋禁，商船不许私往南洋贸易；有偷往潜留外国之人，督抚大吏行知外国，令解回正法。再奉旨五十六年以前出洋之人，准其载回原籍。"①

道光《琼州府志》："道光四年（1824年）四月，星入月宫，郡属旱、虫、大饥。自三年（1823年）九月至道光四年（1824年）八月，郡属久遭旱灾，蝗虫漫天遍野，所过禾麦一空，饿殍载道，鬻男女渡海者以万计。"②

光绪《临高县志》："壬寅（1902年）、癸卯（1903年）两年连遭大旱，高低田禾并无一粒可收，南方多文、龙波、和舍诸市地方稻堪度活，最可怜者，由城厢出东西北方各四五十里之乡村，饥馑荐臻，饔飧靡托，卖妻鬻子，离乡谋食。或往别县，或过番邦，寥落村场，尽是荒烟蔓草，抚境莫不击目伤心。"③

实际上，海南人出洋谋生，远非于清代开始。唐代海南岛已经是南海中西航线之要冲，宋代海南是海上香料之路，茶叶、陶瓷之路的通道，元朝派黎兵去征讨安南，正德《琼台志》早有记载："至元二十四年（1287年）正月，讨安南，诏发江淮、江西、湖广、云南兵

① （清）明谊修、张岳崧纂：道光《琼州府志》卷四十二《杂志·纪事》，海南出版社2006年版，第1897页。

② （清）明谊修、张岳崧纂：道光《琼州府志》卷四十二《杂志·纪事》，海南出版社2006年版，第1904页。

③ （清）聂缉庆、张延主修，桂文炽、汪瑔纂修：光绪《临高县志》卷三《舆地类·前事》，海南出版社2004年版，第82页。

及海外四州黎兵万五千。”[①]这些出征的黎兵，应有人在当地留下。但无论是商务或战争，出洋人数毕竟是少数，而且也不是家庭或个人行为。到了清代，鸦片战争之后，坚船利炮轰开了中国的大门，咸丰十年（1860 年），《中英北京条约》签订之后，清廷正式准许百姓自由出洋，同治五年（1866 年），恭亲王奕䜣与英法两国驻京公使签订《沿海各省招工章程二十二款》，其中首要一点是“中国政府，允许华工自由出洋”。自此以后，沿海各地百姓出洋打工，形成了对外的移民高潮。

海口被辟为通商口岸后，琼州门户洞开，在南洋劳动力奇缺的情况下，大批海南人远渡重洋到世界各地，尤其是东南亚各国，《文昌县志》载：“1858 年 5 月，清廷与英、法分别签订《天津条约》，海口辟为对外通商口岸。其时东南亚英、荷、法殖民地正大搞开发，锡矿业和橡胶业急剧发展，垦荒、筑路、开矿、掘河，建城市、设工厂，都需要大量廉价劳动力。商业也随之发达，去南洋者不愁无工做、无业就。在这样的背景下，大批贫苦的文昌人到南洋谋生，并通过同乡宗亲关系，互相携带，人数逐年增加。据有关资料统计，从 1876 年至 1898 年的 23 年间，仅通过客运出洋的琼侨人数就达 24.47 万人左右，平均每年 1 万人有余，最多的年份竟达 2 万余人，其中文昌人占半数以上，几乎都是青壮年劳动力。他们多从清澜、铺前乘三桅帆船于冬至前后启程，趁北风之势，随波漂流一个月左右，方抵越、泰、马、星等地。两港每年对开十余艘，每艘乘客百数十人。”[②]

清末民初，政局动荡，战乱不停，生活艰难，青壮年男人出洋有增无减。以新加坡为例，从 1902 年至 1911 年间，琼海关出洋人数每年都在万人以上，特别是最后两年，竟分别达 2.8 万与 3.24 万人。泰国、越南的情况亦类似。此时海口已有洋轮开往曼谷、新加坡各埠，春夏每月对开二三次不等，每次多则载千余人，少则三四百以至五六百人，

① （明）唐胄纂：正德《琼台志》卷二十一《平乱·番方》，海南出版社 2006 年版，第 474 页。

② 文昌市地方志编纂委员会编：《文昌县志》第十七编《侨务外事》，方志出版社 2000 年版，第 491 页。

其中也是文昌人居多。①

《琼海县志》也载："邑人出洋，始于唐代。其时，从福建漳州、泉州、莆田和广东等地移居于邑境的一部分商人和渔民，因受不起天灾兵祸之苦，再次乘舟划楫，远渡重洋，移居于南洋群岛，为本县最早的出国华侨之一。"②

明代，草塘埠一带渔民，常运载西沙、南沙群岛捕捞的海鲜品和贝壳到南洋销售，有少数人随船散居于东南亚各地谋生。

鸦片战争后，海口辟为通商口岸，出洋谋生者逐步从东南沿海地区遍及全县各乡村。据新加坡 1881 年的一项人口统计："琼州籍有 8300 人，以文昌、会同、乐会籍居多。"居住在暹罗、安南、马六甲和槟城等地的有数千人。当时出洋者，多为生活所迫，孤身独行，不带家眷，也不打算在外作长期居留，一旦赚钱便返还家乡。他们多从海口乘船出去，也有从港门埠和博鳌港出去的。所乘之帆船，大都横过东京湾，沿着印度支那海岸到达星洲坡（今新加坡）和马六甲等地，行程顺风约半个多月泊港，倘遇天气恶劣则需一个多月，也有不幸者遭船沉人亡之祸。咸丰八年（1858 年），琼海琼剧班开始流入东南亚各地演出。名旦李凤兰系会同县嘉会都人，成名很早，赴东南亚各地演出后，留居南洋立班演出。此为本县最早出洋之女性。此后，女性出洋者逐渐增多。③

以上是志书上所载的一些材料。综观清代历史的发展轨迹，海南移民到东南亚及世界各国，因为当时各国正在发展当中，需要大批廉价劳动力，海南移民成为历史的必然：

（1）人口的压力：历代内陆移民到海南岛，人数不断增加，耕种土地相对减少。尤其是沿海地区的文昌、琼海，人多地少，土地贫瘠，

---

① 文昌市地方志编纂委员会编：《文昌县志》第十七编《侨务外事》，方志出版社 2000 年版，第 491 页。

② 琼海市地方编纂委员会编：《琼海县志》卷二十三《侨务外事》，广东科技出版社 1995 年版，第 696 页。

③ 琼海市地方编纂委员会编：《琼海县志》卷二十三《侨务外事》，广东科技出版社 1995 年版，第 696 页。

生活困难，因此必须谋求出路。张之洞在《致陵水冯督办琼州谦护道》的电牍中说:“文昌地隘人稠，每年出洋趁工者甚多。”[①]在《致琼州朱道徐守》电文中又说：“文昌田少，出洋者众，若果官为劝谕，不出乡而得恒产，民何惮而不为？”[②]陈铭枢在《海南岛志》中也提到:文昌土地贫瘠，地狭人稠。由于文昌地势平坦，到了清代，已无黎族居住其间，生活比较安全，所以南下迁徙海南的官绅商及平民多移居文昌，而且文昌港口多，汉人多，出海方便，时间长了，文昌人的航海技术也丰富了，基于这种种原因，文昌人出洋打工是理所当然的事。

（2）清代海南移民到南洋，是大量的苦工移民，完全是出于家庭或个人的自愿。因为政府苛捐杂税繁重，自然灾害的频繁，迫使人们想方设法往外迁徙。

（3）海南岛是通往东南亚贸易通商的要道，海路来往十分方便，人们大多从水路乘船出去。再加上海口辟为通商口岸之后，海口成为贸易的聚散地，殖民地掠夺、诱骗、招募华工的规模和数量激增，南洋各国到沿海买华工的工头，即今日之所谓“蛇头”，直接到海南来贩卖华工，如光绪三十三年（1907年）正月十一日，一艘名为“昌利”号的船，载250余名华工，由文昌县缝头村偷运出去，其中有幼孩10余名、幼女6名。海口成为贩运华工的码头。

（4）海南沿海的移民,大多数来自福建、广东沿海一带。明清以来，出洋经商或当苦力的人数，与日俱增，他们的亲戚朋友，互相递送消息及门路，由于血缘的亲属关系，到了国外有亲戚朋友照顾，缘于这种关系和心理，所以纷纷奔往南洋谋生。

鸦片战争之后到1911年的移民高潮，很大程度是“苦力贸易”。在这个过程中，签订“契约”的方式有两种：一种是由外国公司招工，中国人“应募”，签订的契约上写明“应募地点、工作性质、年限、

---

① （清）张之洞：《张文襄公全集》卷一百二十九（电牍八）《致陵水冯督办琼州谦护道》，中国书店1990年版，第292页。

② （清）张之洞：《张文襄公全集》卷一百三十（电牍九）《致琼州朱道徐守》，中国书店1990年版，第315页。

工资数额和预付工资数"等项;另一种称为"赊单工"或"赊欠单工",即向船主赊欠船票,到目的地后从工钱中扣付。从表面上看,这种"契约"签订建立在自愿的基础上,完全合情合理,但问题是,签订"契约"是一回事,履行"契约"又是一回事。不仅如此,就连签订本身也是强迫的。所以说,"苦力贸易"的本质是贩卖。[①]

这样,大批契约华工纷纷被贩卖到各殖民国,海南的"苦力"大多到东南亚各国。第一代移民在各国当苦力,一部分人在艰苦劳力生活中死去,部分幸存的华工后来在海外事业发展中成为成功的华侨,作为长期移民,他们为家人寄来外汇,为家乡投资发展。华侨的资本成为海南岛发展建设的资源。

大批人的向外迁移,都有一个痛苦的历程,但阵痛之后,反过来又对家乡带来良好的影响。

二、清代海南向海外移民的状况

《海口海关志》曾经有这样的记录:

海口口岸开埠初期,没有专门从事客运的客船,进出境旅客只能搭乘货船进出。

1882年,在海口设立两个外国商行,经营本港与新加坡、曼谷的客运业务。

1883年,本港与新加坡通航,此后来往于本港和新加坡的旅客不断增多。

1887年,由于暹罗(今泰国)需要劳工,海南旅客出境增多。由海南前往曼谷的旅客,由1887年的1000人增加到1894年的6000人。前往新加坡的劳工,1894年达7531人。

1902年至1911年间,由于本岛连年粮食缺乏等原因,迫使许多人往国外寻求生计。这十年间,自本岛往新加坡的出境旅客达171004人,往曼谷的出境旅客达76487人。

① 葛剑雄主编:《中国移民史》第六卷,福建人民出版社1997年版,第521页。

表 6—11　1902—1911 年来往新加坡与曼谷的旅客统计表

单位：人次

年份	前往新加坡	来自新加坡	前往曼谷	来自曼谷
1902	16252	5030	4929	4429
1903	15385	6029	3021	3607
1904	14633	6279	5988	5322
1905	10620	6725	7013	4360
1906	11878	2947	6799	6243
1907	15429	3473	8453	6101
1908	11948	2543	9533	7607
1909	14438	2071	9122	8036
1910	27990	5155	12193	4157
1911	32431	9052	9464	9723

表 6—12　1887—1911 年琼州口岸进出境旅客统计表

单位：人次

项目 年份	出境				入境				进出境总计
	香港	新加坡	其他地方	合计	香港	新加坡	其他地方	合计	
1887	8481	3940	2428	14849	6287	—	6091	12378	27227
1888	9617	3684	1917	15218	6774	7	8814	15595	30813
1889	5813	8638	3089	17540	7116	6900	2155	16171	33711
1890	4117	9123	2232	15472	8155	5486	1593	15234	30706
1891	—	—	—	—	—	—	—	—	—
1892	3998	5172	1859	11029	7748	3193	1417	12358	23387
1893	—	—	—	—	—	—	—	—	—
1894	—	—	—	—	—	—	—	—	—
1895	4182	10154	4681	19017	8012	2072	1943	12027	31044
1896	5155	6782	4797	16734	8536	5003	3281	16820	33554
1897	7085	4517	5669	17271	12054	1811	2809	16674	33945
1898	5821	6954	7635	20410	9366	2699	2682	14747	35157
1899	4362	10467	7109	21938	10102	1949	3718	15769	37707
1900	4490	7612	3233	15335	11809	1142	2975	15926	31261

续表

年份＼项目	出境				入境				进出境总计
	香港	新加坡	其他地方	合计	香港	新加坡	其他地方	合计	
1901	4151	9280	3636	17067	11583	2165	3176	16924	33991
1902	3821	16252	6576	26649	8405	5030	5237	18672	45321
1903	3117	15385	3927	22429	9213	6029	4202	19444	41873
1904	2794	14633	6484	23911	8068	6279	4041	18388	42299
1905	2528	10622	7322	20472	6818	6725	5002	18545	39017
1906	3200	11878	7182	22260	8907	2947	7374	19228	41488
1907	5542	26229	8930	40701	9064	3473	7187	19724	60425
1908	3650	11948	9948	25546	8710	2543	8599	19852	45398
1909	3917	14438	9658	28013	8338	2071	9041	19450	47463
1910	3701	27990	12732	44423	7810	5155	10211	23176	67599
1911	3509	32432	9890	45831	6530	9053	10735	26318	72149

资料来源：中华人民共和国海口海关编：《海口海关志》，1992年11月版，第217页。

从这两份琼州口岸进出境旅客统计表中，可以了解到光绪年间（1875—1911年）琼州口岸进出境人数逐年增加的情况，其中，海南人移居南洋各地的移民也包括在内。琼州海关1904年报告追述1876—1902年间，载运旅客由海口赴南洋等埠的盛况。该报告说：

自光绪二年（1876年）开关以来，所有旅客出入，年盛一年。查开埠之第一年九个月中，华人之由洋船出入，不满三千名。迨至光绪八年（1882年），则增加其数，将近一万一千名。嗣后则愈增愈旺，及至光绪十一年（1885年），已愈24000名之数，光绪十四年（1888年）时，则增至31000名上下。自此十年之后，竟至35000名有奇。迨至光绪二十八年（1902年），则增过45000名有奇，洵称最旺。其故盖因载客之轮船，轮位固已洁净简便，水脚又极相宜，加以外出各工人，在船均有下役伺候，起居饮食，较之家居尤为舒服，是人皆乐于搭船远游也。[①]

① 苏云峰：《海南历史论文集》，海南出版社2002年版，第198页。

又据《中国海关历年报告》中自1897—1911年间从海口出洋海南人统计：

表6—13　海南人历年从海口出洋统计（1897—1911年）

单位：人次

年份	赴香港	赴新加坡	赴曼谷等地	合计
1897	—	—	—	17203
1898	—	—	—	20356
1899	—	—	—	21836
1900	—	—	—	15254
1901	—	—	—	16986
1902	3821	16252	6576	26649
1903	3117	15385	3927	22429
1904	2794	14633	6484	23911
1905	2528	10622	7322	20472
1906	3200	11878	7182	22260
1907	5542	26229	8930	40701
1908	3200	11878	7182	22260
1909	3917	14438	9658	28013
1910	3701	27990	12732	44423
1911	3509	32432	9890	45831

资料来源：《中华民国海关华洋贸易总册》，《琼海关代理税务司致琼崖道复函》，转引自苏云锋：《海南历史论文集》，海南出版社2002年版，第203页。

三、清廷设驻外使臣保护侨民

从光绪中期以后，部分出洋移民已从当苦力而发展到华商，外洋各埠华商甚多，他们经常向祖国捐款，有的回国办投资企业，对国家有利，所以一些明智之士向朝廷提出建议，把过去对出洋的禁令改为保护政策，光绪十二年（1886年），张之洞与张荫桓一起向德宗（爱新觉罗·载湉）上奏折，申述在外国设立领事馆以保护侨商事宜，奏折中说："中华人民散处外洋各埠，略分工、商两途，百年以来生聚日盛，虽侨居异域而频年捐赈、捐饷，不忘本源，深堪嘉尚。特以谋食他方，漫无统属，不免为他族欺虐。大约海外各国之待华人情形，虽不一致而意存畛域，则一有官申理则共庆来苏，无所控告则苛虐殊甚。”张之洞等认为华人在外洋对中国有利，应该有一个组织来保护他们的利益，他们算了一笔账说：“综计诸洋华民数逾百万，除世居海外及孤身出洋者约十之八，有家属通音问者约十之二，尚有二十万人，每年寄家少者数十，多者千百，酌中牵算，人以百元为率，亦有二千万元，为银一千数百万两。果能保护无虞，其获利回华者，复能谕禁乡邻吏胥不得讹诈，从此声息常通，不忘归计，日推日旺，实为中国无形之益。若化外视之，则沿海各省华民生机日蹙，甚非中国之利也。”因此，他们建议在“南洋各岛，特派使臣遴员分驻……请特派使臣，办事仍由使臣遴择妥员为领事官分驻各岛，益昭慎重”。①这样，各国领事馆使臣就可保护侨民利益。奏折获得清廷批准实行，当时，在英属的新加坡、美国的旧金山、日本的长崎、英属的香港，均设有领事馆，执行护侨政策，使华侨的生命财产有了一定的保障。再加上南洋各国的锡矿业及橡胶业均在发展中，为华人出国谋生开辟了一条道路。因此，海南岛沿海各县的人民，出海谋生的人数就越来越多了。到光绪末年，琼口口岸出境人数竟达45831人。以清朝驻英国使臣及新加坡、槟榔屿领事年表为例：

表6—14　清朝驻英国使臣年表

年　代	使臣姓名
光绪元年（1875年）	郭嵩焘、许钤身（副，未行）
光绪二年（1876年）	郭嵩焘、许钤身（副）、刘锡鸿（副）
光绪三年（1877年）	郭嵩焘、刘锡鸿（副）
光绪四年（1878年）	郭嵩焘、曾纪泽
光绪五年（1879年）	郭嵩焘、曾纪泽
光绪六年（1880年）	曾纪泽

①（清）张之洞：《张文襄公全集》卷十五（奏议十五）《会筹保护侨商事宜折》，中国书店1990年版，第316—317页。

续表

年　　代	使 臣 姓 名
光绪七年（1881 年）	曾纪泽
光绪八年（1882 年）	曾纪泽
光绪九年（1883 年）	曾纪泽
光绪十年（1884 年）	曾纪泽
光绪十一年（1885 年）	曾纪泽、刘瑞芬
光绪十二年（1886 年）	曾纪泽、刘瑞芬
光绪十三年（1887 年）	刘瑞芬
光绪十四年（1888 年）	刘瑞芬
光绪十五年（1889 年）	刘瑞芬、陈钦铭（未任）、薛福成
光绪十六年（1890 年）	刘瑞芬、薛福成
光绪十七年（1891 年）	薛福成
光绪十八年（1892 年）	薛福成
光绪十九年（1893 年）	薛福成、龚照瑗
光绪二十年（1894 年）	薛福成、龚照瑗
光绪二十一年（1895 年）	龚照瑗
光绪二十二年（1896 年）	龚照瑗、罗丰禄
光绪二十三年（1897 年）	龚照瑗、罗丰禄
光绪二十四年（1898 年）	罗丰禄
光绪二十五年（1899 年）	罗丰禄
光绪二十六年（1900 年）	罗丰禄
光绪二十七年（1901 年）	罗丰禄、张德彝
光绪二十八年（1902 年）	罗丰禄、张德彝
光绪二十九年（1903 年）	张德彝
光绪三十年（1904 年）	张德彝
光绪三十一年（1905 年）	张德彝、唐绍仪（未任）、汪大燮
光绪三十二年（1906 年）	汪大燮
光绪三十三年（1907 年）	汪大燮、李经方
光绪三十四年（1908 年）	李经方
宣统元年（1909 年）	李经方

续表

年　　代	使　臣　姓　名
宣统二年（1910 年）	李经方、刘玉麟
宣统三年（1911 年）	刘玉麟

表 6—15　清朝驻新加坡（英属）领事年表

时　　间	使　臣　姓　名
光绪三年九月至六年二月（1877.10—1880.3）	胡璇泽
光绪六年二月至七年八月（1880.3—1881.9）	苏溎清（署）
光绪七年八月至十七年三月（1881.9—1891.4）	左秉隆
光绪十七年三月至二十年六月（1891.4—1894.7）	黄遵宪（总）
光绪二十年六月至二十三年（1894.7—1897）	张振勋（署总）
光绪二十三年至二十五年四月（1897—1899.5）	刘玉麟（署总）
光绪二十五年四月至二十七年十二月（1899.5—1901.1）	罗忠尧（总）
光绪二十七年十二月至二十八年四月（1901.1—1902.5）	吴世奇（署总）
光绪二十八年四月至三十年十二月（1902.5—1904.1）	凤仪（总）
光绪三十一年十二月至光绪三十三年九月（1905.1—1907.10）	孙士鼎（总）
光绪三十三年九月至宣统二年九月（1907.10—1910.10）	左秉隆（总）
宣统二年九月至三年（1910.10—1911）	苏锐剑（总）

注：光绪三年（1877 年）九月二十五日，总署奏准在新加坡设领事一人，兼辖海口等处交涉事务。光绪十七年（1891 年）七月出使英国大臣薛福成奏准设总领事一人，统辖槟榔屿、马六甲及附近英属各岛交涉事务。

表 6—16　清朝驻槟榔屿领事年表

时　　间	使　臣　姓　名
光绪十九年一月至二十年六月（1893.2—1894.7）	张振勋（副）
光绪二十年六月至二十四年四月（1894.7—1898.5）	张鸿南（副）
光绪二十四年四月至二十八年十二月（1898.5—1902.1）	谢荣光（副）
光绪二十八年十二月至三十二年十月（1902.1—1906.11）	梁廷芳（代副）
光绪三十二年十月至三十三年十一月（1906.12—1907.12）	谢荣光（副）
光绪三十三年十一月至宣统三年（1907.12—1911）	戴春荣

注：槟榔屿兼威利斯雷省并丹定斯等处，光绪十九年（1893 年）设副领事一人，至宣统三年（1911 年）二月二十日改为正领事一人。

资料来源：故宫博物院明清档案部、福建师范大学历史系合编：《清季中外使领事表》，中华书局 1985 年版，第 3—4、73 页。

四、海南人在南洋各国纷纷建立琼州会馆

海南人移民到南洋去，冒着生命的危险，远涉重洋，背井离乡，漂洋过海，他们除了把自己的命运寄托于自己信仰的神祇——天后外，还在落脚的地点，自发在各地建立海南会馆，对自己同乡互相帮助和保护。这里以马来西亚及新加坡为例：

在马来西亚建立的海南会馆：

（1）马六甲海南会馆，创立于清同治八年（1869 年），发起人是黄仕进。

（2）太平琼州会馆，雏形自同治八年（1869 年），至光绪七年（1881 年），由潘光精、邢尚义、陈道山、邢凤仙、林天胜、苏家昌、陈继炳、陈振昌、林树杰、陈振祥、卢奂若、高士达等发起，建会所于敏律。

（3）槟城海南会馆的创立年份，因年代遥远，殊乏史籍以为考据。馆中现存“莫不尊亲”额为最古，乃为同治九年（1870 年）之遗物。

（4）古晋海南公会，创立于光绪十一年（1885 年），先是天后庙，后为琼侨公所，最后为琼州公会。

（5）蔴坡海南会馆，创立于 1882 年 5 月 21 日，由陈文义倡组。

（6）新山琼州会馆，创立于光绪九年（1883 年），继后由黄德仁、谢士轩等发起劝募捐款购置馆址。

（7）雪兰莪琼州会馆，创立于光绪十五年（1889 年），由叶勇（又名叶荣）联合同乡创立。初称琼府会馆，至 1918 年始正名为琼州会馆，1991 年更名为雪隆海南会馆。

（8）巴生海南会馆，创立于 1894 年，由陈德万、陈文秀、龙道仁等倡组。

（9）吉玻海南会馆，创立于光绪年间，迄今已逾百年之久，由曾桂、云大裕等发起创设，初称吉礁琼州会馆，至 1972 年始改称吉玻琼州会馆。

（10）安顺琼州会馆，创立于光绪二十一年（1895 年），前身为隆邦馆，由李其仁、苏志东、云逢创诸先贤出钱购置馆所。

（11）永平海南会馆，创立于光绪二十六年（1900年）左右，由陈书汉等发起。

（12）东甲海南会馆，创立年代及倡建人已无可考。据老人口述，也在光绪二十六年（1900年）左右。

（13）淡边柔河琼州会馆，创立于光绪二十八年（1902年），创立人为郭巨川、林义甫等。

（14）关丹海南会馆，创设已百年之久，由潘昌桂提供馆址，王三职、史锦璋、史贝璋等负责捐款兴建。

（15）甘马仕琼州会馆，创立于光绪三十二年（1906年），由符朝炳发起创立。

（16）吉兰丹海南会馆，创立年份及倡建人均无记载，但据徐道玖老先生口述，光绪三十二年（1906年），已由符和泰、龙有源、张廷兰等在道北海边椰园创设琼州会馆。

（17）峇株海南会馆，创立于宣统二年（1910年），由龙逢时、龙其昌等筹建。

（18）林明琼州会馆，创立于宣统二年（1910年），由王三积、吴称珍等筹建。

（19）北加琼州会馆，创立人及倡建者已无可考，据黄邦栋老先生口述，宣统二年（1910年）由黄宗星、尤劭能等创建。

（20）浮罗交恰琼州会馆，创立经过已无可考，但据唐书悦老先生口述，1915年时会馆已存在，据他估计，会馆创立大约在1910年前后。

（21）丰盛港海南会馆，创立于宣统三年（1911年），由韩居丰发起建立。[①]

新加坡在1965年才从马来西亚独立出去的。在嘉庆二十四年（1819年）新加坡开埠后，华人陆续移居到新加坡，最早华人为粤籍和漳泉籍人士。在各邑籍中，琼州人大约在道光三十年（1850年）后，

① 吴华编：《马新海南族群史料汇编》，马来西亚海南会馆联合会1999年6月出版，第40—42页。

才大批移民新加坡。

海南岛前来的帆船载来了货物，也载来了新客，光绪七年（1881 年）的一项人口统计中，琼州人有 8300 多人，都是男性，因为琼州女性在 1904 年以后才开始到新加坡来的。

据马来西亚学者吴华研究，在清代，虽然琼州政府并不限制女性的出洋，但是琼州女性却因习俗而“禁止出洋”。当时琼籍男性出洋到新加坡，不携带妻子同行的原因是：第一，琼籍人士严守孔孟礼教的传统哲学，所以丈夫出洋谋生，妻子则在家中孝敬父老以尽妇德。第二，当时去番的新客都不想在外长久居留，所以不想携带家眷。第三，当时的新客大都是劳工，所赚的收入有限，因要按月付款返家，就无法在异乡供养妻子。第四，当时有一种错误的观念，即是移居新加坡的妇女都是不良女性。

基于上述原因，所以在 1904 年以前，没有琼籍女性去新加坡。

新加坡于道光四年（1824 年）有第一个户口记录的统计。当时全新加坡有 10683 人，其中华人占 3317 人，尤多数是粤籍、闽籍人士。到光绪七年（1881 年）的人口统计，才正式统计各籍华人的人数，琼籍人数为 8319 名。宣统三年（1911 年）增加到 10504 人。在新加坡的福、潮、粤、琼、客各籍人士中，琼籍人士经济最薄弱。据韩槐准考证：在道光十年（1830 年）时有帆船由海南岛到槟城经商。被视为第一位来新加坡的海南人是林崇仁，他在 1841 年到新加坡。韩亚二及王志德于光绪十三年（1887 年）成立符氏社，韩氏祠创立于光绪二十六年（1900 年），琼崖黄氏公会成立于宣统二年（1910 年）。琼籍人士王绍经等于宣统二年（1910 年）倡办育英中学（原名育英学堂），琼州人于光绪二十八年（1902 年）创办乐善居医院，于同治一年（1862 年）购置了老义山，光绪十七年（1891 年）购置新义山，琼州天后宫于咸丰七年（1857 年）成立后，出资购置坟地作为乡人百年入土为安之需。①

① 吴华编：《马新海南族群史料汇编》，马来西亚海南会馆联合会 1999 年 4 月出版，第 1—2、57—58、62—65 页。

五、从海南的家谱（族谱）中看海南的移民

海南现存的族谱所记录的有关移民资料，是最具实质性的。在海南的谱牒里，展示了一个个鲜活的有血有肉的移民个体。如《文氏族谱》记载，文氏潮港派三十六世都是19世纪初叶出生的，其大量向外移民情况如下：

大英长子振荣，生道光五年乙酉（1825年）十一月十八日卯时，往番卒。

大英三子振华，生道光十二年壬辰（1832年）九月初四丑时，客番卒。

大选四子振浩，生道光十六年丁酉（1836年）二月初九日酉时，往番卒。

大行子振声，生道光二年壬午（1822年）十月十五日巳时，往番。

大儒子振绪，生道光二十六年丙午（1846年）八月二十日丑时，往番卒。

大德子振义，生道光十一年辛卯（1831年）七月初三时亥时，往番卒。

大纲子振焜，生咸丰七年丁巳（1857年）四月二十四日子时，往番。

四房六合派三十五世：

宗祖次子大俊，生道光三年癸未（1823年）三月二十日子时，往番卒。

宗祖三子大杰，生道光十三年癸巳（1833年）三月二十九日巳时，客洋卒。

四房波仔派三十六世：

学清次子坚真，生道光二十七年丁未（1847年）十月十五日未时，往番。

四房潮港派三十六世：

大雅长子振福，生道光二十三年癸卯（1843年）九月二十九日亥时，往番。

大典次子振焜，生道光二十六年丙午（1846年）八月初一子时，

往番。

海南谱牒中相同年段的移民生卒年记录还有很多。这些材料告诉我们，出生于19世纪二三十年代的人，他们在五六十年代移民海外，构成海南第一个移民高潮。上述这些材料，没有说明移民者为什么成批在19世纪中叶集中地移民海外；笔者在这里有理由推测，这次移民高潮的政治原因，是1842年《南京条约》签订以后，海禁逐步解除，容许海外移民；同时，1858年第二次鸦片战争以后，清政府签订了《天津条约》，规定海口作为对外通商口岸之一，在这样的历史背景下，出现了谱牒记载的上述移民高潮的情况。

在海南谱牒中，还展示了海南向外移民的原因。如："国家贫，不能卒读，成人后，远适湄南。"① "出应试，不售，自知数奇，未得与于科名之列，乃弃儒就商，往南洋经营。"② 也有因"乡人有经商往暹罗，君怦然动，摒挡以往"③，也有因"因家贫，弃举子业，赴南洋以谋生活"④，也有"每不肯以小化居自足，弱冠后赴暹罗，依堂叔文修以居"⑤，也有结婚以后，"遂出南洋"谋生⑥等等。这些纯粹是个人目的。他们之所以移民海外，是为了改变生活环境，使个人能够活下去，并使家庭得以保存。

在这林林总总的移民形态里面，谱牒为人们提供了富有个性特征的移民原因，这些材料，在政府文件和地方志里是不可能获得的。因此，可以说，谱牒是不可替代的实证性文献。

① 《符氏族谱·符平吾传》。
② 《符氏族谱·符鸿保公传》。
③ 《符氏族谱·符福临传》。
④ 《符氏族谱·符昌分传》。
⑤ 《符氏族谱·符庆清传》。
⑥ 《符氏族谱·符贵卿传》。

第七章　清代时期的南海诸岛

第一节　典籍记载与文物验证

南海是中国三大边缘海之一，位于中国大陆的南方，故称南海，国外称南中国海。面积约 3.5 亿公顷，几乎被中国大陆、半岛和岛屿包围，有一个比较完整的深海盆地。东北部经台湾海峡与东海相通；东部经巴士海峡、巴林塘海峡和巴布延海峡与太平洋相通；东南经民都洛海峡、巴拉巴克海峡与苏禄海相通；西南部经马六甲海峡与印度洋相通；南部经卡里马塔海峡、加斯帕海峡与爪哇海相连。东沙群岛、西沙群岛、中沙群岛、南沙群岛及其海域蕴藏丰富的海洋渔业资源、海洋石油资源和其他矿产资源。按《联合国海洋法公约》和中国的法律，过去属广东省管理，现属海南省管辖的海域面积约 200 万平方千米。①

南海诸岛即东沙、西沙、南沙、中沙四组群岛，是中国的固有领土，千百年来，中国人民世世代代在这里从事和平的生产劳动，从未受到外来的干扰。但到了清朝末期，19 世纪末到 20 世纪初，尤其在 1840 年鸦片战争之后，南海诸岛就显得不平静了。因为这里的海产资

---

① 海南百科全书编纂委员会编：《海南百科全书》，中国大百科全书出版社 1999 年版，第 205 页。

源及石油资源十分丰富，又地处欧亚交通要冲，在军事上也有重要的价值和战略地位，使某些外国政府及外国商人为之垂涎。他们或企图把海岛占为己有，或从海岛上掠夺资源。因此，利用各个借口强占海岛，使原本平静的南海诸岛，风云四起，白浪汹涌。笔者现在从下列几个方面来考察清代南海诸岛的状况。

一、清代编纂的地理书籍与志书和中外地图记载的南海诸岛

在清代，有关南海行政区划已日趋稳定，中国政府已确定属于琼州府的管辖范围，在地图上也列入版图。清人陈伦炯（父陈昂是平定台湾都统），从小就从其父熟闻海道形势，及袭父荫，历任澎湖副将、台湾镇总兵，官移广东高、雷、廉、江南、崇明、狼山诸镇，又为浙江、宁波水师提督，都是滨海地区。他以生平闻见写成《海国闻见录》一书，书中多次提及西沙群岛的千里石塘、万里长沙、七洲洋等地，他在《南洋记》中写道："七洲洋在琼岛万州之东南，几往南洋者必经之所。""独于七洲大洋大洲头而外，浩浩荡荡，罔有山形标识，风极顺利……偏东则犯万里长沙、千里石塘。"在《南澳气》篇中又说："至琼海万州曰万里长沙，沙之南又生礁古石至七洲洋，名曰万里石塘。"①

谢清高的《海录》指出："万里飞沙者，海中浮沙也，长数千里，为安南外屏。"②

清代顾祖禹著的《读史方舆纪要》记载：广东琼州府有七星山，"七星山有七峰相连，一名七洲洋山，林木茂密，下出淡泉，航海者必取汲于此。"又记崖州时说："宋天禧二年，占城使言国人诣广州，或风漂船至石塘即累岁不达，石塘在崖州海面七百里。"③书中所说的七洲洋、千里石塘、万里长沙等名称，即现在的西沙群岛。

---

① 陈伦炯撰：《海国闻见录》卷上《南洋记》《南澳气》，见《钦定四库全书》第594册，台湾商务印书馆，第858、867页。

② （清）谢清高口述、杨柄南笔录、安享校释：《海录》，商务印书馆2002年版，第127页。

③ （清）顾祖禹：《读史方舆纪要》卷一百五十《广东六·琼州府·文昌县》，中华书局2005年版，第4773、4783页。

在南海航线上，谢清高指出西沙群岛东西两侧有两条不同航线："噶喇叭（雅加达）在南海中……海船由往广东者走内沟，则出万山（群岛）后，往西南行，经琼州。安南至昆仑。又南行约三四日到地盆山，万里长沙在其东。走外沟，则出万山后，向西南行少西，约四五日过红毛线（中沙群岛）有沙坦在其中，约宽百余里。其极浅处止四丈五尺，过浅又行三四日到草鞋石，又四五日到地盆山，与内沟道合。"①

清代有关南沙群岛归属海南岛的记载，如康熙三十六年（1697 年）《广东通志》、雍正九年（1731 年）《广东通志》、道光二十一年（1841 年）《琼州府志》等，都把千里石塘和万里长沙列入琼州府疆域。

《琼州府志》"万州海防"条，有"万州有千里石塘，万里长沙，为琼洋最险之处，舟过此者，但望即已沉溺，不可救"。②

光绪《崖州志》载："有千里石塘，万里长沙，为琼洋最险之处。"③

民国《感恩县志》载："洲东接大洲洋，有千里石塘，万里长沙，为琼洋最险之处。"④

《海防说略》载："粤海天堑，最称险阻，是皆谈海防者所宜留意也。"⑤

由此可知，西沙群岛及南沙群岛在志书上已成为"琼洋"所属，而所谓"粤海"，也是"琼海"，因清代海南岛属广东管辖。在清代史籍中已确认南海诸岛属于琼州府的管辖范围。

笔者再从行政区地图上来获得进一步的印证，如 1709 年《大清中外天下全图》、1724 年《清直省分图》的《天下总舆图》、1755 年

① （清）谢清高口述、杨柄南笔录：《海录》，商务印书馆 2002 年版，第 127 页。

② （清）明谊修、张岳崧纂：道光《琼州府志》卷十八《海黎志一·海防·万州海防》，海南出版社 2006 年版，第 782 页。

③ （清）钟元棣创修、张嶲等纂修、安享校释：光绪《崖州志》卷十二《海防志·环海水道》，海南出版社 2006 年版，第 306 页。

④ 周文海重修，卢宗棠、唐之莹纂修：民国《感恩县志》卷十二《海防志·海防·环海水道》，海南出版社 2004 年版，第 259 页。

⑤ 徐家乾：《海防说略》。

印行的《皇清各直省分图》的《天下总舆图》、1767年印行的《大清万年一统天下全图》和《大清万年一统全图》、1800年印行的《清绘府州县厅总图》、1803年印行的《大清万年一统天下全图》、1810年印行的《大清万年一统地理全图》、1817年印行的《大清一统天下全图》、1894年印行的《古今地舆全图》、1905年印行的《大清天下中华各省府州县厅地理全图》等，都把南海诸岛列入清朝一统天下的疆域内。

另外,清代许多外国地图也把南海诸岛的位置标明为“支那海”“南中国海”“大清海”，以示中国传统领域的范围。如1852年日本竹口贞乔出版的《新订坤舆略全图》和1855年日本山路谐孝出版的《重订全国全图》，在南海位置标明“支那海”三字。1861年，日本佐藤政养出版的《新刊舆地全图》，则在南海位置上写“大清海”三字。在西方,英、美等国的地图上也标明是“中国海”,如1807年美国丁·约翰逊出版的《东方航行者》卷首附图,在今南海位置上写上“CHINASEA”（中国海）、1818年英国克拉克·艾贝尔出版的《中国航行记》、1868年英国海军部测绘局出版的《中国海指南》等均在南海中写上“CHINA SEA”（中国海）。①

二、海南渔民陆续在南海诸岛上进行开发

中国渔民在南海从事捕捞海产活动，早在晋朝裴渊著的《广州记》中已有记载：“珊瑚州，在（东莞）县南五百里，昔人于海中捕鱼，得珊瑚。”一千多年以来至清代,海南岛上的渔民不仅到南海诸岛捕鱼,而且有的就住在岛上。陈天锡编的《东沙岛成案汇编》《西沙岛成案汇编》及厦门大学南洋研究所1978年编写的《南洋问题》第3期所发表的采访材料《海南岛渔民谈开发南沙群岛的历史资料》所保存的资料有很高的历史价值。如：

---

① 以上资料均引自吴凤斌：《南沙群岛向来就是中国的领土》；吕一燃主编：《南海诸岛——地理·历史·主权》；吴凤斌：《古地图记载南海诸岛主权问题研究》，黑龙江教育出版社1992年版，第64—68页。

1. 渔民蒙全洲的口述材料

蒙全洲是文昌县铺前人，他说，他的祖父蒙宾文从年轻时起，约在清嘉庆年间，就由同村老渔民带到西、南沙群岛去捕鱼。他的父亲蒙辉联从十几岁开始（约在清咸丰年间），直到年老（光绪末年逝世）为止，每年都去西、南沙群岛打鱼。他十几岁就跟父亲到西、南沙群岛去，亲眼看到长辈在南沙的一些岛屿挖水井，种番薯、椰子、冬瓜和南瓜等。15 岁时（1898 年）到西沙群岛捕鱼，十六七岁时也去，渔民把南沙群岛称为北海。他这一代人，去过南海捕鱼的人很多，有的人死在岛上。在岛上捉海龟、海参、公螺，种瓜菜，岛上有人住的地儿就有庙，相传是遇难的“一百零八个兄弟公”。他说，他在西、南沙一带捕鱼作业几十年，见到过日本人、法国人。

2. 渔民符用杏的口述材料

符用杏在 1977 年时 91 岁，他说，他的伯父符世丰从清同治年间就在西、南沙打鱼，父亲符世详也在清同治年间到西沙去捕鱼。听他父亲讲，铺前人去南沙捕鱼的人很多。他从清澜港启航到南沙奈罗、红草、罗孔、第三、黄山马、南密、秤钩、女星屿等岛礁都去捕捞作业过，初到南密时，岛上已种有 100 多棵椰子树，还种有香蕉和菠萝。

仅从这两人的口述材料看，在清代，一批又一批的海南人到过南海诸岛上捕鱼，他们（或比他们去得更早的人）在岛上种植、建庙，捕鱼为业，一代一代传下来。①

再从陈天锡编的《西沙岛、东沙岛成案汇编》中所载：

（1）东沙群岛

① 同治八年（1869 年），广东香山渔民梁胜，前往东沙岛，并在东沙岛大王庙后种有椰子树三棵。

② 光绪二十二年（1896 年），大王庙荒废，渔民梁胜以银二千元修葺，又以银五百元另建“兄弟庙”一座。

---

① 《海南岛渔民谈开发南沙群岛的历史资料》，载《南洋问题》1978 年第 3 期。

③ 光绪二十九年（1903 年），渔户集资七百余两重修兄弟庙。

（2）西沙群岛（根据 1974 年琼海县调查）

① 道光年间，海南琼海县青葛地区渔民吴坤俊、李洋松等人到西、南沙进行生产活动。

② 同治年间，琼海渔民在金银岛的西部开挖水井一口，并在附近种植海棠树一株。在琛航岛琼海渔民曾用珊瑚石堆成一小庙，庙里安放了一尊观音像，渔民俗称“三脚婆”。

③ 光绪年间，琼海县潭门渔民王家伦在北岛东南部盖一瓦顶小庙，在甘泉岛、赵述岛亦有海南渔民种植椰子树，并开挖水井。

（3）南沙群岛

① 道光年间，海南琼海青葛地区渔民吴坤俊、李洋松等人到西沙进行生产活动。

② 同治十年（1871 年），海南琼海县潭门上教坡村渔民何大丰等二十余人到南沙群岛进行生产活动。据说，在此以前文昌县渔民亦已到该岛从事渔业生产。

③ 光绪年间，琼海县渔民在太平岛西北部建伏波庙一座，并在岛西北部开挖水井一口，种植椰子树二百株；又分别在红草峙、中业、双子、南钥、南威等岛各开挖水井一口，并种植椰子树二十至一百株不等，文昌县渔民长期居住在南威岛的西南方，他们在住宅里修建地窖，存放海味干货和粮食等物资。

在南沙群岛的北子岛上，就有两座坟墓，墓碑一载同治十一年（1872 年）翁文芹，一载同治十三年（1874 年）吴 ××，清代海南岛的渔民在南沙群岛上从事生产活动，而且将死者尸体葬在海岛上。

1868 年，英国出版《中国海指南》一书，记载过南沙群岛的郑和群礁的情况时说：“海南渔民，以捕取海参、介壳为活，各岛都有足迹……海南每岁有小船驶往岛上，携米粮及其他必需品，与渔民交换参贝。船于每年十二月或一月离开海南，至第一次西南风起时返。”20 世纪初年，日本人小仓卯之助到南沙群岛进行窥探时，就坦率承认岛上有海南渔民，而且还在双子礁、西月岛、中业岛等处看到我国渔民在岛上挖的水井，建的庙宇和坟墓，也在岛上看到我国海南岛渔民绘画的南沙群岛航海的水路图。[①]

清末以来，中国海南岛和雷州半岛各地渔民都有到南沙群岛去捕鱼，其中以文昌、琼海两县最多，每年仅从此两地去的渔船就各有十几条到二十多条。每船载二十多人，载重五百到八百担，每船带四五只小舢板。航行靠罗盘，计算更路，初用点香，以后用钟。在南沙捕捞所得公螺、赤海参、红海参运到新加坡出售，而海龟干、鸟干、白海参、黑海参则运回海南。我国南沙群岛渔业生产越来越多，从国内市场销售转向国际市场销售。同治四年乙丑（1865 年）有琼海潭门港口郑有吉、曾圣姐等 42 人把南沙捕捞海产运到新加坡去销售。[②] 到 1900 年后文昌县文教大船主黄学校逐渐垄断南沙群岛公螺壳转运到新加坡出售。黄学校拥有盛兴号、保安号和和安号三艘船只，专门航行南沙群岛、越南和泰国之间，每年可获利三万多元。[③] 南沙群岛的渔产，已开始启发文昌渔民的对外贸易活动。

三、西沙群岛发现的清代文物

1974 年春，广东省博物馆和海南行政区文化局对西沙群岛作了第一次文物调查，1975 年 3 月至 4 月，又组织了一个调查组进行第二次调查发掘，在两次调查中，考古人员踏遍了西沙群岛的绝大部分岛礁沙滩，足迹所至几乎都能发现我国古代的历史遗迹或遗物，这些大量文物资料无可争辩地证明，西沙群岛自古以来是我国神圣的领土。

在采集的文物中，自南朝至唐、宋、元、明、清，现将所采集的清朝部分的文物登记如表 7—1 所示。

---

① 《南海诸岛——地理·历史·主权》，载林金枝：《中国人民对西沙、南沙群岛物产开发的悠久历史》，黑龙江教育出版社 1992 年版，第 121—122 页。

② ［日］义田一德：《新南群岛记》。

③ 吴凤斌：《西沙群岛向来就是中国的领土》。

表 7—1 西沙群岛礁盘、沙滩采集瓷器登记表

地点	名称	数量	大小和完成情况	时代	内容
珊瑚岛东礁盘	青花盘	78	器形略有大小、口径 21—27 厘米、高 4—5.5 厘米	清	口沿外卷，短壁圈足，内底平。盘内底一圈和外壁腹以下露胎。内壁印连弧纹和两行半边的“寿”字纹，常有压现象。少字盘外壁印蝶状图案。盘内底心双线方框内印“祠堂瑞兴”“开兴”“隆兴”“□□合记”等文字。
珊瑚岛东礁盘	青花碗	7	口径 13 厘米、高 6.2 厘米	清	侈口圈足，壁较斜直。碗内底一圈和足端露胎，外壁印两行“寿”字纹，二件底心印“良德”“荣玉”二字。
南沙洲沙滩和礁盘	白釉小碗	2	口径 8.4 厘米、高 3.9 厘米	清	胎质细白，白釉微闪青，侈口圈足，外壁模印微凸起的小花朵。
南沙洲沙滩和礁盘	仿成化青花碗	110	残件，少数能复原器形。口径 12—18.4 厘米、高 9—9 厘米	清	白胎，白釉微青，青花色泽鲜蓝。直口宽底，底心微鼓，圈足较高。外壁一侧画临江楼阁或江上行船等青花图案。另一侧题唐王勃的“画栋朝飞南浦云，珠帘暮卷西山雨”，下署“蒲源”等款和圆形印章。圈足内写“成化年制”双排款，有的在款的上下写数码。
南沙洲沙滩和礁盘	德化窑青花碗		部分能复原	清	白胎略灰，青花色泽稍灰暗，青料厚处有迸裂纹。直圆口足，壁稍弧圈。圈足内有的写字款，多为一字，如“泉”“源”“吉”等二十多种；只牵牛花纹的一件直书“尚美”二字，还有的画月牙形、印章形以及难以辨认的文字等。
	云凤纹	97	口径 13.4 厘米、高 5.2 厘米		
	云龙纹	13	部分能复原，口径 13.4 厘米、高 5.2 厘米		
	云龙火珠纹	177	口径 14.5 厘米、高 9.5 厘米		
	牵牛花纹	1	残件		
南沙洲沙滩和礁盘	德化窑青花蝶			清	敞口短壁，内底平，圈足。圈足内有一字或二字款，还有印章形图案等。其中牵牛花纹和山石蝶纹的，口沿微卷。
	佛手纹	39	口径 14.4 厘米、高 3 厘米		
	云龙纹	20	口径 17 厘米、高 3 厘米		
	牵牛花纹	7	口径 15 厘米、高 3 厘米		
	山石花蝶纹	4	口径 15 厘米、高 3 厘米		

续表

地点	名 称	数量	大小和完成情况	时代	内 容
南沙洲沙滩和礁盘	青花杯	4	口径 7 厘米、高 5 厘米	清	直口，杯身较高，璧形足。外壁画青花山石、松树、人物，另一侧题诗句、款和印章。圈足内直书“玩玉”二字款。
南沙洲沙滩和礁盘	青花碗 Ⅰ式	9	口径 14 厘米、高 9 厘米	清晚期	灰白胎，白釉闪青灰色。直口。圈足较高。碗内底一圈和足端露胎。外壁饰青花“寿”字纹图案，色泽稍灰，有渗化流散现象。
南沙洲沙滩和礁盘	青花碗 Ⅱ式	5	口径 14 厘米、高 9 厘米	清晚期	胎釉、器形、青花色调均同上，唯外壁饰青花云龙纹。
南沙洲沙滩和礁盘	青花碗 Ⅲ式	16	残件	清晚期	底内多画花蕾形图案。外壁饰各种花卉，圈足内有些写“生玉”二字款。
南沙洲沙滩和礁盘	青花碗 Ⅳ式	16	残件	清晚期	内底一圈和足端露胎，外壁饰各种花卉。
南沙洲沙滩和礁盘	青花碗 Ⅴ式	4	口径 17 厘米、高 9.5 厘米	清晚期	敞口折腰，小圈足。外壁，内底心和圈足内各画小朵折枝花卉，碗内上壁画两组交错的金钱纹和开窗，窗内画杂宝。
南岛沙滩	青釉碗	3	残件	宋	灰白胎、釉面剥落。碗内底心有小圆饼凸起，圈足内挖浅，内壁画简单的花草纹和篦梳纹。
南岛沙滩	德化窑青花碗	2	残件	清	一件外壁画青花云凤纹，另一件画云龙火珠纹。
南岛沙滩	德化窑青花碟	1	残件	清	碟内画佛手纹。
南岛沙滩	青花碗	2	残件	清晚期	碗内底心都写草书字款，圈足内一件写“宝玉”二字，另一件写“利”字。
北岛沙滩	青花碗	3	残件	清初	碗内底画青花芙蓉花。
和五岛沙滩	青花加彩大罐	1	残件	清早期	胎骨白细，釉面白中闪青。罐颈中部画青花山石并加绘釉上彩兰草，彩釉脱落，青花色泽鲜艳。
和五岛沙滩	青花山水大瓶	1	残剩肩颈部分，器形甚大	清早期	白胎，釉面较青微似豆青釉。肩颈上画青花山水，用皴法勾画，青花色蓝。
和五岛沙滩	青花罐盖	1	残件	清早期	帽形圆钮，内有榫。盖边画青花圆珠和方格纹，盖面画花卉。

资料来源：《广东文物考古资料选辑》第二辑，广东省博物馆编，1989 年 10 月，第 321—323 页；广东省博物馆、广东省海南行政区文化局：《广东省西沙群岛第二次文物调查简报》。

从所发掘和采集的文物看，清代经过南海诸岛而在此遇难的沉船，不在少数。

第二节　抵制列强，捍卫主权

一、西方列强觊觎南海诸岛

清代初期，因为国力比较强盛，只是派水师加强海道的巡逻，对海岛上从事渔业生产的渔民进行保护。如康熙四十九年至五十一年（1710—1712年），任广东水师副将的福建同安人吴升巡洋至与昆仑岛洋面相接的七洲洋，《同安县志》记述其“自琼崖，历铜鼓，经七洲洋、四更沙，周遭三千里，躬自巡视”，这是清初广东省水师在南海诸岛洋面上的一次较大规模的巡视。又乾隆十一年（1746年）五月，广东巡抚准泰奏，雷琼道驻扎琼州，与雷州隔越海洋，往来须候风汛，琼郡地广事繁，海侨民性蠢愚，黎岐杂处，拊循稍有未当，转滋惊扰。若令四季越海巡查，不特奔走不遑，且恐顾此失彼。请照台湾之例，每年巡查一次。至琼属崖州、感恩、陵水、昌化四州县，水土恶劣，瘴疠最甚，应令于每年冬月，道、府挨年轮巡一次。[①] 但是，此时的清政府尚未意识到南海诸岛地位之重要，宝藏之丰富，因此，对海岛尚未进行有效的管理、勘探和开发，南海诸岛仍处于一片荒凉的原始状态。

到了清代中后期，西方的列强，东方的日本，纷纷把触角伸进南海诸岛，才引起清政府的醒悟，开始采取行动，重视及开发南海诸岛。

现据各类记载综录如下：

康熙四十年（1701年），英船“马恰力士非尔特”号测量中沙群岛，故西方称中沙群岛为马恰力士非尔特滩。

嘉庆五年（1800年），英船“孟买”号擅自到西沙岛的高尖石进行探测。

---

① 《清实录·高宗乾隆实录》卷二六八。

嘉庆七年（1802 年），英国船只窥测我南沙群岛隐遁暗沙。

嘉庆十二年（1807 年），葡萄牙船“乌拉多”号入侵玉琢礁。

嘉庆十三年（1808 年），英国“发现”号、“调查者”号在船长罗斯和莫汉带领下擅自到西沙群岛进行测量。

嘉庆十八年（1813 年），据英国人金约翰所辑的海图说，于 1813 年以前已有西方人士测量东沙。又：英国“发现”号由船长罗斯带领，擅自到东沙岛探测。

嘉庆二十年（1815 年），英国“调查者”号由船长英汉带领，擅自到西沙群岛的中建岛进行测量。

嘉庆二十二年（1817 年），英国“发现”号在船长罗斯带领下，擅自到西沙群岛华光礁进行调查。

道光六年（1826 年），英国“发现”号擅自到南沙群岛的逍遥暗沙进行调查。

道光十五年（1835 年），美国测量船“戴维·斯科特”号擅自到南沙群岛奥援暗沙一带测量。

道光二十年（1840 年），英国“台图”号擅自到西沙群岛的西渡滩探测。

道光二十二年（1842 年），美国“文森斯”号考察船擅自到南沙群岛中部进行测量。

道光二十四年（1844 年），英国船主贝修恩、贝尔彻、巴特、沃德、理查德、里德、堤闸等擅自测量调查包括西沙群岛在内的南海诸岛一带。

道光二十四年（1844 年），英船“台图”号侵入西渡滩。

咸丰元年（1851 年），英船擅自探测南河群岛的南通礁等岛礁。

咸丰八年（1858 年），英船擅自探测中沙群岛的西北角。

咸丰十年（1860 年），英船擅自调查西沙群岛的北沙洲等地。

同治元年（1862 年），英国船长堤闸、里德、沃德等擅自测量西沙和南沙群岛，故郑和群礁被取名为堤闸滩。

同治三年（1864 年），英国“来福门”号擅自调查南沙群岛和西沙群岛。

同治四年（1865年），英国船长堤闸发表关于林肯岛（即东岛）、琛航岛及晋卿岛的测量报告。

同治五年（1866年），英船长蒂泽德擅自调查南沙群岛北康暗沙等岛礁。又：英人蒲拉他士遭风漂到东沙岛，擅自将该岛命名为"蒲拉他士岛"。

同治六年（1867年），英国"来福门"号擅自测量南沙群岛大现礁、华光礁等岛礁，见各岛均有我国渔民之足迹，捕取海参、介贝，颇多常年留居于此者。该船人员在太平岛曾询问我国渔民该岛的名称，渔民告之，西文译为依稀阿巴。

同治七年（1868年），英国"来福门"号擅自调查南沙群岛的南钥等岛。又：英国海军部出版《中国江海险要图志》（也称《中国海指南》），书中述及南海诸岛。又：清政府总税务司拟在东沙岛设置灯塔，计划于1874年完工，后未果。

光绪六年（1880年），英国"孟买"号擅自测量西沙群岛浪花礁附近的岛礁。

光绪七年（1881年），英国"埃尔斯肯"号入侵蓬勃礁。又：德舰"弗列拉"号和炮舰"埃尔蒂斯"号擅自到西沙群岛、永兴岛等地进行非法勘测。

光绪八年（1882年），德舰"弗列拉"号勘测西沙群岛的北岛、东岛等岛。英国公使请求清政府在东沙岛添设灯塔。未实行。

光绪九年（1883年），德舰"弗列拉"号勘测西沙群岛的琛航、金银等岛，经清政府抗议而撤走。

光绪十年（1884年），德舰"弗列拉"号勘测西沙群岛的珊瑚、甘泉岛。

光绪十四年（1888年），英国船只擅自进入南沙群岛勘测。

光绪十五年（1889年），英国"王德尔"号擅自进入南沙群岛安波沙洲一带活动。

光绪十八年（1892年）至光绪十九年（1893年），英军舰在中沙群岛进行局部测量。

光绪二十年（1894年），英国海军海道测量局第三次重版《中国江海险要图志》一书，把东沙群岛列为“广东澳十三”，并命名为蒲拉他士群岛。

光绪二十一年（1895年），德舰“勃洛那”号和日船先后在西沙岛失事。

光绪二十五年（1899年）六月，法国印度支那殖民总督杜梅向殖民部提出，为了“不让另一个列强在西沙群岛立足”，他主张在那里建一座灯塔作为日后提出主权要求的根据。

光绪二十七年（1901年），日本商人西泽吉次遇风漂到东沙岛，取回泥土，在台湾基隆化验，证明含有磷质，可作肥料。但未说明何地。

光绪二十八年（1902年），日商西泽乘双桅船，至东沙岛，取回鸟粪在基隆出售。又，清政府派官员到西沙群岛视察，并树碑纪念。碑身高约60厘米、宽18厘米、厚4厘米，碑上中间刻“视察纪念”，左边刻“大清光绪二十八年”字样。又，十月三日，法船“井拉纳昂”号在中建岛搁浅。

光绪二十九年（1903年），英政府再向清政府提议于东沙群岛设灯塔，亦未实行。又：日人西泽又派化学家乘双桅船来岛化验，遇风不达。

光绪三十二年（1906年），加罗林群岛上的日商经营的恒信社派汽船“长风丸”侵犯东沙，以发现者自居，并请日本政府允许在岛经营。

光绪三十三年（1907年），日本竭力鼓吹“水产南进”，日本歌山县人宫崎等乘机南下，窜到我国南沙群岛一带活动，返国后大肆宣传，称群岛是极有希望的渔场。自此之后，日本渔船大量南下，皆在我国南沙群岛周围活动。又，西泽吉次公然纠合百余人乘“四国丸”轮到达东沙群岛，图谋永久占领。在东沙岛上竖立70尺长竿，高悬日本国旗，并竖15尺响标，详记“发现”东沙历史，并改名为西泽岛，暗礁改为西泽礁。又在岛上建码头、仓库、轻便铁路、宿舍等。其后工人增到将近四百人。大量窃取鸟粪和其他海产，由“福都”“大门第五”“古马奴”等四大轮船，每半月运走一次。同时自西泽吉次到后，我岛上渔民被赶走，渔船被破坏，我渔民所建的大王庙亦被毁，百余座渔民祖坟亦被移去，以图灭迹。又，两江总督南洋大臣端方把日商西泽吉次占据东沙岛事件报告外务部。

光绪三十四年（1908 年），海关曾应各国的请求，呈请清政府在西沙群岛上建设灯塔，保证航行安全，但未实行。八月二十三日，英国驻广州领事致函清政府，请求准许在东沙岛设立灯塔。九月十三日，广东总督丞复英国领事，声明东沙岛系中国领土，英国领事并无异言。

宣统元年（1909 年），《我国南海诸岛》一书据《清季外交史料》和《东沙岛成案汇编》作如下整理：

宣统元年（1909 年）二月十一日，飞鹰舰从香港往东沙调查，次日到达。查明该岛为日本人改名西泽岛，竖木牌，上书曰“明治四十年有八立”。(《东沙岛成案汇编》)

宣统元年(1909 年)三月,张人骏致外务部电,谓“飞鹰”舰往勘时,我人员不懂日语，与日人交谈未得详情，拟再派懂日语人员前往查询详情。(《东沙岛成案汇编》)

宣统元年（1909 年）二月，张人骏派前福建烽火门营参将李田、赤溪协副将吴敬荣、水师提标右营游击林国祥、试用通判王仁棠、日文译员廖维勋等于三月九日从香港乘“飞鹰”“开办”两轮往东沙，翌日抵达。后有详细报告，述及日商占岛情况。渔商梁应元亦将日本人凌逼情况上报勘查人员；另“新泗和”渔船船主梁带亦说该船往东沙捕鱼将近四十年，然日人来后，被赶离去。(《东沙岛成案汇编》)

宣统元年（1909 年）二月二十六日，张人骏根据外务部电，向日领濑川浅之进照会,谓东沙岛隶属广东之地,日商私占开垦,系属不合,请令日商自行撤退。日领接照会后，即来粤署面称，此事彼毫无所闻，已电外部，得复再达。(《东沙岛成案汇编》)

宣统元年（1909 年）三月二十一日，日领来粤署，谓东沙岛原不属日，政府无占领之意，唯当认为无主荒岛，如中国认为所辖，需有地方志书及归何官何营管辖确证，以便电外部。还谓西泽占岛之事，

日政府已闻，并无理扬言，要清政府保护。粤署驳之。日领坚持要书作证。(《东沙岛成案汇编》)

宣统元年（1909年）三月二十五日，驻日大臣胡惟德致张人骏冬电并电外务部。谓日外部大臣小村言及，有日商于两年前请将无所属之东沙岛收入版图，政府未允，并谓中国如有确证，自当认为中国领土，并无理扬言要中国政府保护岛上日人。(《东沙岛成案汇编》)

宣统元年（1909年）闰二月四日，张人骏致外务部电。谓遍查海图及舆地各书，列有此岛，均指粤辖，证据已足。西泽擅自经营毁庙驱船，种种不合，实系日商侵夺，并非华人放弃，似未便予以保护。拟仍持商令撤退之说，并要以毁庙，损失渔业，及私运磷质各项之赔偿，并请电驻日大臣胡惟德与日外部交涉。(《清季外交史料》卷二)

宣统元年（1909年）三月二十六日，端方复张人骏江电称，查此岛日领既谓原不属日，而广雅书局所刻《中国江海险要图志》以及英国所刊海图，又均有此岛，按其经纬度数，确为中国辖境。以上各图，上年均曾送京，可否请钧部先据此以与日使交涉。(《东沙岛成案汇编》)

宣统元年（1909年）闰二月五日，外务部复胡惟德电，日政府未认东沙岛为日属希酌核提议。谓粤督电称东沙属我，证据已足。应商日外部撤退日商，并赔偿损失。令胡惟德与日外部提出交涉。(《清季外交史料》卷二)

宣统元年（1909年）闰二月六日，张人骏复外务部电。谓初三日电悉。按东沙岛本系我国旧名，沿海渔民称谓相同，其名其地载在《柔远记》海图，并非无据，持此与争，不为无效。(《清季外交史料》卷二)

宣统元年（1909年）三月，外务部复张人骏电。谓电悉。本部已据历次来电，酌照日使，并电胡惟德，与日外部交涉。(《东沙岛成案汇编》)

宣统元年（1909年）三月，张人骏致外务部函。谓东沙岛日商要索证据，必欲舍现有渔业所在，而求之我国旧有图籍。海中岛屿，当时舟楫，未便风涛，探考多疏，日人知之，故特以此相难，其心颇狡。并以《柔远记》核对英国海图，东沙即蒲拉他士岛，无可疑。(《东沙

岛成案汇编》)

宣统元年（1909 年）三月三十日，张人骏致外务部齐电。谓顷日领来署晤谈东沙事，以该岛属中国之证据，虽未齐备，重以粤督之言，似亦未尝不可承认。惟须要为保护，否则恐政府仍作无主之岛看待。其意是西泽撤退后要给予赔偿。而我方渔业被毁，亦应要求赔偿。故应力与磋磨，以冀酌中议结，务以收回该岛为宗旨。并拟请电胡惟德，此案先由粤与日领磋商，暂缓向日外部商办。(《东沙岛成案汇编》)

宣统元年（1909 年）闰二月九日，外务部复张人骏电。谓齐电悉，此案业照日使，并电胡惟德，同意先由粤与日领磋商。(《东沙岛成案汇编》)

宣统元年（1909 年）四月，端方致张人骏电。谓《广东通志》卷一二四海防图内，当香港之东，有澳名“布袋”，而“布袋”二字之音，与西图之蒲他、若朴特、若拔达等字之音，均相近似。西图之名，皆“布袋”二字之译音，且图内于澳南之岛上，注有“天后宫大王庙”六字，今日商毁庙，与此两正合，而该图无经纬度，是否实指其地，希考复。(《东沙岛成案汇编》)

宣统元年（1909 年）四月七日，张人骏复端方电。谓东沙我属，日领已承认。而日领之解决办法有二：① 纳租于我国，准令日商在该岛营业；② 将岛上机件房舍，由我给值收回，我当要其撤退。至“布袋澳”，查《广东通志》，系在鲤鱼内海，与东沙似不合。(《东沙岛成案汇编》)

宣统元年（1909 年）闰二月十七日，外务部致张人骏电。谓日使称，东沙事和平解决，其政府甚以为然，且早将办法，饬如日领。还谓西泽到该岛创始营业，全系善意，此事结局，“纵定为中国领地”，而对该商平善事业，应加相当之保护。与日领开议，如商有了结办法，即复电。(《清季外交史料》卷三)

宣统元年（1909 年）四月四日，张人骏照会日领文。谓接外务部电谓日使复称，彼政府早将了结办法饬知日领，故请将办法照知。(《东沙岛成案汇编》)

宣统元年（1909年）四月，日领照复张人骏文。谓接本国政府电，经传西泽来京调查情形。至于了结办法，俟接到政府函寄后，即行面商。（《东沙岛成案汇编》）

宣统元年（1909年）四月，日领提出了结办法条款。谓收回该岛，需赔偿西泽损失六十余万元。（《东沙岛成案汇编》）

宣统元年（1909年）四月，张人骏提出解决办法单。要先还岛，然后从事公平估价收买西泽岛上物业，而西泽需赔偿我渔户损失，倍纳政府国税。（《东沙岛成案汇编》）

宣统元年（1909年）四月，日领交洋务处草单。谓先确定收买价后，才能交还该岛。赔偿损失，补完国税，均不承认。（《东沙岛成案汇编》）

宣统元年（1909年）三月二十六日，张人骏致外务部电，将日领提出办法条款，提出办法单，及日领交洋务处草单转呈。谓岛为我属，彼已承认，特为西泽要索厚利，自难轻许，现正在设法磋磨。（《清季外交史料》卷三）

宣统元年（1909年）四月二十四日，日领照会张人骏文。有容纳我提出的条件之意。谓两国派员到岛：①估价西泽物业，以估收买之价；②查核庙宇存在之事，渔户被西泽驱逐之事，倘属实，则令西泽赔偿。并谓西泽在委弃之无人岛经营事业，而于帝国政府未认他国之领土权之时，采掘之产物，固无纳税义务，惟念贵部堂统御广东人民之深意，由收买价额内割一小额，附之出口税名义支出，以结本案。（《东沙岛成案汇编》）

宣统元年（1909年）六月十四日，张人骏致枢垣电。历述前交涉经过，并谓两国即将派员前往东沙调查，请派一舰应用。（《清季外交史料》卷四）

宣统元年（1909年）六月，张人骏照会日领文。谓四月二十四日来文，为解决东沙事，两国共同派员前往。兹派魏瀚前往。贵国政府派何人，希告知。（《东沙岛成案汇编》）

宣统元年（1909年）六月，日领照复张人骏文。谓其政府，以本人为委员，前往东沙勘查。（《东沙岛成案汇编》）

宣统元年（1909 年）六月，日领交日商请求各费说明书。总共索款六十余万元。(《东沙岛成案汇编》)

宣统元年（1909 年）七月，魏瀚呈粤督报告。谓于六月一日从穗出发，翌日早八点到东沙。勘查结果，计估所值不过十万六百元，倘日领要求增加，最多只能多给二三成。并谓到岛时，日人仍悬其国旗，殊属未是，本应即与交涉才上岸，唯恐误时，故暂不计较。特请张督照会日领，饬令西泽，即日撤下日旗，方与交涉此案，以存国体。(《东沙岛成案汇编》)

宣统元年（1909 年）六月五日，胡护督（张人骏离任由藩司胡湘林护理督篆）照会日领文。谓据调查回报，西泽前开各业价值，未能核实，自应详细磋商。并谓日政府已承认东沙为我领土，应饬令西泽取下日本旗，以免有碍中国领土之权。(《东沙岛成案汇编》)

宣统元年（1909 年）六月七日，日领照复胡湘林文。谓日前两国军舰到岛时，悬挂日本国旗，乃系在岛本国人悬其自国之旗，以表敬礼者。至于领土一事，原以为清国实能保护西泽事业，则日政府极拟承认清国领土，然今尚未承认者。(《东沙岛成案汇编》)

宣统元年（1909 年）七月二十六日，胡湘林二次照会日领文。驳其上次照会。谓东沙本为我领土，前此交涉，日亦已承认，而今出尔反尔，大失前此交涉宗旨。应速令西泽除去日旗，以便将会勘该岛办法，从速议结，否则延误事期，本人不负其责。(《东沙岛成案汇编》)

宣统元年（1909 年）六月十五日，日领二次照复胡湘林文。辩解与前粤督张人骏之晤谈（六月十一日）及照会，只记载妥结本案之办法，毫无言及承认领土老祖宗事。又谓六月初五来文，云及我政府已承认东沙为中国领土，故于七月二十四日复照中谓，以清国实能保护西泽事业，则日政府，极拟承认清国领土，然今尚未承认等语。今来文，以本领事忽翻前言，是诬本领事之甚也。并谓挂旗事，前信已辩明，而来文再言及，故已饬知西泽除去。(《东沙岛成案汇编》)

宣统元年（1909 年）六月二十二日，胡湘林三次照会日领文。谓查本年闰二月间张人骏将东沙为我属实据面交阅看，并无异言，可见

该岛实为中国领土，毋庸再论。并谓挂旗事，现已饬知西泽，应免置议。（《东沙岛成案汇编》）

宣统元年（1909年）七月，日领三次照复胡湘林文。谓本领阅看张人骏面交证据图志之事，经本领事报告本国政府，但政府未曾声明，即以此为该岛实属清国之确证，承认其领土权。惟在清国实能保护西泽事业，则不拘无确证，帝国政府，拟欲承认清国领土权之事。屡经本领事声明在案。（《东沙岛成案汇编》）

宣统元年（1909年）九月，领致洋务处苏税钊、薛永年两委员函。详述西泽在岛的“建设”情况。谓收买之价减为三十五万元，渔船之事，仍要查勘，倘有赔偿之责，则须由附带金额内扣算，修庙纳税亦由此扣。（《东沙岛成案汇编》）

宣统元年（1909年）八月十六日，魏瀚、苏锐钊、薛永年三洋务委员上粤督报告。谓数经与日商谈。日领于本日持拟定条款来商，减价为十六万元，西泽应交回渔船、庙宇、税项等款三万元。当否请核批示。（《东沙岛成案汇编》）

宣统元年（1909年）八月二十六日，署粤督袁树勋致外务部电。与日商磋议收回东沙岛条款已画押互换。报告磋商收买价格的经过，已商定条款，定于本月俭日（二十八日）签字互换。（《清季外交史料》卷九）

宣统元年（1909年）十一月九日，广东当局派补用知府蔡康为代表乘“广海”舰前往正式收回东沙岛。当天中午鸣炮升旗，以兹庆贺和重申主权。（《东沙岛成案汇编》）

宣统元年（1909年），十一月香港天文台，拟请在东沙岛设无线电，未准。（《东沙岛成案汇编》）

宣统元年（1909年）十一月，日驻广州领事濑川，介绍日本大泽商会香港分行司理桥本雅良予广东劝业道，商办采运东沙岛螺壳回日销售之事。宣统三年正月间，复介绍大泽商会总经理森田金藏、广东省城经理土居节，议其承办岛务合约。而劝业道以该约，大致系属合办，恐于主权，别兹窒碍，未允所请。后因该商会改拟代雇工人试办下海捞取螺壳，用费由我自备，采获螺壳，由彼承售办法，故于宣统三年二月二十七日（按：即1911年3月27日）签订协议，试办六个月。于是向琉球等地招雇工人、医生等二十九人，于四月十六日（农历）到岛，旋又续招来工人八名。后又于六月十三日再签订捞取海菜、玳瑁龟等合约，得价清政府收六，日商得四。到八月底，因亏损停办。（《东沙岛成案汇编》）

宣统三年（1911年）二月间，中国九龙税关厘金巡船抵东沙测量海道绘图。（《东沙岛成案汇编》）

宣统三年（1911年）三月，英人莫礼士将碑立到东沙岛勘采磷矿，碑立并强行停留。广东劝业道为此提出抗议。[①]

二、李准巡海

从清末开始，西方列强不断进入南海群岛，企图掠夺这一海域丰富的宝藏。其中以英、法、美、德、日各国列强的船只最多，日本还公然窜入南沙群岛开发公司，盗取鸟粪，竖立石碑，当时第一位向清廷报告的是两江总督南洋大臣端方，他于光绪三十三年（1907年）向外务部报告日本商人西泽吉次占据东沙群岛，外务部即于是年九月初五电达两广总督张人骏查复。查明后由粤向日进行交涉，宣统二年（1910年）张人骏向日本领事濑川线之进提出照会，谓东沙岛系属广东之地，今日商即行撤退。“日领声称该岛为无主荒岛，倘中国认该岛为辖境，须有地方志书及该岛应归何官何营管辖确据。粤督以我国渔船在岛捕鱼停泊、建立神庙、屯粮聚集为证据，力斥其无主荒岛之说，彼方则以志书有载，方能作据为言。争持不决。卒由粤督从事于证据搜集。嗣因查得陈译《中国江海险要图志》，载明该岛地方，为粤杂澳第十三，经日领与张督晤商时阅明，并无异言。”[②] 经过这一番较量，

---

① 以上资料来源：a. 李国强：《南中国海研究：历史与现状》，黑龙江教育出版社2003年版，第210—220页。b. 李金明：《中国南海疆域研究》，福建人民出版社1999年版，第180—187页。c. 广东省革命委员会编：《我国南海诸岛》。d. 陈天锡编：《东沙岛成案汇编》及《西沙岛成案汇编》。

② 陈天锡编：《东沙岛成案汇编》，第23—27页。

张人骏知道南海的重要，于是张人骏派李准巡视南海，并写下《李准巡海记》一篇，这样，后人得以从这篇《李准巡海记》中，看到清末南海群岛的真实状况。

李准（1871—1936 年），字直绳，号恒斋，另号任庵，四川省邻水县柑子镇活水沟人，1901 年任广东巡防营统领兼巡各江水师，统领军队和巡海兵舰。1905 年升任广东水师提督，6 月补授闽粤澳镇总兵（未到任），仍署广东水师提督，后又兼陆路提督。李准曾率部镇压 1910 年广州新军起义、1911 年广州“三二九”起义等。但后来他看到清政府分崩离析，革命风潮已日益扩大，于是在 1911 年辛亥革命期间，他通告广东省水陆军竖起白旗，革命军取得胜利。辛亥革命成功后，李准定居天津，1936 年在天津逝世，终年 65 岁。

李准任职广东水师提督兼南澳总兵期间，在两江总督兼南洋大臣张人骏的委派下，两次赴东沙群岛、西沙群岛巡海，所到之处，命名勒石，公告中外，重申东沙、西沙群岛为中国神圣领土。李准将西沙群岛的一个岛屿命名为东润岛（采用张人骏家乡一个地名。1947 年南京政府改为和五岛，现定名为东岛）。

1. 收回日本人侵占的东沙岛

《李准巡海记》所记时间为光绪三十三年（1907 年）春，但据北京博物院明清档案部所记，其时间记载有误，应指宣统元年（1909 年）四月初。实际为宣统元年（1909 年）李准两次巡视南海，先到达东沙岛。

在《李准巡海记》中曰：“粤之东有东沙岛，距香港一百二十海里，距汕头八十海里，在澎湖南澳之间”，是闽粤渔民航海捕鱼的海岛。当李准的船队到达东沙岛的时候，看到岛上插着日本的国旗，有木牌竖于岸曰：“西泽岛”。李准率队伍登岸执日本商人西泽询问，得知其在此已有两年余，他以为此岛属台湾，不知为广东属地。问其经营何种事业？西泽说：“取岛上之鸟粪，以为磷质及肥料，并采取海带、玳瑁等物。”李准巡岛一周，在十余里长、三四里宽的岛上，有工厂三座，办公室一座，并有制淡水机器，轻便铁道十余里，海面有小汽船一艘。李准立即派人监视，不许再行采取各物，存货亦不许运去。于是回省城向两广总督张人骏报告，与日人交涉交还此岛。其外务部索海图为证，而且日本外务部称“该岛为无主荒岛，倘中国认为辖境，须有地方志书，以及该岛应归何官何营管辖确据。并以日商在岛开办事业，中国应有保护之责”。[①] 彼时，有王雪岭观察，博览群书，告诉李准说：“乾隆间有高凉总兵陈伦炯著《海国闻见录》，有此岛之名。”即据此图与日人交涉，乃交还此岛。

日本公使又以西泽经营此岛花费数十万元，其工厂、房屋、机器、铁道索补偿其二十余万元，中国则谓“彼盗取此岛之磷质肥料、海带、玳瑁等物为抵偿品而交还”。在张人骏的配合下，李准在巡海的第一站，收复日本人侵占的东沙，在中国南海的海史上，功不可没。

日本人交还东沙岛后，中方由劝业道经管，仍留管事及工人在岛，每月余派广海舰送火食至岛，运各物回省。此事在陈天锡编的《东沙岛成案汇编》中有详细的记载。

这是宣统元年的事，但辛亥革命之后，由于党争激烈，无暇管理此岛，《李准巡海记》还写道：“改革后，党人只知占地盘，谋权利，遂不以此岛为意。海岛之人绝粮而死，可哀也。我虽不杀岛人，岛人由我而死，余滋愧内疚于心矣。”由于政治混乱，李准的爱国努力乃竟酿成悲剧，令他后来愧疚于内。后来，民国政府在东沙岛建无线电台，可通信息，不致再有绝粮之虞矣。

2. 记录晚清榆林港黎人的原生态生活状态

李准以林国祥为航海之主，王仁棠为随行参赞。任吴敬荣、刘义宽为“伏波”号、“琛航”号两船为管带，做好各类食品的充分准备，带领一班官吏李子川、王叔武、丁少荪、裴岱云、汪道元、邵水香、刘子仪、德人无线电工程师布朗士·礼和洋行二主布斯域士等，于光绪三十三年（1907 年）四月初二日启行，初三日抵琼州之海口，沿琼岛南行，初五入崖州属之榆林港。是时的榆林港，还是一派原始地貌。

---

① 陈天锡编：《东沙岛成案汇编》。

李准对榆林港的描绘，呈现了清末港上原住民黎人的原始生活风貌。他写道："榆林港清风徐来，余于甲板上观之，见此港山环水绕，形势极佳，而水深至二三十尺。入口不三里，下锚，四围皆山，不是水口，诚避风良港也。惜局面太小，不能多容军舰，有七八艘已不足以回旋。港内水波不兴，上下无光，一碧万顷，以为正可直驶西沙矣。"

李准等人登岸后，见到的是一派黎人生活区的原始景象，见证了清末榆林港黎族族群的原生态生活景象。通过李准的描绘，告示世人清末海南黎人尚未开化的自然状态，这真是一幅清代黎俗风俗图。李准所写情意：

（1）椰汗止渴：上岸后，沿平原而入山凹，一路遍地皆椰子树，结实累累，大可逾抢，高约百数十尺，其直如棕，叶长大似蕉，但分裂而不相连属。其时天正炎热，行人若渴，以枪向椰柳击之，其实纷纷下坠，人拾一枚。其有为弹穿者，汗流出，即以口承之，味甘而滑，解渴圣品也。

（2）黎人群相：步行六七里，有居人焉，披发赤足无衣，以布围盖下身，其黑如漆，前后以及两肘两腿，毛茸茸然，两耳贯以铁环，大如饭碗之口。老少可辩，男女殊难以也。

（3）黎居：其所住室，以椰子树为主，高不及丈，宽约一二丈，横梁门柱，皆椰树也。上盖及壁，都以椰叶编作"人"字形之厚箔为之。有门无窗，屋内之地，亦铺以椰席，厚可数寸。无桌几床帐，饭食起居，咸于此焉。

（4）娱乐图：余以手镜为之照相，各嬉嬉笑不已。又与同人行至一处，有男女多人，于野外墓地上跳舞。有老者壮者于劳，敲锣吹笛子及击瓦器，跳舞者女子居多，间赤有男子与偕，皆青年也。其齿白，而口吐红色之沫。询之，乃含槟榔使之然也。此男女跳舞者，如两情相合，即携手相归而为夫妇矣。

（5）黎山出猎：山中马鹿极多，以其大如马，可以代步，故以马鹿呼之。余即令此熟黎觅数人来带路，并驱马鹿。生黎手持一棍，举动如飞，其山中之木椿，尖如刀锥，履之过，如履平地。余率卫兵多人追随于后，乏极傍石而坐，稍事休息。正打火吸雪加烟，群鹿自林奔出，大若牛马，余持枪击之，僵其一，倒地而起者再，卫兵捉之，其角大如碗，长约三尺，余开三四叉。倒地时跌一角，血淋淋出，一卫兵以口承而吮之。嗣以五六人用大木杠抬之回船，权之重四百斤。去皮分食其肉，茸则悬之船面，以风吹之，以为可以保存也，三两日后，生蛆腐烂，臭不可近，弃之大海中矣。

（6）朴实憨厚的黎人。李准一行往三亚观盐田，抬轿之黎人，每人给银二毛，不肯受，以其求益也。增之至四毛，不受如故。询之，乃知其议价时以为每一乘轿两人共二毛，今多与二毛，故不受。其朴野如此，真上古之民哉。

李准所描述的清末榆林港黎族生活的野朴风貌，真空而不细致，可补史籍记载之不足。

3. 显示国威，为南海诸岛命名，勒石竖旗，保卫国家领土

李准于光绪三十三年（1907 年）四月十一日下午四时启椗放洋，过一小岛，工人持铲锄上岸，在各地掘地及泉，而求淡水。掘十余处，至二三丈，均不可得，其实非岛，乃一沙洲耳。在这小岛上，西人亦谓之挨伦。此岛长不过六七里，行不数分钟，即环游一周矣。

《李准巡海记》中曰："岛上无大树，有一种似草非草似木非木之植物，高约丈余，大可合抱，枝叶横张。避此林中，真清凉世界也。其地上沙土作黑色，数千百年之雀粪积成之也。岛中无猛兽虫蛇，而禽鸟极多，多作灰黑色。大者昂头高与人齐，长嘴，见人不惧。以棍击之，有飞有不飞，其大者恒与人斗，不自卫，将啄人目。遥见大群之鸟，约知百余只，集沙滩上。余击以鸟枪者三，均不见飞，以为未中。遣兵往视之，已击倒三十余鸟。卫兵逐之始群飞去。盖不知枪之利害，人为何物也。其椰树及石上多德人刻画之字，皆西历一千八百余年所书。德人布朗士以笔抄其文记之。其石亦非沙石，乃无数珊瑚虫结成者，因名之曰珊瑚石。又至一处，有石室一所，宽广八九尺，四围以珊瑚石砌成，上盖以极大蛤壳两片为之。余于此而休息焉。石上亦有刀刻德文，盖千八百五十年所书也。均有照片，改革后不知失于何处

矣。余督工刻字珊瑚石上曰：‘大清光绪三十三年广东水师提督李某巡阅至此。’勒石命名伏波岛。以余乘伏波先至此地，故以名之。又命木匠将制成木架，建木屋于岛，以椰席盖之为壁，铺地，皆椰席也。竖高五丈余之白色桅杆于屋侧，挂黄龙之国旗焉。此地从此即为中国之领土矣。”

“午后率同人回船，留牲畜之种山羊、水牛雌雄各数头于岛。正午开行，约三十里，又至一处。两面皆岛，海底有沙，可以寄椗，非如伏波岛之尽珊瑚石，难于寄椗也。且岸边有沙，船板扒艇，皆可登岸。又率同人偕上。其林木雀鸟，一切与前岛同。工人之掘井者，少顷来报曰二已得淡水，食之甚甘。掘地不过丈余耳。余尝之，果甚甘美，即以名曰甘泉岛。勒石竖桅,挂旗为纪念焉。此岛约十余里,宽六七里，余行两三小时，尚未能一周也。阅此岛毕，亦放牲畜于上。又过对岸之岛，较小于甘泉岛，纵横不过八里耳。其珊瑚比前更多，因名之曰珊瑚岛，亦勒石悬旗为纪念。下午回船开行，约二十海里，又至一岛，定椗后，乘舢板上岸，阅视一周，情形与各岛相同，名之曰琛航岛，勒石竖旗。回船，第三日黎明又开行，约十余海里，而至一岛。登岸见有渔船一艘于此，取玳瑁大龟，蓄养于海边浅水处，以小树枝插水内围之，而不能去。余询以尔船能盛淡水粮食若干，敢冒此险乎？渔人曰:我等四五人，食物有限，水也不能多带，食则龟肉、龟蛋、雀蛋、雀肉、鱼、虾之属，饮则此岛多椰子树，不致渴死。余告以前方有甘泉之岛，如往彼处，不忧无淡水也……岛上情形与各岛相同，游览即周，名之邻水岛。勒石竖旗，而往他岛，均皆命名勒石，有名曰霍邱岛者，以余妹倩裴岱云太守为霍邱人也；有名曰归安岛者，以丁少荪太守为归安人也；有名曰乌程岛者，以沈季文大令为乌程人也；有名宁波岛者，以李子川观察为宁波人也；有名曰新会岛者，以林瑞嘉分统国祥为新会人也；有名曰华阳岛者，以王叔武为华阳人也；有名曰阳湖岛者，以刘子怡大令为阳湖人也；有名曰休宁岛者，以吴荩臣游戎敬荣为休宁人也；有名曰番禺岛者，以汪道元大令为番禺人也。尚有一岛距离较远，约六十余海里，其岛长二三十里，向名曰林肯，改名为丰润岛，以安帅主持大事也。”李准一路航海而行，在西沙群岛上，又增入西沙十四岛。他为南海诸岛命名、勒石竖旗，显示国威，所命岛名为如甘泉岛，一直沿用至今。

4. 记录南海千奇百怪的珍贵生物学资料

鳄鱼：一日雨后，余正在船面高处坐而纳凉，忽见一黑色之物自海面向余船而来，昂首水面，嘴锐而长。余问曰：此何物也？国详曰：此鳄鱼也，韩文公在潮作文驱之者，即此是也，语时鳄鱼已及船也，攀梯而上．余命梯口卫兵击之以枪，而卫兵反退后数武，不敢击。余速下夺枪击之，鳄鱼下坠，白腹朝天，距船已四五丈矣。即令水手放舢板往捞，水手以桡挑之，长约丈余，重不可起，恐其未死，不敢下手。再击二枪，反沉水底而不见踪迹矣。

鹦鹉、小猴：沿途树木内多红绿色之鹦鹉，大小不等，白色者较大而少。又多小猴，飞行绝迹，擒之不易。

蚺蛇、石蟹：有黎人以大竹笼抬大蚺蛇一条来卖，给以银二元，令抬去。又有回民操北方语者，将石蟹飞蛇来卖。其石蟹有完好者，磨醋可治疮毒，飞蛇可以催生。

珊瑚、带鱼：其处水清，日光之下，可见海底，多红白珊瑚，大如松柏之树。有一种白色带鱼，长约丈余，穿插围绕于珊瑚树内，旋转不已。

大蛤、鲸鱼、红蟹：在开往伏波岛的浅海上，李准离艇上岸时发现大蛤、鲸鱼及红蟹，十分有趣。李准写道：“余仍持木棍，离扒艇，践石堆超越以过。此石跳彼石，相距有远有近，有高有低，扒艇不能前，非此不能登彼岸也。余正站圆形之大石上，欲再跳，而相距稍远，恐坠水中，恐回者再，而所立之石动矣。余以为力重为之也，而此石已起行而前，余惊惧欲仆者屡矣，石行较彼石，乃跳过焉。余惊问：石何能行？国祥敬荣同曰：此石乃海内大蛤也。其壳已生绿苔，不知若干年矣。又见一鱼，其色黑而杂以红黄。国祥曰：此小鲸鱼也，亦长七八尺。潮水退不能出，困于此浅水滩耳。余以棍拨之，头上一孔，喷出之水，高可一丈。余急登岸。见沙地上红色蟹极多，与他蟹异，爪长而多，其行甚速。以棍击之，即逃入一螺壳中而不见。拾壳起，见其爪拳屈于壳内，了无痕迹。每蟹必有一壳，大不逾二寸。有一蟹之壳，先为人拾起，致无所归，即蜷伏于沙上，如死者然。余以竹筐拾归者数百枚，分赠亲友，名之曰寄生蟹。”

海龟：李准写道：“夜宿岛中，黄昏后听水中哲哲有声，国祥曰：此海中大龟将上岸下蛋也，从此不忧食矣。率众各将牛眼打镫，反光怀内，候于河上，月下见大龟鱼贯而上，为数不可胜计。群以灯照之龟即缩颈不动，水手以木棍插入龟腹之下，力掀之，即仰卧沙上，约二十只。国祥曰：可矣，足敷吾辈数百人三日之粮矣。国祥又引水手，持竹箩，在树下拨开积沙，有龟蛋无数，其色浅红，而圆大如拳，壳软而不硬，拾两大箩筐。归后，烫以开水，撕开一口，吸而食之，其味厥美。国祥曰：雀蛋更多，但不能如龟蛋可口。黎明率同人于树下拾各种雀蛋，大小不等，有如鸡鸭卵，有大如饭碗长六七寸者，均作淡绿色。其极大者，有黑点无数，剖之多腥，而此极大之卵，如鸵鸟之蛋，壳坚如石，了不可破。”

石爪、石杯：在甘泉岛沙滩上拾得一物，其状如金爪，大如蜜橘，其色为青莲，其分瓣处，间以珍珠白点，似石非石，质轻而中空，上面带蒂，如罂粟壳之状，下空一孔，甚为美观，不知为何物也。敬荣曰：此动物而兼植物，有生者当寻与军门一看，其他尚有种种色色千奇百怪之物，为内地所未见者。有一石杯，盛这凉水，不漏而易乾，盛热水，则发腥臭之味。手摩之直如石制，然其质软，物本圆者，可以为方，可以为椭圆形。其红白珊瑚，遍地皆是。

从珊瑚岛开行，又至一岛上岸，海内带草极多，长不知若干丈，开小白花。舢板之桨桡，亦为之阻滞，不得进行。见一石，上有物圆如金瓜，其蒂上开紫色之花，如蝴蝶状。余曰：此必昨日海岸拾得石瓜之生者，即泊船近之，余亲手抚其根，长约四五寸，似为石质而长于石上者，力拔之始下，而根断矣。有白浆自根下流出，其腥异常，如蟹爪之肉，其花甚硬，亦似石质，然鲜艳无比，究不知其为动物植物也。

海参：在琛航岛开行，至一岛，见文昌陵水渔船一艘，李余视其船内，以石灰腌大乌参及刺参一舱，皆甚小者。余问以海边之大乌参，有大逾一丈几尺者，何不腌之？渔人曰：内地不消此大者，因引余视海边之浅水内有一大乌参，长丈余，色黑如死猪然。余以棍挑之，其肉如腐者，脱去一块。皮虽甚黑，而肉极白，但无血耳。不少动，以为其死也。一工人以十字锹锄之，又脱一大块，而此参乃稍行而前，真凉血动物也。

在《李准巡海记》中，记录下这林林总总的海上奇观怪物，非亲临其境者难以见到。这些都是了解南海的宝贵资料。

李准还著有《广东水师国防要塞图说》一书，是一部记下南海领域东沙、西沙群岛主权的重要文献。但在辛亥革命时遗失，实在可惜。

《李准巡海记》，是证实南海诸岛是中国固有领土的实地考察的文献。他在开头讲到这一重要的问题："中国向不以领海为重，故于海南之岛屿，数千年来并无海图，任外人之侵占而不知也。"他这次受当时两广总督张人骏之命，乃有巡海之举，他所做的记录，至今尚有宝贵的价值。

清宣统元年（1909 年），粤督张人骏建议开发西沙群岛，曾取其所产鸟粪、珊瑚及矿产等陈列于京都"南洋劝业会"。

第八章　自然灾害

清代海南的自然灾害，可能因为年代比较接近，记载也比较详细，所以显得灾害更加频繁。1994 年，海南省三防总指挥部办公室做了一件很有价值的工作，他们根据各类志书，综合编成《海南省千年自然灾害史料》一书，由陈寒松主编、赵正伦审订。现根据《海南省千年自然灾害史料》一书中关于清代部分再加上各类志书核对、补充疏漏和说明出处，列表如下。

一、风灾

表 8—1　清代各县风灾次数

县名	昌化县	定安县	琼山县	万宁县	琼东县	文昌县	澄迈县	陵水县
次数	2	22	17	17	6	12	3	11
县名	临高县	崖州	乐会县	昌化县	儋州	会同县	感恩县	共计
次数	5	12	2	2	3	2	3	119

表 8—2　清代风灾记录

年　代	地　名	灾　情	文献出处
顺治二年（1645 年）	昌化县（昌江县）	夏月，飓风淫雨，七月黎水泛滥，漂荡民居，淹没物畜，冲埋田土。	光绪《昌化县志》卷十《杂志》
顺治八年（1651 年）	定安县	七月，飓风大作。八九月，淫雨，田禾多没。	宣统《定安县志》卷十《杂志》；光绪《定安县志》卷十《杂志》
顺治十年（1653 年）	琼山县	七月十六日，飓风大作三日夜，河水涨溢，近海居民淹死无算。	乾隆《琼山县志》卷九《杂志》；咸丰《琼山县志》卷二十九《杂志》

续表

年代	地名	灾情	文献出处
顺治十年（1653年）	定安县	七月水灾。风雨三昼夜，河水陡涨，城内浸至大门照墙。沿江村乡民舍淹流十之八九。漂死者数百，禾稼一空。	宣统《定安县志》卷十《杂志》；光绪《定安县志》卷十《杂志》
康熙元年（1662年）	万宁县	秋八月飓风。	道光《万州志》卷七《前事略》
康熙三年（1664年）	文昌县	十月初二、初三日，大风拔木倒屋。先是有大鸟集于迈豆岭，三日而去。	民国《文昌县志》下册卷十《杂志》
康熙七年（1668年）	琼东县（琼海县）	十月，飓风淫雨，城垣崩坏。	《琼海县志》卷二《自然环境》第六章《自然灾害》
	文昌县	十月初二、初三日，大风拔木倒屋。先是有大鸟集于迈豆岭，三日而去。	民国《文昌县志》卷十《杂志》
康熙十一年（1672年）	澄迈县	闰七月自十七日连日飓风，惟二十五日震荡摧撼更甚，往昔罕有。崩崖拔木，倒折棂星柱石。城中殒折公廨，乡居倾尽，民房伤败，高田坡稻摧折，园林杂殖。海水涨溢，海边田禾盐灌失收，疍场村址，几经水灾，从无若此之甚。是日，漂流屋宇，溺死六人，淹没牲畜，民居荡然。	康熙《澄迈县志》卷三《杂志·纪灾》
	万宁县	秋七月，飓风。	道光《万州志》卷七《前事略》
	陵水县	闰七月二十七日，飓风大作，大雨继之，昼夜不息。飞瓦倒屋，人无立足之处，吹拔榔树过半。	康熙《陵水县志》卷十二《杂志》；乾隆《陵水县志》卷十二《灾异》
	临高县	秋七月二十三日，飓风淫雨，自辰至申，无顷刻息，树至合抱者，拔如拉朽，伤官民屋宇，田禾殆尽。海与江水并涨，城内水深八尺，自是连月多大风雨，河水屡入城为患。	光绪《临高县志》卷三《舆地志》
	定安县	秋，飓风四作。闰七月二十三日大作，由辰至未，飞瓦走石，树拔城毁，官舍民房倒塌殆尽；又二十七日并八月十九日、九月十三日，飓风相继，淫雨连六昼夜。	宣统《定安县志》卷十《杂志》；光绪《定安县志》卷十《杂志》

续表

年　代	地　名	灾　情	文献出处
康熙十一年（1672年）	崖州	闰七月二十三日，风雨大作。越二十七日至二十九日卯时止。倾倒城垣署舍。水涨海溢，淹死男女十余口。	光绪《崖州志》卷二十二《杂志》；乾隆《崖州志》卷九《灾祥志》
	琼东县	七月，飓风大作三次，城舍房屋倾倒，树木毁折几尽。	《琼东县志》卷十《纪灾》
	昌化县（昌江县）	闰七月二十三日，飓风大坏官舍、民居、城郭、墩台，漂没田地从古未有，十三州县同日受祸。	康熙《昌化县志》卷十《附灾异》
	文昌县	飓风，大水，淹覆民舍数十间。	民国《文昌县志》卷十《杂志》；康熙《文昌县志》卷九《杂志》
	琼山县	闰七月，飓风凡六作，二十七日尤甚，官民庐舍倾圮，郡学棂星门石柱摧折，城垣塌十五丈，雉堞全堕，拔木淹禾，十三州县同时被灾。	民国《琼山县志》卷二十八《杂志志》
康熙十三年（1674年）	琼山县	飓风大作，海水涨溢，漂没人畜房屋无算。是年大饥。	民国《琼山县志》卷二十八《杂志志》
康熙十七年（1678年）	琼山县	夏，大风雨，毁城垣官民房舍。	康熙《琼山县志》卷九《杂志》；乾隆《琼州府志》卷十《杂志》；民国《琼山县志》卷二十八《杂志志》
康熙十九年（1680年）	琼山县	秋，大风雨。	咸丰《琼山县志》卷二十九《杂志》；民国《琼山县志》卷二十八《杂志志》
康熙二十年（1681年）	临高县	夏六月，飓风作，雨霜伤槲、椰之属。	光绪《临高县志》卷三《舆地志》
康熙二十四年（1685年）	儋县	夏六月，琼山、澄迈、儋州、临高飓风屡作，城垣屋宇倾圮。	民国《儋县志》卷十八《杂志》
	澄迈县	六月初二日，飓风大作。	嘉庆《澄迈县志》卷十《杂志》；光绪《澄迈县志》卷十二《杂志》
	琼山县	夏六月，飓风屡作，城垣屋宇倾圮。	民国《琼山县志》卷二十八《杂志志》
	定安县	秋，风雨毁坏学宫。七八月淫雨连旬，飓风数次。衙宇民居尽被倾圮，学宫戟门、两庑、垣墙倒塌殆尽。	光绪《定安县志》卷十《杂志》；宣统《定安县志》卷十《杂志》

续表

年　　代	地　名	灾　　情	文　献　出　处
康熙二十四年（1685年）	临高县	夏六月大风雨，河水入城。	光绪《临高县志》卷三《舆地志》
康熙二十六年（1687年）	文昌县	七月，暴雷狂风，坏官廨民舍甚多，潮溢，害稼至二十里许。	康熙《文昌县志》卷九《杂志》；民国《文昌县志》卷十《杂志》
	琼东县（琼海县）	七月初八日，飓风大作，竟昼夜方止，大木多拔，房屋倾倒殆尽。	《琼东县志》卷十《纪灾》；《琼海县志》卷二《自然环境》第六章《自然灾害》
	会同县（琼海县）	七月十一日，飓风大作。竟昼夜方止，大木多拔，房屋倾倒殆尽。	《乾隆会同县志》卷九《杂志》
康熙二十七年（1688年）	万宁县	秋八月，飓风大作，学宫棂星门倾圮。	道光《万州志》卷七《前事略》
康熙三十三年（1694年）	陵水县	五月十五日，飓风作。	乾隆《陵水县志》卷十《杂志》
康熙三十六年（1697年）	临高县	飓风大作。	光绪《临高县志》卷三《舆地志》
	琼山县	飓风。	乾隆《琼州府志》卷十《杂志》
康熙三十七年（1698年）	琼山县	夏五月飓风，坏民庐舍。	乾隆《琼州府志》卷十《杂志》；民国《琼山县志》卷二十八《杂志志》
	陵水县	五月初二日，飓风作。	乾隆《陵水县志》卷十《杂志》
康熙四十六年（1707年）	万宁县	秋八月，飓风，大水。	道光《万州志》卷七《前事略》
康熙五十二年（1713年）	崖州	闰五月初二日，飓风大作。水进村，坏民房数十间。溺死十余人。	光绪《崖州志》卷二十二《杂志》；乾隆《崖州志》卷九《灾祥志》
	陵水县	闰五月初二日，飓风作。	乾隆《陵水县志》卷十《杂志》
雍正元年（1723年）	崖州	八月，飓风大作。山水暴涨，加癸巳年（1713年）尺余。	光绪《崖州志》卷二十二《杂志》；乾隆《崖州志》卷九《灾祥志》
雍正八年（1730年）	定安县	八月，飓风五作，坏屋拔木。	光绪《定安县志》卷十《杂志》；宣统《定安县志》卷十《杂志》
雍正十三年（1735年）	万宁县	秋七月，飓风，禾稻尽伤，米价高腾。	道光《万州志》卷七《前事略》
	陵水县	岁大熟，七月二十四日夜飓风大作。	乾隆《陵水县志》卷十《杂志》

续表

年代	地名	灾情	文献出处
雍正十三年（1735年）	崖州	七月二十五日，飓风大作。城垣倾圮，水势加癸卯年（1713年）二尺。坏民房屋数十间，溺死数人。	光绪《崖州志》卷二十二《杂志》；乾隆《崖州志》卷九《灾祥志》
	会同县（琼海县）	七月二十六夜，飓风大作，庙宇衙门城楼民房倾毁多半，墙倒压死多人，忠义、节孝二祠尽扫平地。	嘉庆《会同县志》卷十《杂志》；《琼海县志》卷二《自然环境》第六章《自然灾害》
乾隆四年（1739年）	陵水县	六月飓风作。	乾隆《陵水县志》卷十《杂志》
	琼山县	夏六月，飓风淫雨，连日不止，覆溺商民船只无数，兵民房屋多被淹倒。	乾隆《琼山县志》卷九《杂志》；民国《琼山县志》卷二十八《杂志志》
乾隆六年（1741年）	琼山县	八月飓风大作，船只房屋多损伤，知县江日暄详奏赈恤。	民国《琼山县志》卷二十八《杂志志》
	陵水县	八月飓风大作。	道光《万州志》卷十《前事略》；乾隆《陵水县志》卷十《杂志》
乾隆九年（1744年）	万宁县	秋七月，飓风连作三次，房屋俱坏。	道光《万州志》卷七《前事略》
乾隆十年（1745年）	琼山县	飓风作。	乾隆《琼山县志》卷十《杂志》；民国《琼山县志》卷二十八《杂志志》
	万宁县	秋七月，飓风大作，番船大坏，东澳、港北等处货物漂流，浮上者数人。	道光《万州志》卷十《前事略》
	陵水县	飓风作。	道光《琼州府志》卷十《前事略》；乾隆《陵水县志》卷十《杂志》
乾隆十八年（1753年）	琼山县	飓风大作，庙宇民房多倾圮。	光绪《崖州志》卷二十二《杂志》；民国《琼山县志》卷二十八《杂志志》
	万宁县	秋，连作飓风三次，雷声甚烈，加以大水。港北溺死者二十七人，水浸守备内署，民房倾圮大半。	道光《万州志》卷十《前事略》
	崖州	八月十七日，风雨大作。水进村。九月、十月，俱大风一次，伤损颇多。	道光《万州志》卷七《前事略》；乾隆《崖州志》卷九《灾祥志》；光绪《崖州志》卷二十二《杂志》
	陵水县	飓风大作。	乾隆《陵水县志》卷十《杂志》

续表

年代	地名	灾情	文献出处
乾隆二十年（1755年）	万宁县	秋，飓风二次。	道光《万州志》卷七《前事略》
乾隆三十三年（1768年）	陵水县	六月十八日，飓风大作。	乾隆《陵水县志》卷十《杂志》
	琼山县	夏六月，飓风大作，文庙城楼俱为摧倒，民房伤毁甚多，白沙港内船伤百余只。	民国《琼山县志》卷二十八《杂志志》
	文昌县	六月十七日，飓风大作，文庙崇圣祠尽坏。	民国《文昌县志》卷十《杂志》
乾隆三十四年（1769年）	万宁县	冬，飓风大作，连日大水，旱禾大伤。	道光《万州志》卷七《前事略》
乾隆三十五年（1770年）	万宁县	六月大雨，风水连绵，飓风连作，东南一带禾苗大伤，为从前所少见。	道光《万州志》卷七《前事略》
乾隆三十八年（1773年）	陵水县	飓风作。	乾隆《陵水县志》卷十《杂志》
乾隆四十三年（1778年）	万宁县	夏五月端阳夜，飓风作。	道光《万州志》卷七《前事略》
	琼东县（琼海县）	秋七月十六日，自日至夜飓风大作，村庄城市屋宇倾圮甚多，大木有连根拔者，禾苗尾裂如丝，而秋竟大熟。	《琼东县志》卷十《纪灾》；《琼海县志》卷二《自然环境》第六章《自然灾害》
乾隆六十年（1795年）	昌化县	夏六月，大水冲决东西北岸两都田，青石岭崩。	光绪《昌化县志》卷十《杂志》
嘉庆十三年（1808年）	文昌县	九月十六日夜，飓大作。海潮自铺前涨至乌树岭下，有十余里，居民死者十余人。经年田咸，不可耕种。	民国《文昌县志》卷十《杂志》
嘉庆二十二年（1817年）	崖州	冬十月，青气见，自南至北，久之乃散。参将杜茂达、把总张萧汉巡哨至琊琅港（三亚港），飓风大作，舟覆，官兵皆溺死。	光绪《崖州志》卷二十二《杂志》
	万宁县	夏四月，飓风作，时在二十七日夜。	道光《万州志》卷七《前事略》
嘉庆二十三年（1818年）	澄迈县	五月二十一日，飓风大作，倾倒民房大树。八月初三日，又刮飓风，拔木毁屋，民遭灾难。八月十八日飓风大作，拔木坏屋，海水涨溢，人民溺死。	嘉庆《澄迈县志》卷十《杂志》；道光《琼州府志》卷四十二《杂志》；光绪《澄迈县志》卷十《杂志·纪灾》

续表

年　　代	地　名	灾　　情	文　献　出　处
嘉庆二十三年（1818年）	琼东县（琼海县）	五月二十一日巳午时，飓风大作，二十七日又作，至八月初三，十八日，又连大作，大堂内衙儒学东西两斋及庙宇民房，片瓦寸木无存，压死人丁无数，自飓风以来未有若斯之甚者。	《琼东县志》卷十《纪灾》；《琼海县志》卷二《自然环境》第六章《自然灾害》
	定安县	飓风，大水伤稼。夏秋间，飓风连作，民房俱倒，会同（琼东）、乐会、万州尤甚。淫雨数月，大伤禾稼。	宣统《定安县志》卷十《杂志》
	万宁县	秋八月初三日夜，飓风作。是月十八日夜，飓风大作，风中火星散飞，拔木坏屋，文武衙门、民间祠庙倒塌殆尽。海水涨溢，溺死者不可胜数。上宪委员亲临赈济。	道光《万州志》卷七《前事略》
嘉庆二十五年（1820年）	崖州	八月，飓风大作，坏民房多处。	光绪《崖州志》卷二十二《杂志》
道光三年（1823年）	万宁县	九月风雨淋漓，损伤禾苗。冬间米价高昂。	道光《万州志》卷七《前事略》
道光四年（1824年）	文昌县	七月飓风。	民国《文昌县志》卷十《杂志》
	万宁县	九月，飓风大作，时十二日也。	道光《万州志》卷七《前事略》
道光五年（1825年）	感恩县（东方县）	飓风，崇圣祠被吹毁。	民国《感恩县志》卷十《建置志·学宫》
道光七年（1827年）	儋县	飓风大雨，丽泽书院倒塌。	《海南省千年自然灾害史料集》1994年版
道光八年（1828年）	文昌县	飓风大作，商船覆没甚众。	咸丰《文昌县志》卷十六《杂志》；民国《文昌县志》卷十《杂志》
道光十五年（1835年）	儋县	飓风，万寿宫倾圮。	光绪《定安县志》卷十《杂志》
道光十九年（1839年）	文昌县	九月初旬，飓风三作。稻不获收，岁饥。	民国《文昌县志》卷十《杂志》

续表

年代	地名	灾情	文献出处
道光十九年（1839年）	定安县	四月初八日，飓风，大水。田禾甚丰，未及收成，风水淹没失收。秋，淫雨累月，飓风大水，饥。风静水涨，水落风起，自九月初一至十二日，水、飓连环相继者六次，沦沉民房，漂荡田禾，草木朽烂，市绝买卖。自此至二十一年大熟，水旱频仍，五谷不登，历来饥馑无如此之久者。	光绪《定安县志》卷十《杂志》；宣统《定安县志》卷十《杂志》
道光二十八年（1848年）	定安县	七月十五日，飓风，倾屋拔木。田始有水插秧。	光绪《定安县志》卷十《杂志》；宣统《定安县志》卷十《杂志》
道光二十九年（1849年）	文昌县	四月初七日，狂风大作。	咸丰《文昌县志》卷十六《杂志》；民国《文昌县志》卷十《杂志》
咸丰元年（1851年）	定安县	八月十三日，飓风大作，倾屋拔木，内图尤甚。	光绪《定安县志》卷十《杂志》；宣统《定安县志》卷十《杂志》
咸丰三年（1853年）	定安县	六月大西风连旬。自十六日飓后连接西风二十余日。	光绪《定安县志》卷十《杂志》；宣统《定安县志》卷十《杂志》
咸丰四年（1854年）	定安县	秋飓，此次坏屋极众，幸大稻尚未放花，故不伤谷。	光绪《定安县志》卷十《杂志》；宣统《定安县志》卷十《杂志》
	文昌县	闰七月，飓风、大水，南门内外水深一丈余，便民桥圮二段，漂没三合街一带民房四十余间，溺死男女四十余口。	咸丰《文昌县志》卷十六《杂志》；民国《文昌县志》卷十《杂志》
咸丰五年（1855年）	文昌县	十月，飓风淫雨，漂便民桥石栏杆，淹没三合街民房十余间。此月水六图大岭村二更后狂风大作，声响如雷，坏民房九十余间，砖瓦尽飞，有冲入椰子树深寸许者。	咸丰《文昌县志》卷十六《杂志》；民国《文昌县志》卷十《杂志》
咸丰八年（1858年）	琼山县	八月十五日，飓风大作，数百大树俱吹倒，为向来所未有。时称为铁风，幸一日遂止，损伤未甚大。	光绪《定安县志》卷十《杂志》；民国《琼山县志》卷二十八《杂志志》

续表

年　代	地　名	灾　情	文献出处
咸丰九年（1859年）	定安县	九月寒露前后，飓风三次兼以大水，高低稻俱淹没。	光绪《定安县志》卷十《杂志》；宣统《定安县志》卷十《杂志》
咸丰十一年（1861年）	定安县	七月十一日夜，大雷雨，飓风助之，至寅时始息。是时东山市作中元醮，诸大台及鼓台灯棚俱倒，屋崩压死及舟覆溺死者颇多。	光绪《定安县志》卷十《杂志》；宣统《定安县志》卷十《杂志》
同治二年（1863年）	定安县	八月初九而飓作，十五夜复大飓。初九大飓自北而东而南，府城考棚毁为平地，坊牌崩折甚多，邑城隍庙头门瓦屋为之折碎，自未时至明日初十亥时乃止。十五丑时又大飓，自西北角起，至午转正西而南，至东南而止。此日伤屋极多，溪水海水相礴，海南海北居民没入海者数万。吾邑瓦千枚价至三千钱有奇。此灾从来未有，各郡报风，两广总督毛公批：高廉连年用兵，雷琼迭遭飓风，命军饷局将捐输一项从缓开办，以示体恤。	光绪《定安县志》卷十《杂志》；宣统《定安县志》卷十《杂志》
同治三年（1864年）	定安县	八月初八夜飓，至次日晨止，尤大于癸亥年（清同治二年）八月十五日之飓，至巳后又复回南，亦极大，至未时止，城内伤室甚多，南城、北城俱毁。城隍庙大门、书院楼阁、文庙尊经阁、县衙俱被伤十之五，谯国夫人庙大门折为平地，村庄坡上祠堂俱圮，水浸城五尺，西门沉舟十四只，上下江沉舟百余只，没村溺人不计其数。此水大于乙酉年（明万历十三年）而稍让于乾隆壬辰年（1772年）。壬辰水，城内中街乘筏上街买菜。	光绪《定安县志》卷十《杂志》；宣统《定安县志》卷十《杂志》

续表

年 代	地 名	灾 情	文 献 出 处
同治八年（1869 年）	定安县	八月二十三日夜，飓风大作，自酉至辰乃止，学宫正殿裂上层短墙，县衙仪门尽倒为平地，东门外墙压死一人，淋雨数日后，陆续犹崩墙不可胜数。自八月二十三日至十月，连北风，并无东风。或淋雨，或寒冻，其灾更甚于甲子、乙丑年。	光绪《定安县志》卷十《杂志》；宣统《定安县志》卷十《杂志》
光绪三年（1877 年）	昌化县（昌江县）	九月，飓风大雨。十月北黎市水深三尺。江水冲没东西图附近昌化北岸田地二十余坵。	光绪《昌化县志》卷十《杂志・灾异》
	崖州	秋，台风陡作。州属山岭多崩成渠。山水同日暴涨，冲没屋庐牛畜无数，漂死数十人。	光绪《崖州志》卷二十二《杂志》
光绪十三年（1887 年）	感恩县（东方县）	九月连雨九日，飓风、大水。坏田庐，拔树木不可胜数，城东北落樱岭冲崩一处。	民国《感恩县志》卷二十二《杂志》
光绪十四年（1888 年）	临高县	是年七八月大旱，隆亨、嘉祥、里仁三约遍处祈祷，虽得雨滂沱，奈雨中带飓，禾稼被伤，民饥继以瘟疫，路断行人。	光绪《临高县志》卷三《舆地志》
光绪十六年（1890 年）	崖州	八月，飓风大作三次，毁民舍。	光绪《崖州志》卷二十二《杂志》
光绪二十年（1894 年）	乐会县（琼海县）	四月二十七日，飓风大作，全邑神庙、衙署、祠宇、民居倾塌多半，其余树木拔折不能胜纪。	宣统《乐会县志》卷八《杂录》
	琼山县	四月二十九日，飓风大作，民房大树多吹倒折。琼州风灾多入秋后始有，今年忽作于夏四月，异矣。	民国《琼山县志》卷二十八《杂志志》

续表

年　代	地　名	灾　情	文献出处
光绪二十年（1894年）	定安县	四月飓风大作，毁坏学宫。二十七日巳刻，飓风起，大甚，东南一带尤甚。其毁坏学宫围墙、尊经阁及棂星门，其余城内外祠庙、居屋倾覆不计其数。午刻风静，大雨如注，乡老以为四月飓风如此之大，百数十年来目所不睹云。八月十一日又飓风，自十一未刻大至十二丑刻方止。水漫至城垣半城之高。居近建江一带村庄漂流猪、鸡极多。西门外水中流一马，身上有鞍，尚未死。但水势大猛，人莫敢救。漫二日夜，才落。至二十日及九月一日，飓风又两作，田稻为之尽朽。幸海米接济，不至大饥。	宣统《定安县志》卷十《杂志》
	澄迈县	五月，飓风大作，金江一带地方民房大树倾倒。	光绪《澄迈县志》卷十二《杂志·纪灾》
光绪二十一年（1895年）	琼山县	四月二十七日，大风。	民国《琼山县志》卷二十八《杂志志》
	琼东县（琼海县）	飓风暴雨，县署房屋全行倒塌。	《琼海县志》卷五第六章《自然灾害》
光绪二十三年（1897年）	琼山县	八月二十一日，飓风大作，三日始息，海水暴涨，高数丈，海口大街水深数尺，港中大小船均被打坏，铺户民房亦多倒塌，沿海村庄尤甚，县文庙重修，初升梁亦被吹倒。	民国《琼山县志》卷二十八《杂志志》
	崖州	十月，飓风大作。打破三亚港船只无数，疍户死者百余人。	光绪《崖州志》卷二十二《杂志》
	定安县	秋冬，飓风，大水。八月二十一，九月初十、二十一，飓风三次。	宣统《定安县志》卷十《杂志》
光绪二十六年（1900年）	感恩县（东方县）	二月飓风大作，伤损民房甚多。	民国《感恩县志》卷二十《杂志》
光绪三十年（1904年）	定安县	八月飓风。八月十四日酉刻风作，邑城及附郭数图尚小，黄竹以内各图极大，拔木坏屋不计其数，人皆怨咨。	宣统《定安县志》卷十《杂志》

续表

年　代	地　名	灾　情	文献出处
光绪三十三年（1907年）	崖州	九月二十一日，飓风大作。山水暴涨，毁伤民舍田禾。	光绪《崖州志》卷二十二《杂志》
光绪三十四年（1908年）	崖州	九月，飓风两作，毁伤民舍田禾。	光绪《崖州志》卷二十二《杂志》
	定安县	九月十二日飓风，飓风先后连有大水数次。	宣统《定安县志》卷十《杂志》
宣统元年（1909年）	感恩县（东方县）	十月，暴雨飓风，海面溺死者颇多。	民国《感恩县志》卷二十《杂志》
	定安县	八月二十一日，飓风大作。	宣统《定安县志》卷十《杂志》
	乐会县（琼海县）	八月二十一日，乐会县飓风大起，庙宇民舍倒塌多半，米价腾贵，每升十六两，价六十有奇。	《琼海县志》第六章《自然灾害》；宣统《乐会县志》卷八《杂录》
	万宁县	八月二十一日，飓风大起，庙宇民舍倒塌少半，米价腾贵。	《海南省千年自然灾害史料集》
宣统三年（1911年）	定安县	七月二十七日，飓风大甚，下午风起，入夜更大，拔木坏屋极多。人谓前有甲午（光绪二十年）四月二十七日，后有辛亥七月二十七日，皆罕见之飓风也。	宣统《定安县志》卷十《杂志》

二、水灾

表8—3　清代各县水灾次数

县名	昌化县	定安县	乐会县	万宁县	澄迈县	陵水县	崖州
次数	5	26	3	25	9	2	9
县名	文昌县	感恩县	儋县	会同县	琼山县	琼东县	临高县
次数	7	1	2	1	11	2	4

表8—4　清代各县水灾记录

年　代	地　名	灾　情	文献出处
顺治二年（1645年）	昌化县（昌江县）	七月，黎水汜滥，漂荡民居，淹没物畜，冲埋田土。	光绪《昌化县志》卷十《杂志》
顺治五年（1648年）	崖州	夏五月，大水。南山岭崩，自顶至麓，溃决成渠。	光绪《崖州志》卷二十二《杂志》

续表

年代	地名	灾情	文献出处
顺治八年（1651年）	定安县	八九月淫雨，田禾多没。	宣统《定安县志》卷十《杂志》；光绪《定安县志》卷十《杂志》
	万宁县	冬十月，淫雨，河溢。	道光《万州志》卷七《前事略》
顺治十年（1653年）	昌化县（昌江县）	秋月，霪雨连月，流涨壅城水灾较乙酉（1645年）为甚。	光绪《昌化县志》卷十《杂志》
	定安县	七月，水灾。风雨三昼夜，河水陡涨，城内浸至大门照墙，沿江村乡民舍淹流十之八九，漂死者数百，禾稼一空。	宣统《定安县志》卷十《杂志》；光绪《定安县志》卷十《杂志》
	琼山县	秋七月十六日，风雨交作，连三昼夜，河水大涨，居民濡溺无数。	民国《琼山县志》卷二十八《杂志志》
顺治十一年（1654年）	澄迈县	七月十六日大雨，至十九日河水高涨横溢，俗唤海翻，自澄打铁地方抵琼，近河居民房屋漂流，田禾畜产浸没，男女溺死无算。	光绪《澄迈县志》卷十《杂志》；乾隆《琼州府志》卷十《杂志》
顺治十二年（1655年）	陵水县	大饥，淫雨不止，田中水深三四尺，稻种尽绝，升米百钱，百姓死亡枕藉或逃散四方，土地荒废，县治一空。	乾隆《陵水县志》卷十《杂志》；康熙《陵水县志》卷十二《杂志》
	崖州	八月晦，大水。三亚街至海岸数里，冲决成川，入于海。侵宇、长坡、抱壁、南丁、鹿回、临川诸岭皆崩。	光绪《崖州志》卷二十二《杂志》；道光《琼州府志》卷四十二《杂志》
顺治十五年（1658年）	万宁县	冬，淫雨伤禾。	道光《万州志》卷七《前事略》
康熙元年（1662年）	澄迈县	立秋后，连月淫雨，十雨一晴，田稻浸朽失收。二年，斗米二钱有奇，赖通籴于海北。	嘉庆《澄迈县志》卷十《杂志》；光绪《澄迈县志》卷十二《杂志》
	文昌县	秋八月，淫雨不止。槟榔被鼠耗三分之二。逾月雨止，鼠亦绝。十一月又雨，余榔尽落，榔树亦枯。	咸丰《文昌县志》卷十八《杂志》；民国《文昌县志》卷十《杂志》
	定安县	淫雨连旬，自八月至十月，禾稼淹没。	宣统《定安县志》卷十《杂志》；光绪《定安县志》卷十《杂志》

续表

<table>
<tr><th>年　代</th><th>地　名</th><th>灾　情</th><th>文　献　出　处</th></tr>
<tr><td>康熙二年（1663 年）</td><td>文昌县</td><td>大水，城中水深三尺。岁大饥，斗米银五钱。民多就食万、崖。其自万崖籴者，中途被劫，道殣相望。</td><td>民国《文昌志》卷十《杂志》；康熙《文昌县志》卷九《杂志》</td></tr>
<tr><td rowspan="5">康熙十一年（1672 年）</td><td>澄迈县</td><td>九月十六日，复大雨，昼夜倾溢，远近低深田稻漂浸朽烂。</td><td>光绪《澄迈县志》卷十二《杂志》</td></tr>
<tr><td>文昌县</td><td>大水覆民居数十家。</td><td>康熙《文昌县志》卷九《杂志》；民国《文昌县志》卷十《杂志》</td></tr>
<tr><td>临高县</td><td>秋七月二十三日，飓风，淫雨自辰至申无顷刻息。海与江水并涨，城内水深八尺，自是连月多大风雨，河水屡入城为患。</td><td>光绪《临高县志》卷三《舆地类》</td></tr>
<tr><td>定安县</td><td>闰七月二十七日，并八月十九日，九月十三日，飓风相继，淫雨连六昼夜。</td><td>宣统《定安县志》卷十《杂志》；光绪《定安县志》卷十《杂志》</td></tr>
<tr><td>崖州</td><td>闰七月二十三日，风雨大作。越二十七日至二十九日卯时止。倾倒城垣、署舍。山涨海溢，淹死男女十余口。</td><td>乾隆《崖州志》卷九《灾祥志》；光绪《崖州志》卷二十二《杂志》</td></tr>
<tr><td rowspan="2">康熙二十四年（1685 年）</td><td>定安县</td><td>秋，风雨毁坏学宫。七八月，淫雨连旬飓风数次。衙宇民居尽被倾圮，学宫戟门、两庑、垣墙倒塌殆尽。</td><td>宣统《定安县志》卷十《杂志》；光绪《定安县志》卷十《杂志》</td></tr>
<tr><td>临高县</td><td>夏六月，大风雨，河水入城。</td><td>光绪《临高县志》卷三《舆地志》</td></tr>
<tr><td rowspan="2">康熙二十五年（1686 年）</td><td>琼山县</td><td>冬十月，大雨。连日如注，居民多圮。</td><td>乾隆《琼州府县志》卷十《杂志》；民国《琼山县志》卷二十八《杂志志》</td></tr>
<tr><td>澄迈县</td><td>六月大雨，至七月初五日方息。水溢浩荡，庙宇城楼外桥尽倾，田禾俱没。</td><td>光绪《澄迈县志》卷十二《杂志》</td></tr>
<tr><td>康熙三十二年（1693 年）</td><td>临高县</td><td>十月，积雨连日，江水入城，深数尺，坏祠宇民居，三日乃退。</td><td>光绪《临高县志》卷三《舆地类》</td></tr>
<tr><td>康熙三十六年（1697 年）</td><td>万宁县</td><td>夏四月大水三次，城坏屋塌，禾尽淹没，岁大饥。</td><td>道光《万州志》卷七《前事略》</td></tr>
<tr><td>康熙四十年（1701 年）</td><td>澄迈县</td><td>冬，阴雨连绵，伤禾，失收。四十一年斗米一钱七分，民有菜色。</td><td>光绪《澄迈县志》卷十二《杂志》</td></tr>
</table>

续表

<table>
<tr><th>年　代</th><th>地　名</th><th>灾　情</th><th>文　献　出　处</th></tr>
<tr><td>康熙五十年（1711 年）</td><td>定安县</td><td>正月淫雨浃旬，飞霜陨草，牛羊冻死，斗米银三钱。</td><td>宣统《定安县志》卷十《杂志》；光绪《定安县志》卷十《杂志》</td></tr>
<tr><td>康熙五十五年（1716 年）</td><td>文昌县</td><td>淫雨旬日，南门外溪水骤涨，漂流桥上石栏杆，坏两岸民房，有淹毙者。</td><td>民国《文昌县志》卷十《杂志》；咸丰《文昌县志》卷十六《杂志》</td></tr>
<tr><td>康熙六十年（1721 年）</td><td>澄迈县</td><td>六月大雨，溪水泛涨，凡金江溪居近水边者，田稻埋没，多伤民房。</td><td>嘉庆《澄迈县志》卷十《杂志》；光绪《澄迈县志》卷十二《杂志》</td></tr>
<tr><td>雍正七年（1729 年）</td><td>崖州</td><td>九月二十三日，大雨。南山岭、抱腊岭、天子岭俱崩成渠，抱腊岭崩冲黎房一间，伤黎妇一口。</td><td>乾隆《崖州志》卷九《灾祥志》；光绪《崖州志》卷二十二《杂志》</td></tr>
<tr><td>雍正七年（1729 年）</td><td>定安县</td><td>秋，淫雨连旬，连冬及春。</td><td>宣统《定安县志》卷十《杂志》；光绪《定安县志》卷十《杂志》</td></tr>
<tr><td>雍正八年（1730 年）</td><td>定安县</td><td>三四月河水涨漫，淹没田禾民舍，米价腾贵。八月大水，五谷不登。</td><td>宣统《定安县志》卷十《杂志》；光绪《定安县志》卷十《杂志》</td></tr>
<tr><td>雍正十二年（1734 年）</td><td>万宁县</td><td>夏，大雨连绵，禾稻浸伤。</td><td>道光《万州志》卷七《前事略》</td></tr>
<tr><td rowspan="3">雍正十三年（1735 年）</td><td>会同县（琼海县）</td><td>七月，连月大水，盐一升卖银五分。</td><td>乾隆《会同县志》卷九《杂志》；《琼海县志》卷二《自然灾害》</td></tr>
<tr><td>万宁县</td><td>春大雨。夏大水。</td><td>道光《万州志》卷七《前事略》</td></tr>
<tr><td>崖州</td><td>潦。水势加癸卯年二尺，坏民房屋数间，溺死数人。</td><td>光绪《崖州志》卷二十二《杂志》；乾隆《崖州志》卷九《灾祥志》</td></tr>
<tr><td>乾隆九年（1744 年）</td><td>万宁县</td><td>十一月大水，淋雨不息，地方苦之。</td><td>道光《万州志》卷七《前事略》</td></tr>
<tr><td>乾隆十四年（1749 年）</td><td>万宁县</td><td>夏、秋，大水。禾苗漂流，米价高昂。</td><td>道光《万州志》卷七《前事略》</td></tr>
<tr><td rowspan="2">乾隆十八年（1753 年）</td><td>万宁县</td><td>秋，淫雨时行，连作飓风三次，雷声甚烈，加以大水，港北溺死者二十七人。浸守备内署，民房倾圮大半。</td><td>道光《万州志》卷七《前事略》</td></tr>
<tr><td>定安县</td><td>秋、冬大水，相连七次，年谷不登。</td><td>宣统《定安县志》卷十《杂志》；光绪《定安县志》卷十二《杂志》</td></tr>
</table>

续表

年 代	地 名	灾 情	文 献 出 处
乾隆十八年（1753年）	崖州	八月十七日，风雨大作，水进村。	乾隆《崖州志》卷九《灾祥志》；光绪《崖州志》卷二十二《杂志》
乾隆二十年（1755年）	万宁县	秋，淫雨。	道光《万州志》卷七《前事略》
乾隆三十年（1765年）	万宁县	立春前一日，雷声大作，并连大水，从前所无。	道光《万州志》卷七《前事略》
乾隆三十四年（1769年）	万宁县	冬，飓风大作，连日大水，早禾大伤。	道光《万州志》卷七《前事略》
乾隆三十五年（1770年）	万宁县	六月，大雨风水连绵，飓风连作，东南一带禾苗大伤，为从前所少见。	道光《万州志》卷七《前事略》
乾隆三十六年（1771年）	万宁县	夏五月，雨。秋七月，雨，至九月乃止，晚禾无收。	道光《万州志》卷七《前事略》
乾隆三十七年（1772年）	定安县	冬大水，淹没村庄。	光绪《定安县志》卷十《杂志》；宣统《定安县志》卷十《杂志》
	琼山县	冬十月初六日，大水。	咸丰《琼山县志》卷二十九《杂志》；民国《琼山县志》卷二十八《杂志志》
	琼东县（琼海县）	十月初六、初七二日，淫雨大作，黎水冲决民居，附近嘉积、大溪圯者漂流几尽。	《琼东县志》卷十《纪灾》；《琼海县志》卷二《自然灾害》
	万宁县	冬大水，各处漂流，民无安息。	道光《万州志》卷七《前事略》
	陵水县	十月大水，然岁熟，不为灾。	乾隆《陵水县志》卷十《杂志》
	澄迈县	十月大水，田被埋没，居民近溪边者，溺死无算。	光绪《澄迈县志》卷十二《杂志·纪灾》
乾隆四十年（1775年）	万宁县	秋大水，坏民田屋。	道光《万州志》卷七《前事略》
乾隆四十六年（1781年）	万宁县	秋大水，伤民人，坏房屋。	道光《万州志》卷七《前事略》
乾隆四十八年（1783年）	万宁县	秋九月，大雨淋漓，港水涨溢，东南一角淹毙者多。	道光《万州志》卷七《前事略》
乾隆五十三年（1788年）	万宁县	秋大水，冬米价高腾。	道光《万州志》卷七《前事略》
	琼山县	秋，大水。	民国《琼山县志》卷二十八《杂志志》
	临高县	淫雨，大水。	光绪《临高县志》卷三《舆地类》

续表

年　代	地　名	灾　情	文　献　出　处
乾隆六十年（1795年）	澄迈县	六月大雨，溪水泛涨，凡金江瑞溪居近水边者，田禾埋没，多伤民房。	嘉庆《澄迈县志》卷十《杂志》；道光《琼州府志》卷四十二《杂志》；光绪《澄迈县志》卷十二《杂志》
	昌化县（昌江县）	夏六月，大水冲决东西北岸两都田，青石岭崩。	光绪《昌化县志》卷十《杂志》
嘉庆四年（1799年）	琼山县	夏四月，（郡城）大水。	民国《琼山县志》卷二十八《杂志志》
	澄迈县	秋大雨，溪水泛滥，民居近溪边者溺死无数。	嘉庆《澄迈县志》卷十《杂志》；《海南省千年自然灾害史料集》
嘉庆五年（1800年）	万宁县	冬淫雨，禾稼大伤。	道光《万州志》卷七《前事略》
嘉庆八年（1803年）	万宁县	秋八月，大水，漂流民房。	道光《万州志》卷七《前事略》
嘉庆十三年（1808年）	万宁县	秋，大水。	道光《万州志》卷七《前事略》
嘉庆十五年（1810年）	琼东县	四月，大雨淋漓，连日不止，平地水深数尺，自双发岭至县西门,一派波涛,倒流入县厅堂,浸坍土墩民房无数，田洋沙涨成坡，几不可耕，民甚苦之。	《琼东县志》卷十《纪实》；《琼海县志》卷二《自然灾害》
嘉庆二十年（1815年）	定安县	冬，寒雨连旬，陨霜杀秧，草木椰椰多枯。	光绪《定安县志》卷十《杂志》；宣统《定安县志》卷十《杂志》
嘉庆二十一年（1816年）	万宁县	秋七月，雨。冬十一月，喜雨。	道光《万州志》卷七《前事略》
嘉庆二十三年（1818年）	定安县	夏秋间，淫雨数月，大伤禾稼。	宣统《定安县志》卷十《杂志》；光绪《定安县志》卷十《杂志》
道光二年（1822年）	万宁县	冬十月，大水。时十七八日也。	道光《万州志》卷七《前事略》
道光三年（1823年）	崖州	冬十二月，大雨雹。初，雹堆积如山，俄而化大水，冲决村田无算。	光绪《崖州志》卷二十二《杂志》
道光四年（1824年）	琼山县	自三年九月至四年八月，郡属久遭旱灾，蝗虫漫天遍野，所过禾麦一空。	民国《琼山县志》卷二十八《杂志志》
道光五年（1825年）	万宁县	元旦，大雨雷鸣。	道光《万州志》卷七《前事略》
道光八年（1828年）	万宁县	九月，大雨，时二十三日、二十四日。	道光《万州志》卷七《前事略》

续表

年　代	地　名	灾　情	文　献　出　处
道光十一年（1831 年）	文昌县	九月二十六日，大水。那廓都三加洋有田数亩忽陷成潭。	民国《文昌县志》卷十《杂志》
道光十九年（1839 年）	定安县	四月初八日，飓风大水。田禾甚丰,未及收成,风水淹没失收。秋，淫雨累月，大水，饥。	光绪《定安县志》卷十《杂志》；宣统《定安县志》卷十《杂志》
道光二十六年（1846 年）	定安县	九月淫雨伤稼，禾实甚丰，未及收成，尽被漂荡，大熟失收。十二月淫雨连旬，严寒陨霜。	光绪《定安县志》卷十《杂志》；宣统《定安县志》卷十《杂志》
道光二十七年（1847 年）	定安县	六月初九日夜暴雨，水浸至城，沟渠冲决，山崩岸裂，漂沙淹田。	光绪《定安县志》卷十《杂志》；宣统《定安县志》卷十《杂志》
道光三十年（1850 年）	定安县	十月淫雨荡禾，禾实甚丰，将及收成，尽被漂没，内图为甚。	光绪《定安县志》卷十《杂志》；宣统《定安县志》卷十《杂志》
咸丰三年（1853 年）	崖州	六月，连雨三旬余，山水进城村三日，冲坏田园庐舍甚多，溺死黎民数名。	光绪《崖州志》卷二十二《杂志》
咸丰三年（1853 年）	定安县	冬月淫雨，伤禾长年，升米钱四十余文。	光绪《定安县志》卷十《杂志》；宣统《定安县志》卷十《杂志》
咸丰四年（1854 年）	文昌县	七月大水，南门内外水深一丈余，便名桥圮二段，漂没三合街一带民房四十余间，溺死男女四十余口。	民国《文昌县志》卷十《杂志》
咸丰五年（1855 年）	文昌县	十月淫雨，漂便民桥石井栏杆，淹没三合街民房十余间。	民国《文昌县志》卷十《杂志》
咸丰九年（1859 年）	定安县	多风水。九月寒露前后，飓风三次，兼以大水，高低稻俱淹没。	宣统《定安县志》卷十《杂志》；光绪《定安县志》卷十《杂志》
咸丰十一年（1861 年）	琼山县	九月大水。	民国《琼山县志》卷二十八《杂志志》
同治三年（1864 年）	昌化县（昌江县）	水冲决田地不少。	光绪《昌化县志》卷十《杂志》
	定安县	八月初八日夜，飓风大水，水浸城五尺，西门沉船十四只，上下江沉船百余只，浸村溺人不计其数。此水大过乙酉（明万历十三年）而稍让于乾隆壬辰年（1775 年）者。壬辰水，城内中街乘筏上街买菜。	宣统《定安县志》卷十《杂志》；光绪《定安县志》卷十《杂志》

续表

年　代	地　名	灾　情	文　献　出　处
光绪三年（1877年）	琼山县	七月二十七日大水。	民国《琼山县志》卷二十八《杂志志》
	昌化县（昌江县）	大水，十月北黎市水深三尺，江水冲没东西图附近昌化北岸田地二十余丘。	光绪《昌化县志》卷十《灾异》
	定安县	七月二十旬作一大水即止。十一月二十九午后，雷大震，大雨如注，系小寒前三日。	光绪《定安县志》卷十《杂志》宣统《定安县志》卷十《杂志》
	崖州	秋，山水同时暴涨，冲没屋庐。牛畜无数，漂死数十人。	光绪《崖州志》卷二十二《杂志》
光绪四年（1878年）	定安县	秋九月二十一日连日雨如注，大水，五谷失收，米价腾贵，大饥。	宣统《定安县志》卷十《杂志》
光绪十三年（1887年）	感恩县（东方县）	九月，连雨九日，飓风。大水坏田庐，拔树木不可胜数。城东北落缨岭冲崩一处。	民国《感恩县志》卷二十《杂志》
光绪十五年（1889年）	儋县	五月初五日大雨，雷击圣庙大成殿。	民国《儋县志》卷十八《杂志》
光绪十七年（1891年）	定安县	十一月初三日大风雨，自午刻起大雨如注，平地水深数尺……向来冬季如此大风雨，人所罕见也。	宣统《定安县志》卷十《杂志》
光绪二十年（1894年）	乐会县（琼海县）	八月又连遭淫雨，涨满一切，高低田业仅收二成，此年大荒。	宣统《乐会县志》卷八《杂录》；《琼海县志》卷二《自然灾害》
	定安县	八月十一日飓风大水，水浸至城垣半城之高，居近建江一带村庄漂流猪、鸡极多，浸二日夜方落，稻谷为之尽朽，海米接济，不至大饥。	宣统《定安县志》卷十《杂志》
光绪二十一年（1895年）	琼山县	九月中旬大雨。	民国《琼山县志》卷二十八《杂志志》
光绪二十三年（1897年）	琼山县	九月、十月连遭水灾，年大凶荒。	民国《琼山县志》卷二十八《杂志志》
	定安县	十月二十一、二十二日大风雨相连二日，大水比甲午年（1894年）八月大。	宣统《定安县志》卷十《杂志》

续表

年 代	地 名	灾 情	文 献 出 处
光绪二十三年(1897年)	琼山县	八月二十一日，飓风大作，海水暴涨高数丈，海口大街水深数尺。港中大小船均被打坏，铺户民房亦多倒塌，沿海村庄尤甚。县文庙重修，初升梁亦被吹倒。九月、十月连遭水灾，年大凶荒。	民国《琼山县志》卷二十八《杂志志》
光绪二十四年(1898年)	儋县	六月初十、十一、十二日，大雨三日夜，水入州城，漫过大街，间有溺毙者。	民国《儋县志》卷十八《杂志》
光绪二十五年(1899年)	定安县	六月大水。	宣统《定安县志》卷十《杂志》
光绪三十年(1904年)	琼山县	秋八月二十日，淫雨数月，郡城西门右边城崩一角，压碎覃家民屋一座，毙男一女二。	民国《琼山县志》卷二十八《杂志志》
光绪三十一年(1905年)	乐会县(琼海县)	旱魃为虐，地几不毛，复遭淫雨为灾，米价腾贵，民多菜色。	宣统《乐会县志》卷八《杂录》
光绪三十四年(1908年)	定安县	九月十二日飓风，先后有大水数次。	宣统《定安县志》卷十《杂志》
	崖州	十月，淫雨，蝗虫食禾。是年，抱扛黎乱。	光绪《崖州志》卷二十二《杂志》
宣统二年(1910年)	乐会县	夏季，亢旱过甚，秋季复遭淫雨涨溢，水旱交灾，高低田仅收三成，米价极贵数月，每升十六两，价至七十文左右。	宣统《乐会县志》卷八《杂录》
	定安县	八月二十旬至九月初旬大水三次，五谷多失收，米一笼价钱一千六百文。	宣统《定安县志》卷十《杂志》

三、旱灾

表8—5 清代各县旱灾次数

县名	临高县	崖州	澄迈县	文昌县	陵水县	琼山县	感恩县
次数	8	11	4	8	1	10	4
县名	定安县	万宁县	琼东县	儋县	乐会县	共计	
次数	23	22	3	5	2	101	

表 8—6　清代各县旱灾记录

年　代	地　名	灾　情	文　献　出　处
顺治三年（1646 年）	临高县	大旱，斗米金至三星。	光绪《临高县志》卷三《舆地类》
顺治八年（1651 年）	儋县	大旱，饥。	《海南省千年自然灾害史料集》
	临高	大旱，饥。	民国《儋县志》卷十八《杂志》
顺治八年（1651 年）	崖州	夏四月，不雨。逾年三月，乃雨。是时陈武妻蒋氏据城，斗米一金，民多饿死。	乾隆《崖州志》卷九《灾祥志》；光绪《崖州志》卷二十二《杂志》
顺治九年（1652 年）	澄迈县	二三月大饥，斗米价腾三两，草根木实无不掘尽，竹实每升一钱六分，饥殍遍野，积尸堆骨。	《海南省千年自然灾害史料集》
顺治十四年（1657 年）	崖州	是年，旱，大饥。	乾隆《崖州志》卷九《灾祥志》；光绪《崖州志》卷二十二《杂志》
顺治十八年（1661 年）	文昌县	旱。至次年七月始雨。	民国《文昌县志》下册，卷十《杂志》
康熙十九年至二十二年（1680—1683 年）	临高县	亢旱连岁，更经海寇蹂躏之后，复并瘟疫，耕者皆废，迫于追呼，死徙流离，荒残日甚，难乎其为邑矣。	光绪《临高县志》卷三《舆地类》；康熙《临高县志》卷一《地理志》
康熙二十年（1681 年）	琼州、澄、文、儋、临、感各州县	旱，饥。自五月不雨至第二年二月，斗米银二两。	道光《琼州府志》卷四十二《杂志》
	感恩县	旱，饥。自五月不雨至第二年二月。	民国《感恩县志》卷二十《杂志》
	澄迈县	海寇搜刮之后，旱魃为虐，五谷不登，米价什倍，民间掘草为食，鸠形菜色，饿殍载途，次年又荒，瘟疫复。	嘉庆《澄迈县志》卷十《杂志》；光绪《澄迈县志》卷十《杂志》
	琼山县	秋七月，旱饥。自五月不雨至第二年二月，斗米银二两。	民国《琼山县志》卷二十八《杂志志》
	文昌县	辛酉及壬戌、癸亥、连年大旱。溪涧井泉尽涸，牛马多渴死。	民国《文昌县志》卷十《杂志》
康熙二十年至二十二年（1681—1683 年）	文昌县	连年大旱，溪涧井水尽涸，牛马多渴死。年饥，斗米银二两，民采木实草根食之。各州县亦旱。巡道程遣官赴雷籴以济。	民国《文昌县志》卷十《杂志》
康熙三十一年（1692 年）	临高县	富罗一乡秋冬不雨，井泉皆涸，伤禾稼。	光绪《临高县志》卷三《舆地类》

续表

年 代	地 名	灾 情	文 献 出 处
康熙三十八年(1699年)	琼山县	夏三月，旱饥。	民国《琼山县志》卷二十八《杂志志》
	陵水县	旱饥。	乾隆《陵水县志》卷十《杂志》
康熙三十九年(1700年)	临高县	旱，民多苦饥。	光绪《临高县志》卷三《舆地类》
康熙四十年(1701年)	琼山县	大旱，饥。	民国《琼山县志》卷二十八《杂志志》
康熙四十一年(1702年)	定安县	旱。	宣统《定安县志》卷十《杂志》；光绪《定安县志》卷十《杂志》
康熙四十二年(1703年)	定安县	旱，连旱二年，斗米银三钱。	宣统《定安县志》卷十《杂志》；光绪《定安县志》卷十《杂志》
	万宁县	春大旱，米价高昂。	道光《万州志》卷七《前事略》
	琼东县	大旱，县前塘水尽涸，莲藕挖食几尽，川河断流，米价腾贵。	《琼东县志》卷十《纪灾》
康熙五十一年(1712年)	崖州	旱。米贵。是年遇恩赦，蠲免钱粮。	光绪《崖州志》卷二十二《杂志》；乾隆《崖州志》卷九《灾祥志》
	文昌县	刺竹生子，连年大饥；康熙四十八年至五十一年，五十一年秋冬大旱，岁饥。	民国《文昌县志》卷二十八《杂志》
雍正四年(1726年)	崖州	旱，至七月始雨，半耕半收，次年，米贵。知州程哲详请开仓平粜，民得聊生。	光绪《崖州志》卷二十二《杂志》；乾隆《崖州志》卷九《灾祥志》
雍正四年(1726年)	万宁县	春，大旱。夏旱。	道光《万州志》卷七《前事略》
雍正五年(1727年)	万宁县	春，大旱。夏旱。	道光《万州志》卷七《前事略》
乾隆五年(1740年)	万宁县	夏，大旱。瘟疫流行，伤人无数。	道光《万州志》卷七《前事略》
乾隆六年(1741年)	崖州	旱。米价腾贵。知州张埕、参将高华嵩，请由海船运谷平粜。	乾隆《崖州志》卷九《灾祥志》；光绪《崖州志》卷二十二《杂志》
乾隆七年(1742年)	崖州	旱，蝗。米价愈贵。	乾隆《崖州志》卷九《灾祥志》；光绪《崖州志》卷二十二《杂志》
乾隆八年(1743年)	万宁县	春夏大旱，米价高昂。	道光《万州志》卷七《前事略》

续表

年代	地名	灾情	文献出处
乾隆九年（1744年）	万宁县	春，大旱。禾稻无收。	道光《万州志》卷七《前事略》
乾隆十一年（1746年）	万宁县	春夏大旱。	道光《万州志》卷七《前事略》
	崖州	秋旱，米贵。详请赈灾。	乾隆《崖州志》卷九《灾祥志》；光绪《崖州志》卷二十二《杂志》
乾隆十二年（1747年）	万宁县	春，大旱。	道光《万州志》卷七《前事略》
乾隆十五年（1750年）	万宁县	春，大旱。	道光《万州志》卷七《前事略》
乾隆十六年（1751年）	万宁县	春秋大旱。瘟疫流行，伤人无数。	道光《万州志》卷七《前事略》
乾隆十七年（1752年）	万宁县	春，大旱。	道光《万州志》卷七《前事略》
乾隆十八年（1753年）	万宁县	春夏大旱。	道光《万州志》卷七《前事略》
乾隆十九年（1754年）	万宁县	春，大旱。米价高腾。	道光《万州志》卷七《前事略》
乾隆二十年（1755年）	万宁县	春，旱。虫食秧苗。米价高腾。	道光《万州志》卷七《前事略》
乾隆二十九年（1764年）	万宁县	夏，旱。	道光《万州志》卷七《前事略》
乾隆三十年（1765年）	万宁县	春旱，高禾半伤。夏旱。	道光《万州志》卷七《前事略》
乾隆三十四年（1769年）	万宁县	二月大旱。夏五月大旱，天虫食稻。	道光《万州志》卷七《前事略》
乾隆三十五年（1770年）	万宁县	秋旱，虫食秧苗，遍地皆然。	道光《万州志》卷七《前事略》
乾隆三十八年（1773年）	万宁县	春，大旱。	道光《万州志》卷七《前事略》
乾隆四十三年（1778年）	澄迈县	（春旱，饥太甚。）岁饥米贵，斗米价值铜钱四百文，民多菜色。	嘉庆《澄迈县志》卷十《杂志》
乾隆五十三年（1788年）	定安县	大旱。	宣统《定安县志》卷十《杂志》；光绪《定安县志》卷十《杂志》
	琼山县	夏，大旱。	民国《琼山县志》卷二十八《杂志志》

续表

年　代	地　名	灾　情	文 献 出 处
乾隆五十三年（1788年）	琼东县	五月天时亢旱，蝗虫食秧，有田无种而荒田者。及秋收后天时又旱，小熟少耕，米价日腾，至次年三月，每升价钱七十余文，民争啖草木根子。鸡猪肉卖至百二十文一斤，苦楚难胜，饿殍盈野，抛妻弃子者甚多，幸及秋成熟，民方得生全。	《琼东县志》卷十《杂志·纪灾》
	崖州	大旱。	光绪《崖州志》卷二十二《杂志》
嘉庆二十年（1815年）	万宁县	冬，旱，严寒，树木枯死其半。	道光《万州志》卷七《前事略》
嘉庆二十一年（1816年）	琼东县	二、三、四月大旱，溪水断流，县前塘水尽涸，小熟无收，米价腾贵，民多拾海粉菜以疗饥。至次年又旱，塘水复涸，小熟无收，岁又大饥。	《琼东县志》卷十《杂志·纪灾》
	万宁县	春夏大旱，米谷腾贵，民人不靖。	道光《万州志》卷七《前事略》
道光三年（1823年）	万宁县	春二月，大旱。早熟十分收获二三。夏瘟疫人病，吐泻伤人极多。秋八月雨颇透地，晚熟不能耕种者甚多。冬十月旱。	道光《万州志》卷七《前事略》
	琼山县	自道光三年九月至四年八月，郡属久遭旱灾，蝗虫漫天遍野，所过禾麦一空，饿殍载道，鬻男女渡海者以万计。	民国《琼山县志》卷二十八《杂志志》
道光四年（1824年）	定安县	大饥，自去年癸未至本年七月亢旱，小熟失收，杂粮亦绝。自四月初八日起至闰七月，斗米钱八百文，民多流亡，卖男女渡海者万计。	宣统《定安县志》卷十《杂志》；光绪《定安县志》卷十《杂志》
道光四年（1824年）	文昌县	大旱。七月飓风。米价腾贵。	民国《文昌县志》卷十《杂志》
	琼山县	夏四月，郡属旱，虫，大饥。	民国《琼山县志》卷二十八《杂志志》
道光十年（1830年）	定安县	春，旱。	宣统《定安县志》卷十《杂志》；光绪《定安县志》卷十《杂志》
道光二十八年（1848年）	定安县	春，旱。八月旱。自是秋米贵至辛亥年。	宣统《定安县志》卷十《杂志》；光绪《定安县志》卷十《杂志》

续表

年 代	地 名	灾 情	文 献 出 处
道光二十九年（1849）	定安县	亢旱。冬干，杂粮尽绝。	宣统《定安县志》卷十《杂志》；光绪《定安县志》卷十《杂志》
道光三十年（1850年）	定安县	十一月不雨至于次年四月乃雨。	宣统《定安县志》卷十《杂志》；光绪《定安县志》卷十《杂志》
咸丰元年（1851年）	定安县	小熟失收，旧冬至此俱旱故也。十月不雨，至于二年四月，米价腾贵。花生不实，自此年并壬子癸丑连三年油贵。	宣统《定安县志》卷十《杂志》；光绪《定安县志》卷十《杂志》
咸丰二年（1852年）	定安县	十月不雨至于三年四月。	宣统《定安县志》卷十《杂志》；光绪《定安县志》卷十《杂志》
咸丰三年（1853年）	定安县	春，旱。	宣统《定安县志》卷十《杂志》；光绪《定安县志》卷十《杂志》
咸丰六年（1856年）	文昌县	竹结实如麦，禾变如葱，有花无实，岁饥。	民国《文昌县志》卷十《杂志》
咸丰十年（1860年）	定安县	春初又不雨，至三月初六始雨。已而复旱，小春又歉收，春夏之交米一斗价至五百余钱。琼属十三州俱饥。	宣统《定安县志》卷十《杂志》；光绪《定安县志》卷十《杂志》
同治四年（1865年）	感恩县	荒旱。斤米百钱，前所未有，流离相属。	民国《感恩县志》卷二十《杂志》
	崖州	六月，大旱。八月，升米百钱，黎汉饿死甚多。	光绪《崖州志》卷二十二《杂志》
同治八年（1869年）	定安县	小熟杂子禾被旱不结谷而枯。	宣统《定安县志》卷十《杂志》；光绪《定安县志》卷十《杂志》
同治九年（1870年）	定安县	小熟杂子禾俱被旱枯死。	宣统《定安县志》卷十《杂志》；光绪《定安县志》卷十《杂志》
光绪九年（1883年）	文昌县	大旱，土裂井枯，赤地千里。	民国《文昌县志》卷十《杂志》
光绪十二年（1886年）	定安县	夏大旱，秋八月又旱。	光绪《定安县志》卷十《杂志》
光绪十四年（1888年）	临高县	七八月大旱。隆亨、嘉详、里仁三约遍处祈祷，虽得雨滂沱，奈雨中带飓，禾稼被伤，民饥继以瘟疫，路断行人。	光绪《临高县志》卷三《舆地类》
	定安县	大旱。	宣统《定安县志》卷十《杂志》

续表

年　代	地　名	灾　情	文　献　出　处
光绪十六年（1890 年）	感恩县	自春及秋不雨，室家相弃散而求生者，道途相望。	民国《感恩县志》卷二十《杂志》
光绪十九年（1893 年）	琼山县	春，大旱数月，年大凶荒。	民国《琼山县志》卷二十八《杂志志》
光绪二十一年（1895 年）	定安县	旱。	宣统《定安县志》卷十《杂志》
光绪二十三年（1897 年）	定安县	夏，大旱。米价渐贵。	宣统《定安县志》卷十《杂志》
光绪二十五年（1899 年）	定安县	春、夏旱。	宣统《定安县志》卷十《杂志》
	琼山县	夏秋大旱，年大凶荒。	民国《琼山县志》卷二十八《杂志志》
光绪二十八年（1902 年）	儋县	大旱。米价高涨，斗米一千六百文。昔年用度，如此钱价已属万难；今日生活尤为腾贵，增至二三倍。	民国《儋县志》卷十八《杂志》
光绪二十九年（1903 年）	定安县	夏大旱，春季旱，至夏尤甚，秋仅有小雨，长年米贵，一笔米钱九百文。	宣统《定安县志》卷十《杂志》
	儋县	荒旱，全县竹林皆结实（俗名生竹米）。	民国《儋县志》卷十八《杂志》
光绪三十年（1904 年）	儋县	饥荒尤甚。二三月间各处均采竹米贩卖，购者亦众。	民国《儋县志》卷十八《杂志》
光绪三十一年（1905 年）	乐会县	旱魃为虐，地几不毛，复遭淫雨为灾，米价腾贵，民多菜食。	宣统《乐会县志》卷八《杂录》
	定安县	夏，大旱。至秋七月，乃雨。	宣统《定安县志》卷十《杂志》
光绪三十二年（1906 年）	琼山县	夏秋大旱，年大凶荒。	民国《琼山县志》卷二十八《杂志志》
光绪三十二年（1906 年）	崖州	大旱。民田失收。	光绪《崖州志》卷二十二《杂志》
光绪三十三年（1907 年）	崖州	升米百钱，民间艰食。有南洋及陵水商船运至谷米与番薯干屑转售，得以接济。民赖全安。	光绪《崖州志》卷二十二《杂志》
宣统二年（1910 年）	定安县	夏，大旱。	宣统《定安县志》卷十《杂志》
	乐会县	夏季，亢旱过甚。	宣统《乐会县志》卷八《杂录》
宣统三年（1911 年）	定安县	春大旱，米价腾贵，斗米钱一千文，秋大旱，禾苗尽槁，西风连旬不变。	宣统《定安县志》卷十《杂志》

四、龙卷风

表 8—7 清代龙卷风灾各县次数

县名	文昌县	定安县	琼山县	万宁县	儋县	乐会
次数	4	7	1	1	1	1

表 8—8 清代龙卷风灾各县记录

年代	地名	灾 情	文献出处
康熙元年（1662 年）	文昌县	四月黑云见西南，白延都赤坎尾地有物起溪中，声如雷，自南疾驰西北，雨随之，火光喷出，所过坏屋拔木，其色青苍，人疑为龙。	民国《文昌县志》卷十《杂志》；咸丰《文昌县志》卷十六《杂志》
康熙三十五年（1696 年）	定安县	三月十二日，龙入县城，初见于东方，黑云密拥，须臾下江，溯流而上，抵北楼，曳城而入，毁县署及仪门、吏舍，裂瓦折桷，少顷转西江而去。	宣统《定安县志》卷十《杂志》；光绪《定安县志》卷十《杂志》
乾隆三十二年（1767 年）	琼山县	秋八月二十二日，有龙起东方，经郡西南，归于海。所过处，火星相随，大树民房多被扫坏。	民国《琼山县志》卷十二《杂志志》
嘉庆十八年（1813 年）	定安县	四月龙见，起自南方，至巡崖，大伤东一洁秀坡民居。	宣统《定安县志》卷十《杂志》；光绪《定安县志》卷十《杂志》
嘉庆二十三年（1818 年）	万宁县	九月有风一条，从东南起，吹向西北，遇树木房屋一尽折坏，时在二十一日。	道光《万州志》卷七《前事略》
嘉庆二十四年（1819 年）	定安县	四月二十七日龙伤民舍，起自西南往东北城中，大风飞瓦折木，伤书院庙宇。	宣统《定安县志》卷十《杂志》；光绪《定安县志》卷十《杂志》
道光五年（1825 年）	定安县	四月初五日隆门龙见，起于隆门图龙簪塘村边，伤坏房舍树木。	宣统《定安县志》卷十《杂志》；光绪《定安县志》卷十《杂志》
道光十六年（1836 年）	文昌县	七月，陵一图老村地雷雨暴作，有龙起潭中，旋风所至，树木尽拔，坏云氏祖祠，砖瓦桁桷俱飞无迹，椎木主香炉如故。	民国《文昌县志》卷十《杂志》；咸丰《文昌县志》卷十六《杂志》
道光二十三年（1843 年）	定安县	七月龙见于东南，二十五日未刻起于东方，青黑尺余，转为云遮，其风极大，伤莫村、潭览一带祠宇房舍，人以为不成龙者，屡经损坏村庄民房。	宣统《定安县志》卷十六《杂志》；光绪《定安县志》卷十《杂志》

续表

年代	地名	灾　情	文献出处
道光二十六年（1846年）	定安县	五月龙入县城，由南方入，挂于中天，长数十丈，自南街至北街。头垂黑白气，入建江吸水，退缩于南，须臾大雨。	宣统《定安县志》卷十六《杂志》；光绪《定安县志》卷十《杂志》
咸丰七年（1857年）	文昌县	四月二十二日，七星岭边龙起，坏民房数间。	民国《文昌县志》卷十《杂志》
同治三年（1864年）	定安县	八月初八卯时，有龙起，午时飓风作，自西二图，伤连塘、芳塘、头家及湾冲坡，雷至鸣市，又过龙门坡，经市下过，扫北帝庙为平地。屋崩压死母子三人，转上龙门岭，将李姓一村十余家扫为荒丘。随飞入岭口、岭腰、黎统市，入南远山。所过大树折，石篱崩，划土深数尺。龙门岭下有守芋者在寮中，龙气摄之三腾三落而死。至午后而飓风作矣。	宣统《定安县志》卷十《杂志》；光绪《定安县志》卷十《杂志》
光绪十六年（1890年）	文昌县	羊角风起，自西北而东南，当其冲者，民房尽倾。水营村何氏宗祠扫毁平地，池中游鱼或有卷起数丈。	民国《文昌县志》卷十《杂志》
光绪十七年（1891年）	儋县	七月十六日未时，大风骤起，云势如奔，须臾黑云一条在云中蠕动，或曲或伸，或上或下，声若涛来，自北而南，嘘气两道如白烟，卷石折木，崩塌房屋。俗云龙过天。询之科学家，则以为非龙，乃风电之相搏击，故倏来倏去，渺无留迹。	民国《儋县志》卷十八《杂志》
光绪二十八年（1902年）	乐会县	四月十四日，午后雷电交作，风云聚会，有一物从大村溪揭岭所潭中腾起，飞烟喷雾，熏蒸半天，鳞甲苍翠，若隐若现，凌云直立，乡人谓之龙升天。	宣统《乐会县志》卷八《杂录》

五、冰雹

表 8—9　清代各县冰雹次数

县名	昌化县	琼山县	陵水县	儋县	万宁县	定安县	崖州	澄迈县
次数	1	3	1	7	3	3	1	1
县名	感恩县	共计						
次数	1	21						

表 8—10　清代各县冰雹灾记录

年　代	地　名	灾　情	文献出处
顺治十年（1653 年）	昌化县（东方县）	秋月雨雹连月，流涨壅城，水灾乙酉（1645 年）为甚。	光绪《昌化县志》卷十《杂志》
康熙四十二年（1703 年）	崖州	大雨雹，如霜，著树皆萎。	《清史稿》卷四十
康熙四十六年（1707 年）	琼山县	春三月大雨雹，小者如拳，大者如盘，海外罕见。	民国《琼山县志》卷二十八《杂志志》
	陵水县	三月初四日，雨雹。	乾隆《陵水县志》卷十《杂志》
乾隆四十一年（1776 年）	儋县	三月，雨雹。	民国《儋县志》卷十八《杂志》
嘉庆元年（1796 年）	万宁县	春二月，雨雹。	道光《万州志》卷七《前事略》
嘉庆十七年（1812 年）	万宁县	春二月，大雨雹。	道光《万州志》卷七《前事略》
嘉庆十八年（1813 年）	定安县	五月，大雨雹。	宣统《定安县志》卷十《杂志》；光绪《定安县志》卷十《杂志》
嘉庆二十二年（1817 年）	定安县	雨雹大如碗，伤民居甚众。	宣统《定安县志》卷十《杂志》；光绪《定安县志》卷十《杂志》
嘉庆二十四年（1819 年）	定安县	三月二十七日，大雹，伤禾破屋。	宣统《定安县志》卷十《杂志》；光绪《定安县志》卷十《杂志》
道光元年（1821 年）	万宁县	春二月，大雨雹，时十七日也。	道光《万州志》卷七《前事略》
道光三年（1823 年）	崖州	冬十二月，大雨雹。大者如斗，小者如拳。黄流、赤岭、赖洋诸村庐舍多击毁。初，雹堆积如山，俄而化大水，冲决村田无算。	光绪《崖州志》卷二十二《杂志》

续表

年　代	地　名	灾　情	文献出处
道光十六年（1836年）	琼山县	三月，雨雹。	民国《琼山县志》卷二十八《杂志志》
	儋县	三月，雨雹。	民国《儋县志》卷十八《杂志·事纪》
同治五年（1866年）	儋县	二月初十日，雨雹。	民国《儋县志》卷十八《杂志》
光绪三年（1877年）	琼山县	四月雨雹，大者重二三十斤，打伤人畜。	民国《琼山县志》卷二十八《杂志志》
光绪十五年（1889年）	儋县	正月二十八日，雨雹。	民国《儋县志》卷十八《杂志》
光绪二十二年（1896年）	儋县	四月十七日，雨雹甚大，略伤禾稼。	民国《儋县志》卷十八《杂志》
光绪二十三年（1897年）	儋县	五月初九日，龙过天，雨小雹。	民国《儋县志》卷十八《杂志》
光绪二十六年（1900年）	儋县	四月十九日，雨雹。	民国《儋县志》卷十八《杂志》
光绪三十二年（1906年）	澄迈县	三月十六日午未时，雷雨大作，雨雹在加乐方，大伤房屋，树木枝折叶落，禾苗打烂难堪。	光绪《澄迈县志》卷十二《杂志·纪异》
光绪三十四年（1908年）	感恩县（东方县）	二月南区天雨雹，如小指大。	民国《感恩县志》卷二十《杂志》

六、潮灾

表 8—11　清代各县潮灾次数

县名	崖州	澄迈县	文昌县	万宁县	琼山县	感恩县	定安	乐会	会同	共计
次数	3	2	3	2	2	1	1	1	1	16

表 8—12　清代各县潮灾记录

年代	地名	灾　情	文献出处
康熙十一年（1672年）	崖州	闰七月飓风大作，水涨海溢，淹死男女十余口。	光绪《崖州志》卷二十二《杂志》；乾隆《崖州志》卷九《灾祥志》
	澄迈县	闰七月十七日飓风，……海水涨溢，海边田禾咸灌失收。	光绪《澄迈县志》卷十二《杂志》
康熙十三年（1674年）	崖州	海水溢，漂没人民。	光绪《崖州志》卷二十一《杂志》

续表

年代	地名	灾情	文献出处
康熙二十六年（1687年）	文昌县	七月潮溢，害稼二十里许。	民国《文昌县志》卷十《杂志》
乾隆十年（1745年）	万宁县	秋七月，飓风大作，番船大坏，东澳、港北等处，货物漂流，浮上者数人。	道光《万州志》卷七《前事略》
乾隆三十三年（1768年）	琼山县	夏六月，飓风大作，白沙港内船伤百余只。	民国《琼山县志》卷二十八《杂志志》
嘉庆十三年（1808年）	文昌县	九月十六日夜，飓风大作，海潮自铺前涨至乌树岭下，有十余里，居民死者十余人。经年田咸，不可耕种。	民国《文昌县志》卷十《杂志》
嘉庆二十三年（1818年）	澄迈县	八月十八日飓风大作，拔木坏屋，海水涨溢，人民溺死，黎谓之“扫地飓”。	道光《琼州府志》卷四十二《杂志·事纪》
	定安县	八月十八日飓风大作，拔木坏屋，海水涨溢，人民溺死，黎谓之“扫地飓”。	道光《琼州府志》卷四十二《杂志·事纪》
	乐会县	八月十八日飓风大作，拔木坏屋，海水涨溢，人民溺死，黎谓之“扫地飓”。	道光《琼州府志》卷四十二《杂志·事纪》
	会同县	八月十八日飓风大作，拔木坏屋，海水涨溢，人民溺死，黎谓之“扫地飓”。	道光《琼州府志》卷四十二《杂志·事纪》
	万宁县	八月十八日夜，飓风大作，海水涨溢，溺死者不可胜数。	道光《琼州府志》卷四十二《杂志·事纪》
道光八年（1828年）	文昌县	飓风大作，商船覆没甚众。	民国《文昌县志》卷十《杂志》
光绪二十三年（1897年）	琼山县	八月二十一日，三日始息，飓风大作，海水暴涨高数丈，海口大街水深数尺。港中大小船均被打坏，铺户民房亦多倒塌，沿海村庄尤甚。	民国《琼山县志》卷二十八《杂志志》
	崖州	十月，飓风大作。打破三亚港船只无数，疍户死者百余人。	光绪《崖州志》卷二十二《杂志》
宣统元年（1909年）	感恩县（东方县）	十月，暴雨飓风，海面溺死者颇多。	民国《感恩县志》卷二十《杂志》

七、地震

表 8—13　清代各县地震次数

县名	崖州	澄迈县	文昌县	琼山县	万宁县	琼东县	临高县	定安县	陵水县	昌化县	乐会县
次数	10	1	5	12	6	2	3	4	1	1	1

表 8—14　清代各县地震情况记录

年代	地名	灾情	文献出处
顺治五年（1648 年）	崖州	夏五月南山岭崩，自顶至麓，溃决如渠（山崩原因不明）。	光绪《崖州志》卷二十二《杂志》；乾隆《崖州志》卷九《灾祥志》
顺治八年（1651 年）	澄迈县	正月初二夜地震，典史郑炎厅上执事倒响惊醒，误以贼喊，后知地震方止。	光绪《澄迈县志》卷十二《杂志・纪异》
顺治十三年（1656 年）	崖州	三月州东三亚港口有巨石倒转，声震如雷，自辰至未乃定。	光绪《崖州志》卷二十二《杂志》；乾隆《崖州志》卷九《灾祥志》
顺治十四年（1657 年）	崖州	夏五月，州东黎村岭上有巨石，自危峰直行数百步，至山麓乃止，今石尚存（石移原因不明）。	光绪《崖州志》卷二十二《杂志》；乾隆《崖州志》卷九《灾祥志》
顺治十六年（1659 年）	崖州	四月朔夜半有白气自海边起，抵北，其光如电，空中声响如雷，顷之乃定。	光绪《崖州志》卷二十二《杂志》；乾隆《崖州志》卷九《灾祥志》
康熙五年（1666 年）	崖州	三月晦夜有白气自北起，闪烁如电，入于海。声如雷，与己亥年四月所见无异。	光绪《崖州志》卷二十一《杂志》；乾隆《崖州志》卷九《灾祥志》
康熙八年（1669 年）	文昌县	二月二十七日地震，三月初六夜再震，十一月十五日又震。	民国《文昌县志》卷十《杂志》
康熙十六年（1677 年）	琼山县	秋九月初五夜地震。	民国《琼山县志》卷二十八《杂志志》
康熙十九年（1680 年）	琼山县	夏四月地震。	民国《琼山县志》卷二十八《杂志志》
康熙二十年（1681 年）	琼山县	秋七月地震。	民国《琼山县志》卷二十八《杂志志》
康熙二十二年（1683 年）	琼山县	冬十一月地震。	民国《琼山县志》卷二十八《杂志志》
康熙二十六年（1687 年）	文昌县	四月初四日，铜鼓西山港，有石高数尺，大一丈余，忽裂开透地，下窥之无底。	民国《文昌县志》卷十《杂志》

续表

年代	地名	灾情	文献出处
康熙二十八年（1689年）	琼山县	春正月地震，三月复震。	民国《琼山县志》卷二十八《杂志志》
	陵水县	正月十八日巳时，地震。三月初十日辰时，又震。	乾隆《陵水县志》卷十《杂志》
康熙三十八年（1699年）	琼山县	三月十五日，府城地震。	民国《琼山县志》卷二十八《杂志志》；康熙《琼山县志》卷九《杂志》
康熙四十一年（1702年）	琼山县	地震。	民国《琼山县志》卷二十八《杂志志》；康熙《琼山县志》卷九《杂志》
	文昌县	正月三十日子时地震。	民国《文昌县志》卷十《杂志》
康熙四十二年（1703年）	万宁县	春正月地震大旱，米价高昂。	道光《万州志》卷七《前事略》
	文昌县	正月二十二日申时地震。	民国《文昌县志》卷十《杂志》
康熙五十六年（1717年）	万宁县	冬十二月地震。	道光《万州志》卷七《前事略》
雍正三年（1725年）	崖州	五月，地震，七月，又震。	乾隆《崖州志》卷九《灾祥志》；光绪《崖州志》卷二十二《杂志》
雍正七年（1729年）	崖州	九月南山岭、抱腊岭、天子岭俱崩成渠，抱腊岭崩冲去黎房屋一间，伤黎妇一口（山崩原因不明）。	光绪《崖州志》卷二十二《杂志》
乾隆九年（1744年）	万宁县	十一月初七日地震。	道光《万州志》卷七《前事略》；道光《琼州府志》卷四十二《杂志》
乾隆十七年（1752年）	崖州	二月抱旺村后地裂，四月官塘村边地裂（地裂原因不明）。	乾隆《崖州志》卷九《灾祥志》；光绪《崖州志》卷二十二《杂志》
乾隆二十年（1755年）	万宁县	冬，地震。	道光《万州志》卷七《前事略》
乾隆三十八年（1773年）	琼东县（琼海县）	闰三月初七夜，地震。	《琼东县志》卷十《纪灾》
	万宁县	三月，地震。	道光《万州志》卷七《前事略》
	琼东县（琼海县）	地震。	《琼东县志》卷十《纪灾》
嘉庆十二年（1807年）	定安县	地震，通琼皆震。	宣统《定安县志》卷十《杂志》；光绪《定安县志》卷十《杂志》

续表

年代	地名	灾情	文献出处
嘉庆二十一年(1816年)	崖州	冬十二朔，地震。	光绪《崖州志》卷二十二《杂志》
道光二年（1822年）	万宁县	秋八月地震，时十七日也。	道光《万州志》卷七《前事略》
道光四年（1824年）	定安县	四月初二日，澄、定地震。	宣统《定安县志》卷十《杂志》；光绪《定安县志》卷十《杂志》
道光十四年（1834年）	文昌县	秋八月地震。	道光《琼州府志》卷四十二《杂志》
	琼山县	秋八月地震。	道光《琼州府志》卷四十二《杂志》
道光二十九年(1849年)	定安县	西厢地震。	宣统《定安县志》卷十；光绪《定安县志》卷十《杂志》
同治六年（1867年）	临高县	地震，响彻山谷，碗盏皆敲击有声。	光绪《临高县志》卷三《舆地类》
	昌化县	三月二十二日中地震，屋宇皆动。	光绪《昌化县志》卷十《杂志·灾异》
同治十年（1871年）	临高县	地又震，墙壁动摇。	光绪《临高县志》卷三《舆地类》
	定安县	五月初九夜交丑时地震，自万州一路历琼、定、澄、临，过海至廉州，皆一时并震。	光绪《定安县志》卷十《杂志》；宣统《定安县志》卷十《杂志》
光绪三年（1877年）	临高县	美遗地方地裂，深二丈余，广尺许，长数十丈。	光绪《临高县志》卷三《舆地类》
光绪十六年（1890年）	琼山县	二月初四夜，郡城地震	民国《琼山县志》卷二十八《杂志志》
	崖州	三月，藤桥地震。	光绪《崖州志》卷二十二《杂志》
光绪十八年（1892年）	琼山县	秋七月，地震。	民国《琼山县志》卷二十八《杂志志》
宣统二年（1910年）	琼山县	四月，地震。	民国《琼山县志》卷二十八《杂志志》
宣统三年（1911年）	乐会县	四月间，铁砧岭之东北陡然塌陷，深丈余，广数丈，长十余丈。众皆奇之。	宣统《乐会县志》卷八《杂录》

海南属亚热带气候，是高温多雨地区，而且是四面环海，又具有海洋灾害的特点，台风暴潮的灾害也很频繁，在海岛上造成的灾害十分严重。地震灾情也有很大的破坏性。由于自然条件的作用，再

加上清代政治的腐败，森林的破坏，农村的破产，更加重灾情的危害。清代自然灾害的记录比以往年代多，笔者从实际的历史事实来考察，可以断定，清代海岛上人民所遭受的天灾的损害，也超过以往各朝代。

第九章　清代海南重要人物简介

1. 林嗣环

字铁崖，福建晋江人。顺治七年（1650 年），林嗣环从中进士开始连续官按察司副使，分巡雷琼道，不苟取一丝一毫，横行称霸的人都销声匿迹。在此之前，贼首罗成基霸占农民的田地，百姓替他缴纳赋税。及贼平，没收了他的财产，赋税仍然使百姓疲惫不堪。林嗣环尽力请上级清算核实田产，将贼产纳入籍田，剩余的还给百姓。琼州向来有发派劳役的惯例，当值的百姓因此而受苦，林嗣环对其偏颇不公进行调节。没多久，他被朝廷召回离开琼州。因民众的推举，将林嗣环的牌位入祀名宦祠。①

2. 韩庭芑

字燕翼，山东青城人，顺治壬辰年（1652 年）中进士。由工科给事中调离京城出任河西道佥事，转任湖南道参议，又调任为海南道分巡琼州道副使，同时管理学政。当时镇守琼州的总兵高进库向来专横跋扈，瞧不起督抚大吏，韩庭芑独自撑起重任，毫不为屈，兵士虐待百姓就逮捕惩治。与将军士兵们约定，不能侵占市镇商铺，只要买卖物品，哪怕只值一钱也必须按照市场价格。商贾所承受的负担都稳定下来。靖南王驻守广州，八旗士兵暴虐专横，主管部门的官吏没有一

---

① （清）阮元总裁、陈昌齐总纂：道光《广东通志琼州府》下册《宦绩录》，海南出版社 2006 年版，第 702 页。

个敢追究他们的罪责。有一天，有三个人骑着马佩带着刀就来到了韩庭芑的厅堂上，自称蕃官，自在傲慢。韩庭芑绑了他们，向三院申诉，直到藩王为他们道歉认错才停止。从此以后，藩官再没有敢横行霸道的了。①

3. 张奇

字嘉会，江南芜湖人，顺治六年（1649年）以乡贡任文昌知县。顺治十一年（1654年）一月，在城外征收粮食，碰到城守杨殿臣勾结海贼抢劫粮食夺走了县印，张奇因不屈而死，他的弟弟张意、二儿子张仲景、仆人张乔也同时遇害。②

4. 刘承谟

字显君，湖北沔阳州（现仙桃）人，顺治十一年（1654年）就任临高县县令。慈善恩惠，与民和洽。才刚刚上任三个月，海盗攻陷县城，刘承谟不屈而死。朝廷听闻这件事后，赐刘承谟按察司佥事之位，赐祭祀厚葬，荫一子。③

5. 朱之光

浙江人，顺治十二年（1655年）任知府。管制有方，刑法平和，政治清明，居官时并无赫赫之名，但他离去后则常被人怀念。他死后人们祭祀为名宦。明朝时期四处战乱，百姓流离失所，等到战乱平息后百姓才能渐渐回家，留守的官兵挑选恢宏舒适的民居居住，田地也被先回来的人占有，因为田产房屋而上诉的百姓每天络绎不绝。前任官员无法决案，所以堆积了数千件案子。朱之光说："老百姓有房屋，自己不能居住却要栖身枯木。老百姓有田地，自己不能耕种却要花钱买米来活口。向官员投诉，但是官员不能分辨其中的正误，那要官员干什么？"不到一个月，就把所有积案处理完毕，有数万户百姓重新

---

① （清）阮元总裁、陈昌齐总纂：道光《广东通志琼州府》下册《宦绩录》，海南出版社2006年版，第702页。

② （清）阮元总裁、陈昌齐总纂：道光《广东通志琼州府》下册《宦绩录》，海南出版社2006年版，第708页。

③ （清）阮元总裁、陈昌齐总纂：道光《广东通志琼州府》下册《宦绩录》，海南出版社2006年版，第709页。

得到失去的土地。朱之光审案时不疾言厉色，不用刑罚，百姓看见他便心生畏惧，就不敢说假话，而说出事实，由是不存积案。他管辖的地区出产沉香、玳瑁等，地方官吏大多收罗以备馈赠，朱之光公开发文进行制止，而另外，他的其他德政也被人们称赞。海南人把他的事迹编成书，其名为《海日澄光记》。①

6. 李宏名

浙江仁和的举人，顺治十二年（1655 年）在定安县任职。清廉公正，仁慈惠民，真心爱护百姓。请求免除荒芜田粮，不肯空报开垦荒地亩，百姓感激他的德行。后来因为失误离开，百姓为他立祠，与巡道林嗣环一并祭祀。②

7. 梅钦

江南宣城的拔贡，在顺治十二年（1655 年）任职崖州。当时刚打完仗，市井之内一片萧条，百姓都到其他城乡躲避战乱。梅钦慰劳安抚他们，远近的流民都回来兴复家业。康熙元年（1662 年），梅钦替百姓请求皇帝豁免 1047 石的米粮赋税，并且请求豁免 1098 石的军屯米。他在任七年，做了许多有利于百姓的政绩，卒于任官期间，崖州百姓至今都称颂他。③

8. 吴翾

字羽三，号松岩，浙江乌程（今湖州）人，顺治十三年（1656 年）由进士任澄迈的知县。他深入研习政事官务，洞悉民众情事，周到地免除地方乡绅欠缺的赋税，资助赶考士子路费，革除害民的差役，除掉盗贼，平定黎族，抗击敌寇，五年间一直与兵事相始终。他招安逃亡在外的百姓，安定辑睦百姓，民众的利益仰赖于他。他曾经重新修

---

① （清）阮元总裁、陈昌齐总纂：道光《广东通志琼州府》下册《宦绩录》，海南出版社 2006 年版，第 704 页。

② （清）阮元总裁、陈昌齐总纂：道光《广东通志琼州府》下册《宦绩录》，海南出版社 2006 年版，第 707 页。

③ （清）阮元总裁、陈昌齐总纂：道光《广东通志琼州府》下册《宦绩录》，海南出版社 2006 年版，第 712 页。

整学宫。东莞王应华为吴翻做传。[①]

9. 马文骏

直隶濬县人，顺治十四年（1657年）任知会同县。他招集流亡百姓，给他们提供牛和种子来鼓励开垦荒地，丈量土地来平均粮税。他政治清明，诉讼简省。税收不多，刑罚明晰，教导培养文士，后来父母去世就离开了，百姓都哭着为他送别。[②]

10. 邱像升

字曙戒，江南山阳人。他在顺治乙未年（1653年）中进士，庚子年（1660年）被调任海南府判。他将要赴官时，刚要出徐闻县，县城内防守的军队士兵因为军饷没有供应，聚集喧哗，白天关闭了城门。邱像升直接前去告诉他们说："我是琼州别驾，刚从省会来，得知藩司供给的军饷已经到了，你们姑且等待三天，就会粮草充足，士气旺盛，战马欢腾，这样谁又会违法乱纪，一起遭受诛族之罪呢？我为你们留下，等军饷到了，我再出发！"随后直接叩关进入使者住署，放下行李，躺在床上。士兵们听了邱像升说的，也就脱下铠甲。不久，军饷果真到了。徐闻县的将领、官吏、士兵和百姓都在路上流泪叩拜，说："邱公救了我们！"倅琼官员职责在于安抚黎民，黎民酋长仗恃险阻遥远，几度梗阻王化。邱像升说："这不能用文告表达而惠结了。"他秘密通知民兵，挑选精锐部队，自己亲自带领民兵出击。出其不意，黎民大吃一惊，作鸟兽散。擒获斩杀叛乱几人，其余全都慑服。琼赋旧例越海送交藩库，琼的军饷又越海从藩库请领，往返数千里，军民交病。邱像升建议，留琼之赋充作琼兵之饷，这么做就非常便捷，于是形成定规。[③]

---

① （清）阮元总裁、陈昌齐总纂：道光《广东通志琼州府》下册《宦绩录》，海南出版社2006年版，第706—707页。

② （清）阮元总裁、陈昌齐总纂：道光《广东通志琼州府》下册《宦绩录》，海南出版社2006年版，第708页。

③ （清）阮元总裁、陈昌齐总纂：道光《广东通志琼州府》下册《宦绩录》，海南出版社2006年版，第705—706页。

11. 张凤徽

字威凤，江南宣城人，在顺治年间以拔贡而任陵水知县。当兵乱发生时，张凤徽安抚平定流离失所的百姓，恢复被破坏的学校，大力施行行政和教育。黎岐三十九峒知道了张凤徽的政教而过来依附，生黎也没有再加反叛。张凤徽以政绩卓越而上调，却不幸亡故，县民们都祭祀他。[①]

12. 金光房

字天驷，江南吴县人，顺治己亥年（1659 年）进士。授官九江推官，因廉洁清明而被人们称赞。遇上裁减缺额，便改任琼山知县，更加鼓励清明节俭。他商议决定平均分配贡香，黎人乐于附和。临县有想要用剿黎邀功的人，金光房尽力平息这件事情。镇压喧哗吵嚷的士兵，单骑出谕让他们明白这件事。军心服帖，没有出现另外的变化。金光房卒于任上。[②]

13. 丁斗炳

甘肃宁夏卫人，康熙九年（1670 年）考中进士，任澄迈县令，为官仁厚，慈善，刚毅，果断，礼贤下士，爱护百姓，惩罚地方有势力的不法之徒，铲除盗贼，减少徭役和各处损耗，注重人口增长，逃难的百姓恢复旧业，黎民归化，推行乡约，勤于课艺，重新修订地方县志，康熙年间修订了《澄迈县志》，政绩卓著，后因不给上司贿赂，卸任而去，百姓哭送。[③]

14. 朱宏祚

字徽荫，山东高唐州人。康熙十七年（1678 年），在任粤东巡抚，疏陈鹾政之弊，一清陋规以励臣志，一禁换埠以靖奸风，一定盐价以杜横索，一专缉捕以免株连。语语剀切，商民德之。琼郡远居海外，

---

① （清）阮元总裁、陈昌齐总纂：道光《广东通志琼州府》下册《宦绩录》，海南出版社 2006 年版，第 711—712 页。

② （清）阮元总裁、陈昌齐总纂：道光《广东通志琼州府》下册《宦绩录》，海南出版社 2006 年版，第 706 页。

③ （清）阮元总裁、陈昌齐总纂：道光《广东通志琼州府》下册《宦绩录》，海南出版社 2006 年版，第 707 页。

兵燹后澄迈、临高二邑钱粮逋欠七万一千九百两有奇，朱宏祚为疏，免其累。康熙三十二年（1693年）擢闽浙总督。祀广东名宦。①

15. 张万言

今辽宁沈阳认人。康熙二十六年（1687年）由监生上任为琼州知府。洁身自好，爱护民众，尤其善于教化百姓。百姓有值得嘉奖的行为，就给予嘉奖以劝勉他人。康熙三十年（1691年），增设两广盐院，打算设置琼岛盐商，制定食盐许可配额，以增加饷额。琼州百姓周介文等呈文称，琼州四面环海，处于多处可煮盐的地方，自古没有设盐商，小灶民自己煮自己卖。如果设盐商，小盐贩难以卖出，盐价上涨，黎族人买不起盐，担心出乱子。张万言全力详报，最终免设盐商。那一年大旱，张万言发放府里仓库内的6000多石谷子用来赈饥。之后奉文补齐仓储，张万言捐卖家资补仓，又逢丧亲，没来得及买谷子，上级最终追究他后补上来的粮食是陈谷不是新谷，依照亏空条例把他革职罢官。百姓感到惋惜，一直歌颂他。②

16. 吴启爵

字麇源，广东丰顺人，是当时挂印总兵吴六奇的第三个儿子。用正黄旗侍卫的身份跟随军队出征台湾，吴启爵因攻克了澎湖岛有功，被授予山西太原总兵的职位。吴启爵的父亲去世，他守丧期满后又被授予琼州总兵。康熙二十八年（1689年）三月，陵水熟黎王国臣等人作乱，抢掠村民，吴启爵统率军队攻入喃唠、陶家坠等峒，擒拿斩杀380多人，被掠夺者全部被解救。八月，生黎母葵、母赞等峒再次出兵进犯营汛，吴启爵率领本部迅疾攻破母赞，杀其18人，黎民各部恐惧臣服，全部归顺于吴启爵。一共安抚无归属的黎民17村、有530户。吴启爵两次深入黎民的聚居之地，具体摸清黎区的地形、情势，然后自荐统兵略地，清扫整个琼州地区，增设州县，以为长治久安之计，

① （清）阮元总裁、陈昌齐总纂：道光《广东通志琼州府》下册《宦绩录》，海南出版社2006年版，第699—700页。

② （清）阮元总裁、陈昌齐总纂：道光《广东通志琼州府》下册《宦绩录》，海南出版社2006年版，第704页。

但未及施行就被终止。于是设水尾、太平、宝停，与原来设的乐安一共五个营，都占据了险要之地，分兵力驻扎防御用来善后。之后吴启爵又被调任天津总兵，行军到雷州去世。吴启爵善于筹谋计略，约束士兵，爱护百姓，被后世祭祀为名臣。①

17. 陶元淳

字子师，江苏常熟人。康熙甲子年（1684 年）参加顺天乡试成举人，戊辰年（1688 年）考中进士，被派至昌化县做县令。正逢昌化县再次遭受兵荒之灾，册籍都毁于灾难之中，奸恶之人有横行之势，贫弱者皆四散逃离。陶元淳力行清丈，为民定下法度规则，千余家百姓恢复生产。他又制鱼鳞册，丈量土地，成立墟市，召回流亡在外的百姓，鼓励他们进行开垦，并且对开垦者给予牛、谷，减免徭役。

昌化县一直以来与黎区相邻，以前的时候设置有土舍，限制黎人的出入，官吏得以为非作歹，陶元淳到任后撤去了土舍。在山峒这个地方张贴榜文，有冤情的人可到县内陈述，黎人于是安居乐业。陶元淳时常漫步于村落之间，询问百姓的生活疾苦。昌化县有 400 多顷的田地，许多年来都没有水用以灌溉，陶元淳向上级说明了事情的始末，请求减免这些百姓的赋税。他的上级也很为难，陶元淳于是撰写了《浮粮考》向上递呈。后来有个叫鲁超的政使答应替他向上请示，但陶元淳不幸突然离世，而最终没能落实执行。

陶元淳到任昌化县的第二年，代为管理崖州，游击余虎纵容下属施暴，守备黄镇中用酷刑杀人，贪婪地要求黎人进献财物。陶元淳查访到他们的罪状，列成条款向上级报告。余虎得知了这件事，就私下用重金贿赂他，被拒绝。于是余虎就造谣诬陷陶元淳，总督石琳就下令琼州总兵处理此事，陶元淳在陈述的文书中说：“私下书信不应交付审讯，守备大臣不应侵犯地方官的职守。”最后没有追究。在审理追究黄镇中案时，黄镇中就命带刀甲士百余人闯进县衙，陶元淳大怒

① （清）明谊修、张岳崧纂：道光《琼州府志》卷三十一《官师表》，海南出版社 2006 年版，第 1404—1405 页。

呵斥道："黄镇中你要造反吗？我奉皇上旨意管理治事，你竟然敢命人劫持我，是目无上级法度，是目无天子，不是造反还是什么？"黄镇中的气势被压制，其案最终得以处理了结。崖州人就流传道："黄镇中虽然有余虎包庇，但也敌不过陶元淳的一怒。"而总督也滋生对陶元淳的不满，以陶元淳的督察失职为由将他治罪，恰好赶上大赦而被免罪。总督又想在对官员进行三年政绩考核时趁机罢免他，巡抚萧永藻很为陶元淳惋惜，屡次向总督劝谏，最后保住了陶元淳。

之后，陶元淳因为其他的事到琼州，总兵告诫下属说："陶元淳要来了，你们不要生事。"陶元淳后来病卒于琼州。死后回归渡海，遇上赶赴省试的数百琼州士子，护送灵柩前行，无人敢先柩而行。到阳春，有凶悍的兵士要争渡，众士子哗然："这是我等的老师，谁敢先他而行？"兵士惊惧而窜走。百姓勒石追记，祀为名宦。[①]

18. 贾棠

今河北省河间人，康熙三十七年（1698年）由岁贡担任琼州知府。他正己正人，判案公顺。他购置义田，用来救济孤苦伶仃和贫穷的人。遇到饥荒的年月，捐款来赈济百姓，百姓依靠这些才得以生存。琼州地区为地势低洼所苦，他于是便修治道路，修筑桥梁，以方便人们出行。贾棠捐出自己的俸禄翻修学宫，和焦映汉一起修纂康熙《琼州府志》。在琼州府为官九年，百废俱兴。后被提升为本省盐法道，把有关食盐的事务管理得井井有条，开通商贸，体恤百姓，被后世祭祀为名臣。[②]

19. 樊庶

江南扬州人，康熙四十一年（1702年）任临高知县。为人清正廉洁，百废俱举，民众得到实惠，在当时可谓是奉公执法的官吏中的首位。学校、坛庙、桥梁都经过了返修重建，他用自己的俸禄编纂康熙《临

---

① （清）明谊修、张岳崧纂：道光《琼州府志》卷三十一《官师表》，海南出版社2006年版，第1405—1406页。

② （清）阮元总裁、陈昌齐总纂：道光《广东通志琼州府》下册《宦绩录》，海南出版社2006年版，第704页。

高县志》，县里的民众为他修建了万户弦歌坊及去思碑。[①]

20. 焦映汉

陕西人，康熙四十四年（1705 年）为分巡雷琼道，为了“勤宣德教，扶植士气”，焦映汉到达海南上任之初，先瞻仰了明朝丘文庄创建的奇甸书院，看见书院停办，院内荒凉，禁不住感慨，在这之后他又赴各县巡察，亲自到东线沿海和中部地区如五指山等地，对苏东坡来海南传播中原文化，促进海南文明，以及丘、海二公的高风亮节十分钦佩，于是决心筹建书院，为朝廷培养人才。

焦映汉创建的琼台书院宏大宽敞、完备坚固，所有土木、瓦砾、工役所需都出自他捐出的俸禄，没有借助外援。他又置办义田来获得资金，请来有名的老师，聚集全郡的生童，在其间讲学。学生中有无法自给或者省试无力担负的，也都仰仗每年的佃租，从而继续下去。

焦映汉管理海南五年，政绩卓越，得以晋升返回京城。离开海南前夕，撰写《创建琼台书院碑记》，以示后人和教导学生，主碑的日期是康熙四十九年（1710 年）秋。琼台书院在创建过程中，焦映汉亲自选址、征地、策划、督造、捐献物资、聘请老师、划拨义田、订立规矩、撰写碑文，可谓用心良苦，功不可没。自从创建琼台书院，“琼州文风骎骎日上，一时科甲联翩而起。”《琼台书院志》记载：“自书院建后，文风丕振，会试始有登第馆选，此后春秋获隽，皆书院诸生。一代之风气，科名之得人，可见一斑。”[②]

21. 王谟

太仓人，父王原祁。康熙四十五年（1706 年）的进士，于丁巳年（1737 年）任广东巡抚。当时琼州的一个郡要征收编制税银，地方官员受限于政绩考核，把缺少的税银分摊到地丁榔课税、排门烟户等项目中均摊赔派。王谟彻底查清此事，上奏请求免除税银 4000 多两，

① （清）阮元总裁、陈昌齐总纂：道光《广东通志琼州府》下册《宦绩录》，海南出版社 2006 年版，第 709 页。

② 谢越华主编，叶风、李学能副主编：《琼台三百年》，海南出版社 2002 年版，第 4—8 页。

以此来缓解民众的困苦。广东临海一带由于飓风兴起，潮水上涨，民众受灾严重。王谟委托官员协助赈灾抚恤，避免灾民流离失所。琼州孤悬海外，多瘴气，到这里的人时常失去性命，由于路途遥远，家属没有办法过来，尸骸往往留在异地，等待埋葬。王谟请求酌情动用存放在公库中的银两来发放路费。①

22. 林文英

福建侯官人，康熙戊辰年（1688 年）考中进士，康熙五十四年（1715 年）由郎署出任琼州太守，一切陋例革除殆尽。琼州隔绝于海的南边，读书人参加科举考试十分艰难，林文英延请师资，时常捐出自己的俸禄，买船用来渡考生过海，琼州的读书人十分感动。当时的习俗是信奉鬼神和祈禳求福，亲人死后或有数十年不入葬的，林文英严厉地惩戒这种弊习，风气马上得以去除。死后被百姓祀为名宦。②

23. 杨宗秉

字远惑，绛州人（今山西运城）。平素颇负才学声名，敢于承担重任。乾隆二年（1737 年），担任惠来县令。他仔细考察惠来县土地山川的形势，开辟山泽以筑造磁窑、马垅、阳冈湖等水塘，灌溉的田亩以数千万计算。他特别关心学校，培养人才。乾隆八年（1743 年），调任至琼山县。他一上任就振兴荒废之事，提倡遗失的典制，修补城墙，建造学校，印刷书版多有残断缺漏，杨宗秉尽心采集收访，查验校正制成书籍，用来保存文字典籍，到现在还可以作为依据。③

24. 杨枝华

贵州都匀人，进士。乾隆十年（1745 年），由陆丰（今广东省汕尾市陆丰县）的县令晋升为崖州（今海南岛）牧。为官清廉，执法明确，做事有方，行为正派。他铲除损害百姓利益的吏员，革除奸诈的小官

① （清）阮元总裁、陈昌齐总纂：道光《广东通志琼州府》下册《宦绩录》，海南出版社 2006 年版，第 700 页。

② （清）阮元总裁、陈昌齐总纂：道光《广东通志琼州府》下册《宦绩录》，海南出版社 2006 年版，第 704—705 页。

③ （清）明谊修、张岳崧纂：道光《琼州府志》卷三十一《官师志》，海南出版社 2006 年版，第 1411 页。

员，请命豁免穷苦百姓历年欠下的赋税。他建立免费学堂，培养了文人、士大夫。遇上荒年，他主持募捐赈灾，使百姓得到真正的好处。任期满后，他被提升为雷州（今广东省）同知。离开的时候，崖州的百姓顶礼祝颂他。①

25. 席绍褒

江苏长洲人。乾隆十六年（1751 年），从全州州同迁到万州做知州，凭借才学和能力而出名。体恤民情，看重贤士。有一年旱灾严重，在田间小路上来回踽步祷告，教导百姓取水灌溉。又挑选了几十个年轻的生员和童生，每个月到衙门进行考试。评定出其中优秀学生进行嘉奖。讨论筹建万安书院，聚集工匠修建，刚刚开工就为母亲丁忧而离开。万州的百姓感念，久久不能忘怀。②

26. 宋锦

河南武涉人，进士。乾隆十八年（1753 年）出任崖州知州。为人慈爱仁厚，清正廉洁，兴办学校，培养士人。修订《崖州志》，设立书院，成立义学会，以此培养了许多人才。任期满后，升任本府同知。③

27. 孟毓蕃

江苏长洲人。乾隆三十年（1765 年）担任乐会知县，兼管万州。明洁至诚，廉洁干练。刚到任就改革县治，严厉苛察吏弊，分析解决问题明快公允，诉讼的人都服帖顺从。特别乐于培育成就可造之才，花费自己的俸禄邀请老师教育训悔。当时正值黎民暴乱，军队士兵往来，孟毓蕃经营筹划，有条不紊，民众因此得以不被侵扰。有六家被诬陷冤屈的黎人，孟毓蕃极力保全他们，黎人感激涕零。没过多久，他卸任州篆，民众都赶到他府上恳切的请求他留任。不久，卒于乐会，

---

① （清）明谊修、张岳崧纂：道光《琼州府志》卷三十一《官师志》，海南出版社 2006 年版，第 1411 页。

② （清）明谊修、张岳崧纂：道光《琼州府志》卷三十一《官师志》，海南出版社 2006 年版，第 1412 页。

③ （清）钟元棣创修、张嶲等纂修：光绪《崖州志》卷十七《宦绩志》，海南出版社 2006 年版，第 471 页。

但官俸积蓄几无，乐会县和万州的百姓赶来为他捐资料理后事。①

28. 李维裕

字容川，江苏上元人，乾隆五十九年（1794 年）知万州。正值黎人闹事，上司想用威力治理。李维裕说："这些人虽然不知道礼义，但天性尚在。用武力威胁，一受重挫就屈服，稍得宽容就又变回老样子，如此就必须经常用军队，实在不是上策。希望能给我时间，用德教化他们。"过了三个月，黎人果然顺服，其掳获的牛畜等一概归还。万州滨海地区，毛贼出没岛屿之间，船帆航行颇为梗阻。李维裕设计，抓获陈观祥等 300 余人，其余党屡招不应。李维裕上任三年，抢劫者相约不进入万州境内。李维裕知道后说："这件事可以做了。"选派干员宣示德义，于是投案自首的又有 300 多人。到李维裕去世，众盗在灵柩前叩头，说："我们听说这里有好官来，而官突然去世，命啊！"痛哭不已。李维裕一向贫穷，不名一钱，同事送钱帮助才得以归乡安葬。②

29. 盖运长

号新田，山西曲沃人，嘉庆十一年（1806 年），由庶吉士改任澄迈县知县。深入透彻地了解实情，治理县务，判审事情能够从容得理。他尤其喜爱栽培有识之士，凡是书院求学的费用、考试的经费，他都带头捐出自己俸禄以为倡议，嘉庆十五年（1810 年）春天，海盗乌石二等人劫持掳掠了石矡、玉抱、麻颜等多个港口，百余艘贼船从东水港驶来逼近县城。盖运长招募乡勇，请求援兵，亲自督战防卫，昼夜劳碌。过去了 10 天，盗贼都不能登上陆地，于是便离开了，县城因此得以安宁。后来盖运长因为丁忧离任，百姓都哭泣相送。③

---

① （清）明谊修、张岳崧纂：道光《琼州府志》卷三十一《官师志》，海南出版社 2006 年版，第 1413 页。

② （清）阮元总裁、陈昌齐总纂：道光《广东通志琼州府》下册《宦绩录》，海南出版社 2006 年版，第 711 页。

③ （清）明谊修、张岳崧纂：道光《琼州府志》卷三十一《官师志》，海南出版社 2006 年版，第 1415 页。

30. 费丙章

号新桥，浙江仁和的进士。嘉庆二十三年（1818年），由御史分巡雷琼道。任职期间，费丙章严加整治当地官员的作风和成绩，使当地大小官员尽忠尽职，行贿的现象不能发生，使邪恶贪贿的官吏收敛行迹。他特别致力于振兴文化教育事业。琼台书院原先是朝北的，渐渐地倒塌了，费丙章就捐出自己的养廉银四百金，带领当地的绅士和年老有声望的人捐款，总数巨万。于是扩地开基，使琼台书院转向朝南。修建崇广讲堂、学舍，又建宋五夫子祠，使文人士大夫知道做事的准则和道理。费丙章因为提升任命离开，士人在琼台书院为其设主祀。①

31. 周鸣銮

号晓坡，山东省单县进士，道光壬午年（1822年）授职于备兵雷琼。周鸣銮对于政治事理敏捷，处理案件没有一丝松懈，为官清廉。甲申年（1824年），这一年受天灾，贫困人家被迫把儿女卖到海北，周鸣銮下令制止，招米商海运，请其以平价售米，用来接济饥饿的百姓，很多百姓因此存活。周鸣銮尤其留意培养学士，倡导大家捐赠以拓建琼台书院，筹集办学经费，详细制定书院章程，立碑于院门。周鸣銮又写下两篇《学训》，每次讲课、考试必定亲自阅正，口讲指画，耐心引导，犹如严厉的父师。琼人学士至今一直歌颂周鸣銮的善行。②

32. 喻薄

字公辅，湖北黄梅进士，道光六年（1826年）任雷琼兵备道。他严格督察吏治，体察民情，自身廉洁，敬爱贤士，重视教育培养人才。在琼台、雁峰两个书院进行执教，亲力阅改，如同塾师。数十上百诸生赶赴省试，他一定给他们赠送卷资。这科考会试中了三人，而后宴请于琼林，登上瀛洲的人，都服他教化恩泽之广。③

---

① （清）明谊修、张岳崧纂：道光《琼州府志》卷三十一《官师志》，海南出版社2006年版，第1416页。

② （清）明谊修、张岳崧纂：道光《琼州府志》卷三十一《官师志》，海南出版社2006年版，第1416页。

③ （清）明谊修、张岳崧纂：道光《琼州府志》卷三十一《官师志》，海南出版社2006年版，第1416页。

33. 江起龙

江南徽州人。顺治十三年（1656 年），担任水师参将，驻扎在白鸽寨。开始的时候，营舍官署全部崩塌，没有城池可以防守，江起龙于是捐赠财产，安营扎寨，招募当地百姓聚居，形成乡村集市，商人聚集。康熙三年（1664 年），迁到海安，江起龙晋升为副将。康熙五年（1666 年），出洋抓捕海盗，突然起大风，船翻而亡故，之后叠显神异。雍正九年（1731 年），皇帝钦点认定江起龙为英骁骑将军之神。江起龙为人宽厚，英勇正直，因此生前素有不顾自身之利而鞠躬尽瘁的高尚节操，死后屡现渡水顺利之应，享受神灵之敬亦所应当。[①]

34. 谢谦

揭阳人。康熙年间，海寇杨二联等进犯儋耳，谢谦与琼山令茹铉一同剿匪，设下埋伏突然攻袭，大败海寇，烧五艘巨舰，擒长毛贼 27 人。康熙辛酉（1681 年）二月，海寇重新聚集数万人，扰东西路，攻陷了海口、澄迈及定安诸邑，即将逼向郡城。谢谦率领七舟士兵并力鏖战一天一夜，身体受了数十处伤口，力气尽了被贼寇捕捉，不屈而死。[②]

35. 蔡璋

字秉钺，福建晋江人。康熙十九年（1680 年），由江西水师总兵调至顺德镇。上任后，首先治理军舰，整顿军队，明确职责，明确赏罚。第二年，率舟师轻装突袭海陵，敌人出乎意料，倾其巢穴。敌谢昌逃至外洋，与杨二、冼彪二人合谋，重振旗鼓，联合侵犯琼南。蔡璋率领军队渡海迎战，敌军分三路抵抗。蔡璋指挥艘船摆阵，命令用桨舸迎潮水以攻击敌军后方，大败敌军。斩获伪官弁等六百余级，生擒三百人，余者死于海战。救回被掳子女三千余人，悉数分送回原籍。数年海患由此平息。[③]

---

① （清）明谊修、张岳崧纂：道光《琼州府志》卷三十一《官师志》，海南出版社 2006 年版，第 1423 页。

② （清）明谊修、张岳崧纂：道光《琼州府志》卷三十一《官师志》，海南出版社 2006 年版，第 1423 页。

③ （清）阮元总裁、陈昌齐总纂：道光《广东通志琼州府》下册《宦绩录》，海南出版社 2006 年版，第 713 页。

36. 黄友瓒

字盛文，顺德人，积累功绩被授官成为本省游击。他曾经率领几十名骑兵在崖州将海寇击溃，歼灭了海寇的头目，因此在琼南名声大震。不久奉命抚恤本地黎民，生活在瘴气中，过于辛苦劳累而卒。黄友瓒在空闲的时候就下令让士人学习射箭，谈论文章，有儒将的风采。[①]

37. 杨缵烈

潮州人，杨缵绪的弟弟。乾隆初年，曾主讲于苏泉书院（位于海南琼山），擅长于讲解知识，严格制订课程计划。主要是用《大学》《中庸》《论语》《孟子》四书来教诲他人读书，其余的经、史、书必须要从四书的角度来理解，这样才可用，士子都听从于他。他曾经登明昌塔，作记，其文云：

> 中秋前三日，武溪冯愧斋元偶、琼台丘逢之玑二明经邀余游大悲阁。阁离书院二里许，阁后一塔巍然，名明昌，则浮粟泉亭所日夕瞻眺者也。出书院，折而东行，不数武，衡之指谓予曰："苏公双泉故迹一在书院，一在此坡之麓田塍间。幼时及见丰碑穹隆，大书'苏公双泉之一'字样，去浮粟泉咫尺地耳。井渫不食，日就淤塞，今则碑石亦摧断，不复见矣。《易》曰'时舍洵可测夫！'"将抵阁，过一略彴，愧斋曰："予得句矣，纡回竹径桥通寺。"予应声曰："徒倚泉亭塔对门。"衡之曰："邑志塔为万历间郡伯涂公文奎、邑人给谏许公子伟纠乡士夫共建者也。"愧斋曰："子闻志载海忠介公春日同许给谏诸文学登明昌塔绝顶诗乎？"遂朗诵曰："缥缈丹梯此共登，侧身云壑拟飞腾。天连沧海孤悬屿，人立青霄最上层。望气几年逢尹喜，传衣何处是卢能。摩空捧日属吾党，雁塔龙门次第升。"予曰："此诗不类，必为好事者伪托。"未几，僧法空道迎进阁。阁前后两座，各三楹，气象光洁，花木清幽，颇有静致。茶毕，予与衡之转出阁后，摄齐登塔之第一级，四面瞻眺，心目旷怡。忽海风怒吼，缔绤凄昌，凛不可当，乃亟下。仰视正南塔门横嵌一石，镌"明昌塔"三大字，

① （清）明谊修、张岳崧纂：道光《琼州府志》卷三十一《官师志》，海南出版社 2006 年版，第 1424 页。

左记“万历三十八年，岁在庚戌季冬吉旦”，右刻“琼州府知府翁汝遇、同知某、通判某、推官某鼎建”共三十九字。正北一石，年月与正面同。正西一石，左记“万历二十五年，岁在丁酉孟冬吉旦”，右刻“琼州府李多见、同知某、通判某、推官某鼎建”，共三十九字。正东一石，仅存“万历四丙申肇基”七字，其四字之上下皆模糊不可识，右边依稀“文奎”二字。予谓衡之曰：“修邑乘者曷不据此？且计建塔费不下万金，仅此一片石载年月姓名，不别立碑作记夸张豪举，此前辈古道可法处也。”既而风定，复登塔，故七级八觚，每级皆嵌横石，八方各有题识及姓名，大抵李、翁同时人。登至绝顶第七级，有铁柱一，字多剥蚀，第一行为“吏科左给事中臣许子伟拜手”十二字，第二行为“太祖高皇帝称南溟奇甸”十字，余语似赞似铭，总不及建塔原委。其末一行为“龙飞万历二十七年己亥辛未月甲辰日铸”十七字。至是全塔有字之石皆竭目力细辨之矣。虽当登高，无暇望远，每隆一级，命从人持笔研，或备或残，钞所可辨。嗣是寺僧具斋毕，徐步踏夕阳归，舍去故逕，登平陇，周望海山斜晖，暮烟竹树，秋色苍然，就浅草块莽中随意辟蹊而行。仍浼二先生小憩书院，瀹茗，取架上郡邑志参考之。按邑乘载，建塔为涂、许二公，考《府志》涂卒于琼任，继之者为李公多见，历吴公尚友、倪公涑，即为翁公汝遇，皆不载历任年月。涂无传，李、翁二传不载建塔之事，当是载笔者简略，抑善政有在，塔固无关于轻重欤？独怪许给事传，平生义举一一详记，何以竟无一语道及协力建塔一事？再考海公于明世宗朝以户部主事建言忤旨，下诏狱，穆宗立，诏复其官，改大理，擢佥都御史，巡抚应天。寻弃官归里，阅十五年，起用南佥都御史，是为万历十三年乙酉。洊历吏部、右都御史，掌南院，越二载，丁亥卒于官。而许公于前一岁丙丙始成进士，诗题何以遽称同许给谏耶？衡之曰：“海公墓碑现镌护丧行人许某。夫考古之学，以金石文为核，今据塔额年月，由丁酉逆数至于丁亥，海公卒已十年，由丁亥顺数至庚戌，海公卒已二十有四年矣。乃不悟登塔诗题为伪而登之艺文，而谓珥笔纂修者，果足传信否耶？”总之，此塔之建，涂与许或并有椎轮之功，而实资李公经营，复赖翁公而后合尖，则确无可疑。修志者独归之涂、许，疏漏已多，至于海公在乙酉以前逍遥林下，有可以登塔之日，而实未有可登之塔，修志者于此得毋蒙梼昧之嘲欤？二先生皆首肯曰："然。"于时椰叶徐鸣，月色如霜，愧斋援洞箫奏水龙吟一弄，别去。①

38. 唐镜沅

字芷庵，滋椿曾孙。从副贡被举荐为孝廉方正。光绪十四年（1888年），任州篆。一到任，兴办学校，教授士子，平息诉讼，安定民生。全力治理奴役和欺诈百姓的小官和恶棍。河水将冲垮城墙，唐镜沅禀情上报，并提出治理方法，把州谷仓里原有的色红腐烂的陈米降价卖出，用来接济河工食用。因此谷子免于浪费，城墙也得以还原加固。而且还顺从民意，审查整个州的民情，粮食照以前的税率征收，免除屯田收成不好时的税，修建既济亭记载胜景。所有的善举政绩，至今仍得州人的称誉。离去的时候得到士子百姓的尊敬热爱，祔祭于鳌山书院。②

39. 冯子材

1818—1903年，字南干，号萃亭，也作翠亭，钦州（今属广西）人。早些年间追随向荣、张国樑镇压太平军，由守备、都司提升总兵加提督。同治初年（1862年），冯子材率领三千人镇守镇江。当时江北很多将士都私自设置关卡讨要厘税，冯子材说："厘税的收取和武人有什么关系？"所以请示曾国藩派遣官员过来处理。冯子材的部下有两万人，经常缺乏粮饷，但是却没有人有怨言。冯子材镇守镇江六年，其士兵守纪律遵纲纪，并都甘愿为他所用。太平军攻击镇江不下百次，最终坚不可摧。战争结束后，冯子材被提拔为广西提督。前往广东平定围剿反清队伍，后带领军队前往贵州。1870年出镇南关入越南，占领了

① （清）明谊修、张岳崧纂：道光《琼州府志》卷三十一《官师志》，海南出版社2006年版，第1445—1448页。

② （清）钟元棣创修、张嶲等纂修：光绪《崖州志》卷十七《宦绩志》，海南出版社2006年版，第472页。

安边和河阳。光绪元年(1875年),前往贵州任命提督。光绪七年(1881年),回到广西。第二年向上称病告老回乡。

光绪十年(1884年),法军进犯云南、广西边境,冯子材以广东高、雷、钦、廉四府团练督办的身份参战。次年二月,奉命帮办广西关外事务,率领王孝琪、王甫榜、苏元春等部积极备战,在镇南关(今友谊关)、琼山大败法军。后奉旨督办钦廉防务,并会办广西军务,获得了太子太保、三等轻车都尉官衔。

光绪十二年(1886年),黎族起义,当时张之洞任两广总督,下令任命冯子材为"钦差大臣太子少保",负责全琼军务,于是冯子材率领五千官兵及两个儿子冯相芋和冯相华共同跟随部队入琼。

光绪十三年(1887年),从徐闻渡海用了三个月的时间入扎南间岑门,向五指山山区进军,黎、苗两族人闻其神威,舍弃了房屋如鸟轰般逃走,不到三个月,陵水、水满等黎区都得到了救援平定,招纳安抚黎族群众十五峒、丁口三万人,并且在白沙营、保亭营和乐东营三地设置抚黎局,派遣官兵安营扎寨,杀了黎族起义的首脑陈钟青、陈钟明等数人,黎峒告安。冯子材在五指山时刻下了"手辟南荒"四个字以作留念,并且将征战清剿的过程,撰写成了《汉黎舆情》及《营伍练兵稽抄》等书籍,刻石于五指山北麓,高十一尺,大十八尺,两旁写有小字"大清光绪十三年春,钦差大臣太子少保督办全琼军务钦州冯子材记"。

冯子材到中年的时候还是朱颜鹤发,身体健康矫健。平生不做缺德的事,不欺骗人,军中发放军饷都是亲自监督,偶尔出现缺少的现象,会给予军法处置,严惩不贷。治军四十多年,清贫如故。光绪二十九年(1903年)病故,谥号"勇毅",皇帝下旨给予建设祠堂。[①]

40. 云茂琦

1791—1849年,字以卓,号贝山,又号澹人,海南文昌人,自幼聪颖,

---

① 赵尔巽等撰:《清史稿·冯子材传》卷四五九,中华书局1977年版,第12689页。

才智过人，爱好学习，孜孜不倦。嘉庆二十年（1815 年），乡试中举；道光六年（1826 年），进士及第，被分派到江南，出任沛县知县，后又调任六合县知县，一度官至吏部稽勋司郎中。云茂琦年轻聪慧，才华横溢，多次被时任主政者推崇赞许。

道光五年（1825 年），云茂琦留居京都，研读了《王阳明集》，读后顿时警悟自省，受“圣贤为必可为”启发，写了两篇箴言，并将它们挂在书桌右侧，一篇用来检视过往，一篇用来警示将来。

做官后，云茂琦刚开始是主管沛县。沛县患贼猖獗，向称难治，云茂琦则以德政感化百姓。对于各种狱讼案件，他从不敷衍留滞，皆依情判决，捏造事实或案情较轻的，开导一番过后要么释化，要么调解结案。教导百姓敦睦人伦，睦邻友好，和谐相处，每每娓娓而谈，不知疲倦。

沛县过去盗贼横行，云茂琦责令里保，调查贼窝头子，捐献自己的俸禄作为悬赏来号召百姓缉捕盗贼，抓获盗贼依法惩治。沛县有一个巨盗长期聚党骚扰乡里，历任知县均无法使其伏法。云茂琦责令里保查知巨盗巢穴后，亲自带领差役，深入盗窝将其擒拿。

后来云茂琦调至六合县。他抵任，看到邑中书院杂草丛生，早已废弃，于是自捐经费进行修葺。还自己筹备了酬金，延请先生到书院主讲，自己仍然亲自督课，给学生们讲授王阳明的“身心之学”。之后，云茂琦又自费重新修葺了万寿宫、泮池、名宦、乡贤各祠、更衣厅等。他见六合县城南的桥梁坍塌已久，于是自费带头捐廉，号召百姓捐资重建。百姓因为感激爱戴他而将此桥命名为云公桥。

六合向来是繁华之地，他上任后，剪裁陋规，倡导廉洁，亲手著写训导之言，大致内容为禁止奢游，崇尚节俭，敦促礼义，严戒歪门邪道。邑县有许多滥建的祠庙，但是万寿宫、龙王庙、先农坛却缺乏已久，而且书院低矮狭小，他毁灭了各种神像而把书院迁移进来，扩大了规模。书院缺乏经费，他自己捐廉来倡导众筹，百姓都十分乐意捐资，以至于捐款总数达到了万余贯。云茂琦又再次倡捐，延请师资，加上让百姓用劳役来抵消拖欠的债务或赔偿，于是粮食丰收，田产充裕。

道光十一年（1831 年），邑县遭遇水灾，云茂琦开仓赈济灾民，并且组织劝捐，采买物资，平价出售粮食，所有事都办妥后，百姓才赖以过上安定的生活。

云茂琦奉旨对官员进行议叙考核，发现士卫府丁都疲劳不堪，拖欠赋税和债务，从而连累到了富裕人家，于是他又对当地富绅们进行劝捐，筹集经费，仔细认真地将此款贷出生息，从而使捐款变得充裕。他择选了一些乡绅来监督管理这件事，最终一共募捐到了十余万银两，而自己所捐的银两则作为解费银（清代江苏省渔课附加税之一），仔细解送朝廷。他奉旨誊写皇帝下的诏书，士卫府丁也很信赖他。有家种德堂国药号，由于经费紧缺，难以为继，于是云茂琦又组织劝捐，使之能够继续为百姓看病。他用种德堂来收养过往病人或饥饿之人，使很多百姓都活了下来，对于那些没能救活的，则每年设棺木来安葬他们。

等到他将要调离六合县之际，当地百姓请求他留任没能如愿，于是百姓集聚于道，遮道攀辕，泣声相送，马车根本无法前行。

道光十二年（1832 年），云茂琦充任江南乡试考官，他所甄选出来的人后来都成为有名之士。他做官备受百姓敬仰，使百姓安居乐业，精简政务，断案公正迅捷，他致力于振兴教育，培养人才，倡导移风易俗。他对林则徐禁烟十分敬佩，1837—1844 年，云茂琦任职兵部及吏部时，林则徐正在湖广总督、两广总督任内及被革期间，他们书信往来频繁，友谊甚深。

道光十七年（1837 年），云茂琦上调京都任职，公务简易，每天公务之外常与读书人交流学问，同时精心研究天文诸书。

道光二十四年（1844 年），云茂琦以父亲年迈需要赡养为由告老还乡，在琼台书院讲学，又改造了书院大门，增添修建了学舍。由于考场前面地势低洼，容易积水，云茂琦又命人在低洼的地方砌上石头。这些都是他想办法号召大家捐献经费来完成的。后来他又联合当地百姓捐资修建了本县的城池、炮台等工程。

云茂琦一生以俭朴自持，任职做官不演戏，不宴请，不做生日，而乐于行善。他将自己所得俸禄中多余的部分拿出来捐给邑县作为延请师资之用，总数达两千余贯，他将本族的阐道堂捐出，用作宾兴，在郡县为科举考生建立居所会馆，设置义田经费，帮助百姓婚嫁成家、置办丧礼葬事、支付讲学先生薪金，改善祖先祭祀，共计曾达五千多两。邑乡各处的桥梁、街道、会社、约规等，云茂琦都不惜为之费尽心思和劳力，而余下产业则与他弟弟共同拥有。云茂琦在书院讲学时，首先告诫学生要立志敦行，谈论文章之余，还勉励学生学习有用的东西，经世致用。他虽然规矩严格、教学严肃，但说话却淡泊平和，学生大多爱戴和尊敬他。云茂琦对自己要求非常严格，独自一个人时常常安静地坐着闭目养神，他曾经说道："大凡人邪恶的念头容易消除，但是繁杂的念头却难以消除，安静地坐着，则杂念就会消失，玄机妙理也就会自己显现了。"他晚年身体力行、深入实践，自己也为此颇感得意。云茂琦 59 岁时逝世于琼台，生前著有《探本录》二十二卷、《实学考》四卷、《阐道堂遗稿》十二卷。[①]

41. 吴元猷

字敬圃，张吴图道郡人，生而敏捷，胆略过人，由行伍随防立功，补龙门千总。调海安，奉命讨盗，连战于泗洲，擒获盗首李洪秀、梁亚九等人，随后斩杀。追至狗头山，击破黄亚桂，余众悉降。署海安营守备，以巡洋击匪，叠著劳绩，官至协镇军门。

其立功桑梓，卓著成效者有三焉：

署崖州副将时，海寇纷起，张十五等强贼将犯海口，元猷筹备兵饷，募勇防守，会同参将黄开广与贼战于白沙门，设伏于盐灶口，令诸船鼓而进，大胜之。乘胜追至急水门，贼杨帆而去。海口商民赖之以安，其功一也。

夫琼州四面环海，高廉洋匪随时出没，为琼大患。元猷平黄白豆

① 参见《清史稿》及倭仁《云茂琦墓志铭》，载民国《文昌县志》卷八《人物志》，海南出版社 2003 年版，第 475 页。

等洋匪，廉洋肃清，余党仍游弋琼洋，焚掠商船，海口大受影响。元猷复巡缉铜鼓西北海角，击破贼船，追至铺前洋面，破匪首黄蕃盛，斩首五十八级。遂旋兵南下，由感恩而北黎，匪船结队前来相犯，鼓励水手挥师船搏战，拿获四船，擒黎亚佳，斩首百级，琼海胥平。其功二也。

儋州刘文楷因争起衅，乘机煽惑乡民，率众攻城，拒捕戕官。经道镇痛剿，未能平定，贼势益张，地方受害者数年。粤督徐广缙知元猷生长琼南，熟悉黎情，素得人心，由碣石调署琼州镇。始至，遂亲履黎境，晓以祸福，痛陈利害，黎人感悟，即时解散。设计拿获戕官攻城焚市要犯许觐光、丘有才、阮大刚等九名。文楷势孤，伏壮士于木车沟，擒之，斩以示众，不治胁从，儋、临悉平。其功三也。

遂由琼州镇擢广东水师提督，其平海贼李亚快、林谭保、冯瓜四等强寇，身经数十战，斩首数百级，有功粤海。后以省城失事，牵连革职，卒后开复，荫子世恩守备，代理海口参将。[①]

42. 王时宇

字允修，琼山人。从优贡中乾隆庚寅年（1770 年）的京师顺天府乡试，被授予饶平训导，根据资格及条件被选为县令，均以嫡母和生母年老为理由，推辞不去赴任。又改授国子监学正，也不接受。回到家中赡养母亲，在琼台书院主讲 20 多年，有所成就。曾经搜集材料编写《郡志》，著作有《慎余堂制义》前后两集，《莲花山房诗意》、《草退庵小集》、《续邵尧夫孝弟歌》、手写校对《白玉蟾集》、苏东坡《海外集》、《琼台诗话》、《裨海摘要》。[②]

43. 王映斗

1797—1877 年，字运中，号汉桥，又号翰峭，定安人。年少聪颖异常，清朝道光五年（1825 年），由庠膳生挑选作为拔贡，入朝考试获得一等，

---

① 朱为潮、徐淦等主修，李熙、王国宪总纂：民国《琼山县志》卷二十三《官师志》，海南出版社 2004 年版，第 1474—1475 页。

② （清）明谊修、张岳崧纂：光绪《琼州府志》卷三十五《人物志》，海南出版社 2006 年版，第 1550 页。

安排在户部江西司当小京官，后来升为额外主事。道光十五年（1835年）考中顺天乡试，道光二十四年（1844年）登进士。担任户部云南司正主稿、陕西司主事、陕西司员外郎、四川司郎中，跟随相国前往浙江清查仓库、校阅军营队伍，带人检查东南两河，节浮费用、裁减多余的员工、江苏折漕等事，名震一时。后升作鸿胪寺少卿。因丧父回家奔丧。抚军叶名琛等邀请他掌教越华书院7年。文风清丽真诚、文雅正直。他学生中腾达的人都文行并优。李文田中探花、梁耀枢中状元、兄弟都为太史的潘衍鉴、潘衍桐都是他的门生。咸丰八年（1858年）五月复至京城，十月补作原来的官职。咸丰九年（1859年）十一月升内阁侍读学士。咸丰十年（1860年）作恩科会试同考官。同治二年（1863年）正月奉命调为天府丞提督学政。同治六年（1867年）秋任职满期，返回就职复任。后两年中升太仆寺卿、太常寺卿、大理寺卿。同治九年（1870年）三月因病请求卸职。途经省城，抚军李福泰挽留他在越华书院担任主讲师。同治十二年（1873年）坚持辞职回家。居家四年，主持编纂《定安县志》，81岁去世。所著诗文极多，可惜没有刊文发行。儿子长大成器，光绪六年（1880年）登进士。[①]

44. 王承烈

号扬斋，琼山人。小的时候就很聪颖且学识渊博，擅长写古诗词赋，20岁考取了秀才，在嘉庆辛酉年（1801年）时乡试中举。王承烈在琼台书院讲学，跟着他游学的人很多，他性情廉洁慎重，家居州治，从不踏上政堂半步，郡邑若推举他，人们也会赞成的。[②]

45. 王瑛运

字进苑，贡生。琼海人。清朝光绪年间曾经担任过雷州府儒学。之后远渡新加坡、吉隆坡等地游学、讲学。广泛地结交国内外的文人和学者。联系、接触华人华侨，创办琼东县迈往学堂，积极兴办学校，

---

① （清）吴应廉创修、王映斗总纂：光绪《定安县志》卷六《列传志》，海南出版社2004年版，第434—436页。

② （清）明谊修、张岳崧纂：道光《琼州府志》卷三十五《人物志》，海南出版社2006年版，第1556页。

教授知识，培养人才。化恶扶正，移风易俗，破除旧俗，确立新法。热心于修缮族谱、乡县志，为民众做好事，创办公益事业。①

46. 邢定纶

1859—1909年，字仲丹，号佛泉，崖州（今属乐东县）人。曾经进入府城的琼台书院读书。光绪乙酉年（1895年）被选拔为贡生，第二年在科举考试中位列第二等，被分拨派遣到交州石城县担任训导，之后因为平定土匪的功绩被奖赏五品的官职。被调任到新兴县，因为病痛而未能上任就职。邢定纶善诗能文，书法风格刚劲有力，写有《宦游吟草》两卷、《后进》一卷，和张嶲一起编辑修撰《崖州志》，书写好之后的第二年，邢定纶就因病去世。

47. 吉大文

1828—1897年，字少史，镜湖人，咸丰辛亥年间乡试中举。后三次赴礼部试，不中，遂依例任内阁中书。同治戊辰年（1868年），所治区域有黎反，吉大文招募勇士三百名，随官兵一同征剿。立下军功，考核评定后，吉大文任同知。光绪丁丑年（1877年），东部地区黎民叛乱，州城之中十分警惕。知州克星额刚刚到任，不熟悉黎峒的情形，向吉大文咨询军事，趁叛贼不备发起攻击，匪贼纷纷逃窜。此事上报，部里回复不必补任同知，而直为知府，并引见到京城。按照旧例报以捐道员，派赴福建候补，督办税厘总局。辛巳年间（1881年），东黎又发生叛乱，他临时请假回到老家防御敌军。丙申年间（1896年），黄廉访问开藩闽中，发文调回吉大文，委托办理省会善后局，兼管营务处。在馆驿亡故，享年70岁。吉大文年少时就刻苦致力于学习，所作文章有力精深、雅致精妙，力求追赶前贤。所著书籍有《镜湖诗钞》。骈体文读起来脍炙人口。他的哥哥吉大升，字伯阶，在琼台书院肄业，与吉大文二人有“大小吉”的称誉，道光巳酉年（1849年）为拔贡。性情刚烈严肃，嫉恶如仇。盗贼都害怕他，大多改了不好的行为。吉大文对待旧友很有风骨义气。捐银1060两充当学堂的经费，光绪

① 《琼海县志》卷二十六《人物传》，广东科技出版社1995年版，第761页。

三十四年（1908 年）有圣旨表彰。[①]

48. 吕那改

1870—1900 年，黎族首领。崖州多港峒（今乐东县大安区）人。乐罗基督教堂的教徒陈庆昌（又名世典，汉族）依仗洋人威力权势，巴结地方上的官吏，经常在乐东城附近放高利贷来收取高昂的利息。黎族的人只要稍微拖欠他一点钱，陈庆昌就把欠债的人辛苦喂养的牛羊夺走，把他们抓进城里无情地拷打。光绪二十二年（1896 年）八月一日，陈庆昌又一次带人窜入抱赖村替商人包收“烂账”（高利贷）。他带人毁坏债户家里的家具，在债户家里白吃白喝，还抢走债户家里仅有的两头水牛。晚上在抱赖村住的时候还强迫村里的姑娘来侍候他，吕那改看到他如此欺负族中的人，怒不可遏，将陈庆昌一枪打死。美国教堂乘机借此事来讹诈吕那改，要他“偿命”。乐安城的把总何秉钺派兵进村，抓走了吕那改的外孙女亚花，这件事激起全峒黎民的义愤。多港峒的人经过严密的准备，于光绪二十三年（1897 年）十二月十一日，由吕那改率领向九所、黄流、崖城等地的民众发起了进攻，史称“州西大震”，清廷派兵镇压，最后吕那改被叛徒暗杀。

49. 吴典

1748—1797 年，字国猷，号学斋。海南琼山人。乾隆三十年（1765 年）被选为拔贡，又中举人。乾隆三十四年（1769 年）中进士，被选为翰林院庶吉士，授予他编修之任，任命他为总校中秘书。参加《国史》及《永乐大典》《四库全书》的编纂。编书完成后，参加皇帝举办的内宴，皇帝赏赐龙尾砚、白玉如意和文绮等贵重的御品。此后两次担任顺天乡试的考官。在北京的时候倡议募捐，在灵中坊大外郎营建造“琼山会馆”，这是海南人在外地建造的第二个会馆。后来，因为父亲去世，辞官归乡，出任海南最高学府——琼台书院的主讲，培养人才。同时，致力于公益事业，重修学府，改造文明楼，筑造府城太史桥和白沙东

① （清）钟元棣创修、张嶲等纂修：道光《崖州志》卷十八《人物志》，海南出版社 2006 年版，第 502 页。

西桥等。50 岁时去世。①

50. 刘成元

贵州人士。连任大将镇守琼海十多年，勤于巡，严厉训练士兵，但是很体恤他们，每当秋天在海面附近巡视，遇到贼人就开始与他们战斗，从来不会避让任何艰险。曾经在夜间海面巡视时遇到数十贼人，正在偷盗船只，刘成元看见之后挺身奋击，连发数枪，贼人不敌，开始纷纷跳入水中逃跑，军船才得以保全，而琼海一带也因此得以安全，刘成元曾经征讨定安南山岭的贼人，抓住了黎酋何秀，何秀因为与强盗互通被处以极刑，刘成元命令各营加强防范和缉拿，黎人的祸患逐渐平息。②

51. 吴缵姬

字绪三，澄迈人。聪明颖悟，乾隆壬申年（1752 年）举于乡，庚辰年（1760 年）成为进士。回到家乡，担任琼台书院讲席职位，跟从游学的人大多有所成就。后来出任江西铅山县令，“兴利除弊，官吏佩服，百姓感激。捐出钱财重新修建文庙，是科六人得中。邑里有数百顷的南濠灌田，前任官员说这样不利于官，堵塞灌田，肥田便成淤塞。”吴缵姬不相信风水和邪说，开放南濠的水来浇灌田地，百姓得到了实惠。他回家后去世，终年 50 岁。③

52. 张嶲

1854—1917 年，原名镜清，字蓉舫，号鞭初，清代举人。崖州黄流汶村（今属乐东县）人。曾经在府城琼台书院跟随邱景山、奚兰洲两位老师学习，人品学识都很优秀。光绪二十三年（1897 年），赶往京城参加考试，考中了顺天乡试。第二年，再次前往京城考取进士，由于八国联军入侵，京城失守，考场转移到河南，耽误了考试的期限

① （清）明谊修、张岳崧纂：道光《琼州府志》卷三十五《人物志》，海南出版社 2006 年版，第 1548—1549 页。

② 朱为潮、徐淦等主修，李熙、王国宪总纂：民国《琼山县志》卷二十三《官师志》，海南出版社 2004 年版，第 1475 页。

③ （清）明谊修、张岳崧纂：道光《琼州府志》卷三十五《人物志》，海南出版社 2006 年版，第 1548 页。

就回家去了，掌教崖州鳌山书院三年，撰写《崖州志》。1962 年郭沫若点评校对《崖州志》的时候，称赞该志“在地方志书中尚属佳志”。辛亥革命成功后，他自称遗老，思想保守，闭门不出，到死不谈论政治时事。[①]

53. 张岳崧

1773—1848 年，字子骏，取表字翰山，别号觉庵，又别号指山，海上山岭，定安人。原籍福建莆田。嘉庆年间迁琼。祖先为琼山长官，因而在琼山落户，再从琼山迁定安。张岳崧从小聪颖有觉悟，最初学习写作，就汪洋恣肆，12 岁考中童子试，16 岁补弟子员，嘉庆辛酉年（1801 年）以优行举贡，嘉庆甲子年（1804 年）科举考中广东省举人，嘉庆己巳年（1809 年）考中进士，凭借一甲第三名探花，先后担任翰林院编修、国史馆协修、会试同考官、文颖馆纂修、武英殿复修、属奉四川典试，简放陕甘政、文渊阁校理、翰林院侍讲及神起居汉官、江苏常镇通海兵备道、浙江布政使、大理寺少卿、詹事府詹事、湖北布政使、护理巡抚等职。在湖北共五年，曾经向道光皇帝进呈书面意见，协助林则徐在雷琼地方查禁鸦片，道光十九年(1839 年)退休返回故乡，承琼州知府明谊之聘，编纂《琼州府志》四十卷，道光二十年（1840 年）完成书，主讲琼城雁峰书院，后来在故乡卧病在床，晚年比较孤独寂寞，道光二十八年（1848 年）病逝在定安高林府军，享年 70 岁。

张岳崧归乡期间，热心家乡公益事业，曾捐资并合众力，重修定安高孔庙，带头捐集白银四千两，设立宾兴馆以资助定安县贫寒的读书人，作为赴乡试的旅费，还多次捐资徐家乡高林村。晚年编纂《琼州府志》极为认真，较好地保存了海南的历史资料。还捐资合刊《丘文庄、海忠介文集》，曾主讲琼州的琼台书院、雁峰书院，单城的越秀书院，肇庆的端实书院，为海南及广东的文化教育事业做出贡献。

张岳崧工书善画，能诗文，博学多才。其品概学问，诗文书画颇为时人称许。岭南学者谭莹称其“学问人品，并能不负科名，扬历中外，

① 参见《海南名人辞典》，第 46 页。

色正芒寒，劳绩懋著”；其文“皆留习时务，通达政体之言”；其诗“深于六朝，近代所罕”，他工书，“书法与郭兰石大理齐名”，“书法欧虞，当时碑版多出其手”。学者对其书法文学上的造诣给予较高的评价。

著作除《琼州府志》外，有《筠心堂集》四卷，《筠心堂文集》十卷，《筠心堂诗集》四卷，《运河北行记》一卷，《训士录》一卷，《与牍偶存》一卷。①

54. 郑绳祖

号双岭，澄迈人。20岁时父亲去世，早年写得一手好文章，广泛阅读书籍，精通经史。乾隆辛酉年（1741年），参加科举选拔考试，主管教授景苏书院，授课时一面讲，一面加手势帮助表达意思，濡墨挥笔，字体洒脱恣意，不一会儿千言脱稿。人们争相传诵，门下的弟子也多是品节高尚、学识渊博之士。②

55. 林缵统

1852—1922年，崖州（今三亚市）人。海南参加戊戌变法的杰出人物。年轻时曾书楹联自勉："国有宁日当学包拯诛奸宄，民得安时应仿海瑞正纪纲。"1893年被录送广州广雅书院读书。其间与梁启超等人结识，先后在广州万木草堂、邝家祠堂听康有为讲学，受康、梁“变法救国”思想的熏陶。康有为也曾同林缵统论《春秋》“三世之义”，《易经》“阴阳之变”。1894年中举，1895年春，随康有为入京会试，时中日《马关条约》签订，激起朝野义愤。他参加“公车上书”，朝廷对上书人威胁利诱。林缵统无畏地说："康南海通古今之变，万国之理，我本天涯一介儒，得遇良师乃如云开见日，三生之幸也。读书人当勇赴国难，吾意不移，虽九死而不悔矣。"后加入康、梁等人组织的南学会和保国会，成为骨干分子。变法失败后，林缵统回京，潜心著述。

① 参见郭祥文点校：《筠心堂集》前言，海南出版社2006年版，第1—3页。

② （清）明谊修、张岳崧纂：道光《琼州府志》卷三十五《人物志》，海南出版社2006年版，第1555页。

1922年出游，死于万宁。[①]

56. 韩锦云

1806—1874年，原名日升，字紫东，文昌人。他出生于吴典死后12年，张岳崧考中探花的前四年，韩锦云比潘存大12岁，潘存曾经拜入他的门下，他与定安王映斗以及族侄韩捧日是同榜进士，与当时的进士林燕典、邱对欣、云茂琦，举人林之椿、冯骥声为先后同时乡友。

韩锦云从小就十分聪颖，领悟能力极强，17岁的时候就取得文昌案首，12岁向琼台书院王杨斋学习，道光十五年（1835年）考中举人，道光二十年（1840年）登进士，授予翰林院庶吉士。在咸丰元年（1851年）补奉天司主事，历任云南员外郎、江苏河郎中，咸丰四年（1854年）接任浙江道监察御史、户部给事中。咸丰八年（1858年）授职四川盐茶道，咸丰九年（1859年）兼四川按察使，同治四年（1865年）补云南粮道，嗣兼署布政使和按察使。韩锦云为官期间，正值外国资本主义屡次侵犯中国的时候，国人受到的创伤尤为沉痛，韩锦云根据海疆民情上疏弹劾叶名琛懦弱无能，不到两个月，英兵入广州，叶名琛被英人掳去，果然就像韩锦云所预料的样子，一时间朝野吃惊钦佩，天下闻名。

韩锦云曾经在咸丰十一年（1861年）回乡奔继母丧，指导乡人创议扩建清澜港。在任期间，曾经上书痛陈吏治弊害，上书陈述揭穿出卖功名的内幕，敢作敢为。同治十三年（1874年）廷议熟，还资倚重，后来病逝在任所，享年69岁。著作编述的有《白鹤集》。[②]

57. 曾日景

字介昕，清代有名的贤才。陵水人。体型相貌魁梧高大，会写文章，也写得一手很好的书法。由拔贡领乾隆戊子年（1768年）乡荐。最开始的时候当教习，期满之后被任命为直隶保定知县。他十分重视教育，

① 苏英博主编：《海南名人辞典》，中山大学出版社1996年版，第48页。

② 李钟岳等监修、林带英等纂修：民国《文昌县志》卷八《人物志》，海南出版社2003年版，第485页。

设置新镇书院。因为母亲年老辞去官职回到家里。母亲死了之后恢复官职。历任通州、霸州，后来死在任上。他平生除了致力于教育之外，还积极参加、搜集县志及家谱的编纂，保存文献。①

58. 潘存

字仲模，另字是孺初，文昌人士。7岁时进入私塾读书，聪慧机敏超过常人。12岁以后学习科举考试的课业，操笔为文，言辞滔滔不绝。每完成一篇文章，老师和有声望的博学之士看过后，都拱手推崇表示佩服，被大家称为“神童”。但是多次参加乡试却没有中选。咸丰元年（1851年）参加了本省的乡试，方中举人，年已34岁。没过多久，参加礼部的考试，遵照旧例捐得主事，任职于户部福建司。在处理公事的闲余时间，研究经史，深通百家。二诗、古文辞都很擅长，书法也精通绝妙，能悬臂写出蝇头小楷，临摹古碑上的书法文字达到了废寝忘食的境界。中外士人争相抢他的画作当作宝贝。日本高丽名士，每每不惜花重金去购买他的书作，杨惺吾随公使前往日本，写信回来说：“东洋人见到先生的书法，如像尊崇泰山北斗一样。”

潘存著有《楷法溯源》一书，共计七卷，追溯六书的渊源，订正百家之言的讹误。他所写诗文，大多随手就丢弃了，没有留存底稿。他死后只搜到几首诗，《论学说》十则，《克己集》合录一卷，成为后世学生的前代楷模。潘存居住在京中30年，参加考试十多科，屡次不第，公卿知道他的贤能才气，但最终也没有得到升迁进入朝廷，而他忠厚正直的热忱，卒归蕴蓄，为海内人士所痛。

潘存一生看重情义，轻视钱财，性格淡然，清心寡欲。50多岁仍然没有子嗣。亲友们都劝他纳妾，才开始生育了两个男孩。66岁归隐田园。回到家乡后，当时正值法国人滋衅挑事，侵扰广西，寇扰福州澎湖及台湾基隆一带。沿海均守卫森严。广东总督张树声知道潘存的

---

① （清）明谊修、张岳崧纂：道光《琼州府志》卷三十五《人物志》，海南出版社2006年版，第1567页。

才气贤德，推荐潘存做了雷琼两郡的团练，张树声离任以后，张之洞任两广总督，仍然委任他做团练，推荐他管理内部，抵御外敌，经营守卫，地方得以安宁。清廷赐给他四品官衔。张之洞因为知道他的人品学识俱佳，聘请他作为惠州丰湖书院的主讲。他担任主讲两年，学生们观察感受他的言行举止，都务实学业，重视实践，成才兴起的人很多。后来因为年事已高，不想再漂泊异乡，便辞去官职回到了海南。官绅都来请他做蔚文书院、苏泉书院的主讲。他宗旨纯正，口讲指画，痛戒陋习，从事经史词章之学，矫正人心，平息邪说。学生们都对他尊敬喜爱，风俗一直未曾改变。他平素仰慕丘文庄公，想要修建奇甸书院，有此志愿却未建成。又和前任琼山道台朱采一起筹建文昌溪北书院，购买藏书，以此来激励后进之士，自己写了一副讲堂对联"学向无他，求益乎身心，家国天下，载迹极薄，折中于易书诗礼春秋"，写头门对联"维持风化，教育人才"，可惜书院建成时，潘存来不及看见。潘存为五公祠写的对联令人读后心中激奋流泪，联云：唐嗟未造宋很偏安，天下几人才，置诸海外，道契前贤，教开后学，乾坤有正气，在比楼中。

雷琼观察史朱采，知道他人品学识都很优秀，十分投缘契合。朱公与他几个月就要见一次面，谈及民生利害问题，知道的决不保留，没有一句话涉及个人问题。琼文二地，道路崎岖，潘存请朱公派营勇修治山路，百里崎岖山路化为了平坦大路，百姓都十分感谢他。他与张之洞向来交情深厚，曾经撰写了《琼崖建省理由与建省方案》一文，其中分为地理、政治、军事、交通、文化等类，洋洋洒洒数万字，呈奏给两广总督张之洞。后来因为张之洞调职离开，于是作罢。可惜此文已经丢失，没有办法找到。

光绪十九年（1893年），农历六月初八他生病死于家里，后人收集他的文章诗篇出版印刷，书名为《潘孺初先生遗集》。[①]

---

① 参见《潘孺初集》前言及学行事实介绍，又李钟岳等监修、林带英等纂修：《文昌县志》卷八《人物志》，海南出版社2003年版，第487—488页。

59. 吕铨

号移村，举人。同治四年（1865 年）升补琼州知府，履任后，严于察吏，认为知事为亲民，官不得其人，民怎么治？罢黜贪浊，奖励廉洁，雷厉风行，吏治为之一变。琼台书院为十三属士子所肄业，捐廉银六百余元，以补充经费。增加课额，勤于考课，诸生有文行者，倍加奖励。谆谆训诲，若师之课弟，文风蒸蒸日上，士子应试更多于前，重修考棚，添设号舍。遇地方有骚乱，就出谕劝导，以激发其天良，随即解散。治琼三年，外海内黎相安无事。适值钦州盗贼纷起，粤督以吕铨才干，前治钦时曾平巨寇，檄调吕铨任廉州府，藉资剿抚。琼州士民闻其离任，不能挽留，赋诗赠行，编成《去思集》。[①]

60. 戴肇辰

江苏省丹徒县人，以进士出守廉州（今广西壮族自治区合浦县廉州镇，地处北部湾畔）任职。同治七年（1868 年），调到琼州任职，刚到任，便观察当地的风气习俗，他以经史和诗词章句来考察读书人，选拔出其中最为优秀的人才，刻录《校士录》来制定当地的行为准则和规范，戴肇辰还非常注重教育，每节课都要设置嘉奖，来勉励士人学习。他重修苏公祠（苏轼）、洞酌亭、三公祠，并自己撰写了祠、亭内的序记，又选出书法写得出色者如胡知事做刻石底本，令廪生张冏书于石，王之福等其他书法出色的人也帮忙书写。将刻好了序记刻石矗立在洞酌亭和三公祠的墙壁上，以为后人得知、取用和参照这些准则和规范。戴肇辰捐出廉银三百元，创设了景贤宾兴，又劝说琼山全县捐款筹成巨资，置办产业，依时祭祀三公，并补贴当地士子参加乡试会试的旅途费用。又考虑到穷困百姓人死丧葬时无地可葬而导致棺材停放许久，因此又买下了西郊外的金盘地，纵横百丈，用来给贫民安葬棺材，从此以后，生死皆有所依，戴肇辰的恩德施加到了掩埋暴露的尸骨这件事上，都是因为他在当时当地真心诚意为百姓办

---

① 朱为潮、徐淦等主修，李熙、王国宪总纂：民国《琼山县志》卷二十三《官师志》，海南出版社 2004 年版，第 1461—1462 页。

事，尽心尽力对待政事，言行高超出众，为后人称颂，所以在离任时，百姓们依依不舍地为他送行，士子为他赋诗，来表达对他的尊崇。[①]

61. 冯端本

字子立，河南人，从进士官郎中，出任琼山太守。廉洁清明，谨慎勤勉，低调内敛，在文化教育方面尤其建有功劳，重新翻修了苏泉书院，增设了斋舍和讲堂，其规模比之前都要完备。

他自己首捐养廉银，劝服各县筹捐潘存的书法影刻本，得金两万多元来充作书院经费，又邀请河南著名进士王伯良主持讲席。他对于教学十分勤勉，亲自检阅校对学生的文章，其中文章写得好的招到管理人事的部门进行面试，以特殊之礼相待。每遇乡试，他都会赠送给士子赴考费用。他对待下士十分有礼，减免自己的随从，拜访年长的儒者黄建范，以此来鼓励士子。升任广州知府，士子和民众攀附车轮追送数里路，上任后依旧捐献二百元兴建京兆宾兴，帮助士子赴试并考取功名。购买了《十三经注疏》《资治通鉴》等书，藏在了苏泉书院。秋试的时候多次给琼州举子赠送考试费用。士林认为他道德崇高，将他供奉在苏泉书院加以祭祀。[②]

62. 张之洞

字香涛、孝达、香岩，号壶公、无竞先生，是直隶南皮人（今河北沧州）。同治二年（1863 年），殿试为一甲三名赐进士及第，授予编修职位。同治五年（1866 年），大考二等。同治六年（1867 年），担任浙江乡试副考官，不久任湖北提督学政。同治十一年（1872 年），因为帮助办理大婚典礼，赏赐增加侍读头衔。同治十二年（1873 年），担任四川乡试副考官，不久授予学政，四川地处西域，战乱刚刚安定，士未知学。张之洞会商于前总督吴棠，上奏设立尊经书院，选择郡县中优秀的人，在尊经书院中学习，聘请有名望的儒者教导上课，所有

① 朱为潮、徐淦等主修，李熙、王国宪总纂：民国《琼山县志》卷二十三《官师志》，海南出版社 2004 年版，第 1461—1462 页。

② 朱为潮、徐淦等主修，李熙、王国宪总纂：民国《琼山县志》卷二十三《官师志》，海南出版社 2004 年版，第 1462—1463 页。

的章程亲自拟定。写《輶轩语》，刻《书目答问》，教导四川学子读书的方法。

光绪二年（1876年），进言陈川省试场作弊，凭借此上奏整顿八策，请敕部商议。十二月，担任文渊阁校理。光绪五年（1879年），晋升为国子司业。五月，因为四川东乡重案没有进行协调，因此请旨商议，并且陈述陈川省赋税敛财太重，民力贫乏，并且因为此案起源于苛捐杂税和污蔑叛乱，极力请诛署东乡知县孙定扬。七月，因为星变地震，上书请修省，以弥平灾难，而且陈述要害说："接纳直言，整肃臣子职务，厚待人民，警惕河流防汛。"八月，擢升为詹事府左春坊左中允。九月，晋升司经局冼马。

光绪六年（1880年）二月，授予翰林院侍讲。五月，转为侍读。又奏请上经、权二策。六月，晋升为右春坊右庶子。七月，担任日讲起居注官。

光绪七年（1881年）二月，晋升为侍讲学士。十一月，授予山西巡抚。

光绪八年（1882年）四月，因为越南日渐窘迫，云南边防日渐紧急，张之洞上书请求筹集兵力遣派使者，预做防范。六月，上奏陈晋省治理弊端，筹划按顺序进行整饬，草拟请求将未开垦荒地，宽限起始征收标准，并且除去积累粮税，裁减征兵徭役，禁止耕种罂粟，裁减革除公费馈赠。

光绪十年（1884年）三月，诏回来京城面见陛下。四月，张之洞任命为总理两广总署。当时，中法战争频繁。下旨饬令酌情调拨师船援助福建边防，又命令预先筹划考虑办理法国、越南事宜。张之洞因此上奏牵制敌人来图谋越南是上策，饬令唐景崧招募勇士出关，与刘永福合力成掎角之势。七月，实授两广总督。不久因为保荐徐延旭，降一级留任。五月，张之洞上奏：法国人肇事寻衅以来，曾经考察各处战事不免受制于敌人，因为水师无人可用、枪炮不全，所以当前的紧急事务，首先在储备人才；其次是制造器物；再次是开垦土地。六月，因为调拨军队筹集粮饷的功劳，赏花瓴。十月，上奏遵旨筹集商议海防，大力治理水师，统筹全局，根据实际商议落实，分条胪陈。

光绪十二年（1886 年）正月，上奏广东莠世为害地方，简要有三种：一曰盗窃；二曰拜会；三曰械斗。打算请求由统兵大员，酌情带营中勇士前往历来滋事地方，会同地方统辖文武官员，分别查办，彻底清查，来清理内患。三月，会同广西巡抚李秉衡遵筹边防事宜。五月，旧金山华民被匪徒虐待残害，《伦敦报》记载：广东总督电联美国，说将要报复。张之洞上书辩解其中误会，请求饬令郑藻如暂时留在美国，和张荫萌处理各个案件，议定善后章程，并且大力请求饬令总理衙门，照会美署使，电催该国，并且饬令郑藻如、张荫萌大力请求外部，务必将焚杀抢逐各个案件，应该抵偿的商议抵偿，应该赔偿的追讨赔偿，应该缉拿的迅速缉拿，应该抚恤的给予抚恤，迅速彻底严肃办理。并且请美国总统专门颁布明文表示悼念，不能以简单的赔偿十多万元、监禁七八人，含糊了事。六月，兼任暂任广东巡抚。光绪十四年（1888 年），举行察典，因为张之洞尽心民事，安抚缉拿岩疆，殚精竭虑，不辞辛劳，有旨意交给部门考核奖励。

光绪十五年（1889 年）三月，调补任湖广总督。张之洞之前奏请筹办铁路，由卢沟桥直达汉口，打算分头试行办理。南边从汉口到信阳，北边从芦沟到正定，其余再按顺序接管办理。经海军衙门上奏批准，有旨意命令李鸿章、海军衙门，妥善筹划办理。十月，奏请琼州孤悬海中，逼近越南，是中外的关键，现在在海口城西边五里的秀英山，修筑七座炮台。十里的西场山，修筑三座炮台。海口城后的大英山，修筑五座炮台。这个地方海岸平坦，敌人用的舢板、小船，方便登岸，更难防范遏制，只有沿海修筑炮台，才可防御依托。接着又打算在滨海一带，西边从西场开始，东边从牛始旧炮台止，修筑一条坚固厚实的长堤，开修炮路，通行炮车，来攻击沿滩入口的敌船。炮台远处进攻，炮车近处攻击，互为帮助。廉州北海一带，离越南很近，而且接近九头山，是海盗窟宅，琼州防务之外，廉州是最急迫的，当前打算在冠头岭、天马岭、石龟尾诸山，选择要地在高处修筑五座炮台。平沙一带，打算编练五队炮车，来防备敌人靠近岸边，以为机动防御。张之洞又上奏法国人打算在越南开始修筑铁路，由海宁来连接凉山，又由文渊到平而关外的白榄村，不可稍微放松戒备。张之洞与提臣苏元春会见商议，需要于平而关选择要地增加设置四处炮台，以备防守。镇南关中路一带，也应该考虑增加数座炮台，来臻于完密。十二月，到达两湖任职。

光绪十六年（1890 年）闰二月，因为创办织布，张之洞章上奏广东无法设置厂局，请求移到湖北。张之洞因此上奏打算将粤省所借山西善后局银 20 万两，移给湖北充用，并且陈述选择地方造厂局。十一月，上奏将广东炼铁机器，改运往湖北，选择决定在汉阳大别山下定立厂基，督员兴建，一面修筑大冶运道，开采铁矿，一面筹备运煤采煤各个事宜。

光绪十七年（1891 年），因为筹集解决甘肃新粮饷的困难，赏赐头品顶戴。光绪十九年（1893 年），兼署湖北巡抚。光绪二十一年（1895 年），任署两江总督。

光绪二十四年（1898 年），变通科举，拟上随场去取之法，请将从前三场先后之序互易。是年，刊布所著《劝学篇》，以示天下学者。

光绪二十六年（1900 年）二月，兼任代理湖北提督。五月，义和团掀起反帝爱国运动，各国军舰集结大沽口外，对清政府施加压力，并伺机侵占炮台，于是便引起了战争。张之洞和两江总督刘坤一，电报饬令苏松太道余联沅和各地驻沪领事商议东南保护约款九条。七月，联军攻入京师，两宫西幸。李鸿章奉命成为全权大臣，张之洞也接受会同商议办理之命。八月，皇帝到达太原。张之洞和李鸿章电报商议，因为谈判需要迅速开始，迟了恐怕有变动，并且陈述目前四个要义。

光绪二十七年（1901 年）八月，联合两江总督刘坤一，以整顿中国制度，效仿推行西方制度陈条奏请。十月，被赏赐加太子少保的职衔。

光绪二十八年（1902 年）六月，因湖北遵旨设立学堂而上奏，并逐一陈述十五条办法。九月，任命兼属两江总督。

光绪三十年(1904年),张之洞兼任湖北巡抚。光绪三十二年(1906年)正月，京官考核，诏谕以他思谋考虑精细周详，先后担任的各项职务都艰巨，交部议叙。光绪三十三年（1907年）五月，奉旨任湖广总督协办大学士，六月，补授大学士，仍旧留任总督。十六日，充补体仁阁大学士。七月，被授军机大臣。八月，命管理学部事务。在此之前，张之洞任湖广总督时，因为各个学堂学生效仿西式着短衣皮鞋，因此奏请定制湖北学堂制服，并请皇上下令军机处、学部将所拟写的学堂制服章程，加以详细核查审议，到此时上奏请求通行，颁布学堂制服章程为定制。十二月，担任充经筵讲官。

光绪三十四年（1908年），江苏巡抚陈启泰上奏关于统一粤汉铁路的办法，请求选派廉洁清明的大臣督办铁路事务。六月，命张之洞兼任督办粤汉铁路大臣。随即就铁路事宜上奏，遵照诏谕：粤汉铁路重要，特选派张之洞为督办大臣。十一月，溥仪继位大典礼成，上皇太后徽号。赏赐张之洞太子太保的官衔，并赐紫缰。

宣统元年（1909年）二月，担任实录馆的总裁官，命令总司核定进呈讲义。闰二月，举行考核官吏的大典，宣统帝诏谕说张之洞等人团结一心辅佐，谨慎帮助君主，诏张之洞等人交部叙议。四月，奉旨面圣时，免去了由大臣带领引见的环节。八月二十一日，张之洞去世，宣统帝赐谥号为文襄，晋任太子太保，入祀贤良祠，有《广雅堂集》留世。[①]

63. 朱采

字亮生，浙江嘉兴人，优贡。由知府简放雷琼道，朱采刚刚到任的时候，通过考试观察行事，策问地方政治弊端，排名靠前者延请入官署，询问他们的实际情况。他严格考察官吏政绩，查出有贪污实事的人，一律被罢黜。一年之中，革办斥退的有七八人，官吏风气从此一变。重视气节，敬爱名士，与文昌的潘孝廉是莫逆之交。尊重儒师，表彰忠烈，创建了海南第一楼，在楼上祭祀唐朝的李德裕，宋朝的李纲、

---

① 参见《清代七百名人传》第一编。

赵鼎、胡铨、李光五公，以弥补祀典之缺。同时建立五公精舍，模仿学习海堂的例子，设立专课生，选择琼地的高才生，教授他们经史词章，延请聘任了宁波有名的孝廉郭晚香主讲，购买经史子集最重要的诸书以供学生的求学研究，拨款借出生息以补充经费。重建苏文忠公祠，比以前更增式廓，共耗费2万多金，筹划从公款出，不靠绅商捐款，这是几百年来没有发生的。又捐款建立海口育婴堂，拨军门岭田租，每年480多千文，同时将海防经费银200两、海口猪税经费银200两定为常年经费，委派孝廉世珝总管其事。粤地总督张之洞知道他廉洁和办事能力，所奏之事无不施行，巡海到琼地，去道署与朱采商办海防事宜，委托修建秀英海边炮台，亲自筹谋规划，全部切中要害。著作有《清香阁集》，书中有很多匡时救世的策略研究，有益于治理道府政事。①

64. 杨文骏

字彝卿，云南人，署雷琼道篆。乾隆三十八年（1773年），琼州饥荒，灾情严重。杨文骏捐5000两银子，在府城海口开设平粜局，并且拨用公款，派遣轮船到各个港口买米，以减半市价用来赈济灾民，救活的人不计其数。杨文骏捐6000银元来重新修葺、完善琼台书院，并在附近添加书房、讲堂，后方还建造了书楼，从江、浙、闽、广四地采购了数万卷书籍。书院藏书之多前所未有，又尽力考核士子的学业，其中考取五公专科的有20多人，让他们住在院中读书，外加补贴以为奖赏，以用来勉励他们成为英才。杨文骏在任不足一年，真心实意对待政事，到处都可以听到人们对他的称赞，不久升迁成为了广东按察使，这在当时十分罕见。②

65. 冯光遹

字仲梓，江苏阳湖人，由于翰林院编修京察一等制服被外放到简

① 朱为潮、徐淦等主修，李熙、王国宪总纂：民国《琼山县志》卷二十三《官师志》，海南出版社2004年版，第1464—1465页。

② 朱为潮、徐淦等主修，李熙、王国宪总纂：民国《琼山县志》卷二十三《官师志》，海南出版社2004年版，第1465页。

雷琼道，一主一仆就上任了，为官清廉英明，为人慈爱，爱护士人，体恤百姓。精心考察五公精舍，肃清先前假冒等弊病，选拔任用真正的有才能的人，并添设一门算术，勤于教学考核，额外加以奖励，文风因而整顿，丙申年（1896 年）正逢选拔年，琼州拔贡都为专课生，时称得人。丁酉年（1897 年）夏天，五名法商与海口商人交涉，索要巨额钱款，冯光遹用公法力争，严词拒绝了他们，避免损失惨重，功劳很大。当时正值荒年歉收，他捐出自己的千元俸禄，并拨借库款 2 万银元，运输粮食以救济饥饿的人。他还创建了府城爱生医院，捐款 1000 银元，并在海口郡城往返大路上建立三里亭和七里亭两座亭子，用来恩惠于行人旅客，后来升职为广东盐运史署潘司。①

66. 刘尚伦

字佩五，从进士官郎中，出守琼州，同时兼任护道篆。在官从政廉洁清明，坚持自己，节俭约束，必行实政，不为虚名，尤其以振兴学校为首要事情。查知琼郡城外以前有苏泉学院，时间已久，屋舍倾圮，虽然有经费，诸位学子无地学习，郡东南方向有净土庵，是明代欧阳太守遗爱祠，改朝换代时被僧人占有已经很长时间了。于是抛去浮屠，捐廉为倡，劝说绅士商人筹集捐赠一笔巨款，移建苏泉书院，补建欧阳太守遗爱于讲堂之后，共花费 7000 多两，没收僧人占领时庙产 2 万多金用来作为膏火经费。当时正是闹饥荒的时候，他捐钱 500 两，交给商家买米平抑粮价。儋州北岸械斗，死伤日渐增多，连年控诉告发，时主政者主张武力镇压，刘尚伦说这是赤子玩弄兵器，不用劳师动众浪费粮饷，亲自前往解劝，独自骑马去往儋州，只有一个仆人跟着。到了儋州后就召集当地的有声望的老绅士全力劝解这次争斗，各村心服口服，尽释前嫌，言归于好。回去的时候，村人沿路送他，欢声雷动，他又修建文峰塔、文昌阁，在其中设置义学，教村里贫穷的子弟，并修缮府署六房，花费两三千银。他 6 年的任期已满，捐钱 2000 银

---

① 朱为潮、徐淦等主修，李熙、王国宪总纂：民国《琼山县志》卷二十三《官师志》，海南出版社 2004 年版，第 1465 页。

元，拨充到琼台、苏泉两个书院做经费，又捐款500银元到爱生医院。他的种种善政皆有益于百姓。被调任惠州时，士民扒着车辕哭泣送他，依依不舍。[①]

67. 俞钟颖

字君实，号和琴，江苏省常熟人。通过拔贡朝考这一制度考取了第一等，被授予了一个七品京官，后转调吏部补吏部主事，再升迁至稽勋司员外，考取总理各国事务衙门章京，记名御史，简放荆宜施道，最后俞钟颖乞求回乡侍奉亲长。服丧期满后，补琼崖道一职。于光绪三十四年（1908年）到任，从到任开始，便严厉地查处整治了地方官吏。恰逢海口的商户们控告洋关税务司征收了许多额外的税费，相继罢市，两方形势趋于决裂。俞钟颖尽力劝告商户们遵守法律法规，后来又给各个领事发布通告，更换调整了税务司人员，商埠才相安无事。那个时候，海南还是一个炎热荒凉、哀鸿遍野的地方。俞钟颖发放国库存银，交给当地的士绅商人用来购买米粮，稳定粮食价格，缓解百姓的困苦。那一年的冬天，俞钟颖查到琼崖中学无依据的开销滥用的公款很多，于是发布通告进行监督，严格实行节约，以前累积的弊端从这个时候才得以清除。内政修明之后，俞钟颖宣扬先贤的事迹。他亲自拜谒了丘濬、海瑞两位先人的墓地，从他们的后裔中挑选人才，补助他们学费，并将他们送入学堂修习学业，期有所成，这是以前历代官员所没有的盛举。他又了解到《琼州府志》已有60多年没有编修过了，正适宜继续编修，于是便捐了1000养廉银作为编修的经费。俞钟颖还在海口开设了戒烟局，筹措经费，有无力戒烟的贫民便可以进入戒烟局中，给他们吃戒烟的药丸，开办戒烟局一年，收到了十分理想的实际效果。俞钟颖爱惜有才能的人就像爱惜自己的生命一样，礼贤下士，遇到当地应该办理的事情，便与当地的士绅们共同商议，然后实施。他的学生如果有志向做更高的学问的，他一定会移文保送他们到更高

---

① 朱为潮、徐淦等主修，李熙、王国宪总纂：民国《琼山县志》卷二十三《官师志》，海南出版社2004年版，第1465—1466页。

的学府。治理琼州两年，士绅高兴，百姓信服，而他本人则不爱好出仕做官，详请调任别人来补他的空缺。琼州的百姓听说了这件事之后，联名上书禀告粤总督，恳请让俞钟颖做官留任期满。不久，俞钟颖升迁至广东按察使。到任后，遇到琼州士人前来拜谒的，情谊还十分深厚，考察琼州的官吏治理，就像还在琼州时那样。他的操守和清廉自洁的品质，经世济国的宏大理想，当如古人。不数月，又升迁到河南布政使。[①]

68. 张瑜

虎门的一员副将。康熙二十年（1681 年），海寇杨二、谢昌等人在海上肆意妄为，纷扰高州、廉州。他们从泗洲出发，抵达琼州海口，直逼城下，情势十分危急。三月，张瑜率师前去支援，十四日抵达琼州，十六日与海寇大战，他与海口水师左右夹击，在白沙门打败敌寇，擒获周胜、张荣，俘虏贼党 300 多人，斩首数千人，余孽逃走，追到安南洋界才返回。张瑜等人回到泗洲后，释放为贼所掳男女 2000 多人，雷、琼两个郡县都铭刻张瑜的功劳。最后张瑜因为辛苦劳累在军中去世，如今合祭于海口江公祠。[②]

69. 钱邦彦

江南通州人，海口营参将。乾隆五十七年（1792 年），海贼游弋海面，商船多被抢劫。钱邦彦三月初旬出海巡防，遇到几只海贼的船只，划行向前进攻，略有杀伤。海贼假装失败诱导钱邦彦等人。钱邦彦的船只深入，海贼的船只忽然四面环集，钱邦彦身先士卒，奋勇作战，一只手护舵，另一只手杀贼。战斗长达一个小时，贼伤无数。一个盗贼开枪击中了钱邦彦的手臂，但钱邦彦还是挺身站立，挥刀杀贼，海贼看见钱邦彦受了伤，都跳过船砍钱邦彦的头，鲜血流满整个船只，跟从的海贼憎恨钱邦彦伤害他们的同党过多，再砍断他的手，将钱邦彦剁成肉泥，投入海中，海水都变红了。其余几艘师船，都纷纷逃走，

---

① 朱为潮、徐淦等主修，李熙、王国宪总纂：民国《琼山县志》卷二十三《官师志》，海南出版社 2004 年版，第 1466—1467 页。

② 朱为潮、徐淦等主修，李熙、王国宪总纂：民国《琼山县志》卷二十三《官师志》，海南出版社 2004 年版，第 1473 页。

不敢援救。钱邦彦拼命作战且结局极惨，当局之人回避此事，拨贡林桂写诗来记叙钱邦彦的事迹。[①]

70. 王承烈

字昭甫，号扬斋，琼山人。他从小聪明隽秀，学识渊博，善写文章。王承烈在20岁时参加年试，补为郡庠，科试第一，吃官粮。阅读《衍义补》，有怀丘文庄公试百韵，有海外清才之目。嘉庆年（1801年）乡试中举，文章、品格纯朴高洁，和他的为人一般。王承烈在雁峰书院主讲十多年，以气节文章教授学子。周鸣銮、喻溥先后请他主持琼台书院讲席，远近的人随从学习，多蒙教化恩泽。乡会所举荐的读书人，都出自王承烈的门下。王承烈品性清廉耿介，家居住在府治，但足不进官府之门。郡县公开举办的事，如改建雁峰社学为书院，他亲自辛劳，置办宾兴田产六庄，都亲自经营策划，规划长久。道光初年，王承烈被举荐为孝廉方正，写下《纶初堂集》四卷。他的弟弟王天祐，为拔贡，凭借才干著称，他的儿子王廷傅，为拔贡，孙子王沂暄，成为增贡，留有传记。曾孙王国宪，优贡。[②]

71. 冯骥声

字称少颜，梅峡人，天资聪颖超出常人，又勤奋好学，小时候就喜欢读徐、庾、王、杨的文章和李白、杜甫、苏轼、陆游的诗，自小出名。到广东去赴诗会，游览观光学海堂，喜爱侯君谟、林月亭、曾勉士、陈兰甫的经学，购买了上百种经学和解读这些经学的书，坐船把书载回来，在家闭门不出、精心研读，由江、戴、段、王的经史学说来探寻汉代儒学训诂，没有一个不是相互印证的。所以说经以许、郑为宗，考虑写《说文音义考》来证明许氏的古音古义，编辑《尚书疏证》来说明郑氏的注义，其志向宏大。

同治十二年（1873年）因为拔贡廷试，在同年到达京城，梅州黄

① 朱为潮、徐淦等主修，李熙、王国宪总纂：民国《琼山县志》卷二十三《官师志》，海南出版社2004年版，第1473—1474页。

② （清）明谊修、张岳崧纂：道光《琼州府志》卷三十五《人物志》，海南出版社2006年版，第1556页。

公度学识过人，群冠一时，对他也都认可，冯骥声惊叹他异于常人的才华，二人深交结为朋友，由此才名大著，被推为海外巨擘。在京城访求丘海二公全集，得到丘海二公的初刻本，带上丘海二公的刻本回到海南琼台来校刻，并且编辑丘海二公年谱，表彰先人的才贤，不遗余力。创建研经书院，用经史词章来教学生，琼人群起趋实学，始自冯骥声提倡。屡试秋闱没有成功，人们都笑他，说是读无用之书，学识虽然渊博，但是时艺不守绳尺，怎么能博取功名？难知经学深沉，发为文章，更不是时流所能认识的。辛卯年（1891年）果然领乡荐，人们的疑虑开始释然，可惜冯骥声已经年过五十，读书过度，宿度俱发，没有赶到春明，遽归道山。

著有《尚书疏证》《毛诗疏证》《许氏说文音义考》《丘海二公年谱》《抱经阁诗文集》等书。[①]

72. 林之椿

字秋舫，号嵩龄，博茂人。天资聪明，读书过目不忘，倒背如流并且一字不漏。他的父亲林芹明也感到非常惊异，教他学文，他说出来的话都使前辈们惊讶。不到弱冠之年，第一次考试就在同龄人中得了第一名，补为弟子员。在乡试中屡试不中，汪柳门为当时的考官，巡察考试来到海南，因为他摹仿了丘文庄的《南溟奇甸赋》，对他大为赞赏，视为海外奇才。此科中举。四次赴礼部会试，每次都被举荐却不能成。在琼台讲课8年之久，教授学生经史词章，同时也教一些时务之学，在他门下求学之人，大多都是全能之才。尤其对古今变故和世道的变迁很熟悉，他经常和学生交谈，滔滔不绝，不知疲倦。谈论西方学术能够探究政教的本源，富强的原因，劝诫学生不要只学习西方人的皮毛，由是夸耀自己的学问为新学。著有《东湖诗文集》四卷。[②]

① 朱为潮、徐淦等主修，李熙、王国宪总纂：民国《琼山县志》卷二十四《人物志》，海南出版社2004年版，第1568页。

② 朱为潮、徐淦等主修，李熙、王国宪总纂：民国《琼山县志》卷二十四《人物志》，海南出版社2004年版，第1570页。

策划编辑:侯俊智　侯　春
责任编辑:刘　佳　陈建萍
特约编辑:陈　虹　陈诗琪
封面设计:肖　辉　孙文君
责任校对:曹楠楠

图书在版编目(CIP)数据

海南通史·清代卷/周伟民 唐玲玲 著. —北京:人民出版社,2017.11
(2022.7 重印)
ISBN 978-7-01-017020-6

Ⅰ.①海…　Ⅱ.①周…②唐…　Ⅲ.①海南-地方史-清代
Ⅳ.①K296.6

中国版本图书馆 CIP 数据核字(2016)第 294708 号

海南通史·清代卷

HAINAN TONGSHI QINGDAI JUAN

周伟民　唐玲玲　著

人民出版社 出版发行
(100706　北京市东城区隆福寺街 99 号)

北京中科印刷有限公司印刷　新华书店经销

2017 年 11 月第 1 版　2022 年 7 月北京第 2 次印刷
开本:710 毫米×1000 毫米 1/16　印张:33.75
字数:470 千字　插页:4

ISBN 978-7-01-017020-6　定价:105.00 元

邮购地址 100706　北京市东城区隆福寺街 99 号
人民东方图书销售中心　电话 (010)65250042　65289539

版权所有·侵权必究
凡购买本社图书,如有印制质量问题,我社负责调换。
服务电话:(010)65250042